2011 北京统计年鉴
Beijing Statistical Yearbook

(京)新登字041号

图书在版编目(CIP)数据

北京统计年鉴. 2011 ：汉英对照 / 北京市统计局，国家统计局北京调查总队编. -- 北京：中国统计出版社，2011.7
ISBN 978-7-5037-6273-4

Ⅰ. ①北… Ⅱ. ①北… ②国… Ⅲ. ①统计资料－北京市－2011－年鉴－汉、英 Ⅳ. ①C832.1-54

中国版本图书馆CIP数据核字(2011)第143837号

北京统计年鉴-2011
作　　者 / 北京市统计局 国家统计局北京调查总队
责任编辑 / 郭 栋 尹 伊
E-mail / yearbook@stats.gov.cn
责任校对 / 夏沁芳
装帧设计 / 高 立 (天宫视传)
彩页设计 / 高 立 (天宫视传)
出版发行 / 中国统计出版社
通信地址 / 北京市西城区三里河月坛南街57号 中国统计出版社
邮　　编 / 100826
电　　话 / (010)63376907
印　　刷 / 北京力信诚印刷有限公司
经　　销 / 新华书店
开　　本 / 880毫米x1230毫米 1/16
字　　数 / 120万字
印　　张 / 38印张　　彩插 / 1.5印张
印　　数 / 001-2500册
版　　别 / 2011年8月第一版
版　　次 / 2011年8月第一次印刷
书　　号 / ISBN 978-7-5037-6273-4/C.2502
定　　价 / 350.00元

2010年，全市人民在党中央、国务院和市委、市政府的正确领导下，深入学习实践科学发展观，认真贯彻落实各项宏观调控政策，全市经济在调整中继续平稳复苏回升，转变经济发展方式稳步推进，社会发展和谐稳定，“十一五”规划顺利完成。

In 2010, under the correct leadership of the CPC Central Committee, State Council, the CPC municipal committee and the municipal government, the people of Beijing learning and practicing the Scientific Concept of Development and earnestly implementing every macro-regulatory policy. The economy continued to recover under adjustment, with steadily progressing transformation of economic development patterns, and the social development was harmonious and stable. The 11th 'Five-Year Plan' was successfully accomplished.

经济发展注重协调 财政支出普惠民生

Focus Was Put on Coordination in Economic Development. Fiscal Expenditures Benefited the People's Livelihood.

经济总量迈上新台阶 可持续发展能力提高
Gross Economy Rose to a New Step. The Capacity of Sustainable Development Improved.

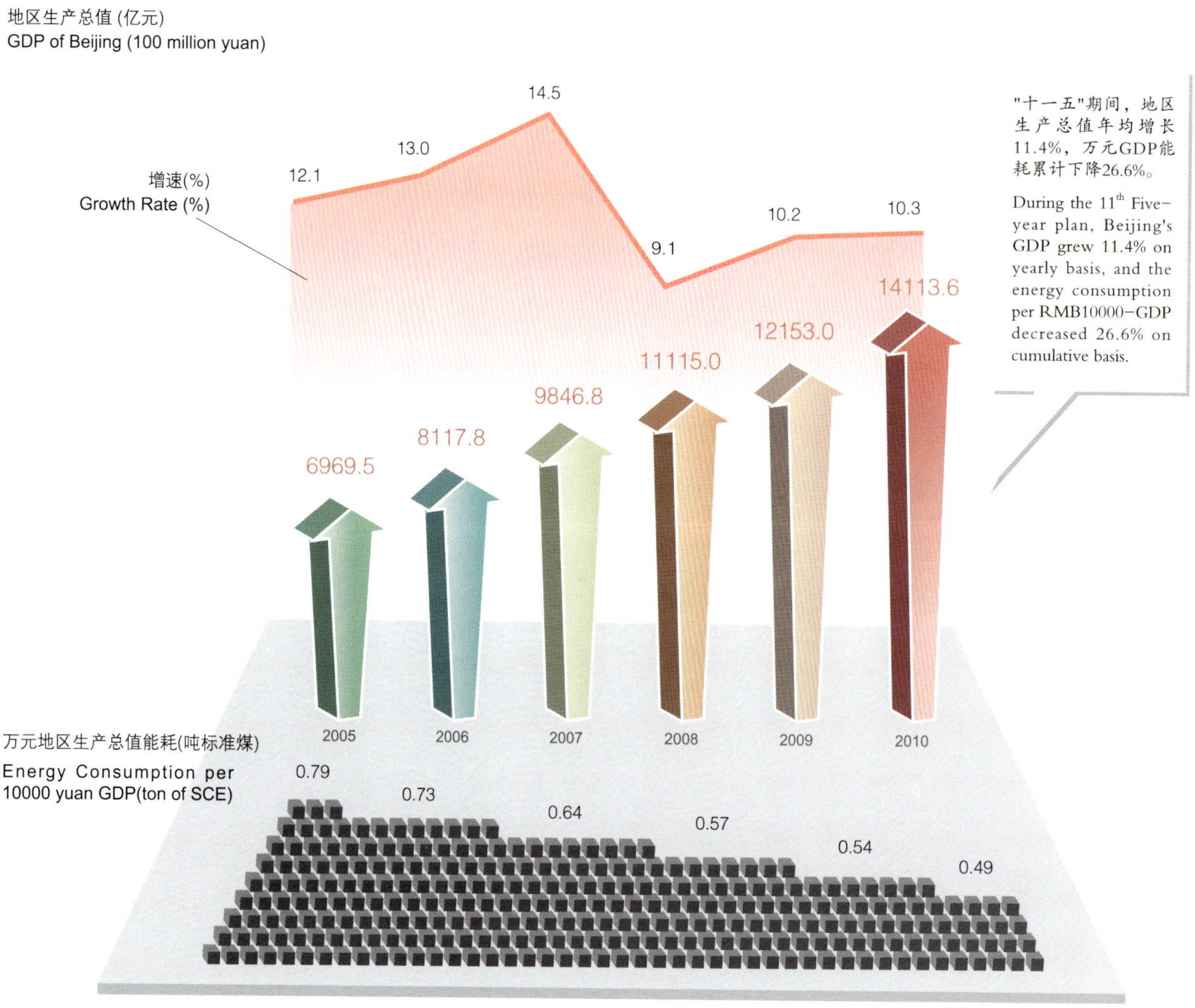

第三产业比重稳步上升
The Proportion of Tertiary Industry Rose Steadily.

三次产业增加值构成(%)
Composition of Added Value of Three Industries(%)

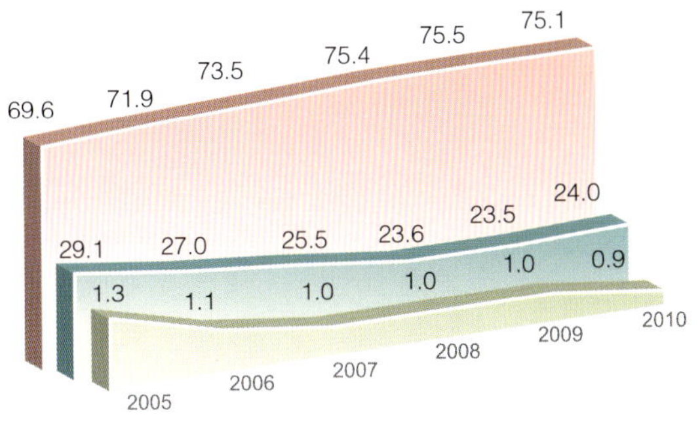

三次产业就业构成(%)
Composition of Employment in Three Industries(%)

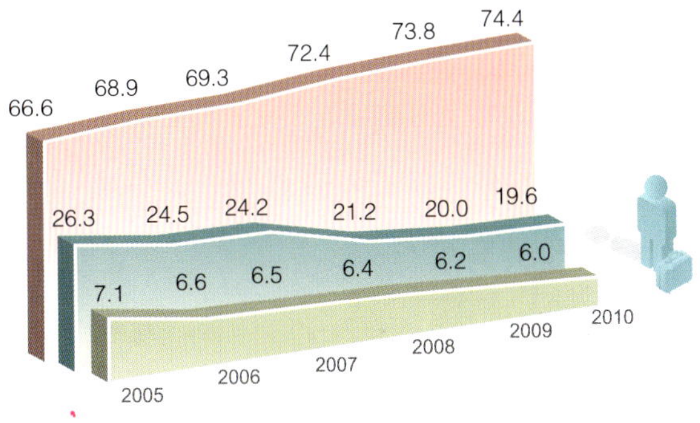

第一产业 Primary Industry
第二产业 Secondary Industry
第三产业 Tertiary Industry

教育、卫生、保障、交通等支出逐年增加
Expenditures on Education, Health, Security, Transport, And So on Increased Year by Year.

地方财政一般预算支出 (亿元) Local Government General Budgetary Financial Expenditure (100 million yuan)	2006	2007	2008	2009	2010
	1296.8	1649.5	1959.3	2319.4	2717.3

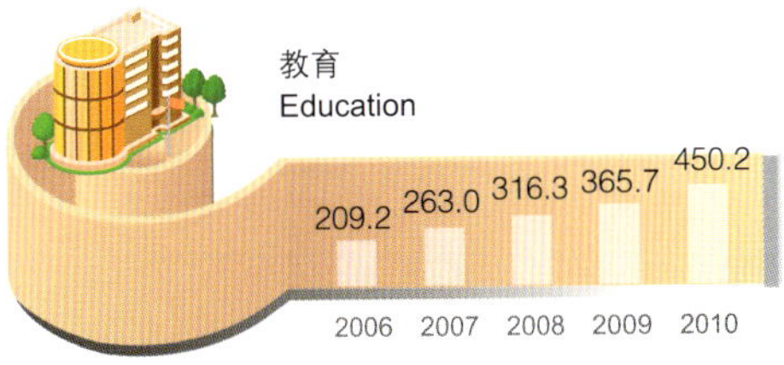

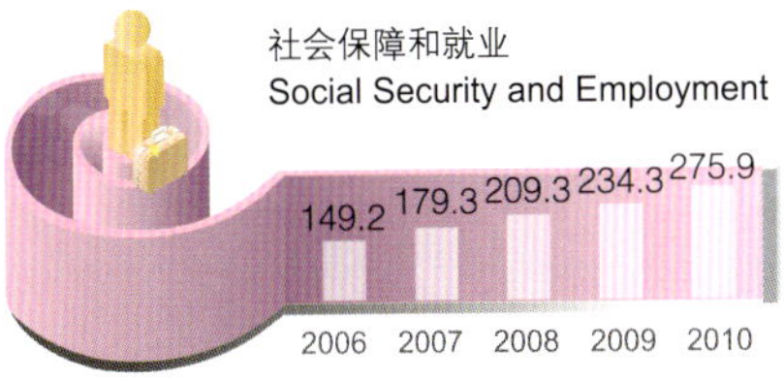

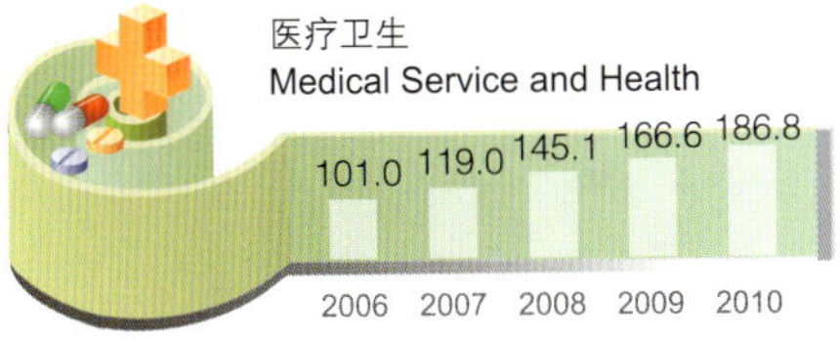

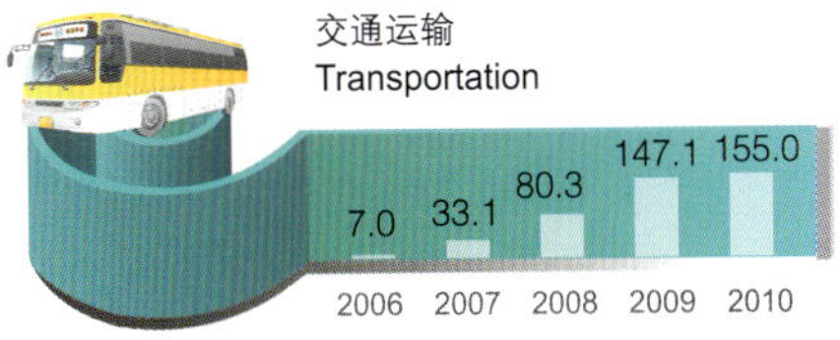

工业调整步伐加快 结构升级成效显著

Accelerated Pace of Industrial Restructuring. Obvious Result of Structural Upgrading.

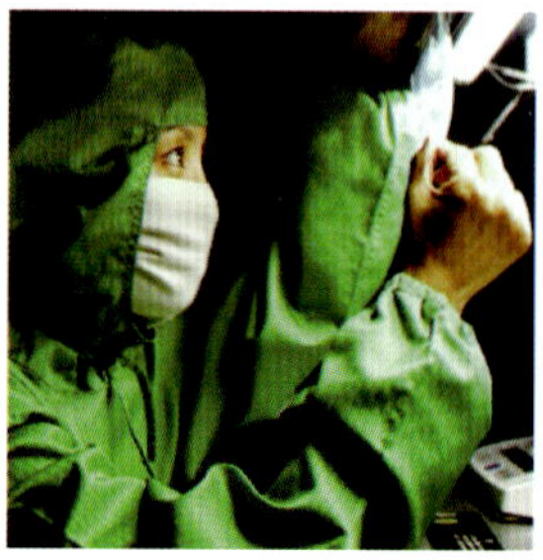

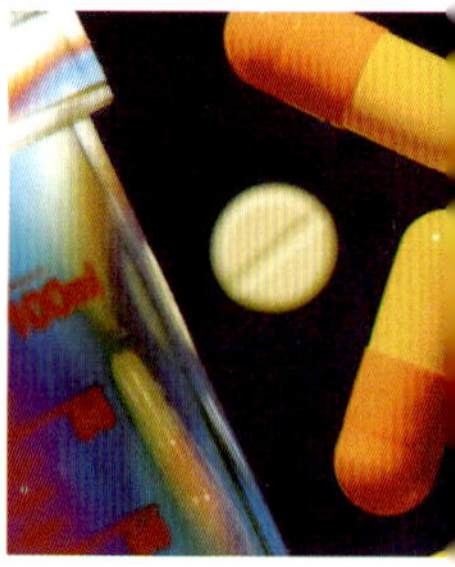

汽车、装备和生物医药等产业快速发展

Rapid Growth of Automobile. Equipment, Biopharmaceutics and Other Industries.

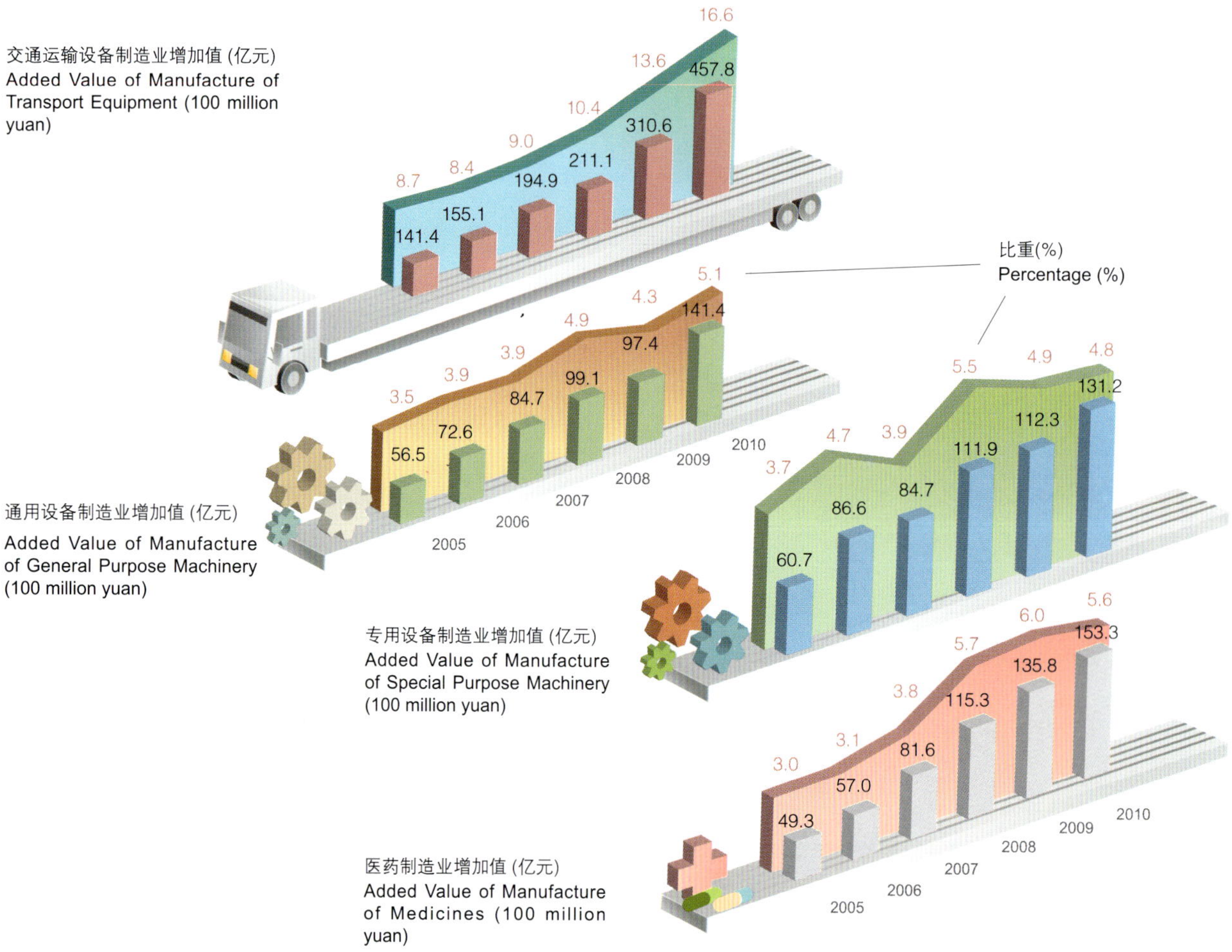

高耗能行业比重明显降低
Obvious Decrease in The Proportion of High Energy Consumption Sectors.

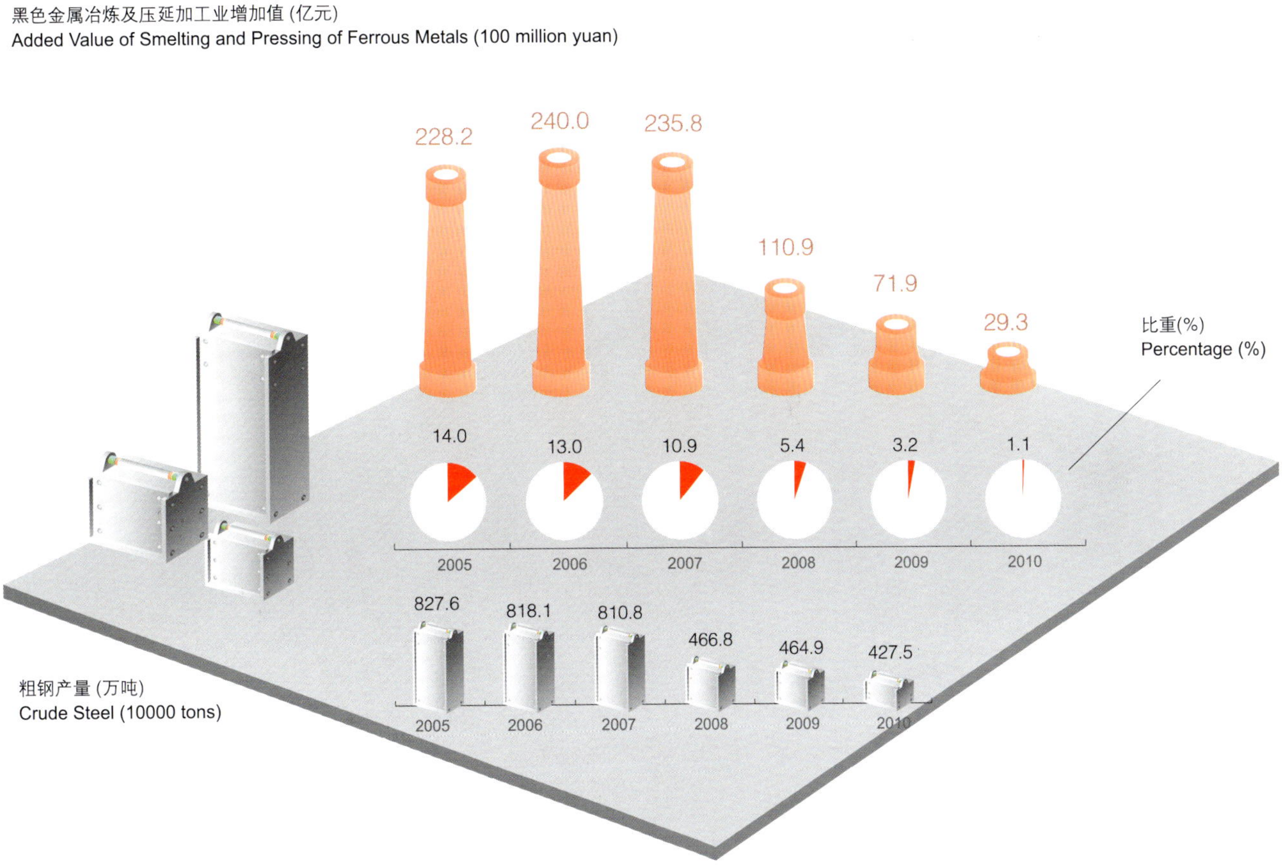

现代服务业格局初步确立 新兴产业群共促经济转型

Preliminary Establishment of Modern Service Industry's Pattern. Economic Transformation Driven by Cluster of New Industries.

现代服务业体系初步形成
Preliminary Formation of Modern Service System.

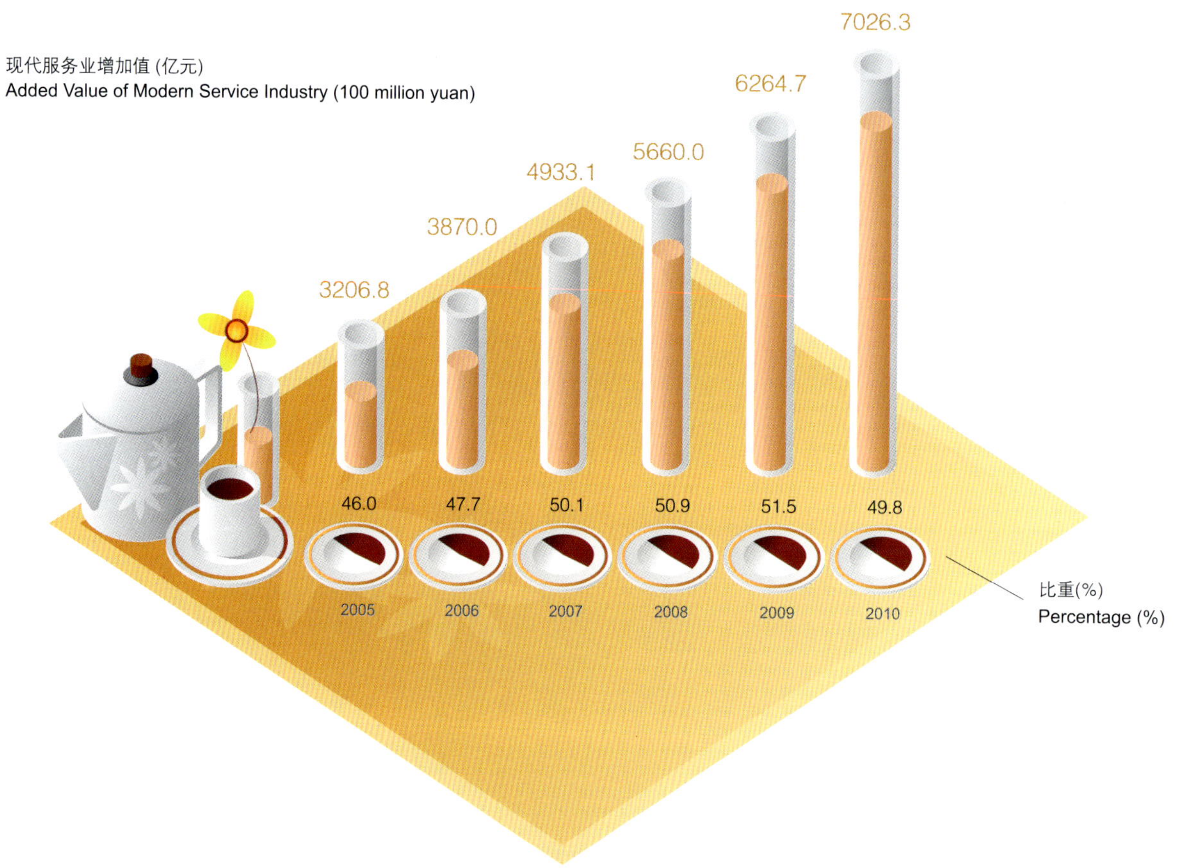

两大产业发展主轴基本确立
Principal Axis for The Development of Two Major Industries Established Basically.

文化创意产业增加值（亿元）
Added Value of Cultural and Creative Industry (100 million yuan)

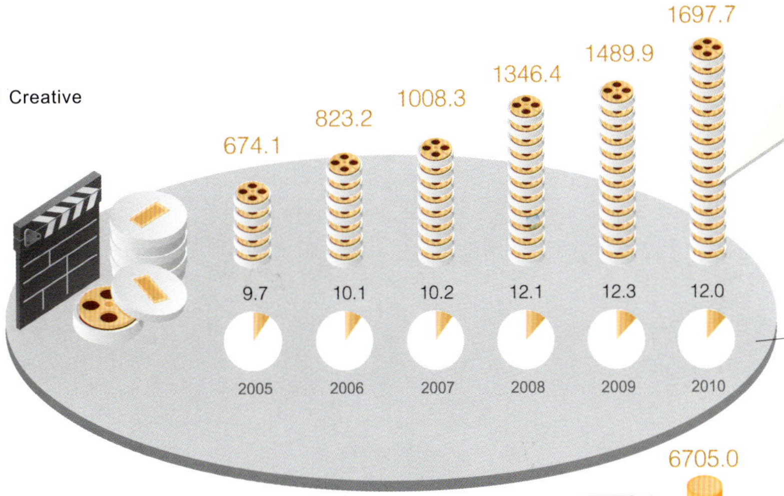

2010年，北京已认定的市级文化创意产业集聚区为30个，比2006年增加20个。
In 2010, there were 30 accredited cluster zones of cultural creative industry at municipal level in Beijing, 20 more than 2006.

比重(%)
Percentage (%)

生产性服务业增加值（亿元）
Added Value of Productive Service (100 million yuan)

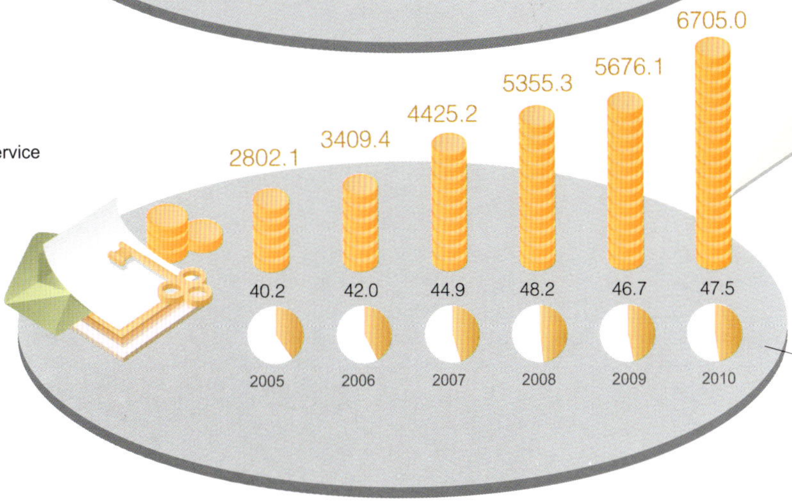

2010年，北京地区离岸服务外包收入为15.38亿美元，2009–2010年，年均增长55.6%。
In 2010, offshore service outsourcing income of Beijing stood at US$1.538 billion, In 2009–2010, representing an annual growth rate of 55.6% compared with 2008.

比重(%)
Percentage (%)

投资结构出现新变化 消费市场谱写新篇章

New Changes in Investment Structure. New Situation in Consumer Market.

基础设施投资支撑作用明显，政策性住房投资加大

Obvious Supporting Role of Investment in Infrastructure. Investment Increasing in Policy-oriented Housing.

基础设施投资额（亿元）
Amount of Infrastructure Investment (100 million yuan)

基础设施投资占全社会固定资产投资比重(%)
Infrastructure Investment as Percentage of Total Fixed Assets Investment (%)

轨道交通运营线路长度(公里)
Length of Rail Transit(km)

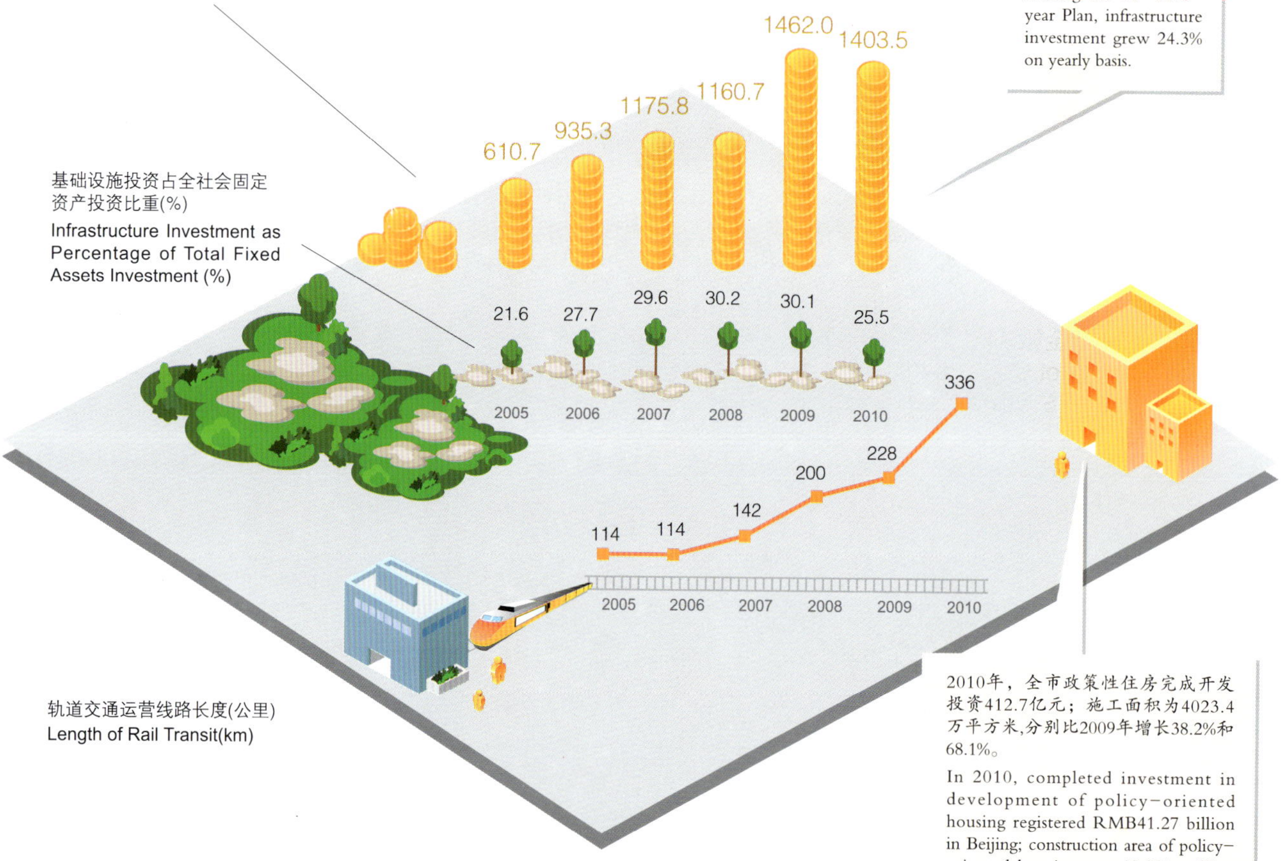

"十一五"期间，基础设施投资额年均增长24.3%。

During the 11th Five-year Plan, infrastructure investment grew 24.3% on yearly basis.

2010年，全市政策性住房完成开发投资412.7亿元；施工面积为4023.4万平方米，分别比2009年增长38.2%和68.1%。

In 2010, completed investment in development of policy-oriented housing registered RMB41.27 billion in Beijing; construction area of policy-oriented housing was 40.234 million square meters, up by 38.2% and 68.1% over 2009 respectively.

消费品零售额突破6千亿元
Retail Sales Topped RMB600 billion.

社会消费品零售额 (亿元)
Retail Sales of Consumer Goods(100 million yuan)

"十一五"期间，社会消费品零售额年均增长16.4%。

During the 11th Five-year Plan, retail sales grew 16.4% on yearly basis.

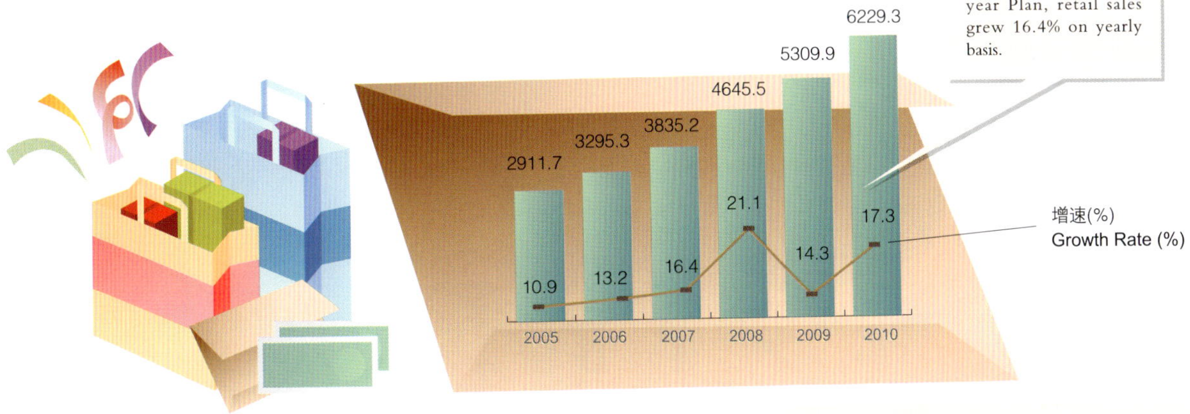

汽车、文化及金银珠宝消费不断升温
Increasingly Hot Consumption of Automobile, Culture, Gold, Silver and Jewelry.

2010年，限额以上体育娱乐用品类、电子出版物及音像制品类和文化办公用品类实现零售额比2005年增长2.1倍，占限额以上批发和零售企业的比重为6.6%，比2005年提高1.1个百分点。金银珠宝类和化妆品类实现零售额比2005年增长3.4倍，占限额以上批发和零售企业的比重为6.4%，比2005年提高2.5个百分点。

In 2010, retails sales of sports and amusement supplies, electronic publications, audiovisual products, cultural and office supplies in companies above designated size increased 2.1 times over 2005, and accounted for 6.6% of retails sales in wholesale and retail companies above designated size, 1.1 percentage points more than 2005. Retails sales of gold, silver and jewelry and cosmetics increased 3.4 times over 2005, and accounted for 6.4% of retails sales in wholesale and retail companies above designated size, 2.5 percentage points more than 2005

"十一五"期间，机动车销售量年均增长20.2%。

During the 11th Five-year Plan, sales volume of motor vehicle grew 20.2% on yearly basis.

机动车销售量 (万辆)
Motor Vehicles Sold(10000 units)

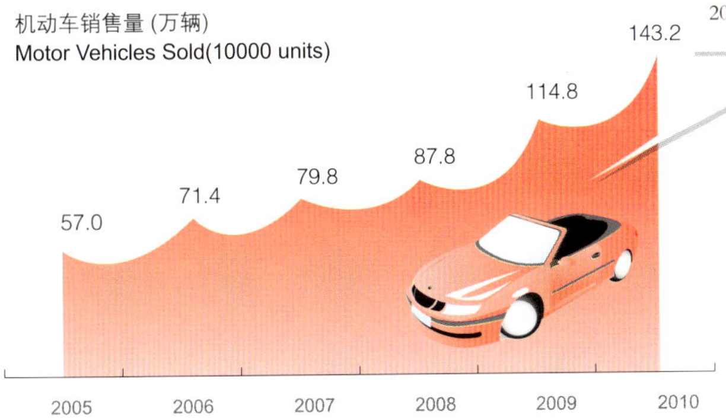

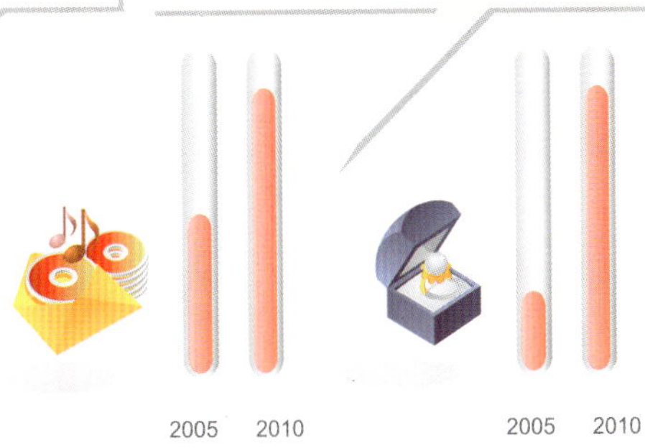

科技投入全国领先 创新城市建设加快

Investment in Science and Technology Leading The Country. Accelerated Innovative City Building.

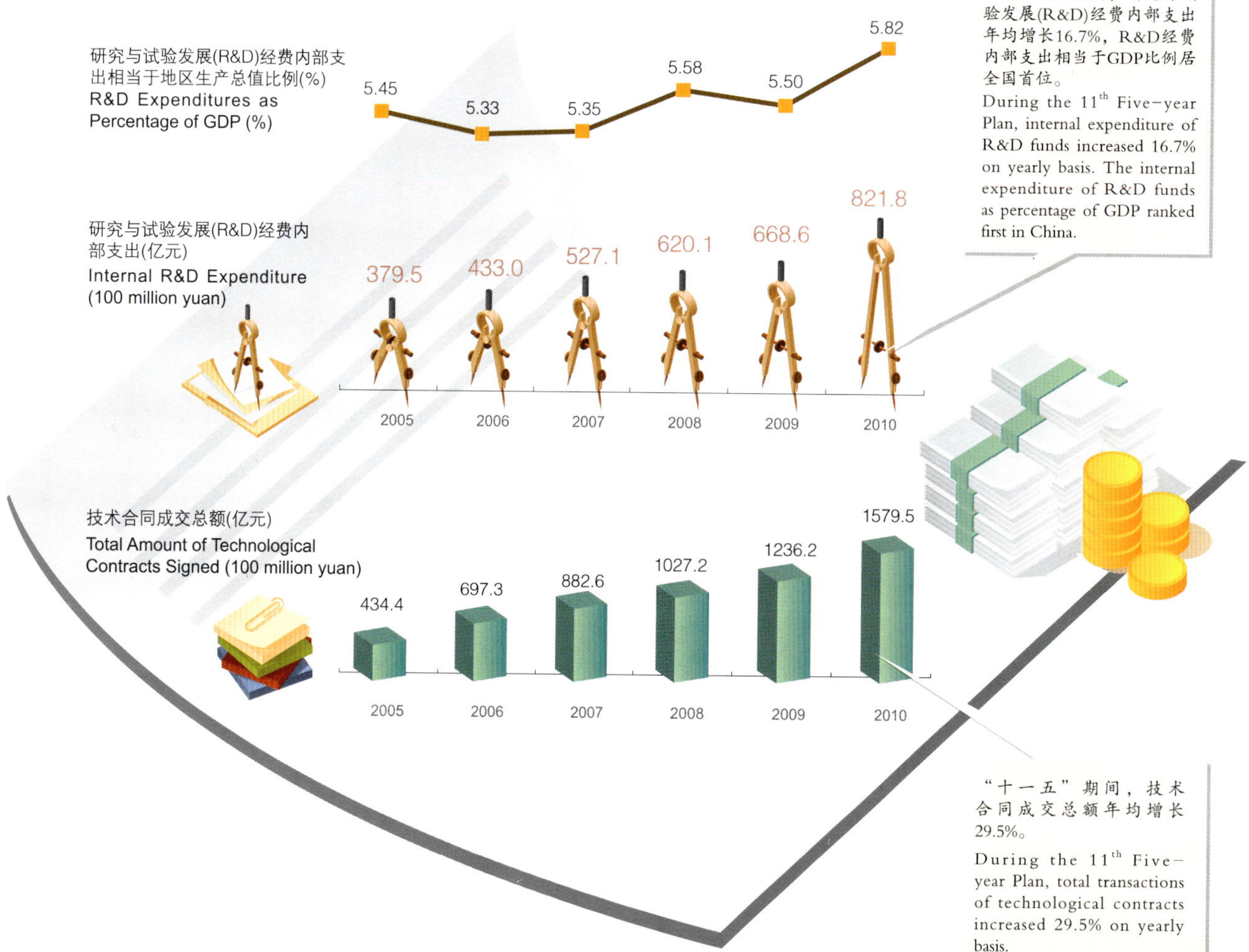

"十一五"期间，研究与试验发展(R&D)经费内部支出年均增长16.7%，R&D经费内部支出相当于GDP比例居全国首位。

During the 11th Five-year Plan, internal expenditure of R&D funds increased 16.7% on yearly basis. The internal expenditure of R&D funds as percentage of GDP ranked first in China.

"十一五"期间，技术合同成交总额年均增长29.5%。

During the 11th Five-year Plan, total transactions of technological contracts increased 29.5% on yearly basis.

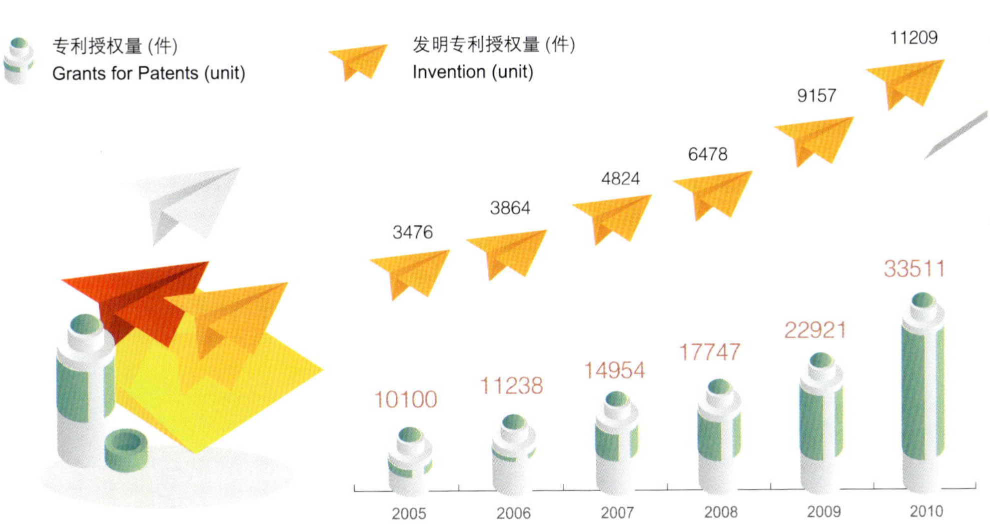

"十一五"期间，专利授权量和发明专利授权量年均分别增长27.1%和26.4%。

During the 11th Five-year Plan, authorized patents and inventions increased 27.1% and 26.4% respectively on yearly basis.

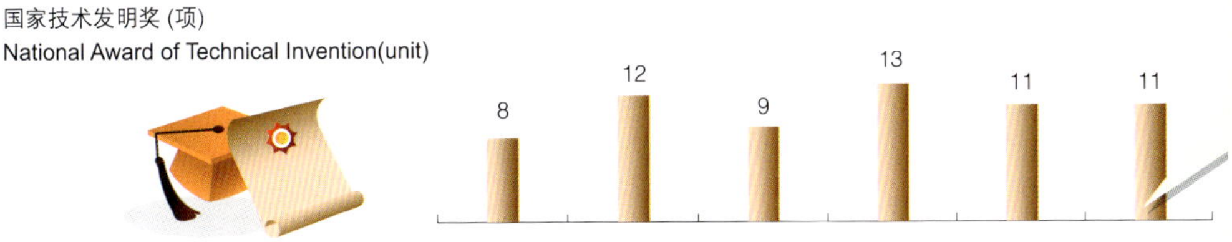

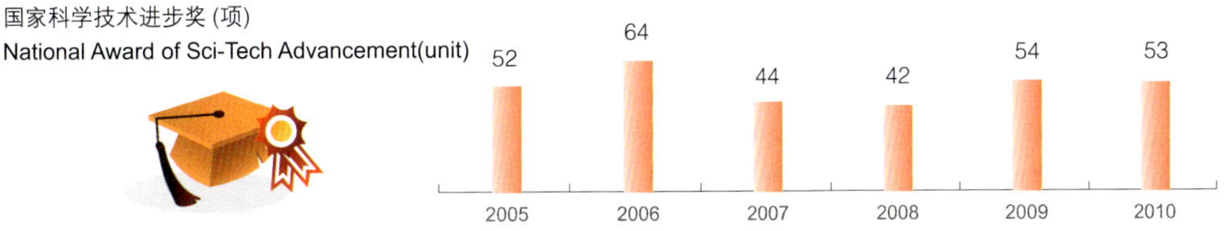

"十一五"期间，全市累计获得国家技术发明奖56项，国家科学技术进步奖257项，分别比"十五"时期增加31项和24项。

During the 11th Five-year Plan,there were accumulated 56 national technical invention awards, and 257 national awards of sci-tech advancement in Beijing,31 and 24 more than those in the 10the Five-year Plan respectively.

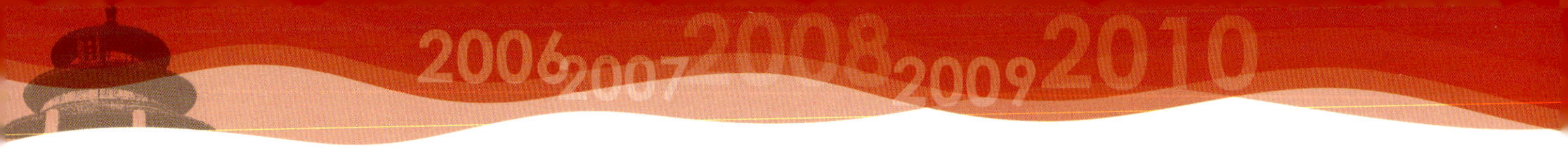

居民收入平稳增长 消费结构优化升级
Stable Growth in Household Income. Optimized and Upgraded Consumption Structure.

城乡居民收入平稳增长
Stable Growth in Urban and Rural Household Income.

城镇居民人均可支配收入(元)
Per Capita Disposable Income of Urban Households (yuan)

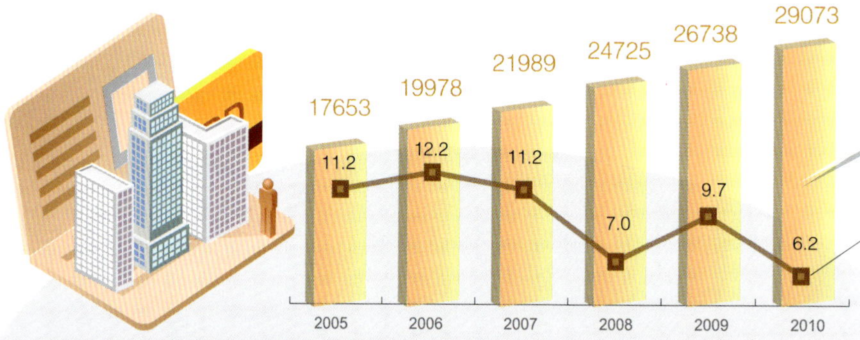

"十一五"期间，城镇居民人均可支配收入年均实际增长9.2%。

During the 11th Five-year Plan, per-capital disposable income of urban residents actually increased 9.2% on yearly basis.

农村居民人均纯收入(元)
Per Capita Net Income of Rural Household (yuan)

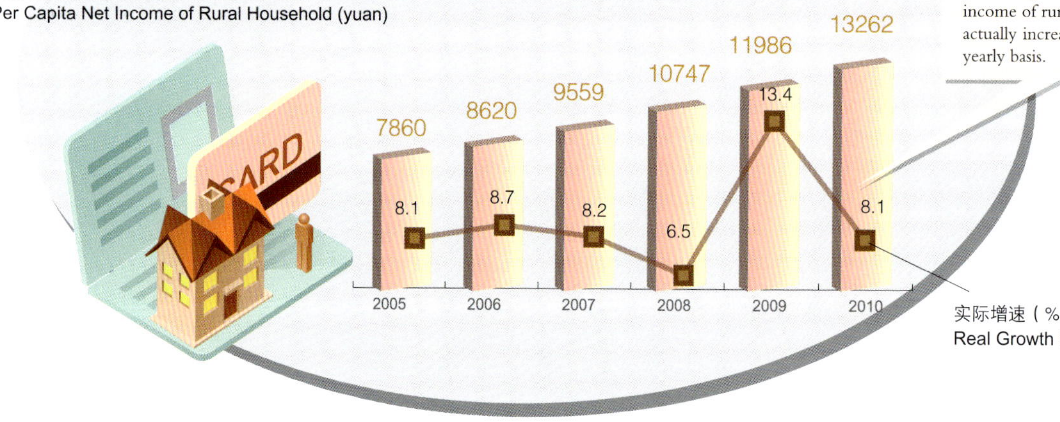

"十一五"期间，农村居民人均纯收入年均实际增长9%。

During the 11th Five-year Plan, per-capital net income of rural residents actually increased 9% on yearly basis.

享受型消费比重提高
Increased Proportion of Enjoyment-Oriented Consumption.

城镇居民家庭每百户主要耐用消费品拥有量
Per 100 Households Annual Possession of Main Durableconsumer Goods of Urban Households

	空调器(台) Air-Conditioners (unit)	计算机(台) Computers (unit)	移动电话(部) Mobile telephone (unit)	家用汽车(辆) Motor Vehicle (unit)
2005	147	89	190	14
2006	157	96	206	18
2007	157	92	207	20
2008	153	86	191	23
2009	163	97	213	30
2010	169	104	221	34

农民家庭每百户主要耐用消费品拥有量
Per 100 Households Annual Possession of Main Durable Consumer Goods of Rural Households

	空调器(台) Air-Conditioners (unit)	计算机(台) Computers (unit)	移动电话(部) Mobile telephone (unit)	家用汽车(辆) Motor Vehicle (unit)
2005	63	36	139	10
2006	72	41	161	10
2007	78	46	182	11
2008	89	52	201	12
2009	98	58	212	12
2010	107	64	224	16

教育、医疗支出比重下降
Decreased Proportion of Expenditure on Education and Medical Service.

城镇居民医疗保健支出比重(%)
Composition of Health Care and Medical Services in Urbal Household (%)

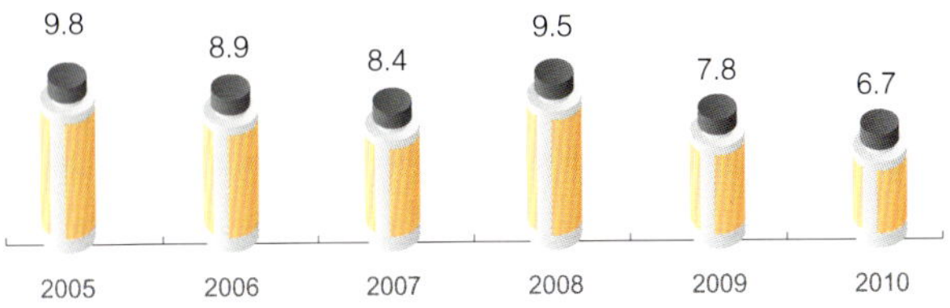

城镇居民教育文化娱乐服务支出比重 (%)
Composition of Education, Cultural and Recreation Services in Urbal Household (%)

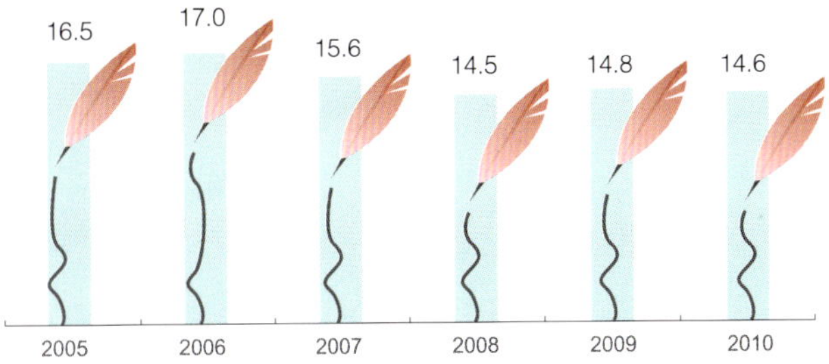

环境治理成效显著 空气质量得到改善
Obvious Result of Environment Control. Better Air Quality.

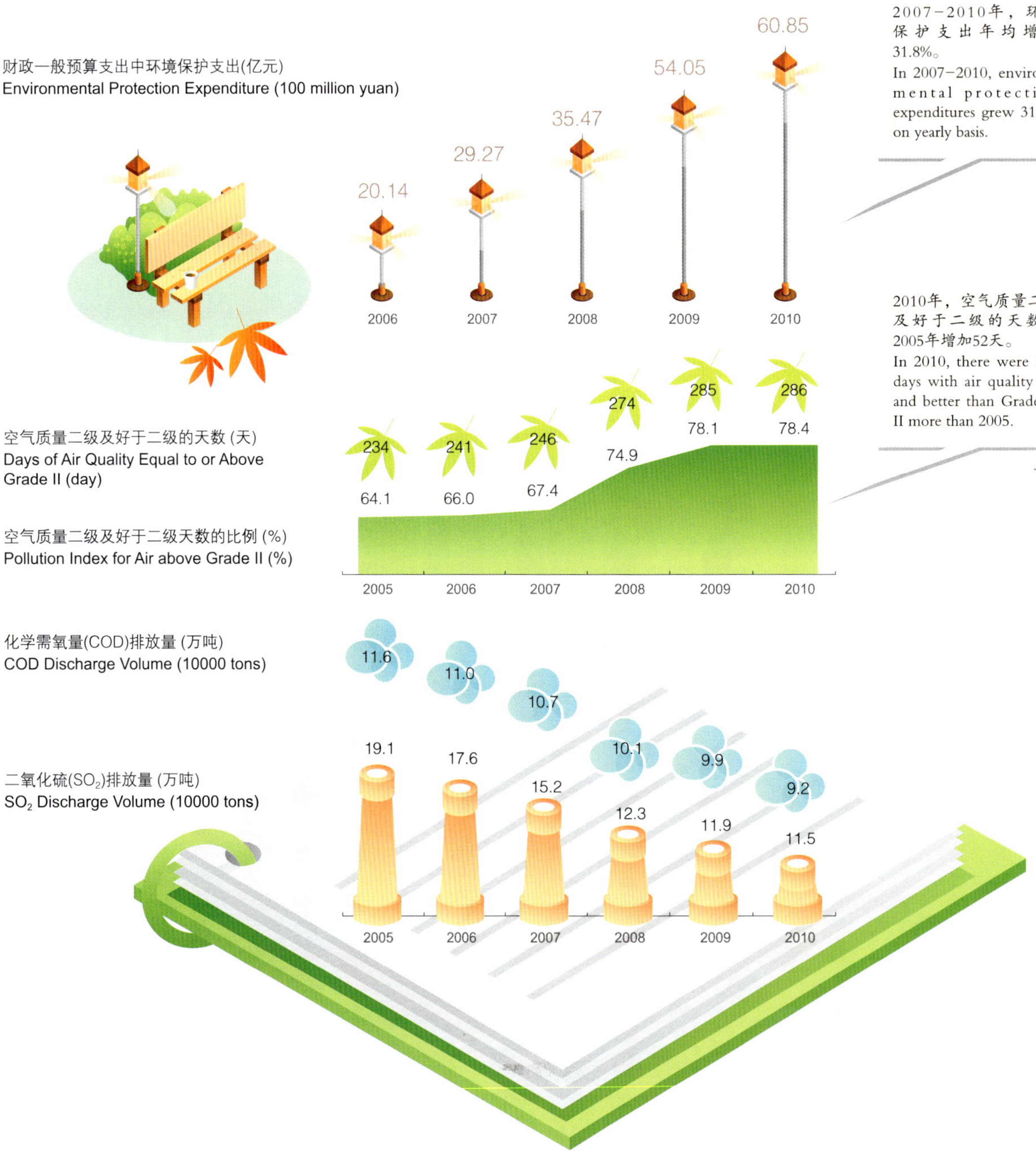

2007-2010年，环境保护支出年均增长31.8%。
In 2007-2010, environmental protection expenditures grew 31.8% on yearly basis.

2010年，空气质量二级及好于二级的天数比2005年增加52天。
In 2010, there were 52 days with air quality at and better than Grade-II more than 2005.

《北京统计年鉴－2011》
编辑委员会及编辑工作人员

编辑说明

一、《北京统计年鉴》是一部按年连续出版的大型统计资料。本年鉴通过大量的统计数据，真实地记录了北京市一年来经济社会发展变化情况，是国内外各界人士了解北京、认识北京的重要资料工具书。

二、本年鉴正文分为两部分——文章选编和统计表。第一部分登载了《北京市第二次全国 R&D 资源清查主要数据公报》和《北京市 2010 年第六次全国人口普查主要数据公报》；第二部分统计表包括综合，国民经济核算，人口与就业，能源、资源和环境，全社会固定资产投资和房地产开发，财政与税收，价格指数，人民生活，城市公用事业，农业及农村经济，工业，建筑业，交通运输邮电，批发和零售业、住宿和餐饮业，对外经济贸易，旅游业，金融和保险，教育、文化，科技，卫生、体育，社会福利、社区、政法及其他，第三产业，企业调查资料和消费者信心指数，开发区，共 24 个细目。为方便读者使用，每章前设有《简要说明》，对本章的主要内容、资料来源、统计范围、指标口径及历史数据调整方法予以说明，每章末附有《主要统计指标解释》。

三、与 2010 版《北京统计年鉴》比较，本年鉴在篇章设置和内容上主要做了如下修订：

1. 新增反映人口普查和 R&D 资源清查结果的数据。一是文章选编中登载北京市第六次全国人口普查和第二次全国 R&D 资源清查主要数据公报。二是统计表中增加相关新内容，如新增常住外来人口各种分组情况等；新增 R&D 资源清查中规模以上工业企业 R&D 情况、R&D 项目(课题)情况和单位内部举办研究机构情况等，并补充 2010 年版年鉴中未公布的 2009 年科技数据。

2. 新增社会各界较为关注的数据。如城镇新增就业人数、森林覆盖率、水环境、大气环境、廉租房、公租房、互联网上网人数、3G 移动用户数、体育及相关产业等数据。

3. 继续补充历史数据。包括常住外来人口，户籍人口，基础设施投资情况，观光农业、民俗旅游、种业和设施农业，机动车拥有量，专任教师数，婚姻登记，各种案件收案、结案情况等。

4. 部分指标和分组数据根据统计制度进行调整。如新增社会消费品零售额按地区和按消费形态分组的数据，取消按市、县、县以下及按行业分组数据；取消社会商业商品购进、销售、库存总值，增加批发和零售业法人单位商品购进、销售 、库存总值；旅行社相关数据由国际旅行社调整为全部旅行社口径；卫生院数据并入到社区卫生服务中心(站)等其他卫生机构；取消科技活动人员、科技活动经费筹集和支出情况，细化研究与试验发展人员及支出情况等。

5. 年鉴常规内容全部实现英文翻译。将章节前的《简要说明》和章节末的《主要统计指标解释》翻译成英文，使《北京统计年鉴》常规内容全部实现中英文对照。

四、2010 年常住人口数据为根据北京市第六次全国人口普查推算数，本年鉴未对非普查年份的常住人口历史数据进行修订，因此，根据常住人口计算的相关数据，如人均地区生产总值、人均水资源、城镇居民人均住宅使用面积、城镇居民人均住宅建筑面积等相关指标，普查年份与非普查年份的数据波动较大。

五、本年鉴对历史数据重新进行了核实，调整了部分指标历史数据。如数据与其他统计资料有出入，请以本年鉴为准。

六、本年鉴中部分数据合计数或相对数由于计量单位取舍不同而产生的计算误差，均未作机械调整。

七、本年鉴使用的符号说明：“…”表示数据不足该表最小单位数；“空格”表示该项指标数据不详或没有数据；“#”表示其中部分项目；“***” 表示为使个别机构单位所提供的资料得以保密，该数据不予公布。

八、本年鉴为中英文对照版，随书配有统计年鉴电子光盘，具备数据加工、制图和快速查询的功能。

目　录
Contents

文章选编
ARTICLES

统计表
STATISTICS

一、综合
GENERAL SURVEY

二、国民经济核算
NATIONAL ACCOUNTS

三、人口与就业
POPULATION AND EMPLOYMENT

四、能源、资源和环境
ENERGY, RESOURCES AND ENVIRONMENT PROTECTION

五、全社会固定资产投资和房地产开发
TOTAL INVESTMENT IN FIXED ASSETS AND REAL ESTATE DEVELOPMENT

六、财政与税收
GOVERNMENT FINANCE AND REVENUES

七、价格指数
PRICE INDEX

八、人民生活
PEOPLE'S LIVELIHOOD

九、城市公用事业
PUBLIC UTILITIES

十、农业及农村经济
AGRICULTURE AND RURAL ECONOMY

十一、工业
INDUSTRY

十二、建筑业
CONSTRUCTION

十三、交通运输邮电
TRANSPORT, POST AND TELECOMMUNICATION SERVICES

十四、批发和零售业、住宿和餐饮业
WHOLESALE, RETAIL, HOUSING AND CATERING

十五、对外经济贸易
FOREIGN ECONOMY AND TRADE

十六、旅游业
TOURISM

十七、金融和保险
BANKING AND INSURANCE

十八、教育、文化
EDUCATION AND CULTURE

十九、科技
SCIENCE AND TECHNOLOGY

二十、卫生、体育
HEALTH AND SPORTS

二十一、社会福利、社区、政法及其他
SOCIAL WELFARE, COMMUNITY, POLITICS AND LAW AND OTHERS

二十二、第三产业
TERTIARY INDUSTRY

二十三、企业调查资料和消费者信心指数
ENTERPRISE SURVEY INFORMATION AND CONSUMER CONFIDENCE INDEX

二十四、开发区
DEVELOPMENT ZONES

文章选编
ARTICLES

北京市第二次全国 R&D 资源清查主要数据公报（第一号）

北京市统计局　　北京市科学技术委员会
北京市发展和改革委员会　北京市教育委员会
北京市财政局　　北京市国防科学技术工业办公室

2010 年 12 月 10 日

按照国家六部委《关于开展第二次全国 R&D[1]资源清查[2]的通知》(国统字[2009]57 号)的规定和要求，以及全国 R&D 资源清查领导小组的统一部署，我市组织实施了北京地区第二次全国 R&D 资源清查。

此次清查标准时点为 2009 年 12 月 31 日，时期资料为 2009 年度。清查对象是国民经济中 R&D 活动相对密集行业[3]的法人单位。清查的主要内容包括 R&D 人员、R&D 经费、R&D 项目(课题)、各类研究开发机构以及 R&D 活动产出等情况。

北京市第二次全国 R&D 资源清查的数据采集、质量核查、汇总及评估工作已经完成。现根据清查结果将全社会 R&D 主要数据公布如下：

一、R&D 人员情况

2009 年全市 R&D 人员 25.3 万人，其中大学本科及以上学历 15.8 万人，占 62.5%；女性人员 8 万人，占 31.6%。

2009 年按实际工作时间计算的 R&D 人员全时当量[4] 19.2 万人年，其中研究人员[5] 10.3 万人年，占 53.6%。R&D 人员全时当量是 2000 年的 1.9 倍。

按活动类型分组，基础研究人员全时当量 2.7 万人年，占 14.1%；应用研究人员 4.7 万人年，占 24.5%；试验发展人员 11.8 万人年，占 61.4%。

二、R&D 经费情况

2009 年全市 R&D 总经费 668.6 亿元，是 2000 年的 4.3 倍，年平均增长 17.6%。R&D 经费与当年国内生产总值(GDP)之比为 5.5%，比 2000 年提高了 0.57 个百分点。

按活动类型分组，基础研究经费 70.5 亿元，占 10.5%；应用研究经费 153.2 亿元，占 22.9%；试验发展经费 444.9 亿元，占 66.6%。基础研究、应用研究和试验发展经费分别是 2000 年的 4.5 倍、4 倍和 5.2 倍。

按经费来源分组，政府资金 349.5 亿元，占 52.3%；企业资金 252.2 亿元，占 37.7%；国外资金 29.1 亿元，占 4.4%；其他资金 37.8 亿元，占 5.6%。

按国民经济行业分组，第一产业 R&D 经费 0.5 亿元，占 0.1%；第二产业 136.5 亿元，占 20.4%，其中，制造业 R&D 经费 108.2 亿元，占 16.2%；第三产业 531.6 亿元，占 79.5%，其中，科学研究、技术服务和地质勘查业 364 亿元，占 54.4%，信息传输、计算机服务和软件业 79 亿元，占 11.8%，教育 68.6 亿元，占 10.3%(详见附表)。

三、R&D 项目(课题)[6]情况

2009 年全市各类单位共开展 R&D 项目 8.2 万项，参加项目人员全时当量 16.6 万人年，项目经费 443.1 亿元。

按社会经济目标分组，工商业发展项目经费 111.7 亿元，占 25.2%；能源的生产、分配和合理利用项目 18.9 亿元，占 4.3%；社会发展和社会服务项目 85.9 亿元，占 19.4%；基础设施以及城市和农村规划项目 26 亿元，占 5.9%；环境保护、生态建设及污染防治项目 12.9 亿元，占 2.9%；国防项目 107.3 亿元，占 24.2%；其他项目 80.4 亿元，占 18.1%。

四、研究开发机构[7]情况

2009 年全市各类研究开发机构 2026 个。其中从事 R&D 活动的人员 13.4 万人，是 2000 年的 2.3 倍；其中博士和硕士 6.5 万人，占 48.5%。机构 R&D 经费 459.4 亿元，是 2000 年的 8.2 倍。机构中用于科研的仪器设备原价 393.1 亿元，是 2000 年的 3.5 倍。

按学科分组，自然科学领域 134 个，占 6.6%；农业科学领域 70 个，占 3.5%；医药科学领域 80 个，占 3.9%；工程与技术科学领域 1562 个，占 77.1%；人文与社会科学领域 180 个，占 8.9%。

附表 2009 年分行业 R&D 投入情况

	R&D 人员全时当量		R&D 经费	
	总量(人年)	比重(%)	总量(亿元)	比重(%)
总　计	**191779**	**100.0**	**668.64**	**100.0**
农、林、牧、渔业	130	0.1	0.53	0.1
采矿业	866	0.5	3.32	0.5
制造业	39881	20.8	108.22	16.2
电力、燃气及水的生产和供应业	799	0.4	2.16	0.3
建筑业	7727	4.0	22.77	3.4
交通运输、仓储和邮政业	952	0.5	3.24	0.5
信息传输、计算机服务和软件业	26417	13.8	78.99	11.8
金融业	149	0.1	0.33	0.1
租赁和商务服务业	3858	2.0	10.95	1.6
科学研究、技术服务和地质勘查业	80410	41.9	363.99	54.4
水利、环境和公共设施管理业	155	0.1	0.35	0.1
教育	22563	11.8	68.61	10.3
卫生、社会保障和社会福利业	7265	3.7	4.23	0.6
文化、体育和娱乐业	607	0.3	0.94	0.1

注释:

[1]R&D,即研究与试验发展,指在科学技术领域,为增加知识总量、以及运用这些知识去创造新的应用而进行的系统的、创造性的活动,包括基础研究、应用研究、试验发展三类活动。

基础研究:指为了获得关于现象和可观察事实的基本原理的新知识(揭示客观事物的本质、运动规律,获得新发展、新学说)而进行的实验性或理论性研究,它不以任何专门或特定的应用或使用为目的。

应用研究:指为获得新知识而进行的创造性研究,主要针对某一特定的目的或目标。应用研究是为了确定基础研究成果可能的用途,或是为达到预定的目标探索应采取的新方法(原理性)或新途径。

试验发展:指利用从基础研究、应用研究和实际经验所获得的现有知识,为产生新的产品、材料和装置,建立新的工艺、系统和服务,以及对已产生和建立的上述各项作实质性的改进而进行的系统性工作。

[2]经国务院批准,科技部、国家统计局、财政部、原国家发展计划委员会、原国家经济贸易委员会、教育部和原国防科学技术工业委员会于2000年联合在全国开展了第一次全社会R&D资源清查工作。经国务院批准,国家统计局、科技部、国家发展改革委、教育部、财政部、国防科工局于2009年联合开展了第二次全国R&D资源清查。

[3]R&D活动相对密集行业依据第一次全国R&D资源清查及第二次全国R&D资源清查摸底调查结果确定,包括:农、林、牧、渔业,采矿业,制造业,电力、燃气及水的生产和供应业,建筑业,交通运输、仓储和邮政业,信息传输、计算机服务和软件业,金融业,租赁和商务服务业,科学研究、技术服务和地质勘查业,水利、环境和公共设施管理业,教育,卫生、社会保障和社会福利业,文化、体育和娱乐业等。

[4]R&D人员全时当量是国际上通用的、用于比较科技人力投入的指标。指R&D全时人员(全年从事R&D活动累积工作时间占全部工作时间的90%及以上人员)工作量与非全时人员按实际工作时间折算的工作量之和。

[5]研究人员指R&D人员中具备中级以上职称或博士学历(学位)的人员。

[6]R&D项目(课题)指调查单位在当年立项并开展研究工作、以前年份立项仍继续进行研究的研究开发项目或课题,包括当年完成和年内研究工作已告失败的研发项目或课题。

[7]研究开发机构包括各类独立的研究机构以及企事业单位办的非独立的研究开发机构。

北京市第二次全国 R&D 资源清查主要数据公报（第二号）

北京市统计局　　北京市科学技术委员会
北京市发展和改革委员会　北京市教育委员会
北京市财政局　　北京市国防科学技术工业办公室

2010 年 12 月 10 日

根据北京市第二次全国 R&D 资源清查结果，现将规模以上工业企业[1] R&D 及相关活动主要指标公布如下：

一、开展 R&D 活动企业[2]分布情况

2009 年，全市开展 R&D 活动的工业企业 1114 个，占规模以上工业企业的 16.2%。其中，开展 R&D 活动的大中型企业 266 个，占全部大中型工业企业的 42%。

在开展 R&D 活动的企业中，有限责任公司 472 个，占 42.4%；私营企业 241 个，占 21.6%；其他内资企业 195 个，占 17.5%；港、澳、台商投资企业 55 个，占 4.9%；外商投资企业 151 个，占 13.6%（详见表 1）。

二、R&D 投入情况

2009 年，工业企业 R&D 人员 5.3 万人，是 2000 年的 2.3 倍；其中女性 1.4 万人，占 26.5%。按实际工作时间计算的 R&D 人员全时当量 4.2 万人年，是 2000 年的 2.1 倍。

2009 年，工业企业 R&D 经费 113.7 亿元，是 2000 年的 4.9 倍，年平均增长 19.3%；工业企业 R&D 经费投入强度[3] 0.95%，比 2000 年降低 0.1 个百分点。其中，大中型企业 R&D 经费 85.7 亿元，R&D 经费投入强度 0.94%，比 2000 年提高 0.01 个百分点。

在工业企业 R&D 经费中，有限责任公司 R&D 经费 47.4 亿元，占 41.7%；股份有限公司 29.2 亿元，占 25.7%；其他内资企业 12 亿元，占 10.5%；港、澳、台商投资企业 8.4 亿元，占 7.4%；外商投资企业 16.7 亿元，占 14.7%。

按行业分组，制造业 R&D 经费 108.2 亿元，占 95.2%（详见表 2）。

表 1　按登记注册类型分 R&D 企业及所占比重

	有 R&D 活动的企业数（个）	所占比重（%）		有 R&D 活动的企业数（个）	所占比重（%）
合　计	**1114**	**100.0**	有限责任公司	472	42.4
内资企业	908	81.5	国有独资公司	27	2.4
国有企业	51	4.6	股份有限公司	122	10.9
集体企业	8	0.7	私营企业	241	21.6
股份合作企业	13	1.2	其他企业	0	0.0
联营企业	1	0.1	港、澳、台商投资企业	55	4.9
			外商投资企业	151	13.6

表 2　按行业分 R&D 经费情况行业

行　业	经费投入（万元）	投入强度（%）	行　业	经费投入（万元）	投入强度（%）
合　计	**1137030.2**	**0.95**	化学原料及化学制品制造业	25598.2	0.94
采矿业	**33238.9**	**0.61**	医药制造业	46129.4	1.50
煤炭开采和洗选业	4759.3	0.13	化学纤维制造业	853.4	3.14
石油和天然气开采业	28479.6	1.96	橡胶制品业	2294.8	1.00
黑色金属矿采选业	0.0	0.00	塑料制品业	4019.5	0.48
有色金属矿采选业	0.0	0.00	非金属矿物制品业	41313.1	1.17
非金属矿采选业	0.0	0.00	黑色金属冶炼及压延加工业	42966.7	0.69
制造业	**1082164.2**	**1.15**	有色金属冶炼及压延加工业	7825.7	1.14
农副食品加工业	6813.8	0.26	金属制品业	19178.2	0.94

表2续表

行　　业	经费投入（万元）	投入强度（%）	行　　业	经费投入（万元）	投入强度（%）
食品制造业	14103.4	0.68	通用设备制造业	69331.8	1.75
饮料制造业	15139.6	0.86	专用设备制造业	159382.1	3.39
烟草制造业	935.5	0.29	交通运输设备制造业	231474.1	1.55
纺织业	4344.6	0.65	电气机械及器材制造业	85270.0	1.39
纺织服装、鞋、帽制造业	512.2	0.05	通信设备、计算机及其他电子设备制造业	219278.0	0.94
皮革、毛皮、羽毛(绒)及其制品业	0.0	0.00	仪器仪表及文化、办公用机械制造业	46021.4	2.00
木材加工及木、竹、藤、棕、草制品业	149.0	0.10	工艺品及其他制造业	24139.2	2.65
家具制造业	807.7	0.15	废弃资源和废旧材料回收加工业	645.6	1.16
造纸及纸制品业	182.2	0.03	**电力、燃气及水的生产和供应业**	**21627.1**	**0.11**
印刷业和记录媒介的复制	2198.7	0.17	电力、热力的生产和供应业	19940.1	0.11
文教体育用品制造业	1749.6	1.12	燃气生产和供应业	176.2	0.01
石油加工、炼焦及核燃料加工业	9506.7	0.13	水的生产和供应业	1510.8	0.53

按功能区分组，城市功能拓展区工业企业 R&D 经费 67.6 亿元，占 59.5%；城市发展新区工业企业 R&D 经费 38.9 亿元，占 34.2%；首都功能核心区工业企业 R&D 经费 4.2 亿元，占 3.7%；生态涵养发展区工业企业 R&D 经费 3 亿元，占 2.6%（详见表3）。

表3　按地区分 R&D 经费情况

地　　区	R&D 经费（万元）	所占比重（%）
全　　市	**1137030.2**	**100.00**
首都功能核心区	42370.1	3.73
东城区	8706.7	0.77
西城区	33663.4	2.96
城市功能拓展区	676216.7	59.47
朝阳区	109597.2	9.64
丰台区	101817.1	8.95
石景山区	64966.9	5.71
海淀区	399835.5	35.17
城市发展新区	388851.7	34.20
房山区	22925.3	2.02
通州区	22006.3	1.94
顺义区	47606.7	4.19
昌平区	152591.3	13.41
大兴区	143722.1	12.64
生态涵养发展区	29591.7	2.60
门头沟区	5707.5	0.50
怀柔区	16298.1	1.43
平谷区	875.8	0.08
密云县	3051.9	0.27
延庆县	3658.4	0.32

三、R&D 项目情况

2009 年，工业企业共开展 R&D 项目 5540 项，项目人员全时当量 3.3 万人年，项目经费 81.6 亿元。

按项目技术经济目标分组，开发全新产品项目经费占 60.4%，增加产品功能或提高性能项目占 21.8%，减少能源消耗或提高能源使用效率项目占 4.2%，其他项目占 13.6%。

按项目来源分组，企业自选项目经费占 69.8%，国家科技项目占 16%，其他企业委托项目占 4.4%，地方科技项目占 3.1%，其他项目占 6.7%。

按项目合作形式分组，企业独立完成项目经费占 63.7%，与国内独立研究机构合作项目占 10.3%，与国内高校合作项目占 7.2%，与境内其他企业合作项目占 6.3%，其他合作形式项目占 12.5%。

四、企业办研究开发机构情况

2009 年，工业企业办研究开发机构 670 个，比 2000 年下降 8.6%。机构人员 3.5 万人，是 2000 年的 1.7 倍；其中博士和硕士 0.8 万人，占 22.8%，比 2000 年提高 5.3 个百分点。全年机构经费 64.4 亿元，是 2000 年的 3.2 倍。机构拥有科研用仪器和设备原价 36.6 亿元，是 2000 年的 1.7 倍。

五、R&D 活动产出情况

2009 年，工业企业完成新产品[4]产值 2667.6 亿元，是 2000 年的 3.7 倍。全年实现新产品销售收入 2831.5 亿元，是 2000 年的 3.7 倍；新产品销售收入占主营业务收入的比重为 23.7%，比 2000 年降低 10.8 个百分点。

2009 年，工业企业申请专利 7016 件，是 2000 年的 8.8 倍；其中发明专利 3573 件，是 2000 年的 18 倍；发明专利所占比重 50.9%，比 2000 年提高 26 个百分点。

注释：

[1]规模以上工业企业：指年主营业务收入在 500 万元及以上的法人工业企业。

[2]开展 R&D 活动企业：指有组织地开展 R&D 活动且有相应经费支出的企业。

[3]工业企业 R&D 经费投入强度：指企业 R&D 经费与主营业务收入之比。

[4]新产品：指采用新技术原理、新设计构思研制、生产的全新产品，或在结构、材质、工艺等某一方面比原有产品有明显改进，从而显著提高了产品性能或扩大了使用功能的产品。

北京市第二次全国 R&D 资源清查主要数据公报
（第三号）

北京市统计局　　北京市科学技术委员会
北京市发展和改革委员会　　北京市教育委员会
北京市财政局　　北京市国防科学技术工业办公室

2010 年 12 月 10 日

根据北京市第二次全国 R&D 资源清查结果，现将政府属研究机构[1]（以下简称研究机构）R&D 主要指标公布如下：

2009 年全市有研究机构 353 个，其中自然科学领域的研究机构 44 个，占 12.5%；农业科学领域 25 个，占 7.1%；医药科学领域 46 个，占 13.0%；工程与技术科学领域 148 个，占 41.9%；人文与社会科学领域 90 个，占 25.5%。

一、R&D 人员情况

2009 年全市研究机构有 R&D 人员 8.3 万人，其中大学本科及以上学历人员 7 万人，占 84.3%；女性 3.1 万人，占 36.9%；研究人员 5.2 万人，占 62.6%。

2009 年按实际工作时间计算的 R&D 人员全时当量 7.2 万人年，其中研究人员 4.5 万人年，占 62.9%。R&D 人员全时当量比 2000 年增长 42.1%。

按活动类型分组，基础研究人员 1.6 万人年，占 22.3%；应用研究人员 2.6 万人年，占 36.1%；试验发展人员 3 万人年，占 41.6%。

二、R&D 经费情况

2009 年全市研究机构 R&D 经费 321.7 亿元，是 2000 年的 2.7 倍，年平均增长 15.7%。

按活动类型分组，基础研究经费 45.5 亿元，占 14.2%；应用研究经费 94.1 亿元，占 29.2%；试验发展经费 182.1 亿元，占 56.6%。

按经费来源分组，政府资金 272 亿元，占 84.6%；企业资金 18.2 亿元，占 5.6%；国外资金 2 亿元，占 0.6%；其他资金 29.5 亿元，占 9.2%。

按机构服务的国民经济行业分组，科学研究、技术服务和地质勘查业的研究机构 R&D 经费 269 亿元，占 83.6%；农、林、牧、渔业 14.8 亿元，占 4.6%；卫生、社会保障和社会福利业 11.3 亿元，占 3.5%。

三、R&D 项目（课题）情况

2009 年全市研究机构共开展 R&D 项目研究 1.9 万项，参加项目人员全时当量 6.1 万人年，项目经费 182.1 亿元，项目人员是 2000 年的 2.3 倍，项目经费是 2000 年的 6.2 倍。人均项目经费 29.8 万元/人年，是 2000 年的 2.7 倍。

按学科分组，自然科学项目经费 34.3 亿元，占 18.9%；农业科学项目 8.2 亿元，占 4.5%；医药科学项目 7.9 亿元，占 4.3%；工程与技术科学项目 125.6 亿元，占 69%；人文与社会科学项目 6.1 亿元，占 3.3%。

按项目来源分组，国家科技项目经费 158 亿元，占 86.8%；地方科技项目 3.3 亿元，占 1.8%；企业委托项目 6.6 亿元，占 3.6%；研究机构自选项目 6 亿元，占 3.3%；来自国外的项目 4.2 亿元，占 2.3%；其他项目 4 亿元，占 2.2%。

按项目合作形式分组，研究机构独立完成的项目经费 123.9 亿元，占 68%；与国内独立研究机构合作项目 36.5 亿元，占 20.1%；与国内高校合作项目 6.8 亿元，占 3.7%；其他合作形式项目 14.9 亿元，占 8.2%。

四、R&D 活动主要产出情况

2009 年全市研究机构共发表科技论文 4.4 万篇，出版著作 2007 种，分别比 2000 年增长 51.7% 和 42.6%。

2009 年全市研究机构共申请专利 5194 件，其中发明专利 4438 件，分别是 2000 年的 6.4 倍和 8.5 倍；发明专利申请占全部专利申请的 85.4%，比 2000 年提高了 21.4 个百分点。2009 年全市研究机构获得专利授权 2052 件，其中发明专利 1542 件，占 75.1%。

注释：

[1]政府属研究机构包括县以上政府部门属科学研究与技术开发机构、科学技术信息和文献机构，但不包括转制院所。

北京市第二次全国R&D资源清查主要数据公报
（第四号）

北京市统计局 北京市科学技术委员会
北京市发展和改革委员会 北京市教育委员会
北京市财政局 北京市国防科学技术工业办公室

2010年12月10日

根据全市第二次全国R&D资源清查结果，现将全市全日制普通高等院校[1]（以下简称高等院校）R&D主要指标公布如下：

2009年全市共有高等院校87个，其中开展R&D活动的高等院校86个，占98.9%。

一、R&D人员情况

2009年全市高等院校有R&D人员4.8万人，其中大学本科及以上学历人员4.2万人，占87.3%；女性1.8万人，占37.6%。

2009年按实际工作时间计算的R&D人员全时当量为2.8万人年，其中研究人员2.3万人年，占82.5%。R&D人员全时当量比2000年增长58.5%。

按活动类型分组，基础研究人员全时当量1万人年，占36.1%；应用研究人员1.6万人年，占58.4%；试验发展人员1512人年，占5.5%。基础研究和应用研究人员全时当量均为2000年的1.7倍，试验发展人员全时当量比2000年下降21%。

二、R&D经费情况

2009年全市高等院校R&D经费70亿元，是2000年的4倍，年平均增长16.7%。

按活动类型分组，基础研究经费21亿元，占30%；应用研究经费43.2亿元，占61.7%；试验发展经费5.8亿元，占8.3%。基础研究、应用研究和试验发展经费分别是2000年的5.3倍、4.3倍和1.9倍。

按经费来源分组，政府资金44.1亿元，占63%；企业资金21.1亿元，占30.2%；国外资金2.2亿元，占3.2%；其他资金2.6亿元，占3.6%。

三、R&D项目（课题）情况

2009年全市高等院校开展R&D项目研究5.1万项，参加项目人员全时当量2.7万人年，项目经费58.8亿元，项目人员与2000年持平，项目经费是2000年的3.5倍。人均项目经费21.5万元/人年，是2000年的3.6倍。

按学科分组，自然科学项目经费10.1亿元，占17.2%；农业科学项目4亿元，占6.8%；医药科学项目3.1亿元，占5.3%；工程与技术科学项目36.8亿元，占62.5%；人文与社会科学项目4.8亿元，占8.2%。

按项目来源分组，国家科技项目经费34亿元，占57.8%；企业委托项目19.1亿元，占32.6%；地方科技项目3.2亿元，占5.3%；高等院校自选项目0.3亿元，占0.5%；来自国外的科技项目2亿元，占3.4%；其他项目0.2亿元，占0.4%。

按项目合作形式分组，高等院校独立完成的项目经费38.4亿元，占65.3%；与国内企业合作项目6.4亿元，占10.9%；与国内独立研究机构合作项目5.4亿元，占9.1%；与国内其他高校合作项目5.3亿元，占9%；其他合作形式项目3.3亿元，占5.7%。

四、研究机构情况

2009年全市高等院校有研究机构469个，比2000年减少25.1%。机构R&D人员9774人，减少16.3%；其中博士和硕士7390人，占75.6%，比2000年提高22.1个百分点。全年机构R&D经费16.5亿元，机构拥有科研用仪器和设备原价59.1亿元，分别是2000年的1.7倍和1.9倍。

五、R&D活动主要产出情况

2009年全市高等院校共发表科技论文9.5万篇，出版著作6343种，分别是2000年的2.4倍和1.5倍。

2009年全市高等院校共申请专利6847件，其中发明专利5944件，分别是2000年的12.9倍和14.6倍；发明专利申请占全部专利申请的86.8%，比2000年提高了10.3个百分点。2009年全市高等院校获得专利授权3297件，其中发明专利2631件，占79.8%；拥有发明专利1.6万件。

注释：

[1]全日制普通高等院校包含高等院校附属医院。

北京市2010年第六次全国人口普查主要数据公报[1]

北京市第六次全国人口普查领导小组办公室
北京市统计局　　国家统计局北京调查总队

2011年5月5日

根据《全国人口普查条例》和国务院的决定，我国以2010年11月1日零时为标准时点进行了第六次全国人口普查[2]。在国务院、北京市政府和地方各级人民政府的统一领导下，在全体普查对象的支持配合下，通过广大普查工作人员的艰苦努力，圆满完成了人口普查任务。现将普查的主要数据公布如下：

一、全市常住人口

全市常住人口[3]为1961.2万人，同2000年第五次全国人口普查相比，十年共增加604.3万人，增长44.5%。平均每年增加60.4万人，年平均增长率为3.8%。全市常住人口中，外省市来京人员为704.5万人，占常住人口的35.9%。

二、家庭户人口

全市常住人口中共有家庭户[4]668.1万户，家庭户人口为1639.0万人，平均每个家庭户的人口为2.45人，比2000年第五次全国人口普查的2.91人减少了0.46人。

三、性别构成

全市常住人口中，男性为1012.6万人，占常住人口的51.6%；女性为948.6万人，占常住人口的48.4%。常住人口性别比（以女性为100，男性对女性的比例）由2000年第五次全国人口普查的108.9下降为106.8。

四、年龄构成

全市常住人口中，0－14岁的人口为168.7万人，占常住人口的8.6%；15－64岁的人口为1621.6万人，占常住人口的82.7%；65岁及以上的人口为170.9万人，占常住人口的8.7%。同2000年第五次全国人口普查相比，0－14岁人口的比重下降了5个百分点，15－64岁人口的比重上升了4.7个百分点，65岁及以上人口的比重上升了0.3个百分点。

五、民族构成

全市常住人口中，汉族人口为1881.1万人，占常住人口的95.9%；各少数民族人口为80.1万人，占常住人口的4.1%。同2000年第五次全国人口普查相比，汉族人口增加了582.7万人，各少数民族人口增加了21.6万人。

六、各种受教育程度人口

全市常住人口中，具有大学（指大专及以上）程度的617.8万人；具有高中（含中专）程度的416.2万人；具有初中程度的615.7万人；具有小学程度的195.3万人（以上各种受教育程度的人包括各类学校的毕业生、肄业生和在校生）。

同2000年第五次全国人口普查相比，每10万人中具有大学程度的由16839人上升为31499人；具有高中程度的由23165人下降为21220人；具有初中程度的由34380人下降为31396人；具有小学程度的由16963人下降为9956人。

文盲人口（15岁及以上不识字的人）为33.3万人，文盲率[5]为1.7%。同2000年第五次全国人口普查相比，文盲人口减少24.5万人，文盲率下降2.6个百分点。

七、城乡人口[6]

全市常住人口中，居住在城镇的人口为1685.9万人，占常住人口的86.0%；居住在乡村的人口为275.3万人，占常住人口的14.0%。同2000年第五次全国人口普查相比，城镇人口增加了633.6万人，乡村人口减少了29.3万人，城镇人口占常住人口的比重上升了8.5个百分点。

八、人口地区分布

全市常住人口的地区分布如下：

东城区	91.9万人（其中，原东城区57.3万人　原崇文区34.6万人）
西城区	124.3万人（其中，原西城区67.4万人　原宣武区56.9万人）
朝阳区	354.5万人
丰台区	211.2万人
石景山区	61.6万人
海淀区	328.1万人
门头沟区	29.0万人
房山区	94.5万人
通州区	118.4万人
顺义区	87.7万人
昌平区	166.1万人
大兴区	136.5万人
怀柔区	37.3万人
平谷区	41.6万人
密云县	46.8万人
延庆县	31.7万人

注释：

[1]本公报中数据为机器汇总数。

[2]普查登记的对象是指普查标准时点在中华人民共和国境内的自然人以及在中华人民共和国境外但未定居的中国公民，不包括在中华人民共和国境内短期停留的境外人员。

[3]常住人口，是普查登记的2010年11月1日零时的常住人口。常住人口包括，居住在本乡镇街道，户口在本乡镇街道或户口待定的人；居住在本乡镇街道，离开户口所在的乡镇街道半年以上的人；户口在本乡镇街道，外出不满半年或在境外工作学习的人。

[4]家庭户是指以家庭成员关系为主、居住一处共同生活的人组成的户。

[5]文盲率是指常住人口中15岁及以上不识字人口所占比重。

[6]城乡人口是指居住在我市城镇、乡村地域上的人口，城镇、乡村是按2008年国家统计局《统计上划分城乡的规定》划分的。

统计表
STATISTICS

01

综 合
GENERAL SURVEY

简要说明

一、本章资料的主要内容

本章主要包括北京市行政区划、法人及产业活动单位数、私营个体经济基本情况、全市社会经济发展的主要指标以及“十一五”时期监测指标等。

二、本章资料的数据来源

北京市行政区划情况来自北京市民政局；全市法人及产业活动单位情况来自北京市统计局；全市私营个体经济基本情况来自北京市工商行政管理局、北京市地方税务局、北京市国家税务局；全市社会经济主要指标及“十一五”时期主要监测指标资料由北京市统计局及国家统计局北京调查总队根据相关资料整理取得。

Brief Introduction

I. Main Content

Data in this chapter mainly show the basic information of administrative zoning of Beijing, number of corporate and industrial entities, private and self-employment economy, main indicators for social and economic development of the city, and monitoring indicators for the 11th Five-Year Plan, etc.

II. Source of Data

Data on administrative zoning of Beijing are from Beijing Bureau of Civil Affairs. Data on municipal corporate and industrial entities are from Beijing Municipal Bureau of Statistics. Data on private and self-employment economy in the city are from Beijing Administration for Industry and Commerce, Beijing Municipal Bureau of Local Tax and Beijing Municipal Bureau of State Tax. Data of social and economic indicators and main monitoring indicators for the 11th Five-Year Plan of the city are sorted out by Beijing Municipal Bureau of Statistics and National Bureau of Statistics Survey Office in Beijing on the basis of relevant data.

1-1 行政区划(2010年)
ADMINISTRATIVE DIVISIONS (2010)

单位: 个 (unit)

地 区	District	街道办事处 Urban Subdistrict Office	建制镇 Organic Town	建制乡 Organic Township	社区居委会 Community Neighborhood Committee	村民委员会 Villagers' Committee
全 市	**Total**	**140**	**142**	**40**	**2717**	**3943**
首都功能核心区	**Core Districts of Capital Function**	**32**			**460**	
东城区	Dongcheng	17			205	
西城区	Xicheng	15			255	
城市功能拓展区	**Urban Function Extended Districts**	**70**	**7**	**24**	**1385**	**306**
朝阳区	Chaoyang	23		19	364	154
丰台区	Fengtai	16	2	3	291	68
石景山区	Shijingshan	9			139	
海淀区	Haidian	22	5	2	591	84
城市发展新区	**New Districts of Urban Development**	**25**	**72**	**7**	**596**	**2192**
房山区	Fangshan	8	14	6	121	461
通州区	Tongzhou	4	10	1	102	475
顺义区	Shunyi	6	19		79	426
昌平区	Changping	2	15		177	303
大兴区	Daxing	5	14		117	527
生态涵养发展区	**Ecological Preservation Development Districts**	**13**	**63**	**9**	**276**	**1445**
门头沟区	Mentougou	4	9		99	178
怀柔区	Huairou	2	12	2	32	284
平谷区	Pinggu	2	14	2	29	273
密云县	Miyun	2	17	1	83	334
延庆县	Yanqing	3	11	4	33	376

资料来源：北京市民政局。
Source: Beijing Civil Affairs Bureau.

1-2 全部法人、产业活动单位数(2010年)
TOTAL NUMBER OF JUDICIAL ENTITIES AND ESTABLISHMENTS (2010)

单位：个 (unit)

项目	Item	法人单位数合计 Total Number of Judicial Entities	单产业法人 Single-sector Judicial Entities	多产业法人 Multi-sector Judicial Entities	多产业法人单位的产业活动单位数 Establishments of Multi-sector Judicial Entities
合计	**Total**	**384973**	**368824**	**16149**	**77241**
按登记注册类型分	**Grouped by Registration Status**				
内资	Domestically-funded Economy	370827	355961	14866	62689
国有	State-owned Units	22277	20651	1626	11547
集体	Collective-owned Units	14320	13728	592	2475
股份合作	Joint-stock Enterprises	15542	14969	573	1737
联营	Joint Ownership Units	525	498	27	117
有限责任公司	Limited-Liability Corporations	62917	59266	3651	17668
股份有限公司	Share Holding Corporations Ltd.	5121	4719	402	5381
私营	Private	238114	230784	7330	22069
其他	Others	12011	11346	665	1695
港澳台商投资	Units with Funds from Hongkong, Macao and Taiwan	4854	4404	450	4598
与港澳台商合资经营	Joint Venture with Hongkong, Macao and Taiwan	1323	1179	144	912
与港澳台商合作经营	Cooperative with Hongkong, Macao and Taiwan	242	217	25	142
港、澳、台商独资	Hongkong, Macao and Taiwan Funded	3212	2942	270	3484
港澳台商投资股份有限公司	Hongkong, Macao and Taiwan Share Holding Corporations Ltd.	77	66	11	60
外商投资	Foreign Funded Units	9292	8459	833	9954
中外合资经营	Chinese-Foreign Joint Venture	2428	2198	230	2030
中外合作经营	Chinese-Foreign Cooperative	304	276	28	163
外资(独资)	Wholly Foreign Funded	6384	5827	557	7632
外商投资股份有限公司	Foreign-funded Share Holding Corporation Ltd.	176	158	18	129
按隶属关系分	**Grouped by Administrative Relationship**				
中央	Central	10024	8838	1186	
地方	Local	374949	359986	14963	
按地理位置分	**Grouped by Geographic Location**				
二环路以内	Within the Second Ring Road	38074	35514	2560	
二环路至三环路	The Second-third Ring Road	59034	56074	2960	
三环路至四环路	The Third-Fourth Ring Road	74402	71520	2882	
四环路以外	Outside the Fourth Ring Road	213463	205716	7747	
按机构类型分	**Grouped by Organization Type**				
企业	Enterprises	354252	339730	14522	
事业单位	Institutions	11255	10789	466	
机关	Government Agencies and Organizations	2148	1918	230	
社会团体	Social Groups	4128	3757	371	
其他机构	Others	13190	12630	560	

1-3 国民经济各行业法人和产业活动单位数(2010年)

NUMBER OF JUDICIAL ENTITIES AND ESTABLISHMENTS IN DIFFERENT SECTORS OF THE NATIONAL ECONOMY (2010)

单位：个 (unit)

行业	Sector	法人单位数合计 Total Number of Judicial Entities	单产业法人 Single-sector Judicial Entities	多产业法人 Multi-sector Judicial Entities	多产业法人单位的产业活动单位数 Establishments of Multi-sector Judicial Entities
合 计	**Total**	**384973**	**368824**	**16149**	**77241**
农 业	Agriculture Farming	1287	1266	21	63
林 业	Forestry	488	484	4	23
畜牧业	Animal Husbandry	768	758	10	43
渔 业	Fishery	98	96	2	6
农、林、牧、渔服务业	Services for Agriculture	494	478	16	59
煤炭开采和洗选业	Mining and Washing of Coal	27	26	1	5
石油和天然气开采业	Extraction of Petroleum and Natural Gas	15	13	2	24
黑色金属矿采选业	Mining and Processing of Ferrous Metal Ores	23	21	2	3
有色金属矿采选业	Mining and Processing of Non-Ferrous Metal Ores	4	4		2
非金属矿采选业	Mining and Processing of Nonmetal Ores	119	117	2	8
其他采矿业	Mining of Other Minerals	1	1		
农副食品加工业	Processing of Food from Agriculture Products	957	921	36	96
食品制造业	Manufacture of Foods	1074	1002	72	196
饮料制造业	Manufacture of Beverages	425	400	25	54
烟草制品业	Manufacture of Tobacco	1		1	1
纺织业	Manufacture of Textile	740	713	27	53
纺织服装、鞋、帽制造业	Manufacture of Textile Wearing Apparel, Foodware, and Caps	2440	2354	86	161
皮革、毛皮、羽毛(绒)及其制品业	Manufacture of Leather, Furs, Feather (Down) and Related Products	209	202	7	21
木材加工及竹、藤、棕、草制品业	Processing of Timber, Manufacture of Wood, Bamboo, Rattan, Palm, and Straw Products	695	680	15	29
家具制造业	Manufacture of Furniture	1398	1336	62	101
造纸及纸制品业	Manufacture of Paper and Paper Products	966	943	23	48
印刷业和记录媒介的复制	Printing, Reproduction of Recording Media	1694	1646	48	88
文教体育用品制造业	Manufacture of Articles for Culture, Education and Sports Activity	338	326	12	24
石油加工、炼焦及核燃料加工业	Processing of Petroleum, Coking, Processing of Nuclear Fule	214	202	12	23
化学原料及化学制品制造业	Manufacture of Raw Chemical Materials and Chemical Products	2274	2173	101	188
医药制造业	Manufacture of Medicines	611	570	41	103
化学纤维制造业	Manufacture of Chemical Fibers	38	35	3	6
橡胶制品业	Manufacture of Rubber	221	214	7	17
塑料制品业	Manufacture of Plastics	1519	1485	34	66
非金属矿物制品业	Manufacture of Non-metallic Mineral Products	2832	2758	74	200
黑色金属冶炼及压延加工业	Smelting and Pressing of Ferrous Metals	154	150	4	16

1-3 续表 1 continued

单位: 个 (unit)

行业	Sector	法人单位数合计 Total Number of Judicial Entities	单产业法人 Single-sector Judicial Entities	多产业法人 Multi-sector Judicial Entities	多产业法人单位的产业活动单位数 Establishments of Multi-sector Judicial Entities
有色金属冶炼及压延加工业	Smelting and Pressing of Non-ferrous Metals	260	252	8	18
金属制品业	Manufacture of Metal Products	3688	3575	113	279
通用设备制造业	Manufacture of General Purpose Machinery	3020	2900	120	273
专用设备制造业	Manufacture of Special Purpose Machinery	2440	2331	109	264
交通运输设备制造业	Manufacture of Transport Equipment	1425	1366	59	179
电气机械及器材制造业	Manufacture of Electrical Machinery and Equipment	2110	2026	84	184
通信设备、计算机及其他电子设备制造业	Manufacture of Communication Equipment, Computers, and Other Electronic Equipment	1453	1360	93	260
仪器仪表及文化、办公用机械制造业	Manufacture of Measuring Instruments and Machinery for Cultural Activity and Office Work	1239	1159	80	167
工艺品及其他制造业	Manufacture of Artwork and Other Manufacturing	785	751	34	72
废弃资源和废旧材料回收加工业	Recycling and Disposal of Waste	86	85	1	13
电力、热力的生产和供应业	Production and Distribution of Electric Power and Heat Power	299	279	20	101
燃气生产和供应业	Production and Distribution of Gas	42	35	7	42
水的生产和供应业	Production and Distribution of Water	108	101	7	42
房屋和土木工程建筑业	Construction of Buildings and Civil Engineering	2516	2182	334	1890
建筑安装业	Building Installation	2594	2439	155	518
建筑装饰业	Building Decoration	6289	6106	183	626
其他建筑业	Other Construction	939	902	37	167
铁路运输业	Railway Transport	31	26	5	130
道路运输业	Road Transport	3812	3638	174	746
城市公共交通业	Urban Public Transport	310	294	16	59
水上运输业	Waterway Transport	14	14		34
航空运输业	Air Transport	42	34	8	288
管道运输业	Transport Via Pipelines	6	6		1
装卸搬运和其他运输服务业	Loading and Unloading and Other Transport Services	2175	1987	188	1146
仓储业	Storage	864	835	29	157
邮政业	Post	507	489	18	1035
电信和其他信息传输服务业	Telecommunications and Other Information Transmission	3065	2878	187	984
计算机服务业	Computer Services	6517	6297	220	1023
软件业	Software	11324	10994	330	1252

1-3 续表 2 continued

单位：个 (unit)

行 业	Sector	法人单位数合计 Total Number of Judicial Entities	单产业法人 Single-sector Judicial Entities	多产业法人 Multi-sector Judicial Entities	多产业法人单位的产业活动单位数 Establishments of Multi-sector Judicial Entities
批发业	Wholesale Trade	59211	56413	2798	7477
零售业	Retail Trade	57426	54600	2826	16266
住宿业	Hotels	3977	3628	349	1143
餐饮业	Restaurants	8927	8242	685	4387
银行业	Banks	98	59	39	3178
证券业	Security Activities	138	104	34	1075
保险业	Insurance	477	395	82	688
其他金融活动	Other Financial Activities	590	558	32	235
房地产业	Real Estate Business Services	14167	12957	1210	4943
租赁业	Leasing	2459	2390	69	228
商务服务业	Commercial Business Services	69347	67955	1392	10189
研究与试验发展	Research and Experimental Development	3108	3000	108	267
专业技术服务业	Professional Technical Services	11593	11288	305	1102
科技交流和推广服务业	Services of Science and Technology Exchanges and Promotion	19076	18773	303	976
地质勘查业	Geologic Prospecting	258	248	10	18
水利管理业	Management of Water Conservancy	271	266	5	26
环境管理业	Environmental Management	521	501	20	63
公共设施管理业	Management of Public Facilities	1606	1562	44	136
居民服务业	Services to Households	6960	6496	464	1810
其他服务业	Other Services	7657	7488	169	925
教 育	Education	8196	7943	253	874
卫 生	Health	2197	1998	199	1851
社会保障业	Social Securitiy	253	251	2	18
社会福利业	Social Welfare	595	586	9	102
新闻出版业	Journalism and Publishing Activities	1523	1457	66	162
广播、电视、电影和音像业	Broadcasting, Televisions, Movies, and Audio-Visual Activities	1712	1668	44	100
文化艺术业	Cultural and Art Activities	5792	5729	63	164
体 育	Sports Activities	897	869	28	134
娱乐业	Entertainment	1847	1764	83	390
中国共产党机关	Organs of Communist Party of China	340	338	2	7
国家机构	Government Agencies (C.P.P.C)	3271	3033	238	1948
人民政协和民主党派	People's Political Consultative Conference and Democratic Party	57	57		
群众团体、社会团体和宗教组织	Masses, Social Organizatuon and Religionary Body Social Organizations and Religion Organizations	4142	3774	368	2145
基层群众自治组织	Masses Autonomous Body	6200	5719	481	537
国际组织	International Organization				

1-4 企业法人单位数(2010年)
NUMBER OF ENTERPRISES AS JUDICIAL ENTITIES (2010)

单位：个 (unit)

项目	Item	法人单位合计 Total Number of Judicial Entities	项目	Item	法人单位合计 Total Number of Judicial Entities
合计	**Total**	**354252**	港澳台商投资企业	Enterprises with Funds from Hongkong, Macao and Taiwan	4841
按营业状况分	**Grouped by Business Condition**		与港澳台商合资经营企业	Joint Venture with Hongkong, Maocao and Taiwan	1320
营业	Going on	294708	与港澳台商合作经营企业	Cooperative with Hongkong, Macao and Taiwan	240
停业	Closed	42628	港、澳、台商独资企业	Hongkong, Macao and Taiwan Funded	3205
筹建	Preparation	6047	港澳台商投资股份有限公司	Hongkong, Macao and Taiwan Share Holding Corporations Ltd.	76
当年关闭	Closed in This Year	5438	外商投资企业	Foreign Funded Enterprises	9268
当年破产	Bankruptcy in This Year	127	中外合资经营企业	Chinese-Foreign Joint Venture	2426
其他	Others	5304	中外合作经营企业	Chinese-Foreign Cooperative	295
按开业时间分	**Grouped by Openning Time**		外资(独资)企业	Foreign Funded Enterprises	6371
1949年以前	Before 1949	64	外商投资股份有限公司	Foreign Share Holding Corporations Ltd.	176
1950-1965	Between 1950 and 1965	761	**按地理位置分**	**Grouped by Geographic Location**	
1966-1979	Between 1966 and 1979	893	二环路以内	Within the Second Ring Road	32991
1980-1989	Between 1980 and 1989	6716	二环路至三环路	Between the Second-third Ring Road	55665
1990年以后	After 1990	345818	三环路至四环路	Between the Third-Fourth Ring Road	72217
按登记注册类型分	**Grouped by Registration Status**		四环路以外	Outside the Fourth Ring Road	193379
内资企业	Domestic Funded Enterprises	340143	**按控股情况分**	**Grouped by Share Holding Conditions**	
国有企业	State-owned Units	7495	国有控股	State-owned Holding	16542
集体企业	Collective-owned Units	11920	集体控股	Collectively Controlled	20875
股份合作企业	Cooperative Enterprises	15436	私人控股	Privately Controlled	283144
联营企业	Joint-owned Enterprises	443	港澳台商控股	Controlled by Companies from Hongkong, Macao and Taiwan	4851
有限责任公司	Limited-Liability Corporations	62829	外商控股	Controlled by Foreign Companies	9448
股份有限公司	Share Holding Corporations Ltd.	5110	其他	Others	19392
私营企业	Private	236297			
其他内资企业	Other Domestically-funded Enterprises	613			

1-5 全市私营个体经济基本情况

STATISTICS FOR INDIVIDUAL AND PRIVATE ECONOMY

单位：万元 (10000 yuan)

项 目	Item	私 营 Private			个 体 Individual		
		2010	2009	2010年为2009年% 2010 as % of 2009	2010	2009	2010年为2009年% 2010 as % of 2009
工商登记注册 *	**Registered in Department of Industry and Commerce**						
户 数 (户)	Number of Establishments (unit)	496492	432290	114.9	795648	807886	98.5
从业人员 (人)	Number of Employed Persons (person)	3162329	2811139	112.5	1141244	1122091	101.7
注册资本	Registered Capital	76030531	58388979	130.2	1554840	1481028	105.0
地税税收	**Taxes to Local Tax Department**						
入库税收合计	Taxes Put into National Treasury	2205726	1729521	127.5	328861	253886	129.5
#营业税	Operation Tax	1223888	993708	123.2	120388	86817	138.7
国税税收	**Taxes to National Tax Department**						
入库税收合计	Taxes Put into National Treasury	1006971	797848	126.3	66353	50679	130.9

注：*为时点累计数。

资料来源：北京市工商行政管理局、北京市地方税务局、北京市国家税务局。

Note: Data with * indicates the accumulative data at the year-end.

Source: Beijing Administration for Industry and Commerce, Beijing Local Tax Bureau, Beijing State Tax Bureau.

1-6 主要年份国民经济和社会发展总量与速度指标

项目		Item		1990	1995
人口与就业		**Population and Employment**			
人 口		**Population**			
年末全市常住人口	(万人)	Year-end Total Population	(10000 persons)	1086.0	1251.1
按性别分		By Sex			
男性人口		Male		545.0	627.0
女性人口		Female		541.0	624.1
按城乡分		By Urban Area and Rural Area			
城镇人口		Urban Population		798.0	946.2
乡村人口		Rural Population		288.0	304.9
年末户籍人口	(万人)	Year-end Permanent Residents Registered	(10000 persons)	1032.2	1070.3
就 业		**Employment**			
从业人员年末人数	(万人)	Year-end Employment Persons	(10000 persons)	627.1	665.3
#城镇单位在岗职工人数		Fully Employed Staff and Workers		454.9	470.9
年末实有城镇登记失业人员	(万人)	Number of Actual Jobless Persons among Registered Unemployed Persons in Urban Area	(10000 persons)	1.67	2.19
宏观经济		**Macro Economy**			
国民经济核算		**National Accounting**			
地区生产总值	(亿元)	Gross Domestic Product	(100 million yuan)	500.8	1507.7
第一产业		Primary Industry		43.9	73.5
第二产业		Secondary Industry		262.4	645.8
第三产业		Tertiary Industry		194.5	788.4
人均地区生产总值	(元/人)	Per Capita Gross Domestic Products	(yuan/person)	4635	12690
固定资产投资		**Investment in Fixed Assets**			
全社会固定资产投资	(亿元)	Total Investment in Fixed Assets	(100 million yuan)	179.2	841.5
#房地产开发投资		Real Estate Development		22.5	352.8
#国有单位		State-Owned Units		154.2	514.2
全社会房屋施工面积	(万平方米)	Floor Space of Houses under Construction	(10000 sq.m)	2864.9	5524.3
全社会房屋竣工面积	(万平方米)	Floor Space of Houses Completed	(10000 sq.m)	1081.2	1530.2
财 政		**Finance**			
地方财政收入	(亿元)	Local Financial Revenue	(100 million yuan)	74.0	115.3
#一般预算		Local Government General Budgetary Financial Revenue			
地方财政支出	(亿元)	Local Financial Expenditures	(100 million yuan)	66.5	154.4
#一般预算		Local Government General Budgetary Financial Expenditure			
价格指数(上年=100)		**Price Indices(Preceding Year=100)**			
居民消费价格指数	(%)	Consumer Price Index	(%)	105.4	117.3
商品零售价格指数	(%)	Retail Price Index	(%)	104.1	112.6
农产品生产价格指数	(%)	Indices of Producer's Prices of Farm Products	(%)	101.9	130.6
工业品出厂价格指数	(%)	Ex-Factory Price Indices of Industrial Products	(%)	107.9	107.3
原材料、燃料、动力购进价格指数	(%)	Purchasing Price Indices of Raw Material, Fuel and Power	(%)	114.8	106.7
固定资产投资价格指数	(%)	Investment in Fixed Assets Price Indices	(%)		113.9
能源消费总量	**(万吨标准煤)**	**Total Energy Consumption**	**(10000 tons of SCE)**	**2709.7**	**3533.3**
产 业		**Industry**			
农村经济		**Rural Economy**			
耕地面积	(万公顷)	Cultivated Areas	(10000 hectare)	41.3	39.4
农林牧渔业总产值(现价)	(亿元)	Gross Output Value of Farming, Forestry, Animal Husbandry and Fishery (at current prices)	(100 million yuan)	70.2	164.4
主要农产品产量	(万吨)	Yield of Farm and Sideline Products	(10000 ton)		
粮 食		Grain		264.6	259.8
蔬 菜		Vegetable		356.1	397.3
禽 蛋		Poultry Eggs		25.8	28.5
牛 奶		Milk		21.7	20.6
肉 类		Meat		26.8	39.8

注：1.地区生产总值绝对值按现价计算，发展速度按可比价格计算。
2.2007年及以前在岗职工人数包括乡及乡以上独立核算法人单位，不包括乡镇企业、私营单位和个体工商户；2008年及以后包括乡镇企业。

PRINCIPAL AGGREGATE INDICATORS ON NATIONAL ECONOMIC AND SOCIAL DEVELOPMENT AND THEIR RELATED INDICES AND GROWTH RATES IN MAIN YEAR

总量指标 Aggregate Data						速度指标(%) Indices (%)						
						指 数(2010年为以下各年) Index (2009 as Percentage of the Previous Years)						
2000	2005	2007	2008	2009	2010	1990	1995	2000	2005	2007	2008	2009
1363.6	1538.0	1633.0	1695.0	1755.0	1961.9	180.7	156.8	143.9	127.6	120.1	115.7	111.8
710.9	778.7	829.0	861.6	896.2	1013.0	185.9	161.6	142.5	130.1	122.2	117.6	113.0
652.7	759.3	804.0	833.4	858.8	948.9	175.4	152.0	145.4	125.0	118.0	113.9	110.5
1057.4	1286.1	1379.9	1439.1	1491.8	1686.4	211.3	178.2	159.5	131.1	122.2	117.2	113.0
306.2	251.9	253.1	255.9	263.2	275.5	95.7	90.4	90.0	109.4	108.9	107.7	104.7
1107.5	1180.7	1213.3	1229.9	1245.8	1257.8	121.9	117.5	113.6	106.5	103.7	102.3	101.0
619.3	878.0	942.7	980.9	998.3	1031.6	164.5	155.1	166.6	117.5	109.4	105.2	103.3
434.2	448.4	478.9	526.1	560.4	587.7	129.2	124.8	135.4	131.1	122.7	111.7	104.9
3.32	10.57	10.63	10.33	8.16	7.73	462.9	353.0	232.8	73.1	72.7	74.8	94.7
3161.7	6969.5	9846.8	11115.0	12153.0	14113.6	865.6	494.8	303.7	171.6	132.6	121.6	110.3
79.3	88.7	101.3	112.8	118.3	124.4	122.9	117.7	109.9	107.0	104.1	102.9	98.4
1033.3	2026.5	2509.4	2626.4	2855.5	3388.4	709.7	423.7	269.9	157.6	126.6	125.5	113.7
2049.1	4854.3	7236.1	8375.8	9179.2	10600.8	1157.0	576.3	326.5	178.7	135.5	120.4	109.3
24127	45993	61274	66797	70452	75943	502.4	316.1	214.2	139.9	114.7	108.9	102.4
1297.4	2827.2	3966.6	3848.5	4858.4	5493.5	3065.6	652.8	423.4	194.3	138.5	142.7	113.1
522.1	1525.0	1995.8	1908.7	2337.7	2901.1	12893.8	822.3	555.7	190.2	145.4	152.0	124.1
765.8	897.7	1343.0	1388.6	2316.8	1907.3	1236.9	370.9	249.1	212.5	142.0	137.4	82.3
6995.9	14096.2	14146.7	14145.3	14380.6	15572.1	543.5	281.9	222.6	110.5	110.1	110.1	108.3
2358.2	4679.2	3866.4	3840.7	4252.6	3908.4	361.5	255.4	165.7	83.5	101.1	101.8	91.9
398.4	1007.4	1882.0	2282.0	2678.8	3810.9	5149.2	3306.4	956.6	378.3	202.5	167.0	142.3
345.0	919.2	1492.6	1837.3	2026.8	2353.9			682.3	256.1	157.7	128.1	116.1
490.3	1137.3	2067.7	2400.9	2820.9	4065.0	6110.9	2632.7	829.0	357.4	196.6	169.3	144.1
443.0	1058.3	1649.5	1959.3	2319.4	2717.3			613.4	256.8	164.7	138.7	117.2
103.5	101.5	102.4	105.1	98.5	102.4							
98.9	99.7	100.8	104.4	97.8	100.4							
95.0	102.9	114.4	112.3	98.3	106.5							
102.5	101.3	99.7	103.3	94.4	102.2							
100.0	111.4	105.0	115.8	88.6	110.5							
101.0	100.7	102.8	107.8	97.1	102.5							
4144.0	**5521.9**	**6285.0**	**6327.1**	**6570.3**	**6954.1**	**256.6**	**196.8**	**167.8**	**125.9**	**110.6**	**109.9**	**105.8**
32.9	23.3	23.2	23.2									
188.6	239.3	272.3	303.9	315.0	328.0	467.2	199.5	173.9	137.1	120.5	107.9	104.1
144.2	94.9	102.1	125.5	124.8	115.7	43.7	44.5	80.2	121.9	113.3	92.2	92.7
466.3	373.1	340.1	321.3	317.1	303.0	85.1	76.3	65.0	81.2	89.1	94.3	95.5
16.0	16.0	15.6	15.2	15.4	15.1	58.5	53.0	94.4	94.4	96.8	99.3	98.3
30.3	64.2	62.2	66.4	67.4	64.1	295.3	311.1	211.5	99.8	103.0	96.5	95.1
50.5	53.3	47.9	45.1	47.2	46.3	172.7	116.4	91.7	86.9	96.8	102.6	98.0

Note:a) Figures in value terms on GDP are at current prices, whereas growth rates are at comparable prices.

b) Urban entities in and before 2007 meant corporate entities keeping separate accounts at and above the township level, excluding township enterprises, private entities and self-employed operators. Urban entities in and after 2008 meant corporate entities keeping separate accounts excluding private entities and self-employed operators.

1-6 续表1 continued

项目		Item		1990	1995
工 业		**Industry**			
工业增加值(现价,		Added Value of Industry(at Current Prices,Above			
规模以上)	(亿元)	Designated Size)	(100 million yuan)		473.1
工业总产值(现价,		Gross Output Value of Industry(at Current			
规模以上)	(亿元)	Prices, Above Designated Size)	(100 million yuan)	625.9	1493.3
轻工业		Light Industry		262.2	472.2
重工业		Heavy Industry		363.7	1021.1
工业企业主要经济指标		Main Indicators of Industrial Enterprises			
(规模以上)		(Above Designated Size)			
资产总计	(亿元)	Total Assets	(100 million yuan)	498.3	2582.6
负债总额	(亿元)	Total Liabilities	(100 million yuan)		1528.8
主营业务收入	(亿元)	Operating Income	(100 million yuan)	610.5	1590.4
利润总额	(亿元)	Total Profits	(100 million yuan)	48.9	85.3
建 筑		**Construction**			
建筑业施工企业总产值	(亿元)	Gross Output Value	(100 million yuan)	94.7	426.6
建筑业施工企业年末从业人员	(万人)	Year-end Employed Persons	(10000 persons)	60.2	82.6
运 输		**Transportation**			
货物周转量	(亿吨公里)	Freight Ton-Kilometers	(100 million ton-km)	268.8	323.1
铁 路		Railway		206.7	239.3
公 路		Highway		57.5	76.2
民 航		Civil Aviation		4.5	7.5
管 道		Pipeline		0.15	0.07
旅客周转量	(亿人公里)	Passenger-kilometers	(100 million passenger-km)	119.8	207.7
邮 电		**Post and Telecommunication**			
邮电业务总量	(亿元)	Business Volume of Posts and Telecommunication	(100 million yuan)	11.9	56.1
固定电话用户	(万户)	Fixed Telephone Subscribers	(10000 subscribers)	33.3	150.5
主线普及率	(线/百人)	Widespreading Rate of Main Line	(lines/100 persons)	3.1	12.0
移动电话用户	(万户)	Mobile Telephone Subscribers	(10000 subscribers)	0.3	16.9
移动电话普及率	(户/百人)	Widespreading Rate of Mobile Telephone	(sets/100 persons)	0.03	1.4
商 业		**Commerce**			
社会消费品零售额	(亿元)	Total Retail Sales of Consumer Goods	(100 million yuan)	345.1	950.4
吃类商品		Food		136.8	405.7
穿类商品		Clothing		45.6	138.9
用类商品		Daily Use Articles		154.6	387.9
烧类商品		Fuels		8.1	17.9
对外经济贸易和旅游		**Foreign Economy,Trade and Tourism**			
北京地区进出口总额	(亿美元)	Total Value of Imports and Export at Customs	(USD 100 million)	236.4	370.4
进口额		Imports		192.3	267.9
出口额		Exports		44.1	102.5
实际利用外商直接投资额	(亿美元)	Foreign Capital Auctually Used	(USE 100 million)	2.8	14.0
接待入境旅游者人数	(万人次)	International Tourists	(10000 person.times)	100.0	207.0
旅游外汇收入	(亿美元)	Foreign Exchange Earning from International Tourism	(USD 100 million)	6.6	21.8
金融保险		**Banking and Insurance**			
金融机构(含外资)本外币		Adding Deposit of Financial Institutions			
存款余额	(亿元)	(Include Foreign Currency and Foreign Capital)	(100 million yuan)		
金融机构(含外资)本外币		Adding Loan of Financial Institutions			
贷款余额	(亿元)	(Include Foreign Currency and Foreign Capital)	(100 million yuan)		
原保险保费收入	(亿元)	Premiums Income	(100 million yuan)		

注：1.工业增加值按生产法计算。
2.邮电业务总量2000年及以前按1990年不变价格计算，以后按2000年不变价格计算。

1-6 续表2 continued

总量指标 Aggregate Data						速度指标(%) Indices (%)						
						指 数(2010年为以下各年) Index (2009 as Percentage of the Previous Years)						
2000	2005	2007	2008	2009	2010	1990	1995	2000	2005	2007	2008	2009
776.0	1627.0	2159.4	2037.6	2282.2	2751.7							
2842.0	6946.2	9648.4	10413.1	11039.1	13699.8	2188.8	917.4	482.0	197.2	142.0	131.6	124.1
719.3	1164.9	1505.5	1674.3	1766.7	2000.1	762.8	423.6	278.1	171.7	132.9	119.5	113.2
2122.7	5781.3	8142.9	8738.8	9272.4	11699.8	3216.9	1145.8	551.2	202.4	143.7	133.9	126.2
4612.7	12829.8	16215.5	16802.4	19540.7	22750.6	4565.6	880.9	493.2	177.3	140.3	135.4	116.4
2676.4	4706.7	6508.3	8085.0	9874.6	11548.1		755.4	431.5	245.4	177.4	142.8	116.9
2821.4	7279.1	10440.2	11275.8	12173.1	14807.1	2425.4	931.0	524.8	203.4	141.8	131.3	121.6
127.1	413.5	695.6	557.0	742.9	1028.3	2102.9	1205.6	809.1	248.7	147.8	184.6	138.4
812.5	1894.0	2576.8	3066.2	4059.7	5196.0	5486.8	1218.0	639.5	274.3	201.6	169.5	128.0
56.6	67.2	51.7	47.0	56.2	59.9	99.5	72.5	105.8	89.1	115.9	127.4	106.6
299.6	457.7	449.0	454.2	441.2	513.7	191.1	159.0	171.4	112.2	114.4	113.1	116.4
200.2	310.8	268.5	253.5	229.4	257.5	124.5	107.6	128.6	82.8	95.9	101.6	112.2
82.6	85.5	79.3	84.1	87.9	101.6	176.8	133.3	122.9	118.8	128.1	120.8	115.6
16.8	28.2	37.6	35.7	35.5	48.2	1080.3	643.8	287.7	171.3	128.3	135.2	135.8
0.04	33.3	63.7	80.9	88.4	106.4				319.8	167.1	131.4	120.3
314.0	838.1	960.3	1042.0	1146.5	1399.5	1168.2	673.9	445.7	167.0	145.7	134.3	122.1
214.7	413.0	672.6	800.8	917.5	1108.9			516.4	268.5	164.9	138.5	120.9
451.2	943.5	914.5	884.9	893.1	885.6	2659.9	588.3	196.3	93.9	96.8	100.1	99.2
33.1	61.3	56.0	52.2	50.9	45.1							
347.2	1459.8	1598.3	1616.2	1825.4	2117.7	705900.0	12530.8	609.9	145.1	132.5	131.0	116.0
25.5	94.9	97.9	95.3	104.0	107.9							
1658.7	2911.7	3835.2	4645.5	5309.9	6229.3	1805.1	655.4	375.6	213.9	162.4	134.1	117.3
471.4	751.0	940.4	1073.3	1180.0	1331.0	972.9	328.1	282.3	177.2	141.5	124.0	112.8
198.8	282.4	359.3	411.7	473.8	548.4	1202.7	394.8	275.9	194.2	152.7	133.2	115.8
932.0	1643.7	2205.2	2799.4	3278.2	3884.0	2512.3	1001.3	416.7	236.3	176.1	138.7	118.5
56.5	234.6	330.3	361.1	377.9	465.9	5751.5	2602.6	824.5	198.6	141.0	129.0	123.3
494.0	1255.1	1930.0	2716.9	2147.9	3016.6	1276.1	814.4	610.6	240.3	156.3	111.0	140.4
374.3	946.4	1440.7	2141.9	1664.3	2462.2	1280.4	919.1	657.8	260.2	170.9	115.0	147.9
119.7	308.7	489.3	575.0	483.6	554.4	1257.1	540.9	463.2	179.6	113.3	96.4	114.6
24.6	35.3	50.7	60.8	61.2	63.6	2271.4	454.3	258.5	180.2	125.4	104.6	104.0
282.1	362.9	435.5	379.0	412.5	490.1	490.1	236.8	173.7	135.1	112.5	129.3	118.8
27.7	36.2	45.8	44.6	43.6	50.4	763.6	231.2	181.9	139.2	110.0	113.0	115.8
11526.0	28969.9	37700.3	43980.7	56960.1	66584.6			577.7	229.7	176.6	151.4	116.9
6407.9	15335.5	19861.5	23010.7	31052.9	36479.6			569.3	237.9	183.7	158.5	117.5
93.4	498.2	498.1	585.9	697.6	966.5			1034.7	194.0	194.0	164.9	138.5

Note:a) Added value of industry calculated by production approach.

b) Business volumes of post and telecommunications before 2000 were calculated at 1990's constant price and those since 2000 were calculated at 2000's constant price.

1-6 续表3 continued

项目		Item		1990	1995
教育、文化、科技、卫生		**Education, Culture, Science and Technology and Health Care**			
教 育		**Education**			
在校学生数	(万人)	Students Enrollment	(10000 persons)		238.0
专任教师数	(万人)	Full-time Teachers	(10000 persons)		17.7
文 化		**Culture**			
公共图书馆总藏数	(万册、万件)	Collection of Public Libraries	(10000 volumes)	2205	2629
专业艺术剧团国内演出场次	(场)	Times of Domestic Performance of Art Troup	(times)	7527	6728
科 技		**Science and Technology**			
研究与试验发展经费内部支出	(亿元)	Expenditures on Internal Research and Development	(100 million yuan)		
技术合同成交总额	(亿元)	Volume of Transaction in Technical Bargain	(100 million yuan)	20.3	41.2
专利授权量	(件)	Grants for Patents	(unit)	2268	4025
卫 生		**Health**			
卫生机构个数	(个)	Health Care Institutions	(unit)	4953	4955
卫生机构病床数	(万张)	Health Care Institutions Beds	(10000 units)	5.9	6.7
卫生技术人员数	(万人)	Medical Technical Personnel	(10000 persons)	11.2	11.6
#执业医师		Certified Doctors		5.1	5.4
注册护师(士)		Registered Nurses		3.5	3.7
生活与环境		**People's Living and Environment**			
婚 姻		**Marriages and Divorces**			
登记结婚对数	(万对)	Register Number of Marriages	(10000 couples)	9.3	8.5
离婚对数	(万对)	Number of Divorces	(10000 couples)	1.5	2.0
居 住		**Housing**			
城镇居民人均住宅使用面积	(平方米)	Per Capita Living Space in Urban Residents	(sq.m)	11.17	13.34
农村居民人均住房面积	(平方米)	Per Capita Living Space in Rural Residents	(sq.m)	20.62	24.74
生 活		**People's livelihood**			
城镇居民人均可支配收入	(元)	Per Capita Annual Disposable Income of Urban Households	(yuan)	1787.1	5868.4
农村居民人均纯收入	(元)	Per Capita Net Income of Rural Residents	(yuan)	1297.1	3208.5
金融机构(含外资)储蓄存款余额	(亿元)	Deposit and Loan Balance of Financial Institutions	(100 million yuan)		
定 期		Fixed			
活 期		Current			
工 资		**Wages and Welfare**			
城镇单位在岗职工工资总额	(亿元)	Total Wages	(100 million yuan)	118.9	382.0
城镇单位在岗职工平均工资	(元)	Average wage of Staff and Workers	(yuan)	2653	8144
市政建设		**City Construction**			
全社会用电量	(亿千瓦时)	Total Electricity Consumption in Beijing	(100 million kwh)	150.5	222.6
自来水销售总量	(亿立方米)	Sales of Tap Water	(100 million cu.m)	5.3	6.8
居民燃气用户	(万户)	Households of Access to Gas	(10000 households)	176.1	219.8
城市公共交通客运量	(亿人次)	Passengers Carried of City Public Transport	(100 million person-times)	33.5	37.2
环 境		**Environment**			
城市绿化覆盖率	(%)	Coverage Rate of Urban Green Area	(%)	28.00	32.68
污水处理率	(%)	Dispose Rate of Sewage (in urban districts and suburban districts)	(%)	7.3	19.4
空气质量二级及好于二级的天数	(天)	The Number of Days in Which the Air Pollution Index Was at and Better than Grade Ⅱ	(days)		

注：1. 北京地区用电量来源于北京市电力公司，2000年以前工业用电量不包含输配损失和发电企业自产自用电量。
2. 从2001年开始，有关职工的指标调整为在岗职工的指标。2007年及以前城镇单位在岗职工工资包括乡及乡以上独立核算法人单位，不包括乡镇企业、私营单位和个体工商户；2008年及以后包括乡镇企业。
3. 城镇住户调查的口径范围：2006年及以前年份抽样调查样本覆盖城八区；2007年样本覆盖18个区县，共3000户；2008年及以后调查样本为5000户。
4. 2004-2007年的城镇居民人均住宅使用面积根据2007年房屋普查进行了调整。
5. 离婚对数包括在民政部门登记的对数和经法院调离和判离的对数。
6. 2010年起，卫生机构中的卫生院数据并入到社区卫生服务中心(站)等其他卫生机构。

1-6 续表4 continued

总量指标 Aggregate Data						速度指标(%) Indices (%)						
						指 数(2010年为以下各年) Index (2009 as Percentage of the Previous Years)						
2000	2005	2007	2008	2009	2010	1990	1995	2000	2005	2007	2008	2009
229.9	226.4	319.6	320.9	321.4	330.0		138.6	143.5	145.7	103.2	102.8	102.7
16.7	17.5	19.6	19.9	20.4	20.7		117.0	123.7	118.3	105.6	103.8	101.4
3020	3626	3940	4100	4368	4613	209.2	175.5	152.7	127.2	117.1	112.5	105.6
7610	8934	10076	10663	9684	10483	139.3	155.8	137.8	117.3	104.0	98.3	108.3
155.7	379.5	527.1	620.1	668.6	821.8			527.8	216.5	155.9	132.5	122.9
140.3	434.4	882.6	1027.2	1236.2	1579.5	7792.3	3836.5	1125.9	363.6	179.0	153.8	127.8
5905	10100	14954	17747	22921	33511	1477.6	832.6	567.5	331.8	224.1	188.8	146.2
6176	4818	6189	6523	6603	6539	132.0	132.0	105.9	135.7	105.7	100.2	99.0
7.1	7.9	8.4	8.6	9.0	9.3	157.3	138.8	130.4	117.5	110.9	107.7	103.1
11.6	12.0	13.9	15.0	16.0	17.1	153.3	147.5	148.1	142.7	122.8	114.1	106.6
5.2	5.1	5.5	5.9	6.2	6.6	129.5	121.9	127.9	130.3	119.9	112.2	105.8
4.0	4.3	5.1	5.5	6.2	6.7	194.7	183.3	168.7	156.9	132.3	121.6	109.3
8.0	9.7	11.8	14.8	18.2	13.8	148.5	163.1	172.2	143.0	117.1	93.6	76.0
2.7	3.4	3.7	3.8	4.1	4.4	298.1	218.1	165.2	128.4	120.1	116.9	106.5
16.75	20.13	21.50	21.56	21.61	19.49							
28.91	36.94	39.54	39.40	39.42	40.62	197.0	164.2	140.5	110.0	102.7	103.1	103.0
10350	17653	21989	24725	26738	29073	1626.8	495.4	280.9	164.7	132.2	117.6	108.7
4687	7860	9559	10747	11986	13262	1022.4	413.3	283.0	168.7	138.7	123.4	110.6
	8315.8	9743.5	12538.1	15329.2	17585.2				211.5	180.5	140.3	114.7
	5586.8	6029.4	8440.9	9960.8	11052.0				197.8	183.3	130.9	111.0
	2729.0	3714.1	4097.3	5368.3	6533.2				239.4	175.9	159.5	121.7
695.5	1520.1	2194.3	2874.3	3227.2	3789.1	3186.8	991.9	544.8	249.3	172.7	131.8	117.4
15726	34191	46507	54913	58140	65683	2475.8	806.5	417.7	192.1	141.2	119.6	113.0
384.4	570.5	667.0	689.7	739.1	809.9	538.2	363.9	210.7	142.0	121.4	117.4	109.6
7.5	7.2	7.8	8.1	8.7	8.9	169.2	131.4	118.3	124.6	114.7	110.4	102.7
291.9	458.5	556.4	591.0	600.0	634.2	360.1	288.5	217.3	138.3	114.0	107.3	105.7
40.7	51.8	48.8	59.3	65.9	69.0	206.1	185.6	169.6	133.2	141.3	116.4	104.7
36.50	42.00	43.00	43.50	44.40	45.00							
39.4	62.4	76.2	78.9	80.3	81.0							
177	234	246	274	285	286							

Note: a) Figures of electricity eonsumption are provided by Beijing Electric Power Corporation. Before 2000, electricity consumption by industry excluded transmission and distribution losses and electricity generated and consumed by power generating enterprises.

b) From 2001, indicators related to the "staff and workers " have been changed to those of "fully employed staff and workers". In and before 2007, figures of wages of urban fully employed staff and workers covered corporate entities keeping separate accounts at and above the township level, excluding township enterprises, private entities and self-employed operators; in and after 2008, such figures included township enterprises.

c) Statistical range of urban households: sample check samples in and before 2006 covered 8 districts; samples in 2007 covered 18 districts and counties, and 3000 households in total; samples in and after 2008 were 5000 households.

d) Figures of per-capita usable space of houses in urban areas 2004-2007 are adjusted according to house census 2007.

e) Registered divorces include those registered with civil affair authorities and those mediated and judged in courts.

f) From 2010, data on health centers were involved into other health institutions such as community health service centers (stations).

1-7 主要年份国民经济和社会发展结构指标
STRUCTURAL INDICATORS ON NATIONAL ECONOMIC AND SOCIAL DEVELOPMENT IN MAIN YEAR

单位: % (%)

项　目	Item	1990	1995	2000	2003	2004	2005	2007	2008	2009	2010
人口与就业	**Population and Employment**										
常住人口	**Population**										
按性别分	By Sex										
男	Male	50.2	50.1	52.1	52.3	52.2	50.6	50.8	50.8	51.1	51.6
女	Female	49.8	49.9	47.9	47.7	47.8	49.4	49.2	49.2	48.9	48.4
按城乡分	By Urban Area and Rural Area										
城　镇	Urban	73.5	75.6	77.5	79.1	79.5	83.6	84.5	84.9	85.0	86.0
农　村	Rural	26.5	24.4	22.5	20.9	20.5	16.4	15.5	15.1	15.0	14.0
就　业	**Employment**										
从业人员年末人数	Year-end Employed Persons										
第一产业	Primary Industry	14.5	10.6	11.8	8.9	7.2	7.1	6.5	6.4	6.2	6.0
第二产业	Secondary Industry	44.9	40.7	33.6	32.1	27.3	26.3	24.2	21.2	20.0	19.6
第三产业	Tertiary Industry	40.6	48.7	54.6	59.0	65.5	66.6	69.3	72.4	73.8	74.4
宏观经济	**Macro Economy**										
国民经济核算	**National Accounting**										
地区生产总值	Gross Domestic Product										
第一产业	Primary Industry	8.8	4.9	2.5	1.7	1.4	1.3	1.0	1.0	1.0	0.9
第二产业	Secondary Industry	52.4	42.8	32.7	29.7	30.8	29.1	25.5	23.6	23.5	24.0
第三产业	Tertiary Industry	38.8	52.3	64.8	68.6	67.8	69.6	73.5	75.4	75.5	75.1
投　资	**Investment**										
全社会固定资产投资	Structure of Total Investment in Fixed Assets										
城　镇	Urban	88.2	94.4	91.9	92.7	92.3	91.8	92.2	92.4	90.1	91.1
农　村	Rural	9.7	4.8	6.5	6.1	7.7	8.2	7.8	7.6	9.9	8.9
资金来源结构	Structure of Funded Sources										
国家预算内资金	State Budgetary Appropriation	25.3	7.7	7.4	2.9	3.2	2.8	1.7	2.0	1.4	1.2
国内贷款	Domestic Loans	16.7	13.4	26.0	28.2	21.7	23.2	24.4	26.9	34.9	26.6
利用外资	Foreign Investment	11.2	20.5	3.6	2.0	3.2	1.6	1.3	1.5	0.5	0.5
债券、自筹和其他资金	Securities,Fundraising and Others Investment	46.8	58.4	63.0	66.9	71.9	72.4	72.6	69.6	63.3	71.6
财　政	**Government Finance**										
一般预算财政收入主要税种	General Budgetary Financial Revenue Items										
#增值税	Value Added Tax			13.3	12.7	9.3	10.6	9.0	8.6	8.9	8.9
营业税	Business Tax			43.2	44.5	44.8	41.7	40.3	35.5	37.1	36.3
企业所得税	Enterprise Income Tax			16.8	15.8	16.3	17.9	20.7	27.1	21.2	21.8
个人所得税	Private Income Tax			16.3	9.7	9.9	9.2	9.1	9.3	8.8	9.1
能源消费总量	**Consumption of Energy**										
第一产业	Primary Industry	3.9	3.4	2.5	2.1	1.7	1.6	1.5	1.5	1.5	1.4
第二产业	Secondary Industry	63.5	65.9	58.5	53.3	51.8	49.0	44.5	40.3	38.7	39.2
第三产业	Tertiary Industry	19.0	17.9	26.1	29.9	31.9	34.8	38.0	41.3	42.0	41.7
生活消费	Living Consumption	13.6	12.8	12.9	14.6	14.6	14.7	16.0	16.9	17.8	17.7

1-7 续表1 continued

单位：% (%)

项 目	Item	1990	1995	2000	2003	2004	2005	2007	2008	2009	2010
产 业	**Industry**										
农 业	**Agriculture**										
农林牧渔业产值结构	Structure of Gross Output Value of Agriculture										
农 业	Farming	55.6	52.8	46.7	36.0	35.4	38.0	42.4	42.2	46.4	47.0
林 业	Forestry	1.3	1.7	2.8	5.5	4.9	5.2	6.5	6.7	5.5	5.1
牧 业	Animal Husbandry	39.8	41.8	46.4	50.9	52.9	50.5	45.0	46.2	43.2	42.6
渔 业	Fishery	3.3	3.7	4.1	4.1	3.8	3.6	3.7	3.2	3.3	3.5
农林牧渔服务业	Services for Agriculture				3.6	3.1	2.7	2.4	1.6	1.7	1.8
工 业	**Industry**										
规模以上工业主要行业增加值结构	Structure of Added Value of Industry by Sector (Above Designated Size)										
#医药制造业	Manufacture of Medicines		1.6	3.6	4.5	2.9	3.0	3.8	5.7	6.0	5.6
黑色金属冶炼及压延加工业	Smelting and Pressing of Ferrous Metals		20.1	8.9	8.4	13.9	14.0	10.9	5.4	3.2	1.1
交通运输设备制造业	Manufacture of Transport Equipment		9.4	3.7	10.7	9.5	8.7	9.0	10.4	13.6	16.6
通信设备、计算机及其他电子设备制造业	Manufacture of Communication Equipment, Computers and Other Electronic Equipment		9.9	24.7	19.4	13.0	16.7	16.8	14.2	8.8	8.7
电力、热力的生产和供应业	Production and Distribution of Electric Power and Heat Power		7.0	6.4	6.7	11.4	11.8	16.4	17.6	14.3	14.9
建筑业	**Construction**										
建筑业总产值结构	Stucture of Gross Output Value of Construction Industry										
#国有企业	State-Owned	68.7	69.1	44.8	32.1	27.9	27.4	15.1	9.5	8.9	6.3
集体企业	Collective Owned	31.3	26.4	21.7	9.0	5.2	4.7	3.3	2.3	2.2	2.0
港澳台商投资企业	Hongkong, Macao and Taiwan		1.4	1.4	0.9	0.9	1.2	1.9	2.1	1.4	1.0
外商投资企业	Foreign Funded Enterprises		1.2	2.0	1.9	1.7	1.7	2.1	1.9	1.5	1.8
交通运输业	**Transportation**										
货运量结构(按运输方式分)	Structure of Freignt (By Means of Transportation)										
铁 路	Railways	11.4	9.2	8.5	7.3	6.2	6.1	9.3	7.9	7.4	6.6
公 路	Highways	87.5	90.4	91.2	91.7	92.3	92.4	86.0	85.4	85.2	85.1
民 航	Civil Aviation	0.04	0.05	0.11	0.15	0.23	0.24	0.47	0.42	0.44	0.55
管 道	Pipelines	1.0	0.3	0.2	0.8	1.3	1.2	4.2	6.3	7.0	7.7
客运量结构(按运输方式分)											
铁 路	Railways	50.4	45.1	24.2	14.3	10.9	9.5	34.5	5.9	6.1	6.3
公 路	Highways	46.7	47.7	70.7	81.7	83.3	85.3	46.3	91.1	90.7	89.7
民 航	Civil Aviation	2.9	7.2	5.1	4.0	5.7	5.2	19.2	2.9	3.2	4.0
国内贸易	**Domestic Trade**										
社会消费品零售额	Retail Sales of Consumer Goods										
吃类商品	Food	39.6	42.7	28.4	26.0	24.5	25.8	24.5	23.1	22.2	21.4
穿类商品	Clothing	13.2	14.6	12.0	11.0	9.2	9.7	9.4	8.8	8.9	8.8
用类商品	Daily Use Articles	44.8	40.8	56.2	59.0	58.6	56.5	57.5	60.3	61.8	62.4
烧类商品	Fuels	2.4	1.9	3.4	4.0	7.7	8.1	8.6	7.8	7.1	7.5
对外贸易	**Foreign Trade**										
地区出口商品	Local Exports Goods										
#一般贸易	General Trade		70.6	65.9	62.0	57.9	54.5	50.6	52.1	41.9	45.0
加工贸易	Process Trade		21.3	29.6	32.7	35.3	39.6	41.4	36.0	44.2	42.1
地区进口商品	Local Imports Goods										
#一般贸易	General Trade		84.4	87.3	89.3	88.6	85.2	85.6	89.0	85.9	88.7
加工贸易	Process Trade		5.2	3.5	6.1	6.1	8.2	8.1	5.7	7.9	5.9
国际旅游	**International Tourism**										
接待海外旅游人数	Number of Tourists from Abroad										
外国人	Foreigners	63.7	80.5	84.4	82.5	85.0	85.9	87.9	88.6	83.1	86.0
港澳台同胞	Compatriots from Hongkong, Macao and Taiwan	34.6	17.6	15.6	17.5	15.0	14.1	12.1	11.4	16.9	14.0

注：1.从2003年起农业统计执行新《国民经济行业分类标准》及按生产者价格计算，农林牧渔业总产值中含农林牧渔服务业产值。
2.2010年农业按照新的《统计用产品分类目录》，将原归属林业产值的核桃、板栗等林产品调整至农业产值，并对2009年数据作了调整。

Note: a) Effective 2003,new Classification Standards of National Economy Industries are implemented. Producer prices are used.Gross output value of farming, forestry, animal husbandry and fishery includes the output value of services of farming forestry, animal husbandry and fishery.
b) Output value of forest produces such as walnuts and chestnuts was transferred to that of agricultural products in 2010 according to the new Directory of Product Classification Used for Statistics. Figures 2009 were adjusted accordingly.

1-7 续表2 continued

单位: % (%)

项 目	Item	1990	1995	2000	2003	2004	2005	2007	2008	2009	2010
教育、科技、文化、卫生	**Education, Science, Culture, Health Care**										
教 育	**Education**										
在校学生结构	Structure of Student Enrollment										
#高等教育	Higher Education	8.3	9.0	14.0	24.8	28.1	46.2	45.9	47.7	48.9	49.5
中等教育	Secondary Education	32.5	41.0	48.7	42.5	40.1	29.7	26.3	24.4	23.0	22.1
小学教育	Primary School	59.0	49.6	36.8	23.8	22.5	16.9	20.9	20.6	20.1	19.8
专任教师结构	Full-time Teachers by Type										
#高等教育	Higher Education	24.6	22.7	22.2	23.1	25.6	32.7	34.6	35.2	35.6	35.9
中等教育	Secondary Education	38.3	38.6	40.5	38.6	37.4	33.6	33.1	30.7	30.0	29.1
小学教育	Primary School	36.7	37.9	36.8	29.9	28.3	25.3	25.9	24.5	24.2	23.9
科 技	**Science and Technology**										
研究与试验发展(R&D)人员折合全时当量结构	Structure of Full-time Personnel Equivalent R&D Personnel										
基础研究	Basic Research						12.9	11.7	12.8	14.2	15.2
应用研究	Applied Research						29.8	27.0	26.5	24.3	27.1
试验发展	Expenditure Development						57.3	61.3	60.6	61.5	57.7
研究与试验发展(R&D)经费内部支出结构	Structure of Intrnal Expenditures on Scientific Expenditure										
基础研究	Basic Research						10.1	8.1	8.2	10.5	11.6
应用研究	Applied Research						27.8	20.1	21.9	22.9	26.4
试验发展	Expenditure Development						53.1	62.9	60.5	66.5	62.0
卫 生	**Health Care**										
卫生技术人员结构	Doctors by Types										
#执业医师	Certified Doctors	45.6	46.7	44.6	42.7	42.0	42.2	39.5	39.2	38.9	38.5
注册护士	Registered Nurses	31.0	31.7	34.5	35.6	35.6	35.8	36.5	36.9	38.4	39.3
生活、环境	**People's Livelihood and Environment**										
生 活	**People's Livelihood**										
城镇居民消费结构	Consumption Structure of Urban Residents										
食品(恩格尔系数)	Food (Engel Coefficient)	54.2	48.5	36.3	31.7	32.2	31.8	32.2	33.8	33.2	32.1
衣 着	Clothing	14.8	15.1	8.9	8.1	8.7	8.9	9.9	9.5	10.0	10.4
居 住	Housing	3.5	4.5	6.9	8.6	8.7	7.9	8.1	7.8	7.2	7.9
家庭设备用品及服务	Household Appliances and Service	10.4	8.8	12.9	6.3	6.8	6.4	6.4	6.7	6.8	6.9
医疗保健	Health Care and Medical Services	1.4	2.9	6.9	8.9	9.7	9.8	8.4	9.5	7.8	6.7
交通和通信	Transport and Communications	1.5	4.7	7.1	15.2	12.8	14.7	15.2	13.9	15.5	17.2
教育文化娱乐服务	Education, Cultural and Recreation Services	11.5	10.2	15.1	17.7	17.3	16.5	15.6	14.5	14.8	14.6
其他商品和服务	Miscellaneous Goods and Services	2.7	5.2	5.8	3.5	3.8	4.0	4.2	4.3	4.7	4.2
农村居民消费结构	Consumption Structure of Rural Residents										
食品(恩格尔系数)	Food (Engel Coefficient)	50.7	49.6	36.7	31.7	32.6	32.8	32.1	34.3	32.4	30.9
衣 着	Clothing	9.5	10.9	7.6	7.1	7.4	7.8	7.7	7.8	7.7	7.7
居 住	Housing	19.2	9.7	15.7	19.8	17.1	16.2	17.0	16.9	19.4	21.8
家庭设备用品及服务	Household Appliances and Service	8.0	7.6	7.3	5.8	5.4	6.2	5.7	6.3	6.5	5.6
医疗保健	Health Care and Medical Services	3.8	4.8	8.0	8.3	8.7	9.0	9.4	9.9	9.5	8.9
交通和通信	Transport and Communications	1.7	4.1	6.3	10.1	11.2	11.0	12.8	11.6	12.1	13.1
文教娱乐用品及服务支出	Education, Cultural and Recreation Services	6.6	10.6	14.4	15.4	15.8	15.1	13.2	11.5	10.5	9.7
其他商品和服务	Miscellaneous Goods and Services	0.6	2.8	4.0	1.7	1.8	1.9	2.1	1.8	1.9	2.4
环 境	**Environment**										
空气质量达到二级及好于二级天数比例	Pollution Index for Air above Grade Ⅱ			48.4	61.4	62.6	64.1	67.4	74.9	78.1	78.4

1-8 国民经济和社会发展比例和效益指标

INDICATORS ON PROPORTIONS AND EFFICIENCY IN NATIONAL ECONOMIC AND SOCIAL DEVELOPMENT

项 目		Item		2010	2009
人口与就业		**Population and Employment**			
人 口		**Population**			
常住人口出生率	(‰)	Birth Rate	(‰)	7.48	8.06
常住人口死亡率	(‰)	Death Rate	(‰)	4.41	4.56
常住人口自然增长率	(‰)	Natural Growth Rate	(‰)	3.07	3.50
就 业		**Employment**			
城镇登记失业率	(%)	Unemployment Rate in Urban Areas	(%)	1.37	1.44
就业弹性系数		Elasticity Coefficient of Employment		0.32	0.17
宏观经济		**Macro Economy**			
国民经济核算		**National Accounting**			
地区生产总值	(%)	Gross Domestic Product	(%)	100.0	100.0
第一产业		Primary Industry		0.9	1.0
第二产业		Secondary Industry		24.0	23.5
第三产业		Tertiary Industry		75.1	75.5
全社会劳动生产率	(元/人)	Overall Labor Productivity	(yuan/person)	139057	122807
第一产业		Primary Industry		20129	18898
第二产业		Secondary Industry		168451	140319
第三产业		Tertiary Industry		140968	126872
固定资产投资		**Investment in Fixed Assets**			
全社会固定资产投资相当于地区生产总值比例	(%)	Proportion of Investment in Fixed Assets to GDP	(%)	38.9	40.0
财 政		**Finance**			
地方财政收入相当于地区生产总值比例	(%)	Proportion of Government Revenue to GDP	(%)	27.0	22.0
地方财政支出相当于地区生产总值比例	(%)	Proportion of Government Expenditures to GDP	(%)	28.8	23.2
能源消费		**Energy Consumption**			
能源消费弹性系数		Elasticity Ratio of Energy Consumption		0.57	0.38
电力消费弹性系数		Elasticity Coefficient of Electricity Consumption		0.92	0.70
万元地区生产总值能耗(现价)	(吨标准煤)	Energy Consumption per 10000 yuan GDP (Current Price)	(ton of SCE)	0.49	0.54
万元地区生产总值水耗(现价)	(立方米)	Water Consumption per 10000 yuan GDP (Current Price)	(cu.m)	24.94	29.92
产 业		**Industry**			
规模以上工业企业效益		**Economic Efficiency of Industrial Enterprises Above Designated Size**			
综合效益指数	(%)	Aggregate Index of Industrial Economic Deficiency	(%)	236.36	210.87
总资产贡献率	(%)	Contribution Rate of Total Assets	(%)	8.31	7.56
资产保值增值率	(%)	Changing Rate of Net Assets	(%)	115.89	110.88

1-8 续表 continued

项　　目		Item		2010	2009
资产负债率	(%)	Asset-Liability Ratio	(%)	50.76	50.53
流动资产周转率	(次)	Turnover Rate of Current Assets	(times)	1.81	1.77
成本费用利润率	(%)	Ratio of Profits to Industrial Cost	(%)	7.38	6.43
全员劳动生产率	(元/人)	Overall Labor Productivity	(yuan/person)	221639	189529
产品销售率	(%)	Proportion of Products Sold	(%)	98.74	98.78
建筑业		**Construction**			
全员劳动生产率	(元/人)	Overall Labor Productivity	(yuan/person)	253939	249137
产值竣工率	(%)	Ratio of Output Value Completed to Total	(%)	42.7	50.8
面积竣工率	(%)	Ratio of Follr Space of Building Completed	(%)	20.2	23.0
邮电通信业		**Post and Communications**			
移动电话普及率	(户/百人)	Population Rate of Mobil Telephone	(sets/100 persons)	107.9	104.0
固定电话主线普及率	(线/百人)	Population Rate of Main Line	(line/100 persons)	45.1	50.9
国内贸易		**Domestic Trade**			
人均社会消费品零售额	(元)	Per Capita Retail Sales of Consumer Goods	(yuan)	33518.8	30782.0
教育、科技、文化、卫生		**Education, Science and Technology, Culture and Health Care**			
教　育		**Education**			
学龄儿童入学率	(%)	Enrollment Rate of Children at School-Age Junior Secondary Schools	(%)	99.96	100.00
平均每一专任教师负担学生数		Average Number of Students Instructed by a Full-time Teacher			
高等学校	(人)	Instiutions of Higher Education	(person)	16.6	16.5
普通中学	(人)	Regular Secondary School	(person)	10.2	10.0
小学学校	(人)	Primary Schools	(person)	13.2	13.0
科　技		**Science and Technology**			
研究与试验发展经费内部支出相当于地区生产总值比例	(%)	R&D Expenditures as Percentage of GDP	(%)	5.82	5.50
文　化		**Culture**			
每万人拥有公共图书馆	(个)	Number of Public Libraries per Million Persons	(unit)	0.01	0.01
每万人拥有博物馆	(个)	Number of museums per Million Persons	(unit)	0.08	0.09
卫　生		**Health Care**			
婴儿死亡率	(‰)	Infant Mortality Rate	(‰)	3.29	3.49
孕产妇死亡率	(1/10万)	Maternal Mortality Rate	(1/100000)	12.14	14.55
平均每千人口拥有执业医师数(户籍人口)	(人)	Certified Doctors per 1000 Persons (Registered Permanent Residence)	(person)	5.24	5.00
平均每千人口拥有医院床位数(户籍人口)	(张)	Beds per 1000 Persons (Registered Permanent Residence)	(Nos.)	6.83	6.62
家庭、生活、环境、灾害		**Household, Living, Environment and Accidents**			
家　庭		**Household**			
少儿抚养比(常住人口)	(%)	Children Support Coefficient (Total Population)	(%)	10.4	12.2
老年抚养比(常住人口)	(%)	Elder Support Coefficient (Total Population)	(%)	10.5	14.2
生　活		**Living**			
城镇与农村居民收入比例(以农村居民收入为1)		Ratio of Urban and Rural Residents' Income (Rural Residents' Income = 1)		2.19	2.23
城镇居民人均住房使用面积	(平方米)	Per Capita Using Space of Urban Residents	(sq.m)	19.49	21.61
农村居民人均住房面积	(平方米)	Per Capita Living Space in Rural Residents	(sq.m)	40.62	39.42
环境、灾害		**Environment and Accidents**			
人均公园绿地面积	(平方米)	Per Capita Park Green Areas	(sq.m)	15.00	14.50
平均每起火灾直接经济损失	(元)	Average Direct Pecuniary Losses per Fire Accidents	(yuan)	7684.3	28363.5
平均每起交通事故直接经济损失	(元)	Average Direct Pecuniary Losses per Traffic Accidents	(yuan)	5627.5	5360.4

1-9 北京一日
A DAY IN BEIJING

项 目		Item		2010	2009
每天创造的财富		**Daily Production**			
地区生产总值	(万元)	Gross Domestic Product	(10000 yuan)	386674.0	332958.9
第一产业		Primary Industry		3408.2	3241.1
第二产业		Secondary Industry		92832.9	78232.9
工 业		Industry		75726.0	63098.6
建筑业		Construction		17106.8	15134.2
第三产业		Tertiary Industry		290432.9	251484.9
#交通运输、仓储和邮政业		Transportation, Storage Posts and Telecommunications		19506.8	15249.3
地方财政收入	(万元)	Local Financial Revenue	(10000 yuan)	104408.4	73391.1
地方财政支出	(万元)	Local Financial Expenditure	(10000 yuan)	111369.0	77284.0
发电量	(万千瓦时)	Electricity	(10000 kwh)	7365.3	6643.4
汽车生产量	(辆)	Output of Motor Vehicles	(unit)	4117	3482
移动电话机生产量	(台)	Output of Mobile Telephone	(unit)	750355	585076
每天收入与消费量		**Daily Income and Consumption**			
城镇居民人均可支配收入	(元)	Per Capita Disposable Income of Urban Residents	(yuan)	79.7	73.3
城镇居民人均消费性支出	(元)	Per Capita Living Expenditures of Urban Residents	(yuan)	54.6	49.0
农村居民人均纯收入	(元)	Per Capita Net Income of Rural Residents	(yuan)	36.3	32.8
农村居民人均生活消费支出	(元)	Per Capita Living Expenditures of Rural Residents	(yuan)	27.7	25.0
在岗职工平均工资	(元)	Average Wage of Fully Employed Staff and Workers	(yuan)	180.0	159.3
社会消费品零售额	(万元)	Retail Sales of Consumer Goods	(10000 yuan)	170665.8	145476.7
机动车销售量	(辆)	Sales of Motor Vehicles	(unit)	3923	3145
生活消费用电量	(万千瓦时)	For Living Use Electricity	(10000 kwh)	3817.4	3528.6
居民家庭用自来水	(万立方米)	For Living Use Tap Water	(10000 cu.m)	124.1	115.1
每天其他活动		**Other Daily Activities**			
地区出口额	(万美元)	Exports of Local Enterprises	(USD 10000)	15188.9	13248.8
旅游外汇收入	(万美元)	Foreign Exchange Earning from Tourism	(USD 10000)	1381.9	1194.5
国内旅游收入	(万元)	Domestic Tourism Earnings	(10000 yuan)	66441.1	58753.4
接待入境旅游人数	(人次)	International Tourists Arrival to Beijing	(person-time)	13427	11301
接待国内旅游者人数	(人次)	Domestic Tourists	(person-time)	490411	445397
市内公共交通客运量	(万人次)	Urban Passenger Traffic	(10000 person-times)	1889.8	1804.9
报刊、图书印数量	(万份、万册、万张)	Printed Copies of Newspaper, Magazines and Books	(10000 copies)		2804.7
每天人口和婚姻变动		**Daily Population and Marriage Changes**			
出生人口(户籍)	(人)	Birth Population (Registered Permanent Residence)	(person)	279	299
死亡人口(户籍)	(人)	Death Population (Registered Permanent Residence)	(person)	250	171
登记结婚对数	(对)	Marriage Registered	(couple)	378	498
离婚对数	(对)	Registered Divorces	(couple)	120	113

注：1.在岗职工范围包括乡镇企业。
2.离婚对数包括在民政部门登记的对数和经法院调离和判离的对数。

Note: a) Figures of fully employed staff and workers will cover township enterprises.
b) Registered divorces include those registered with civil affair authorities and those mediated and judged in courts.

1-10 "十一五"时期主要监测指标
MAIN MONITORING INDICATORS IN THE 11TH FIVE-YEAR PLAN

项目	Item	2005	2006	2007	2008	2009	2010
城镇登记失业率 (%)	Urban Registeration Unemployment Rate (%)	2.11	1.98	1.84	1.82	1.44	1.37
居民消费价格指数 (%)	Consumer Price Index (%)	101.5	100.9	102.4	105.1	98.5	102.4
地方财政一般预算收入比上年增长 (%)	Growth Rate of Local Government General Budgetary Financial Revenue (%)	23.5	21.5	33.6	23.1	10.3	16.1
万元地区生产总值能耗比上年降低(可比价) (%)	Decrease Rate of Energy Consumption per 10000 yuan GDP(comparable prices) (%)	4.17	5.37	7.02	7.74	5.76	4.04
万元地区生产总值水耗比上年降低(可比价) (%)	Decrease Rate of Water Consumption per 10000 yuan GDP(comparable prices) (%)	11.07	12.01	11.38	7.56	8.12	10.14
农民养老保险参保率 (%)	Retirement Insurance Coverage Rate (%)	25.0	29.3	36.6	85.0	90.0	92.0
新型农村合作医疗参合率 (%)	Percentage of Persons Participating in New-type Rural Cooperative Medical Service Program (%)	80.3	86.9	88.9	92.9	95.7	96.7
空气质量达到二级及好于二级天数比例 (%)	Pollution Index for Air Above Grade II (%)	64.1	66.0	67.4	74.9	78.1	78.4
化学需氧量(COD)排放量 (万吨)	COD Discharge Volume (10000 ton)	11.60	10.99	10.65	10.13	9.89	9.20
二氧化硫(SO_2)排放量 (万吨)	SO_2 Discharge Volume (10000 ton)	19.06	17.55	15.17	12.32	11.88	11.50
全市林木绿化率 (%)	Overall Forest Coverage Rate (%)	50.5	51.0	51.6	52.1	52.6	53.0
城市绿化覆盖率 (%)	Coverage of City Green Areas (%)	42.0	42.5	43.0	43.5	44.4	45.0
人均公园绿地面积 (平方米)	Per Capita Park Green Areas (sq.m)	12.0	12.0	12.6	13.6	14.5	15.0
地区生产总值比上年增长(可比价) (%)	Annual Growth Rate of GDP(comparable prices) (%)	12.1	13.0	14.5	9.1	10.2	10.3
第三产业增加值比重 (%)	Proportion of Tertiary Industry (%)	69.6	71.9	73.5	75.4	75.5	75.1
研究与试验发展内部经费支出相当于地区生产总值比例 (%)	Total R&D Expenditure as % of GDP (%)	5.45	5.33	5.35	5.58	5.50	5.82
高新技术产品出口占地区出口的比重 (%)	Proportion of Exports of High-Tech Production to Reginal Total Exports (%)	31.5	36.6	36.7	33.2	36.2	34.9
接待入境旅游者人数 (万人次)	International Tourists (10000 person-times)	362.9	390.3	435.5	379.0	412.5	490.1
城镇居民人均可支配收入实际增长 (%)	Real Growth Rate of Per-capita Disposable Income of Urban Residents (%)	11.2	12.2	11.2	7.0	9.7	6.2
农村居民人均纯收入实际增长 (%)	Actual Annual Growth Rate of Per-capita (%)	8.1	8.7	8.2	6.5	13.4	8.1

主要统计指标解释

法人单位指具备以下条件的单位 （1）依法成立、有自己的名称、组织机构和场所、能够独立承担民事责任；（2）独立拥有和使用（或授权使用）资产、承担负债、有权与其它单位签订合同；（3）会计上独立核算、能够编制资产负债表。法人单位包括企业法人、事业单位法人、机关法人、社会团体法人、民办非企业法人和其他法人。

单产业法人 指只位于一个场所并主要从事一种社会经济的法人单位。

多产业法人 指从事多种经济活动，或者位于多个地点的法人单位。多产业法人单位由两个或两个以上产业活动单位组成。

产业活动单位 是法人单位的附属单位。产业活动单位应具备下列条件：（1）在一个场所从事一种或主要从事一种经济活动；（2）相对独立地组织生产、经营或业务活动；（3）能够掌握收入和支出等业务核算资料。

登记注册类型 以在工商行政管理机关登记注册的各类企业为划分对象。行政机关、事业单位和社会团体及其他经济组织参照执行。

国有企业 指企业全部资产归国家所有，并按《中华人民共和国企业法人登记管理条例》规定登记注册的非公司制的经济组织。不包括有限责任公司中的国有独资公司。

集体企业 指企业资产归集体所有，并按《中华人民共和国企业法人登记管理条例》规定登记注册的经济组织。

股份合作企业 以合作制为基础，由企业职工共同出资入股，吸收一定比例的社会资产投资组建，实行自主经营、自负盈亏，共同劳动，民主管理，按劳分配与按股分红相结合的一种集体经济组织。

联营企业 指两个及两个以上相同或不同所有制的企业法人或事业单位法人，按自愿、平等、互利的原则，共同投资组成的经济组织。包括国有联营、集体联营、国有与集体联营和其他联营企业。

有限责任公司 指根据《中华人民共和国公司登记管理条例》规定登记注册，由两个以上，五十个以下的股东共同出资，每个股东以其所认缴的出资额对公司承担有限责任，公司以其全部资产对其债务承担责任的经济组织。有限责任公司包括国有独资公司、其他有限责任公司。

股份有限公司 指根据《中华人民共和国公司登记管理条例》规定登记注册，其全部注册资本由等额股份构成并通过发行股票筹集资本，股东以其认购的股份对公司承担有限责任，公司以其全部资产对其债务承担责任的经济组织。

私营企业 指由自然人投资设立或由自然人控股，以雇佣劳动为基础的盈利性经济组织。包括按照《公司法》、《合伙企业法》、《私营企业暂行条例》、《个人独资企业法》规定登记注册的私营独资企业、私营合伙企业、私营有限责任公司、私营股份有限公司和个人独资企业。

其他企业 指上述类型之外的其他内资经济组织。

港、澳、台商投资企业 指港澳台地区投资者依照中华人民共和国有关涉外经济的法律、法规，以合资、合作、独资、股份有限公司的形式在内地设立的企业。凡其中港澳台股本占公司注册资本比例小于25%的，属于内资企业中的股份有限公司。

外商投资企业 指外国企业或外国人依照中华人民共和国有关涉外经济的法律、法规，以合资、合作、独资、股份有限公司的形式在中国内地投资设立的企业。凡其中外资股本占公司注册资本比例小于25%的，属于内资企业中的股份有限公司。

《国民经济行业分类与代码》GB/T 4754-2002 版与原 GB/T 4754-1994 版的主要框架结构变化：

增加的门类：a).信息传输、计算机服务和软件业 b).租赁和商务服务业 c).住宿和餐饮业 d).水利、环境和公共设施管理业 e).教育 f).国际组织

名称或范围进行调整的门类：a).农、林、牧、渔业 b).采矿业 c).制造业 d).交通运输、仓储和邮政业 e).批发和零售业 f).金融业 g).科学研究、技术服务和地质勘查业 h).居民服务和其他服务业 i).卫生、社会保障和社会福利业 j).文化、体育和娱乐业 k).公共管理和社会组织

取消的门类：a). 地质勘查、水利管理 b). 其它行业

就业弹性系数 是研究经济发展与就业增长数量关系的函数，是指劳动力就业的增长率与经济增长率之间的比率。其经济含义：经济每增长1%，就业能增长多少个百分点。

Explanatory Notes on Main Statistical Indicators

Corporate units refer to units meeting such conditions as: (1) established according to law, having its own name, organization and site, capable of assuming civil responsibilities independently; (2)independently owning and using (or using under authority) assets and assuming liabilities, having the right to signing contracts with other units; (3) keeping independent accounts, capable of preparing balance sheet. Corporate units include enterprise, public institutions, government agencies, social groups, and civilian-run enterprises as corporate units and other corporate units.

Single-industry Corporate Units refer to those located at one site and mainly engaged in one sort of social economic activity.

Multi-industry Corporate Units refer to those located at several sites and engaged in multiple economic activities. A multi-industry unit consists of two or more establishments.

Establishments are attached to corporate units. They shall meet such conditions as: (1) conducting one or mainly conducting one economic activity at one site; (2) organizing production, operation or business activities in a relatively independent manner; (3) capable of getting business accounting data such as income and payment.

Type of Registration applies for various enterprises registered in the administration for industry and commerce, and applies for administrative agencies, public institutions, social groups and other economic organizations by reference.

State-owned Enterprises refer to non-corporation economic units where the entire assets are owned by the state and which have registered in accordance with the Regulation of the People's Republic of China on the Management of Registration of Corporate Enterprises, which excluding sole state-funded corporations in the limited liability corporations.

Collective-owned Enterprises refer to economic units where the assets are owned collectively and which have registered in accordance with the Regulation of the People's Republic of China on the Management of Registration of Corporate Enterprises.

Cooperative Enterprises refer to a form of collective economic units (enterprises) where capitals come mainly from employees as their shares, with certain proportion of capital from the outside, where production is organized on the basis of independent operation, independent accounting for profits and losses, joint work, democratic management, a distribution system that integrates distribution according to work with distribution according to capital share.

Joint Ownership Enterprises refer to economic units established by two or more corporate enterprises or corporate institutions of the same or different ownership, through joint investment on the basis of equality, voluntary participation and mutual benefits. They include state joint ownership enterprises, collective joint ownership enterprises, joint state-collective enterprises and other joint ownership enterprises.

Limited Liability Corporations refer to economic units established with investment from 2-50 investors and registered in accordance with the Regulation of the People's Republic of China on the Management of Registration of Corporations, each investor bearing limited liability to the corporation depending on its share of investment, and the corporation bearing liability to its debt to the maximum of its total assets. Limited liability corporations include exclusive state-funded limited liability corporations and other limited liability corporations.

Share-holding Corporations Ltd. refer to economic units registered in accordance with the Regulation of the People's Republic of China on the Management of Registration of Corporations, with total registered capitals divided into equal shares and raised through issuing stocks. Each investor bears limited liability to the corporation depending on the holding of shares, and the corporation bears liability to its debt to the maximum of its total assets.

Private Enterprises refer to profit-making economic units invested and established by natural persons or controlled by natural persons using employed labor. Private enterprises include private limited liability corporations, private share-holding corporations Ltd., private partnership enterprises and private-funded enterprises registered in accordance with the Corporation Law, Partnership Enterprises Law, Interim Regulations on Private Enterprises and Sole Proprietorship Enterprise Law.

Other Domestic-funded Enterprises refer to domestic-funded economic units other than those mentioned above.

Enterprises funded by Hong Kong, Macao and Taiwan investors refer to enterprises established as joint ventures, cooperative enterprises, wholly-funded enterprises and joint-stock companies limited in the mainland of China by investors from Hong Kong, Macao and Taiwan in accordance with laws and rules of the People's Republic of China on foreign-related economy. In case the share of investment from Hong Kong, Macao and Taiwan is less than 25% of the total registered capital, the enterprise is to be classified as domestic-funded joint stock corporation Ltd.

Foreign-funded Enterprises refer to enterprises established as joint ventures, cooperative enterprises, wholly-funded enterprises and joint-stock companies limited in the mainland of China by foreign enterprises or foreigners in accordance with laws and rules of the People's Republic of China on foreign-related economy. In case the share of foreign investment is less than 25% of the total registered capital, the enterprise is to be classified as domestic-funded joint stock corporation Ltd.

Changes to the main framework of the Classification and Codes of Sectors in National Economy Version GB/T 4754-2002 as compared with the former Version GB/T 4754-1994:

Sectors added: a). information transmission, computer service and software sectors, b). leasing and business service sectors, c). accommodation, food and drink sector, d). water conservancy, environment, public facility management sectors, e). education, f). international organizations.

Sectors with name or range changed: a).agriculture, forestry, livestock raising, fishery, b). mining, c). manufacturing, d). transportation, warehouse storage, postal service, e). wholesale and retail trades, f). finance, g). scientific research, technical service, geologic survey, h). residents service and other service sectors, i). health, social security, and social welfare, j). culture, sports and entertainment, k). public management social organizations.

Sectors cancelled: a). geologic survey, water conservancy management, b). other sectors.

Employment Elasticity Factor is a function for the research of the relationship between economic development and job increase. It refers to a ratio of labor employment growth rate to economic growth rate. Economically, it means: how many percentage points will be brought for the growth of jobs by every one percent of economic growth.

02

国民经济核算
NATIONAL ACCOUNTS

简要说明

一、本章资料的主要内容

本章主要包括历年北京市地区生产总值、部分新兴产业增加值、各行业增加值、居民消费水平、全社会劳动生产率、三次产业的贡献率和2007年投入产出数据等资料。其中，地区生产总值是由北京市统计局根据不同产业部门、不同支出构成的特点和资料来源情况而采用不同方法核算。投入产出数据根据2007年投入产出调查结果编制。

二、本章中关于历史数据调整的问题

本章中1997-2008年地区生产总值的数据及其分组资料，按照国家统一规定，根据“北京市第二次全国经济普查”和“北京市第二次全国农业普查”的数据结果进行了修正。

三、关于按照新行业标准调整历史数据的问题

2002年10月，国家统计局新修订的《国民经济行业分类》(GB/T 4754-2002) 经国家质量监督检验检疫总局批准正式实施。本章中凡涉及行业及三次产业分组的数据（含历史资料）均已按新行业标准做出调整。

Brief Introduction

I. Main Content

Statistics in this chapter include the GDP of Beijing, added value of some emerging sectors, added value of different sectors, residents' consumption level, total productivity, contribution rate of three industries in previous years, as well as the input and output data in 2007. Among them, the GDP of Beijing is calculated by Beijing Municipal Bureau of Statistics according to the characteristics and source of data in different sectors and different compositions of payment. Input and output data were compiled according to the input and output survey 2007.

II. Adjustment to Historical Data

Data of GDP 1997-2008 and grouping data have been corrected in accordance with the national uniform regulation and the results of Beijing 2nd National Economic Census and Beijing National 2nd Agricultural Census.

III. Adjustment to Historical Data According to New Industrial Standards

In October 2010, the Classification of National Economic Sectors revised by the National Bureau of Statistics of PRC (GB/T 4754-2002) became formally authorized by the State Administration for Quality Supervision, Inspection and Quarantine. In this chapter, all data related to sectors and grouping of three industries (including historical data) have been adjusted according to the new industrial standards.

2-1 地区生产总值(1978-2010年)

GROSS DOMESTIC PRODUCT (1978-2010)

单位：亿元 (100 million yuan)

年份 Year	地区生产总值 Gross Domestic Product	第一产业 Primary Industry	第二产业 Secondary Industry	工业 Industry	建筑业 Construction	第三产业 Tertiary Industry	人均地区生产总值(元/人) Per Capita Gross Domestic Product (yuan/person)	人均地区生产总值(美元/人) Per Capita Gross Domestic Product (USD/person)
1978	108.8	5.6	77.4	70.2	7.2	25.8	1257	797
1979	120.1	5.2	85.2	77.4	7.8	29.7	1358	908
1980	139.1	6.1	95.8	86.9	8.9	37.2	1544	1009
1981-1985	**950.9**	**62.3**	**589.4**	**515.5**	**73.9**	**299.2**		
1981	139.2	6.6	92.5	82.7	9.8	40.1	1526	895
1982	154.9	10.3	99.8	89.3	10.5	44.8	1671	883
1983	183.1	12.8	112.7	98.8	13.9	57.6	1943	983
1984	216.6	14.8	130.7	114.0	16.7	71.1	2262	972
1985	257.1	17.8	153.7	130.7	23.0	85.6	2643	900
1986-1990	**1978.7**	**162.9**	**1084.3**	**917.3**	**167.0**	**731.5**		
1986	284.9	19.1	165.8	141.2	24.6	100.0	2836	821
1987	326.8	24.3	182.6	154.5	28.1	119.9	3150	846
1988	410.2	37.1	221.3	189.5	31.8	151.8	3892	1046
1989	456.0	38.5	252.2	212.8	39.4	165.3	4269	1134
1990	500.8	43.9	262.4	219.3	43.1	194.5	4635	969
1991-1995	**4847.2**	**289.6**	**2220.4**	**1833.5**	**386.9**	**2337.2**		
1991	598.9	45.8	291.5	255.6	35.9	261.6	5494	1032
1992	709.1	49.1	345.9	293.0	52.9	314.1	6458	1171
1993	886.2	53.7	419.6	339.2	80.4	412.9	8006	1389
1994	1145.3	67.5	517.6	417.9	99.7	560.2	10240	1188
1995	1507.7	73.5	645.8	527.8	118.0	788.4	12690	1520
1996-2000	**12084.0**	**387.8**	**4277.7**	**3450.5**	**827.2**	**7418.5**		
1996	1789.2	75.0	714.7	576.2	138.5	999.5	14254	1714
1997	2077.1	77.2	781.8	635.9	145.9	1218.1	16621	2005
1998	2377.2	77.9	840.6	670.4	170.2	1458.7	19128	2310
1999	2678.8	78.4	907.3	724.0	183.3	1693.1	21407	2586
2000	3161.7	79.3	1033.3	844.0	189.3	2049.1	24127	2915
2001-2005	**26032.9**	**423.4**	**7759.7**	**6446.2**	**1313.5**	**17849.8**		
2001	3708.0	80.8	1142.4	938.8	203.6	2484.8	26980	3260
2002	4315.0	82.4	1250.0	1021.2	228.8	2982.6	30730	3713
2003	5007.2	84.1	1487.2	1224.5	262.7	3435.9	34777	4202
2004	6033.2	87.4	1853.6	1554.7	298.9	4092.2	40916	4943
2005	6969.5	88.7	2026.5	1707.0	319.5	4854.3	45993	5615
2006-2010	**55346.2**	**545.6**	**13571.1**	**11103.4**	**2467.7**	**41229.5**		
2006	8117.8	88.8	2191.4	1821.8	369.6	5837.6	52054	6530
2007	9846.8	101.3	2509.4	2082.8	426.6	7236.1	61274	8058
2008	11115.0	112.8	2626.4	2131.7	494.7	8375.8	66797	9618
2009	12153.0	118.3	2855.5	2303.1	552.4	9179.2	70452	10314
2010	14113.6	124.4	3388.4	2764.0	624.4	10600.8	75943	11218

注：1. 本表按当年价格计算。人均地区生产总值按常住人口计算。
2. 为了便于比较使用，本表中地区生产总值三次产业数据按国家2002年版国民经济行业分类标准核算。
3. 根据全国第二次农业普查和全国第二次经济普查结果对1997-2008年数据进行了修订(下同)。

Note: a) Data in this table are calculated at current prices.Per Capita Gross Domestic Product are calculated at the annual permanent population of Beijing.
b) For convenience of use, figures in this table on three industries in GDP were calculated with the national classification standard of national economy sectors 2002 edition.
c) Figures for 1997-2008 were revised according to results from the national 2nd agricultural census and national 2nd economic census (the same below).

2-2 地区生产总值指数(上年=100)(1978-2010年)
INDICES OF GROSS DOMESTIC PRODUCT (PRECEDING YEAR=100) (1978-2010)

单位：% (%)

年份 Year	地区生产总值 Gross Domestic Product	第一产业 Primary Industry	第二产业 Secondary Industry	工业 Industry	建筑业 Construction	第三产业 Tertiary Industry	人均地区生产总值 Per Capita Gross Domestic Product
1978	110.5	109.0	115.1	112.4	153.0	97.7	109.1
1979	109.7	105.0	109.2	110.1	108.4	113.2	107.4
1980	111.8	109.3	110.1	110.1	110.3	118.5	109.8
1981	99.5	109.1	96.3	95.3	106.4	106.0	98.3
1982	107.4	113.4	105.8	105.8	106.1	109.9	105.6
1983	116.4	107.5	113.6	111.5	132.3	124.2	114.5
1984	117.4	106.8	116.1	115.7	118.8	121.8	115.6
1985	108.7	106.3	111.0	109.1	124.7	104.4	106.9
1986	108.0	100.1	104.8	105.0	103.7	115.7	104.6
1987	109.6	113.4	105.6	105.5	106.3	116.7	106.1
1988	112.8	111.2	112.1	113.0	106.5	114.1	111.0
1989	104.4	101.1	108.9	108.4	112.2	97.3	103.1
1990	105.2	103.3	101.1	101.9	95.6	113.3	104.0
1991	109.9	103.7	107.5	112.6	81.6	114.5	108.9
1992	111.3	103.1	112.2	110.3	125.7	111.9	110.5
1993	112.3	103.2	113.0	110.5	128.5	113.1	111.4
1994	113.7	102.8	114.1	113.5	117.0	115.0	112.5
1995	112.0	92.0	107.7	107.7	107.6	120.5	105.4
1996	109.0	97.2	106.2	106.1	107.0	113.4	103.1
1997	110.1	102.9	108.1	108.7	105.1	113.2	110.6
1998	109.5	101.1	109.6	108.7	114.2	110.1	110.1
1999	110.9	102.8	112.0	112.8	108.0	110.6	110.1
2000	111.8	103.1	111.4	113.2	102.1	112.9	106.8
2001	111.7	103.7	109.5	110.2	106.6	113.1	106.5
2002	111.5	102.7	108.4	107.8	110.9	113.3	109.1
2003	111.1	98.9	112.0	112.2	110.7	111.2	108.3
2004	114.1	99.4	117.0	119.3	106.3	113.1	111.4
2005	112.1	98.1	110.1	110.9	106.3	113.4	109.1
2006	113.0	100.6	110.5	109.5	116.0	114.3	109.8
2007	114.5	102.2	112.7	113.1	110.9	115.4	111.1
2008	109.1	101.1	100.8	100.2	103.7	112.5	105.4
2009	110.2	104.6	110.4	108.8	118.5	110.2	106.3
2010	110.3	98.4	113.7	114.9	108.3	109.3	102.4

注：本表按可比价格计算。
Note:Data in this table are calculated at comparable prices.

2-3 地区生产总值指数(1978年=100)(1978-2010年)

INDEX OF GROSS DOMESTIC PRODUCT (YEAR OF 1978=100) (1978-2010)

单位：% (%)

年份 Year	地区生产总值 Gross Domestic Product	第一产业 Primary Industry	第二产业 Secondary Industry	工业 Industry	建筑业 Construction	第三产业 Tertiary Industry	人均地区生产总值 Per Capita Gross Domestic Product
1978	100.0	100.0	100.0	100.0	100.0	100.0	100.0
1979	109.7	105.0	109.2	110.1	108.4	113.2	107.4
1980	122.6	114.8	120.2	121.2	119.6	134.1	117.9
1981	122.0	125.2	115.8	115.5	127.2	142.2	115.9
1982	131.1	142.0	122.5	122.2	135.0	156.3	122.4
1983	152.6	152.6	139.2	136.3	178.6	194.1	140.2
1984	179.1	163.0	161.6	157.7	212.1	236.4	162.0
1985	194.7	173.3	179.3	172.0	264.5	246.8	173.2
1986	210.3	173.5	187.9	180.6	274.3	285.5	181.2
1987	230.4	196.7	198.5	190.6	291.6	333.2	192.2
1988	259.9	218.7	222.5	215.3	310.6	380.2	213.4
1989	271.4	221.1	242.3	233.4	348.5	369.9	220.0
1990	285.5	228.4	244.9	237.9	333.1	419.2	228.8
1991	313.8	236.9	263.3	267.8	271.8	479.9	249.1
1992	349.2	244.2	295.4	295.4	341.7	537.0	275.3
1993	392.2	252.0	333.8	326.4	439.1	607.4	306.7
1994	445.9	259.1	380.9	370.5	513.7	698.5	345.0
1995	499.4	238.4	410.2	399.0	552.8	841.7	363.7
1996	544.3	231.7	435.7	423.4	591.5	954.5	374.9
1997	599.3	238.4	471.0	460.2	621.7	1080.5	414.6
1998	656.2	241.0	516.2	500.2	710.0	1189.6	456.5
1999	727.7	247.7	578.1	564.2	766.8	1315.7	502.8
2000	813.6	255.4	644.0	638.7	782.9	1485.4	536.8
2001	908.8	264.8	705.2	703.8	834.6	1680.0	571.7
2002	1013.3	271.9	764.4	758.7	925.6	1903.4	623.9
2003	1125.8	268.9	856.1	851.3	1024.6	2115.9	676.0
2004	1284.5	267.3	1001.6	1015.6	1089.1	2393.1	753.1
2005	1440.3	262.2	1102.8	1126.3	1157.7	2714.9	821.5
2006	1627.5	263.8	1218.6	1233.3	1342.9	3102.0	902.0
2007	1863.3	269.6	1373.4	1394.9	1489.3	3580.0	1002.3
2008	2033.0	272.6	1384.4	1397.7	1544.4	4027.6	1056.1
2009	2240.4	285.2	1528.7	1520.8	1829.4	4437.6	1122.7
2010	2471.2	280.6	1738.1	1747.4	1981.2	4850.3	1149.6

注：本表按可比价格计算。
Note: Data in this table are calculated at comparable prices.

2-4 地区生产总值构成(1978-2010年)

COMPOSITION OF GROSS DOMESTIC PRODUCT (1978-2010)

单位: % (%)

年份 Year	地区生产总值 Gross Domestic Product	第一产业 Primary Industry	第二产业 Secondary Industry	工业 Industry	建筑业 Construction	第三产业 Tertiary Industry
1978	100.0	5.2	71.1	64.5	6.6	23.7
1979	100.0	4.3	70.9	64.4	6.5	24.8
1980	100.0	4.4	68.9	62.5	6.4	26.7
1981	100.0	4.7	66.5	59.4	7.1	28.8
1982	100.0	6.7	64.4	57.6	6.8	28.9
1983	100.0	7.0	61.5	53.9	7.6	31.5
1984	100.0	6.9	60.3	52.6	7.7	32.8
1985	100.0	6.9	59.8	50.8	9.0	33.3
1986	100.0	6.7	58.2	49.6	8.6	35.1
1987	100.0	7.4	55.9	47.3	8.6	36.7
1988	100.0	9.0	54.0	46.2	7.8	37.0
1989	100.0	8.5	55.3	46.7	8.6	36.2
1990	100.0	8.8	52.4	43.8	8.6	38.8
1991	100.0	7.6	48.7	42.7	6.0	43.7
1992	100.0	6.9	48.8	41.3	7.5	44.3
1993	100.0	6.1	47.3	38.3	9.0	46.6
1994	100.0	5.9	45.2	36.5	8.7	48.9
1995	100.0	4.9	42.8	35.0	7.8	52.3
1996	100.0	4.2	39.9	32.2	7.7	55.9
1997	100.0	3.7	37.6	30.6	7.0	58.7
1998	100.0	3.3	35.4	28.2	7.2	61.3
1999	100.0	2.9	33.9	27.0	6.9	63.2
2000	100.0	2.5	32.7	26.7	6.0	64.8
2001	100.0	2.2	30.8	25.3	5.5	67.0
2002	100.0	1.9	29.0	23.7	5.3	69.1
2003	100.0	1.7	29.7	24.5	5.2	68.6
2004	100.0	1.4	30.8	25.8	5.0	67.8
2005	100.0	1.3	29.1	24.5	4.6	69.6
2006	100.0	1.1	27.0	22.4	4.6	71.9
2007	100.0	1.0	25.5	21.2	4.3	73.5
2008	100.0	1.0	23.6	19.2	4.4	75.4
2009	100.0	1.0	23.5	19.0	4.5	75.5
2010	100.0	0.9	24.0	19.6	4.4	75.1

2-5 地区生产总值指数(2000年=100)(2000-2010年)
INDEX OF GROSS DOMESTIC PRODUCT (YEAR OF 2000=100) (2000-2010)

单位：% (%)

年份 Year	地区生产总值 Gross Domestic Product	第一产业 Primary Industry	第二产业 Secondary Industry	工业 Industry	建筑业 Construction	第三产业 Tertiary Industry	人均地区生产总值 Per Capita Gross Domestic Product
2000	100.0	100.0	100.0	100.0	100.0	100.0	100.0
2001	111.7	103.7	109.5	110.2	106.6	113.1	106.5
2002	124.5	106.5	118.7	118.8	118.2	128.1	116.2
2003	138.3	105.3	132.9	133.3	130.8	142.4	125.9
2004	157.8	104.7	155.5	159.0	139.0	161.1	140.3
2005	176.9	102.7	171.2	176.3	147.8	182.8	153.0
2006	199.9	103.3	189.2	193.0	171.4	208.9	168.0
2007	228.9	105.6	213.2	218.3	190.1	241.1	186.7
2008	249.8	106.8	214.9	218.7	197.1	271.2	196.7
2009	275.3	111.7	237.3	238.0	233.5	298.8	209.1
2010	303.7	109.9	269.8	273.5	252.9	326.6	214.1

注：本表按可比价格计算。

Note: Data in this table are calculated at comparable prices.

2-6 按行业分地区生产总值(2000-2010年)

单位：亿元

项　　目	Item	2000	2001
地区生产总值	**Gross Domestic Product**	**3161.7**	**3708.0**
第一产业	**Primary Industry**	**79.3**	**80.8**
第二产业	**Secondary Industry**	**1033.3**	**1142.4**
工　业	Industry	844.0	938.8
建筑业	Construction	189.3	203.6
第三产业	**Tertiary Industry**	**2049.1**	**2484.8**
交通运输、仓储和邮政业	Transportation, Storage, Posts and Telecommunications	220.6	254.2
信息传输、计算机服务和软件业	Information Transmission, Computer Servecis and Software	164.4	210.1
批发与零售业	Wholesale Trade and Retail Trade	372.5	424.1
住宿和餐饮业	Accommodation and Catering	81.2	97.2
金融业	Finance	425.2	487.5
房地产业	Real Estate	144.0	203.6
租赁和商务服务业	Tenancy and Commercial Servecis	118.8	137.0
科学研究、技术服务与地质勘查业	Scientific Studies, Technical Services and Geological Prospecting	123.0	178.7
水利、环境和公共设施管理业	Water, Environment and Municipal Engineering Conservancy	23.4	25.2
居民服务和其他服务业	Resident Services and Other Services	36.2	42.2
教　育	Education	102.3	148.8
卫生、社会保障和社会福利业	Health Care, Social Security and Social Welfare	55.3	67.7
文化、体育与娱乐业	Culture, Art, Sports and Recreation	84.5	96.9
公共管理与社会组织	Public Manage and Social Organization	97.7	111.6

注：本表按当年价格计算；行业按国家2002年版国民经济行业分类标准核算。

2-7 按行业分地区生产总值指数(上年=100)(2000-2010年)

单位：%

项　　目	Item	2000	2001
地区生产总值	**Gross Domestic Product**	**111.8**	**111.7**
第一产业	**Primary Industry**	**103.1**	**103.7**
第二产业	**Secondary Industry**	**111.4**	**109.5**
工　业	Industry	113.2	110.2
建筑业	Construction	102.1	106.6
第三产业	**Tertiary Industry**	**112.9**	**113.1**
交通运输、仓储和邮政业	Transportation, Storage, Posts and Telecommunications		103.8
信息传输、计算机服务和软件业	Information Transmission, Computer Servecis and Software		112.3
批发与零售业	Wholesale Trade and Retail Trade		112.4
住宿和餐饮业	Accommodation and Catering		109.0
金融业	Finance		113.1
房地产业	Real Estate		131.1
租赁和商务服务业	Tenancy and Commercial Servecis		104.5
科学研究、技术服务与地质勘查业	Scientific Studies, Technical Services and Geological Prospecting		130.1
水利、环境和公共设施管理业	Water, Environment and Municipal Engineering Conservancy		94.8
居民服务和其他服务业	Resident Services and Other Services		102.9
教　育	Education		125.0
卫生、社会保障和社会福利业	Health Care,Social Security and Social Welfare		115.6
文化、体育与娱乐业	Culture, Art, Sports and Recreation		104.3
公共管理与社会组织	Public Manage and Social Organization		105.3

注：本表按可比价计算；行业按国家2002年版国民经济行业分类标准核算。

GROSS DOMESTIC PRODUCT BY SECTOR (2000-2010)

(100 million yuan)

2002	2003	2004	2005	2006	2007	2008	2009	2010
4315.0	**5007.2**	**6033.2**	**6969.5**	**8117.8**	**9846.8**	**11115.0**	**12153.0**	**14113.6**
82.4	**84.1**	**87.4**	**88.7**	**88.8**	**101.3**	**112.8**	**118.3**	**124.4**
1250	**1487.2**	**1853.6**	**2026.5**	**2191.4**	**2509.4**	**2626.4**	**2855.5**	**3388.4**
1021.2	1224.5	1554.7	1707	1821.8	2082.8	2131.7	2303.1	2764.0
228.8	262.7	298.9	319.5	369.6	426.6	494.7	552.4	624.4
2982.6	**3435.9**	**4092.2**	**4854.3**	**5837.6**	**7236.1**	**8375.8**	**9179.2**	**10600.8**
281.1	309.0	356.8	403.3	455.2	497.5	498.9	556.6	712.0
278.6	378.0	449.6	586.6	696.4	870.5	999.1	1066.5	1214.1
463.0	515.5	587.7	704.3	872.0	1098.2	1426.7	1525.0	1888.5
122.0	112.6	163.3	182.3	218.4	245.0	274.4	262.5	317.3
561.9	635.6	713.8	840.2	982.4	1302.8	1519.2	1603.6	1863.6
298.0	341.9	436.1	493.7	658.3	821.5	844.6	1062.5	1006.5
214.2	231.6	276.6	360.7	447.1	623.6	765.3	809.6	953.2
209.2	246.2	276.5	347.4	438.6	566.2	706.7	816.9	941.1
27.3	30.5	34.6	40.5	47.0	51.8	59.1	67.2	75.3
54.7	64.1	79.6	80.2	85.3	82.1	74.9	73.9	99.3
159.6	206.2	267.4	289.4	320.6	365.2	402.1	444.1	516.2
73.7	87.2	105.9	118.2	140.3	162.6	187.8	213.0	254.5
111.6	125.0	142.7	170.2	189.0	223.1	247.4	259.0	294.6
127.7	152.5	201.6	237.3	287.0	326.0	369.6	418.8	464.6

Note: Data in this table are calculated at current prices.This table follows the classification standard of national economy sectors 2002 edition.

GROSS DOMESTIC PRODUCT BY SECTOR (PRECEDING YEAR=100) (2000-2010)

(%)

2002	2003	2004	2005	2006	2007	2008	2009	2010
111.5	**111.1**	**114.1**	**112.1**	**113.0**	**114.5**	**109.1**	**110.2**	**110.3**
102.7	**98.9**	**99.4**	**98.1**	**100.6**	**102.2**	**101.1**	**104.6**	**98.4**
108.4	**112.0**	**117.0**	**110.1**	**110.5**	**112.7**	**100.8**	**110.4**	**113.7**
107.8	112.2	119.3	110.9	109.5	113.1	100.2	108.8	114.9
110.9	110.7	106.3	106.3	116.0	110.9	103.7	118.5	108.3
113.3	**111.2**	**113.1**	**113.4**	**114.3**	**115.4**	**112.5**	**110.2**	**109.3**
104.1	104.0	108.7	105.9	107.6	108.0	104.1	103.0	111.7
119.2	126.3	111.2	121.2	113.1	116.8	114.9	106.8	110.6
109.1	111.2	112.0	117.7	118.3	122.3	124.9	109.3	120.9
117.2	90.7	136.6	106.9	115.5	107.6	98.0	96.7	115.2
112.4	110.6	107.1	113.2	111.4	121.4	107.8	106.4	108.6
130.4	110.8	119.2	108.3	121.9	105.2	94.8	122.0	85.8
132.2	103.2	110.1	121.6	117.3	123.8	123.3	111.6	110.0
111.5	112.4	108.9	117.4	119.4	121.1	125.6	121.9	107.9
102.0	103.8	104.7	113.0	110.3	104.3	114.5	119.9	104.7
111.8	108.6	115.0	97.4	100.6	91.9	91.7	104.1	125.5
108.8	129.0	125.2	106.3	107.4	111.2	110.5	109.0	108.5
106.4	112.1	116.7	111.2	113.1	108.7	113.9	113.6	111.6
107.7	106.7	108.6	115.4	107.8	109.7	113.6	107.3	106.2
108.1	112.4	125.0	113.6	116.6	109.6	108.3	110.9	105.3

Note: Growth rates in this table are at comparable prices. This table follows the classification standard of national economy sectors 2002 edition.

2-8 部分新兴产业增加值(2004-2010年)

ADDED VALUE OF CULTURAL AND CREATIVE INDUSTRY AND OTHER INDUSTRY (2004-2010)

单位：亿元 (100 million yuan)

项目	Item	2004	2005	2006	2007	2008	2009	2010
地区生产总值	**Gross Domestic Product**	**6033.2**	**6969.5**	**8117.8**	**9846.8**	**11115.0**	**12153.0**	**14113.6**
文化创意产业	**Cultural and Creative Industry**	**573.0**	**674.1**	**823.2**	**1008.3**	**1346.4**	**1489.9**	**1697.7**
文化艺术	Cultural & Artistic	22.6	32.2	35.3	38.8	42.7	48.8	53.7
新闻出版	Journalism and Publication	108.1	106.8	135.3	142.2	153.7	159.8	171.8
广播、电视、电影	Broadcast, TV & Film	54.9	78.0	73.5	102.7	120.1	124.5	138.6
软件、网络及计算机服务	Software, Network, & Computer Service	229.2	266.6	375.5	483.4	703.1	710.5	847.1
广告会展	Advertisements & Exhibitions	47.8	51.0	52.2	64.9	112.2	98.5	127.4
艺术品交易	Transaction of Artwork	11.5	7.1	10.1	13.8	20.5	30.9	43.0
设计服务	Design Service	29.9	31.6	40.2	49.2	52.8	76.4	84.2
旅游、休闲娱乐	Touring, Relaxation & Recreation	27.0	37.6	48.4	50.2	58.4	60.7	69.5
其他辅助服务	Other Auxiliary Service	42.0	63.2	52.7	63.1	82.9	179.8	162.4
信息产业	**Information Industry**	**867.3**	**1152.7**	**1344.5**	**1668.3**	**1759.8**	**1762.9**	**1989.2**
电子信息设备制造	Electronic Information Equipment Manufacturing	216.6	303.5	343.5	391.6	331.5	260.2	282.5
电子信息设备销售和租赁	Electronic Information Equipment Sale and Lease	87.7	127.7	157.2	229.7	233.1	235.1	261.4
电子信息传输服务	Electronic Information Transmission Service	285.7	355.6	381.7	462.8	382.6	445.6	480.0
计算机服务和软件业	Computer Service and Software	163.9	231.0	314.7	407.8	616.5	620.8	734.1
其他信息相关服务	Other Information-related Service	113.4	134.9	147.4	176.4	196.1	201.2	231.2
高技术产业	**High-tech Industry**	**370.6**	**504.4**	**606.4**	**729.6**	**852.3**	**778.4**	**888.8**
核燃料加工	Nuclear Fuel Processing	0.2	0.2		-0.4			
信息化学品制造	Information Chemicals Manufacturing	1.5	1.1	1.7	1.7	2.7	2.0	3.3
医药制造业	Pharmaceutics	46.2	49.7	56.4	78.1	114.4	127.2	150.1
航空航天器制造	Aircraft Manufacturing	16.8	17.7	23.8	25.2	27.0	28.6	34.6
电子及通信设备制造业	Electronic & Communication Equipment Manufacturing	144.3	214.8	248.3	265.9	234.1	189.4	204.3
电子计算机及办公设备制造业	Electronic Computer & Office Equipment Manufacturing	48.4	65.3	63.6	88.2	64.8	33.2	36.4
医疗设备及仪器仪表制造业	Medical Equipment, Device & Instrument Manufacturing	53.3	52.0	73.5	82.7	86.6	89.0	88.3
公共软件服务	Public Software Service	59.9	103.6	139.1	188.2	322.7	309.0	371.8
现代制造业	**Modern Manufacturing**		**602.7**	**679.7**	**779.3**	**836.2**	**895.2**	**1082.3**
电子类	Electronics		260.5	289.1	323.0	268.8	202.9	222.9
机电类	Electromechanical		132.6	154.2	169.6	212.0	243.5	263.3
交通类	Communications		130.0	142.7	178.3	206.5	279.0	400.7
医药类	Pharmaceutical		55.0	66.1	84.6	124.1	141.6	165.7
其他类	Other		24.6	27.6	23.8	24.8	28.2	29.7
现代服务业	**Modern Service Industry**	**2669.6**	**3206.8**	**3870.0**	**4933.1**	**5660.0**	**6264.7**	**7026.3**
信息传输、计算机服务和软件业	Information Transmission, Computer Service and Software	449.6	586.6	696.4	870.5	999.1	1066.5	1214.0
金融业	Finance	713.8	840.2	982.4	1302.8	1519.2	1603.6	1863.6
科学研究、技术服务和地质勘查业	Scientific Research, Technical Service and Geological Prospecting	276.5	347.4	438.6	566.2	706.7	816.9	941.1
卫生和社会保障业	Health and Social Security	100.7	112.9	133.8	155.1	171.2	192.9	226.3
文化、体育和娱乐业	Culture, Sports and Entertainment	142.7	170.2	189.0	223.1	247.4	259.0	294.6
房地产业	Real Estate	436.1	493.7	658.3	821.5	844.6	1062.5	1006.5
商务服务业	Commercial Service	268.7	350.4	434.1	608.8	748.7	791.7	930.9
环境管理业	Environmental Management	14.1	16.0	16.8	19.9	21.0	27.5	33.1
教　育	Education	267.4	289.4	320.6	365.2	402.1	444.1	516.2
生产性服务业	**Productive Service**	**2261.0**	**2802.1**	**3409.4**	**4425.2**	**5355.3**	**5676.1**	**6705.0**
流通服务	Logistics	544.5	667.2	844.9	1062.1	1365.0	1379.5	1733.0
信息服务	Information Service	449.6	586.6	696.4	870.5	999.1	1066.5	1214.1
金融服务	Financial Service	713.8	840.2	982.4	1302.8	1519.2	1603.6	1863.6
商务服务	Business Service	276.6	360.7	447.1	623.6	765.3	809.6	953.2
科技服务	Sci-tech Service	276.5	347.4	438.6	566.2	706.7	816.9	941.1
信息服务业	**Inforamtion Service**		**721.5**	**843.8**	**1047.0**	**1195.2**	**1267.6**	**1445.3**
信息传输服务	Inforamtion Transmission Service		308.4	309.4	375.6	265.7	319.6	309.4
信息技术服务	Information Technology Service		231.0	314.7	407.8	616.5	620.8	734.1
信息内容服务	Information Content Service		182.1	219.7	263.6	313.0	327.2	401.8
物流业	**Logistics Sector**			**368.0**	**383.5**	**423.4**	**427.7**	**493.7**
交通运输、邮政、仓储业	Transportation, Post, Storage			306.2	318.1	324.2	326.1	382.9
流通加工、配送、包装业	Circulation and Processing, Delivery, Packaging			61.8	65.4	99.2	101.6	110.8

2-9 收入法地区生产总值(1978-2010年)

INCOME APPROACH COMPONENTS OF GROSS DOMESTIC PRODUCT (1978-2010)

单位：亿元 (100 million yuan)

年 份 Year	地区生产总值 Added Value	劳动者报酬 Compensation for Labors	生产税净额 Net Taxes on Production	固定资产折旧 Depreciation of Fixed Assets	营业盈余 Operating Surplus
1978	108.8	37.1	16.5	11.5	43.7
1979	120.1	42.0	18.3	13.4	46.4
1980	139.1	48.9	21.0	15.4	53.8
1981-1985	**950.9**	**350.9**	**142.8**	**111.0**	**346.2**
1981	139.2	52.9	22.0	16.9	47.4
1982	154.9	57.4	23.2	17.7	56.6
1983	183.1	66.0	26.8	20.7	69.6
1984	216.6	79.1	31.8	25.4	80.3
1985	257.1	95.5	39.0	30.3	92.3
1986-1990	**1978.7**	**773.7**	**290.5**	**244.9**	**669.6**
1986	284.9	107.8	43.4	34.9	98.8
1987	326.8	125.4	48.0	40.9	112.5
1988	410.2	153.9	59.7	49.9	146.7
1989	456.0	179.3	66.5	57.1	153.1
1990	500.8	207.3	72.9	62.1	158.5
1991-1995	**4847.2**	**2102.6**	**717.3**	**608.1**	**1419.2**
1991	598.9	254.2	86.4	75.7	182.6
1992	709.1	304.7	103.3	89.5	211.6
1993	886.2	387.7	131.4	109.0	258.1
1994	1145.3	508.1	168.9	140.2	328.1
1995	1507.7	647.9	227.3	193.7	438.8
1996-2000	**12084.0**	**5112.5**	**1761.0**	**1664.8**	**3545.7**
1996	1789.2	760.9	264.9	236.9	526.5
1997	2077.1	880.1	302.6	275.0	619.4
1998	2377.2	1008.5	341.3	319.6	707.8
1999	2678.8	1135.3	388.1	375.3	780.1
2000	3161.7	1327.7	464.1	458.0	911.9
2001-2005	**26032.9**	**11244.4**	**3999.7**	**4091.6**	**6697.2**
2001	3708.0	1538.7	549.8	559.7	1059.8
2002	4315.0	1810.6	643.0	680.3	1181.1
2003	5007.2	2119.7	753.1	791.5	1342.9
2004	6033.2	2595.5	960.4	960.5	1516.8
2005	6969.5	3179.9	1093.4	1099.6	1596.6
2006-2010	**55346.2**	**26740.5**	**8959.8**	**7893.4**	**11752.5**
2006	8117.8	3657.3	1286.7	1268.3	1905.5
2007	9846.8	4405.8	1625.8	1383.0	2432.2
2008	11115.0	5615.8	1896.6	1608.4	1994.2
2009	12153.0	6141.6	1953.5	1707.7	2350.2
2010	14113.6	6920.0	2197.2	1926.0	3070.4

2-10 收入法地区生产总值(2010年)
INCOME APPROACH COMPONENTS OF GROSS DOMESTIC PRODUCT (2010)

单位：亿元 (100 million yuan)

项 目	Item	地区生产总值 Added Value	劳动者报酬 Compensation for Labors	生产税净额 Net Taxes on Production	固定资产折旧 Depreciation of Fixed Assets	营业盈余 Operating Surplus
地区生产总值	**Gross Domestic Product**	**14113.6**	**6920.0**	**2197.2**	**1926.0**	**3070.4**
第一产业	**Primary Industry**	**124.4**	**85.5**	**1.0**	**21.1**	**16.8**
第二产业	**Secondary Industry**	**3388.4**	**1313.0**	**769.0**	**513.3**	**793.1**
工 业	Industry	2764.0	967.4	585.7	455.7	755.2
建筑业	Construction	624.4	345.6	183.3	57.6	37.9
第三产业	**Tertiary Industry**	**10600.8**	**5521.5**	**1427.2**	**1391.6**	**2260.5**
交通运输、仓储和邮政业	Transportation, Storage, Posts and Telecommunications	712.0	364.1	62.5	208.4	77.0
信息传输、计算机服务和软件业	Information Transmission, Computer Services and Software	1214.1	651.2	86.2	198.2	278.5
批发与零售业	Wholesale Trade and Retail Trade	1888.5	652.3	499.9	110.4	625.9
住宿和餐饮业	Stay Place and Catering	317.3	221.9	51.9	47.3	-3.8
金融业	Finance	1863.6	577.6	226.6	79.3	980.1
房地产业	Real Estate	1006.5	249.4	255.7	326.5	174.9
租赁和商务服务业	Tenancy and Commercial Services	953.2	763.5	86.8	129.0	-26.1
科学研究、技术服务与地质勘查业	Scientific Research, Technical Services and Geological Prospecting	941.1	632.6	98.3	97.7	112.5
水利、环境和公共设施管理业	Water Conservancy, Environment and Public Facilities	75.3	58.7	4.9	10.4	1.3
居民服务和其他服务业	Resident Services and Other Services	99.3	82.9	7.8	5.5	3.1
教 育	Education	516.2	439.1	7.3	60.2	9.6
卫生、社会保障和社会福利业	Health Care, Social Security and Social Welfare	254.5	225.7	0.7	24.3	3.8
文化、体育与娱乐业	Culture, Art, Sports and Recreation	294.6	199.4	35.6	35.9	23.7
公共管理与社会组织	Public Manage and Social Organization	464.6	403.1	3.0	58.5	

2-11 支出法地区生产总值(1978-2010年)
GROSS DOMESTIC PRODUCT BY EXPENDITURE APPROACH (1978-2010)

单位：亿元 (100 million yuan)

年 份 Year	地区生产总值 Gross Domestic Product	最终消费 Final Consumption Expenditure	居民消费 Rural Households	政府消费 Government Consumption	资本形成总额 Gross Capital Formation	固定资本形成总额 Completed Fixed Assets	存货增加 Changes in Inventories	货物和服务净流出 Net Export of Goods and Services	最终消费率(消费率)(%) Final Consumption Rate (%)	资本形成率(投资率)(%) Capital Formation Rate (%)
1978	108.8	53.0	28.6	24.4	31.7	24.9	6.8	24.1	48.7	29.1
1979	120.1	55.4	31.5	23.9	37.0	29.1	7.9	27.7	46.1	30.8
1980	139.1	57.3	39.6	17.7	45.1	36.5	8.6	36.7	41.2	32.4
1981	139.2	61.8	44.2	17.6	50.5	40.2	10.3	26.9	44.4	36.3
1982	154.9	68.6	48.8	19.8	51.8	42.3	9.5	34.5	44.3	33.4
1983	183.1	77.6	54.6	23.0	62.9	56.1	6.8	42.6	42.4	34.4
1984	216.6	96.5	64.8	31.7	84.7	72.5	12.2	35.4	44.6	39.1
1985	257.1	127.1	88.7	38.4	150.6	102.7	47.9	-20.6	49.4	58.6
1986	284.9	161.1	109.9	51.2	178.8	116.0	62.8	-55.0	56.5	62.8
1987	326.8	181.5	124.3	57.2	201.2	148.6	52.6	-55.9	55.5	61.6
1988	410.2	222.6	161.9	60.7	251.1	177.7	73.4	-63.5	54.3	61.2
1989	456.0	244.0	176.1	67.9	271.5	151.9	119.6	-59.5	53.5	59.5
1990	500.8	269.7	194.1	75.6	296.5	195.0	101.5	-65.4	53.9	59.2
1991	598.9	302.6	225.7	76.9	327.3	208.8	118.5	-31.0	50.5	54.7
1992	709.1	341.5	260.7	80.8	414.6	289.0	125.6	-47.0	48.2	58.5
1993	886.2	445.6	354.9	90.7	535.0	445.5	89.5	-94.4	50.3	60.4
1994	1145.3	614.1	504.2	109.9	787.5	703.8	83.7	-256.3	53.6	68.8
1995	1507.7	844.2	672.8	171.4	1036.0	912.0	124.0	-372.5	56.0	68.7
1996	1789.2	1022.7	815.5	207.2	1034.8	949.6	85.2	-268.3	57.2	57.8
1997	2077.1	1215.5	927.0	288.5	1235.1	1040.1	195.0	-373.5	58.5	59.5
1998	2377.2	1335.5	988.5	347.0	1360.3	1249.4	110.9	-318.6	56.2	57.2
1999	2678.8	1510.4	1075.9	434.5	1533.9	1264.6	269.3	-365.5	56.4	57.3
2000	3161.7	1688.0	1155.8	532.2	1697.4	1400.4	297.0	-223.7	53.4	53.7
2001	3708.0	1911.7	1244.8	666.9	1936.5	1602.1	334.4	-140.2	51.6	52.2
2002	4315.0	2300.3	1528.0	772.3	2332.7	1951.9	380.8	-318.0	53.3	54.1
2003	5007.2	2636.5	1729.7	906.8	2737.8	2437.9	299.9	-367.1	52.7	54.7
2004	6033.2	3085.3	1979.5	1105.8	3167.5	2844.3	323.2	-219.6	51.1	52.5
2005	6969.5	3486.5	2221.8	1264.7	3580.9	3204.7	376.2	-97.9	50.0	51.4
2006	8117.8	4125.6	2574.7	1550.9	3971.0	3551.2	419.8	21.2	50.8	48.9
2007	9846.8	5064.2	2995.5	2068.7	4498.3	4022.6	475.7	284.3	51.4	45.7
2008	11115.0	5928.0	3368.1	2559.9	4774.3	3989.5	784.8	412.7	53.3	43.0
2009	12153.0	6753.7	3821.5	2932.2	5256.2	4435.0	821.2	143.1	55.6	43.3
2010	14113.6	7907.7	4648.9	3258.8	6097.1	5342.4	754.7	108.8	56.0	43.2

2-12 支出法地区生产总值

GROSS DOMESTIC PRODUCT BY EXPENDITURE APPROACH

单位：亿元 (100 million yuan)

项目	Item	2010	2009	2010年为2009年% 2010 as % of 2009
地区生产总值	**Gross Domestic Product**	**14113.6**	**12153.0**	**110.3**
最终消费	**Final Consumption Expenditure**	**7907.7**	**6753.7**	**113.1**
居民消费	Household Consumption	4648.9	3821.5	117.6
城镇居民	Urban Households	4301.8	3523.5	118.0
农村居民	Rural Households	347.1	298.0	112.7
政府消费	Government Consumption	3258.8	2932.2	107.2
资本形成总额	**Gross Capital Formation**	**6097.1**	**5256.2**	**107.9**
固定资本形成总额	Completed Fixed Assets	5342.4	4435.0	111.8
存货增加	Changes in Inventories	754.7	821.2	88.9
货物和服务净流出	**Net Export of Goods and Services**	**108.8**	**143.1**	**72.2**

注：本表发展速度按可比价格计算。

Note:Date of 2010 as % of 2009 are calculated at comparable prices.

2-13 居民消费水平

HOUSEHOLD CONSUMPTION

单位：元/人 (yuan/person)

项目	Item	2010	2009
全市居民消费水平	**All Households**	**25015**	**22154**
城镇居民	Urban Households	27070	24044
农村居民	Rural Households	12887	11483
农村居民与城镇居民对比（以农村居民为1）	**Ratio of Consumption of Rural Households to Urban Households (Rural Households=1)**	**1:2.1**	**1:2.1**

2-14 社会劳动生产率(1978-2010年)
OVERALL LABOR PRODUCTIVITY (1978-2010)

单位：元/人 (yuan/person)

年 份 Year	社会劳动生产率 Overall Labor Productivity	第一产业 Primary Industry	第二产业 Secondary Industry	第三产业 Tertiary Industry
1978	2504	444	4496	1896
1979	2626	421	4567	2019
1980	2914	510	4760	2379
1981	2795	561	4325	2408
1982	2959	887	4445	2451
1983	3368	1102	4808	2983
1984	3909	1296	5355	3630
1985	4580	1680	6048	4253
1986	5002	1942	6339	4769
1987	5669	2580	6932	5479
1988	7046	4106	8324	6718
1989	7742	4292	9447	7114
1990	8203	4832	9578	7916
1991	9498	5047	10387	10095
1992	11051	5602	12325	11491
1993	13878	7179	14959	14577
1994	17728	9761	18767	18605
1995	22679	10223	23778	24538
1996	26997	10482	26914	30692
1997	31567	10760	30203	37205
1998	37202	10933	34764	44752
1999	43179	10740	41036	51888
2000	51082	10760	48695	61525
2001	59414	11214	53874	73082
2002	65974	11873	55408	83069
2003	72437	12909	64507	86864
2004	77478	14074	80837	83977
2005	80475	14341	87368	84828
2006	90313	14498	96009	95800
2007	105743	16716	110668	112388
2008	115565	18208	120615	122794
2009	122807	18898	140319	126872
2010	139057	20129	168451	140968

注：本表按当年价格计算。
Note: Data in this table are calculated at current prices.

2-15 三次产业贡献率(2001-2010年)
CONTRIBUTION RATE OF THREE INDUSTRIES (2001-2010)

单位：% (%)

年份 Year	地区生产总值 Gross Domestic Product	第一产业 Primary Industry	第二产业 Secondary Industry	工业 Industry	建筑业 Construction	第三产业 Tertiary Industry
2001	100.0	0.8	26.7	23.3	3.4	72.5
2002	100.0	0.5	23.4	18.0	5.4	76.1
2003	100.0	-0.2	33.4	28.0	5.4	66.8
2004	100.0	-0.1	37.9	35.4	2.5	62.2
2005	100.0	-0.3	26.9	24.1	2.8	73.4
2006	100.0	0.1	23.5	17.9	5.6	76.4
2007	100.0	0.2	24.9	21.4	3.5	74.9
2008	100.0	0.1	2.4	0.6	1.8	97.5
2009	100.0	0.4	26.5	18.6	7.9	73.1
2010	100.0	-0.1	34.4	30.7	3.7	65.7

注：1. 产业贡献率指各产业增加值增量与GDP增量之比。
2. 本表按可比价格计算。

Note: a) Share of the contributions of the three strata of industry to the increase of the GDP refers to the proportion of the increment of the value-added of each industry to the increment of GDP.
b) Data in this table are calculated at comparable prices.

2-16 三次产业对地区生产总值增长的拉动(2001-2010年)
CONTRIBUTION OF THE THREE STRATA OF INDUSTRY TO GDP GROWTH (2001-2010)

单位：百分点 (percentage points)

年份 Year	地区生产总值 Gross Domestic Product	第一产业 Primary Industry	第二产业 Secondary Industry	#工业 Industry	第三产业 Tertiary Industry
2001	11.7	0.1	3.1	2.7	8.5
2002	11.5	0.1	2.7	2.1	8.7
2003	11.1	…	3.7	3.1	7.4
2004	14.1	…	5.3	5.0	8.8
2005	12.1	…	3.2	2.9	8.9
2006	13.0	…	3.1	2.3	9.9
2007	14.5	…	3.6	3.1	10.9
2008	9.1	…	0.2	0.1	8.9
2009	10.2	…	2.7	1.9	7.5
2010	10.3	…	3.5	3.2	6.8

注：1. 三次产业拉动指GDP增长速度与各产业贡献率之乘积。
2. 本表按可比价格计算。

Note: a) Contribution of the three strata of industry to GDP growth refers to the growth rate of GDP multiplied by the industrial shares.
b) Data in this table are calculated at comparable prices.

主要统计指标解释

地区生产总值 是按市场价格计算的地区生产总值的简称。它是一个地区所有常住单位在一定时期内生产活动的最终成果。地区生产总值有三种表现形式，即价值形态、收入形态和产品形态。从价值形态看，它是所有常住单位在一定时期内所生产的全部货物和服务价值超过同期投入的全部非固定资产货物和服务价值的差额，即所有常住单位的增加值之和；从收入形态看，它是所有常住单位在一定时期内所创造并分配给常住单位和非常住单位的初次分配收入之和；从产品形态看，它是最终使用的货物和服务减去进口货物和服务。在实际核算中，地区生产总值的三种表现形态表现为三种计算方法，即生产法、收入法和支出法。三种方法分别从不同的方面反映地区生产总值及其构成。

三次产业 根据社会生产活动历史发展的顺序对产业结构的划分，产品直接取自自然界的部门称为第一产业，对初级产品进行再加工的部门称为第二产业。为生产和消费提供各种服务的部门称为第三产业。它是世界上通用的产业结构分类，但各国的划分不尽一致。我国 2002 年版国民经济行业分类标准：

第一产业：农、林、牧、渔业（包括农业、林业、畜牧业、渔业和农、林、牧、渔服务业）。

第二产业：工业（包括采矿业、制造业、电力、燃气及水的生产及供应业）和建筑业。

第三产业：除第一、第二产业以外的其他各业。

最终消费率(消费率)

$$\text{最终消费率(消费率)}=\frac{\text{最终消费}}{\text{地区生产总值}}\times 100$$

资本形成率(投资率)

$$\text{资本形成率(投资率)}=\frac{\text{资本形成总额}}{\text{地区生产总值}}\times 100$$

部分新兴产业统计划分标准

1.**文化创意产业** 北京市文化创意产业指以创作、创造、创新为根本手段，以文化内容和创意成果为核心价值，以知识产权实现或消费为交易特征，为社会公众提供文化体验的具有内在联系的行业集群。北京市文化创意产业标准是在《国民经济行业分类》（GB/T 4754-2002）的基础上，根据文化创意活动的特点将行业分类中相关的类别重新进行的组合。适用于统计及政策管理中对文化创意相关活动的分类。内容上主要包括 9 个行业大类、27 个中类、88 个小类。

2.**信息产业** 信息相关产业主要是指与电子信息相关联的各种活动的集合。信息产业标准是国家统计局在《国民经济行业分类》（GB/T 4754-2002）的基础上，参考了联合国的《全部经济活动的国际标准产业分类》，并结合我国的实际情况制定的。北京市从 2004 年开始执行国家信息产业统计标准。

3.**高技术产业** 高技术产业主要是指与高技术产品相关联的各种活动的集合。高技术产业标准是国家统计局在《国民经济行业分类》（GB/T4754-2002）的基础上，根据高技术产业的特性，结合我国的实际情况制定的。北京市从 2006 年开始执行国家高技术产业统计标准。

4.**现代制造业** 现代制造业是指用现代科学技术武装起来的制造业，是现代科学技术与制造业相结合的产物。现代制造业是应用现代制造技术、现代生产组织系统和现代管理理念所进行的以现代集成制造为特征、知识密集为特色、高效制造为特点的技术含量高、附加值大、产业链长的产业组织体系。现代制造业产业标准是北京市统计局在《国民经济行业分类》（GB/T4754-2002）的基础上，根据现代制造业的特性，将符合基本要求的行业归并，结合北京市的实际情况制定的。北京市从 2005 年开始执行现代制造业统计标准。

5.**现代服务业** 现代服务业是相对于传统服务业而言，是适应现代人和现代城市发展的需求，而产生和发展起来的具有高技术含量和高文化含量的服务业。现代服务业有新服务领域、新服务模式、高文化品位和高技术含量的特征。现代服务业标准是北京市统计局在《国民经济行业分类》（GB/T4754-2002）的基础上，根据现代服务业的特性，将符合基本要求的行业归并，结合北京市的实际情况制定的。北京市从 2005 年开始执行现代服务业统计标准。

6．**生产性服务业** 指以市场化的中间投入服务为主导的行业，生产性服务业具有经营性和可贸易性的特点，不仅为制造业提供中间投入服务，也为第一产业和第三产业提供中间投入服务。北京市生产性服务业分类标准涉及《国民经济行业分类》（GB/T 4754-2002）中交通运输、仓储和邮政业，信息传输、计算机服务和软件业，批发与零售业，金融业，租赁和商务服务业，科学研究、技术服务和地质勘查业等 6 个行业门类、22 个行业大类，共包括 148 个行业小类，根据业务活动特点将生产性服务业划分为流通服务、信息服务、金融服务、商务服务、科技服务五大类别。

7．**信息服务业** 指以信息资源为基础，利用现代信息技术，对信息进行生产、收集、处理、输送、存储、传播、使用并提供信息产品和服务的产业。本分类涉及《国民经济行业分类》(GB/T 4754-2002)中信息传输、计算机服务和软件业，文化、体育和娱乐业2个行业门类、6个行业大类、17个行业中类和28个行业小类。根据信息服务业的概念和活动性质，将信息服务业划分为信息传输服务、信息技术服务和信息内容服务三大领域。

8. **物流业** 指为物品及其信息流动提供相关服务的经济活动。按照国家发改委、国家统计局、中国物流与采购联合会联合制定的《社会物流统计核算与报表制度（试行方案）》中的相关规定，物流业统计范围为：在工商登记注册时企业（单位）名称中具有“物流”、“配送”“快运”、“储运”、“货运”等物流功能，且业务经营范围以配送、流通加工、包装、仓储、运输等物流业务为主的单位。

Explanatory Notes on Main Statistical Indicators

Gross Domestic Product is a short name for the GDP calculated at market prices. It represents the final results of all resident units in an area from their productive activities over a given period of time. It is expressed in three different perspectives, namely value, income, and products respectively. GDP in its value perspective refers to the total value of all goods and services produced by all resident units during a certain period of time, minus the total value of input of goods and services of the nature of non-fixed assets; in other words, it is the sum of added value of all resident units. GDP from the perspective of income is the sum of primary incomes created by all resident units and distributed to resident and non-resident units. GDP from the perspective of products means the finally used goods and services minus the imported goods and services. In the practice of national accounting, gross domestic product is calculated with three approaches, namely production approach, income approach and expenditure approach, which reflect the gross domestic product and its composition from different angles.

Three Strata of Industry means the division of industrial structure according to the historical sequence of social productive activities. The sector which receives products directly from the nature is called the primary industry. The sector which re-processes primary products is called the secondary industry. The sector which offers various services for production and consumption is called the tertiary industry. This is a world universal classification of industrial structure. But it is different in different countries. As stated in China's standards on Classification of Sectors in National Economy Version 2002:

Primary Industry: agriculture, forestry, animal husbandry and fishery (including agriculture, forestry, animal husbandry and fishery sectors and services in support of these industries.

Secondary Industry: industry (including mining, manufacturing, production and supply of electricity, water and gas) and construction.

Tertiary Industry: any sector other than the primary or secondary industries.

Final Consumption Rate (Consumption Rate)

Final Consumption Rate (Consumption Rate) = Final Consumption / GDP × 100%

Capital Formation Rate (Investment Rate)

Capital Formation Rate (Investment Rate) = Total Capital Formation /GDP ×100%

Statistical Classification of some new Industries

1. **Cultural Creation Industry** The cultural creation sector in Beijing means an internal correlative cluster of sectors with invention, creation and innovation as fundamental means, cultural content and creative fruits as core value, realization and consumption of intellectual property rights as transaction features, which provide cultural experience for the public. It is a new combination of related sectors in the industrial classification according to the characteristics of cultural creation activities on the basis of Classification of Sectors in National Economy (GB/T 4754-2002). It consists of 88 small categories, 27 middle categories and 9 major categories of sector.

2. **Information Industry** Information industry mainly means the set of activities related to electronic information. It is classified by the National Bureau of Statistics on the basis of Classification of Sectors in National Economy (GB/T 4754-2002) by reference to the International Standard Classification of Industries for All Economic Activities of the United Nations, combining the actual situation of China. The national statistical standard for information industry was effective in 2004 in Beijing.

3. **High-tech Industry** High-tech Industry mainly means the set of activities related to high-tech products. It is classified by the National Bureau of Statistics on the basis of Classification of Sectors in National Economy (GB/T 4754-2002) pursuant to the features of high-tech industry and combining the actual situation of China. The national statistical standard for information industry was effective in 2006 in Beijing.

4. **Modern Manufacturing Industry** Modern manufacturing industry mainly means the manufacturing industry equipped with modern sciences and technologies. Modern manufacturing is an industrial organization system with large content of technology, great added value and long industrial chain, with features of modern integrated manufacturing, intensive knowledge, efficient manufacturing, using modern manufacturing technologies, modern production organization system and modern management concepts. It is a combination of modern sciences, technologies and manufacturing. It is classified by the Beijing Municipal Bureau of Statistics on the basis of Classification of Sectors in National Economy (GB/T 4754-2002) pursuant to the features of modern manufacturing industry, merging the sectors meeting basic requirements and combining the actual situation of Beijing. The national statistical standard for information industry was effective in 2005 in Beijing.

5. **Modern Service Industry** Modern service is relative to

conventional service. It is a service sector with great content of high technology and great content of culture, which has occurred and evolved to meet the need of modern people and modern cities' development. Modern service industry has new service fields, new service modes, high-grade culture and great content of high technology. It is classified by the Beijing Municipal Bureau of Statistics on the basis of Classification of Sectors in National Economy (GB/T 4754-2002) pursuant to the features of modern service industry, merging the sectors meeting basic requirements and combining the actual situation of Beijing. The national statistical standard for modern service industry was effective in 2005 in Beijing

6. **Productive Service Sector** means the sector dominant with intermediate input services. Productive service is operating and tradable. It offers intermediate input services for manufacturing industry, and for the primary and secondary industries. The productive service sector of Beijing covers 148 small categories, 22 major categories, 6 sectors in the Classification of Sectors in National Economy (GB/T 4754-2002), including transport, warehouse storage, post and telecom service, information transmission, computer service and software, wholesale and retail trades, financing, leasing and business service, scientific research, technical service, and geological survey. By the features of business activities, productive service falls into five categories, i.e. circulation service, information service, financial service, business service, science and technology service.

7. **Information Service Sector** means the sector producing, collecting, processing, delivering, storing, transmitting and using information, and providing information products and services on the basis of information resource and by using modern IT. This sector involves 28 small categories, 17 middle categories, 6 major categories, and 2 industries in the Classification of Sectors in National Economy (GB/T 4754-2002), including information transmission, computer service and software, culture, sports and entertainment. Pursuant to the concept and nature of activities, the information service sector consists of three fields, i.e. information transmission service, information technology service, and information content service.

8. **Logistics Sector** means economic activities offering relevant services for goods and information movement. Under relevant provisions in the Statistical Calculation and Reporting System (Tryout) for Social Logistics developed jointly by the State Development and Reform Commission, National Bureau of Statistics, China Federation of Logistics and Procurement, logistics statistics apply for: companies specializing in delivery, circulation processing, package, storage, transport and other logistics service, with their names registered for industry and commerce containing such terms as "logistics", "delivery", "fast transport", "storage and transport", "cargo transport", and so on.

03

人口与就业
POPULATION AND EMPLOYMENT

简要说明

一、本章资料的主要内容

本章人口部分包括历年北京市户籍人口资料；1953 年、1964 年、1982 年、1990 年、2000 年及 2010 年共六次全国人口普查的北京市人口数据；1990 年以后的人口变动情况抽样调查数据；北京市计划生育数据。

本章劳动力部分包括北京市三次产业从业人员情况；法人单位从业人员及平均工资情况；城镇单位在岗职工人数及工资情况；分行业城镇单位在岗职工人数、在岗职工工资总额、在岗职工平均工资情况；职业技能培训与就业服务情况等。

二、本章的资料来源

本章人口部分中，"户籍人口"数据来自于北京市公安局；"土地面积"数据来自于北京市国土资源局；计划生育情况来自于北京市人口和计划生育委员会；其余资料均来自北京市统计局。

本章劳动力部分中，城镇登记失业情况和职业技能培训由北京市人力资源和社会保障局提供，其他资料来源于北京市统计局。

三、统计上关于城乡划分标准的说明

2008 年 7 月，国务院批复了国家统计局与民政部、住房城乡建设部、公安部、财政部、国土资源部、农业部共同制定的《关于统计上划分城乡的规定》。人口部分的 2009 年、2010 年"城镇人口"和"乡村人口"按新标准执行，具体划分标准请查阅国函[2008]60 号文件和国家统计局令第 14 号。

Brief Introduction

I. Main Content

Population data in this chapter include household registered population in Beijing in previous years; data of population in Beijing from six national population censuses in 1953, 1964, 1982, 1990, 2000 and 2010; data from National Sample Survey on Population Changes after 1990 and data on Beijing Family Planning.

Labors statistics in this chapter include the information on employees in three industries in Beijing; employees and average wage in corporate entities; number and wage of on-the-job employees in urban entities; number, total wage and average wage of on-the-job employees in urban entities by sector; vocational skill training and employment service, etc.

II. Source of Data

In the population section of this chapter, data on "household registered population" are from Beijing Public Security Bureau; data on "land area" are from Beijing Land Resource Bureau; family planning data are from Beijing Population and Family Planning Commission; other data are from Beijing Municipal Bureau of Statistics.

In the section of labors in this chapter, urban registered unemployment and vocational skill training data are from Beijing Human Resource and Social Security Bureau; other data are from Beijing Municipal Bureau of Statistics.

III. Urban-Rural Statistical Definition

In July 2008, the State Council approved the Regulations on Urban-Rural Statistical Definition jointly developed by the National Bureau of Statistics, Ministry of Civil Affairs, Ministry of Housing and Urban and Rural Construction, Ministry of Public Security, Ministry of Finance, Ministry of Land Resource and Ministry of Agriculture. In the population section, new definition applies for the figures of "urban population" and "rural population" 2009 and 2010.

Refer to Document Guohan [2008] No.60 and Decree 14 of National Bureau of Statistics for specific standard of definition.

3-1 六次人口普查人口基本情况

BASIC STATISTICS ON POPULATION CENSUS IN 1953, 1964, 1982, 1990, 2000 AND 2010

项　　目	Item	1953	1964	1982	1990	2000	2010
常住人口 （万人）	**Permanent Population (10000 persons)**	**276.8**	**759.7**	**923.1**	**1081.9**	**1356.9**	**1961.2**
男	Male	159.8	391.1	467.1	559.3	707.4	1012.6
女	Female	117.0	368.6	456.0	522.6	649.5	948.6
性别比(女=100)	Sex Ratio (Female=100)	136.5	106.1	102.4	107.0	108.9	106.8
家庭户规模 （人/户）	**Average Family Size (person/household)**			**3.7**	**3.2**	**2.9**	**2.5**
各年龄组人口 （%）	**Population by Age Group (%)**						
0-14	Age 0-14	30.1	41.5	22.4	20.2	13.6	8.6
15-64	Age15-64	66.6	54.4	72.0	73.5	78.0	82.7
65岁及以上	Age 65 and Over	3.3	4.1	5.6	6.3	8.4	8.7
民族人口 （万人,%）	**Nationality Population (10000 persons,%)**						
汉族	Han Nationality	260	731.2	890.8	1040.5	1298.4	1881.1
占常住人口比重	Percentage to Permanent Population	93.9	96.2	96.5	96.2	95.7	95.9
少数民族	Minority Nationalities	16.8	28.5	32.3	41.4	58.5	80.1
占常住人口比重	Percentage to Permanent Population	6.1	3.8	3.5	3.8	4.3	4.1
每十万人口拥有的各种受教育程度人口 （人）	**Population with Various Education Attainment Per 100000 Population (person)**						
大专及以上	Junior College and Above		4359	4866	9300	16839	31499
高中和中专	Senior Secondary/Secondary Technical School		4513	17646	18978	23165	21220
初　中	Junior Secondary School		11768	29086	30551	34380	31396
小　学	Primary School		31883	26197	22579	16963	9956
文盲人口及文盲率 （万人,%）	**Illiterate Population and Illiterate Rate (10000 persons,%)**						
文盲人口	Illiterate Population		168.9	114.7	94.3	57.8	33.3
文盲率	Illiterate Rate		34.2	16.0	10.9	4.9	1.9
城乡人口 （万人）	**Population by Residence (10000 persons)**						
城镇人口	Urban Population	205.8	425.8	597.0	794.5	1052.2	1685.9
乡村人口	Rural Population	71.0	333.9	326.1	287.4	304.7	275.3

注：1. 1964年的文盲人口数为12周岁及以上文盲和半文盲人口，1982年、1990年、2000年、2010年人口普查的文盲人口数为15周岁及以上文盲和半文盲人口。文盲率是指15岁及以上人口中，文盲人口所占比重。

2. 本表与表3-2相同的指标数据不同，是因为本表数据为普查时点数，表3-2为年末时点数。1953年普查时点为7月1日零时；1964年普查时点为7月1日零时；1982年普查时点为7月1日零时；1990年普查时点为7月1日零时；2000年普查时点为11月1日零时;2010年普查时点为11月1日零时。

3. 1953年数据按当年区划统计。

Note: a) Statistics on illiterate and Semi-illiterate people in 1964 were about the population at 12 and over, that in 1982, 1990,2000,and 2010, about the illiterate and semi-illiterate population at 15 and over. Illiterate rate means the share of illiterate people of the population at 15 and over.

b) This table has the same indicators but different figures from Table 3-2, because this table uses the census time point, and Table 3-2 uses the year end as the time point. Census time point in 1953 was 12 o'clock midnight, July 1; Census time point in 1964 was 12 o'clock midnight, July 1; Census time point in 1982 was 12 o'clock midnight, Census time point in 1990 was 12 o'clock midnight, July 1; Census time point in 2000 was 12 o'clock midnight, November 1.

c) Figures for 1953 were based on the zoning in that year.

3-2 常住人口(1978-2010年)
PERMANENT POPULATION (1978-2010)

年份 Year	常住人口(万人) Permanent Population (10000 persons)	#常住外来人口 Non-permanent Natives	按性别分 By Sex		按城乡分 By Urban Area and Rural Area		常住人口出生率(‰) Birth Rate (‰)	常住人口死亡率(‰) Death Rate (‰)	常住人口自然增长率(‰) Natural Growth Rate (‰)
			男 Male	女 Female	城镇人口 Urban Population	乡村人口 Rural Population			
1978	871.5	21.8	443.2	428.3	479.0	392.5	12.93	6.12	6.81
1979	897.1	26.5	454.6	442.5	510.3	386.8	13.67	5.92	7.75
1980	904.3	18.6	457.8	446.5	521.1	383.2	15.56	6.30	9.26
1981	919.2	18.4	465.9	453.3	533.3	385.9	16.93	6.02	10.91
1982	935.0	17.2	474.0	461.0	544.0	391.0	20.04	5.68	14.36
1983	950.0	16.8	483.0	467.0	557.0	393.0	15.63	5.49	10.14
1984	965.0	19.8	491.0	474.0	570.0	395.0	16.74	5.53	11.21
1985	981.0	23.1	500.0	481.0	586.0	395.0	15.45	5.75	9.70
1986	1028.0	56.8	524.0	504.0	621.0	407.0	15.82	4.47	11.35
1987	1047.0	59.0	525.0	522.0	637.0	410.0	17.29	5.40	11.89
1988	1061.0	59.8	534.0	527.0	650.0	411.0	14.43	5.08	9.35
1989	1075.0	53.9	538.0	537.0	664.0	411.0	12.84	5.35	7.49
1990	1086.0	53.8	545.0	541.0	798.0	288.0	13.04	5.81	7.23
1991	1094.0	54.5	547.0	547.0	808.0	286.0	8.03	5.82	2.21
1992	1102.0	57.1	554.0	548.0	819.0	283.0	9.22	6.11	3.11
1993	1112.0	60.8	559.0	553.0	831.0	281.0	9.35	6.16	3.19
1994	1125.0	63.2	564.0	561.0	846.0	279.0	8.96	5.76	3.20
1995	1251.1	180.8	627.0	624.1	946.2	304.9	7.92	5.12	2.80
1996	1259.4	181.7	639.0	620.4	957.9	301.5	8.02	5.34	2.68
1997	1240.0	154.5	628.7	611.3	948.3	291.7	7.91	6.02	1.89
1998	1245.6	154.1	630.6	615.0	957.7	287.9	6.00	5.30	0.70
1999	1257.2	157.4	636.4	620.8	971.7	285.5	6.50	5.60	0.90
2000	1363.6	256.1	710.9	652.7	1057.4	306.2	6.20	5.30	0.90
2001	1385.1	262.8	722.1	663.0	1081.2	303.9	6.10	5.30	0.80
2002	1423.2	286.9	743.1	680.1	1118.0	305.2	6.60	5.73	0.87
2003	1456.4	307.6	761.2	695.2	1151.3	305.1	5.06	5.15	-0.09
2004	1492.7	329.8	779.9	712.8	1187.2	305.5	6.13	5.39	0.74
2005	1538.0	357.3	778.7	759.3	1286.1	251.9	6.29	5.20	1.09
2006	1581.0	383.4	807.4	773.6	1333.3	247.7	6.26	4.97	1.29
2007	1633.0	419.7	829.0	804.0	1379.9	253.1	8.32	4.92	3.40
2008	1695.0	465.1	861.6	833.4	1439.1	255.9	8.17	4.75	3.42
2009	1755.0	509.2	896.2	858.8	1491.8	263.2	8.06	4.56	3.50
2010	1961.9	704.7	1013.0	948.9	1686.4	275.5	7.48	4.41	3.07

注：1. 1978-1981年为户籍统计数，含暂住人口；1982-1989年数据是根据1982、1990年两次人口普查数据调整的；1990年以后数据为人口变动情况抽样调查推算数；1995、2005年为1%人口抽样调查推算数；2000年为第五次人口普查快速汇总推算数；2010年为第六次人口普查推算数。

2. "按城乡分"栏包括的"城镇人口"和"乡村人口"，1978-1989年数据为户籍管理统计中的"非农业人口"和"农业人口"口径；1990-1999年数据是根据1990年、2000年两次人口普查数据调整的；2000年数据为国家统计局1999年发布的《关于统计上划分城乡的规定(试行)》中的"城镇人口"和"乡村人口"口径，2001-2005年数据为该口径的推算数；2006-2008年数据为国家统计局2006年发布的《关于统计上划分城乡的暂行规定》中的"城镇人口"和"乡村人口"口径的推算数；2009-2010年数据为《国务院关于统计上划分城乡规定的批复》中的"城镇人口"和"乡村人口"口径的推算数。

Note: a) Data 1978-1981 were statistics of registered permanent residents, include temporary residents; data 1982-1989 were adjusted from population census in 1982 and 1990. Data after 1990 were estimated from sample check of population changes; data for 1995 and 2005 were estimated from 1% population sample check. Data 2000 were estimated from fast summarizing of the fifth population census,Data 2010 were estimated from fast summarizing of the 6th population census.

b) In classification by rural and urban areas, the "urban population" and "rural population" from 1978 to 1989 were those in the household register statistics, data from 1990-1999 were adjusted from census conducted in 1990 and 2000, those in 2000 were on the basis of statistical classification of rural and urban population stated by the State Statistical Bureau, and those from 2001 to 2005 were estimated on such basis. Figures from 2006 to 2008 were estimated figures of "urban population" and "rural population" in Provisional Regulations on Statistical Division of Rural and Urban Areas issued by the State Statistics Bureau. Figures for 2009 and 2010 were estimated figures of "urban population" and "rural population" in Provisional Regulations on Statistical Division of Rural and Urban Areas issued by the State Statistics Bureau.

3-3 常住人口总量(2010年)

TOTAL NUMBER OF PERMANENT POPULATION (2010)

单位：万人 (10000 persons)

地　　区	District	常住人口 Permanent Population	#常住外来人口 Non-permanent Natives
全　　市	**Total**	**1961.2**	**704.5**
首都功能核心区	**Core Districts of Capital Function**	**216.2**	**54.7**
东城区	Dongcheng	91.9	22.0
西城区	Xicheng	124.3	32.7
城市功能拓展区	**Urban Function Extended Districts**	**955.4**	**379.1**
朝阳区	Chaoyang	354.5	151.5
丰台区	Fengtai	211.2	81.3
石景山区	Shijingshan	61.6	20.7
海淀区	Haidian	328.1	125.6
城市发展新区	**New Districts of Urban Development**	**603.2**	**240.0**
房山区	Fangshan	94.5	19.5
通州区	Tongzhou	118.4	43.5
顺义区	Shunyi	87.7	27.9
昌平区	Changping	166.1	84.7
大兴区	Daxing	136.5	64.4
生态涵养发展区	**Ecological Preservation Development Districts**	**186.4**	**30.7**
门头沟区	Mentougou	29.0	4.7
怀柔区	Huairou	37.3	10.3
平谷区	Pinggu	41.6	4.9
密云县	Miyun	46.8	6.9
延庆县	Yanqing	31.7	3.9

注：本表数据为2010年第六次全国人口普查数据，普查时点为2010年11月1日零时。
Note: Figures in this table are from the 6th national population census with census time point at zero o'clock, Nov.1, 2010.

3-4 常住人口密度(2010年)

PERMANENT POPULATION DENSITY (2010)

地 区	District	土地面积(平方公里) Land Area (sq.km)	常住人口(万人) Permanent Population (10000 persons)	常住人口密度(人/平方公里) Population Density (Permanent Population) (person/sq.km)
全 市	**Total**	**16410.54**	**1961.2**	**1195**
首都功能核心区	**Core Districts of Capital Function**	**92.39**	**216.2**	**23407**
东 城 区	Dongcheng	41.86	91.9	21960
西 城 区	Xicheng	50.53	124.3	24605
城市功能拓展区	**Urban Function Extended Districts**	**1275.93**	**955.4**	**7488**
朝 阳 区	Chaoyang	455.08	354.5	7790
丰 台 区	Fengtai	305.80	211.2	6907
石景山区	Shijingshan	84.32	61.6	7306
海 淀 区	Haidian	430.73	328.1	7617
城市发展新区	**New Districts of Urban Development**	**6295.57**	**603.2**	**958**
房 山 区	Fangshan	1989.54	94.5	475
通 州 区	Tongzhou	906.28	118.4	1307
顺 义 区	Shunyi	1019.89	87.7	860
昌 平 区	Changping	1343.54	166.1	1236
大 兴 区	Daxing	1036.32	136.5	1317
生态涵养发展区	**Ecological Preservation Development Districts**	**8746.65**	**186.4**	**213**
门头沟区	Mentougou	1450.70	29.0	200
怀 柔 区	Huairou	2122.62	37.3	176
平 谷 区	Pinggu	950.13	41.6	438
密 云 县	Miyun	2229.45	46.8	210
延 庆 县	Yanqing	1993.75	31.7	159

注：本表人口数据为2010年第六次全国人口普查数据，普查时点为2010年11月1日零时。

资料来源："土地面积"由北京市国土资源局提供。

Note: Figures of population in this table are from the 6th national population census with census time point at zero o'clock, Nov.1, 2010.

3-5 常住人口年龄构成(2010年)

PERMANENT POPULATION BY AGE COMPOSITION (2010)

年龄组 Age Group	常住人口(万人) Permanent Population (10000 persons)			占常住人口比重(%) Percentage(%)		
	合计 Total	男 Male	女 Female	合计 Total	男 Male	女 Female
总计 Total	**1961.2**	**1012.6**	**948.6**	**100.0**	**51.6**	**48.4**
0–4	68.6	36.1	32.5	3.5	1.8	1.7
5–9	50.0	26.6	23.4	2.6	1.4	1.2
10–14	50.1	26.3	23.8	2.5	1.3	1.2
15–19	107.1	56.5	50.6	5.5	2.9	2.6
20–24	263.3	136.7	126.6	13.5	7.0	6.5
25–29	237.8	122.3	115.5	12.1	6.2	5.9
30–34	182.4	95.5	86.9	9.3	4.9	4.4
35–39	172.2	91.8	80.4	8.8	4.7	4.1
40–44	165.7	88.5	77.2	8.4	4.5	3.9
45–49	162.8	86.2	76.6	8.3	4.4	3.9
50–54	134.6	69.0	65.6	6.8	3.5	3.3
55–59	120.5	59.8	60.7	6.1	3.0	3.1
60–64	75.2	36.8	38.4	3.9	1.9	2.0
65–69	51.5	24.3	27.2	2.6	1.2	1.4
70–74	50.5	23.6	26.9	2.6	1.2	1.4
75–79	38.6	18.7	19.9	1.9	0.9	1.0
80–84	20.0	9.4	10.6	1.0	0.5	0.5
85–89	7.7	3.4	4.3	0.4	0.2	0.2
90岁及以上 90 and above	2.6	1.1	1.5	0.2	0.1	0.1

注：本表数据为2010年第六次全国人口普查数据，普查时点为2010年11月1日零时。

Note: Figures in this table are from the 6th national population census with census time point at zero o'clock, Nov.1, 2010.

3-6 常住人口年龄组构成

PERMANENT POPULATION GROUPED BY AGE COMPOSITION

项目	Item	2010年常住人口 Permanent Population of 2010 常住人口数(万人) Permanent Population (10000 persons)	2010年常住人口 Permanent Population of 2010 年龄组人口占比重(%) Percentage (%)	2009年人口变动情况抽样调查各年龄组人口占比重(%) Percentage of Each Age Group as % of Total Population in 2009 Population Sample Survey(%)
总计	**Total**	**1961.2**	**100.0**	**100.0**
#法定婚龄: 男(22岁及以上)	Legal Marriage Age: Male (22 and over)	811.8	41.4	40.8
女(20岁及以上)	Female (20 and over)	818.3	41.7	41.8
育龄妇女(15-49岁)	Women of Child-bearing Age (15-49)	613.8	31.3	30.1
不满周岁婴儿(0岁)	Below Age 1	11.6	0.6	0.8
学龄前儿童(1-6岁)	Age 1-6	78.9	4.0	4.3
小学学龄组(7-12岁)	Age 7-12	57.7	2.9	3.5
初中学龄组(13-15岁)	Age 13-15	32.0	1.6	1.9
劳动年龄组	Of Labor Age			
男(16-59岁)	Male (16-59)	800.3	40.8	38.9
女(16-54岁)	Female (16-54)	673.9	34.4	33.5
超过劳动年龄组	Over Labor Age			
男(60岁及以上)	Male (60 and over)	117.3	6.0	6.6
女(55岁及以上)	Female (55 and over)	189.5	9.7	10.5

注：本表2010年数据为第六次全国人口普查数据，普查时点为11月1日零时，2009年数据为2009年人口变动情况抽样调查样本数据。

Note: Figures in this table are from the 6th national populaiton census with the time point of censue at zero o'clock, Nov.1, 2010.

Figures 2009 were sample figures from sample survey on population changes 2009.

3-7 常住人口受教育程度(2010年)

EDUCATION ATTAINMENT OF PERMANENT POPULATION(2010)

单位：万人 (10000 persons)

项目	Item	合计 Total	男 Male	女 Female
6岁及以上人口	**Population at 6 and above**	**1881.3**	**970.6**	**910.7**
#小学	Elmentary School Education	195.3	91.6	103.7
初中	Junior High School Education	615.7	342.2	273.5
高中	Senior High School Education	416.2	213.1	203.1
大学专科	Junior College	237.8	116.9	120.9
大学本科	4-year Unversity Education	310.9	160.1	150.8
研究生	Postgraduate	69.1	38.3	30.8

注：本表数据为2010年第六次全国人口普查数据,普查时点为2010年11月1日零时。

Note: Figures in this table are from the 6th national population census with census time point at zero o'clock, Nov.1, 2010.

3-8 常住人口家庭户规模(2010年)

FAMILY SIZE OF PERMANENT POPULATION (2010)

地 区	District	家庭总户数(万户) Total Number of Households (10000 households)	家庭户规模所占比重(%) Percentage of Various Sized Family(%)				
			一人户 One Person	二人户 Two Persons	三人户 Three Persons	四人户 Four Persons	五人及以上户 Five Persons and above
全 市	**Total**	**668.1**	**24.8**	**30.3**	**29.1**	**9.3**	**6.5**
城 镇	Urban	580.3	25.7	30.4	29.5	8.6	5.8
乡 村	Rural	87.8	18.7	29.0	26.4	14.2	11.7

注：本表数据为2010年第六次全国人口普查数据，普查时点为2010年11月1日零时。
Note: Figures in this table are from the 6th national population census with census time point at zero o'clock, Nov.1, 2010.

3-9 常住人口自然变动(2010年)

NATURAL CHANGE OF PERMANENT POPULATION (2010)

项 目	Item	常住人口 Permanent Population
自然变动人数 （人）	**Natural Change of Population (person)**	
出生人数	Number of Birth	139012
死亡人数	Number of Death	81958
自然增加人数	Natural Increase of Population	57054
自然变动率 （‰）	**Natural Growth Rate (‰)**	
出生率	Birth Rate	7.48
死亡率	Death Rate	4.41
自然增长率	Natural Growth Rate	3.07

注：本表数据为2010年第六次全国人口普查推算数。
Note: Figures in this table were calculated from the results of 6th population census.

3-10 常住外来人口(2010年)

PERMANENT NON-LOCAL POPULATION (2010)

单位：万人 (10000 persons)

项 目	Item	常住外来人口 Permanent Non-local Population
全 市	**Total**	**704.5**
按性别分	**By Sex**	
男	Male	382.7
女	Female	321.8
按年龄分	**By Age**	
0-14岁	Age 0-14	48.4
14-64岁	Age 14-64	643.5
65岁及以上	65 and over	12.6

注：本表数据为2010年第六次全国人口普查数据，普查时点为2010年11月1日零时。
Note: Figures in this table are from the 6th national population census with census time point at zero o'clock, Nov.1, 2010.

3-11 户籍人口(1978-2010年)

REGISTERED POPULATION (1978-2010)

单位：万人 (10000 persons)

年份 Year	户籍户数(万户) Registered Household (10000 households)	户籍人口 Registered Permanent Residents	#60岁及以上人口 Population at 60 and over	按性别分 By Sex 男 Male	女 Female	按户籍性质分 By Type of Household Register 非农业户 Non-	农业户 Agricultural	户籍人口出生人数 Births of Permanent Population	户籍人口死亡人数 Deaths of Permanent Population	户籍人口自然增加人数 Natural Increase of Permanent Population	暂住人口 Temporary Residents
1978	205.5	849.7		432.1	417.5	467.0	382.6	10.9	5.2	5.7	21.9
1979	214.6	870.6		441.1	429.4	495.2	375.4	11.8	5.1	6.7	26.5
1980	223.2	885.7		448.4	437.3	510.4	375.3	13.7	5.5	8.2	18.6
1981	234.8	900.8		456.6	444.2	522.6	378.2	15.1	5.4	9.7	18.3
1982	245.0	917.8		465.5	452.3	534.0	383.8	18.2	5.2	13.1	18.0
1983	255.1	933.2		474.7	458.5	547.1	386.0	14.5	5.1	9.4	20.9
1984	263.1	945.2		481.2	464.0	558.1	387.0	13.2	5.1	8.1	21.4
1985	274.1	957.9		488.0	469.9	572.5	385.4	11.8	5.2	6.6	31.2
1986	284.6	971.2		495.5	475.7	586.8	384.4	12.9	5.2	7.8	61.2
1987	299.4	988.0		504.1	483.9	601.0	387.0	16.9	5.3	11.6	78.8
1988	310.8	1001.2		510.4	490.8	614.3	387.0	15.3	5.5	9.8	79.7
1989	322.5	1021.1		520.3	500.8	630.6	390.5	19.0	5.7	13.3	64.7
1990	335.0	1032.2		525.3	507.0	640.2	392.1	14.0	6.3	7.7	71.3
1991	343.1	1039.5		528.5	511.1	648.4	391.2	9.2	5.7	3.5	76.1
1992	349.3	1044.9		530.8	514.1	656.3	388.6	8.3	6.2	2.2	79.9
1993	354.6	1051.2		533.9	517.3	668.7	382.5	7.9	6.3	1.6	86.1
1994	360.3	1061.8		538.9	522.8	683.8	377.9	8.5	6.3	2.2	102.6
1995	365.7	1070.3		543.0	527.3	696.9	373.5	8.5	6.2	2.3	100.2
1996	370.9	1077.7		546.8	530.9	709.7	368.0	7.8	6.7	1.2	106.3
1997	375.7	1085.5		550.4	535.1	722.7	362.9	7.6	6.7	0.9	131.2
1998	383.4	1091.5		552.6	538.9	733.6	357.8	6.7	7.5	-0.8	131.9
1999	390.3	1099.8		556.7	543.1	747.2	352.6	6.3	6.2	0.1	150.1
2000	397.9	1107.5		560.1	547.4	760.7	346.8	7.2	7.8	-0.5	170.4
2001	405.3	1122.3		567.3	555.0	780.2	342.2	6.0	5.3	0.7	244.3
2002	416.3	1136.3		574.7	561.6	806.9	329.4	6.0	5.2	0.8	358.9
2003	427.6	1148.8		581.0	567.9	830.8	318.0	4.5	5.8	-1.3	332.6
2004	439.8	1162.9		587.2	575.7	854.7	308.2	6.6	6.2	0.4	341.5
2005	451.7	1180.7		596.0	584.7	880.2	300.5	7.5	7.0	0.5	355.1
2006	463.7	1197.6		604.2	593.4	905.4	292.2	7.7	5.1	2.6	516.9
2007	473.0	1213.3	210.3	612.0	601.3	929.0	284.3	9.9	5.2	4.8	554.9
2008	481.2	1229.9	218.6	620.0	609.9	950.7	279.2	10.6	5.1	5.5	748.3
2009	488.7	1245.8	228.7	627.5	618.9	971.9	273.9	10.9	6.2	4.7	874.9
2010	496.1	1257.8	237.2	632.8	625.0	989.5	268.3	10.2	9.1	1.1	886.1

资料来源：北京市公安局。
Source: Beijing Municipal Public Security Bureau.

3-12 户籍户数及人口数(2010年)

REGISTERED HOUSEHOLD AND POPULATION (2010)

地区	District	户籍户数及人口 Registered Household and Population						暂住人口(万人) Temporary Residents (10000 persons)
		户数(万户) Households (10000 households)			人口数(万人) Population (10000 persons)			
		合计 Total	非农业户 Non-Agricultural	农业户 Agricultural	合计 Total	非农业户 Non-Agricultural	农业户 Agricultural	
全市	**Total**	**496.1**	**380.1**	**116.0**	**1257.8**	**989.5**	**268.3**	**886.1**
首都功能核心区	**Core Districts of Capital Function**	**81.0**	**81.0**	**…**	**230.1**	**230.1**	**…**	**50.5**
东城区	Dongcheng	34.3	34.3	…	95.6	95.6	…	22.0
西城区	Xicheng	46.7	46.7	…	134.5	134.5	…	28.5
城市功能拓展区	**Urban Function Extended Districts**	**198.3**	**181.0**	**17.3**	**550.7**	**515.4**	**35.4**	**522.9**
朝阳区	Chaoyang	73.4	66.4	7.0	188.6	174.4	14.3	219.2
丰台区	Fengtai	44.1	38.3	5.9	106.3	94.3	12.0	111.7
石景山区	Shijingshan	13.6	13.6		36.2	36.2		19.0
海淀区	Haidian	67.1	62.7	4.4	219.6	210.6	9.0	173.0
城市发展新区	**New Districts of Urban Development**	**141.4**	**79.8**	**61.7**	**314.6**	**165.5**	**149.0**	**275.9**
房山区	Fangshan	35.2	19.7	15.5	76.8	41.1	35.7	20.9
通州区	Tongzhou	32.3	17.7	14.6	66.3	33.0	33.3	64.8
顺义区	Shunyi	26.1	14.5	11.6	58.2	29.6	28.6	25.4
昌平区	Changping	23.3	14.2	9.1	53.3	32.6	20.7	84.2
大兴区	Daxing	24.5	13.7	10.8	59.9	29.2	30.8	80.6
生态涵养发展区	**Ecological Preservation Development Districts**	**75.3**	**38.3**	**37.0**	**162.4**	**78.5**	**83.9**	**36.7**
门头沟区	Mentougou	11.7	8.6	3.1	24.6	18.7	5.9	9.6
怀柔区	Huairou	13.3	5.9	7.3	27.7	12.0	15.6	10.8
平谷区	Pinggu	16.7	8.8	7.9	39.5	19.2	20.3	6.3
密云县	Miyun	20.2	8.8	11.4	42.8	17.0	25.8	6.9
延庆县	Yanqing	13.4	6.2	7.2	27.9	11.6	16.3	3.2

资料来源：北京市公安局。

Source: Beijing Municipal Public Security Bureau.

3-13 户籍人口性别构成及性别比(2010年)

SEX COMPOSITION AND SEX RATIO OF REGISTERED POPULATION (2010)

地区	District	户籍人口(万人) Registered Permanent Residents (10000 persons)			性别比(女=100) Sex Ratio (female=100)
		合计 Total	男 Male	女 Female	
全市	**Total**	**1257.8**	**632.8**	**625.0**	**101.3**
首都功能核心区	**Core Districts of Capital Function**	**230.1**	**114.5**	**115.6**	**99.1**
东城区	Dongcheng	95.6	47.3	48.3	98.0
西城区	Xicheng	134.5	67.2	67.3	99.8
城市功能拓展区	**Urban Function Extended Districts**	**550.7**	**279.0**	**271.8**	**102.6**
朝阳区	Chaoyang	188.6	94.9	93.8	101.2
丰台区	Fengtai	106.3	54.0	52.3	103.3
石景山区	Shijingshan	36.2	18.7	17.4	107.4
海淀区	Haidian	219.6	111.3	108.3	102.8
城市发展新区	**New Districts of Urban Development**	**314.6**	**157.3**	**157.3**	**100.0**
房山区	Fangshan	76.8	38.6	38.2	100.9
通州区	Tongzhou	66.3	32.9	33.4	98.7
顺义区	Shunyi	58.2	28.8	29.3	98.3
昌平区	Changping	53.3	26.9	26.4	102.3
大兴区	Daxing	59.9	30.0	29.9	100.1
生态涵养发展区	**Ecological Preservation Development Districts**	**162.4**	**82.0**	**80.4**	**102.0**
门头沟区	Mentougou	24.6	12.6	11.9	105.6
怀柔区	Huairou	27.7	13.9	13.7	101.2
平谷区	Pinggu	39.5	19.9	19.6	101.5
密云县	Miyun	42.8	21.5	21.3	100.7
延庆县	Yanqing	27.9	14.1	13.8	102.4

资料来源：北京市公安局。

Source: Beijing Municipal Public Security Bureau.

3-14 户籍人口变动情况
POPULATION CHANGE REGISTERED RESIDENTS

单位：人 (person)

项　　目	Item	2010	2009
自然变动	**Natural Change**		
自然增加	Natural Increase	10475	46730
非农业人口	Non-agricultural Population	33648	56518
农业人口	Agricultural Population	-23173	-9788
出　生	Birth	101662	109170
非农业人口	Non-agricultural Population	85599	90806
农业人口	Agricultural Population	16063	18364
死　亡	Death	91187	62440
非农业人口	Non-agricultural Population	51951	34288
农业人口	Agricultural Population	39236	28152
机械变动	**Non-natural Change**		
机械增加	Non-natural Increase	109091	112163
非农业人口	Non-agricultural Population	96318	99256
农业人口	Agricultural Population	12773	12907
市外迁入	Move in from outside	185101	189744
非农业人口	Non-agricultural Population	171506	175997
农业人口	Agricultural Population	13595	13747
迁往市外	Move out	76010	77581
非农业人口	Non-agricultural Population	75188	76741
农业人口	Agricultural Population	822	840

资料来源：北京市公安局。
Source: Beijing Municipal Public Security Bureau.

3-15 户籍人口自然变动情况

NATURAL CHANGE OF REGISTERED RESIDENTS

单位：人 (person)

地 区	District	出生人数 Number of Birth		死亡人数 Number of Death		自然增加人数 Number of Natural Growth	
		2010	2009	2010	2009	2010	2009
全 市	**Total**	**101662**	**109170**	**91187**	**62440**	**10475**	**46730**
东城区	Dongcheng	6809	7432	5380	4052	1429	3380
西城区	Xicheng	10005	10382	6845	5701	3160	4681
朝阳区	Chaoyang	16458	17082	9812	7303	6646	9779
丰台区	Fengtai	7997	8973	6729	4916	1268	4057
石景山区	Shijingshan	2785	2841	2413	1630	372	1211
海淀区	Haidian	17501	18449	8522	5649	8979	12800
门头沟区	Mentougou	1593	1873	2625	1739	-1032	134
房山区	Fangshan	6142	6669	7883	5148	-1741	1521
通州区	Tongzhou	6022	6251	5815	4889	207	1362
顺义区	Shunyi	4777	5411	5986	4393	-1209	1018
昌平区	Changping	4954	5783	5506	3249	-552	2534
大兴区	Daxing	6453	5945	5904	3681	549	2264
怀柔区	Huairou	2145	2772	3569	1907	-1424	865
平谷区	Pinggu	2945	3255	4553	2957	-1608	298
密云县	Miyun	3193	3587	6015	3118	-2822	469
延庆县	Yanqing	1883	2465	3630	2108	-1747	357

资料来源：北京市公安局。
Source: Beijing Municipal Public Security Bureau.

3-16 计划生育状况
FAMILY PLANNING

项　　目		Item		2010	2009	2010年比2009年增、减 Increase/decrese in 2010 over 2009
已婚育龄妇女人数(户籍)	**(人)**	**Number of Married Women of Child-bearing Age (registered)**	**(person)**	**2060426**	**2077566**	**-17140**
非农业户口		Non-agricultural Population		1447855	1442609	5246
农业户口		Agricultural Population		612571	634957	-22386
实际采取节育措施人数(户籍)	**(人)**	**Number of Women Actually Taking Birth Control Measures (registered)**	**(person)**	**1795233**	**1819383**	**-24150**
非农业户口		Non-agricultural Population		1243365	1246225	-2860
农业户口		Agricultural Population		551868	573158	-21290
计划内生育(户籍)	**(人)**	**Planned Bearing (registered)**	**(person)**	**97759**	**97175**	**584**
计划生育率(户籍)	**(%)**	**Non-planned Bearing (registered)**	**(%)**	**96.61**	**97.32**	**-0.71**
非农业户口		Non-agricultural Population		97.44	97.97	-0.53
农业户口		Agricultural Population		92.77	94.59	-1.82
独生子女领证率(户籍)	**(%)**	**Acceptance Rate of Only-child Certificate(registered)**	**(%)**	**56.91**	**59.11**	**-2.20**
非农业户口		Non-agricultural Population		55.46	59.04	-3.58
农业户口		Agricultural Population		60.32	59.26	1.06

资料来源：北京市人口和计划生育委员会。
Source: Beijing Municipal Commission of Population and Family Planning.

3-17 三次产业从业人员及构成(1978-2010年)

PERSONS EMPLOYED IN THREE INDUSTRIES AND THEIR COMPOSITION (1978-2010)

年份 Year	从业人员年末人数(万人) Year-end Employed Persons (10000 persons)	第一产业 Primary Industry	第二产业 Secondary Industry	第三产业 Tertiary Industry	构成(%)(合计=100) Composition (Total=100) 第一产业 Primary Industry	第二产业 Secondary Industry	第三产业 Tertiary Industry
1978	444.1	125.9	177.9	140.3	28.3	40.1	31.6
1979	470.5	121.4	195.2	153.9	25.8	41.5	32.7
1980	484.2	118.0	207.3	158.9	24.4	42.8	32.8
1981	511.7	117.2	220.4	174.1	22.9	43.1	34.0
1982	535.2	115.1	228.6	191.5	21.5	42.7	35.8
1983	552.0	117.1	240.2	194.7	21.2	43.5	35.3
1984	556.2	111.3	247.9	197.0	20.0	44.6	35.4
1985	566.5	100.6	260.4	205.5	17.7	46.0	36.3
1986	572.7	96.1	262.7	213.9	16.8	45.9	37.3
1987	580.2	92.3	264.1	223.8	15.9	45.5	38.6
1988	584.1	88.4	267.6	228.1	15.1	45.8	39.1
1989	593.9	91.0	266.3	236.6	15.3	44.9	39.8
1990	627.1	90.7	281.6	254.8	14.5	44.9	40.6
1991	634.0	90.8	279.7	263.5	14.3	44.1	41.6
1992	649.3	84.5	281.6	283.2	13.0	43.4	43.6
1993	627.8	65.1	279.4	283.3	10.4	44.5	45.1
1994	664.3	73.2	272.2	318.9	11.0	41.0	48.0
1995	665.3	70.6	271.0	323.7	10.6	40.7	48.7
1996	660.2	72.5	260.1	327.6	11.0	39.4	49.6
1997	655.8	71.0	257.6	327.2	10.8	39.2	50.0
1998	622.2	71.5	226.0	324.7	11.5	36.3	52.2
1999	618.6	74.5	216.2	327.9	12.1	34.9	53.0
2000	619.3	72.9	208.2	338.2	11.8	33.6	54.6
2001	628.9	71.2	215.9	341.8	11.3	34.3	54.4
2002	679.2	67.6	235.3	376.3	10.0	34.6	55.4
2003	703.3	62.7	225.8	414.8	8.9	32.1	59.0
2004	854.1	61.5	232.8	559.8	7.2	27.3	65.5
2005	878.0	62.2	231.1	584.7	7.1	26.3	66.6
2006	919.7	60.3	225.4	634.0	6.6	24.5	68.9
2007	942.7	60.9	228.1	653.7	6.5	24.2	69.3
2008	980.9	63.0	207.4	710.5	6.4	21.2	72.4
2009	998.3	62.2	199.6	736.5	6.2	20.0	73.8
2010	1031.6	61.4	202.7	767.5	6.0	19.6	74.4

3-18 按登记注册类型分从业人员(1978-2010年)
EMPLOYEES BY REGISTRATION STATUS (1978-2010)

单位：万人 (10000 persons)

年 份 Year	合 计 Total	#城 镇 Urban	#国有单位 State-Owned	#集体单位 Collective-Owned	#联营单位 Joint Owned	#有限责任公司 Limited Liability Corporations	#股份有限公司 Share Holding Corporations Ltd.	#外商投资 Foreign Funded	#港澳台商投资 Hongkong, Macao and Taiwan Funded	#私 营 Private	#个 体 Individual
1978	444.1	291.6	240.9	50.7							
1979	470.5	311.9	254.2	57.8							
1980	484.2	326.8	269.4	57.1							0.3
1981	511.7	345.2	283.1	61.3							
1982	535.2	361.1	293.0	67.1							
1983	552.0	373.8	303.4	68.5							
1984	556.2	377.6	302.5	71.6				1.3			
1985	566.5	392.6	308.1	72.6				1.6			2.5
1986	572.7	400.5	324.4	71.1				2.4			2.6
1987	580.2	408.3	331.8	70.7				2.8			3.1
1988	584.1	413.9	336.4	69.9	0.2			3.4			3.5
1989	593.9	424.0	343.8	67.4	3.4			3.7			5.6
1990	627.1	461.2	357.9	86.8	5.1			4.6			6.3
1991	634.0	477.2	367.8	89.0	0.5			7.7	0.2		7.2
1992	649.3	490.6	371.5	90.5	0.4			11.4	0.2		14.0
1993	627.8	481.4	362.3	79.7	2.8			11.0	6.4		14.0
1994	664.3	492.7	363.5	73.3	3.5			15.0	9.4		20.9
1995	665.3	492.7	358.2	72.1	3.7			17.4	10.0		21.9
1996	660.2	495.7	355.1	68.6	3.4			20.7	10.1		22.9
1997	655.8	498.7	354.7	68.5	3.2			21.2	10.2		21.2
1998	622.2	463.2	308.1	51.0	5.2	13.7	10.8	21.2	13.1		20.1
1999	618.6	456.1	287.6	49.7	4.8	24.0	12.2	20.6	13.5		23.7
2000	619.3	456.3	266.2	48.3	4.0	34.2	14.0	23.8	14.2		24.4
2001	628.9	464.2	246.3	45.8	4.1	50.6	17.3	22.4	12.9		24.8
2002	679.2	513.6	224.8	36.8	4.1	85.0	27.1	29.2	17.0	4.8	33.1
2003	703.3	533.7	212.8	30.1	3.8	102.3	33.4	31.5	17.3	5.2	37.2
2004	854.1	682.7	199.5	28.2	3.5	134.5	37.9	45.0	18.3	134.2	45.7
2005	878.0	694.0	195.0	23.8	2.4	149.4	36.4	49.6	21.7	131.2	57.2
2006	919.7	734.2	189.3	18.8	2.1	165.1	35.5	57.3	23.5	154.8	65.6
2007	942.7	745.4	189.3	17.3	1.9	179.5	38.7	69.3	28.8	133.8	67.2
2008	980.9	813.7	187.8	24.8	2.2	196.4	46.4	72.9	33.5	159.6	65.1
2009	998.3	856.6	185.7	24.3	0.9	215.7	58.4	71.2	36.6	172.2	67.5
2010	1031.6	905.4	189.0	22.7	0.9	228.2	64.7	74.9	42.4	193.5	65.3

资料来源：表中私营和个体从业人员数据来源于北京市工商行政管理局。
Source: Figures of private and individual employees in the table are come Beijing Administration for Industry and Commerce.

3-19 全市法人单位从业人员和平均工资

EMPLOYEES IN ENTITIES AS LEGAL PERSONS IN THE CITY AND AVERAGE EARNING

项目	Item	从业人员年末人数（万人）Year-end Employed Persons (10000 persons)		从业人员平均工资（元）Average Earning (yuan)	
		2010	2009	2010	2009
合计	**Total**	**865.3**	**822.3**	**55464**	**49592**
按登记注册类型分	**Grouped by Registration Status**				
内资	Domestic Investment Economy	748.0	714.5	49739	44222
国有	State-owned Units	189.0	185.7	67403	60495
集体	Collective-owned Units	22.7	24.3	26677	23450
联营	Joint Ownership Units	0.9	0.9	39632	34176
股份有限公司	Share Holding Corporations Ltd.	64.7	58.4	87852	77154
有限责任公司	Limited-Liability Corporations	228.2	215.7	51189	44653
股份合作	Share Holding	12.0	12.7	23872	21695
私营	Private	218.7	202.9	27431	24929
其他	Others	11.8	13.9	26728	28089
港、澳、台商投资	Units with Funds from Hongkong, Macao and Taiwan	42.4	36.6	79097	73334
外商投资	Foreign Funded Economy	74.9	71.2	100409	91165
按行业分	**Grouped by Sector**				
农、林、牧、渔业	Farming, Forestry, Animal Husbandry and Fishery	4.4	4.1	27412	24993
采矿业	Mining	4.6	5.1	67396	56270
制造业	Manufacturing	132.1	129.9	42712	37028
电力、燃气及水的生产和供应业	Production and Distribution of Electricity, Gas and Water	7.1	6.9	83173	76157
建筑业	Construction	52.6	49.1	40561	35939
交通运输、仓储和邮政业	Transport, Storage and Post	56.5	55.8	48339	43333
信息传输、计算机服务和软件业	Information Transmission, Computer Services and Software	58.4	50.6	88640	84263
批发与零售业	Wholesale and Retail Trade	105.5	101.3	44578	39979
住宿和餐饮业	Hotel and Restaurants	42.2	43.8	28198	25245
金融业	Financial Intermediation	27.9	25.8	161372	141071
房地产业	Real Estate	42.4	40.1	45612	40677
租赁和商务服务业	Leasing and Business Services	112.4	102.1	52267	47735
科学研究、技术服务与地质勘查业	Scientific Research, Technical Services and Geologic Prospecting	65.3	58.1	71247	66104
水利、环境和公共设施管理业	Management of Water Conservancy, Environment and Public Facilities	10.0	9.7	39448	35658
居民服务和其他服务业	Services to Households and Other Services	16.3	14.7	23878	21548
教育	Education	45.0	44.5	62067	53679
卫生、社会保障和社会福利业	Health, Social Securities and Social Welfare	21.9	21.2	67790	61141
文化、体育与娱乐业	Culture, Sports and Entertainment	19.6	19.5	65465	59651
公共管理与社会组织	Public Management and Social Organization	41.1	40.0	55665	53520
国际组织	International Organization				

3-20 城镇单位在岗职工人数及工资总额(1978-2010年)

NUMBER AND WAGE OF FULLY EMPLOYED STAFF AND WORKERS IN URBAN ENTITIES (1978-2010)

年 份 Year	年末在岗职工人数(万人) Fully Employed Staff and Workers of Year-end (10000 persons)	国有单位 State-Owned	集体单位 Collective Owned	其他单位 Others	在岗职工工资总额(亿元) Total Wages of Fully Employed (100 million yuan)	国有单位 State-Owned	集体单位 Collective Owned	其他单位 Others
1978	291.6	240.9	50.7		18.7	16.2	2.5	
1979	311.9	254.2	57.7		22.4	19.4	3.0	
1980	326.5	269.4	57.1		26.9	23.3	3.6	
1981-1985					**183.7**	**153.7**	**29.6**	**0.4**
1981	344.4	283.1	61.3		28.3	24.2	4.1	
1982	360.1	293.0	67.1		30.5	25.9	4.6	
1983	371.9	303.4	68.5		33.8	28.5	5.3	
1984	375.4	302.5	71.6	1.3	40.4	33.7	6.6	0.1
1985	382.3	308.1	72.6	1.6	50.7	41.5	9.0	0.3
1986-1990					**421.1**	**349.7**	**64.4**	**7.0**
1986	397.9	324.4	71.1	2.4	58.0	48.5	9.1	0.4
1987	405.2	331.8	70.7	2.7	66.7	56.0	10.1	0.6
1988	410.4	336.4	69.9	4.1	81.2	68.1	12.1	1.0
1989	418.4	343.8	67.4	7.2	96.3	81.0	13.4	1.9
1990	454.9	357.9	86.8	10.2	118.9	96.1	19.7	3.1
1991-1995					**1198.1**	**950.3**	**156.6**	**91.2**
1991	470.0	367.8	89.0	13.2	132.2	106.1	21.5	4.6
1992	476.6	371.5	90.5	14.6	158.5	128.6	23.9	6.0
1993	467.3	362.3	79.6	25.4	218.9	176.6	28.5	13.8
1994	471.8	363.5	73.4	34.9	306.5	243.4	36.2	26.9
1995	470.9	358.2	72.1	40.6	382.0	295.6	46.5	39.9
1996-2000					**2825.4**	**1988.5**	**236.5**	**600.4**
1996	460.6	349.0	64.8	46.8	442.4	339.4	46.2	56.8
1997	465.3	348.7	65.0	51.6	514.8	383.6	53.8	77.4
1998	450.1	321.7	50.8	77.6	558.2	391.9	45.0	121.3
1999	438.0	303.0	49.6	85.4	614.5	420.0	44.8	149.7
2000	434.2	283.0	46.0	105.2	695.5	453.6	46.7	195.2
2001-2005					**5662.3**	**2872.7**	**184.6**	**2605.0**
2001	400.3	235.9	40.0	124.4	777.3	477.8	44.8	254.7
2002	434.2	212.6	32.7	188.9	950.9	508.8	40.0	402.1
2003	436.3	197.6	26.1	212.6	1098.9	565.5	35.0	498.4
2004	446.4	183.7	24.8	237.9	1315.1	625.7	34.0	655.4
2005	448.4	178.5	20.7	249.2	1520.1	694.9	30.8	794.4
2006-2010					**13890.4**	**4904.7**	**219.9**	**8765.8**
2006	453.1	172.9	16.4	263.8	1805.5	738.0	30.5	1037.0
2007	478.9	172.7	15.4	290.8	2194.3	862.4	31.2	1300.7
2008	526.1	171.0	22.7	332.4	2874.3	1008.8	48.2	1817.3
2009	560.4	170.9	22.4	367.1	3227.2	1074.3	53.3	2099.6
2010	587.7	175.1	21.1	391.5	3789.1	1221.2	56.7	2511.2

注：1. 2007年及以前城镇单位是指乡及乡以上独立核算法人单位，不包括乡镇企业、私营单位和个体工商户。2008年及以后城镇单位是指不包括私营单位和个体工商户的独立核算法人单位(表3-21至表3-25同)。
2. 表中2000年及以前数据为职工口径，职工包括在岗职工和不在岗职工(表3-21同)。

Note: a) Urban entities in and before 2007 meant corporate entities keeping separate accounts at and above the township level, excluding township enterprises, private entities and self-employed operators. Urban entities in and after 2008 meant corporate entities keeping separate accounts excluding private entities and self-employed operators (the same from Table 3-21 to 3-25).
b) Figures before 2001 were for employees including on-the-job and off-the-job ones (the same to table 3-21).

3-21 城镇单位在岗职工平均工资(1978-2010年)

AVERAGE WAGE AND INDEX OF FULLY EMPLOYED STAFF AND WORKERS IN URBAN ENTITIES (1978-2010)

单位：元 (yuan)

年份 Year	在岗职工平均工资 Average Wage of Fully Employed	国有单位在岗职工平均工资 Average Wage of Fully Employed of State-Owned	集体单位在岗职工平均工资 Average Wage of Fully Employed of Collective Owned	其他单位在岗职工平均工资 Average Wage of Fully Employed of Others
1978	673	703	471	
1979	742	778	556	
1980	848	889	635	
1981	837	880	685	
1982	863	896	715	
1983	931	964	785	
1984	1086	1127	946	1170
1985	1343	1367	1231	1768
1986	1488	1530	1287	2080
1987	1670	1712	1449	2267
1988	2000	2048	1738	2661
1989	2312	2366	1992	2761
1990	2653	2713	2334	3243
1991	2877	2937	2504	3713
1992	3402	3500	2828	4289
1993	4780	4920	3834	5469
1994	6540	6695	5009	8179
1995	8144	8237	6516	10278
1996	9579	9645	7133	13851
1997	11019	10917	8259	15370
1998	12285	11971	8800	15989
1999	13778	13483	8928	17748
2000	15726	15483	9844	19165
2001	19155	19776	11063	20594
2002	21852	23754	11997	21432
2003	25312	28464	13580	23769
2004	29674	34009	13422	28026
2005	34191	39067	14695	32324
2006	40117	43298	17781	39513
2007	46507	50524	20379	45508
2008	54913	59361	20990	54983
2009	58140	63239	23553	57911
2010	65683	70320	26607	65755

3-22 城镇单位在岗职工人数

NUMBER OF FULLY EMPLOYED STAFF AND WORKERS IN URBAN ENTITIES

单位：人 (person)

项　　目	Item	2010	2009	2010年为2009年% 2010 as % of 2009
合　计	**Total**	**5876526**	**5603939**	**104.9**
按隶属关系分	**Grouped by Administrative Relationship**			
中　央	Central	1428288	1338997	106.7
地　方	Local	4448238	4264942	104.3
按登记注册类型分	**Grouped by Registration Status**			
内　资	Domestic Investment Economy	4785921	4601046	104.0
国　有	State-owned Units	1750536	1708732	102.4
集　体	Collective-owned Units	211242	223919	94.3
联　营	Joint Ownership Units	8219	8208	100.1
股份有限公司	Share Holding Corporations Ltd.	558617	493027	113.3
有限责任公司	Limited-Liability Corporations	2055903	1943055	105.8
股份合作	Share Holding	109702	115973	94.6
其　他	Others	91702	108132	84.8
港、澳、台商投资	Units with Funds from Hongkong,Macao and Taiwan	400234	346782	115.4
外商投资	Foreign Funded Units	690371	656111	105.2
按行业分	**Grouped by Sector**			
农、林、牧、渔业	Farming,Forestry,Animal Husbandry and Fishery	31562	31421	100.4
#农　业	Agriculture	8640	8777	98.4
采矿业	Mining	45321	50137	90.4
制造业	Manufacturing	971634	958514	101.4
电力、燃气及水的生产和供应业	Production and Distribution of Electricity,Gas and Water	66886	64955	103.0
建筑业	Construction	357635	304896	117.3
交通运输、仓储和邮政业	Transport,Storage and Post	477846	469420	101.8
#铁路运输业	Railway Transport	93534	95936	97.5
道路运输业	Road Transport	49511	48050	103.0
城市公共交通业	Urban Public Transport	215052	210762	102.0
邮政业	Post	36306	35493	102.3
信息传输、计算机服务和软件业	Information Transmission,Computer Service and Software	395355	344777	114.7
#计算机服务业	Computer Service	95756	90411	105.9
批发与零售业	Wholesale and Retail Trade	517357	466430	110.9
批发业	Wholesale Trade	269165	238716	112.8
零售业	Retail Trade	248192	227714	109.0
住宿和餐饮业	Hotel and Restaurants	249018	252618	98.6
住宿业	Hotel	134822	139870	96.4
餐饮业	Restaurant	114196	112748	101.3
金融业	Financial Intermediation	206842	182695	113.2
房地产业	Real Estate	286319	269455	106.3
租赁和商务服务业	Leasing and Business Services	664110	625179	106.2
租赁业	Leasing	5950	6150	96.7
商务服务业	Business Services	658160	619029	106.3
科学研究、技术服务与地质勘查业	Scientific Research,Technical Services and Geologic Prospecting	399671	383287	104.3
水利、环境和公共设施管理业	Management of Water Conservancy,Environment and Public Facilities	83448	82906	100.7
居民服务和其他服务业	Services to Households and Other Services	67643	70193	96.4
#居民服务业	Services to Households	22947	25474	90.1
教　育	Education	358212	364120	98.4
卫生、社会保障和社会福利业	Health,Social Securities and Social Welfare	189600	183080	103.6
#卫　生	Health	177133	171050	103.6
文化、体育与娱乐业	Culture,Sports and Entertainment	140129	139185	100.7
#文化艺术业	Culture and Arts	28352	27175	104.3
体　育	Sports	9564	9558	100.1
公共管理与社会组织	Public Management and Social Organization	367938	360671	102.0
国际组织	International Organization			

3-23 城镇单位在岗职工工资总额

TOTAL WAGES OF FULLY EMPLOYED STAFF AND WORKERS IN URBAN ENTITIES

单位：万元 (10000 yuan)

项目	Item	2010	2009	2010年为2009年% 2010 as % of 2009
合计	**Total**	**37890732**	**32271711**	**117.4**
按隶属关系分	**Grouped by Administrative Relationship**			
中央	Central	12958591	11109660	116.6
地方	Local	24932141	21162051	117.8
按登记注册类型分	**Grouped by Registration Status**			
内资	Domestic Investment Economy	28819492	24529302	117.5
国有	State-owned Units	12212054	10742952	113.7
集体	Collective-owned Units	567210	533238	106.4
联营	Joint Ownership Units	34943	30358	115.1
股份有限公司	Share Holding Corporations Ltd.	5083389	4046020	125.6
有限责任公司	Limited-Liability Corporations	10437700	8647598	120.7
股份合作	Share Holding	262020	255378	102.6
其他	Others	222177	273758	81.2
港、澳、台商投资	Units with Funds from Hongkong,Macao and Taiwan	2896442	2366304	122.4
外商投资	Foreign Funded Units	6174798	5376105	114.9
按行业分	**Grouped by Sector**			
农、林、牧、渔业	Farming,Forestry,Animal Husbandry and Fishery	95942	86680	110.7
#农业	Agriculture	22575	20339	111.0
采矿业	Mining	309025	282745	109.3
制造业	Manufacturing	4552094	3901131	116.7
电力、燃气及水的生产和供应业	Production and Distribution of Electricity,Gas and Water	569046	503053	113.1
建筑业	Construction	1650885	1298232	127.2
交通运输、仓储和邮政业	Transport,Storage and Post	2441558	2126751	114.8
#铁路运输业	Railway Transport	561711	487368	115.3
道路运输业	Road Transport	184604	156666	117.8
城市公共交通业	Urban Public Transport	681179	601977	113.2
邮政业	Post	243942	214085	113.9
信息传输、计算机服务和软件业	Information Transmission,Computer Services and Software	3923605	3308293	118.6
#计算机服务业	Computer Services	1011639	882030	114.7
批发与零售业	Wholesale and Retail Trade	3092456	2528315	122.3
批发业	Wholesale Trade	2195720	1773387	123.8
零售业	Retail Trade	896737	754928	118.8
住宿和餐饮业	Hotel and Restaurants	816306	738880	110.5
住宿业	Hotel	488818	455739	107.3
餐饮业	Restaurant	327489	283141	115.7
金融业	Financial Intermediation	3869202	3148615	122.9
房地产业	Real Estate	1427313	1189235	120.0
租赁和商务服务业	Leasing and Business Services	3902708	3274511	119.2
租赁业	Leasing	23264	21222	109.6
商务服务业	Business Services	3879444	3253289	119.2
科学研究、技术服务与地质勘查业	Scientific Research,Technical Services and Geologic Prospecting	3589548	3048189	117.8
水利、环境和公共设施管理业	Management of Water Conservancy,Environment and Public Facilities	355763	319116	111.5
居民服务和其他服务业	Services to Households and Other Services	185521	175723	105.6
#居民服务业	Services to Households	71596	70110	102.1
教育	Education	2445450	2102891	116.3
卫生、社会保障和社会福利业	Health,Social Securities and Social Welfare	1352470	1180531	114.6
#卫生	Health	1296457	1130944	114.6
文化、体育与娱乐业	Culture,Sports and Entertainment	1114886	988773	112.8
#文化艺术业	Cultural and Art Activities	181416	158121	114.7
体育	Sports Activities	60059	55195	108.8
公共管理与社会组织	Public Management and Social Organization	2196952	2070047	106.1
国际组织	International Organization			

3-24 城镇单位在岗职工平均工资
AVERAGE WAGES OF FULLY EMPLOYED STAFF AND WORKERS IN URBAN ENTITIES

单位：元 (yuan)

项目	Item	2010	2009	2010年为2009年% 2010 as % of 2009
合计	**Total**	**65683**	**58140**	**113.0**
按隶属关系分	**Grouped by Administrative Relationship**			
中央	Central	92173	83834	109.9
地方	Local	57146	50082	114.1
按登记注册类型分	**Grouped by Registration Status**			
内资	Domestic Investment Economy	61163	53855	113.6
国有	State-owned Units	70320	63239	111.2
集体	Collective-owned Units	26607	23553	113.0
联营	Joint Ownership Units	41450	34758	119.3
股份有限公司	Share Holding Corporations Ltd.	94930	84524	112.3
有限责任公司	Limited-Liability Corporations	51727	45086	114.7
股份合作	Share Holding	23923	21815	109.7
其他	Others	24464	25591	95.6
港、澳、台商投资	Units with Funds from Hongkong,Macao and Taiwan	75221	68613	109.6
外商投资	Foreign Funded Units	91918	82569	111.3
按行业分	**Grouped by Sector**			
农、林、牧、渔业	Farming,Forestry,Animal Husbandry and Fishery	30158	27231	110.7
#农业	Agriculture	25011	22439	111.5
采矿业	Mining	68538	57046	120.1
制造业	Manufacturing	47175	40642	116.1
电力、燃气及水的生产和供应业	Production and Distribution of Electricity,Gas and Water	86108	78712	109.4
建筑业	Construction	47292	42723	110.7
交通运输、仓储和邮政业	Transport,Storage and Post	51443	46109	111.6
#铁路运输业	Railway Transport	59154	50600	116.9
道路运输业	Road Transport	37398	33436	111.8
城市公共交通业	Urban Public Transport	32147	29475	109.1
邮政业	Post	67048	60839	110.2
信息传输、计算机服务和软件业	Information Transmission,Computer Services and Software	103898	98016	106.0
#计算机服务业	Computer Services	107410	100168	107.2
批发与零售业	Wholesale and Retail Trade	61680	55076	112.0
批发业	Wholesale Trade	83984	75757	110.9
零售业	Retail Trade	37376	33557	111.4
住宿和餐饮业	Hotel and Restaurants	32813	29211	112.3
住宿业	Hotel	35847	32081	111.7
餐饮业	Restaurant	29134	25534	114.1
金融业	Financial Intermediation	200349	180816	110.8
房地产业	Real Estate	50670	44344	114.3
租赁和商务服务业	Leasing and Business Services	60327	52697	114.5
租赁业	Leasing	39331	34004	115.7
商务服务业	Business Services	60521	52886	114.4
科学研究、技术服务与地质勘查业	Scientific Research,Technical Services and Geologic Prospecting	92098	81358	113.2
水利、环境和公共设施管理业	Management of Water Conservancy,Environment and Public Facilities	42328	38237	110.7
居民服务和其他服务业	Services to Households and Other Services	27806	25198	110.4
#居民服务业	Services to Households	30911	27430	112.7
教育	Education	68543	58009	118.2
卫生、社会保障和社会福利业	Health, Social Securities and Social Welfare	72652	65667	110.6
#卫生	Health	74629	67359	110.8
文化、体育与娱乐业	Culture,Sports and Entertainment	79718	71034	112.2
#文化艺术业	Cultural and Art Activities	64803	58553	110.7
体育	Sports Activities	62568	57417	109.0
公共管理与社会组织	Public Management and Social Organization	60303	57859	104.2
国际组织	International Organization			

3-25 国民经济各行业城镇单位在岗职工平均工资(2010年)

AVERAGE WAGES OF URBAN ENTITIES FULLY EMPLOYED STAFF AND WORKERS IN DIFFERENT SECTORS OF NATIONAL ECONOMY (2010)

单位：元 (yuan)

行业	Sector	平均工资 Average Wage	国有单位 State-owned	集体单位 Collective-Owned	其他单位 Others
合　计	**Total**	**65683**	**70320**	**26607**	**65755**
农、林、牧、渔业	**Farming, Forestry, Animal Husbandry and Fishery**	**30158**	**37649**	**16840**	**28838**
#农、林、牧、渔服务业	FFAF Services	35950	44772	22446	30588
采矿业	**Mining**	**68538**		**31844**	**69407**
煤炭开采和洗选业	Mining and Washing of Coal	56182		19064	56261
石油和天然气开采业	Extraction of Petroleum and Natural Gas	82868			82868
黑色金属矿采选业	Mining and Processing of Ferrous Metal Ores	50759		50863	50745
有色金属矿采选业	Mining and Processing of Non-Ferrous Metal Ores	19200			19200
非金属矿采选业	Mining and Processing of Nonmetal Ores	27519		16629	35882
其他采矿业	Mining of Other Ores				
制造业	**Manufacturing**	**47175**	**58101**	**22626**	**47620**
农副食品加工业	Processing of Food from Agricultural Products	30645	30246	16280	31051
食品制造业	Manufacture of Foods	43375	29183	17611	43779
饮料制造业	Manufacture of Beverages	42466	42807	19507	42682
烟草制品业	Manufacture of Tobacco	135748	135748		
纺织业	Manufacture of Textile	26818	35103	18882	27145
纺织服装、鞋、帽制造业	Manufacture of Textile Wearing Apparel, Footwear and Caps	23366	27559	19388	23620
皮革、毛皮、羽毛(绒)及其制品业	Manufacture of Leather, Furs, Feather (Down) and Related Products	25475		35363	23818
木材加工及竹、藤、棕、草制品业	Processing of Timber, Manufacture of Wood, Bamboo, Rattan, Palm and Straw Products	27918	70138	14773	28029
家具制造业	Manufacture of Furniture	29135	15504	15690	29483
造纸及纸制品业	Manufacture of Paper and Paper Products	27552	31363	17736	29928
印刷业和记录媒介的复制	Printing, Reproduction of Recording Media	35849	39723	28440	35743
文教体育用品制造业	Manufacture of Articles for Culture, Education and Sports Activity	26716	24695	22550	26975
石油加工、炼焦及核燃料加工业	Processing of Petroleum, Coking, Processing of Nuclear Fuels	58478	56897	19029	58610
化学原料及化学制品制造业	Manufacture of Raw Chemical Materials and Chemical Products	46498	42008	21283	47939
医药制造业	Manufacture of Medicines	77269	52892	23337	78796
化学纤维制造业	Manufacture of Chemical Fibers	33154			33154
橡胶制品业	Manufacture of Rubber	28293	26744	17573	28587
塑料制品业	Manufacture of Plastics	30183	39183	24282	30793
非金属矿物制品业	Manufacture of Non-metallic Mineral Products	34188	39890	19847	35652
黑色金属冶炼及压延加工业	Smelting and Pressing of Ferrous Metals	59674	34372	17284	59940

3-25 续表 1 continued

单位：元 (yuan)

行业	Sector	平均工资 Average Wage	国有单位 State-owned	集体单位 Collective-Owned	其他单位 Others
有色金属冶炼及压延加工业	Smelting and Processing of Nonferrous Metals	35873	49988	15962	36419
金属制品业	Manufacture of Metal Products	33071	29370	21963	34758
通用设备制造业	Manufacture of General Purpose Machinery	47655	61658	22373	48906
专用设备制造业	Manufacture of Special Purpose Machinery	53678	77707	25524	51887
交通运输设备制造业	Extraction of Petroleum and Natural Gas	53157	75538	28581	51003
电气机械及器材制造业	Manufacture of Electrical Machinery and Equipment	49460	41593	22136	50762
通信设备、计算机及其他电子设备制造业	Manufacuture of Communication Equipment, Computers and Other Electronic Equipment	62155	72474	25102	62064
仪器仪表及文化、办公用机械制造业	Manufacture of Measuring Instruments and Machinery for Cultural Activity and Office Work	60079	52736	32109	61692
工艺品及其他制造业	Manufacture of Artwork and Other Manufacturing	51135	80099	24379	45865
废弃资源和废旧材料回收加工业	Recycling and Disposal of Waste	38890	74130	19797	34503
电力、燃气及水的生产和供应业	**Production and Distribution of Electricity, Gas and Water**	**86108**	**92244**	**19006**	**84558**
电力、热力的生产和供应业	Production and Distribution of Electric Power and Heat Power	94821	98569	18154	94163
燃气生产和供应业	Production and Distribution of Gas	68343	49741	14760	72476
水的生产和供应业	Production and Distribution of Water	56349	50406	22515	57730
建筑业	**Construction**	**47292**	**50168**	**33411**	**47751**
房屋和土木工程建筑业	Construction of Buildings and Civil Engineering	50588	58376	31646	50776
建筑安装业	Building Installation	42599	38613	43101	44099
建筑装饰业	Building Decoration	32338	41363	24093	32479
其他建筑业	Others	33473	36743	23985	33399
交通运输、仓储和邮政业	**Transport, Storage and Post**	**51443**	**57431**	**20764**	**50364**
铁路运输业	Railway Transport	59154	57812	12571	64792
道路运输业	Road Transport	37398	60115	25655	36089
城市公共交通业	Urban Public Transport	32147	14879	11414	32691
水上运输业	Waterway Transport	152899			152899
航空运输业	Air Transport	141921	71300		141931
管道运输业	Transport Via Pipelines	25251			25251
装卸搬运和其他运输服务业	Loading Unloading and Other Transport Services	66208	51165	43986	67756
仓储业	Storage	38641	45304	19296	36413
邮政业	Post	67048	67597		66680
信息传输、计算机服务和软件业	**Information Transmission, Computer Services and Software**	**103898**	**88867**	**79870**	**104425**
电信和其他信息传输服务业	Telecommunications and Other Information Transmission	114529	84706	33094	115658
计算机服务业	Computer Services	107410	90958	89440	108758
软件业	Software	97747	88127	48252	97871
批发与零售业	**Wholesale and Retail Trade**	**61680**	**93003**	**28248**	**60034**
批发业	Wholesale Trade	83984	117192	31359	81710
零售业	Retail Trade	37376	45949	25824	37282
住宿和餐饮业	**Hotel and Restaurants**	**32813**	**35420**	**23097**	**32660**
住宿业	Hotel	35847	35727	25154	36756
餐饮业	Restaurants	29134	30491	19547	29440

3-25 续表 2 continued

单位：元 (yuan)

行业	Sector	平均工资 Average Wage	国有单位 State-owned	集体单位 Collective-Owned	其他单位 Other
金融业	**Financial Intermediation**	**200349**	**154745**		**206007**
银行业	Banks	203985	154689		213998
证券业	Security Activity	267444	139770		272749
保险业	Insurance	148786	180150		148172
其他金融活动	Other Financial Activities	180328	45054		180465
房地产业	**Real Estate**	**50670**	**49719**	**26710**	**52410**
租赁和商务服务业	**Leasing and Business Services**	**60327**	**52512**	**21368**	**70618**
租赁业	Leasing	39331	60563	21132	37974
商务服务业	Business Services	60521	52487	21370	71041
科学研究、技术服务与地质勘查业	**Scientific Research, Technical Services and Geologic Prospecting**	**92098**	**99684**	**52154**	**86792**
研究与试验发展	Research and Experimental Development	87998	89512	80136	81713
专业技术服务业	Professional Technical Services	104426	122581	42959	94870
科技交流和推广服务业	Services of Science and Technology Exchanges and Promotion	83681	93034	40045	82666
地质勘查业	Geologic Prospecting	76447	87519	16853	74778
水利、环境和公共设施管理业	**Management of Water Conservancy, Environment and Public Facilities**	**42328**	**44104**	**20172**	**41118**
水利管理业	Management of Water Conservancy	58827	59585	32443	64187
环境管理业	Environmental Management	39545	34965	14600	54504
公共设施管理业	Management of Public Facilities	41598	50498	20148	29550
居民服务和其他服务业	**Services to Households and Other Services**	**27806**	**39483**	**19309**	**26421**
居民服务业	Services to Households	30911	44316	21674	26876
其他服务业	Other Services	26154	33438	17715	26236
教　育	**Education**	**68543**	**73392**	**38051**	**38641**
卫生、社会保障和社会福利业	**Health, Social Securities and Social Welfare**	**72652**	**77341**	**44963**	**41196**
卫　生	Health	74629	78851	48405	43664
社会保障业	Social Securities	59960	60703	24780	51611
社会福利业	Social Welfare	38754	47881	19122	22678
文化、体育与娱乐业	**Culture, Sports and Entertainment**	**79718**	**91845**	**27377**	**49909**
新闻出版业	Journalism and Publishing Activities	91469	93224	45909	76481
广播、电视、电影和音像业	Broadcasting, Televisions, Movies and Audiovisual Activities	112494	137771	21353	68773
文化艺术业	Cultural and Art Activities	64803	68819	21201	53740
体　育	Sports Activities	62568	62388	14931	64533
娱乐业	Entertainment	29551	66181	15783	27125
公共管理与社会组织	**Public Management and Social Organization**	**60303**	**66140**	**27248**	**19362**
中国共产党机关	Organs of Communist Party of China	70039	70039		
国家机关	Government Agencies	65569	65571	28197	
人民政协和民主党派	Peole's Political Consultative Conference and Democratic Parties	78882	78882		
群众团体、社会团体和宗教组织	Non-Governmental Institutions, Social Organizations and Region Organizations	67473	72818	27435	57524
国际组织	**International Organization**				
国际组织	International Organization				

3-26 城镇登记失业人数和新增就业人数(1979-2010年)
NUMBER OF REGISTERED UNEMPLOYED PERSONS AND ADDITIONAL EMPLOYED PERSONS IN URBAN AREA (1979-2010)

单位：万人 (10000 persons)

年 份 Year	年末实有城镇登记失业人员 Number of Actual Jobless Persons among Registered Unemployed Persons in Urban Area	城镇登记失业率(%) Registered Unemployment Rate in Urban Area	城镇新增就业人数 Additional Employed Persons in Urban Area
1979	4.96	1.60	
1980	8.67	1.60	
1981	8.36	1.28	
1982	7.03	1.62	
1983	4.20	1.09	
1984	2.03	0.54	
1985	1.61	0.40	
1986	1.25	0.30	
1987	2.24	0.45	
1988	1.58	0.40	
1989	1.71	0.40	
1990	1.67	0.30	
1991	1.92	0.40	
1992	1.72	0.36	
1993	1.92	0.41	
1994	1.91	0.41	
1995	2.19	0.46	
1996	2.80	0.58	
1997	3.29	0.73	
1998	2.95	0.66	
1999	2.80	0.62	
2000	3.32	0.76	
2001	5.19	1.18	
2002	6.02	1.35	
2003	6.96	1.43	
2004	6.46	1.30	
2005	10.57	2.11	31.50
2006	10.40	1.98	34.39
2007	10.63	1.84	40.71
2008	10.33	1.82	41.97
2009	8.16	1.44	42.44
2010	7.73	1.37	44.64

资料来源：北京市人力资源和社会保障局。
Source: Beijing Human Resource and Social Security Bureau.

3-27 职业技能培训与就业服务情况

STATISTICS ON VOCATIONAL SKILL TRAINING AND EMPLOYMENT SERVICE

项 目		Item		2010	2009
职业技能培训与鉴定		**Vocational Skill Training & Identification**			
职业技能培训人员总量	(万人次)	Total Number of Persons Trained for Vocational Skill	(10000 person-times)	25.9	29.0
职业技能鉴定人员总数	(万人)	Total Number of Persons Identified for Vocational Skill	(10000 persons)	21.9	28.6
劳动力市场		**Labor Force Market**			
职业介绍服务机构	(家)	Job Service Agencies	(unit)	706	670
本年在职介中心求职登记人数	(万人次)	Number of Job Hunters Registered at Job Service Agencies	(10000 person-times)	41.45	40.29
#职业介绍成功人数	(万人次)	Number of Job Hunters Employed	(10000 person-times)	19.27	21.99
人才市场		**Talent Market**			
人才中介服务机构	(家)	Talent Agencies	(unit)	348	397
接待、服务求职人次数	(万人次)	Number of Job Hunters Received	(10000 person-times)	2891.8	2877.2
#推荐成功人数	(万人次)	Number of Job Hunters Employed	(10000 person-times)	142.0	88.3

注：1. 职业介绍服务机构是指取得《北京市职业介绍许可证》的机构数。

2. 人才中介服务机构包括人力资源和社会保障部批准的人才中介服务机构。

资料来源：北京市人力资源和社会保障局。

Note: a) Job Service Agencies mean the number of agencies awarded the Beijing Job Services License.

b) Talent Agencies include the talent agencies approved by the Ministry of Human Resources and Social Security of the People's Republic of China.

Source: Beijing Human Resource and Social Security Bureau.

主要统计指标解释

户籍人口　指根据户籍登记情况统计的人口，以派出所办理的户籍登记和监狱管理局、劳教工作管理局掌握的服刑人员的情况为基础进行汇总而成。

暂住人口　指不具有本市户籍户口，来自北京市行政区划以外的省、自治区、直辖市，在京暂住三日以上，并向公安机关申报暂住登记以及领取暂住证件的人员。

常住人口　指在某地区实际居住半年以上的人口。

常住外来人口　指不具有本市户籍户口，来自北京市行政区划以外的省、自治区、直辖市，在京居住半年以上的人口。

出生率　指在一定时期内（通常为一年）出生人数与同期平均人数(或期中人数)之比，一般用千分比表示。计算公式:

$$出生率=\frac{年出生人数}{年平均人数}\times 1000‰$$

出生人数是指活产，即脱离母体时（不管怀孕月数），有过呼吸或其他生命现象的活婴儿总和。年平均人数是年初、年底人口数的平均数，也可用年中人口数代替。

死亡率　指在一定时期内（通常为一年）死亡人数与同期平均人数（或期中人数）之比，一般用千分比表示。计算公式:

$$死亡率=\frac{年死亡人数}{年平均人数}\times 1000‰$$

自然增长率　指在一定时期内（通常为一年）人口自然增加数（出生人数减死亡人数）与该时期内平均人数（或期中人数）之比，一般用千分比表示。计算公式:

$$自然增长率=\frac{年出生人数-年死亡人数}{年平均人数}\times 1000‰$$

人口自然增长率=人口出生率－人口死亡率

从业人员　指在各级国家机关、党政机关、社会团体及企业、事业单位中工作，取得工资或其他形式的劳动报酬的全部人员。包括：在岗职工、聘用的离退休人员以及在单位中工作的港澳台及外籍人员、兼职人员、借用的外单位人员和第二职业者。不包括本单位的不在岗职工。

在岗职工　指在本单位工作并由单位支付工资的人员，以及有工作岗位，但由于学习、病伤产假（六个月以内）等原因暂未工作，仍由单位支付工资的人员。

在岗职工工资总额　与“在岗职工”指标相对应，根据1990年1月1日的国家统计局令（一号）修订，指单位在报告期内直接支付给本单位在岗职工的劳动报酬总额。包括基础工资、职务工资、级别工资、工龄工资、计件工资、奖金、各种津贴和补贴、交通补贴、洗理费、书报费、旅游费、过节费、伙食补助、住房补贴、住房提租补贴、由单位从个人工资中直接为其代扣或代缴的个人所得税、房水电费以及住房公积金和社会保险基金个人缴纳部分等。

在岗职工平均工资　指企业、事业、机关等单位的在岗职工在一定时期内的人均劳动报酬。它表明一定时期在岗职工工资收入的高低程度，是反映在岗职工工资水平的主要指标。计算公式为:

$$在岗职工平均工资=\frac{报告期实际支付的全部在岗职工工资总额}{报告期全部在岗职工平均人数}$$

从业人员平均工资　指企业、事业、机关等单位的从业人员在一定时期内的人均劳动报酬。计算公式为:

$$从业人员平均工资=\frac{报告期实际支付的全部从业人员劳动报酬总额}{报告期全部从业人员平均人数}$$

职业技能培训人员总量　是指失业人员、本市农村劳动力、来京务工人员和企业在职职工参加职业技能培训的总数。

职业技能鉴定人员总数　指考生在北京市参加职业技能鉴定，并由北京市职业技能鉴定中心组织鉴定的人员。

在职介中心求职登记人员总数　是指在职介机构登记求职的人次数。

职业介绍成功人数　是指通过职介机构匹配推荐成功就业人次数。

推荐成功人数　指与单位签订聘用合同、劳动合同推荐成功人数。

年末实有城镇登记失业人数　指年末实有的城镇登记失业人员数（包括全部正在领取失业保险金的失业人员）。

城镇登记失业率　指城镇登记失业人数与城镇从业人数和城镇登记失业人数二者之和的比。计算公式如下:

$$城镇登记失业率=\frac{年末实有登记失业人数}{城镇从业人数+年末实有登记失业人数}\times 100\%$$

Explanatory Notes on Main Statistical Indicators

Registered Population refers to the number of residents resulted from statistics for household register, which is the sum of residents registered at police stations and persons serving a sentence recorded with prison administrations and labor education and rehabilitation administrations.

Temporary Population refers to persons with no household registered in Beijing, from provinces, autonomous regions and municipalities outside of administrative areas of Beijing, living in Beijing temporarily for more than three days, registered with the public security authority and having a Certificate for Temporary Resident.

Resident Population refers to the population actually living fore more than half a year at a place.

Migrant Population refers to the population with no household registered in Beijing, from provinces, autonomous regions and municipalities outside of administrative areas of Beijing, and living in Beijing for more than half a year.

Birth Rate refers to the ratio of the number of births to the average population (or mid-period population) during a certain period of time (usually a year), which is often expressed in ‰. The following formula is used:

Birth Rate = Annual Number of Births/Annual Average Number of Population×1000‰

Number of births refers to live births i.e. the births when babies had shown any vital phenomena regardless of the length of pregnancy.

Annual Average Number of Population is the average of the number of population at the beginning of the year and that at the end of the year. Sometimes it is substituted with the mid-year population.

Death Rate refers to the ratio of the number of deaths to the average population (or mid-period population) during a certain period of time (usually a year) which is often expressed in ‰. The following formula is used:

Death Rate= Annual Number of Deaths/Annual Average Number of Population×1000‰

Natural Growth of Population refers to the ratio of the natural growth of population (births minus deaths) to the average population (or mid-period population) during a certain period of time (usually a year) which is often expressed in ‰. The following formula is used:

Natural Growth of Population = (Annual Number of Births - Annual Number of Deaths)/Annual Average Number of Population×1000‰

Natural Growth Rate of Population = Birth Rate - Death Rate

Employed Persons refer to all persons working in national government agencies, Party and political organs, social groups, enterprises and public institutions at all levels, receiving wages or labor remuneration in other forms. They include: on-the-job employees, retired persons employed, persons from Hong Kong, Macao, Taiwan and foreign countries who are employed, part-time employees, employees transferred from other entities, and employees with a second job. They exclude employees not on-the-job in the entity.

On-the-job Employees refer to persons working in the entity and paid by the entity, together with persons having a job in the entity, but not working temporarily due to study, illness, injury or maternity leaves (less than 6 months) and other reasons, and still paid by the entity.

Total Wages of On-the-job Employees correspond to the indicator On-the-job Employees, revised in accordance with Decree 1 of the National Bureau of Statistics of PRC dated January 1, 1990, referring to the total wages directly paid by an entity to on-the-job employees of the entity during the reporting period.

They consist of basic wage, position-based wage, post wage, wage of a rank, piece rate wage, bonus, allowances and subsidies, traffic subsidy, washing and haircutting allowance, books and newspaper allowance, travel benefit, festival bonus, food subsidy, housing subsidy, subsidy for incremental house rent, as well as personal income tax, water and electricity fees and the personally payable portion of housing accumulation fund and social security fund withheld directly by the employer from the employee's wage.

Average Wage of On-the-job Employees refers to the per-capita labor remuneration of on-the-job employees in enterprises, public institutions and government agencies within a given period of time. It shows the level of wage income of on-the-job employees within a given period of time, serving as a main indicator reflecting the level of wage of on-the-job employees. The following formula is used:

Average Wage of on-the-job Employees = Total Wages of All on-the-job Employees Actually Paid in the Reporting Period / Total Number of on-the-job Employees in the Reporting Period

Average Wage of Employed Persons refers to the per-capita labor remuneration of employed persons in enterprises and government agencies within a given period of time. The following formula is used:

Average Wage of on-the-job Employees = Total Wages of All Employed Persons Actually Paid in the Reporting Period / Total Number of Employed Persons in the Reporting Period

Total Number of Persons Receiving Vocational Skill Trainings refers to the total number of unemployed persons, rural labors in the city, non-local workers and on-the-job employees in enterprises who receive vocational skill trainings.

Total Number of Persons for Vocational Skill Accreditation refers to candidates participating in vocational skill accreditation in Beijing, accredited by Beijing Vocational Skill Accreditation Center.

Total Number of Persons Registered at Job Centers refers to the person-number registered at the job agencies for job hunting.

Number of Persons Successfully Getting a Job at Job Centers refers to the number of persons successfully getting a job through recommendation by job centers.

Number of Persons Successfully Recommended refers to the number of persons signing an employment contract with the employer through successful recommendation.

Year-end Actual Number of Urban Registered Unemployed Persons refers to the actual number of unemployed persons registered at the year end (including all unemployed persons receiving unemployment insurance benefit).

Urban Registered Unemployment Rate refers to the ratio of urban registered unemployed persons to the sum of urban employed persons and urban registered unemployed persons. The following formula is used:

Urban Registered Unemployment Rate

= Year-end Actual Registered Unemployed Persons / (Urban Employed Persons + Year-end Actual Registered Unemployed Persons) × 100%

04

北京统计年鉴2011　BEIJING STATISTICAL YEARBOOK

能源、资源和环境
ENERGY, RESOURCES AND ENVIRONMENT PROTECTION

简要说明

一、本章资料的主要内容

本章包括的主要内容有：北京市能源生产量、能源消费量、万元地区生产总值能耗、能源消费的行业构成和品种构成、能源平衡表、能源消费弹性系数、人均及日均能源消费量和北京地区用电量情况；土地面积及利用情况；气象情况、水资源情况、排水及节水情况；园林绿化及森林情况；大气环境、固体废物处置情况等环境保护资料。

二、本章资料的统计范围

本章能源部分统计范围为全社会口径。

三、本章资料的数据来源

本章能源部分由北京市统计局、国家统计局北京调查总队提供；土地面积及利用由北京市国土资源局提供；气象资料由北京市气象局提供；水资源、排水及节水情况由北京市水务局提供；城市环境卫生由北京市市政市容管理委员会提供；其他资料由北京市环境保护局提供。

四、本章中关于历史数据调整的问题

按照国家统计局统一要求和统一方法，本章中 1995 至 2003 年的能源消费总量数据已根据“北京市第一次全国经济普查”的数据结果，采用“趋势离差法”进行修正。2004 年能源消费总量为第一次经济普查数据。

本章中 1997-2007 年的万元地区生产总值能耗及下降率、万元地区生产总值水耗及下降率、能源消费弹性系数、平均每万元地区生产总值能源消费量中使用的地区生产总值数据，已根据第二次经济普查和第二次农业普查结果进行了修正。

2008 年能源数据为第二次经济普查数据。

五、全市能源统计的内容及能源消费量的测算方法

全市能源统计主要内容包括第二、三产业限额以上法人单位能源消费情况全面调查；限额以下法人单位能源消费情况抽样调查；农业生产能源消费统计；居民生活能源消费情况抽样调查；能源供应部门的能源供应情况等。

全市能源消费总量包括三次产业能源消费量（生产消费）和居民生活能源消费量。其中，三次产业能源消费量根据各产业能源统计资料分别测算，居民生活能源消费量根据居民能源消费抽样调查资料测算。

从全市范围看，各能源品种的生产量、供应量和消费量应存在平衡关系。因此，在利用上述方法进行生产和居民生活的能源消费量测算时，还应根据全市各能源品种的生产量、供应量和供应结构进行平衡修正。

Brief Introduction

I. Main Content

This chapter consists of statistics for: volume of energy production and energy consumption in Beijing, energy consumption per 10000 Yuan GDP of Beijing, composition of energy consumption by sector and by type, energy balance sheet, energy consumption elasticity coefficient, per-capita and daily energy consumption and electricity consumption in Beijing; land area and land utilization; meteorology, water resource, water drainage and water saving; gardening and forest; atmospheric environment, solid waste disposal and other environmental protection data.

II. Scope of Statistics

In this chapter, statistics for energy cover the entire society.

III. Source of Data

Energy data are from Beijing Municipal Bureau of Statistics, and National Bureau of Statistics Survey Office in Beijing; data on land area and land utilization are from Beijing Municipal Bureau of Land Resource; meteorology data are from Beijing Municipal Bureau of Meteorology; water resource, water drainage and water saving data are from Beijing Water Affairs Administration; urban environment and sanitation data are from Beijing Municipal Administration Commission; other data are from Beijing Municipal Bureau of Environmental Protection.

IV. Adjustment to Historical Data

In accordance with requirements and uniform method of the National Bureau of Statistics, total energy figures 1995-2003 in this chapter have been corrected with a “trend deviation method” based on the results for Beijing from the “first national economic census”. Data of total energy consumption 2004 are those of the first economic census.

Figures of GDP of Beijing used in the 1997-2007 energy consumption per 10000 Yuan GDP of Beijing, water consumption per 10000 Yuan GDP of Beijing and decrease rate, energy consumption elasticity coefficient, and energy consumption per 10000 Yuan GDP by different energy of Beijing have been corrected in accordance with results from the second economic census and the second agricultural census.

Data of total energy consumption 2008 are those of the second economic census.

V. Content of Energy Statistics in the City and Calculation Method of Energy Consumption

Energy statistics for Beijing include complete survey on energy consumption in entities above designated size in the secondary and tertiary industries; sample survey on energy consumption in entities below designated size; statistics for energy consumption in agricultural production; sample survey on energy consumption in residents' life and energy supply in energy supply departments, etc.

Total energy consumption in Beijing includes energy consumption in three industries (in production) and residents' life. Of which, the energy consumption in three industries is calculated according to energy statistics for each industry, and that in residents' life is calculated according to data from sample survey on residents' energy consumption.

In terms of the whole city, the volume of production, supply and consumption shall be balanced among all types of energy. Therefore, in the calculation of energy consumption in production and residents' life by using above method, a correction shall be made for balance according to the volume of production, supply and consumption of all types of energy in the city.

4-1 能源生产量(2004-2010年)

PRODUCTION OF ENERGY (2004-2010)

项 目	Item	2004	2005	2006	2007	2008	2009	2010
一次能源 （万吨标准煤）	**Primary Energy (10000 ton of SCE)**	**765.0**	**679.5**	**460.6**	**466.1**	**414.2**	**475.7**	**481.1**
#原 煤 （万吨）	Coal (10000 tons)	1067.9	945.2	642.1	648.8	578.5	641.3	500.1
二次能源 （万吨标准煤）	**Secondary Energy (10000 ton of SCE)**	**2850.8**	**2832.1**	**2714.4**	**2895.2**	**3213.3**	**3346.7**	**3457.3**
#汽 油 （万吨）	Gasoline (10000 tons)	169.8	156.5	159.3	176.5	215.5	272.6	257.1
煤 油 （万吨）	Kerosene (10000 tons)	8.1	12.4	11.6	36.4	85.2	111.6	116.1
柴 油 （万吨）	Diesel Oil (10000 tons)	180.7	176.8	185.9	268.2	373.3	364.2	350.4
燃料油 （万吨）	Fuel Oil (10000 tons)	68.2	68.9	64.0	41.9	42.1	29.6	34.9
液化石油气 （万吨）	Liquefied Petroleum Gas (10000 tons)	43.3	47.3	40.5	66.2	50.0	40.3	32.9
热 力 （万百万千焦）	Heat (10 billion kilo-joules)	10973.9	11335.7	12181.6	12951.1	13846.2	14476.1	15710.9
电 力 （亿千瓦时）	Electricity (100 million kwh)	200.4	209.8	209.7	224.4	244.9	242.0	263.3

4-2 能源消费总量及万元地区生产总值能耗(1980-2010年)

TOTAL ENERGY CONSUMPTION AND ENERGY CONSUMPTION PER 10000 YUAN GDP (1980-2010)

单位：万吨标准煤 (10000 ton of SCE)

年 份 Year	能源消费总量 Total Energy Consumption	#终端消费量 Terminal Consumption	万元地区生产总值能耗(吨标准煤) Energy Consumption per 10000 yuan GDP (ton of SCE)	万元地区生产总值能耗下降率(%) Decrease Rate of Energy Consumption per 10000 yuan GDP(%)
1980	1907.7	1866.3	13.71	
1981	1902.6	1847.7	13.67	-0.23
1982	1920.4	1864.1	12.40	6.02
1983	1984.7	1923.2	10.84	11.22
1984	2144.1	2063.4	9.90	7.98
1985	2211.4	2141.6	8.60	5.12
1986	2400.0	2326.8	8.42	-0.49
1987	2475.8	2389.0	7.58	5.88
1988	2612.6	2512.3	6.37	6.45
1989	2653.2	2561.9	5.82	2.73
1990	2709.7	2599.5	5.41	2.92
1991	2872.0	2757.0	4.80	3.56
1992	2987.5	2857.8	4.21	6.54
1993	3264.6	3033.3	3.68	2.69
1994	3385.9	3134.9	2.96	8.78
1995	3533.3	3367.9	2.34	6.83
1996	3734.5	3578.4	2.09	2.75
1997	3719.2	3568.3	1.79	9.55
1998	3808.1	3654.9	1.60	6.49
1999	3906.6	3749.0	1.46	7.49
2000	4144.0	3946.3	1.31	5.12
2001	4229.2	4036.6	1.14	8.62
2002	4436.1	4234.1	1.03	5.93
2003	4648.2	4475.9	0.93	5.73
2004	5139.6	4928.0	0.85	3.09
2005	5521.9	5323.1	0.79	4.17
2006	5904.1	5682.2	0.73	5.37
2007	6285.0	6077.5	0.64	7.02
2008	6327.1	6118.4	0.57	7.74
2009	6570.3	6327.4	0.54	5.76
2010	6954.1	6668.8	0.49	4.04

注：1. 本表能源消费量指标均按等价值计算。
2. 表内万元地区生产总值能耗按当年价格计算，下降率按可比价格计算。按2005年可比价计算，2010年万元地区生产总值能耗为0.58吨标准煤。

Note: a) The index of enery consumption in this table is at equalance prices.
b) Energy consumption per 10000 yuan GDP is at current prices,and decrease rate is at comparable prices. Caculated at comparable prices in 2005, the energy consumption per 10000 yuan GDP in 2010 is 0.58 ton of SCE.

4-3 按三次产业分能源消费总量及万元地区生产总值能耗(2000-2010年)

TOTAL ENERGY CONSUMPTION AND ENERGY CONSUMPTION PER 10000 YUAN GDP (2000-2010)

项 目	Item	2000	2001	2002	2003	2004	2005	2006	2007	2008	2009	2010
能源消费总量（万吨标准煤）	**Total Energy Consumption (10000 ton of SCE)**	**4144.0**	**4229.2**	**4436.1**	**4648.2**	**5139.6**	**5521.9**	**5904.1**	**6285.0**	**6327.1**	**6570.3**	**6954.1**
#第一产业	Primary Industry	104.8	105.4	103.0	99.9	85.6	86.3	92.3	96.4	96.9	99.0	100.3
第二产业	Secondary Industry	2424.8	2366.6	2414.6	2476.7	2664.2	2702.5	2773.1	2793.8	2550.5	2544.2	2726.7
#工业	Industry	2356.4	2287.7	2325.4	2380.2	2550.2	2599.1	2670.1	2685.0	2430.8	2392.4	2559.7
第三产业	Tertiary Industry	1080.9	1196.2	1334.5	1391.0	1638.0	1918.7	2129.3	2389.5	2610.5	2760.3	2897.4
万元地区生产总值能耗(吨标准煤)	**Energy Consumption per 10000 yuan GDP per 10000 yuan GDP (ton of SCE)**	**1.311**	**1.141**	**1.028**	**0.928**	**0.852**	**0.792**	**0.727**	**0.638**	**0.569**	**0.541**	**0.493**
#第一产业	Primary Industry	1.333	1.305	1.249	1.188	0.980	0.973	1.039	0.952	0.859	0.837	0.807
第二产业	Secondary Industry	2.347	2.072	1.932	1.665	1.437	1.334	1.265	1.113	0.971	0.891	0.805
#工业	Industry	2.792	2.437	2.277	1.944	1.640	1.523	1.466	1.289	1.140	1.039	0.926
第三产业	Tertiary Industry	0.527	0.481	0.447	0.405	0.400	0.395	0.365	0.330	0.312	0.300	0.273
万元地区生产总值能耗下降率(%)	**Decrease Rate of Energy Consumption (%)**	**5.12**	**8.62**	**5.93**	**5.73**	**3.09**	**4.17**	**5.37**	**7.02**	**7.74**	**5.76**	**4.04**
#第一产业	Primary Industry	-16.97	2.98	4.83	1.96	13.79	-2.80	-6.35	-2.26	0.57	2.29	-2.96
第二产业	Secondary Industry	8.19	10.90	5.88	8.39	8.04	7.89	7.15	10.61	9.43	9.66	5.74
#工业	Industry	9.83	11.91	5.75	8.80	10.22	8.07	6.17	11.06	9.67	9.55	6.88
第三产业	Tertiary Industry	1.48	2.13	1.56	6.23	-4.08	-3.25	2.87	2.76	2.89	4.03	3.96

注：万元地区生产总值能耗按当年价格计算，万元地区生产总值能耗下降率按可比价格计算。

Note: Energy consumption per 10000 yuan GDP is at current prices and decrease rate is at comparable prices.

4-4 综合能源平衡表(标准量)(2004-2010年)

COMPREHENSIVE ENERGY BALANCE (STANDARD VOLUME) (2004-2010)

单位：万吨标准煤 (10000 ton of SCE)

项　目	Item	2004	2005	2006	2007	2008	2009	2010
可供本地区消费的能源量	**Total Energy Available for Consumption**	**5169.57**	**5481.04**	**5650.63**	**5984.79**	**6144.99**	**6412.80**	**6777.08**
加工转换投入(-)产出(+)量	**Input(-) or Output(+) in Processing and Transformation**	**-35.52**	**-15.29**	**-27.81**	**-31.99**	**-24.24**	**-31.69**	**-73.50**
火力发电	Thermal Power				-1.60	-2.08	-3.20	
供　热	Heating							-48.71
煤炭洗选	Coal Washing-dressing					-1.08	-0.55	-1.12
炼　焦	Coking	-35.24	-15.29	-12.82	-3.73	-3.10	-1.06	-2.12
炼油及煤制油	Oil Refining and Coal Liquification	-0.05		-13.62	-24.00	-16.45	-24.33	316.11
#油品再投入量(-)	Re-inputs of Oil Products							-335.89
制　气	Gas Production	139.97	131.64	116.98	113.55	69.01	67.54	-0.43
#焦炭再投入量(-)	Coke Re-input(-)	-139.97	-131.64	-116.98	-113.55	-69.01	-67.54	
煤制品加工	Coal Products Processing	-0.23		-1.37	-2.65	-1.53	-2.56	-1.35
回收能	**Energy Recycled**							92.14
损失量	**Losses**	**176.05**	**183.59**	**194.09**	**175.54**	**184.47**	**211.23**	**211.77**
#运输和输配损失	in Transportation and Transmission	176.05	183.18	194.09	175.54	184.47	211.23	207.70
终端消费量	**Final Consumption Industry**	**4927.98**	**5323.07**	**5682.22**	**6077.51**	**6118.42**	**6327.41**	**6668.79**
第一产业	Primary Industry	85.60	86.35	92.30	96.44	96.90	99.01	100.25
第二产业	Secondary Industry	2476.85	2556.15	2606.52	2620.85	2383.95	2348.86	2501.93
工　业	Industry	2362.78	2452.70	2503.80	2512.05	2264.18	2196.98	2334.92
#用作原料、材料	Use in Materials	444.59	454.24	439.20	377.89	395.56	355.47	346.53
建筑业	Construction	114.07	103.45	102.72	108.80	119.77	151.88	167.01
第三产业	Tertiary Industry	1613.80	1866.20	2073.96	2354.96	2568.34	2712.74	2836.90
生活消费	Residential Consumption	751.73	814.37	909.44	1005.26	1069.23	1166.81	1229.71
城　镇	Urban	564.38	630.67	682.11	764.67	864.95	904.59	921.67
乡　村	Rural	187.35	183.70	227.33	240.59	204.28	262.22	308.04
平衡差额	Balance	30.02	-40.91	-253.49	-300.25	-182.14	-157.55	-84.83
消费量合计	**Total Energy Consumption**	**5139.55**	**5521.94**	**5904.11**	**6285.04**	**6327.13**	**6570.34**	**6954.05**

注：2004-2009年，热力按等价热值计算，“加工转换投入产出量”中的供热没有损失量；2010年热力按当量热值计算，“加工转换投入产出量”中的供热有损失量。

Note: Heating power 2004-2009 was calculated as equivalent heat value. There were no losses of heating in the "input or output in processing and transformation" . Heating power in 2010 was calculated as equivalent heat value. There were losses of heating in the "input or output in processing and transformation" .

4-5 电力平衡表(2004-2010年)
ELECTRICITY BALANCE (2004-2010)

单位：亿千瓦小时 (100 million kwh)

项目	Item	2004	2005	2006	2007	2008	2009	2010
可供本地区消费的能源量	**Total Energy Available for Local Consumption**	**308.50**	**358.26**	**409.33**	**449.46**	**462.09**	**512.97**	**558.13**
加工转换投入(-)产出(+)量	**Input(-) or Output(+) in Proce-ssing and Transformation**	**200.40**	**209.80**	**209.65**	**224.43**	**244.86**	**242.02**	**263.34**
火力发电	Thermal Power	200.40	209.80	209.65	224.43	244.86	242.02	263.34
供热	Heating							
煤炭洗选	Washing-dressing Coal							
炼焦	Coking							
炼油及煤制油	Petroleum Refining							
#油品再投入量(-)								
制气	Gas Production							
#焦炭再投入量(-)	Coke Re-input(-)							
煤制品加工	Coal Products Processing							
回收能	**Energy Recycled**							
损失量	**Losses**	**40.65**	**41.23**	**43.64**	**46.85**	**47.36**	**54.86**	**49.68**
#运输和输配损失	In Transportation and Transmission	40.65	41.23	43.64	46.85	47.36	54.86	49.68
终端消费量	**Final Consumption Industry**	**469.46**	**525.81**	**575.35**	**628.24**	**660.79**	**703.99**	**781.22**
第一产业	Primary Industry	10.42	11.43	12.26	13.36	13.61	15.73	16.89
第二产业	Secondary Industry	216.39	224.57	242.19	249.60	247.09	248.09	279.70
工业	Industry	196.18	209.91	227.49	234.08	230.18	227.99	256.15
#用作原料、材料	Use in Materials							
建筑业	Construction	20.21	14.66	14.70	15.52	16.91	20.10	23.55
第三产业	Tertiary Industry	162.11	200.89	225.03	258.6	283.79	311.37	345.30
生活消费	Residential Consumption	80.54	88.92	95.87	106.68	116.30	128.80	139.33
城镇	Urban	64.75	70.64	76.89	86.26	95.01	98.32	95.38
乡村	Rural	15.79	18.28	18.98	20.42	21.29	30.47	43.95
平衡差额	Balance	-1.21	1.02	-0.01	-1.20	-1.20	-3.86	-9.44
消费量合计	**Total Energy Consumption**	**510.11**	**567.04**	**618.99**	**675.09**	**708.15**	**758.85**	**830.90**

4-6 能源平衡表(实物量简表)(2010年)

ENERGY BALANCE (PHYSICAL VOLUME) (ABRIDGED EDITION) (2010)

单位：万吨 (10000 tons)

项目	Item	原煤 Coal	洗精煤 Clean Coal	其他洗煤 Other Washing Coal	煤制品 Coal Products	煤矸石 Coal Slack	焦炭 Coke	焦炉煤气(亿立方米) Coking Gas (100 million cu.m)
可供本地区消费的能源量	**Total Energy Available for Local Consumption**	**2416.88**	**201.29**	**6.42**	**3.63**	**0.37**	**56.49**	**1.46**
加工转换投入(-)产出(+)量	**Input(-) or Output(+) in Proce -ssing and Transformation**	**-1309.82**	**-201.18**	**-6.41**	**0.90**		**160.43**	**6.88**
火力发电	Thermal Power	-688.66		-5.38	-1.53			-0.04
供　热	Heating	-590.59		-1.02	-20.89			-0.15
煤炭洗选	Coal Washing-dressing	-24.75	19.04					
炼　焦	Coking		-207.15				160.43	7.07
炼油及煤制油	Oil Refining and Coal Liquification							
#油品再投入量(-)	Re-inputs of Oil Products							
制　气	Gas Production	-1.82						
#焦炭再投入量(-)	Coke Re-input(-)							
煤制品加工	Coal Products Processing	-3.99	-13.07		23.32			
回收能	**Energy Recycled**							
损失量	**Losses**							
#运输和输配损失	In Transportation and Transmission							
终端消费量	**Final Consumption Industry**	**1105.59**	**0.31**	**0.02**	**12.20**	**0.37**	**220.45**	**7.66**
第一产业	Primary Industry	47.14						
第二产业	Secondary Industry	510.29	0.31	0.02	4.69	0.37	220.45	7.65
工　业	Industry	493.37	0.31	0.02	3.97	0.37	220.44	7.65
#用作原料、材料	Use in Materials	0.68			0.01		0.03	
建筑业	Construction	16.92			0.73			
第三产业	Tertiary Industry	269.37			7.51			0.01
生活消费	Residential Consumption	278.79						
城　镇	Urban	72.49						
乡　村	Rural	206.30						
平衡差额	Balance	1.47	-0.19	-0.01	-7.67		-3.52	0.68
消费量合计	**Total Energy Consumption**	**2415.41**	**220.52**	**6.43**	**34.62**	**0.37**	**220.45**	**7.85**

4-6 续表 1 continued

单位: 万吨 (10000 tons)

项　　目	Item	高炉煤气(亿立方米) Blast Furnace Gas (100 million cu.m)	转炉煤气(亿立方米) Converter Gas (100 million cu.m)	其它煤气(亿立方米) Other Gas (100 million cu.m)	其它焦化产品 Other Carbonized Products	原油 Crude Oil	汽油 Gaso-line	煤油 Kero-sene
可供本地区消费的能源量	**Total Energy Available for Local Consumption**				**-8.32**	**1117.24**	**114.48**	**273.69**
加工转换投入(-)产出(+)量	**Input(-) or Output(+) in Proce-ssing and Transformation**	**-19.19**		**0.61**	**8.32**	**-1114.41**	**257.05**	**116.10**
火力发电	Thermal Power	-12.89						
供　热	Heating	-6.30						
煤炭洗选	Coal Washing-dressing							
炼　焦	Coking				8.53			
炼油及煤制油	Oil Refining and Coal Liquification					-1114.41	257.05	116.10
#油品再投入量(-)	Re-inputs of Oil Products							
制　气	Gas Production			0.61				
#焦炭再投入量(-)	Coke Re-input(-)							
煤制品加工	Coal Products Processing				-0.21			
回收能	**Energy Recycled**	56.31	3.38					
损失量	**Losses**					**1.88**		
#运输和输配损失	In Transportation and Transmission					1.88		
终端消费量	**Final Consumption Industry**	**38.66**	**3.38**	**0.61**			**371.53**	**392.63**
第一产业	Primary Industry						4.63	
第二产业	Secondary Industry	38.66	3.38	0.61			27.41	0.14
工　业	Industry	38.66	3.38	0.61			17.96	0.14
#用作原料、材料	Use in Materials						0.49	0.05
建筑业	Construction						9.45	
第三产业	Tertiary Industry						109.48	392.49
生活消费	Residential Consumption						230.00	
城　镇	Urban						223.62	
乡　村	Rural						6.38	
平衡差额	Balance	-1.54				0.95		-2.84
消费量合计	**Total Energy Consumption**	**57.85**	**3.38**	**0.61**	**0.21**	**1116.29**	**371.53**	**392.63**

4-6 续表 2 continued

单位：万吨 (10000 tons)

项　目	Item	柴油 Diesel Oil	燃料油 Fuel Oil	石脑油 Naphtha	润滑油 Grease Oil	石蜡 Oilfin	溶剂油 Solvent Oil	石油沥青 Oil Asphalt	石油焦 Petroleum Coal
可供本地区消费的能源量	**Total Energy Available for Local Consumption**	**-111.89**	**31.27**	**51.46**	**1.61**	**-9.04**	**0.03**	**11.06**	**-14.46**
加工转换投入(-)产出(+)量	**Input(-) or Output(+) in Proce-ssing and Transformation**	**349.98**	**-22.01**	**127.98**		**9.16**		**12.20**	**14.60**
火力发电	Thermal Power	-0.10	-0.49						-6.97
供　热	Heating	-0.31	-5.87						-24.16
煤炭洗选	Coal Washing-dressing								
炼　焦	Coking								
炼油及煤制油	Oil Refining and Coal Liquification	350.39	34.89	137.06		9.16		12.20	45.73
#油品再投入量(-)	Re-inputs of Oil Products		-50.54	-9.08					
制　气	Gas Production								
#焦炭再投入量(-)	Coke Re-input(-)								
煤制品加工	Coal Products Processing								
回收能	**Energy Recycled**								
损失量	**Losses**								
#运输和输配损失	In Transportation and Transmission								
终端消费量	**Final Consumption Industry**	**237.00**	**9.78**	**179.44**	**1.61**	**0.12**	**0.03**	**23.26**	
第一产业	Primary Industry	5.83							
第二产业	Secondary Industry	79.92	9.51	179.44	1.61	0.12	0.03	23.26	
工　业	Industry	39.97	9.51	179.44	1.61	0.12	0.03	23.26	
#用作原料、材料	Use in Materials	0.44	3.74	179.44	1.60	0.12	0.03	23.26	
建筑业	Construction	39.95							
第三产业	Tertiary Industry	150.63	0.27						
生活消费	Residential Consumption	0.64							
城 镇	Urban								
乡 村	Rural	0.64							
平衡差额	Balance	1.08	-0.52						0.14
消费量合计	**Total Energy Consumption**	**237.42**	**66.69**	**188.52**	**1.61**	**0.12**	**0.03**	**23.26**	**31.13**

4-6 续表 3 continued

单位：万吨　　(10000 tons)

项　目	Item	液化石油气 Liquefied Petroleum Gas	炼厂干气 Net Gas of Plant	其它石油制品 Other Petroleum Products	天然气(亿立方米) Natural Gas (100 million cu.m)	热力(万百万千焦) Heat (10000 million kilo-joule)	电力(亿千瓦时) Electricity (100 million kwh)	其它能源(万吨标准煤) Others (10000 tons of SCE)
可供本地区消费的能源量	**Total Energy Available for Local Consumption**	**8.17**		**-24.81**	**75.03**		**558.13**	
加工转换投入(-)产出(+)量	**Input(-) or Output(+) in Processing and Transformation**	**29.62**	**68.39**	**73.76**	**-26.09**	**15710.88**	**263.34**	**-20.42**
火力发电	Thermal Power		-1.37	-0.85	-16.08		263.34	-20.42
供　热	Heating		-4.40	-11.79	-10.01	15710.88		
煤炭洗选	Coal Washing-dressing							
炼　焦	Coking							
炼油及煤制油	Oil Refining and Coal Liquification	32.93	74.16	303.93				
#油品再投入量(-)	Re-inputs of Oil Products	-3.32		-217.53				
制　气	Gas Production							
#焦炭再投入量(-)	Coke Re-input(-)							
煤制品加工	Coal Products Processing							
回收能	**Energy Recycled**							20.52
损失量	**Losses**	**2.37**			**4.27**		**49.68**	
#运输和输配损失	In Transportation and Transmission				4.27		49.68	
终端消费量	**Final Consumption Industry**	**40.52**	**68.39**	**48.47**	**44.43**	**16557.63**	**781.22**	**0.61**
第一产业	Primary Industry	0.04					16.89	
第二产业	Secondary Industry	2.73	68.39	48.47	9.42	5521.43	279.70	0.61
工　业	Industry	1.96	68.39	48.47	8.97	5407.14	256.15	0.61
#用作原料、材料	Use in Materials	0.29		25.24				
建筑业	Construction	0.76			0.46	114.29	23.55	
第三产业	Tertiary Industry	16.25			24.85	8185.20	345.30	
生活消费	Residential Consumption	21.51			10.15	2851.00	139.33	
城　镇	Urban	14.76			9.89	2851.00	95.38	
乡　村	Rural	6.75			0.26		43.95	
平衡差额	Balance	-5.11	0.01	0.48	0.24	-846.75	-9.44	-0.51
消费量合计	**Total Energy Consumption**	**46.21**	**74.16**	**278.64**	**74.79**	**16557.63**	**830.90**	**21.03**

4-7 能源平衡表(标准量简表)(2010年)

ENERGY BALANCE (STANDARD VOLUME) (ABRIDGED EDITION) (2010)

单位：万吨标准煤 (10000 tons)

项　　目	Item	合计 Total	原煤 Coal	洗精煤 Clean Coal	其他洗煤 Other Washing Coal	煤制品 Coal Products	煤矸石 Coal Slack	焦炭 Coke	焦炉煤气 Coking Gas
可供本地区消费的能源量	**Total Energy Available for Local Consumption**	**6777.08**	**1768.45**	**195.28**	**3.21**	**2.32**	**0.11**	**54.87**	**7.94**
加工转换投入(-)产出(+)量	**Input(-) or Output(+) in Proce -ssing and Transformation**	**-73.50**	**-923.72**	**-195.17**	**-3.20**	**0.20**		**150.04**	**37.44**
火力发电	Thermal Power		-515.81		-2.69	-0.98			-0.20
供　热	Heating	-48.71	-383.84		-0.51	-13.38			-0.82
煤炭洗选	Coal Washing-dressing	-1.12	-19.93	18.81					
炼　焦	Coking	-2.12		-200.93				150.04	38.46
炼油及煤制油	Oil Refining and Coal Liquification	316.11							
#油品再投入量(-)	Re-inputs of Oil Products	-335.89							
制　气	Gas Production	-0.43	-1.52						
#焦炭再投入量(-)	Coke Re-input(-)								
煤制品加工	Coal Products Processing	-1.35	-2.63	-13.06		14.56			
回收能	**Energy Recycled**	92.14							
损失量	**Losses**	**211.77**							
#运输和输配损失	In Transportation and Transmission	207.70							
终端消费量	**Final Consumption Industry**	**6668.79**	**843.65**	**0.28**	**0.01**	**7.81**	**0.10**	**208.24**	**41.68**
第一产业	Primary Industry	100.25	34.84						
第二产业	Secondary Industry	2501.93	395.79	0.28	0.01	3.00	0.10	208.24	41.64
工　业	Industry	2334.92	382.52	0.28	0.01	2.54	0.10	208.24	41.63
#用作原料、材料	Use in Materials	346.53	0.50			0.01		0.03	
建筑业	Construction	167.01	13.26			0.47			
第三产业	Tertiary Industry	2836.90	206.99			4.81			0.04
生活消费	Residential Consumption	1229.71	206.04						
城　镇	Urban	921.67	53.57						
乡　村	Rural	308.04	152.46						
平衡差额	Balance	-84.83	1.08	-0.18		-5.29		-3.33	3.71
消费量合计	**Total Energy Consumption**	**6954.05**							

注：从2010年起，热力调整为按当量热值计算，电力仍然按等价热值计算。

Note: From 2010, heat power is calculated as equivalent heat value. Electric power is still calculated as equal in heat value.

4-7 续表 1 continued

单位：万吨标准煤 (10000 tons)

项 目	Item	高炉煤气(亿立方米) Furnace Gas (100 million cu.m)	转炉煤气(亿立方米) Converter Gas (100 million cu.m)	其它煤气 Other Gas	其它焦化产品 Other Carbonized Products	原油 Crude Oil	汽油 Gaso-line	煤油 Kero-sene
可供本地区消费的能源量	**Total Energy Available for Local Consumption**					**1596.09**	**168.45**	**402.71**
加工转换投入(-)产出(+)量	**Input(-) or Output(+) in Proce-ssing and Transformation**	**-21.50**		**1.09**	**10.10**	**-1592.04**	**378.22**	**170.83**
火力发电	Thermal Power	-14.44						
供 热	Heating	-7.06						
煤炭洗选	Coal Washing-dressing							
炼 焦	Coking				10.32			
炼油及煤制油	Oil Refining and Coal Liquification					-1592.04	378.22	170.83
#油品再投入量(-)	Re-inputs of Oil Products							
制 气	Gas Production			1.09				
#焦炭再投入量(-)	Coke Re-input(-)							
煤制品加工	Coal Products Processing				-0.22			
回收能	**Energy Recycled**	63.07	8.56					
损失量	**Losses**					**2.69**		
#运输和输配损失	In Transportation and Transmission					2.69		
终端消费量	**Final Consumption Industry**	**43.29**	**8.56**	**1.08**			**546.67**	**577.72**
第一产业	Primary Industry						6.82	
第二产业	Secondary Industry	43.29	8.56	1.08			40.33	0.20
工 业	Industry	43.29	8.56	1.08			26.43	0.20
#用作原料、材料	Use in Materials						0.72	0.07
建筑业	Construction						13.90	
第三产业	Tertiary Industry						161.09	577.51
生活消费	Residential Consumption						338.42	
城 镇	Urban						329.03	
乡 村	Rural						9.39	
平衡差额	Balance	-1.72		0.01	10.10	1.36		-4.18
消费量合计	**Total Energy Consumption**							

4-7 续表 2 continued

单位：万吨标准煤 (10000 tons)

项目	Item	柴油 Diesel Oil	燃料油 Fuel Oil	石脑油 Naphtha	润滑油 Grease Oil	石蜡 Oilfin	溶剂油 Solvent Oil	石油沥青 Oil Asphalt	石油焦 Petroleum Coal
可供本地区消费的能源量	**Total Energy Available for Local Consumption**	**-163.03**	**44.67**	**77.19**	**2.28**	**-12.34**	**0.04**	**14.72**	**-15.79**
加工转换投入(-)产出(+)量	**Input(-) or Output(+) in Proce -ssing and Transformation**	**509.95**	**-31.25**	**191.97**		**12.50**		**16.24**	**15.94**
火力发电	Thermal Power	-0.15	-0.68						-7.61
供　热	Heating	-0.46	-8.21						-26.38
煤炭洗选	Coal Washing-dressing								
炼　焦	Coking								
炼油及煤制油	Oil Refining and Coal Liquification	510.56	49.85	205.59		12.50		16.24	49.93
#油品再投入量(-)	Re-inputs of Oil Products		-72.20	-13.62					
制　气	Gas Production								
#焦炭再投入量(-)	Coke Re-input(-)								
煤制品加工	Coal Products Processing								
回收能	**Energy Recycled**								
损失量	**Losses**								
#运输和输配损失	In Transportation and Transmission								
终端消费量	**Final Consumption Industry**	**345.34**	**14.18**	**269.16**	**2.27**	**0.17**	**0.05**	**30.96**	
第一产业	Primary Industry	8.49							
第二产业	Secondary Industry	116.45	13.78	269.16	2.27	0.17	0.05	30.96	
工　业	Industry	58.24	13.78	269.16	2.27	0.17	0.05	30.96	
#用作原料、材料	Use in Materials	0.64	5.42	269.16	2.26	0.16	0.04	30.95	
建筑业	Construction	58.21							
第三产业	Tertiary Industry	219.48	0.40						
生活消费	Residential Consumption	0.93							
城　镇	Urban								
乡　村	Rural	0.93							
平衡差额	Balance	1.58	-0.75						0.15
消费量合计	**Total Energy Consumption**								

4-7 续表 3 continued

单位：万吨标准煤 (10000 tons)

项目	Item	液化石油气 Liquefied Petroleum Gas	炼厂干气 Net Gas of Plant	其它石油制品 Other Petroleum Products	天然气 Natural Gas (100 million cu.m)	热力 Heat	电力 Electricity	其它能源 Others
可供本地区消费的能源量	**Total Energy Available for Local Consumption**	**14.01**		**-35.44**	**997.90**		**1653.45**	
加工转换投入(-)产出(+)量	**Input(-) or Output(+) in Processing and Transformation**	**50.77**	**107.47**	**80.11**	**-334.94**	**535.74**	**780.13**	**-20.42**
火力发电	Thermal Power		-2.15	-1.14	-213.86		780.13	-20.42
供　热	Heating		-6.91	-15.81	-121.08	535.74		
煤炭洗选	Coal Washing-dressing							
炼　焦	Coking							
炼油及煤制油	Oil Refining and Coal Liquification	56.46	116.54	341.44				
#油品再投入量(-)	Re-inputs of Oil Products	-5.68		-244.38				
制　气	Gas Production							
#焦炭再投入量(-)	Coke Re-input(-)							
煤制品加工	Coal Products Processing							
回收能	**Energy Recycled**							20.52
损失量	**Losses**	**4.06**			**57.84**		**147.18**	
#运输和输配损失	In Transportation and Transmission				57.84		147.18	
终端消费量	**Final Consumption Industry**	**69.47**	**107.46**	**69.25**	**601.80**	**564.62**	**2314.36**	**0.61**
第一产业	Primary Industry	0.07					50.04	
第二产业	Secondary Industry	4.67	107.46	69.25	127.67	188.28	828.61	0.61
工　业	Industry	3.37	107.46	69.25	121.48	184.38	758.84	0.61
#用作原料、材料	Use in Materials	0.50		36.06				
建筑业	Construction	1.31			6.19	3.90	69.77	
第三产业	Tertiary Industry	27.86			336.67	279.12	1022.94	
生活消费	Residential Consumption	36.87			137.46	97.22	412.78	
城　镇	Urban	25.30			133.97	97.22	282.56	
乡　村	Rural	11.56			3.48		130.21	
平衡差额	Balance	-8.75	0.01	-24.58	3.31	-28.87	-27.96	-0.51
消费量合计	**Total Energy Consumption**							

4-8 能源消费弹性系数(2002-2010年)

ELASTICITY COEFFICIENT OF ENERGY CONSUMPTION (2002-2010)

项目	Item	2002	2003	2004	2005	2006	2007	2008	2009	2010
能源消费比上年增长 (%)	Growth Rate of Energy Consumption over Preceding Year (%)	4.89	4.78	10.57	7.44	6.92	6.45	0.67	3.84	5.84
电力消费比上年增长 (%)	Growth Rate of Electricity Consumption over Preceding Year (%)	9.54	5.71	10.60	11.16	9.16	9.06	4.90	7.15	9.49
地区生产总值比上年增长 (%)	Growth Rate of Gross Domestic Product(GDP), over Preceding Year (%)	11.5	11.1	14.1	12.1	13.0	14.5	9.1	10.2	10.3
能源消费弹性系数	Elasticity Ratio of Energy Consumption	0.43	0.43	0.75	0.61	0.53	0.45	0.07	0.38	0.57
电力消费弹性系数	Elasticity Coefficient of Electricity Consumption	0.83	0.51	0.75	0.92	0.71	0.63	0.54	0.70	0.92

注：地区生产总值增长速度按可比价计算。

Note: The groth rates of GDP are calculated at comparable prices.

4-9 平均每万元地区生产总值能源消费量(2002-2010年)

ENERGY CONSUMPTION PER 10000 YUAN GROSS DOMESTIC PRODUCT (2002-2010)

项目	Item	2002	2003	2004	2005	2006	2007	2008	2009	2010
能源总消费量（吨标准煤）	**Total (tons of SCE)**	**1.03**	**0.93**	**0.85**	**0.79**	**0.73**	**0.64**	**0.57**	**0.54**	**0.49**
煤　炭 (吨)	Coal (ton)	0.60	0.55	0.49	0.44	0.38	0.30	0.25	0.22	0.19
电　力 (千瓦时)	Electricity (kwh)	1011.12	921.07	845.50	813.60	762.51	685.59	637.11	624.41	588.72
石　油 (吨)	Petroleum (ton)	0.22	0.19	0.17	0.16	0.15	0.13	0.12	0.11	0.10

注：表内万元地区生产总值能源消费量按当年价格计算。

Note:Energy consumption per 10000 yuan GDP is at current prices.

4-10 分行业能源消费总量和主要能源品种消费量(2010年)

单位：万吨

项目	Item	能源消费总量(万吨标准煤) Total Energy Consumption (10000 tons of SCE)	煤炭 Coal	焦炭 Coke
合计	**Total**	**6954.05**	**2634.61**	**220.45**
农、林、牧、渔业	Farming, Forestry, Animal Husbandry and Fishery	100.25	47.14	
采矿业	Mining	554.46	309.14	214.23
煤炭开采和洗选业	Mining and Washing of Coal	5.51	1.16	
石油和天然气开采业	Extraction of Petroleum and Natural Gas	28.89	0.49	
黑色金属矿采选业	Mining and Processing of Ferrous Metal Ores	515.45	306.26	212.55
有色金属矿采选业	Mining and Processing of Non-Ferrous Metal Ores			
非金属矿采选业	Mining and Processing of Nonmetal Ores	4.61	1.23	1.67
其他采矿业	Mining of Other Ores			
制造业	Manufacturing	1626.04	454.12	6.22
农副食品加工业	Processing of Food from Agriculture Products	26.68	16.29	0.07
食品制造业	Manufacture of Foods	32.44	12.38	
饮料制造业	Manufacture of Beverages	43.29	33.72	
烟草制品业	Manufacture of Tobacco	2.25	0.01	
纺织业	Manufacture of Textile	13.84	8.28	
纺织服装、鞋、帽制造业	Manufacture of Textile Wearing Apparel, Footware and Caps	14.01	10.46	
皮革、毛皮、羽毛(绒)及其制品业	Manufacture of Leather, Furs, Feather (Down) and Related Products	0.72	0.25	
木材加工及竹、藤、棕、草制品业	Processing of Timber, Manufacture of Wood, Bamboo, Rattan, Palm and Staw Products	5.12	0.59	
家具制造业	Manufacture of Furniture	6.59	1.90	
造纸及纸制品业	Manufacture of Paper and Paper Products	14.56	9.39	
印刷业和记录媒介的复制	Printing, Reproduction of Recording Media	25.40	3.94	
文教体育用品制造业	Manufacture of Articles for Culture, Education and Sports Activity	2.95	1.37	
石油加工、炼焦及核燃料加工业	Processing of Petroleum, Coking, Processing of Nuclear Fuel	584.98	3.52	
化学原料及化学制品制造业	Manufacture of Raw Chemical Materials and	194.42	88.78	
医药制造业	Manufacture of Medicines	27.83	11.72	
化学纤维制造业	Manufacture of Chemical Fibers	1.54	0.03	
橡胶制品业	Manufacture of Rubber	10.18	4.42	
塑料制品业	Manufacture of Plastics	21.49	5.10	
非金属矿物制品业	Manufacture of Non-Metallic Mineral Products	269.94	177.45	3.92

注：各行业能源总消费量为各行业终端消费量与各行业分摊的损失量和加工转换损失量之和，不等于分品种能源消费量(标准煤)的合计。

CONSUMPTION OF TOTAL ENERGY AND ITS MAIN VARIETIES BY SECTOR (2010)

(10000 tons)

汽 油 Gasoline	煤 油 Kerosene	柴 油 Diesel Oil	燃料油 Fuel Oil	液 化 石油气 Liquefied Petroleum Gas	天然气 (亿立方米) Natural Gas (100 million cu.m)	热 力 (万百万千焦) Heat (10 billion kilo-joule)	电 力 (亿千瓦时) Electricity (100 million kwh)
371.53	**392.63**	**237.41**	**66.68**	**46.21**	**74.78**	**16557.63**	**830.90**
4.63		5.83		0.04			16.89
0.75		20.68	0.05	0.03	0.63	370.44	39.28
0.07		0.08				0.80	1.48
0.47		15.45		0.03	0.29	0.02	0.57
0.18		4.44	0.05		0.35	367.70	36.90
0.03		0.70				1.92	0.33
15.47	0.14	18.74	59.54	5.22	8.25	4629.31	167.74
0.60		0.51	0.06	0.04	0.09	31.25	3.55
0.64		0.51		0.22	0.31	95.88	4.66
0.35		0.49		0.01	0.04	80.47	4.65
0.01					0.11		0.26
0.32		0.18		0.04	0.02	31.85	1.87
0.56		0.19		0.03	0.02	17.44	1.45
0.05		0.01				0.86	0.13
0.12		0.07			0.01	1.94	1.18
0.43		0.10	0.01	0.02	0.01	10.78	1.32
0.32		0.28	0.06	0.02	0.05	8.73	1.92
0.84	0.01	0.22		0.05	0.25	55.26	5.26
0.09		0.02		0.01		19.70	0.36
0.05		0.08	50.64	3.34	2.75	1887.11	21.15
0.93	0.01	0.86	3.99	0.32	0.17	1331.69	23.20
0.46		0.30	0.01	0.01	0.29	90.82	3.96
0.02		0.03			0.01	4.32	0.32
0.15		0.02				50.05	1.65
0.44		0.22		0.11	0.01	31.02	5.18
0.89		9.69	4.48	0.14	0.82	32.11	23.25

Note: Total energy consumption in each sector is the end consumption of each sector plus losses shared by each sector and losses from processing in each sector, but not equal to sum of consumption (SCE equivalent) of all sorts of energy.

4-10 续表1 continued

单位：万吨

项　目	Item	能源消费总量（万吨标准煤） Total Energy Consumption (10000 tons of SCE)	煤　炭 Coal
黑色金属冶炼及压延加工业	Smelting and Pressing of Ferrous Metals	27.88	1.91
有色金属冶炼及压延加工业	Smelting and Pressing of Non-Ferrous Metals	9.43	1.76
金属制品业	Manufacture of Metal Products	28.86	6.00
通用设备制造业	Manufacture of General Purpose Machinery	38.40	6.93
专用设备制造业	Manufacture of Special Purpose Machinery	32.01	10.81
交通运输设备制造业	Manufacture of Transport Equipment	92.93	24.14
电气机械及器材制造业	Manufacture of Electrical Machinery and Equipment	24.44	6.87
通信设备、计算机及其他电子设备制造业	Manufacture of Communication Equipment, Computers and Other Electronic Equipment	54.79	0.62
仪器仪表及文化、办公用机械制造业	Manufacture of Measuring Instruments and Machinery for Culture Activity and Office Work	6.75	0.46
工艺品及其他制造业	Manufacture of Artwork and Other Manufacturing	8.61	3.32
废弃资源和废旧材料回收加工业	Recycling and Disposal of Waster	3.71	1.71
电力、燃气及水的生产和供应业	Production and Distribution of Electricity, Gas and Water	379.15	1250.90
电力、热力的生产和供应业	Production and Distribution of Electric Power and Heat Power	343.36	1250.51
燃气生产和供应业	Production and Distribution of Gas	8.58	
水的生产和供应业	Production and Distribution of Water	27.21	0.39
建筑业	Construction	167.01	17.65
交通运输、仓储和邮政业	Transportation, Storage, Posts and Telecommunications	1104.84	20.29
信息传输、计算机服务和软件业	Information Transmission, Computer Servecis and Software	107.53	1.80
批发与零售业	Wholesale Trade and Retail Trade	192.72	12.11
住宿和餐饮业	Hotel and Restaurants	239.41	30.32
金融业	Finance	43.32	1.13
房地产业	Real Estate Trade	389.60	92.94
租赁和商务服务业	Tenancy and Commercial Servecis	182.48	27.93
科学研究、技术服务与地质勘查业	Scientific Studies, Technical Servecis and Geological Prospecting	122.72	8.82
水利、环境和公共设施管理业	Water, Environment and Municipal Engineering Conservancy	40.17	4.09
居民服务和其他服务业	Resident Services and Other Services	34.17	13.95
教　育	Education	199.54	33.93
卫生、社会保障和社会福利业	Health Care, Social Security and Social Welfare	66.87	10.20
文化、体育与娱乐业	Culture, Art, Sports and Recreation	60.09	3.00
公共管理与社会组织	Public Manage and Social Organization	113.97	16.38
生活消费	Residential Consumption	1229.71	278.79
城　镇	Urban	921.67	72.49
乡　村	Rural	308.04	206.30

4-10 续表2 continued

(10000 tons)

焦 炭 Coke	汽 油 Gasoline	煤 油 Kerosene	柴 油 Diesel Oil	燃料油 Fuel Oil	液 化 石油气 Liquefied Petroleum Gas	天然气 (亿立方米) Natural Gas (100 million cu.m)	热 力 (万百万千焦) Heat (10 billion kilo-joule)	电 力 (亿千瓦时) Electricity (100 million kwh)
0.03	0.08		0.19			0.86	14.35	4.60
0.09	0.13		0.06		0.02	0.01	17.31	2.35
0.04	1.28		0.49		0.51	0.18	32.54	5.86
1.55	1.23	0.02	0.84	0.21	0.10	0.12	123.73	7.55
0.13	1.15	0.01	0.48	0.03	0.02	0.21	98.97	5.20
0.38	1.76	0.08	2.37	0.04	0.09	1.40	212.35	15.08
0.01	1.10		0.14		0.06	0.14	80.03	4.28
	0.65		0.12		0.02	0.29	178.10	14.59
	0.57		0.04			0.04	47.70	1.14
	0.21		0.10		0.03	0.04	39.12	1.11
	0.02		0.13				3.83	0.67
	1.75		0.96	6.82	2.41	26.17	407.40	98.82
	1.36		0.74	6.82	0.03	25.66	380.97	89.82
	0.21		0.14		2.37	0.39	9.18	0.78
	0.17		0.09		0.01	0.12	17.25	8.22
	9.45		39.95		0.76	0.46	114.29	23.55
	41.04	392.15	127.27	0.20	0.44	6.71	667.89	50.37
	3.20		0.39		0.04	0.14	289.25	30.04
	20.05		6.71	0.06	0.83	0.47	630.18	38.83
	1.66		1.48		12.75	4.01	709.02	37.63
	2.62		0.30		0.05	0.07	256.29	9.59
	4.86		1.64		0.27	7.22	1291.36	56.40
	9.12		3.68		0.24	2.46	734.73	28.30
	8.27	0.34	1.42		0.14	1.40	730.28	19.24
	2.20		3.40		0.14	0.18	40.90	8.33
	1.07		0.56		0.16	0.57	71.90	3.70
	3.34		1.79		0.58	3.50	1298.12	24.55
	1.00		0.32		0.15	1.10	334.56	10.25
	1.91		0.46	0.01	0.12	0.69	365.35	10.92
	9.14		1.19		0.36	0.63	765.36	17.14
	230.00		0.64		21.51	10.15	2851.00	139.33
	223.62				14.76	9.89	2851.00	95.38
	6.38		0.64		6.75	0.26		43.95

4-11 人均生活用能源

PER CAPITA ENERGY CONSUMPTION FOR NON-PRODUCTION PURPOSE

项目		Item		人均生活用能源 Non-production Consumption Per Capita	
				2010	2009
合计	**（千克标准煤）**	**Total**	**(kg of SCE)**	**661.8**	**676.4**
煤炭	（千克）	Coal	(kg)	150.0	158.6
电力	（千瓦时）	Electricity	(kwh)	749.8	746.7
液化石油气	（千克）	Liquefied Petroleum Gas	(kg)	11.6	13.2
天然气	（立方米）	Natural Gas	(cu.m)	54.6	57.1
汽油	（升）	Gasoline	(liter)	167.3	168.3

注：本表人均生活用能源按常住人口年平均数计算。

Note: This table is based upon average number of permanent residents.

4-12 主要能源日均消费量

AVERAGE DAILY ENERGY CONSUMPTION BY VARIETY

项目		Item		平均每天能源消费量 Average Daily Energy Consumption	
				2010	2009
合计	**（万吨标准煤）**	**Total**	**(10000 tons of SCE)**	**19.1**	**18.0**
煤炭	（万吨）	Coal	(10000 tons)	7.2	7.3
焦炭	（万吨）	Coke	(10000 tons)	0.6	0.6
原油	（万吨）	Crude Oil	(10000 tons)	3.1	3.2
汽油	（万吨）	Gasoline	(10000 tons)	1.0	1.0
煤油	（万吨）	Kerosene	(10000 tons)	1.1	0.9
柴油	（万吨）	Diesel Oil	(10000 tons)	0.7	0.7
燃料油	（万吨）	Fuel Oil	(10000 tons)	0.2	0.1
电力	（亿千瓦时）	Electricity	(100 million kwh)	2.3	2.1
天然气	（亿立方米）	Natural Gas	(100 million kwh)	0.2	0.2

4-13 全社会用电量(1978-2010年)

TOTAL ELECTRICITY CONSUMPTION IN BEIJING (1978-2010)

单位：万千瓦时 (10000 kwh)

年份 Year	全社会用电量 Electricity Consumption	第一产业 Primary Industry	第二产业 Secondary Industry	工业 Industry	建筑业 Construction	第三产业 Tertiary Industry	城乡居民生活用电 Electricity Consumption by Households	城市 Urban	乡村 Rural
1978	735000	48993	570621	570621		94555	20831	11022	9809
1979	802317	52134	620262	620262		107437	22484	11495	10989
1980	854638	65283	648496	648496		116947	23912	12441	11471
1981	867153	80027	643976	643976		121883	21267	9452	11815
1982	925700	104842	657060	657060		139403	24395	10820	13575
1983	956293	92601	687937	687937		151290	24465	12320	12145
1984	1029420	105234	716653	716653		177455	30078	16025	14053
1985	1106255	111110	746324	746324		210622	38199	22479	15720
1986	1181155	105688	851519	835725	15794	175090	48858	31008	17850
1987	1285023	77909	923797	899760	24037	224747	58570	35063	23507
1988	1378574	83809	970885	943383	27502	248446	75434	48624	26810
1989	1421817	100151	979216	949629	29587	258067	84383	56120	28263
1990	1504785	93049	1014037	986356	27681	302775	94924	65262	29662
1991	1613977	93256	1061207	1032064	29143	348769	110745	77575	33170
1992	1759611	101985	1155514	1123835	31679	375874	126238	88621	37617
1993	1924978	107010	1243115	1206001	37114	429835	145018	103579	41439
1994	2054504	101134	1307898	1262961	44937	479679	165791	119025	46766
1995	2225922	102099	1403864	1341398	62466	538936	181022	130897	50125
1996	2443709	111904	1496968	1422590	74378	617286	217551	158474	59077
1997	2636078	120444	1529201	1449129	80072	721774	264659	196641	68018
1998	2762080	108267	1548485	1457149	91336	811283	294045	220543	73502
1999	2972629	121242	1581977	1478523	103454	912834	356576	276642	79934
2000	3844266	130865	2172604	2066892	105712	1064322	476475	385396	91079
2001	3999415	131811	2105819	1978673	127146	1222471	539314	439058	100256
2002	4399637	137370	2293735	2145292	148443	1342490	626042	517386	108656
2003	4676056	107372	2418419	2250525	167894	1447344	702921	574623	128298
2004	5131804	104234	2593504	2391414	202090	1628731	805335	647474	157861
2005	5705364	114308	2795753	2605832	189921	1906093	889210	706405	182805
2006	6115719	122550	2943550	2744127	199423	2090888	958731	768884	189847
2007	6670089	133557	3091374	2881807	209567	2378399	1066759	862604	204155
2008	6897189	136065	2943893	2763399	180494	2654140	1163091	949878	213213
2009	7391465	157310	3027974	2853018	174956	2918229	1287952	982720	305232
2010	8099029	168992	3278682	3081364	197319	3258009	1393346	951811	441535

注：1.1985年以前农、林、牧、渔和水利业用电量中，只包含农业排灌、农副业和社队企业的用电量。
2.1980年以前的城市居民用电量以全市市政用电量的 1/10计算。
3.2000年以前工业用电量不包含输配损失和发电企业自产自用电量。
资料来源：北京市电力公司。

Note: a) Before 1985, electricity consumption by agriculture, forestry, stock-raising, fishery and water conservancy only included the electricity consumption by farming irrigation, agricultural sideline, and village enterprises.
b) Before 1980, electricity consumption by urban residents was one-tenth of the total public work electricity consumption in Beijing.
c) Before 2000, electricity consumption by industry excluded transmission and distribution losses and electricity generated and consumed by power generating enterprises.

Source: Beijing Electric Power Corporation.

4-14 土地面积及利用状况(2008年)

LAND AREA AND UTILIZATION (2008)

单位：平方公里 (sq.km)

地区	District	土地面积 Land Area	农用地 Farming Land	#耕地 Plowland	建设用地 Constructive Land	未利用地 Non-Utilize Land
全市	**Total**	**16410.54**	**10959.81**	**2316.88**	**3377.15**	**2073.58**
东城区	Dongcheng	25.34			25.34	
西城区	Xicheng	31.62			31.62	
崇文区	Chongwen	16.52			16.52	
宣武区	Xuanwu	18.91			18.91	
朝阳区	Chaoyang	455.08	137.25	47.26	308.93	8.89
丰台区	Fengtai	305.80	78.75	31.61	203.26	23.80
石景山区	Shijingshan	84.32	31.79	2.14	49.44	3.10
海淀区	Haidian	430.73	194.89	26.90	229.24	6.60
门头沟区	Mentougou	1450.70	1091.28	18.17	95.35	264.07
房山区	Fangshan	1989.54	1159.06	282.78	350.55	479.94
通州区	Tongzhou	906.28	561.87	350.35	309.02	35.39
顺义区	Shunyi	1019.89	603.97	310.31	328.24	87.69
昌平区	Changping	1343.54	921.67	117.76	365.20	56.68
大兴区	Daxing	1036.32	667.75	381.17	311.94	56.63
怀柔区	Huairou	2122.62	1568.02	97.51	133.37	421.23
平谷区	Pinggu	950.13	713.84	123.67	126.98	109.31
密云县	Miyun	2229.45	1540.66	229.33	329.52	359.27
延庆县	Yanqing	1993.75	1689.03	297.92	143.73	160.99

注：1平方公里=100公顷=1500亩

资料来源：北京市国土资源局。

Note: 1sq.km =100 hectare =1500 mu

Source: Beijing Land and Resources Bureau.

4-15 水资源情况(2001-2010年)

STATISTICS ON WATER RESOURCE (2001-2010)

单位：亿立方米 (100 million cu.m)

项 目	Item	2001	2002	2003	2004	2005	2006	2007	2008	2009	2010
全年水资源总量	**Total Volume of Water Resource in the Year**	**19.2**	**16.1**	**18.4**	**21.4**	**23.2**	**22.1**	**23.8**	**34.2**	**21.8**	**23.1**
地表水资源量	Volume of Surface Water Resource	7.8	5.3	6.1	8.2	7.6	6.7	7.6	12.8	6.8	7.2
地下水资源量	Volume of Underground Water Resource	15.7	14.7	14.8	16.5	15.6	15.4	16.2	21.4	15.1	15.9
人均水资源(立方米)	**Per-capita Water Resource(cu.m)**	**139.7**	**114.7**	**127.8**	**145.1**	**153.1**	**157.1**	**148.1**	**205.5**	**126.6**	**124.3**
全年供水(用水)总量	**Total Volume of Water Supplied and Consumed in the Year**	**38.9**	**34.6**	**35.8**	**34.6**	**34.5**	**34.3**	**34.8**	**35.1**	**35.5**	**35.2**
按来源分	By Source										
地表水	Surface Water	11.7	10.4	8.3	5.7	6.4	5.7	5.0	4.7	3.8	3.9
地下水	Underground Water	27.2	24.2	25.4	26.8	23.1	22.2	21.6	20.5	19.7	19.1
再生水	Recycled Water			2.1	2.0	2.6	3.6	5.0	6.0	6.5	6.8
南水北调	Water Transit from South to North								0.7	2.6	2.6
应急供水	Emergent Water Supply					2.5	2.8	3.2	3.2	2.9	2.9
按用途分	By Purpose										
农业用水	Water Used by Farming	17.4	15.5	13.8	13.5	13.2	12.8	12.4	12.0	12.0	11.4
工业用水	Water Used by Industry	9.2	7.5	8.4	7.7	6.8	6.2	5.8	5.2	5.2	5.1
生活用水	Water Used by Households	12.0	10.8	13.0	12.8	13.4	13.7	13.9	14.7	14.7	14.8
环境用水	Water Used by Environment	0.3	0.8	0.6	0.6	1.1	1.6	2.7	3.2	3.6	4.0
人均年生活用水量(立方米)	**Annual Per-capita Household Water Consumption (cu.m)**	**88.0**	**76.9**	**90.3**	**87.0**	**88.4**	**87.8**	**86.4**	**88.3**	**85.2**	**79.4**
万元地区生产总值水耗(立方米)	**Water Consumption per 10000 yuan GDP (cu.m)**	**104.91**	**80.19**	**71.50**	**57.35**	**49.50**	**42.25**	**35.34**	**31.58**	**29.92**	**24.94**
万元地区生产总值水耗下降率(%)	**Decrease Rate of Water Consumption per 10000 yuan GDP (%)**	**13.79**	**20.22**	**6.91**	**15.29**	**11.07**	**12.01**	**11.38**	**7.56**	**8.12**	**10.14**

注：万元地区生产总值水耗按现价计算，下降率按可比价计算。按2005年可比价计算，2010年万元地区生产总值水耗为29.43立方米。

资料来源：除人均数据和万元地区生产总值水耗以外其它数据来自北京市水务局。

Note: Water consumption per 10000 yuan GDP is at current prices,and decrease rate is at comparable prices.Caculated at comparable prices in 2005, the water consumption per 10000 yuan GDP in 2010 is 29.43 cubic metres.

Source: Except for per-capita figures and water consumption per 10000 yuan GDP,other figures are from Beijing Water Authority.

4-16 气象情况(1978-2010年)

METEOROLOGY (1978-2010)

年 份 Year	降水量 (毫米) Precipitation (mm)	平均气温(℃) Average Temperature (℃)	最高 Highest	最低 Lowest	日照时数(时) Hours of Sunshine (hours)	平均风速(米/秒) Average Wind Speed (meter/second)	平均气压(百帕) Average Air Pressure (100 pa)	大风日数(日) Days of Strong Wind (day)	雨日数(日) Days of Rain (day)
1978	664.8	11.6	37.5	-14.4	2865.4	2.6	1012.8	35	64
1979	718.4	11.1	35.9	-15.4	2667.4	2.5	1012.2	33	63
1980	380.7	11.0	35.1	-15.4	2920.8	2.5	1012.7	29	83
1981	393.2	12.3	38.1	-14.0	2803.9	2.5	1010.8	15	92
1982	544.4	12.8	37.3	-14.3	2825.1	2.6	1010.5	26	92
1983	489.9	13.0	37.2	-15.0	2844.3	2.4	1010.3	29	100
1984	488.8	11.9	36.1	-14.9	2767.6	2.4	1010.6	18	90
1985	721.0	11.5	35.1	-15.2	2511.9	2.2	1010.4	12	104
1986	665.3	12.1	38.5	-15.4	2804.1	2.3	1010.7	21	96
1987	683.9	12.3	36.1	-15.5	2631.9	2.4	1010.3	23	102
1988	673.3	12.7	38.1	-13.2	2558.1	2.4	1010.8	17	96
1989	442.2	13.2	35.8	-11.0	2626.2	1.9	1011.1	3	78
1990	697.3	12.7	37.5	-14.8	2325.0	1.9	1010.6	12	113
1991	747.9	12.5	35.7	-12.6	2536.6	2.1	1010.8	8	98
1992	541.5	12.8	37.5	-8.7	2712.5	2.2	1011.0	6	100
1993	506.7	13.0	35.8	-13.0	2669.8	2.6	1010.8	12	91
1994	813.2	13.7	37.2	-11.5	2470.5	2.5	1010.1	9	92
1995	572.5	13.3	35.0	-9.2	2519.1	2.6	1010.3	16	89
1996	700.9	12.7	36.0	-10.0	2418.7	2.6	1011.0	16	103
1997	430.9	13.1	38.2	-14.0	2596.5	2.5	1012.9	11	76
1998	731.7	13.1	37.2	-14.2	2420.7	2.3	1012.5	10	93
1999	266.9	13.1	41.9	-12.2	2594.0	2.4	1012.5	7	86
2000	371.1	12.8	39.4	-15.0	2667.2	2.5	1012.7	10	83
2001	338.9	12.9	39.6	-17.0	2611.7	2.4	1012.9	10	78
2002	370.4	13.2	41.1	-12.8	2588.4	2.3	1012.7	15	84
2003	444.9	12.9	37.6	-15.0	2260.2	2.5	1013.3	6	93
2004	483.5	13.5	38.9	-12.9	2515.4	2.4	1012.6	12	94
2005	410.7	13.2	38.9	-11.5	2576.1	2.4	1012.8	5	79
2006	318.0	13.4	37.3	-14.7	2192.7	2.2	1012.5	5	86
2007	483.9	14.0	37.3	-11.7	2351.1	2.2	1012.6	5	78
2008	626.3	13.4	36.3	-13.5	2391.4	2.2	1012.6	8	100
2009	480.6	13.3	39.6	-12.2	2511.8	2.2	1011.9	15	86
2010	522.5	12.6	40.6	-16.7	2382.9	2.3	1012.2	14	88

资料来源：北京市气象局。
Source: Beijing Meteorological Bureau.

4-17 气象(2010年)

METEOROLOGY (2010)

月 份 Month	降水量 (毫米) Precipitation (mm)	平均气温(℃) Average Temperature (℃)	日照时数(时) Hours of Sunshine (hours)	平均风速(米/秒) Average Wind Speed (meter/second)	平均气压(百帕) Average Air Pressure (100 pa)	大风日数(日) Days of Strong Wind (day)	雨日数(日) Days of Rain (day)
全 年 Total	**522.5**	**12.6**	**2382.9**	**2.3**	**1012.2**	**14**	**88**
1	10.4	-4.8	189.9	2.2	1023.6	4	
2	2.6	-1.0	137.2	2.1	1019.5		1
3	22.2	4.1	172.2	2.6	1017.8	3	8
4	17.5	11.2	213.5	2.9	1013.2	2	9
5	29.5	21.7	269.2	2.7	1003.9	4	15
6	88.7	24.7	223.0	2.0	1003.9		12
7	34.0	28.6	181.5	2.0	1000.0		15
8	177.8	26.5	207.4	1.9	1004.1		10
9	80.8	21.3	198.2	2.0	1010.3	1	10
10	59.0	13.6	182.6	2.0	1017.0		7
11		5.8	199.5	2.0	1017.1		1
12		-1.0	208.7	2.9	1016.3		

注：1. 无霜期186天。

2. 年极端最高气温 40.6℃，出现日期 7月5日。

3. 年极端最低气温 -16.7 ℃，出现日期 1月6日。

资料来源：北京市气象局。

Note: a) Annual frost-free period is 186 days.

b) Annual utmost highest air temperature is 40.6℃, seen on the 5th of July.

c) Annual utmost lowest air temperature is -16.7℃, seen on the 1th of January.

Source: Beijing Meteorological Bureau.

4-18 污水处理及环境卫生(1978-2010年)

SEWAGE DISPOSAL AND ENVIRONMENTAL SANITATION (1978-2010)

年 份 Year	污水管道长度(公里) Length of Sewage Pipes (km)	污水处理能力(万立方米/日) Disposal Capacity (10000 cu.m/day)	污水处理率(%) Rate of Waste Water Disposed (%)	生活垃圾无害化处理能力(吨/日) Capacity of Harmless Disposal of Garbage (ton/day)	生活垃圾产生量(万吨) Output of Domestic Garbage (10000 tons)	生活垃圾清运量(万吨) Domestic Garbage Cleared and Transported (10000 tons)	生活垃圾无害化处理率(%) Rate of Harmless Disposal of Domestic Garbage (%)	粪便清运量(万吨) Volume of Excrement and Urine Disposal (10000 tons)
1978	290	23	7.6			107.2		88.9
1979	309	23	10.2			128.0		89.4
1980	334	23	9.4			147.0		95.1
1981	347	25	10.8			174.0		97.6
1982	365	25	10.9			204.7		99.3
1983	411	25	10.2			221.4		99.5
1984	568	25	10.0			235.4		98.8
1985	706	25	10.0			248.1		142.2
1986	747	26	8.9			274.4		167.5
1987	805	26	7.7			298.3		181.0
1988	770	26	7.4			319.9		190.0
1989	860	26	6.6			337.0		196.0
1990	904	30	7.3			384.1		210.0
1991	968	30	6.6			397.1		210.3
1992	1036	5	1.2			430.9		216.0
1993	1064	5	3.1			446.3		220.6
1994	1122	25	9.6			467.2		238.1
1995	1065	59	19.4			483.9		258.4
1996	1597	59	21.2			483.0		268.0
1997	1635	59	22.0			490.0		279.0
1998	1712	59	22.5			495.1		295.6
1999	1754	59	25.0			505.0		298.0
2000	1852	129	39.4	6550		295.6	56.4	274.0
2001	2163	144	42.0	6750		309.3	82.2	301.0
2002	2658	181	45.0	8750		321.4	86.4	311.7
2003	2903	215	50.1	9400		361.4	91.3	268.0
2004	2909	255	53.9	10050	495.5	405.9	93.8	175.0
2005	2521	324	62.4	10350	536.9	454.6	96.0	171.7
2006	3398	331	73.8	10350	585.1	538.3	92.5	175.7
2007	4357	348	76.2	10350	619.5	600.9	95.7	189.1
2008	4458	329	78.9	12148	672.8	656.6	97.7	206.8
2009	4495	356	80.3	13680	669.1	656.1	98.2	211.2
2010	4479	365	81.0	16680	634.9	633.0	96.9	194.4

注：1.污水处理能力等指标1992年及以后为污水无害化处理情况，1992年以前为污水简易处理情况。
　　2.生活垃圾无害化处理率按清运量计算。
资料来源：北京市水务局、北京市市政市容管理委员会。

Note:a) Disposal capacity and other indicators were about harmless disposal in and after 1992, and simple disposal before 1992.
　　b) The harmless disposal rate of domestic garbage is calculated with the volume of garbage cleared and transported.
Source: Beijing Water Authority，Beijing City Planning and Appearance Management Committee.

4-19 排水及节水

WATER DRAINAGE AND SAVING

项　目		Item		2010	2009
排　水		**Water Drainage**			
污水处理能力	(万立方米/日)	Disposal Capacity of Waste Water	(10000cu.m/day)	365	356
#二三级	(万立方米/日)	Grade-II and III Disposal	(10000cu.m/day)	365	356
污水年处理量	(万立方米)	Annual Disposal Volume of Waste Water	(10000 cu.m)	114706	109604
#污水厂	(万立方米)	Disposed by Waste Water Disposal Plants	(10000 cu.m)	113126	106272
#二三级	(万立方米)	Grade-II and III Disposal	(10000 cu.m)	110077	106272
污水处理率	(%)	Rate of Waste Water Disposed	(%)	81.0	80.3
#集中处理率	(%)	Rate of Concentrated Disposal	(%)	79.9	77.9
污水排放总量	(万立方米)	Total Volume of Waste Water Drainage	(10000 cu.m)	141651	136511
排水管道长度	(公里)	Length of Drainage Pipelines	(km)	10172	9344
污水管	(公里)	Sewage Pipes	(km)	4479	4495
雨水管	(公里)	Storm Sewer	(km)	3709	3020
雨污合流管	(公里)	Storm-sewage Sewer	(km)	1984	1829
再生水利用量	(万立方米)	Volume of Reusable Water Reused	(10000 cu.m)	68014	64999
节　水		**Water Saving**			
节水量	(万立方米)	Volume Saved	(10000 cu.m)	11691	11190
节水措施	(项)	Water Saving Measures Implemented	(unit)	117	122

资料来源：北京市水务局。
Source: Beijing Water Authority.

4-20 环境卫生

MUNICIPAL ENVIRONMENT AND SANITATION

项　目		Item		2010	2009
工作量		**Work Load**			
清扫街道面积	(万平方米/日)	Area Under Cleaning Program	(10000 sq.m/day)	13804	12835
生活垃圾无害化处理能力	(吨/日)	Capacity of Harmless Disposal of Garbage	(ton/day)	16680	13680
生活垃圾产生量	(万吨)	Output of Domestic Garbage	(10000 tons)	634.9	669.1
生活垃圾清运量	(万吨)	Domestic Garbage Cleared and Transported	(10000 tons)	633.0	656.1
生活垃圾无害化处理量	(万吨)	Volume of Harmless Disposal of Garbage	(10000 tons)	613.7	644.4
生活垃圾无害化处理率 (按清运量计算)	(%)	Rate of Harmless Disposal of Domestic Garbage (Calculated by Volume of Waste Cleared and Transported)	(%)	96.9	98.2
粪便清运量	(万吨)	Volume of Excrement and Urine Disposal	(10000 tons)	194.4	211.2
环卫机械数量	**(辆)**	**Number of Environmental Sanitation**	**(unit)**	**7461**	**6881**
环卫设施		**Environmental Sanitation Facilities**			
公共厕所	(座)	Lavatories	(unit)	5966	6022

资料来源：北京市市政市容管理委员会。
Source: Beijing Municipal Administration Commission.

4-21 环境保护(2000-2010年)
ENVIRONMENT PROTECTION (2000-2010)

年份 Year	可吸入颗粒物年日均值(毫克/立方米) Daily Mean of Inspiratory Granule in the Year (mg/cu.m)	二氧化硫年日均值(毫克/立方米) Daily Mean of Sulfur Dioxide in the Year (mg/cu.m)	二氧化氮年日均值(毫克/立方米) Daily Mean of Nitrogen Dioxide (mg/cu.m)	化学需氧量(COD)排放量(万吨) COD Discharge Volume (10000 tons)	二氧化硫(SO_2)排放量(万吨) SO_2 Discharge Volume (10000 tons)	空气质量二级及好于二级的天数(天) Days of Air Quality Equal to or Above Grade II (day)	空气质量二级及好于二级天数的比例(%) Proportion Index for Air above Grade Ⅱ (%)	区域环境噪声平均值(分贝) Environment Noise Mean in 6 Districts (db)	道路交通干线噪声平均值(分贝) Traffic Trunk Noise Mean in 6 Districts (db)
2000	0.162	0.071	0.071	17.9	22.4	177	48.4	53.9	71.0
2001	0.165	0.064	0.071	17.0	20.1	185	50.7	53.9	69.6
2002	0.166	0.067	0.076	15.3	19.2	203	55.6	53.5	69.5
2003	0.141	0.061	0.072	13.4	18.3	224	61.4	53.6	69.7
2004	0.149	0.055	0.071	13.0	19.1	229	62.6	53.8	69.6
2005	0.142	0.050	0.066	11.6	19.1	234	64.1	53.2	69.5
2006	0.161	0.053	0.066	11.0	17.6	241	66.0	53.9	69.7
2007	0.148	0.047	0.066	10.7	15.2	246	67.4	54.0	69.9
2008	0.122	0.036	0.049	10.1	12.3	274	74.9	53.6	69.6
2009	0.121	0.034	0.053	9.9	11.9	285	78.1	54.1	69.7
2010	0.121	0.032	0.057	9.2	11.5	286	78.4	54.1	70.0

资料来源：北京市环境保护局。
Source: State Environmental Protection Administration of Beijing.

4-22 环境保护

ENVIRONMENT PROTECTION

项　　目		Item		2010	2009
水环境		**Water Environment**			
废水排放总量	(万吨)	Total Discharge of Waste Water	(10000 tons)	136414.52	140812.88
工业废水排放量	(万吨)	Industrial Waste Water Discharge Volume	(10000 tons)	8197.99	8712.53
工业废水排放达标量	(万吨)	Up-to-standard Discharge of Industrial Waste Water	(10000 tons)	8095.90	8594.46
工业废水排放达标率	(%)	Rate of Up-to-standard Discharge of Industrial Waste Water	(%)	98.75	98.64
化学需氧量(COD)排放量	(吨)	COD Discharge Volume	(ton)	91997.1	98856.2
#工业废水中化学需氧量排放量	(吨)	Discharge of COD in Industrial Waster Water	(ton)	4882.3	4898.1
大气环境		**Atmosphere Environment**			
二氧化硫(SO_2)排放量	(吨)	SO_2 Discharge Volume	(ton)	115050.4	118793.9
#工业二氧化硫排放量	(吨)	Emission of Industrial SO_2	(ton)	56844.4	59921.9
烟尘排放量	(吨)	Smoke and Dust Discharge Volume	(ton)	48757.2	44371.9
#工业烟尘排放量	(吨)	Emission of Industrial Smoke and Dust	(ton)	21266.2	19076.9
工业粉尘排放量	(吨)	Industrial Powder Dust Discharge Volume	(ton)	16549.6	17320.8
空气质量二级和好于二级天数的比例	(%)	Proportion Index for Air above Grade Ⅱ	(%)	78.4	78.1
固体废物		**Solid Waste**			
工业固体废物产生量	(万吨)	Industrial Solid Waste Generated	(10000 tons)	1268.92	1242.44
工业固体废物综合利用量	(万吨)	Industrial Solid Waste Reused	(10000 tons)	835.19	910.45
工业固体废物处置量	(万吨)	Industrial Solid Waste Disposed	(10000 tons)	780.25	754.64
工业固体废物排放量	(万吨)	Industrial Solid Waste Discharged	(10000 tons)	0.06	0.09
生态环境		**Ecological Environment**			
自然保护区个数	(个)	Number of Nature Reserves	(unit)	20	20
#国家级自然保护区	(个)	State-level Nature Reserves	(unit)	2	2
自然保护区面积	(万公顷)	Area of Nature Reserves	(10000 hectare)	13.59	13.59

数据来源：北京市环境保护局。
Source: State Environmental Protection Administration of Beijing.

4-23 园林绿化及森林情况(1978-2010年)

年份 Year	年末公园绿地面积(公顷) Park Green Areas (year-end) (hectare)	人均公园绿地面积(平方米/人) Per Capita Park Green Areas (sq.m/person)	城市绿化覆盖率(%) Coverage of City Green Areas (%)	林木绿化率(%) Coverage of City Forest (%)	年末园林绿地面积(公顷) Green Areas (year-end) (hectare)	森林面积(公顷) Forest Area (hectare)
1978	2693	5.07	22.30			
1979	2693	5.07	22.30			
1980	2746	5.14	20.10	16.6		
1981	2751	5.14	20.10	16.6		
1982	2779	5.14	20.10	16.6		
1983	2823	5.14	20.10	16.6		
1984	2878	5.14	20.10	16.6		
1985	3263	4.94	22.10	16.6		
1986	3606	5.07	22.86	16.6		
1987	3570	5.07	22.90	16.6		
1988	4074	5.80	25.00	16.6		
1989	6910	6.00	26.00	16.6		
1990	7110	6.14	28.00	28.3		
1991	4279	6.41	28.43	28.3		
1992	4213	6.65	30.33	28.3		
1993	4452	7.76	31.33	28.3		
1994	5221	7.89	32.39	28.3		
1995	5017	7.48	32.68	36.3		
1996	5147	7.54	33.24	36.3		
1997	5408	7.80	34.22	36.3		
1998	6351	9.00	35.60	36.3		
1999	6457	9.10	36.30	36.3		
2000	7140	9.66	36.50	42.0	26680	
2001	7554	10.07	38.78	44.0	30224	
2002	7907	10.66	40.57	45.5	32572	
2003	9115	11.43	40.87	47.5	38475	
2004	10446	11.45	41.91	49.5	36755	
2005	11365	12.00	42.00	50.5	38877	619243.2
2006	11788	12.00	42.50	51.0	45495	626006.3
2007	12101	12.60	43.00	51.6	46320	636565.7
2008	12316	13.60	43.50	52.1	46993	641368.3
2009	18070	14.50	44.40	52.6	61695	658914.1
2010	19020	15.00	45.00	53.0	62672	666050.7

注：1. 2007年及以后造林面积中不包括无林地和疏林地新封面积。
2. 本年完成营林投资额不包括城市绿化投资额。
资料来源：北京市园林绿化局。

GARDENS, PLANTED AREAS AND FOREST STATISTICS (1978-2010)

森林覆盖率 (%) Forest Coverage Rate (%)	活立木蓄积量 (万立方米) Amount of Growing Stock (10000 cu.m)	森林蓄积量 (万立方米) Amount of Forest (10000 cu.m)	本年造林面积 (公顷) Area of Forest Planted in the Year (hectare)	森林火灾次数 (次) Number of Forest Fires (unit)	森林火灾经济损失 (万元) Economic Loss of Forest Fires (10000 yuan)	本年完成营林投资额 (万元) Completed Investment in Forest Plantation at the Year End (10000 yuan)
			13689			
			15625			
			24322			
			27469			
			28109			
			32949			
			32121			
			29662			
			14520			
			19727			
			15575			
			8130			
			12958			
			14651			
			15322			
			47952			
			55085			
			46766			
			39887			
			37567			
			36873			
			30198			
			26093			
			31777			
			47911			
			47169			
			31526			
	1521.4	1295.3	12186	9	11.4	109188.0
35.9	1521.4	1295.3	12770	13	96.7	162112.0
36.5	1559.5	1368.9	10738	8	28.1	178029.0
36.5	1574.0	1394.4	9122			221132.0
36.7	1810.3	1406.2	10153	2	…	226333.8
37.0	1854.7	1435.4	7765	4	1.4	157957.0

Note: a) Forest area excludes the new forest-free land and rare-forest land from 2007.
b) Completed Area of Forest Plantation at the Year End excludes investment in urban afforestation area.
Source: Beijing Municipal Bureau of Landscape and Forestry.

主要统计指标解释

能源生产量 能源生产量是反映能源生产规模、构成、生产成果的重要指标。按能源的成因分为一次能源（亦称天然能源）生产量和二次能源（亦称人工能源）生产量。

一次能源生产量 指报告期内生产一次能源的企业将自然界现存的能源资源经过开采而产出的合格产品，主要包括原煤、原油、天然气、水电等。

二次能源生产量 指报告期内将一次能源经过各种加工转换设备生产出的另一种形式的各种合格的能源产品。如火电、热力、洗煤、焦炭、各种石油制品、焦炉煤气、其他煤气等。

能源消费总量 指一定地域（行政或地理区域）内，国民经济各行业和居民家庭在一定时期所消费的各种能源的总和。能源消费总量包括终端能源消费量、能源加工转换损失量、能源运输和管理过程的损失量三部分。

能源消费总量（等价值） 是电力、热力按等价热值计算的能源消费总量。等价热值是能源统计中经常使用的一个热值概念，是指加工转换产出的某种二次能源所投入的一次能源的量，即获得一个度量单位的某种二次能源所消耗的以热值表示的一次能源。

能源加工转换投入产出量 能源具有由一种能量形式转换为另一种能量形式及耗用过程中可用一种能源替代另一种能源的特征。为提高能源的利用价值和效率，对能源进行加工、转换，产出适合生产和生活需要的更高级的能源产品。在加工转换投入(-)产出(+)量中，“-”表示能源加工转换的投入量，“+”表示二次能源的产出量。

投入量 是指为生产二次能源产品，所投入到能源加工转换设备的各种能源数量。在表中以负数表示。

产出量 是指各种能源（一次能源或少量再投入的二次能源）经过加工转换后，产出的各种二次能源产品（包括不作为能源使用的副产品，联产品）数量。

加工转换损失量 是指在能源加工、转换过程中损失的能量（能源），即能源加工、转换过程中投入的能源和产出的二次能源之间的差额。

损失量 指能源在经营管理和生产、输送、分配、储存等过程中发生的损失以及由于自然因素等原因造成的损失数量。不包括加工转换损失量。

终端消费量 是指能源消费环节的最后一个环节的能源消费，包括直接用作燃料、原材料和动力的各种能源的消费。它们的消费过程体现了能源消费的终止，不会再重新作为能源投入使用。终端消费量不包括用于能源加工转换投入量、加工转换损失量和损失量。

能源消费弹性系数 指能源消费总量增长率与地区生产总值增长率的比值。

电力消费弹性系数 指电力消费量增长率与地区生产总值增长率的比值。

平均每万元地区生产总值能源消费量 能源总消费量或分品种能源消费量与地区生产总值之比。

人均生活用能量 指用于生活消费的各种能源数量与人口总数之比。

日均能源消费量 指各品种能源量与当年实际天数之比。

垃圾无害化处理能力 指垃圾无害化处理场（厂）按工艺设计每天所能处理生活垃圾的数量。垃圾无害化处理场（厂）必须是按照有关技术、环境、卫生标准和规范进行设计、建设、运行、维护和管理的各种生活垃圾处理设施，主要包括卫生填埋场、堆肥厂和焚烧厂等。

水资源总量 指降水形成的地表和地下水总量，不包括过境水量。

排水管道长度 指所有排水总管、干管、支管、检查井及连接井进出口等长度之和。计算时应按单管计算，即在同一条街道上如有两条或两条以上并排的排水管道时，应按每条排水管道的长度相加计算。

污水处理能力 指污水处理厂（或处理装置）每昼夜处理污水量的设计能力。

按污水处理的程度，一般可分为一级处理、二级处理和三级处理。

一级处理是以沉淀为主体的处理工艺。指去除污水中的漂浮物和悬浮物的净化过程，主要为沉淀。

二级处理是以生物处理为主体的处理工艺。指污水经一级处理后，用生物处理方法继续除去污水中胶体和溶解性有机物的净化过程。

三级处理也称高级处理或深度处理。指进一步去除二级处理不能完全去除的污水中的污染物的处理工艺。

污水处理量 指污水处理厂和处理装置实际处理的污水量。包括物理处理量、生物处理量和化学处理量。

污水处理率 指污水处理量与污水排放总量的比率。计算公式:

$$\text{污水处理率}=\frac{\text{污水处理量}}{\text{污水排放总量}}\times 100\%$$

生活垃圾清运量 指报告期内收集和运送到各垃圾处理场（厂）的垃圾的数量。

粪便清运量 指报告期内收集和运送到各粪便处理场（厂）的粪便的数量。

生活垃圾无害化处理量 指报告期内简易处理场和各种垃圾无害化处理场（厂）处理垃圾的总量。垃圾简易处理量指垃圾简易填埋场所处理的垃圾总量。垃圾无害化处理量指垃圾无害化处理场（厂）所处理的垃圾总量。

生活垃圾无害化处理率 指报告期垃圾无害化处理量与垃圾产生量的比率。计算公式:

$$垃圾无害化处理率 = \frac{垃圾无害化处理量}{垃圾产生量} \times 100\%$$

在统计时，如果生活垃圾产生量不易取得，可用清运量代替。

化学需氧量（COD）排放量 指工业废水中COD排放量与生活污水中COD排放量之和。指用化学氧化剂氧化水中有机污染物时所需的氧量。COD值越高，表示水中有机污染物污染越重。

二氧化硫（SO_2）排放量 指报告期内工业SO_2排放量与生活SO_2排放量之和。

工业固体废物综合利用量 指报告期内企业通过回收、加工、循环、交换等方式，从固体废物中提取或者使其转化为可以利用的资源、能源和其他原材料的固体废物量（包括当年利用的往年工业固体废物贮存量）。如用做农业肥料、生产建筑材料、筑路等。

公园绿地 指向公众开放，以游憩为主要功能，兼具生态、美化、防灾等作用，其绿地率达到65%以上，配有多种乔灌木及地被植物，有一定设施和艺术布局的绿地。包括公园、社区公园、街旁绿地、其他公园绿地。人均公园绿地面积计算口径为户籍非农业人口。

绿化覆盖率 指报告期末区域内绿化覆盖面积与区域面积的比率。

计算公式:

$$绿化覆盖率 = \frac{区域内绿化覆盖面积}{区域面积} \times 100\%$$

森林面积 指由乔木树种构成，郁闭度0.20以上(含0.20)的林地或冠幅宽度10米以上的林带的面积，即有林地面积。它是反映森林资源总面积的重要指标。森林面积包括天然起源和人工起源的针叶林面积、阔叶林面积、针阔混交林面积和竹林面积。

活立木蓄积量 指一定范围土地上全部树木蓄积的总量，包括森林蓄积、疏林蓄积、散生木蓄积和四旁树蓄积。

森林蓄积量 指一定森林面积上存在着的林木树干部分的总材积，以立方米为计量单位。

森林火灾次数 指发生在城市市区外的一切森林、林木和林地的火灾次数，包括森林火警、一般灾害、重大灾害和特大灾害。

Explanatory Notes on Main Statistical Indicators

Energy Production is an important indicator reflecting the energy production size, composition and production results. By the cause of formation, it consists of the production of primary energy (also known as natural energy) and that of secondary energy (also known as artificial energy).

Production of Primary Energy means up-to-grade products produced by primary energy producers in the reporting period through extraction of existing energy in the nature, mainly including crude coal, crude oil, natural gas, water and electricity, etc.

Production of Secondary Energy means various up-to-grade energy products in another form that are made from primary energy with various processing and converting equipments in the reporting period, including thermal power, heating power, washed out, coke, various petroleum products, coke oven gas and other gas, etc.

Total Energy Consumption means the total consumption of various energies by national economic sectors and resident households in a specific region (administrative or geographic). Total energy consumption can be divided into three parts: end-use energy consumption, loss during energy processing and conversion and loss during energy transport and management.

Total Energy Consumption (in Equivalent Caloricity) means the total consumption of electric power and heating power calculated in equivalent caloricity. Equivalent caloricity is a caloricity concept frequently used in statistics of energy. It means the quantity of primary energy input for a secondary energy produced through processing and conversion, i.e. the primary energy in terms of caloricity which is consumed to produce one measuring unit of a secondary energy.

Input and Output of Energy Processing and Conversion One form of energy can be converted into another form of energy. And in the consumption, one sort of energy can be replaced with another. In order to improve the energy use value and efficiency, energy is processed and converted to produce energy products at higher levels which are suitable for productive and living needs. In the processing and conversion input (-) and output (+), "-" means the input for energy processing and conversion. And "+" means the output from energy processing and conversion.

Input means the volume of energy put into the energy processing and converting equipment in order to produce secondary energy products.

Output means the volume of secondary energy products (including byproducts and multi-products not used as energy generated) from processing and conversion of energy sources (primary energy or a small amount of secondary energy re-input).

Loss during Processing and Conversion means the energy lost in the processing and conversion of energy, namely the difference between the energy input and the secondary energy output during energy processing and conversion.

Energy Loss means the loss of energy during operation, management, production, transportation, distribution and storage, as well as the loss due to natural factors and other reasons. It excludes the loss during processing and conversion.

End-use Energy Consumption means the energy consumption in the last section of energy consumption, including the consumption of various energy sources used as fuel, raw materials and power. Such consumption represents the end of energy consumption, and the energy will not be put into use again as energy. End-use energy consumption does not include the input for energy processing and conversion, loss during the processing and conversion of energy, and energy loss.

Elasticity Coefficient of Energy Consumption means the ratio of growth rate of total energy consumption to the growth rate of GDP of Beijing.

Elasticity Coefficient of Electric Power Consumption means the ratio of growth rate of electric power consumption to the growth rate of GDP of Beijing.

Average Energy Consumption per RMB10000 GDP means the ratio of total energy consumption or energy consumption by variety to the GDP of Beijing.

Per-capital Energy Consumption by Households means the ratio of quantity of energy consumed by households to the total population.

Daily Energy Consumption means the ratio of energy consumption to the actual days in the same year.

Harmless Disposal Capacity of Waste means the quantity of domestic waste that can be disposed at harmless disposal facilities (sites) according to the process designed. Harmless disposal facilities (sites) must be domestic waste disposal facilities, including landfills, manure yards, incineration facilities and so on, which are designed, built, operated and managed in accordance with relevant technological, environmental, and sanitary standards and criterion.

Total Water Resources means the total volume of surface water and underground water caused by rainfall, excluding passing-by water.

Length of Drainage Pipelines means the total length of all main drain piles, trunk pipes, branch pipes, access manholes, and connector well entrances and exits, and so on. The length of single pipes shall be included. Namely, if there are two or more drain pipes parallel on a street, the length of every pipe shall be summed.

Waste Water Disposal Capacity means the designed capacity of waste water disposal for a waste water disposal plant (or facility).

In terms of extent, waste water disposal consists of the primary disposal, secondary disposal and tertiary disposal.

Primary Disposal is a disposal process focusing on deposition. It means a purification process removing the floating and suspended substances in waste water, mostly deposition.

Secondary Disposal is a disposal process focusing on biological disposal. It means a purification process further removing the colloids and resolvable organic substances in waste water after the process of primary disposal.

Tertiary Disposal is also known as senior or deep disposal. It means a disposal process further removing any pollutants that cannot be removed completely in the process of secondary disposal.

Volume of Waste Water Disposed means the volume of waste water actually disposed by waste water disposal plants and facilities, consisting of physical volume, biological volume and chemical volume of waste water disposed.

Rate of Waste Water Disposed means the ratio of waste water disposed to the total discharge of waste water. The formula is:

Rate of Waste Water Disposed = Waste Water Disposed / Total Discharge of Waste Water × 100%

Domestic Waste Removed and Transported means the quantity of waste collected and transported to waste treatment sites (plants) in the reporting period.

Excrement Removed and Transported means the quantity of excrement collected and transported to waste treatment sites (plants) in the reporting period.

Harmless Disposal of Domestic Waste means the total volume of waste disposed by simple disposal sites and harmless waste disposal sits (plants) in the reporting period. Simple disposal of waste means the total volume of waste by simple landfills. Harmless waste disposal means the total volume of waste disposed by harmless waste disposal sites (plants).

Rate of Harmless Disposal of Domestic Waste means the ratio of harmless waste disposal to the waste produced in the reporting period. The formula is:

Rate of Harmless Disposal of Domestic Waste = Harmless Waste Disposal / Waste Produced × 100%

In practical statistics, if it is hard to get data on the volume of domestic waste produced, the volume removed and transported may be used.

Chemical Oxygen Demand (COD) means the sum of COD emission in industrial waste water and the COD emission in domestic waste water. It means the amount of oxygen required when chemical oxidants are used to oxidize organic pollutants in water. A higher value of COD corresponds to more serious pollution by organic pollutants.

SO_2 Emission means the sum of industrial SO_2 emission and domestic SO_2 emission in the reporting period.

Industrial Solid Wastes Utilized means the volume of solid wastes from which useful materials can be extracted or which can be converted into usable resources, energy or other materials by means of reclamation, processing, recycling and exchange (including utilizing in the year the stocks of industrial solid wastes of the previous year). Examples of such utilizations include fertilizers, building materials and road materials.

Green Land in Parks means the green land open to the public, with main function of strolling and relaxation, together with ecological, landscaping and disaster preventing functions, and with more than 65% green coverage, provided with multiple arbors, shrubs and ground-cover plants, along with certain facilities and artistic layouts. They include parks, community parks, street-side green land and other green land in gardens.

Green Land Coverage Rate means the ratio of area of green land in a region to the area of the region in the reporting period. The formula for calculating forest coverage rate is as follows:

Green Land Coverage Rate = Area of Green Land in a Region / Area of the Region × 100%

Forest Area means the area of forest where arbor trees grow with canopy density above 0.2 (and at 0.2) or forest area with crown width more than 10m, i.e. the area of land with forest. It is an important indicator reflecting the total area of forest resources. Forest Area includes the area of coniferous forest, broad leaf forest, mixed coniferous-broad-leaf forest and bamboo forest from both natural and artificial origins.

Live Stumpage Reserves mean the total reserves volume of all trees on specific area of land, including trees in forest, trees in sparse forest, scattered trees and trees planted by the side of villages, farm houses and along roads and rivers.

Forest Reserves mean to the total volume of timber of forest tree trunks growing on specific area of forest, which are measured with cubic meters.

Number of Forest Fires means the number of all fires occurring in forests, woods, woodlands in and outside the urban districts, including forest fires, general fires, severe fires and super fires.

05

全社会固定资产投资和房地产开发

TOTAL INVESTMENT IN FIXED ASSETS AND REAL ESTATE DEVELOPMENT

简要说明

一、本章资料的主要内容

本章资料包括历年北京市全社会固定资产投资及其主要分组数据；主要新增生产能力(或效益)；房地产开发企业基本情况；经济适用房、限价商品房和公共租赁房等情况。

二、本章的资料来源

本章除经济适用房、限价商品房、公共租赁房等资料来自北京市住房和城乡建设委员会以外，其他未注明资料来源的均来自北京市统计局、国家统计局北京调查总队。

三、本章的统计调查方法

除农户固定资产投资统计采用抽样调查方法外，其他均为全面调查。

Brief Introduction

I. Main Content

Statistics in this chapter include data on fixed assets investment in Beijing and main grouped data; main new production capacity (benefit); basic information on real estate development enterprises; data on affordable and suitable houses, and price-restricted commercial houses, etc.

II. Source of Data

Except that data on affordable and suitable houses, price-restricted commercial houses, public-rental houses are sourced from Beijing Municipal Commission of Housing and Urban and Rural Construction, other data in this chapter with no sourced indicated are from Beijing Municipal Bureau of Statistics and National Bureau of Statistics Survey Office in Beijing.

III. Method of Statistical Survey

Except for statistics for farmers' fixed assets investment using sample survey, other statistics use the complete survey.

5-1 按登记注册类型分全社会固定资产投资(1978-2010年)
TOTAL INVESTMENT IN FIXED ASSETS BY REGISTRATION STATUS (1978-2010)

单位：亿元 (100 million yuan)

年份 Year	全社会固定资产投资 Total Investment in Fixed Assets	国有 State-Owned	集体 Collective-Owned	联营 Joint Owned	股份制 Share Holding	港澳台商 Hongkong, Macao and Taiwan	外商 Foreign Funded	私营个体 Private	其他 Others
1978	22.6								
1979	26.5								
1980	33.2								
1981-1985	**286.8**	**223.8**	**22.6**					**40.4**	
1981	36.6	30.1	1.3					5.2	
1982	38.6	33.0	1.5					4.1	
1983	51.3	37.1	1.4					12.8	
1984	66.3	50.0	2.2					14.1	
1985	94.0	73.6	16.2					4.2	
1986-1990	**724.1**	**609.6**	**83.1**					**31.4**	
1986	106.2	88.7	13.3					4.2	
1987	136.2	115.8	15.2					5.2	
1988	163.0	133.2	21.4					8.4	
1989	139.5	117.7	15.1					6.7	
1990	179.2	154.2	18.1					6.9	
1991-1995	**2358.7**	**1764.2**	**188.7**					**24.8**	
1991	192.0	165.0	20.2					6.8	
1992	266.0	230.1	27.3					8.6	
1993	410.4	340.1	37.4					2.0	
1994	648.8	514.8	44.6					3.1	
1995	841.5	514.2	59.2					4.3	
1996-2000	**5461.7**	**3380.8**	**261.8**					**155.3**	
1996	876.9	545.7	57.6					4.8	
1997	961.2	605.7	54.7					4.0	
1998	1155.6	727.9	48.7					30.9	
1999	1170.6	735.7	55.8					36.1	
2000	1297.4	765.8	45.0					79.5	
2001-2005	**10857.4**	**3922.4**	**303.3**					**809.4**	
2001	1530.5	752.6	45.8					110.9	
2002	1814.3	771.5	53.9					150.6	
2003	2157.1	745.1	62.4					201.3	
2004	2528.3	755.5	69.5	3.1	1063.8	204.5	198.8	176.4	56.7
2005	2827.2	897.7	71.7	6.2	1211.8	164.1	274.1	170.2	31.4
2006-2010	**21538.5**	**8162.9**	**398.0**	**6.9**	**9206.8**	**903.8**	**1480.8**	**1121.2**	**258.1**
2006	3371.5	1207.2	69.3	3.1	1384.5	180.9	315.9	174.9	35.7
2007	3966.6	1343.0	80.4	2.7	1679.0	236.4	378.9	209.0	37.2
2008	3848.5	1388.6	66.8	0.6	1688.5	145.3	274.9	242.2	41.6
2009	4858.4	2316.8	68.9	0.1	1728.5	172.2	273.0	233.0	65.9
2010	5493.5	1907.3	112.6	0.4	2726.3	169.0	238.1	262.1	77.7

注：1. 根据国家统计局有关规定，从2004年起，全社会固定资产投资中不包括零星购置投资。
2. 国有包括登记注册类型为国有、国有联营及国有独资公司的单位。
3. 集体包括登记注册类型为集体和集体联营的单位。

Note: a) National Bureau of statistics of china prescribed, from 2004, Total investment in fixed assets excluded building and purchase of odd fixed assets.
b) State-owned units include state-owned companies,state-owned affilates and wholly state-owned companies.
c) Collective-owned units include collective companies and collective affilates.

5-2 按城乡分全社会固定资产投资、基础设施投资及新增固定资产(1978-2010年)

INVESTMENT IN FIXED ASSETS AND ITS INCREMENTAL FIXED ASSETS BY URBAN AREA AND RURAL AREA (1978-2010)

单位：亿元 (100 million yuan)

年份 Year	全社会固定资产投资 Total Investment in Fixed Assets	城镇固定资产投资 Urban Fixed Assets	#房地产开发投资 Real Estate Development Investment	农村固定资产投资 Rural Fixed Assets	#基础设施投资 Infrastructure Investment	#建筑安装投资 Building Installation Investment	新增固定资产 Incremental Fixed Assets
1978	22.6	22.6			5.4		16.9
1979	26.5	26.5			5.8		21.2
1980	33.2	33.2			6.0		23.2
1981-1985	**286.8**	**234.4**		**50.8**	**40.6**		**184.4**
1981	36.6	31.4		5.2	5.8		30.9
1982	38.6	34.5		4.1	6.1		26.3
1983	51.3	38.5		12.8	6.7		32.5
1984	66.3	52.2		14.1	8.8		47.1
1985	94.0	77.8		14.6	13.2		47.6
1986-1990	**724.1**	**634.9**	**22.5**	**76.5**	**117.9**		**417.4**
1986	106.2	94.5		10.4	14.5		58.5
1987	136.2	121.4		12.7	22.1		79.9
1988	163.0	138.7		21.3	23.2		77.3
1989	139.5	122.2		14.7	26.5		79.6
1990	179.2	158.1	22.5	17.4	31.6		122.1
1991-1995	**2358.7**	**2181.5**	**568.4**	**154.1**	**494.9**	**1297.1**	**1229.1**
1991	192.0	168.4	24.0	21.0	35.2	107.3	139.0
1992	266.0	234.7	33.7	27.2	58.8	136.2	157.8
1993	410.4	376.6	58.4	30.0	91.4	232.0	201.6
1994	648.8	607.4	99.5	35.7	153.4	362.6	356.0
1995	841.5	794.4	352.8	40.2	156.1	459.0	374.7
1996-2000	**5461.7**	**5063.8**	**1979.5**	**322.7**	**1382.1**	**3069.5**	**4051.2**
1996	876.9	825.6	328.2	43.6	188.8	515.8	592.5
1997	961.2	912.4	330.3	40.6	218.3	546.2	637.9
1998	1155.6	1060.3	377.4	75.8	320.4	626.9	759.3
1999	1170.6	1072.9	421.5	78.2	302.7	679.1	949.5
2000	1297.4	1192.6	522.1	84.5	351.9	701.5	1112.0
2001-2005	**10857.4**	**10033.6**	**5974.0**	**755.4**	**2260.0**	**5926.2**	**6897.4**
2001	1530.5	1417.1	783.8	93.7	356.4	801.6	1177.0
2002	1814.3	1688.2	989.4	102.5	411.9	964.9	1251.0
2003	2157.1	1999.9	1202.5	132.1	417.8	1151.3	1165.9
2004	2528.3	2333.0	1473.3	195.3	463.2	1438.9	1455.1
2005	2827.2	2595.4	1525.0	231.8	610.7	1569.5	1848.4
2006-2010	**21538.5**	**19678.6**	**10863.2**	**1859.9**	**6137.3**	**9860.6**	**11620.7**
2006	3371.5	3086.3	1719.9	285.2	935.3	1836.0	1972.1
2007	3966.6	3656.7	1995.8	309.9	1175.8	2117.9	2004.9
2008	3848.5	3554.8	1908.7	293.7	1160.7	1798.8	2666.8
2009	4858.4	4378.2	2337.7	480.2	1462.0	1983.0	2457.2
2010	5493.5	5002.6	2901.1	490.9	1403.5	2124.9	2565.8

注：1. 根据国家统计局有关规定，从2004年起，全社会固定资产投资中不包括零星购置投资。
2. 2004年起新增固定资产、基础设施投资、建筑安装投资中包含农村投资。

Note: a) National Bureau of statistics of china prescribed,from 2004,total investment in fixed assets excluded building and purchase of odd fixed assets.
b) Incremental fixed assets,infrastructure investment and building installation investment included rural investment from 2004.

5-3 按产业分全社会固定资产投资(1978-2010年)

INVESTMENT IN FIXED ASSETS BY INDUSTRY (1978-2010)

单位：亿元 (100 million yuan)

年份 Year	全社会固定资产投资 Total Investment in Fixed Assets	第一产业 Primary Industry	第二产业 Secondary Industry	#工业 Industry	第三产业 Tertiary Industry	#运输邮电业 Transportation, Post and Telecommunications
1978	22.6	1.4	10.8	10.1	10.4	2.1
1979	26.5	1.0	12.0	10.2	13.5	2.1
1980	33.2	0.7	15.7	14.6	16.8	2.7
1981-1985	**286.8**	**5.9**	**98.1**	**89.4**	**130.4**	**16.3**
1981	36.6	0.6	13.6	12.1	17.2	2.2
1982	38.6	1.2	15.4	14.2	17.9	2.2
1983	51.3	1.2	16.4	15.4	20.9	3.2
1984	66.3	1.3	20.3	18.9	30.6	3.4
1985	94.0	1.6	32.4	28.8	43.8	5.3
1986-1990	**724.1**	**9.4**	**218.8**	**209.1**	**384.2**	**47.7**
1986	106.2	1.5	41.4	38.8	51.6	6.6
1987	136.2	1.6	46.9	44.3	72.9	9.7
1988	163.0	2.0	48.8	47.2	87.9	7.8
1989	139.5	1.9	38.4	37.0	81.9	10.0
1990	179.2	2.4	43.3	41.8	89.9	13.6
1991-1995	**2358.7**	**15.5**	**624.1**	**585.1**	**973.5**	**256.2**
1991	192.0	2.7	51.3	49.3	90.4	13.0
1992	266.0	3.9	82.9	80.2	114.2	28.4
1993	410.4	2.1	150.4	134.6	165.7	51.7
1994	648.8	3.7	185.8	175.9	318.4	81.2
1995	841.5	3.1	153.7	145.1	284.8	81.9
1996-2000	**5461.7**	**9.9**	**914.3**	**866.6**	**2160.2**	**615.3**
1996	876.9	2.8	174.9	167.3	319.7	99.5
1997	961.2	0.9	201.1	192.1	380.1	113.4
1998	1155.6	1.5	201.7	192.6	479.7	169.8
1999	1170.6	1.7	179.4	166.6	470.4	108.2
2000	1297.4	3.0	157.2	148.0	510.3	124.4
2001-2005	**10857.4**	**63.4**	**1410.6**	**1249.9**	**9383.4**	**1085.7**
2001	1530.5	8.4	154.2	137.5	1367.9	148.3
2002	1814.3	7.5	185.0	166.3	1621.8	194.1
2003	2157.1	21.0	260.7	244.4	1875.4	215.7
2004	2528.3	14.6	401.0	318.3	2112.7	218.8
2005	2827.2	11.9	409.7	383.4	2405.6	308.8
2006-2010	**21538.5**	**159.9**	**2172.8**	**2145.0**	**19205.8**	**3474.3**
2006	3371.5	14.5	363.2	358.0	2993.8	523.6
2007	3966.6	16.7	484.1	477.7	3465.8	631.3
2008	3848.5	28.1	386.0	380.8	3434.4	701.3
2009	4858.4	57.4	411.4	406.2	4389.5	827.9
2010	5493.5	43.2	528.1	522.3	4922.3	790.2

注：1．根据国家统计局有关规定，从2004年起，全社会固定资产投资中不包括零星购置投资。
2．2000年及以前按产业划分中，不含房地产开发投资及农村投资。2000年以后含房地产开发投资及农村固定资产投资。

Note: a) National Bureau of statistics of china prescribed, from 2004,total investment in fixed assets excluded building and purchase of odd fixed assets.
b) Data of investment in fixed affets grouped by industry excluded real estate development and investment in fixed in rural assets on 2000 and before. After 2000, data of investment in fixed assets included real estate development investment and rural fixed assets.

5-4 全社会固定资产投资资金来源情况(1978-2010年)

INVESTMENT IN FIXED ASSETS BY SOURCE OF FUNDS (1978-2010)

单位：亿元 (100 million yuan)

年份 Year	上年末结余资金 Balance of Last Year End	本年资金来源小计 Subtotal This Year	国家预算内资金 State Budgetary Funds	国内贷款 Domestic Loans	债券 Securities	利用外资 Foreign Investment	自筹资金 Self-raising Funds	其他资金 Other Funds
1978		22.5	16.9					
1979		26.5	19.2					
1980		33.2	18.5					
1981		31.4	15.4					
1982		34.5	14.1					
1983		38.5	16.0					
1984		52.2	22.5					
1985		77.8	30.4					
1986		94.5	33.0					
1987		126.2	43.1					
1988		149.4	37.4					
1989		123.1	35.0	12.8		18.2	44.5	12.6
1990		136.2	34.4	22.8		15.2	52.3	11.5
1991		151.1	35.5	28.2		13.9	65.5	8.0
1992		216.7	42.2	40.1		14.9	109.9	9.6
1993	54.3	425.2	47.1	79.2	1.6	28.0	205.2	64.1
1994	71.1	695.7	64.1	91.5	0.8	96.9	331.2	111.2
1995	200.8	915.8	70.3	122.7	1.1	187.3	339.8	194.6
1996	204.9	926.1	76.7	152.8	1.0	161.2	330.5	203.9
1997	183.1	1016.7	86.3	194.3		139.2	383.4	213.5
1998	207.1	1140.1	98.4	223.8	17.0	132.1	450.2	218.6
1999	212.1	1183.8	136.2	262.2	1.4	82.7	461.3	240.0
2000	293.1	1439.1	107.0	373.8	0.6	51.5	505.6	400.6
2001	325.5	1796.8	136.7	429.4	2.5	35.6	595.6	597.0
2002	433.2	2075.3	108.5	543.8	1.9	41.5	672.8	706.8
2003	542.7	2674.0	78.4	755.2		52.6	887.9	899.9
2004	654.6	3712.8	118.6	804.7		120.5	1245.7	1423.3
2005	924.4	4553.7	128.8	1055.8		70.9	1452.8	1845.4
2006	1043.8	4927.3	126.4	1347.5	32.7	76.2	1532.2	1812.3
2007	1202.2	6193.0	102.2	1513.3	22.4	82.8	2195.6	2276.7
2008	1469.5	5184.7	104.2	1394.2	35.5	80.0	2016.4	1554.5
2009	1321.7	8702.2	118.1	3038.5	17.5	39.3	2441.3	3047.4
2010	2109.1	8327.8	99.5	2218.7	4.3	43.8	3209.1	2752.4

注：1978-1992年不含房地产开发和农村投资；1993-2003年不含农村投资。

Note: Figures for 1978-1992 excluded real estate development and rural investment, figures for 1993-2003 excluded rural investment.

5-5 新增生产能力(或效益)(2010年)

INCREMENTAL PRODUCTION CAPACITY (OR EFFICIENCY) (2010)

能力名称		Production Capacity		2010
输电线路长度(11万伏及以上)	(公里)	Length of Transmit Electricity Line(over 11,0000 volts)	(km)	166.2
新建公路	(公里)	Newly-built Highway	(km)	127.8
#高速公路	(公里)	Expressway	(km)	8.8
改建公路	(公里)	Reconstructed Highways	(km)	300.0
#一级公路	(公里)	First-grade	(km)	37.2
二级公路	(公里)	Second-grade	(km)	97.9
城市公共交通车辆购置	(辆)	Purchase of Public Traffic Vehicles	(unit)	1845

5-6 全社会基础设施投资(1978-2010年)

单位：亿元

年 份 Year	基础设施投资 Amount of Infrastructure Investment	#能 源 Energy	电 力 Electric Power	供 热 Heating	供 气 Gas Supply	供 水 Water Supply	#公 共 服务业 Public Service	#园林绿化 Gardening	#环境卫生 Environmental Sanitation	#市政工程管理 Public Works Management
1978	5.4	1.4	0.7				0.6			
1979	5.8	1.1	0.4				1.3			
1980	6.0	0.9	0.6				2.3			
1981-1985	**40.6**	**9.4**	**5.4**				**11.2**			
1981	5.8	1.3	0.6				2.0			
1982	6.1	1.4	0.9				1.9			
1983	6.7	1.5	0.9				1.9			
1984	8.8	1.4	0.7				3.0			
1985	13.2	3.8	2.3				2.5			
1986-1990	**117.9**	**39.8**	**21.1**				**25.3**			
1986	14.5	4.8	2.3				2.1			
1987	22.1	8.0	4.1				3.1			
1988	23.2	8.8	4.1				5.3			
1989	26.5	9.2	5.2				6.6			
1990	31.6	9.0	5.3				8.3			
1991-1995	**494.9**	**134.1**	**84.6**	**12.3**	**15.2**	**22.0**	**62.9**	**2.9**		**57.3**
1991	35.2	12.4	6.4	2.0	1.3	2.7	7.5	0.3		6.8
1992	58.8	17.7	9.0	4.0	2.6	2.1	8.2	0.4		7.2
1993	91.4	19.3	11.4	1.4	2.6	3.9	4.1	1.6		1.7
1994	153.4	38.0	22.7	2.5	5.0	7.8	27.2	0.3		26.5
1995	156.1	46.7	35.1	2.4	3.7	5.5	15.9	0.3		15.1
1996-2000	**1382.1**	**363.4**	**239.7**	**45.2**	**41.4**	**37.1**	**321.0**	**14.2**	**27.1**	**275.9**
1996	188.8	59.2	48.2	3.4	4.1	3.5	29.1	2.3	0.1	25.4
1997	218.3	75.6	52.1	10.3	7.8	5.4	24.3	1.7	2.8	19.8
1998	320.4	85.1	54.2	14.2	6.7	10.0	38.0	3.0	1.9	33.1
1999	302.7	90.3	58.6	11.2	10.3	10.2	75.0	5.4	2.9	64.7
2000	351.9	53.2	26.6	6.1	12.5	8.0	154.6	1.8	19.4	132.9
2001-2005	**2260.0**	**301.7**	**165.2**	**52.7**	**53.9**	**29.9**	**668.6**	**23.1**	**79.9**	**511.4**
2001	356.4	40.8	19.3	7.2	11.0	3.3	114.6	6.7	22.4	85.4
2002	411.9	49.5	26.0	7.2	13.2	3.0	101.6	3.5	17.0	81.1
2003	417.8	36.1	10.6	11.3	10.8	3.4	152.8	1.9	17.0	103.6
2004	463.2	73.0	39.3	14.8	6.9	12.0	139.3	5.5	16.3	100.8
2005	610.7	102.3	70.0	12.2	12.0	8.1	160.3	5.5	7.2	140.6
2006-2010	**6137.3**	**780.3**	**443.6**	**176.9**	**57.6**	**102.1**	**1640.0**	**44.8**	**349.4**	**1117.7**
2006	935.3	113.4	72.8	18.7	11.0	10.9	265.3	3.4	55.4	194.8
2007	1175.8	200.2	121.0	43.0	11.2	25.0	289.5	8.0	75.7	187.3
2008	1160.7	144.1	88.4	25.9	8.1	21.7	291.6	8.0	82.2	188.7
2009	1462.0	165.4	88.9	40.1	10.5	25.8	434.5	15.9	77.7	314.0
2010	1403.5	157.2	72.5	49.2	16.8	18.7	359.1	9.5	58.4	232.9

注：2004年及以后基础设施投资包括农村基础设施投资。

TOTAL INFRASTRUCTURE INVESTMENT (1978-2010)

(100 millions yuan)

#交通运输 Transportation	#铁路 Railway	#公路 Highway	#市内公共交通 Public Transit in the City	#航空 Aviation	#邮政电信 Post&Telecom	邮政 Post	电信 Telecom	基础设施投资占全社会固定资产投资比重(%) Infrastructure Investment as Percentage of Total Fixed Assets Investment (%)
1.7	0.8	0.4		0.5	0.4			23.9
1.7	0.4	0.4		0.8	0.4			21.9
2.3	1.1	0.7		0.5	0.5			17.9
11.1	**3.9**	**5.5**		**1.7**	**5.2**			
1.8	0.6	0.9		0.3	0.4			15.8
1.9	0.8	0.8		0.3	0.4			15.8
2.6	1.2	1.0		0.4	0.6			13.1
2.3	0.7	1.3		0.3	1.1			13.3
2.6	0.7	1.6		0.4	2.7			14.0
28.3	**5.0**	**19.3**		**4.0**	**20.3**			
3.1	1.0	1.5		0.6	3.5			13.7
6.6	1.2	4.0		1.3	3.2			16.2
4.7	1.4	3.0		0.4	3.0			14.2
5.2	0.7	3.9		0.6	5.2			19.0
8.7	0.7	6.9		1.1	5.4			17.6
123.0	**50.8**	**30.6**	**22.4**	**4.6**	**137.3**	**9.5**	**127.8**	
9.3	0.8	5.6	2.3	0.5	5.8	5.0	0.8	18.3
20.1	4.7	10.7	4.0	0.7	12.3	1.1	11.2	22.1
29.4	11.2	4.7	4.7	1.1	24.2	1.7	22.5	22.3
30.0	13.6	3.6	5.7	1.0	48.6	0.9	47.7	23.6
34.2	20.5	6.0	5.7	1.3	46.4	0.8	45.6	18.6
337.4	**26.0**	**131.3**	**80.0**	**3.2**	**299.6**	**6.0**	**293.6**	
54.0	11.7	15.8	6.0	1.2	44.1	0.9	43.2	21.5
51.2	6.0	11.1	9.1	0.2	60.3	2.1	58.2	22.7
104.6	8.0	42.1	24.4		77.5	1.8	75.7	27.7
63.0		30.1	20.7		54.0	0.4	53.6	25.9
64.6	0.3	32.2	19.8	1.8	63.7	0.8	62.9	27.1
766.2	**23.2**	**294.0**	**302.8**	**137.6**	**384.0**	**6.2**	**377.9**	
104.4	1.5	52.8	45.1	2.0	84.8	2.2	82.6	23.3
159.7	1.4	107.0	44.6	1.4	78.7	1.6	77.1	22.7
129.2	9.3	55.3	48.8	15.8	82.2	0.9	81.3	19.4
148.8	7.2	38.2	51.1	52.3	68.5	1.0	67.5	18.3
224.1	3.9	40.7	113.2	66.2	69.9	0.5	69.4	21.6
3010.9	**358.7**	**732.8**	**1456.7**	**457.7**	**462.9**	**8.2**	**454.4**	
439.6	25.1	140.6	201.0	72.2	72.3	1.2	71.1	27.7
548.0	65.7	189.6	202.4	87.5	84.8	…	84.7	29.6
604.2	75.9	170.5	215.8	141.8	86.7	0.3	86.3	30.2
698.6	114.9	134.8	426.7	21.9	124.9	3.3	121.5	30.1
720.5	77.1	97.3	410.8	134.3	94.2	3.4	90.8	25.5

Note: Infrastructure investment in and after 2004 and beyond included rural infrastructure investment.

5-7 全社会基础设施投资(2010年)
TOTAL MUNICIPAL INFRASTRUCTURE INVESTMENT (2010)

项目	Item	投资额(万元) Investment (10000 yuan) 全市 Total	#城镇 Town	比重(%) Proportion (%) 全市 Total	#城镇 Town
合计	**Total**	**14034520**	**12467257**	**100.0**	**100.0**
能源	**Energy**	**1571550**	**1436730**	**11.2**	**11.5**
电力	Electricity	724726	688035	5.2	5.5
供热	Heat	491792	481297	3.5	3.9
供气	Gas	168358	151044	1.2	1.2
供水	Water	186674	116354	1.3	0.9
公共服务业	**Public Services**	**3591470**	**2910623**	**25.6**	**23.3**
园林绿化	Parks and Green Areas	94818	66927	0.7	0.5
环境卫生	Environmental Sanitation	583642	350649	4.2	2.8
市政工程管理	Municipal Construction	2329253	2128373	16.6	17.1
其他公共服务业	Others	583757	364674	4.2	2.9
交通运输	**Transportation**	**7205136**	**6776301**	**51.3**	**54.4**
铁路	Railway	771350	771350	5.5	6.2
公路	Highway	973355	548293	6.9	4.4
管道运输	Pipelines				
城市公共交通业	Public Traffic	4107907	4106180	29.3	32.9
#公交电汽车客运	Buses and Trolleys	184311	182815	1.3	1.5
出租汽车	Taxies	9077	8846	0.1	0.1
航空	Aviation	1343103	1342157	9.6	10.8
其他	Others	9421	8321	0.1	0.1
邮政电信	**Post and Telecommunications**	**942307**	**940048**	**6.7**	**7.5**
邮政	Post	34335	34335	0.2	0.3
电信	Telecommunications	907972	905713	6.5	7.3
其他	**Other**	**724057**	**403555**	**5.2**	**3.2**
#水利	Water Conservancy	616917	367360	4.4	2.9

5-8 全社会固定资产投资及新增固定资产(按行业分)(2010年)
INVESTMENT IN FIXED ASSETS AND ITS INCREMENTAL FIXED ASSETS (BY SECTOR) (2010)

单位: 万元 (10000 yuan)

行业	Sector	投资额 Investment			新增固定资产 Incremental Fixed Assets		
		合计 Total	中央 Central	地方 Local	合计 Total	中央 Central	地方 Local
合计	**Total**	**54935179**	**6706048**	**48229131**	**25658257**	**4306584**	**21351673**
农、林、牧、渔业	**Farming, Forestry, Animal Husbandry and Fishery**	**403782**	**4670**	**399112**	**300352**	**872**	**299480**
农业	Farming	195674		195674	198870		198870
林业	Forestry	99260		99260	36377		36377
畜牧业	Stockraising	54723	4670	50053	29019	872	28147
渔业	Fishery	3729		3729	770		770
农、林、牧、渔服务业	FFAF Services	50396		50396	35316		35316
采矿业	**Mining**	**92667**		**92667**	**37561**		**37561**
煤炭开采和洗选业	Mining and Washing of Coal	27224		27224	9840		9840
石油和天然气开采业	Extraction of Petroleum and Natural Gas	1201		1201	1201		1201
黑色金属矿采选业	Mining and Processing of Ferrous Metal Ores	63242		63242	25520		25520
有色金属采选业	Non-ferrous Metal Mining and Dressing						
非金属矿采选业	Non-metal Ores Mining and Dressing	1000		1000	1000		1000
制造业	**Manufacturing**	**3552822**	**428146**	**3124676**	**2192975**	**370595**	**1822380**
农副食品加工业	Processing of Food from Agriculture Products	45795		45795	19719		19719
食品制造业	Manufacture of Foods	98117		98117	54715		54715
饮料制造业	Manufacture of Beverages	120621		120621	54484		54484
烟草制品业	Tobacco Manufacturing	11554	11554		107667	107667	
纺织业	Manufacture of Textile	6787		6787	4448		4448
纺织服装、鞋、帽制造业	Manufacture of Textile Wearing Apparel, Footware and Caps	31223		31223	35601		35601
皮革、毛皮、羽毛(绒)制造业	Manufacture of Leather, Furs, Feather (Down)	2072		2072			
木材加工及木、竹藤、棕、草制品	Timber Processing and Wood, Bamboo/Ratan, Palm, Straw Products	9510		9510	9510		9510
家具制造业	Manufacture of Furniture	41151		41151	21360		21360
造纸及纸制品业	Manufacture of Paper and Paper Products	11580		11580	5562		5562
印刷业和记录媒介的复制	Printing Reproduction of Recording	53470	19458	34012	60213	7530	52683
文教体育用品制造业	Manufacture of Articles for Culture, Education and Sports Activity	4668		4668	636		636
石油加工、炼焦及核燃料加工业	Processing of Petroleum, Coking, Processing of Nuclear Fuel	67101	58141	8960	87644	78684	8960
化学原料及化学制品制造业	Manufacture of Raw Chemical Materials and Chemical Products	210529	138041	72488	72177	45623	26554
医药制造业	Manufacture of Medicines	154287	10028	144259	74971	181	74790
化学纤维制造业	Chemical Fibre Manufacturing	2824		2824	92		92
橡胶制品业	Rubber Products	18881		18881	7691		7691
塑料制品业	Manufacture of Plastics	79193	34872	44321	39941		39941
非金属矿物制品业	Manufacture of Non-metal Mineral Products	104632	1300	103332	69975	1367	68608
黑色金属冶炼及压延加工业	Smelting and Processing of Ferrous Metals	22306		22306	605545		605545
有色金属冶炼及压延加工业	Smelting and Processing of Non-ferrous Metals	11032	4789	6243	7707		7707
金属制品业	Manufacture of Metal Products	49595		49595	42538		42538
通用设备制造业	Manufacture of General Purpose Machinery	124127		124127	57005		57005

注：本表分行业数据不含农户投资。
Note: The figures of grouping exclude investment of rural farmers.

5-8 续表 1 continued

单位：万元 (10000 yuan)

行业	Sector	投资额 Investment			新增固定资产 Incremental Fixed Assets		
		合计 Total	中央 Central	地方 Local	合计 Total	中央 Central	地方 Local
专用设备制造业	Manufacture of Special Purpose Machinery	178196	49281	128915	118607	34343	84264
交通运输设备制造业	Manufacture of Transport Equipment	661858	89784	572074	293751	90234	203517
电气机械及器材制造业	Manufacture of Electrical Machinery and Equipment	173138		173138	94992		94992
通信设备、计算机及其他电子设备制造业	Manufacture of Communication Equipment, Computers and Other Electronic Equipment	1163010	6858	1156152	158948	1232	157716
仪器仪表及文化、办公用机械制造业	Manufacture of Measuring Instruments and Machinery for Culture Activity and Office Work	58583		58583	27066		27066
工艺品及其他制造业	Manufacture of Artwork and Other Manufacturing	11411	4040	7371	17349	3734	13615
废弃资源和废旧材料回收加工业	Recycling and Disposal of Waste	25571		25571	43061		43061
电力、燃气及水的生产和供应业	**Production and Distribution of Electricity, Gas and Water**	**1577698**	**95727**	**1481971**	**1142226**	**280020**	**862206**
电力、热力的生产和供应业	Production and Distribution of Electric Power and Heat Power	1222442	90705	1131737	948530	274998	673532
煤气生产和供应业	Production and Distribution of Gas	168358	380	167978	57365	380	56985
水的生产和供应业	Production and Distribution of Water	186898	4642	182256	136331	4642	131689
建筑业	**Construction**	**57446**	**24387**	**33059**	**23077**	**6665**	**16412**
房屋和土木工程建筑业	Construction of Buildings and Civil Engineering	32654	13713	18941	15387	6665	8722
建筑安装业	Building Installation	14809	10674	4135	1074		1074
建筑装饰业	Building Decoration	6409		6409	3042		3042
其他建筑业	Other Building Sector	3574		3574	3574		3574
交通运输、仓储和邮政业	**Transport, Storage and Post**	**7337036**	**2102482**	**5234554**	**5275026**	**1423585**	**3851441**
铁路运输业	Railway Transport	771350	751057	20293	43755	43755	
道路运输业	Road Transport	973557		973557	2055746		2055746
城市公共交通业	Urban Public Transport	4107907	885	4107022	1743114	885	1742229
航空运输业	Air Transport	1343103	1312207	30896	1376327	1363054	13273
管道运输业	Pipeline Transport						
装卸搬运和其他运输服务业	Loading/Unloading, Handling, and Other Transportation Service	9421	977	8444	2077	977	1100
仓储业	Storage	97363	3787	93576	49276	10949	38327
邮政业	Post	34335	33569	766	4731	3965	766
信息传输、计算机服务和软件业	**Information Transmission, Computer Services and Software**	**1433149**	**556957**	**876192**	**744047**	**358547**	**385500**
电信和其他信息传输服务业	Telecommunications and Other Information Transmission	908101	312981	595120	563136	317231	245905
计算机服务业	Computer Services	289560	226203	63357	96075	6600	89475
软件业	Software	235488	17773	217715	84836	34716	50120
批发与零售业	**Wholesale and Retail Trade**	**307968**	**21989**	**285979**	**237978**	**24100**	**213878**
批发业	Wholesale Trade	89518	13562	75956	119752	21287	98465
零售业	Retail Trade	218450	8427	210023	118226	2813	115413
住宿和餐饮业	**Hotel and Restaurants**	**360724**	**68932**	**291792**	**332963**	**144959**	**188004**
住宿业	Hotel	307925	68753	239172	285299	144780	140519
餐饮业	Food/Beverage	52799	179	52620	47664	179	47485
金融业	**Financial Intermediation**	**303052**	**224937**	**78115**	**151374**	**115147**	**36227**
银行业	Banks	249348	199140	50208	144680	108624	36056
证券业	Security Activities	18150	6150	12000	6150	6150	
保险业	Insurance	31153	19647	11506	544	373	171
其他金融活动	Other Financial Activities	4401		4401			

5-8 续表 2 continued

单位：万元 (10000 yuan)

行业	Sector	投资额 Investment			新增固定资产 Incremental Fixed Assets		
		合计 Total	中央 Central	地方 Local	合计 Total	中央 Central	地方 Local
房地产业	**Real Estate**	**31494182**	**1489626**	**30004556**	**11192144**	**505320**	**10686824**
租赁和商务服务业	**Leasing and Business Services**	**276578**	**32121**	**244457**	**170175**	**80550**	**89625**
租赁业	Leasing	44173	2380	41793	44961	2380	42581
商务服务业	Business Services	232405	29741	202664	125214	78170	47044
科学研究、技术服务与地质勘查业	**Scientific Research, Technical Services and Geologic Prospecting**	**853372**	**567340**	**286032**	**459039**	**365175**	**93864**
研究与试验发展	Research and Experimental Development	583021	425473	157548	377925	329593	48332
专业技术服务业	Professional Technical Services	106036	65360	40676	37654	32736	4918
科技交流和推广服务业	Services of Science and Technology Exchanges and Promotion	163842	76507	87335	42987	2846	40141
地质勘查业	Geologic Prospecting	473		473	473		473
水利、环境和公共设施管理业	**Management of Water Conservancy, Environment and Public Facilities**	**3782473**	**35326**	**3747147**	**1246961**	**272**	**1246689**
水利管理业	Management of Water Conservancy	618877	33868	585009	254535		254535
环境管理业	Environmental Management	587802		587802	316292		316292
公共设施管理业	Management of Public Facilities	2575794	1458	2574336	676134	272	675862
居民服务和其他服务业	**Services to Households and Other Services**	**67441**	**2079**	**65362**	**40316**	**2254**	**38062**
居民服务业	Services to Households	30687	20	30667	27970	70	27900
其他服务业	Other Services	36754	2059	34695	12346	2184	10162
教育	**Education**	**888171**	**331400**	**556771**	**607596**	**279587**	**328009**
卫生、社会保障和社会福利业	**Health Social Securities and Social Welfare**	**390546**	**145717**	**244829**	**199091**	**38378**	**160713**
卫生	Health	344437	141825	202612	144136	26652	117484
社会保障业	Social Securitiy	2203		2203	1758		1758
社会福利业	Social Welfare	43906	3892	40014	53197	11726	41471
文化、体育与娱乐业	**Culture, Sports and Entertainment**	**719182**	**371177**	**348005**	**400562**	**107044**	**293518**
新闻出版业	Journalism and Publishing Activities	26472	11247	15225	3471	3471	
广播、电视、电影和音像业	Broadcasting, Televisions, Movies and Audiovisual Activities	259270	245320	13950	61917	58711	3206
文化艺术业	Culture and Art Activities	266058	102223	163835	261494	26931	234563
体育	Sports Activities	68601	4649	63952	57977	17931	40046
娱乐业	Entertainment	98781	7738	91043	15703		15703
公共管理与社会组织	**Public Management and Social Organization**	**515769**	**203035**	**312734**	**443934**	**203514**	**240420**
中国共产党机关	Organs of Communist Party of China	20065	20065		25685	25685	
国家机关	Government Agencies	436525	178239	258286	340198	171128	169070
人民政协和民主党派	People's Political Consulting and Democratic Parties	811	811		5771	5771	
群众团体、社会团体和宗教组织	Non-Governmental Institutions, Social Organizations and Religion Organizations	3920	3920		930	930	
基层群众自治组织	Resident Autonomy Organizations	54448		54448	71350		71350

5-9 全社会房屋建筑施工及竣工面积(1978-2010年)
FLOOR SPACE OF BUILDINGS UNDER CONSTRUCTION AND COMPLETED (1978-2010)

单位：万平方米 (10000 sq.m)

年份 Year	施工面积 Floor Space of Buildings under Construction	#住宅 Residential Buildings	竣工面积 Floor Space of Buildings Completed	#住宅 Residential Buildings	中央 Central	地方 Local
1978	956.3	456.8	407.0	190.4	158.7	248.3
1979	1340.6	780.2	537.6	304.9	235.2	302.4
1980	1704.1	1037.0	648.4	396.9	315.8	332.6
1981-1985			**3941.6**	**2383.4**	**1723.2**	**2218.4**
1981	1875.8	1189.9	726.9	462.6	327.2	399.7
1982	1938.6	1210.1	728.3	463.8	303.7	424.6
1983	1952.1	1163.6	775.5	514.0	312.3	463.2
1984	2351.9	1327.1	818.7	437.6	352.7	466.0
1985	2802.7	1599.2	892.2	505.4	427.3	464.9
1986-1990			**5142.4**	**2939.9**	**2635.1**	**2507.3**
1986	2760.7	1557.4	906.5	532.7	424.5	482.0
1987	2578.0	1273.2	1042.2	608.9	507.8	534.4
1988	2642.2	1226.2	1065.6	623.5	499.6	566.0
1989	2450.8	1167.8	1046.9	601.8	565.8	481.1
1990	2864.9	1561.9	1081.2	573.0	637.4	443.8
1991-1995			**6206.7**	**3707.2**	**1869.2**	**4337.5**
1991	2818.0	1612.0	1036.4	601.8	396.2	640.2
1992	3126.8	1784.7	1111.4	681.2	399.3	712.1
1993	3607.5	1866.4	1158.0	654.8	320.5	837.5
1994	4460.9	2315.1	1370.7	832.1	366.8	1003.9
1995	5524.3	2897.6	1530.2	937.3	386.4	1143.8
1996-2000			**9644.3**	**5979.9**	**2726.7**	**6917.6**
1996	5633.2	2696.9	1517.5	870.4	452.0	1065.5
1997	5819.4	2881.3	1625.7	996.8	492.2	1133.5
1998	6496.1	3473.7	1821.5	1093.1	508.4	1313.1
1999	6556.5	3754.8	2321.4	1519.9	655.3	1666.1
2000	6995.9	4083.3	2358.2	1499.7	618.8	1739.4
2001-2005			**17781.6**	**11992.2**	**1733.0**	**16048.6**
2001	8203.3	5226.4	2554.6	1804.9	490.6	2064.0
2002	9697.7	6193.3	3121.8	2191.4	441.8	2680.0
2003	11262.2	7011.3	3222.8	2322.3	242.1	2980.7
2004	13121.9	7513.1	4203.2	2649.5	301.9	3901.3
2005	14096.2	8043.2	4679.2	3024.1	256.6	4422.6
2006-2010			**20059.1**	**10993.8**	**2002.6**	**18056.4**
2006	14069.2	7113.0	4191.0	2391.6	388.6	3802.4
2007	14146.7	6788.8	3866.4	2098.0	399.6	3466.8
2008	14145.3	6656.3	3840.7	1871.1	496.8	3343.9
2009	14380.6	7058.4	4252.6	2369.6	388.4	3864.2
2010	15572.1	7932.9	3908.4	2263.5	329.2	3579.1

注：2007年及以前，表中数据不包含农村农户房屋施工和竣工面积。

Note: Figures in and before 2007 excluded rural farmers' floor space of buildings under construction and completed.

5-10 全社会房屋建筑施工及竣工面积
FLOOR SPACE OF BUILDINGS UNDER CONSTRUCTION AND COMPLETED

单位: 万平方米 (10000 sq.m)

项　目	Item	2010	2009	占竣工面积比重(%) Proportion in Floor Space Completed (%)	
				2010	2009
施工总面积	**Floor Space of Buildings under Construction**	**15572.1**	**14380.6**		
竣工总面积	**Floor Space of Buildings Completed**	**3908.4**	**4252.6**	**100.0**	**100.0**
按隶属关系分	**Grouped by Administrative Relationship**				
中　央	Central	329.2	388.4	8.4	9.1
地　方	Local	3579.1	3864.2	91.6	90.9
#国　有	State-owned	324.2	547.6	8.3	12.9
集　体	Collective-owned	77.3	116.7	2.0	2.7
按功能区分	**Grouped by Function**				
首都功能核心区	Core Districts of Capital Function	184.9	323.0	4.7	7.6
城市功能拓展区	Urban Function Extended Districts	1681.1	1954.3	43.0	46.0
城市发展新区	New Districts of Urban Development	1665.2	1649.4	42.6	38.8
生态涵养发展区	Ecological Preservation Development Districts	377.1	325.9	9.6	7.7

5-11 房地产开发情况(1990-2010年)

年 份 Year	房地产开发企业个数(个) Number of Real Estate Development Enterprises (unit)	本年完成的土地开发面积(万平方米) Land Space Developed This Year (10000 sq.m)	房地产开发投资额(亿元) Real Estate Development Investment (100 million yuan)	#土地开发投资 Investment in Land Development	#土地购置费 Land Purchase Cost	按用途分 Grouped by Purpose of Investment #住宅 Residential Buildings	#写字楼(办公楼) Office Buildings
1990			22.5			12.3	
1991-1995		**2169.9**	**568.4**			**264.8**	
1991	40	305.9	24.0			14.0	
1992	42	590.0	33.7			20.0	
1993	74	182.5	58.4	4.6	2.5	38.1	
1994	81	382.5	99.5	11.6	4.0	50.3	
1995	623	709.0	352.8	58.7	52.4	142.4	71.5
1996-2000		**1501.9**	**1979.5**	**131.8**	**161.5**	**950.7**	**351.5**
1996	554	239.8	328.2	33.0	15.0	124.9	84.2
1997	601	419.8	330.3	22.2	23.9	132.9	91.1
1998	585	195.0	377.4	22.7	28.4	168.0	78.5
1999	716	187.2	421.5	24.6	36.6	236.6	52.5
2000	893	460.1	522.1	29.3	57.6	288.3	45.2
2001-2005		**4124.3**	**5974.0**	**177.6**	**993.6**	**3239.5**	**696.1**
2001	1142	1162.7	783.8	38.1	115.6	464.2	72.0
2002	1508	925.0	989.4	44.0	149.2	586.7	97.3
2003	1546	1088.2	1202.5	39.5	213.2	633.0	142.7
2004	2704	634.2	1473.3	36.5	275.8	776.0	187.9
2005	3123	314.2	1525.0	19.4	239.8	779.5	196.2
2006-2010			**10863.2**	**125.5**	**3642.0**	**5211.5**	**1055.2**
2006	2882	840.5	1719.9	35.7	477.9	863.6	216.7
2007	2688	248.7	1995.8	25.6	644.7	991.7	242.2
2008	3433	351.5	1908.7	24.0	639.0	940.6	170.5
2009	3171	364.0	2337.7	28.7	587.7	906.6	166.7
2010	3190		2901.1	11.5	1292.7	1509.0	259.1

注：2005年及以前的商品房销售面积为竣工后的全部商品房销售面积，2006年及以后为期房与现房销售面积之和。

STATISTICS FOR REAL ESTATE DEVELOPENT (1990-2010)

	按投资构成分 Grouped by Use of Funds		商品房销售额 (亿元) Marketable House Sales (100 million yuan)		商品房销售面积 (万平方米) Area of Marketable Houses Sold (10000 sq.m)	
#商业营业用房 Business Houses	#建筑安装工程 Building and Installation Projects	#设备工器具购置 Purchase of Equipment, Tools and Devices		#住宅 Residential Buildings		#住宅 Residential Buildings
	18.4				142.2	
	341.9		**218.7**	**191.2**	**855.6**	**816.5**
	16.8		22.0	21.6	154.0	152.5
	20.7		25.5	24.7	159.1	153.0
	43.4	0.4	41.0	41.0	182.0	182.0
	69.3	0.9	60.4	40.8	168.6	149.0
35.2	191.7	8.4	69.8	63.1	191.9	180.0
161.3	**1280.6**	**95.5**	**1251.4**	**1032.3**	**2416.7**	**2199.2**
35.2	222.0	17.0	94.7	70.8	215.3	183.1
29.2	208.0	19.8	164.1	140.4	290.9	256.2
36.1	250.7	20.7	214.4	179.8	409.2	377.0
30.2	278.6	16.8	307.5	232.0	544.4	484.7
30.6	321.3	21.2	470.7	409.3	956.9	898.2
368.3	**3498.9**	**137.8**	**5329.6**	**4624.5**	**10084.3**	**9354.8**
41.7	438.0	22.3	609.9	531.7	1205.0	1127.5
57.6	572.7	31.5	813.8	716.7	1708.3	1604.4
61.3	716.2	24.3	898.0	789.2	1895.8	1771.1
94.8	872.1	35.4	1249.1	1085.1	2472.0	2285.8
112.9	881.8	42.3	1758.8	1501.8	2803.2	2566.0
1270.8	**4550.5**	**255.0**	**12507.0**	**9221.0**	**10121.4**	**8049.8**
226.0	953.2	55.5	2159.0	1626.3	2607.6	2205.0
267.4	1015.3	58.9	2514.7	1846.0	2176.6	1731.5
240.4	829.6	48.6	1658.3	1201.4	1335.4	1031.4
200.7	841.6	45.7	3259.7	2486.8	2362.3	1880.5
336.3	910.8	46.3	2915.4	2060.5	1639.5	1201.4

Note: Space of marketable buildings sold in 2005 and before is the floor space of marketable buildings completed, and after 2006, is the sum of future and stock houses sold.

5-12 房地产开发面积(1990-2010年)

单位：万平方米

项 目	Item	1990	1991	1992	1993	1994	1995
商品房施工面积	**Construction Area of Marketable Houses**	**774.0**	**815.1**	**1021.1**	**1262.0**	**1593.2**	**2810.2**
#本年新开工面积	New Construction Area in Current Year	249.1	317.6	508.6	524.8	659.4	1012.2
#商业营业用房	Houses for Commercial Operation	41.2	57.6	54.8			252.6
办公楼(写字楼)	Office Building	17.4	2.1	7.6			462.7
住 宅	Residential Houses	643.4	692.1	865.4	887.6	1107.6	1728.7
#经济适用房	Affordable Houses						
公寓别墅	Apartments & Villas						334.8
商品房竣工面积	**Area of Marketable Houses Completed**	**271.6**	**275.2**	**331.4**	**356.4**	**445.7**	**653.0**
#商业营业用房	Houses for Commercial Operation	13.3	10.9	8.3			43.5
办公楼(写字楼)	Office Building	9.7	0.9	2.7			27.9
住 宅	Residential Houses	226.5	240.4	300.8	280.6	385.6	506.3
#经济适用房	Affordable Houses						
公寓别墅	Apartments & Villas						55.6
商品房销售面积	**Area of Marketable Houses Sold**	**142.2**	**154.0**	**159.1**	**182.0**	**168.6**	**191.9**
#商业营业用房	Houses for Commercial Operation					1.1	4.5
办公楼(写字楼)	Office Building					17.2	4.0
住宅	Residential Houses		152.5	153.0	182.0	149.0	180.0
#经济适用房	Affordable Houses						
公寓别墅	Apartments & Villas						16.7
年末商品房待售面积	**Year-end Area of Vacant Marketable Houses**						**81.5**
#住宅	Residential Houses						
#一年以内	Less than One Year						
#三年以上	Three Years Over						

注：2005年及以前的商品房销售面积为竣工后的全部商品房销售面积，2006年及以后为期房与现房销售面积之和。

REAL ESTATE DEVELOPMENT AREA (1990-2010)

(10000 sq.m)

1996	1997	1998	1999	2000	2001	2002	2003	2004	2005	2006	2007	2008	2009	2010
2824.6	**2869.6**	**3499.1**	**3784.0**	**4455.0**	**5966.7**	**7510.7**	**9070.7**	**9931.3**	**10748.5**	**10483.5**	**10438.6**	**10014.3**	**9719.1**	**10300.9**
578.7	848.4	1193.4	1061.8	1676.9	2789.8	3206.0	3433.8	3054.3	2965.9	3179.4	2557.4	2337.2	2246.6	2974.2
283.9	260.8	297.7	281.3	281.3	330.6	400.3	557.7	641.8	809.2	1403.0	1482.1	1429.8	1323.4	1229.3
638.7	637.7	590.7	484.4	449.1	495.5	672.5	901.3	1122.4	1209.8	1245.8	1364.6	1287.2	1132.2	1054.8
1520.7	1541.1	2107.2	2447.9	2971.6	4349.6	5397.5	6352.9	6759.4	7283.4	6311.3	5914.5	5538.2	5551.9	6176.0
			301.4	296.6	563.1	660.2	802.5	793.2	783.4	551.9	440.1	544.9	628.7	572.7
316.8	335.7	368.3	390.7	537.8	494.4	550.8	705.0	776.0	1023.5	913.8	1009.2	954.7	840.9	830.0
663.4	**682.3**	**842.8**	**1208.5**	**1365.6**	**1707.4**	**2384.4**	**2593.7**	**3067.0**	**3770.9**	**3193.9**	**2891.7**	**2558.0**	**2678.6**	**2386.7**
38.3	42.4	69.8	43.1	48.7	48.2	82.9	117.5	225.3	180.9	289.2	315.1	313.1	322.4	271.9
79.0	80.9	92.3	108.8	97.2	98.0	97.4	94.0	153.9	287.8	304.4	314.8	364.6	316.6	198.4
470.8	478.3	588.7	908.3	1013.7	1393.4	1926.2	2080.8	2343.9	2841.4	2193.3	1854.0	1399.3	1613.2	1498.5
			114.1	184.9	214.0	228.4	322.8	298.8	325.6	270.1	188.6	101.1	98.2	144.6
43.3	99.8	57.0	93.2	164.2	150.8	161.9	127.9	153.2	342.7	255.6	239.6	233.0	213.7	183.2
215.3	**290.9**	**409.2**	**544.4**	**956.9**	**1205.0**	**1708.3**	**1895.8**	**2472.0**	**2803.2**	**2607.6**	**2176.6**	**1335.4**	**2362.3**	**1639.5**
14.4	8.0	7.0	6.8	6.1	17.4	32.9	50.8	60.2	66.9	108.6	134.8	112.4	157.1	142.1
13.7	18.8	23.2	48.0	41.2	49.8	44.0	38.1	92.5	131.2	260.3	265.7	139.4	255.8	208.1
183.1	256.2	377.0	484.7	898.2	1127.5	1604.4	1771.1	2285.8	2566.0	2205.0	1731.5	1031.4	1880.5	1201.4
			45.8	166.5	185.2	220.7	320.0	306.3	304.0	176.3	100.1	108.3	82.2	49.5
24.9	53.5	40.0	55.1	107.6	120.8	153.6	131.9	172.7	302.1	276.9	319.3	164.6	339.8	175.9
214.8	**298.3**	**334.8**	**624.3**	**627.4**	**774.0**	**919.0**	**1123.4**	**1044.1**	**1374.2**	**1039.7**	**1136.2**	**1438.3**	**1351.4**	**1482.7**
179.6	258.9	262.9	529.1	515.1	634.1	763.2	896.9	723.8	799.7	494.1	411.8	522.7	426.8	511.9
					429.4	557.9	745.5	744.4	993.5	628.3	697.2	945.1	768.0	810.4
					84.6	96.4	109.8	72.9	75.8	106.9	203.1	209.8	229.9	239.7

Note: Space of marketable buildings sold in 2005 and before is the floor space of marketable buildings completed, and after 2006, is the sum of future and stock houses sold.

5-13 房地产开发企业经营(2010年)
BASIC INFORMATION OF REAL ESTATE DEVELOPMENT ENTERPRISES (2010)

项目	Item	企业单位个数(个) Number of Enterprises (unit)	实收资本合计(万元) Contributed Capital (10000 yuan)	资产总计(万元) Total Assets (10000 yuan)	主营业务收入(万元) Income (10000 yuan)	利润总额(万元) Total Profits (10000 yuan)	年末从业人员(人) Staff and Workers (year-end) (person)
合　计	**Total**	**3190**	**35155651**	**262319105**	**29068284**	**5702532**	**89200**
按企业登记注册类型分	**Grouped by Registration Status**						
内资企业	Domestic Investment Enterprises	2905	27636169	221250606	23228778	4308990	74073
国有企业	State-owned	172	3042373	22529553	1212319	235673	6725
集体企业	Collective-owned	22	***	***	***	***	499
股份合作企业	Share Holding	2	***	***		***	73
股份有限公司	Share Holding Corporations Ltd.	98	4067639	21567066	1274710	557102	3478
有限责任公司	Limited Liability Corporations	1877	17572467	155776531	18061895	3306686	51049
其他企业	Others	734	2873426	20157883	2566638	181818	12249
港澳台商投资企业	Hongkong, Macao and Taiwan Funded Enterprises	174	5155213	26367472	3497535	828986	8808
港澳台合资经营	Joint Venture	67	1385350	5450262	1306296	229739	3044
港澳台合作经营	Cooperative	79	1843520	9985264	918978	172285	3566
港澳台商独资企业	Hongkong, Macao and Taiwan Enterprises	28	1926343	10931947	1272261	426962	2198
港澳台商投资股份有限公司	Hongkong, Macao and Taiwan Share Holding Corporations Ltd.						
外商投资企业	Foreign Funded Enterprises	111	2364270	14701027	2341971	564556	6319
中外合资经营	Joint Venture	41	807546	5679879	1300207	372780	1833
中外合作经营	Cooperative	46	730616	3873204	488015	55020	3055
外资(独资)企业	Foreign Enterprises	20	480007	2646042	423941	111393	987
外商投资股份有限公司	Foreign Share Holding Corporation Ltd.	4	346101	2501903	129808	25363	444
按隶属关系分	**Grouped by Administrative Relationship**						
中　央	Central	111	2755867	18433600	1480056	330985	3435
地　方	Local	3079	32399784	243885505	27588228	5371547	85765
按资质等级分	**Grouped by Grade**						
一　级	First-grade	120	6294489	55851839	6063994	1476768	12912
二　级	Second-grade	247	4314752	43903549	5371143	1020252	16281
三　级	Third-grade	319	3511597	28866464	3986142	641765	9864
四　级	Fourth-grade	1139	8395643	65599607	10417501	2172834	28380
暂　定	Provisional	693	7938446	47152984	2164278	158036	13467
其　他	Other	672	4700726	20944663	1065226	232877	8296
按营业状况分	**Grouped by Business Condition**						
营　业	Going on	2986	34420922	259451934	29019758	5707425	88293
停　业	Closed down	140	377634	1610582	19856	-3410	367
筹　建	Preparatory	17	155569	234929		-2778	71
当年关闭	Closed in the year	8	15477	96454		5154	22
当年破产	Bankrupted in the year						
其　他	Other	39	186049	925206	28670	-3860	447

5-14 房地产开发企业开发建设(2010年)
REAL ESTATE DEVELOPMENT (2010)

单位: 万元、平方米 (10000 yuan,sq.m)

项目	Item	全市合计 Total	#国有企业 State-Owned	#三资企业 Foreign Funded	按隶属关系分 Grouped by Administrative Relationship 中央 Central	地方 Local
计划总投资	Total Planned Investment	171406426	15385119	17187665	6815874	164590552
开始建设至本年度累计完成投资	Accumulative Investment Completed from Beginning to the End of This Year	111362501	8442157	13089528	4481413	106881088
本年完成投资合计	Investment Completed This Year	29010686	3350390	1732832	1065182	27945504
#土地开发投资	Land Development	115184	6668	3892	969	114215
土地购置费	Purchase of Land	12927472	1506243	427295	437240	12490232
本年完成投资按用途分	Grouped by Purpose of Investment Completed This Year					
住宅	Residential Buildings	15089501	1334973	758375	573879	14515622
#普通住房	Ordinary Residential Houses	6925956	637154	220978	416332	6509624
别墅、高档公寓	Villas, High-grade Apartments	2607279	102848	364516	49913	2557366
经济适用房	Economical & Suitable Houses	489805	176534			489805
办公楼(写字楼)	Office Buildings	2590996	59802	252734	104705	2486291
商业营业用房	Business Houses	3362915	105596	304014	84957	3277958
其他	Other	7967274	1850019	417709	301641	7665633
本年购置土地面积	Land Space Purchased This Year	8587483	825621	332244	168126	8419357

5-15 商品房
COMMODITY BUILDINGS

单位: 万平方米 (10000 sq.m)

项目	Item	2010	2009
施工面积	**Floor Space of Buildings under Construction**	**10300.9**	**9719.1**
#本年新开工面积	Construction of This Year	2974.2	2246.6
#住宅	Residential Buildings	6176.0	5551.9
#本年新开工面积	Construction of This Year	2063.4	1380.3
竣工面积	**Floor Space of Buildings Completed**	**2386.7**	**2678.6**
#住宅	Residential Buildings	1498.5	1613.2
销售面积	**Floor Space of Selling House**	**1639.5**	**2362.3**
#住宅	Residential Buildings	1201.4	1880.5
待售面积	**Floor Spacre of Untapped Marketable Buildings**	**1482.7**	**1351.4**
#住宅	Residential Buildings	511.9	426.8

注：商品房销售面积为竣工后的全部商品房销售面积，包括期房和现房。

Note: Space of marketable buildings sold is the floor space of marketable buildings completed, includes the the sum of future and stock houses sold.

5-16 经济适用房

ECONOMICAL AND SUITABLE HOUSES

项目		Item		合计 Total		#住宅 Residential	
				2010	2009	2010	2009
完成投资	(万元)	Investment Completed	(10000 yuan)	679156	1008860	489805	679914
施工面积	(万平方米)	Floor Space of Buildings under Construction	(10000 sq.m)	756.2	795.1	572.7	628.7
竣工面积	(万平方米)	Floor Space of Buildings Completed	(10000 sq.m)	203.9	120.3	144.6	98.2
住宅竣工套数	(套)	Suites of Rooms Completed	(suit)	19795	10646	19795	10646
本年新开工面积	(万平方米)	Construction of this Year	(10000 sq.m)	190.5	181.8	156.3	149.1
住宅销售面积	(万平方米)	Floor Space of Buildings Sold	(10000 sq.m)	49.5	82.2	49.5	82.2
住宅销售套数	(套)	Suites of Rooms Sold	(suit)	6891	10777	6891	10777

注：2005年及以前的经济适用房销售面积为竣工后的全部经济适用房销售面积；2006年及以后为期房和现房销售之和。

Note: Space of economical and suitable houses sold in 2005 and before is the floor space of economical and suitable houses completed, and after 2006, is the sum of future and stock houses sold.

5-17 限价商品房

MARKETABLE HOUSE AT FIXED PRICE

项目		Item		合计 Total	
				2010	2009
完成投资额	(亿元)	Investment Completed	(100 million yuan)	149.7	177.7
施工面积	(万平方米)	Floor Space of Buildings under Construction	(10000 sq.m)	1575.9	1445.5
#住宅	(万平方米)	Residential	(10000 sq.m)	1305.4	1212.4
竣工面积	(万平方米)	Floor Space of Buildings Completed	(10000 sq.m)	261.5	100.0
#住宅	(万平方米)	Residential	(10000 sq.m)	219.3	82.7
住宅竣工套数	(套)	Suites of Rooms Completed	(suit)	26368	9599
本年新开工面积	(万平方米)	Construction of this Year	(10000 sq.m)	225.0	683.5
#住宅	(万平方米)	Residential	(10000 sq.m)	205.4	615.3
住宅销售面积	(万平方米)	Floor Space of Buildings Sold	(10000 sq.m)	154.0	121.2
住宅销售套数	(套)	Suites of Rooms Sold	(suit)	19167	14432

资料来源：北京市住房和城乡建设委员会。

Source: Beijing Housing and Urban and Rural Construction Commission.

5-18 廉租房

LOW-RENT HOUSE

项目		Item		合计 Total 2010	2009
完成投资额	(亿元)	Investment Completed	(100 million yuan)	9.0	14.5
施工面积	(万平方米)	Floor Space of Buildings under Construction	(10000 sq.m)	99.3	100.2
#住　宅	(万平方米)	Residential	(10000 sq.m)	92.5	93.4
竣工面积	(万平方米)	Floor Space of Buildings Completed	(10000 sq.m)	13.9	9.1
#住　宅	(万平方米)	Residential	(10000 sq.m)	12.9	8.3
住宅竣工套数	(套)	Suits of Rooms Completed	(suit)	3088	1905
本年新开工面积	(万平方米)	Construction of this Year	(10000 sq.m)	7.2	20.4
#住　宅	(万平方米)	Residential	(10000 sq.m)	7.2	19.9
配租户数	(户)	Household of Rent	(household)	5266	7609

注：配租户数包括摇号实物配租和租金补贴两种。

资料来源：北京市住房和城乡建设委员会。

Note: Households granted for low-rent house includes those granted for in-kind house in a manner of lottery and those granted for rent subsidies.

Source: Beijing Housing and Urban and Rural Construction Commission.

5-19 公租房

PUBLIC-RENTAL HOUSING

项目		Item		合计 Total 2010	2009
完成投资额	(亿元)	Investment Completed	(100 million yuan)	18.6	5.5
施工面积	(万平方米)	Floor Space of Buildings under Construction	(10000 sq.m)	178.7	52.5
#住　宅	(万平方米)	Residential	(10000 sq.m)	163.6	48.0
竣工面积	(万平方米)	Floor Space of Buildings Completed	(10000 sq.m)	15.8	
#住　宅	(万平方米)	Residential	(10000 sq.m)	15.1	
住宅竣工套数	(套)	Suits of Rooms Completed	(suit)	2044	
本年新开工面积	(万平方米)	Construction of this Year	(10000 sq.m)	122.5	52.5
#住　宅	(万平方米)	Residential	(10000 sq.m)	113.3	48.0

资料来源：北京市住房和城乡建设委员会。

Source: Beijing Housing and Urban and Rural Construction Commission.

主要统计指标解释

全社会固定资产投资 包括城镇固定资产投资（含房地产开发投资）和农村固定资产投资。

城镇固定资产投资 是指城镇各种登记注册类型的企业、事业、行政单位及个体户进行的计划总投资在50万元及以上的建设项目投资。镇及镇以上各级政府及主管部门直接领导、管理的建设项目和企事业单位的投资均为城镇固定资产投资。

农村固定资产投资 农村投资统计以投资项目建设地址所在的地域为农村投资统计的范围，即农村投资是指各种投资主体建设的建设项目地址在农村区域范围内的、以满足农村居民生产、生活需要为主要目的的各种投资活动。农村固定资产投资包括农户和非农户固定资产投资。

新增固定资产投资 是指报告期内交付使用的固定资产价值。包括本年内建成投入生产或交付使用的工程投资和达到固定资产标准的设备、工具、器具的投资及有关应摊入的费用。属于增加固定资产价值的其他建设费用，应随同交付使用的工程一并计入新增固定资产。

基础设施投资 是指能够为企业提供作为中间投入用于生产的基本需求；能够为消费者提供所需的基本消费服务；能够为社区提供用于改善不利的外部环境的服务等建设的投资，包括固定资产投资中用于市政工程、电信工程、公共设施和水利环保等建设的投资。具体包括：电力、燃气和水的生产和供应业；交通运输业；邮政业；信息传输业；水利、环境和公共设施管理业等。

上年末结余资金 是指上年资金来源中没有形成固定资产投资额而结余的资金。包括尚未用到工程上去的材料价值、未开始安装的需要安装设备价值及结存的现金和银行存款等。

本年资金来源小计 是指固定资产投资单位在报告期收到的，用于固定资产投资的各种货币资金。包括国家预算内资金、国内贷款、债券、利用外资、自筹资金和其他资金。

国家预算内资金 分为财政拨款和财政安排的贷款两部分。包括中央财政的基本建设基金(分经营性基金和非经营性基金两部分)、专项支出(如煤代油专项等)、收回再贷、贴息资金，财政安排的挖潜改造和新产品试制支出、城建支出、商业部门简易建筑支出、不发达地区发展基金等资金中用于固定资产投资的资金；地方财政中由国家统筹安排的资金等。

国内贷款 是指报告期固定资产投资单位向银行及非银行金融机构借入的用于固定资产投资的各种国内借款，包括银行利用自有资金及吸收的存款发放的贷款、上级主管部门拨入的国内贷款、国家专项贷款(包括煤代油贷款、劳改煤矿专项贷款等)，地方财政专项资金安排的贷款、国内储备贷款、周转贷款等。

利用外资 是指报告期收到的用于固定资产建造和购置投资的境外资金(包括设备、材料、技术在内)。包括外商直接投资、对外借款(外国政府贷款、国际金融组织贷款、出口信贷、外国银行商业贷款、对外发行债券和股票)及外商其他投资(包括补偿贸易和加工装配由外商提供的设备价款、国际租赁)。不包括我国自有外汇资金(包括国家外汇、地方外汇、留成外汇、调剂外汇和中国银行自有资金发行的外汇贷款等)。

自筹资金 指固定资产投资单位报告期收到的，由各地区、各部门及企业、事业单位筹集用于固定资产投资的预算外资金，包括中央各部门、各级地方和企业、事业单位的自有资金。

其他资金来源 是指在报告期收到的除以上各种资金之外其他用于固定资产投资的资金。包括社会集资、个人资金、无偿捐赠的资金及其他单位拨入的资金等。

控股情况 控股情况以企业法人为分类对象，根据企业实收资本中某种经济成分的出资人的实际投资情况，或出资人对企业资产的实际控制、支配程度进行分类。具体分为国有控股、集体控股、私人控股、港澳台商控股、外商控股五类。

国有控股 是指在企业的全部实收资本中，国有经济成分的出资人拥有的实收资本(股本)所占企业全部实收资本(股本)的比例大于50%的国有绝对控股。

在企业的全部实收资本中，国有经济成分的出资人拥有的实收资本(股本)所占比例虽未大于50%，但相对大于其他任何一方经济成分的出资人所占比例的国有相对控股；或者虽不大于其他经济成分，但根据协议规定拥有企业实际控制权的国有协议控股。

投资双方各占50%，且未明确由谁绝对控股的企业，若其中一方为国有经济成分的，一律按国有控股处理。

集体控股 是指在企业的全部实收资本中，集体经济成分的出资人拥有的实收资本(股本)所占企业全部实收资本(股本)的比例大于50%的集体绝对控股。

在企业的全部实收资本中，集体经济成分的出资人拥有的实收资本(股本)所占比例虽未大于50%，但相对大于其他任何一方经济成分的出资人所占比例的集体相对控股；或者虽不大于其他经济成分，但根据协议规定拥有企业实际控制权的集体协议控股。

私人控股 是指在企业的全部实收资本中，私人经济成分的出资人拥有的实收资本(股本)所占企业全部实收资本(股本)的比例大于50%的私人绝对控股。

在企业的全部实收资本中，私人经济成分的出资人拥有的实收资本(股本)所占比例虽未大于50%，但相对大于其他任何一方经济成分的出资人所占比例的私人相对控股；或者虽不大于其他经济成分，但根据协议规定拥有企业实际控制权的私人协议控股。

港澳台商控股　是指在企业的全部实收资本中，港澳台商经济成分的出资人拥有的实收资本(股本)所占企业全部实收资本(股本)的比例大于50%的港澳台商绝对控股。

在企业的全部实收资本中，港澳台商经济成分的出资人拥有的实收资本(股本)所占比例虽未大于50%，但相对大于其他任何一方经济成分的出资人所占比例的港澳台商相对控股；或者虽不大于其他经济成分，但根据协议规定拥有企业实际控制权的港澳台商协议控股。

外商控股　是指在企业的全部实收资本中，外商经济成分的出资人拥有的实收资本(股本)所占企业全部实收资本(股本)的比例大于50%的外商绝对控股。

在企业的全部实收资本中，外商经济成分的出资人拥有的实收资本(股本)所占比例虽未大于50%，但相对大于其他任何一方经济成分的出资人所占比例的外商相对控股；或者虽不大于其他经济成分，但根据协议规定拥有企业实际控制权的外商协议控股。

住宅建设投资　是指专供居住使用的房屋，包括职工家属宿舍、职工单身宿舍、学生宿舍和经济适用房等房屋建造的投资，不包括购置的商品住宅。

建筑安装工程投资(建筑安装工作量)　是指各种房屋、建筑物的建造工程，各种设备、装置的安装工程。又称建筑安装工作量。建筑工程投资必须经过兴工动料，通过施工活动才能实现。在安装工程中，不包括被安装设备本身价值。

设备、工具、器具购置　是指把工业企业生产的产品转为固定资产的购置活动，包括建设单位或企、事业单位购置或自制达到固定资产标准的设备、工具、器具的价值。新建单位及扩建单位的新建车间，按照设计或计划要求购置或自制的全部设备、工具、器具，不论是否达到固定资产标准均计入“设备、工具器具购置”中。

其他费用　指在固定资产建造和购置过程中发生的，除建筑安装工程和设备、工器具购置投资完成额以外的费用，不指经营中财务上的其他费用。包括旧房屋购置，基本畜禽支出，林木支出，退耕还林还草、土壤改良、城市绿化，办公生活用家具、器具购置，建设单位管理费、土地征用、购置及迁移补偿费，政府收费，勘察设计费，研究实验费，可行性研究费，临时设施费，施工机械转移费，设备检验费，负荷联合试车费，土地占用、使用费，建设期应付利息，包干节余，企业债券发行费，合同公证费及工程质量监测费，国外借款手续费及承诺费，汇兑损益，调整器材调拨价格折价，坏帐损失，固定资产资产亏损及损失等。

房地产开发投资　指从本年1月1日起至本年最后一天止完成的全部用于房屋建设工程和土地开发工程的投资额，以及公益性建筑和土地购置费等投资。

经济适用房　是指根据国家经济适用房计划安排建设的住宅。由国家统一下达计划，地方政府统一组织建设，用地一般实行行政划拨的方式，免收土地出让金，对各种经批准的收费实行减半征收，出售价格实行政府指导价，按保本微利的原则确定。

限价商品房　按照建设项目的相关批复文件规定，指政府采取招标、拍卖、挂牌方式出让商品住房用地时，提出限制销售价格、住房套型面积和销售对象等要求，由建设单位通过公开竞争方式取得土地，进行开发建设和定相销售的普通商品住房。

房屋施工面积　是指报告期内施工的全部房屋建筑面积。包括本期新开工的面积和上年开工跨入本期继续施工房屋面积，以及上期已停建在本期恢复施工的房屋面积。本期竣工和本期施工后又停建、缓建的房屋面积仍包括在施工面积中，多层建筑应填各层建筑面积之和。

房屋竣工面积　是指报告期内房屋建筑按照设计要求已全部完工，达到住人和使用条件，经验收鉴定合格（或达到竣工验收标准），可正式移交使用的各栋房屋建筑面积的总和。

商品房销售面积　是指在报告期内出售商品房屋的合同总面积（即双方签署的正式买卖合同中所确定的建筑面积）。由现房销售建筑面积和期房销售建筑面积两部分组成。

Explanatory Notes on Main Statistical Indicators

Total Investment in Fixed Assets in the City includes the urban investment in fixed assets (including the investment in real estate development) and rural investment in fixed assets.

Urban Investment in Fixed Assets refers to construction projects involving a total planned investment of 500,000 Yuan and over by enterprises of various types of registration, institutions, administrative units and individuals in urban areas. The investment in construction projects under the direct leadership and management of government agencies at and above town levels and investment by enterprises and public institutions are included in urban investment in fixed assets.

Rural Investment in Fixed Assets Rural investment statistics cover the area where the construction sites of investment projects are located, namely, rural investment means all investment activities of construction projects conducted by various investment players in rural area which mainly aim to rural residents' production and living needs. Rural investment in fixed assets consists of investment in fixed assets by farmers and non-farmers.

Newly-Added Investment in Fixed Assets means the value of fixed assets put into use in the reporting period, including investment in projects completed and put into production or use in the year, and investment in equipment, tools and apparatus which reach the specified amount of fixed assets, together with apportioned costs. Other construction costs adding value to fixed assets shall be involved in the newly added investment of fixed assets together with the projects put into use.

Investment in Infrastructures means the investment in any construction that can provide intermediate inputs for enterprise to meet their basic production needs; that can provide consumers with basic consumer services needed; that can provide with communities with services used for improving any unfavorable external environment. It includes the investment in public works, telecom works, public facilities, water conservancy and environmental protection works, which is of the investment in fixed assets. In details, these infrastructures include: production and supply of electric power, fuel gas, and water; traffic and transport; postal service; information transmission; water conservancy, environment, and public facility management, etc.

Funds Carried Forward from the End of Previous Year means any money in the previous-year fund sources that did not form investment in fixed assets and is carried forward, including the value of materials not used for projects, value of equipment to be installed but not installed, and balance of cash and bank deposits.

Subtotal of Fund Sources in the Year means various monetary capital received by investors of fixed assets in the reporting period and to be used for investment in fixed assets, including fund from State budget, domestic loans, bonds, foreign investment, self-raised funds and other funds.

Fund from State Budget consists of budgetary appropriation and loans from the State budget. More specifically, it includes, from the budget of the central government, capital construction fund (operating fund and non-operating fund), special expenses (e.g. expenses on substituting petroleum with coal), loans from repayment, discount fund, expenses on innovation and trial production of new products, expenses on urban construction, expenses on temporary construction from business departments, development fund for less developed areas, as well as local budgetary fund transferred from the central budget.

Domestic loans refer to loans of various forms borrowed by investing units from banks and non-bank financial institutions during the reference period for the purpose of investment in fixed assets, including loans issued by banks from their self-owned funds and deposit, loans appropriated by higher authorities, special loans by government (including loans for substituting petroleum with coal, and special loans for work coal mines), loans arranged by local government from special funds, domestic reserve loan and working loan, etc.

Foreign investment refers to foreign funds received during the reference period for the construction and purchase of investment in fixed assets (covering equipment, materials and technology), including foreign direct investment, foreign borrowings (loans from foreign governments and international financial institutions, export credit, commercial loans from foreign banks, issue of bonds and stocks overseas), and other foreign investments (including compensation trade, and value of processing and assembling equipment supplied from foreign investors, and international leasing). Excluded from this category is capital in foreign exchanges owned by China (foreign exchanges owned by the central and local governments, foreign exchanges retained by enterprises, foreign exchanges by enterprises through the regulating mechanism, loans in foreign exchanges issued by the Bank of China with its own fund, etc.).

Self-raised funds refer to non-budgetary funds for investment in fixed assets received during the reporting period by investing units and raised from different places, sectors, enterprises and public institutions, including their own funds.

Other funds refer to funds for investment in fixed assets received from sources other than those listed above, including funds raised from individuals, personal funds, funds donated and funds transferred from other units.

Holding of Shares falls into State holding, collective holding, private holding, holding by Hong Kong, Macao, and Taiwan investors, and holding by foreign investors, with enterprise legal persons as the target of classification, and classified by the actual investment from contributors of certain economic sector in the paid-up capital, or the actual extent of holding and controlling of enterprise assets by contributors.

State Holding includes three parts:

The absolute state holding means that the paid-up capital owned by contributors of State-owned economy represents more than 50% of the total paid-up capital (capital stock) in the enterprise.

The relative state holding means that, the paid-up capital owned by contributors of State-owned economy is not more than 50% of the total paid-up capital (capital stock) in the enterprise, but relatively greater than the percentage of contribution from contributors of any other economy; or if not greater, the agreed state holding that contributors of State-owned economy own actual controlling rights.

If each party holds 50% share capital, and it is not expressed specified which party is absolutely holding the enterprise, and either party is of state-owned economy, the enterprise is also a state holding one.

Collective Holding includes three parts:

The absolute collective holding means that the paid-up capital owned by contributors of collective economy represents more than 50% of the total paid-up capital (capital stock) in the enterprise.

The relative collective holding means that the paid-up capital owned by contributors of collective economy is not more than 50% of the total paid-up capital (capital stock) in the enterprise, but relatively greater than the percentage of contribution from contributors of any other economy.

If not greater, the agreed state holding that contributors of collective economy own actual controlling rights.

Private Holding includes three parts:

The absolute private holding means that the paid-up capital owned by contributors of private economy represents more than 50% of the total paid-up capital (capital stock) in the enterprise.

The relative collective holding means that the paid-up capital owned by contributors of private economy is not more than 50% of the total paid-up capital (capital stock) in the enterprise, but relatively greater than the percentage of contribution from contributors of any other economy.

If not greater, the agreed private holding that contributors of private economy own actual controlling rights.

Hong Kong, Macao and Taiwan Holding includes three parts:

The absolute Hong Kong, Macao and Taiwan holding means that, the paid-up capital owned by contributors from Hong Kong, Macao and Taiwan represents more than 50% of the total paid-up capital (capital stock) in the enterprise.

The relative Hong Kong, Macao and Taiwan holding mean that the paid-up capital owned by contributors from Hong Kong, Macao and Taiwan is not more than 50% of the total paid-up capital (capital stock) in the enterprise, but relatively greater than the percentage of contribution from contributors of any other economy.

If not greater, the agreed Hong Kong, Macao and Taiwan holding that contributors from Hong Kong, Macao and Taiwan own actual controlling rights

Foreign Holding includes three parts:

The absolute foreign holding means that the paid-up capital owned by foreign contributors represents more than 50% of the total paid-up capital (capital stock) in the enterprise.

The relative foreign holding means that the paid-up capital owned by foreign contributors is not more than 50% of the total paid-up capital (capital stock) in the enterprise, but relatively greater than the percentage of contribution from contributors of any other economy.

If not greater, the agreed foreign holding that foreign contributors own actual controlling rights.

Investment in Construction of Residential Houses means the investment in houses specially used for residence, including employee family's dormitories, single employees' dormitories, student dormitories, and affordable houses, and so on, excluding commercialized residences purchased.

Investment in Construction and Installation Projects (Workload of Construction and Installation) means the investment in construction projects of various houses and buildings, installation projects of various equipment and devices, also known as the workload of construction and installation. It can only be realized through construction work and consumption of materials. For installation projects, the value of equipment installed is not included.

Purchase of Equipment, Tools and Apparatus means the purchase activities converting the products made by industrial enterprises into fixed assets, including the value of equipment, tools and apparatus purchased by construction companies, enterprises or public institutions, or made by themselves which reach the specified amount of fixed assets. Equipment, tools and apparatus purchased or self made for new workshops in newly incorporated companies and expanded companies are all included in the "purchase of equipment, tools and apparatus" whether they reach the specified amount of fixed assets or not.

Other Costs refer to any costs incurred during the construction and purchase of fixed assets other than the completed investment in construction and installation projects as well as purchase of equipment, tools and apparatus, not meaning the miscellaneous expenses in financial terms, including the spending on purchase of old houses, basic livestock and poultry, forest trees, arable land recovered for forest and grass planting, soil improvement, city landscaping, office and life furniture and apparatus, construction enterprises' administrative expenses, land acquisition, purchase and relocation compensation, fees collected by government, survey and design fees, research fees, feasibility study fees, costs of temporary facilities, transfer fee of construction machines, equipment inspection costs, joint loaded trial-run fees, land occupation and use fees, payable interest in construction period, surplus from lump work, issuance fees of enterprise bonds, contract notarization fees and project quality supervision fees, commission charges and commitment fees on foreign borrowings, exchange gain and loss, discount from changes in apparatus transfer price, bad debt loss, fixed assets deficit and loss, etc.

Investment in Real Estate Development refers to all investment used for house construction projects and land development projects, together with public welfare buildings and land purchase costs spent from January 1st to the last day of the year.

Affordable Houses refer houses built under the national arrangement and plan for affordable houses. They are built under national consistent plan, consistent organization by local governments, with land obtained through administrative transfer for free land use payment, with payment of half approved fees, selling price guided by government, narrow margin of profit on breakeven basis.

Marketable Houses at Restricted Price are general marketable houses for which the government poses requirements such as restricted selling price, house size and sales targets when the land for marketable house is transferred by the government through competitive bidding, auction and listing-for-sale, and land is obtained by construction enterprises through competitive bidding, which are sold to fixed targets.

Floor Space under Construction refers to the total floor space of all houses and buildings under construction during the reporting period, including floor space of newly started buildings in current period, floor space of construction extended from the previous period to the current period, and floor space of construction suspended during the previous period and resumed in the current period. Floor space of construction completed in the current period, and floor space of construction started and then suspended in the current period are also included in the floor space under construction. For multi-storey buildings, the sum of floor space of all floors shall be calculated.

Floor Space of Houses Completed refers to the total floor space of all houses and buildings fully completed as required in the design in the reporting period, which meet the conditions for living and use, have been satisfactorily accepted (or meet the standards for completion and acceptance) and that can be handed over and put into use.

Area of Marketable Houses Sold refers to total contracted area of marketable houses (i.e. area of floor space as specified in formal contracts signed by both parties) sold in the reporting period. It consists of the floor space of completed houses and future houses.

06

财政与税收
GOVERNMENT FINANCE AND REVENUES

简要说明

一、本章资料的主要内容及数据来源

本章资料包括北京市财政收支情况，北京市国税、地税税收(费)收入情况。其中财政收支包括历年财政收入、支出及相当于地区生产总值比例等情况；税收（费）入包括历年国税、地税税费收入情况，2010年国税、地税税收（费）收入分组情况。

二、本章的资料来源

本章财政收支数据由北京市财政局提供；税收（费）数据由北京市国家税务局、北京市地方税务局提供。

Brief Introduction

I. Main Content

Statistics in this chapter include fiscal revenues and payments in Beijing, income of state and local tax (fees) in Beijing. Of which, figures of fiscal revenues and payments include fiscal revenues, payments and as percentage of GDP of Beijing in previous years; figures of income of tax (fees) include income of state and local tax (fees) in previous years, as well as grouping of state and local tax (fees) 2010.

II. Source of Data

Data of fiscal revenues and payments are from Beijing Municipal Bureau of Finance; data of tax (fees) are from Beijing Municipal Bureau of State Tax and Beijing Municipal Bureau of Local Tax.

6-1 地方财政收支(1978-2010年)
LOCAL FINANCIAL REVENUE AND EXPENDITURE (1978-2010)

单位：亿元 (100 million yuan)

年 份 Year	地 方 财政收入 Local Financial Revenue	地方一般 预算收入 Local Government General Budgetary Financial Revenue	税收收入 Tax Revenue	#增值税 Value-added Tax	#营业税 Operation Tax	#个人所得税 Individual Income Tax	#企业所得税 Company Income Tax	#城市维护 建设税 Tax on City Maintenance and Construction	非税收入 Non-tax Revenue	基金预算 收 入 Fund Budgetary Income
1978	50.46		18.25							
1979	47.75		19.41							
1980	51.29		21.22							
1981-1985	**234.27**		**191.96**	**8.34**	**11.46**	**0.61**	**43.77**	**2.16**		
1981	49.12		24.22			0.02	1.76			
1982	47.25		25.81	0.05		0.05	1.43			
1983	39.84		38.03	1.30		0.07	11.70			
1984	45.62		43.91	2.20	1.23	0.13	12.70			
1985	52.44		59.99	4.79	10.23	0.34	16.18	2.16		
1986-1990	**337.13**		**397.96**	**65.02**	**103.00**	**7.29**	**116.89**	**16.67**		
1986	60.34		60.83	7.61	13.19	0.97	20.46	2.51		
1987	63.62		67.77	9.09	15.42	1.54	21.87	2.70		
1988	68.11		84.04	15.10	21.11	1.23	27.70	3.37		
1989	71.05		91.09	16.75	25.33	1.53	24.31	3.74		
1990	74.01		94.23	16.47	27.95	2.02	22.55	4.35		
1991-1995	**456.48**		**643.24**	**136.88**	**228.80**	**35.46**	**105.24**	**34.07**		
1991	77.02		100.58	19.53	30.78	2.56	20.59	4.77		
1992	80.25		110.54	22.29	35.86	3.15	19.08	5.13		
1993	84.10		148.19	42.30	52.07	4.30	14.20	6.57		
1994	99.85		120.53	25.54	45.63	9.24	21.70	7.18		
1995	115.26		163.40	27.22	64.46	16.21	29.67	10.42		
1996-2000	**1341.65**		**1397.26**	**185.46**	**570.06**	**190.18**	**223.71**	**70.84**		
1996	150.90		201.32	29.53	81.61	22.67	37.22	11.36		
1997	209.91	182.32	235.82	32.67	97.54	28.76	41.05	12.74	-53.50	27.59
1998	262.01	229.45	272.23	37.58	113.00	36.49	41.42	14.12	-42.78	32.56
1999	320.44	281.37	315.10	39.72	128.86	45.88	45.99	15.27	-33.74	39.07
2000	398.39	345.00	372.79	45.96	149.05	56.38	58.03	17.35	-27.79	53.39
2001-2005	**3611.96**	**3244.40**	**3216.46**	**367.43**	**1389.75**	**355.88**	**566.23**	**147.84**	**27.94**	**367.57**
2001	507.68	454.17	475.00	59.00	181.35	79.52	86.07	20.53	-20.83	53.51
2002	600.96	533.99	539.87	66.69	227.79	61.29	100.00	24.91	-5.88	66.97
2003	665.94	592.54	588.96	75.26	263.69	57.21	93.70	28.85	3.58	73.40
2004	830.03	744.49	726.50	68.88	333.16	73.34	121.70	34.72	17.99	85.55
2005	1007.35	919.21	886.13	97.60	383.76	84.52	164.76	38.83	33.08	88.14
2006-2010	**11889.54**	**8827.85**	**8453.62**	**800.72**	**3321.83**	**801.97**	**1965.28**	**317.03**	**374.23**	**3061.69**
2006	1235.78	1117.15	1076.82	117.80	460.99	102.28	213.86	45.17	40.33	118.63
2007	1882.04	1492.64	1435.67	134.84	601.06	135.20	309.34	56.63	56.97	389.40
2008	2282.04	1837.32	1775.58	158.34	651.78	171.33	497.52	63.95	61.75	444.71
2009	2678.77	2026.81	1913.97	179.73	752.60	177.84	430.42	71.28	112.84	651.96
2010	3810.91	2353.93	2251.59	210.01	855.40	215.33	513.09	80.00	102.34	1456.98

注：1.地方财政收支数为决算数。
2.2006年及以前农业生产和农业事业费为农业支出、林业支出、水利气象支出的合计；文教科卫事业费为文体广播事业费、教育支出、科学支出、医疗卫生支出的合计。自2007年开始，财政支出按新科目设置，具体内容见6-5表。

资料来源：北京市财政局。

Note: a) Local financial revenue and expenditure figures are final.
b) Agricultural production and agricultural career expenses in and before 2006 were total expenditures for farming, forestry, water conservancy and weather;culture, education, science and health expenses were the sum of culture, sports, and broadcast expenses, education expenditures, science expenditures and medical expenditures. From 2007, fiscal expenditure is set as a new subject. See Table 6-5 for details.

Source: Beijing Finance Bureau.

6-1 续表 continued

单位：亿元 (100 million yuan)

年份 Year	地方财政支出 Local Financial Expenditure	#地方一般预算支出 Local Government General Budgetary Financial Expenditure	#基本建设 Capital Construction	#农业生产和农业事业费 Agricultural Production and Operating Expenses	#文教科卫事业费 Culture, Education, Science and Health Expenses	#教育事业费 Education	#科学事业费 Scientific Research
1978	20.38		10.89	0.84	2.43	1.46	0.04
1979	20.06		10.07	0.86	2.94	1.77	0.05
1980	14.87		5.65	0.75	3.22	1.93	0.06
1981-1985	**111.40**		**39.75**	**4.69**	**24.82**	**14.04**	**0.57**
1981	14.85		5.95	0.71	3.65	2.15	0.08
1982	16.80		6.44	0.80	4.17	2.37	0.09
1983	19.61		6.47	0.83	4.63	2.65	0.10
1984	27.15		10.06	1.12	5.53	3.00	0.12
1985	32.99		10.83	1.23	6.84	3.87	0.18
1986-1990	**272.89**		**55.78**	**12.81**	**59.36**	**30.48**	**2.68**
1986	44.27		11.22	1.57	8.20	4.45	0.19
1987	49.67		10.47	1.91	9.21	4.79	0.58
1988	52.93		10.53	2.88	11.46	6.04	0.58
1989	59.50		11.70	3.15	13.67	7.00	0.57
1990	66.52		11.86	3.30	16.82	8.20	0.76
1991-1995	**473.64**		**51.07**	**22.74**	**131.96**	**73.30**	**7.37**
1991	67.98		9.35	3.67	17.68	9.41	1.01
1992	71.74		8.57	3.98	19.72	10.56	1.10
1993	80.99		10.35	4.33	24.08	13.10	1.30
1994	98.53		9.37	4.93	29.81	17.22	1.62
1995	154.40		13.43	5.83	40.67	23.01	2.34
1996-2000	**1646.07**		**182.00**	**57.35**	**393.12**	**216.14**	**21.91**
1996	187.45		21.66	7.42	51.66	29.57	2.94
1997	262.20	236.39	24.89	9.85	63.83	35.97	3.74
1998	307.55	280.68	32.50	10.70	72.79	41.31	4.11
1999	398.53	355.19	45.46	13.13	84.52	49.22	4.91
2000	490.34	443.00	57.49	16.25	120.32	60.07	6.21
2001-2005	**4219.74**	**3878.85**	**387.63**	**145.23**	**907.72**	**524.16**	**55.81**
2001	614.92	559.11	92.96	19.58	124.08	72.26	7.27
2002	683.98	628.35	64.31	23.50	146.72	85.82	8.78
2003	809.39	734.80	71.99	26.18	175.64	98.82	10.76
2004	974.17	898.28	73.94	33.33	208.96	121.39	13.26
2005	1137.28	1058.31	84.43	42.64	252.32	145.87	15.74
2006-2010	**12765.99**	**9942.31**					
2006	1411.58	1296.84	99.30	60.91	312.60	175.18	19.32
2007	2067.65	1649.50					
2008	2400.93	1959.29					
2009	2820.86	2319.37					
2010	4064.97	2717.32					

6-2 地方财政收支增长速度及相当于地区生产总值比例(1978-2010年)
GROWTH RATE OF LOCAL FINANCIAL REVENUES AND EXPENDITURES AND AS PERCENTAGE OF LOCAL GDP (1978-2010)

单位：% (%)

年份 Year	增长速度(上年=100) Growth Rate (Preceding Year=100)				相当于地区生产总值比例 As Percentage of GDP			
	地方财政收入 Local Financial Revenue	#一般预算收入 Local Government General Budgetary Financial Revenue	地方财政支出 Local Financial Expenditure	#一般预算支出 Local Government General Budgetary Financial Expenditure	地方财政收入 Local Financial Revenue	#一般预算收入 Local Government General Budgetary Financial Revenue	地方财政支出 Local Financial Expenditure	#一般预算支出 Local Government General Budgetary Financial Expenditure
1978	18.0		27.6		46.4		18.7	
1979	-5.4		-1.6		39.8		16.7	
1980	7.4		-25.9		36.9		10.7	
1981-1985					**24.6**		**11.7**	
1981	-4.2		-0.1		35.3		10.7	
1982	-3.8		13.1		30.5		10.8	
1983	-15.7		16.7		21.8		10.7	
1984	14.5		38.4		21.1		12.5	
1985	14.9		21.5		20.4		12.8	
1986-1990					**17.0**		**13.8**	
1986	15.1		34.2		21.2		15.5	
1987	5.4		12.2		19.5		15.2	
1988	7.1		6.6		16.6		12.9	
1989	4.3		12.4		15.6		13.0	
1990	4.2		11.8		14.8		13.3	
1991-1995					**9.4**		**9.8**	
1991	4.1		2.2		12.9		11.4	
1992	4.2		5.5		11.3		10.1	
1993	4.8		12.9		9.5		9.1	
1994	9.9		21.7		8.7		8.6	
1995	21.8		56.7		7.6		10.2	
1996-2000					**11.1**		**13.6**	
1996	30.9		21.4		8.4		10.5	
1997	25.5		39.9		10.1	8.8	12.6	11.4
1998	24.8	20.0	17.4	18.7	11.0	9.7	12.9	11.8
1999	22.3	22.6	29.6	26.5	12.0	10.5	14.9	13.3
2000	24.3	22.7	23.0	24.7	12.6	10.9	15.5	14.0
2001-2005					**13.9**	**12.5**	**16.2**	**14.9**
2001	27.4	31.6	25.4	26.2	13.7	12.2	16.6	15.1
2002	25.8	25.9	11.2	12.4	13.9	12.4	15.9	14.6
2003	17.2	18.2	18.3	16.9	13.3	11.8	16.2	14.7
2004	28.3	29.7	20.4	22.3	13.8	12.3	16.1	14.9
2005	21.4	23.5	16.7	17.8	14.5	13.2	16.3	15.2
2006-2010					**21.5**	**16.0**	**23.1**	**18.0**
2006	22.7	21.5	24.1	22.5	15.2	13.8	17.4	16.0
2007	52.3	33.6	46.5	27.2	19.1	15.2	21.0	16.8
2008	21.3	23.1	16.1	18.8	20.5	16.5	21.6	17.6
2009	17.4	10.3	17.5	18.4	22.0	16.7	23.2	19.1
2010	42.3	16.1	44.1	17.2	27.0	16.7	28.8	19.3

资料来源：北京市财政局。
Source: Beijing Finance Bureau.

6-3 地方财政收入

LOCAL FINANCIAL REVENUE

项目	Item	绝对数(万元) Value (10000 yuan) 2010	2009	2010年为2009年% 2010as % of 2009	构成(%) Composition (%) 2010	2009
合计	**Total**	**38109056**	**26787737**	**142.3**	**100.0**	**100.0**
一般预算收入	**General Budgetary Revenue**	**23539301**	**20268089**	**116.1**	**61.8**	**75.7**
#增值税	Value-added Tax	2100089	1797320	116.8	5.5	6.7
营业税	Business Tax	8554046	7525977	113.7	22.4	28.1
个人所得税	Personal Income Tax	2153282	1778368	121.1	5.7	6.6
城市维护建设税	Tax on City Maintenance and Construction	800033	712794	112.2	2.1	2.7
固定资产投资方向调节税	Tax on the Adjustment of the Investment in the Fixed Assets	563				
耕地占用税	Tax on Cultivated Land Occupation	101853	114108	89.3	0.3	0.4
企业所得税	Company Income Tax	5130941	4304220	119.2	13.5	16.1
国有资本经营收入	State-owned Assets income	-277941	-235242	118.2		
企业所得税退税	Return for Enterprise's Income Tax	-5269	-6054	87.0		
罚没收入、行政事业性收费收入	Penalty and Confiscatory Income and Administrative Fees	627633	561403	111.8	1.6	2.1
基金预算收入	**Fund Budgetary Income**	**14569755**	**6519648**	**223.5**	**38.2**	**24.3**

资料来源：北京市财政局。
Source: Beijing Finance Bureau.

6-4 地方财政支出(2006-2010年)

LOCAL FINANCIAL EXPENDITURE (2006-2010)

单位：亿元 (100 million yuan)

年份 Year	地方财政支出 Local Financial Expenditure	#地方财政一般预算支出 Local Government General Budgetary Financial Expenditure	#一般公共服务 General Public Service	#教育 Education	#科学技术 Science and Technology	#文化体育与传媒 Culture, Physical and Media	#社会保障和就业 Social Security and Employment	#医疗卫生 Medical Service and Health	#环境保护 Environmental Protection	#交通运输 Transportation Expenditure	#农林水事务 Farming, Forest and Water Affairs
2006	1411.58	1296.84	159.95	209.21	70.14	40.51	149.22	100.95	20.14	7.05	88.62
2007	2067.65	1649.50	179.56	263.00	90.74	53.62	179.28	118.95	29.27	33.09	102.51
2008	2400.93	1959.29	196.27	316.30	112.19	61.11	209.33	145.05	35.47	80.35	121.77
2009	2820.86	2319.37	212.21	365.67	126.31	74.75	234.29	166.63	54.04	147.07	142.01
2010	4064.97	2717.32	239.57	450.22	178.92	79.36	275.90	186.82	60.85	154.99	158.64

资料来源：北京市财政局。
Source: Beijing Finance Bureau.

6-5 地方财政支出

LOCAL FINANCIAL EXPENDITURE

项目	Item	绝对数(万元) Value(10000 yuan) 2010	2009	2010年为2009年% 2010as % of 2009	构成(%) Composition(%) 2010	2009
合计	**Total**	**40649711**	**28208643**	**144.1**	**100.0**	**100.0**
一般预算支出	**General Budgetary Financial Expenditure**	**27173174**	**23193658**	**117.2**	**66.8**	**82.2**
#一般公共服务	General Public Service	2395705	2122099	112.9	5.9	7.5
教育	Education	4502155	3656677	123.1	11.1	13.0
科学技术	Science and Technology	1789154	1263072	141.7	4.4	4.5
文化体育与传媒	Culture, Physical and Media	793630	747524	106.2	2.0	2.6
社会保障和就业	Social Security and Employment	2758992	2342924	117.8	6.8	8.3
医疗卫生	Medical Service and Health	1868247	1666270	112.1	4.6	5.9
环境保护	Environmental Protection	608541	540459	112.6	1.5	1.9
交通运输	Transportation Expenditure	1549851	1470666	105.4	3.8	5.2
城乡社区事务	Urban and Rural Community Affairs	2943014	3478192	84.6	7.2	12.3
农林水事务	Farming, Forest and Water Affairs	1586398	1420063	111.7	3.9	5.0
政府性基金支出合计	**Funds Expenditure**	**13476537**	**5014985**	**268.7**	**33.2**	**17.8**

资料来源：北京市财政局。
Source: Beijing Finance Bureau.

6-6 地税、国税税收(费)收入情况(1994-2010年)

INCOME OF LOCAL AND STATE TAX (1994-2010)

单位：亿元 (100 million yuan)

年份 Year	地税、国税税收(费)收入合计 Total Tax Revenues	中央级 Central	地方级 Local	地税税费收入 Local Tax Income	中央级 Central	地方级 Local	国税税收收入 State Tax Income	中央级 Central	地方级 Local
1994	340.1	169.6	170.5	62.7		62.7	277.4	169.6	107.8
1995	357.6	186.8	170.8	95.8		95.8	261.8	186.8	75.0
1996-2000	**3120.9**	**1685.0**	**1435.9**	**1102.6**	**9.0**	**1093.6**	**2018.3**	**1676.0**	**342.3**
1996	402.5	193.2	209.3	133.1		133.1	269.4	193.2	76.2
1997	463.7	218.4	245.3	187.5	1.5	186.0	276.2	216.9	59.3
1998	570.4	286.8	283.6	222.4	2.3	220.1	348.0	284.5	63.5
1999	742.0	418.4	323.6	259.1	2.4	256.7	482.9	416.0	66.9
2000	942.3	568.2	374.1	300.5	2.8	297.7	641.8	565.4	76.4
2001-2005	**8985.8**	**5668.2**	**3317.6**	**2994.7**	**504.4**	**2490.3**	**5991.1**	**5163.8**	**827.3**
2001	1264.7	770.3	494.4	391.7	3.0	388.7	873.0	767.3	105.7
2002	1437.8	884.0	553.8	480.2	77.9	402.3	957.6	806.1	151.5
2003	1641.9	1038.7	603.2	566.9	113.7	453.2	1075.0	925.0	150.0
2004	2004.2	1244.3	759.9	717.5	142.0	575.5	1286.7	1102.3	184.4
2005	2637.2	1730.9	906.3	838.4	167.8	670.6	1798.8	1563.1	235.7
2006-2010	**26136.7**	**17460.4**	**8676.3**	**7824.7**	**1622.0**	**6202.6**	**18312.2**	**15838.4**	**2473.7**
2006	3437.9	2331.5	1106.4	1003.6	196.7	806.9	2434.3	2134.8	299.5
2007	4460.3	2982.5	1477.8	1366.2	281.2	1085.0	3094.1	2701.3	392.8
2008	5444.4	3620.5	1823.9	1578.0	350.7	1227.3	3866.4	3269.8	596.6
2009	6337.4	4379.6	1957.8	1771.9	355.4	1416.4	4565.7	4024.2	541.4
2010	6456.7	4146.3	2310.4	2105.0	438.0	1667.0	4351.7	3708.3	643.4

资料来源：北京市地方税务局、北京市国家税务局。
Source: Beijing Local Tax Bureau, Beijing State Tax Bureau.

6-7 地税税费收入分税种、分行业完成情况(2007-2010年)
LOCAL TAX REVENUE BY CATEGORY AND INDUSTRY (2007-2010)

单位：亿元 (100 million yuan)

项目	Item	2007	2008	2009	2010
各项税费收入合计	**Total Tax Revenues**	**1366.14**	**1578.02**	**1771.87**	**2104.89**
按税种分	**By Category**				
#营业税	Sales Tax	601.06	651.78	749.90	855.40
企业所得税	Coporate Income Tax	150.64	161.06	142.24	173.18
个人所得税	Personal Income Tax	308.24	409.62	436.49	536.27
按行业分	**By Sector**				
第一产业	Primary Industry	1.66	2.05	2.57	3.67
第二产业	Secondary Industry	198.90	216.00	209.91	235.20
#制造业	Manufacturing	74.52	94.87	88.62	101.75
电力、燃气及水的生产和供应业	Production and Distribution of Electricity, Gas and Water	12.00	14.96	15.46	15.69
建筑业	Construction	108.51	97.19	98.64	109.88
第三产业	Tertiary Industry	1165.57	1359.97	1559.39	1866.00
#交通、运输仓储及邮政业	Transportation, Storage, Posts and Telecommunications	37.78	45.90	46.43	51.41
信息传输、计算机服务和软件业	Information Transmission, Computer Services and Software	64.63	82.03	85.87	98.02
批发和零售业	Wholesale Trade and Retail Trade	66.80	85.20	89.24	111.40
金融业	Finance	142.17	211.13	228.57	276.40
房地产业	Real Estate	317.19	282.32	371.28	437.40

资料来源：北京市地方税务局。
Source:Beijing Local Tax Bureau.

6-8 国税税收收入分税种、分行业完成情况(2007-2010年)
STATE TAX REVENUE BY CATEGORY AND INDUSTRY (2007-2010)

单位：亿元 (100 million yuan)

项目	Item	2007	2008	2009	2010
税收收入合计	**Total Tax Revenues**	**3030.6**	**3861.7**	**4561.1**	**4346.8**
按税种分	**By Category**				
#增值税	Value-added Tax	574.1	652.4	749.7	868.3
营业税	Coporate Income Tax	196.6	225.3	160.6	145.4
企业所得税	Personal Income Tax	1874.9	2526.3	3116.5	2642.0
按行业分	**By Sector**				
第一产业	Primary Industry	0.4	1.0	4.0	5.8
第二产业	Secondary Industry	684.8	602.6	627.8	779.1
#制造业	Manufacturing	402.4	419.3	563.6	623.2
电力、燃气及水的生产和供应业	Production and Distribution of Electricity, Gas and Water	76.4	124.1	84.3	105.2
建筑业	Construction	7.4	14.6	20.4	30.1
第三产业	Tertiary Industry	2345.4	3258.1	3929.3	3561.9
#交通、运输仓储及邮政业	Transportation, Storage, Posts and Telecommunications	151.6	173.2	134.2	157.9
信息传输、计算机服务和软件业	Information Transmission, Computer Services and Software	116.6	126.2	208.4	30.8
批发和零售业	Wholesale Trade and Retail Trade	719.2	842.8	820.5	1081.6
金融业	Finance	1090.5	1768.6	2396.0	1831.2
房地产业	Real Estate	67.3	106.3	77.0	107.6

资料来源：北京市国家税务局。
Source: Beijing State Tax Bureau.

主要统计指标解释

财政部分

地方财政收入 包括一般预算财政收入和基金预算收入。

一般预算财政收入 是通过一定的形式和程序，由各级财政部门组织并纳入预算管理的各项收入，也就是会计制度改革以前所称的"预算收入"。

基金预算收入 是按规定收取，转入或通过当年财政安排，由财政管理并具有指定用途的政府性基金预算收入等。

税收收入 包括增值税、营业税、企业所得税、个人所得税、资源税、城市维护建设税、房产税、印花税、城镇土地使用税、土地增值税、车船税、耕地占用税、契税等。

非税收收入 包括专项收入、行政事业性收费、罚没收入和其他收入。

地方财政支出 包括一般预算财政支出和基金预算支出。

一般预算财政支出 是各级财政部门对集中的一般预算收入有计划地分配和使用而安排的支出。

基金预算支出 是各级财政部门用基金预算收入安排的支出。

一般公共服务支出 指政府提供基本公共管理与服务的支出，包括人大事务、政协事务、政府办公厅(室)及相关机构事务、发展与改革事务、统计信息事务、财政事务、税收事务、审计事务、海关事务、人力资源事务、纪检监察事务、人口与计划生育事务、商贸事务、知识产权事务、工商行政管理事务、国土资源事务、海洋管理事务、测绘事务、地震事务、气象事务、民族事务、宗教事务、港澳台侨事务、档案事务、共产党事务、民主党派事务及工商联事务、群众团体事务、彩票事务等。

教育支出 指政府教育事务支出，包括教育行政管理、学前教育、小学教育、初中教育、普通高中教育、普通高等教育、初等职业教育、中专教育、技校教育、职业高中教育、高等职业教育、广播电视教育、留学生教育、特殊教育、干部继续教育、教育机关服务等。

科学技术支出 指用于科学技术方面的支出，包括科学技术管理事务、基础研究、应用研究、技术研究与开发、科技条件与服务、社会科学、科学技术普及、科技交流与合作等。

文化教育与传媒支出 指政府在文化、文物、体育、广播影视、新闻出版等方面的支出。

社会保障和就业支出 指政府在社会保障与就业方面的支出，包括社会保障和就业管理事务、民政管理事务、财政对社会保险基金的补助、补充全国社会保障基金、行政事业单位离退休、企业改革补助、就业补助、抚恤、退役安置、社会福利、残疾人事业、城市居民最低生活保障、其他城镇社会救济、农村社会救济、自然灾害生活救助、红十字事务等。

医疗卫生支出 指政府医疗卫生方面的支出，包括医疗卫生管理事务支出、医疗服务支出、医疗保障支出、疾病预防控制支出、卫生监督支出、妇幼保健支出、农村卫生支出等。

环境保护支出 指政府环境保护支出，包括环境保护管理事务支出、环境监测与监察支出、污染治理支出、自然生态保护支出、天然林保护工程支出、退耕还林支出、风沙荒漠治理支出、退牧还草支出、已垦草原退耕还草、能源节约利用、污染减排、可再生能源和资源综合利用等支出。

交通运输支出 指政府交通运输和邮政业方面的支出，包括公路运输支出、水路运输支出、铁路运输支出、民用航空运输支出、邮政业支出等。

城乡社区事务支出 指政府城乡社区事务支出，包括城乡社区管理事务支出、城乡社区规划与管理支出、城乡社区公共设施支出、城乡社区住宅支出、城乡社区环境卫生支出、建设市场管理与监督支出等。

农林水事务支出 指政府农林水事务支出，包括农业支出、林业支出、水利支出、扶贫支出、农业综合开发支出等。

税收部分

税费收入 指由各级地方税务局征缴的各项税收收入和罚没收入。包括营业税、企业所得税、个人所得税、资源税、房产税、契税、城市维护建设税等。

税收收入 指由各级国家税务局征缴的各项税收收入和罚没收入。包括增值税、消费税、营业税、企业所得税、人所得税、城市维护建设税等。

营业税 是对在中华人民共和国境内提供应税劳务、转让无形资产或者销售不动产的单位和个人，就其取得营业额征收的一种税。

企业所得税 是对中国境内企业的生产经营所得和其他所得征收的一种税。

增值税 指以商品或劳务销售额为计税依据并实行扣除已征税款制度的一种流转税。

个人所得税 是对个人（自然人）取得的各项应税所得征收的一种税。

Explanatory Notes on Main Statistical Indicators

Finance

Local Government Revenue includes general budgetary financial revenue and fund budget revenue.

General Budgetary Financial Revenue refers to the revenue organized by finance authorities at all levels in certain form and through certain procedures and involved in budgetary management, namely the so-called "budgetary revenue" prior to the accounting system reform.

Fund Budget Revenue refers to governmental fund budget revenues collected, transferred in or arranged by government finance in the same year in accordance with regulations, governed by government finance and for specific use of purpose.

Tax Revenue includes value-added tax, business tax, corporate income tax, individual income tax, resource tax, urban maintenance and construction tax, house property tax, stamp tax, urban land use tax, land value-added tax, tax on vehicles and boat operation, arable land occupation tax, deed tax, etc.

Non-tax Revenue includes special revenues, administrative charges, fines, and other revenues.

Local Government Expenditure includes general budgetary financial expenditure and fund budget expenditure.

General Budgetary Financial Expenditure refers to the expenditure arranged by finance authorities at all levels during their planned distribution and use of the general budgetary revenue gathered.

Fund Budget Expenditure refers to the expenditure arranged by finance authorities at all levels with the fund budget revenue.

Expenditure for General Public Services refers to the spending on the basic public management and services provided by governments, including the expense on affairs of People's Congress, affairs of People's Political Consultative Conference, affairs of government general offices and relative institutions, affairs of development and reform, affairs of statistical information, affairs of finance, affairs of taxation, affairs of audit, affairs of customs, affairs of human resources, affairs of discipline inspection and supervision, affairs of population and family planning, affairs of commerce and trade, affairs of intellectual property, affairs of administration for industry and commerce, affairs of land and resources, affairs of oceanic administration, affairs of surveying and mapping, affairs of earthquake, weather affairs, ethnic affairs, religious affairs, affairs of Hong Kong, Macao, Taiwan, and Overseas Chinese, affairs of archives administration, affairs of Chinese Communist Party, affairs of democratic parties and federation of industry and commerce, affairs of mass organizations, and affairs of lottery tickets, etc.

Expenditure for Education refers to the spending of government on education, including the expense on the administration of education, pre-school education, primary education, junior high school education, senior high school education, regular higher education, primary vocational education, secondary vocational education, technical school education, vocational senior high school education and higher vocational education, radio and television education, student abroad education, special education, continuing education for management personnel, and services for education authorities, etc.

Expenditure for Science and Technology refers to the spending on science and technology (S&T), including the expense on the administration of S&T, basic research, applied research, research and development, conditions and services of S&T, popularization of social science and S&T, exchanges and cooperation of S&T, etc.

Expenditure for Cultural Education and Media refers to the spending on culture, cultural relics, sports, radio, film, television, press and publication, etc.

Expenditure for Social Security and Employment refers to the spending on social security and employment, including the expense on social security and employment administration affairs, civil affairs, budgetary subsidy on the social insurance funds, subsidy on National Social Security Fund, retirees of administrative units and institutions, subsidy on enterprise reform, subsidy on employment effort, pension, placement of ex-serviceman, social welfare, the handicapped undertakings, the system of cost of living allowances for urban residents, other urban social relief, rural social relief, living relief of natural disasters, affairs of Red Cross, etc.

Expenditure for Medical Service and Health Care refers to the spending on medical service and health care, including the expense on affairs of medical and health administration, medical services, medical guarantee, disease prevention and control, health inspection and supervision, women and children's health care, rural health care, etc.

Expenditure for Environmental Protection refers to the spending of government on environmental protection, including the expense on administration of environmental protection, environment monitoring and supervision, pollution control, natural ecology protection, project of virgin forest protection, reforesting farmland, control of sources of dust storms, returning pastureland to grassland, returning cultivated land to grassland, energy conservation and utilization, emissions reduction, comprehensive utilization of renewable energy and resources, etc.

Expenditure for Transportation refers to the spending of government on transportation and postal services, including the expense on highway transportation, waterway transportation, railway transportation, civil aviation transportation and postal services, etc.

Expenditure for Urban and Rural Community Affairs refers to the spending of government on urban and rural community affairs, including the expense on administration of urban and rural communities, planning and management of urban and rural communities, public facilities in urban and rural communities, residential houses in urban and rural communities, sanitation in urban and rural communities, management and supervision of construction markets, etc.

Expenditure for Agriculture, Forestry and Water Conservancy Affairs refers to the spending of government on agriculture, forestry and water conservancy affairs, including the expense on agriculture affairs, forestry affairs, water conservancy affairs, poverty alleviation and comprehensive agricultural development, etc.

Revenues

Tax and Fees Revenue refers to the revenue of tax and fines levied and collected by local tax bureaus at all levels, including business tax, corporate income tax, individual income tax, resource tax, house property tax, deed tax, urban maintenance and construction tax, etc.

Tax Revenue refers to the revenue of tax and fines levied and collected by state tax bureaus at all levels, including value-added tax, excise tax, business tax, corporate income tax, individual income tax, urban maintenance and construction tax, etc.

Business Tax is a kind of tax levied against the business income of entities and individuals providing taxable labor services, transferring intangible assets or selling real estate within the territory of PRC.

Corporate Income Tax is a sort of tax levied against income of China domestic enterprises from their production and operation and other income.

Value-Added Tax is a sort of commodity turnover tax based on commodity and service sales, with a system of deduction of tax levied.

Individual Income Tax is a sort of tax levied against taxable income earned by individuals (natural persons).

07

价格指数
PRICE INDEX

简 要 说 明

一、本章资料的主要内容

本章价格指数资料，反映生产、流通、消费与投资的价格变动趋势和变动幅度。主要包括居民消费价格指数；商品零售价格指数；农业生产资料价格指数；农产品生产价格指数；工业品出厂价格指数；原材料、燃料、动力购进价格指数；固定资产投资价格指数；房地产价格指数。

二、本章的资料来源

本章资料来自国家统计局北京调查总队、北京市统计局。

三、调查方法

1. 居民消费价格指数和商品零售价格指数

编制居民消费价格指数、商品零售价格指数的资料采用抽样调查和重点调查相结合的方法取得，即在全市选择不同的区域，按照布局合理的原则抽选价格调查点，由国家确定调查商品和服务项目，在此基础上按照消费量大、价格变动趋势有较强代表性的原则选择调查样本，对其市场价格进行定期调查，以样本推算总体。现将指数编制过程按下列几个步骤进行说明。

抽选价格调查点。按照布局合理等原则，将不同区域各种类型的商场、农贸市场、服务网点分别按销售额、成交额和经营规模为标志，从高到低排队，依据所需调查点的数量进行等距抽样。

选择代表规格品。代表商品和服务项目由国家确定，代表规格品由各省市按照有关原则选择。选择原则：（1）消费量较大；（2）价格变动趋势和变动程度有较强的代表性，即选中规格品的价格变动特征与未选中规格品之间价格变动的相关性愈高愈好；（3）选中的规格品之间，性质相隔愈远愈好，价格变动特征的相关性愈低愈好；选中的工业消费品必须是合格产品，产品包装上有注册商标、产地、规格等级等标识。

目前，居民消费价格调查按用途划分为 8 大类，263 个基本分类，国家规定大城市调查规格品数量应在 600 种左右，北京市由于编制分收入层居民消费价格指数，代表规格品数量增加到 1590 种。商品零售价格指数划分为 16 个大类，229 个基本分类，北京市代表规格品数量为 1310 种。

价格资料的采集。采取定人、定点、定时直接调查的方法采集价格资料。

权数资料来源与计算。居民消费价格指数的权数根据城市居民家庭生活消费支出调查资料整理计算。商品零售价格指数的权数根据商业统计中社会消费品零售额计算。

2. 工业品出厂价格指数和原材料、燃料、动力购进价格指数

工业品出厂价格是工业品第一次出售时的出厂价格。该项调查采用重点调查与典型调查相结合的调查方法。重点调查对象为选中的全年主营业务收入 500 万元及以上的工业法人样本单位及部分生产特定产品的全年主营业务收入 500 万元以下的工业法人样本单位。

原材料、燃料、动力购进价格是工业企业作为中间投入的价格。调查对象从填报工业品出厂价格的企业中选择。

选择代表企业的原则：(1)按工业行业选择调查企业，各中类行业原则上都要有调查企业；(2)大型企业应尽量都选(或占相当大比重)；(3)选择生产正常、稳定的企业作为调查对象；(4)选择企业时要兼顾不同所有制形式。

选择代表产品的原则：(1)按工业行业选择代表产品；(2)选择对国计民生影响大的产品；(3)选择生产较为稳定的产品；(4)选择有发展前景的产品；(5)选择具有地方特色的产品。

除了以上原则及方法外，原材料、燃料、动力购进价格调查还要考虑到特殊性，即调查企业要填报其生产中消耗的主要原材料、燃料、动力，不填报消耗较少、在生产投入中比重较小的原材料、燃料、动力。

权数的确定。编制工业品出厂价格指数所用的权数，用工业品销售额计算。计算资料来自于经济普查的工业数据。若近期没有经济普查，采用工业统计年度资料计算。编制原材料、燃料、动力购进价格指数所用的权数来自工业部门各种物质消耗额，计算资料为经济普查资料结合一次性产品调查数据。权数一般五年更换一次（但根据实际情况，每年个别行业可进行微调）。

3. 固定资产投资价格指数

固定资产投资价格调查采用重点调查与典型调查相结合的方法。固定资产投资价格调查所涉及的价格是构成固定资产投资额实体的实际购进价格（或结算价格）。调查的内容包括构成当年建筑工程实体的钢材、木材、水泥、地方建筑材料、电料、化工材料等主要建筑材料价格；投入的劳动力价格（单位工资）和各种施工机械使用费用；设备工器具购置和其他费用投资价格。

选择建筑安装工程调查点的原则：(1)样本单位应具有一定覆盖面；(2)投资经济活动代表性强；(3)兼顾不同经济类型；(4)选择重点工程；(5)兼顾不同工程类别。

选择其他费用调查点的原则：在选择其他费用调查点时，所遵循的原则与建筑安装工程调查点的原则基本相同，特别是要注意选择那些投资额大的工程。但由于其他费用不易取得，所以在实际操作过程中，应同时在建设单位、施工单位开展重点调查，并辅以典型调查(从有关管理部门取得资料)。

权数的确定。固定资产投资价格指数的计算权数是建筑安装工程、设备工器具购置和其他费用三者前三年投资完成额的平均比重。

4. 房地产价格指数

从广义上讲，房地产是房产与地产的总称。因此房地产价格调查的内容主要包括以下几个部分：

房屋销售价格。房屋销售价格指房屋所有权转移时买卖双方实际成交的价格（合同价格）。从进入房地产市场的渠道看，房屋销售价格包括新建房销售价格、二手房销售价格两部分。

房屋租赁价格。指房屋的所有人出租房屋的实际价格。房屋租赁价格包括住宅租赁、办公楼租赁、商业营业用房租赁、工业仓储用房租赁和其他租赁五部分价格。

物业管理价格。指物业管理企业按照物业服务合同的约定，对房屋及配套的设施和相关场地进行维护、养护、管理，维护相关区域的环境卫生和秩序，向业主所收取的费用。包括住宅、办公楼、商业营业用房、工业仓储用房四部分物业管理价格。

土地交易价格。指房地产开发商或其他建设单位在开发之前，为取得土地使用权而实际支付的价格，不包括土地的后续开发费用、税费、各种手续费和折迁费等。土地交易价格包括居住用地、工业用地、商业营业用地和其它用地四部分的价格。

新建房价格统计采用全面调查，二手房价格、房屋租赁价格和物业管理价格以及土地交易价格统计采用重点调查与典型调查相结合的方法。

目前我国房地产价格调查在 70 个大中城市开展。

调查样本选取原则：（1）代表性强；（2）兼顾各种用途的房地产项目；（3）兼顾不同地理位置的房地产项目；（4）选择调查单位时要兼顾不同企业注册类型。

5. 农产品生产价格指数

农产品生产价格调查采取抽样调查和重点调查相结合的调查方法。抽取 323 个农产品生产和出售的农业生产经营单位和行政村作为调查对象。对一些区域性比较强的农产品采取在主产区主观选样的方法选择农业生产经营单位和行政村作为调查对象。

被调查单位及行政村在辅助调查员的指导下将在报告期出售的农产品的名称、出售数量、价格、金额即时记入农产品生产价格调查台账，并上报，由市级超级汇总。

6. 农业生产资料价格指数

农业生产资料价格调查同农产品生产价格调查方法。

Brief Introduction

I. Main Content

Price index data in this chapter reflect the trend and rate of changes in prices of production, circulation, consumption and investment, mainly consisting of consumer's price index (CPI), retail price index (RPI), agricultural production materials price index, producer's price index for agricultural products, producer's price index for manufactured products (PPI); purchase index price of raw materials, fuel and power; fixed assets investment price index and real estate price index.

II. Source of Data

Data in this chapter are from National Bureau of Statistics Survey Office in Beijing and Beijing Municipal Bureau of Statistics.

III. Survey Methods

1. Consumer price index (CPI) and retail price index (RPI)

Combined method of sample survey and key survey was used for developing the consumer price index and retail price index. Different areas were selected across the city. Price survey sites were selected in a principle of reasonable layout. Commodities and service items were identified by the country. Samples were selected from those with large quantity of consumption, and strongly representative trend of price changes. Their market prices were investigated on regular basis. The overall resulted was extrapolated from the samples. The process of CPI development was described as the following steps:

Selection of price survey sites. In such principles as reasonable layout, an equidistant sampling was conducted for department stores, agricultural product trade markets and service outlets in different types and in different areas by their sales value, transaction value and operational scale, which were ranked in a descending order, based on the number of survey sites required.

Selection of representative items. Representative commodities and service items are identified by the country. Representative items are selected by provinces and cities in relevant principles. Principles for selection: (1) Large quantity of consumption; (2) strongly representative trend and extent of price changes, namely, the characteristics of price changes of selected items shall be highly correlated with price changes of those not selected; (3) selected items shall be sharply different in their nature and poorly correlated in the characteristics of price changes; the selected industrial products must be up to grade, with registered trademark, origin, specifications, grade and other marks on the their package.

At present, CPI is composed of 8 major categories and 263 basic sorts. The country specifies that there should be 600 sorts of representative items for survey in a metropolis. In Beijing, due to the development of CPI by income class, representative items have increased to 1590 sorts. Retail price index consists of 16 categories and 229 basic sorts. In Beijing, there are 1310 sorts of representative items.

Collection of price data. Price data were collected through direct survey by designated persons at designated sites on periodic basis.

Source and calculation of weight data. CPI weights were calculated according to survey information on living consumption expenditures of urban residents. RPC weights are calculated according to consumer goods retail value in commercial statistics.

2. Producer's price index for manufactured products (PPI); purchase index price of raw materials, fuel and power

The producer's price index for manufactured products means the ex-factory price of a manufactured product when it is sold for the first time. A combined survey method of key survey and typical survey was used for such price. Key survey was conducted for selected samples of industrial entities with annual main business income of RMB5 million and more, as well as some selected samples of industrial entities manufacturing specific products with annual main business income of RMB5 million and more.

Purchase price of raw materials, fuel and power means the price of intermediate inputs in industrial enterprise. Enterprises for survey were selected among those reporting ex-factory prices of industrial products.

Principles in selecting representative enterprises: (1) Enterprises under survey shall be selected from each sector; (2) all (or a quite large portion of) large-sized enterprises shall be selected; (3) enterprises with normal and stable production shall be selected as survey targets; (4) different ownership enterprises shall be selected.

Principles in selecting representative products: (1) Representative products shall be selected from each industrial sector; (2) products having significant effect on national policy and people's livelihood shall be selected; (3) products with relatively stable production shall be selected; (4) products with promising development shall be selected; (5) products with local characteristics shall be selected.

In addition to the above mentioned principles, particularity shall be taken into account in the survey of price of raw materials, fuel and power. Namely, enterprises under survey shall report main raw materials, fuel and power consumed in production, without reporting those consumed less in production and taking a smaller percentage of productive inputs.

Determination of weights. Weights used for preparing producer's price index for manufactured products (PPI) are calculated with sales value of manufactured products. Data for calculation are industrial data from economic census. If no economic census was conducted recently, data from annual industrial statistics are used. Weights for preparing the purchase index price of raw materials, fuel and power are from consumption value of different materials. Data for calculation are data from economic census combined with data from primary product survey; weights are generally changed every five years (subject to slight adjustment depending upon the actual condition each year in individual sector).

3. Fixed assets investment price index

A combined method of key survey and typical survey is used for the survey of fixed assets investment prices. Prices involved in the survey of fixed assets investment prices are actual purchase prices (or settlement prices) constituting the real part of values of fixed assets investment. The survey covers the prices of main building materials such as steel, timber, cement, local building materials, electric parts and chemical materials in building projects; prices of labor input (unit wage) and costs of use of construction machines; prices of purchase of equipment, tools and devices as well as other expenditures.

Principles for selecting survey sites of building and installation projects: (1) the sample unit shall have certain coverage; (2) have strongly representative economic activities of investment; (3) be in different ownership types of economy; (4) key projects shall be selected; (5) projects in different types shall be selected.

Principles for selecting survey sites of other expenditures: in the selection of survey sites of other expenditures, the same principles shall be followed as in the selection of survey sites of building and installation projects. Especially, projects with larger amount of investment shall be selected. As it is hard to obtain data of other expenditures, key survey shall be conducted simultaneous in building entities and construction entities in actual operations, supported with typical survey (data are obtained from relevant management authorities).

Determination of weights. Weights used for calculating the fixed assets investment price index are the average proportion of investment amount of building and installation projects, equipment, tools and devices purchase prices and other expenditures completed in the previous three years.

4. Real estate price index

In a broad sense, real estate is a collective name of house property and land property. Therefore, the survey of real estate price mainly covers:

Selling price of house means the actual price of transaction (contractual price) between the buyer and seller when the ownership of the house is transferred. In terms of channels for entering the real estate market, the selling price of house consists of the selling price of new house and that of second-hand house.

Rent price of house means the actual price for the house owner rents out the house, consisting of the prices of renting for residential buildings, office buildings, commercial operation houses, industrial storage houses and for other purpose.

Property management price means fees collected by the property management enterprise from house owners according to specifications in the property service contract for the maintenance and management of houses and supporting facilities, maintenance of environmental sanitation and orders. It includes the property management prices of residential buildings, office buildings, commercial operation houses, industrial storage houses.

Land transaction price means the price actually paid by the real estate developer or other building entities for obtaining the land use right before development, not including any follow-up land development costs, tax, commission charges and removal expenses. Land transaction price includes the price of land for residential use, industrial use, commercial operation and other purpose.

Complete survey was used for the new house price statistics.

Combined method of key survey and typical survey was used for the second-hand house price, house rent price, property management price and land transaction price.

At present, real estate price survey is conducted in 70 medium or large sized cities across the country.

Principles for selecting survey samples: (1) they shall be strongly representative; (2) they include real estate projects for different purposes; (3) include real estate projects at different locations; (4) include enterprises in different types of registration.

5. Producer's price index for agricultural products

A combined method of sample survey and key survey was used for the survey of producer's prices of agricultural products. 323 agricultural entities and administrative villages producing and selling agricultural products were sampled. For some highly local agricultural products, agricultural entities and administrative villages were sampled with the method of subjective sampling in main production areas.

Under the instruction of assistant surveyors, the surveyed entities and administrative villages recorded instantly the name, quantity, price and amount of agricultural products sold in the reporting period onto the log book and reported them for summarizing at the municipal level.

6. Agricultural production materials price index

The survey of agricultural production materials price was the same as that of producer's price index for agricultural products.

7-1 各种价格指数(1978-2010年)

PRICE INDICES (1978-2010)

(上年=100) (preceding year=100)

年份 Year	居民消费价格指数 Consumer Price Index	商品零售价格指数 Retail Price Index	农业生产资料价格指数 Price Index of Agricultural Capital Goods	农产品生产价格指数 Index of Producers' Price of Farming Products	工业品出厂价格指数 Ex-Factory Price Index of Industrial Products	原材料、燃料、动力购进价格指数 Purchasing Price Indices of Raw Material, Fuel and Power	固定资产投资价格指数 Investment in Fixed Assets Price Index
1978	100.6	100.6	98.8				
1979	101.8	101.8	100.0	109.5			
1980	106.0	106.7	100.3	105.5			
1981	101.3	101.4	100.1	109.4			
1982	101.8	102.0	100.1	101.9			
1983	100.5	100.6	101.6	101.8			
1984	102.2	102.1	109.7	102.3			
1985	117.6	118.6	100.9	117.6			
1986	106.8	106.7	102.7	108.1			
1987	108.6	108.7	110.8	116.1			
1988	120.4	121.9	117.6	123.2			
1989	117.2	118.5	121.5	106.8			
1990	105.4	104.1	102.1	101.9	107.9	114.8	
1991	111.9	108.5	102.5	101.7	105.8	111.7	107.3
1992	109.9	108.3	103.6	102.4	100.9	103.3	112.2
1993	119.0	116.9	109.1	107.0	121.8	133.2	126.6
1994	124.9	117.9	120.1	133.4	112.9	118.7	116.2
1995	117.3	112.6	133.2	130.6	107.3	106.7	113.9
1996	111.6	107.3	106.8	101.5	100.7	100.3	108.2
1997	105.3	103.8	100.4	92.8	101.1	103.4	102.7
1998	102.4	98.3	102.6	93.6	95.1	98.1	100.8
1999	100.6	98.8	94.2	97.5	97.7	95.8	99.9
2000	103.5	98.9	101.7	95.0	102.5	100.0	101.0
2001	103.1	98.8	100.2	102.0	99.4	100.5	100.6
2002	98.2	98.4	102.9	92.4	96.6	97.1	100.4
2003	100.2	98.2	98.5	102.5	101.5	104.7	102.2
2004	101.0	99.2	114.3	106.2	103.0	114.2	104.3
2005	101.5	99.7	101.4	102.9	101.3	111.4	100.7
2006	100.9	100.2	103.7	99.1	99.1	105.5	100.4
2007	102.4	100.8	111.2	114.4	99.7	105.0	102.8
2008	105.1	104.4	117.4	112.3	103.3	115.8	107.8
2009	98.5	97.8	106.2	98.3	94.4	88.6	97.1
2010	102.4	100.4	106.9	106.5	102.2	110.5	102.5

7-2 各种价格定基指数(1978-2010年)

FIXED-BASE PRICE INDICES (1978-2010)

年 份 Year	居 民 消费价格 指 数 Consumer Price Index (1978=100)	商 品 零售价格 指 数 Retail Price Index (1978=100)	农 业 生产资料 价格指数 Price Index of Agricultural Capital Goods (1978=100)	工业品 出 厂 价格指数 Ex-Factory Price Index of Industrial Products (1990=100)	原材料、燃料、 动力购进 价格指数 Purchasing Price Index of Raw Material, Fuel and Power (1990=100)	固定资产 投 资 价格指数 Investment in Fixed Assets Price Index (1990=100)
1978	100.0	100.0	100.0			
1979	101.8	101.8	100.0			
1980	107.9	108.6	100.3			
1981	109.3	110.1	100.4			
1982	111.3	112.3	100.5			
1983	111.8	113.0	102.1			
1984	114.3	115.4	112.0			
1985	134.4	136.8	112.9			
1986	143.5	145.9	115.9			
1987	155.8	158.6	128.4			
1988	187.6	193.3	151.0			
1989	219.9	229.1	183.5			
1990	231.8	238.5	187.4	100.0	100.0	100.0
1991	259.4	258.8	192.1	105.8	111.7	107.3
1992	285.1	280.3	199.0	106.8	115.4	120.4
1993	339.3	327.7	217.1	130.0	153.7	152.4
1994	423.8	386.4	260.7	146.8	182.4	177.1
1995	497.1	435.1	347.3	157.5	194.7	201.7
1996	554.8	466.9	370.9	158.6	195.2	218.3
1997	584.2	484.6	372.2	160.4	201.9	224.2
1998	598.2	476.4	381.9	152.5	198.0	226.0
1999	601.8	470.7	359.7	149.0	189.7	225.7
2000	622.9	465.5	365.8	152.7	189.7	228.0
2001	642.2	459.9	366.5	151.8	190.7	229.4
2002	630.6	452.5	377.1	146.6	185.1	230.3
2003	631.9	444.4	371.4	148.8	193.8	235.3
2004	638.2	440.8	424.5	153.3	221.4	245.5
2005	647.8	439.5	430.4	155.3	246.6	247.2
2006	653.6	440.4	446.3	153.9	260.2	248.2
2007	669.3	443.9	496.3	153.5	273.3	255.1
2008	703.4	463.4	582.7	158.6	316.3	275.0
2009	692.8	453.2	618.8	149.8	280.3	266.9
2010	709.4	455.0	661.7	153.1	309.7	273.6

7-3 八大类居民消费价格指数(1978-2010年)

(上年=100)

年 份 Year	居民消费价格指数 Consumer Price Index	#服务项目价格指数 Service Item Price Index	食品 Food	#粮食 Grain	#油脂 Oil	#肉禽及其制品 Meat Fowl and Products Thereof	#水产品 Aquatic Products
1978	100.6	100.0	101.2	100.0	100.0		100.6
1979	101.8	101.2	102.2	100.0	100.0		107.2
1980	106.0	95.5	108.2	100.0	100.0		131.3
1981	101.3	100.4	102.9	100.0	100.0		100.0
1982	101.8	100.1	104.2	100.0	100.0		100.0
1983	100.5	100.3	101.5	100.0	100.0		100.0
1984	102.2	103.1	102.8	99.3	100.6		106.6
1985	117.6	108.1	126.6	104.6	116.3		235.3
1986	106.8	107.9	109.6	103.6	132.4		129.7
1987	108.6	107.6	111.3	104.6	103.5		116.1
1988	120.4	106.0	123.9	114.4	120.7		144.9
1989	117.2	104.6	112.5	109.5	129.2		114.5
1990	105.4	118.2	103.7	104.5	101.9		101.7
1991	111.9	142.9	111.2	132.2	137.4		102.0
1992	109.9	122.8	111.5	134.3	110.9		101.8
1993	119.0	133.8	120.7	134.6	111.8		109.3
1994	124.9	136.1	126.7	144.0	133.8	138.2	125.6
1995	117.3	128.3	121.1	135.2	109.0	123.2	111.1
1996	111.6	120.0	107.7	112.2	90.8	101.5	104.5
1997	105.3	117.5	102.2	96.8	100.7	107.0	109.7
1998	102.4	121.3	97.1	96.4	103.3	93.2	94.8
1999	100.6	107.9	97.7	97.9	99.4	92.3	95.5
2000	103.5	116.2	97.9	91.4	85.8	98.4	107.3
2001	103.1	115.9	101.5	95.0	87.5	102.6	96.9
2002	98.2	99.4	98.0	98.5	94.7	98.9	95.7
2003	100.2	100.7	103.2	99.1	114.1	100.9	102.5
2004	101.0	101.8	104.8	120.6	117.0	110.1	107.1
2005	101.5	101.3	104.9	104.6	98.0	103.8	104.7
2006	100.9	101.2	102.8	101.6	101.5	99.4	101.9
2007	102.4	101.3	109.2	107.4	117.3	128.7	108.8
2008	105.1	99.9	116.1	108.9	121.3	125.1	120.1
2009	98.5	94.8	102.4	105.6	83.9	95.2	104.5
2010	102.4	103.7	105.5	109.6	100.9	101.2	110.6

EIGHT CATEGORIES OF CPI (1978-2010)

(preceding year=100)

		烟 酒及用品	衣 着	家庭设备用品及维修服务	医疗保健和个人用品	交 通和通信	娱乐教育文化用品及服务	居 住
#鲜 菜 Fresh Vegetable	#鲜 果 Fresh Fruits	Tobacco, Wine and Supplies	Clothing	Household Equipment, Supplies and Repair Services	Healthcare and Personal Commodities	Traffic and Communication	Entertainment, Educational, Cultural Commodities and Services	Living
114.5	101.6		100.0		100.4		100.1	
100.2	99.5		99.3		103.7		104.5	
114.1	106.7		99.5		101.5		100.8	
111.4	100.8		99.4		101.4		100.3	
104.7	94.3		96.7		101.4		100.1	
104.9	119.1		97.0		103.0		98.1	
106.8	112.1		101.2		107.4		100.0	
162.0	148.6		103.0		106.5		101.6	
106.7	121.4		101.3		102.2		100.8	
118.4	124.0		104.0		103.1		103.5	
133.5	124.4		125.1		131.5		114.4	
105.1	112.0		126.2		119.5		133.1	
107.1	98.6		110.3		111.0		93.5	
118.4	111.1		105.7		105.0		94.4	
115.1	104.6		103.3		114.8		92.8	
114.5	109.2		109.2		115.1		99.7	
128.5	114.9		124.7	112.7	113.2	104.9	118.7	124.1
124.3	129.5		117.5	108.3	102.6	100.3	100.8	113.2
113.7	104.6		119.1	104.6	110.1	102.1	110.1	129.2
95.0	94.0		102.9	105.4	105.2	100.3	98.1	121.2
93.9	89.5		105.9	97.5	108.6	99.0	97.8	104.7
106.2	101.4		99.4	96.5	115.8	98.3	98.8	101.0
98.4	88.4		102.6	96.3	113.5	92.3	97.8	117.9
100.2	101.5	101.5	100.4	97.0	98.7	100.8	114.2	104.2
84.7	94.5	100.6	95.9	97.0	100.2	99.5	96.6	101.9
145.4	111.4	100.2	97.1	97.7	100.1	97.8	98.3	101.6
95.0	104.1	101.2	98.9	96.9	99.2	95.7	101.5	101.4
111.9	111.0	100.0	100.1	99.7	98.0	97.5	99.7	105.9
112.8	112.0	99.9	99.7	101.2	101.1	99.3	98.7	101.4
109.9	100.8	101.8	100.0	100.4	100.3	95.7	99.2	103.5
108.1	112.9	106.0	99.1	104.4	102.0	97.6	98.0	103.0
111.9	109.4	102.2	98.4	100.3	99.9	95.9	97.6	89.8
124.0	112.3	101.1	98.4	99.4	101.5	100.8	99.4	105.0

7-4 多基期居民消费价格指数(2010年)
CONSUMER PRICE INDEX WITH MULTIPLE BASE PERIODS (2010)

项目	Item	1978=100	1980=100	1990=100	2000=100	2005=100
居民消费价格指数	**Consumer Price Index**	**709.4**	**657.3**	**305.9**	**113.8**	**109.6**
#服务项目价格指数	**Service Item Price Index**	**2622.9**	**2616.2**	**1126.3**	**120.4**	**100.7**
食品	**Food**	**1028.9**	**931.7**	**373.2**	**159.0**	**140.8**
#粮食	Grain	1035.1	1035.1	701.3	161.0	137.5
油脂	Oil	675.9	675.9	265.5	132.6	122.3
肉禽及其制品	Meat Fowl and Products Thereof	1128.0	912.8	391.8	180.4	154.1
水产品	Aquatic Products	2593.1	1841.9	289.4	163.8	154.0
菜	Vegetable	2668.0	2360.3	649.3	231.9	182.9
#鲜菜	Fresh Vegetable	2960.4	2591.1	643.9	243.8	185.9
干菜及菜制品	Dried Vegetable and Vegetable Products	671.5	647.0	311.1	130.5	138.9
调味品	Flavoring	899.6	926.2	456.2	130.3	123.7
干鲜瓜果	Dried and Fresh Melons and Fruits	1128.3	1054.5	289.3	178.3	150.3
烟酒及用品	**Tobacco, Wine and Supplies**	**431.9**	**431.9**	**197.2**	**115.4**	**111.4**
衣着	**Clothing**	**335.8**	**343.4**	**205.5**	**88.6**	**95.6**
#服装	Dress	351.1	362.2	212.4	89.4	96.4
衣着材料	Clothing Material	254.1	255.0	179.7	97.2	103.6
鞋袜帽	Shoes, Socks and Caps	352.6	357.7	209.0	84.4	93.0
家庭设备用品及维修服务	**Household Equipment, Supplies and Repair Services**	**277.0**	**275.4**	**145.1**	**94.0**	**105.8**
医疗保健和个人用品	**Healthcare and Personal Commodities**	**641.0**	**589.3**	**261.3**	**101.0**	**104.8**
交通和通信	**Traffic and Communication**	**105.7**	**105.7**	**89.1**	**82.2**	**89.6**
娱乐教育文化用品及服务	**Entertainment, Educational, Cultural Commodities and Services**	**214.6**	**209.6**	**110.6**	**102.2**	**93.0**
居住	**Living**	**604.9**	**813.2**	**596.0**	**118.0**	**101.9**
#租房	House Rent	1631.3	2579.4	2558.9	130.9	114.4
水、电、燃料	Water, Electricity, Fuel	717.9	717.9	592.0	157.5	106.4

7-5 居民消费价格分类指数(2010年)
CLASSIFIED CONSUMER PRICE INDICES (2010)

项　　目	Item	2009 =100	项　　目	Item	2009 =100
居民消费价格指数	**Consumer Price Index**	**102.4**	家庭日用杂品	Daily Use Household Articles	99.9
#低收入层价格指数	**Low Income Price Index**	**104.0**	家庭服务及加工维修服务	Households Service and Manufacuring Upkeep	108.7
#非食品价格指数	**Non-food Price Index**	**101.0**	**医疗保健和个人用品**	**Health Care and Personal Articles**	**101.5**
#服务项目价格指数	**Price Index of Services**	**103.7**	医疗保健	Health Care	100.6
#消费品价格指数	**Price Index of Consumer Goods**	**101.9**	医疗器具及用品	Medical Apparatuses and Supplies	100.3
食　品	**Food**	**105.5**	中药材及中成药	Traditional Chinese Medicine	106.1
粮　食	Grain	109.6	西　药	Western Medicine	99.0
淀　粉	Starches	108.3	保健器具及用品	Health Care Appliances and Articles	99.9
干豆类及豆制品	Bean and Their Products	107.3	医疗保健服务	Health Care Services	100.0
油　脂	Oil or Fat	100.9	个人用品及服务	Personal Articles and Services	104.6
肉禽及其制品	Meat, Pourtry and Their Products	101.2	化妆美容用品	Cosmetics	99.9
蛋	Eggs	107.7	清洁化妆用品	Cosmetics for Cleaning	99.8
水产品	Aquatic Products	110.6	个人饰品	Personal Adornment	114.0
菜	Vegetables	124.1	个人服务	Personal Services	99.8
调味品	Flavoring	101.0	**交通和通信**	**Transportation and Communication**	**100.8**
糖	Carbohydrate	104.4	交　通	Transportation	103.3
茶及饮料	Tea and Beverages	101.6	交通工具	Transportation Facility	96.9
干鲜瓜果	Dried and Fresh Melons and Fruits	109.6	车用燃料及零配件	Fuels and Parts	112.7
糕点饼干面包	Cake,Biscuit and Bread	99.9	车辆使用及维修	Using and Upkeeping	104.6
液体乳及乳制品	Liquid Milk and Its Product	102.8	市区公共交通费	Incity Traffic	101.7
在外用膳食品	Outward Dinner	102.6	城市间交通费	Intercity Traffic	104.6
其他食品	Other Foods	102.1	通　信	Communication	95.9
烟酒及用品	**Tobacco, Liquor and Articles**	**101.1**	通信工具	Communication Facility	79.8
			通信服务	Communication Service	100.0
烟　草	Tobacco	99.9	**娱乐教育文化用品及服务**	**Recreation, Education, Culture Articles and Related Services**	**99.4**
酒	Liquor	102.7	文娱用耐用消费品及服务	Durable Consumer Goods for Cultural and Recreation Use and Services	89.2
吸烟、饮酒用品	Articles for Smoking and Drinking	98.0	教　育	Education	102.9
衣　着	**Clothing**	**98.4**	文化娱乐	Cultural and Recreational Articles	99.7
服　装	Garments	98.0	旅　游	Touring	102.6
衣着材料	Clothing Material	101.0	**居　住**	**Residence**	**105.0**
鞋袜帽	Shoes, Socks and Caps	99.3	建房及装修材料	Building and Building Decoration Materials	101.4
衣着加工服务	Clothing Manufacturing Services	102.0	租　房	House-Rent	110.0
家庭设备用品及维修服务	**Households Facilities, Articles and Repairing Services**	**99.4**	自有住房	Private Housing	108.3
耐用消费品	Durable Consumer Goods	97.2	水、电、燃料	Water, Electricity and Fuels	102.0
室内装饰品	Interior Decorations	99.1			
床上用品	Bed Articles	100.4			

7-6 商品零售价格分类指数(2010年)
CLASSIFIED RETAIL PRICE INDICES (2010)

项目	Item	2009=100	项目	Item	2009=100
商品零售价格指数	**Retail Price Index**	**100.4**	床上用品	Bedding	100.4
食品	**Food**	**105.7**	**家用电器及音像器材**	**Household Appliances, Music and Video Equipment**	**92.9**
粮食	Grain	109.6	家庭设备	Household Appliances	95.1
淀粉	Starches	108.3	文娱用耐用消费品	Culture and Recreat Durable Consumable	89.3
干豆类及豆制品	Bean and Their Products	107.3	音像器材	Household Appliances and Hifi	95.1
油脂	Oil or Fat	100.9	**文化办公用品**	**Cultural and Office Appliances**	**92.6**
肉禽及其制品	Meat, Pourtry and Their Products	101.2	**日用品**	**Articles for Daily Use**	**100.5**
食用畜肉及副产品	Meat and Sideline Product	101.9	日用百货	General Merchandise for Daily Use	102.1
禽	Pourtry	101.7	日用杂品	Grocery for Daily Use	98.1
肉禽加工制品	Meat and Pourty Products	99.5	洗涤用品	Washing	98.4
蛋	Eggs	107.7	其他日用品	Other Daily Use Articles	99.9
水产品	Aquatic Products	110.6	**体育娱乐用品**	**Sports and Recreat Articles**	**92.9**
鱼	Fish	111.9	体育用品	Sports Articles	100.2
其他水产品	Other Aquatic Products	109.2	娱乐用品	Recreat Articles	88.6
菜	Vegetables	124.1	**交通、通信用品**	**Transportation and Communication Appliances**	**92.4**
调味品	Flavoring	101.0	交通运输机械	Transportation Equipments	95.2
糖	Carbohydrate	104.4	通信器材	Communication Equipments	79.9
干鲜瓜果	Dried and Fresh Melons and Fruits	109.6	**家具**	**Furnitures**	**99.4**
糕点饼干面包	Cake, Biscuit and Bread	99.9	**化妆品**	**Cosmetics**	**101.1**
液体乳及乳制品	Liquid Milk and Its Product	102.8	**金银珠宝**	**Gold,Silver and Jewelry**	**120.3**
在外用膳食品	Outward Dinner	102.6	**中西药品及医疗保健用品**	**Traditional Chinese and Western Medicines and Health Care Articles**	**100.9**
其他食品	Other Foods	102.1	医疗器具及用品	Medical Apparatus and Articles	100.3
饮料、烟酒	**Beverages,Tobacco and Liquor**	**101.4**	中药材及中成药	Traditional Chinese Medicinal Materials and Medicines	106.1
茶及饮料	Tea and Beverages	101.6	西药	Western Medicines	99.0
茶叶	Tea	103.1	保健器具及用品	Health Care Apparatus and Articles	99.9
饮料	Beverages	100.7	**书报杂志及电子出版物**	**Books, Newspapers, Magazines and Electronic Publications**	**98.8**
烟草	Tobacco	99.9	教材及参考书	Teaching Material and Reference Book	98.9
酒	Liquor	102.7	书报杂志	Books and Magazines	98.1
服装、鞋帽	**Garments,Shoes,Hats**	**98.4**	电子音像制品	Electronic Publications	101.1
服装	Garments	98.0	**燃料**	**Fuels**	**109.9**
男式服装	Clothing for Men	98.7	煤炭及制品	Coal and Coal Products	116.7
女式服装	Clothing for Women	97.8	石油及制品	Petroleum and Related Products	109.6
儿童服装	Clothing for Children	93.8	**建筑材料及五金电料**	**Building Materials and Hardware**	**101.5**
鞋袜帽	Shoes,Socks and Caps	99.3	建筑装璜材料	Building Decoration Materials	101.8
鞋	Shoes	99.2	五金电料	Hardware	100.3
袜子	Socks	99.0			
帽子	Caps	105.0			
其他	Others	101.8			
纺织品	**Textiles**	**100.5**			
衣着材料	Cloth	101.0			

7-7 农产品生产价格指数
INDICES OF PRODUCERS' PRICES FOR FARMING PRODUCTS

(上年=100) (preceding year=100)

项　目	Item	2010	2009
总指数	**General Price Index**	**106.5**	**98.3**
农业产品	Agricultural Products	109.8	106.2
#粮　食	Grain	112.8	103.1
蔬　菜	Vegetables	109.7	105.6
林业产品	Forestry Products	152.6	83.5
牧业(畜产品)	Animal Husbandry Products	102.3	92.0
#肉　牛	Beef Cattle	98.6	100.8
肉　羊	Sheep and Goats	108.0	102.3
奶产品	Milk Products	110.7	89.6
猪	Hogs	99.0	78.3
肉禽(毛重)	Table Poultry(Gross Weight)	99.0	98.0
禽　蛋	Poultry Eggs	107.7	101.2
渔　业	Fishery	102.9	96.3

7-8 工业品出厂及原材料、燃料、动力购进价格指数(2000-2010年)

(上年=100)

年份 Year	工业品出厂价格指数 PPI	轻工业 Light Industry	重工业 Heavy Industry	生产资料 Capital Goods	生活资料 Living Goods	原材料、燃料、动力购进价格指数 Purchasing Price Indices for Raw Materials, Fuels and Power	燃料、动力类 Fuel and Power
2000	102.5	98.0	104.2	103.4	98.8	100.0	104.3
2001	99.4	99.6	99.4	99.4	99.6	100.5	101.7
2002	96.6	97.6	96.4	96.4	97.9	97.1	102.3
2003	101.5	98.0	104.5	102.2	99.1	104.7	109.6
2004	103.0	100.2	105.3	103.7	100.6	114.2	120.0
2005	101.3	98.7	103.3	101.9	99.1	111.4	117.1
2006	99.1	97.9	99.6	99.0	99.3	105.5	113.1
2007	99.7	100.7	99.2	99.3	101.3	105.0	105.1
2008	103.3	101.8	104.0	103.8	101.3	115.8	132.3
2009	94.4	96.2	93.6	93.3	99.1	88.6	85.1
2010	102.2	98.7	103.8	102.7	100.3	110.5	121.3

PPI AND PURCHASING PRICE INDICES FOR RAW MATERIALS, FUELS AND POWER (2000-2010)

(preceding year=100)

黑色金属材料类 Ferrous Metals	有色金属材料和电线类 Nonferrous Metals	化工原料类 Raw Chemical Materials	木材及纸浆类 Timber and Paper Pulp	建筑材料及非金属矿类 Construction Materials and Nonmetals	其他工业原材料及半成品类 Other Industrial Materials and Semi-finished Products	农副产品类 Agricultural Products	纺织原料类 Textile Materials
100.5	106.9	103.4	94.8	101.9	98.4	94.5	91.5
100.3	97.9	97.6	98.3	99.5	98.8	103.5	100.6
96.4	96.1	99.3	102.5	97.6	92.3	93.6	97.8
110.9	101.4	107.3	100.6	99.0	95.2	114.3	98.1
124.5	120.9	111.1	100.7	105.8	103.8	122.3	102.8
108.3	123.3	114.9	103.6	101.8	102.8	96.3	106.2
96.7	138.3	104.1	100.3	99.4	98.0	101.3	100.9
115.6	112.2	106.7	101.7	103.5	95.3	138.6	99.2
128.5	97.9	108.3	108.5	115.2	94.9	132.6	101.5
79.8	81.1	82.3	97.0	99.4	95.3	88.2	97.6
115.4	121.6	111.7	104.2	102.7	99.0	106.6	102.8

7-9 工业品出厂价格指数

EX-FACTORY PRICE INDEX OF INDUSTRIAL PRODUCTS

(上年=100) (preceding year=100)

项目	Item	2010	2009
总指数	**General Index**	**102.2**	**94.4**
按轻、重工业分	**Group by Light Industry and Heavy Industry**		
轻工业	Light Industry	98.7	96.2
以农产品为原料	Using Farming Products as Raw Materials	102.1	98.9
以非农产品为原料	Using Non-farming Products as Raw Materials	97.4	95.3
重工业	Heavy Industry	103.8	93.6
采掘	Excavation	113.4	96.3
原料	Raw Material	112.4	97.2
加工	Processing	98.8	91.5
按生产、生活资料分	**Group by Capital Goods and Living Goods**		
生产资料	Capital Goods	102.7	93.3
采掘	Excavation	105.7	96.0
原料	Raw Material	113.4	97.3
加工	Processing	98.3	91.5
生活资料	Living Goods	100.3	99.1
食品	Food	101.7	99.2
衣着	Clothing	100.3	99.7
一般日用品	Articles for Daily Use	99.9	100.1
耐用消费品	Durable Consumer Goods	98.7	98.6

7-10 工业品出厂价格指数(按行业分)

EX-FACTORY PRICE INDEX OF INDUSTRIAL PRODUCTS (BY SECTOR)

(上年=100) (preceding year=100)

项　　目	Item	2010	2009
煤炭开采和洗选业	Mining and Washing of Coal	104.2	98.1
黑色金属矿采选业	Mining and Processing of Ferrous Metal Ores	125.0	57.4
非金属矿采选业	Mining and Processing of Nonmetal Ores	105.2	139.9
农副食品加工业	Processing of Food from Agriculture Products	102.0	93.6
食品制造业	Manufacture of Foods	101.4	102.3
饮料制造业	Manufacture of Beverages	105.2	102.2
烟草制品业	Manufacture of Tobacco	98.3	97.8
纺织业	Manufacture of Textile	102.1	97.3
纺织服装、鞋、帽制造业	Manufacture of Textile Wearing Apparel, Footware and Caps	99.6	100.5
皮革、毛皮、羽毛(绒)及其制品业	Manufacture of Leather, Furs, Feather (Down) and Related Products	103.3	101.6
木材加工及木、竹、藤、棕、草制品业	Processing of Timber,Manufacture of Wood, Bamboo, Rattan, Palm and Straw Products	98.6	100.2
家具制造业	Manufacture of Furniture	99.8	102.4
造纸及纸制品业	Manufacture of Paper and Paper Products	103.8	95.1
印刷业和记录媒介的复制	Printing,Reproduction of Recording Media	99.8	98.6
文教体育用品制造业	Manufacture of Articles for Culture, Education and Sports Activity	99.5	102.0
石油加工、炼焦及核燃料加工业	Processing of Petroleum, Coking, Processing of Nuclear Fuel	120.4	91.4
化学原料及化学制品制造业	Manufacture of Raw Chemical Materials and Chemical Products	129.7	82.5
医药制造业	Pharmaceutics	100.3	100.4
化学纤维制造业	Manufacture of Chemical Fibers	97.4	89.3
橡胶制品业	Manufacture of Rubber	109.7	98.4
塑料制品业	Manufacture of Plastics	99.1	94.5
非金属矿物制品业	Manufacture of Non-Metallic Mineral Products	101.7	98.4
黑色金属冶炼及压延加工业	Smelting and Pressing of Ferrous Metals	113.1	77.6
有色金属冶炼及压延加工业	Smelting and Pressing of Non-Ferrous Metals	127.1	79.0
金属制品业	Manufacture of Metal Products	101.3	94.6
通用设备制造业	Manufacture of General Purpose Machinery	99.8	99.6
专用设备制造业	Manufacture of Special Purpose Machinery	95.2	93.4
交通运输设备制造业	Manufacture of Transport Equipment	99.2	98.3
电气机械及器材制造业	Manufacture of Electrical Machinery and Equipment	99.5	95.4
通信设备、计算机及其他电子设备制造业	Manufacture of Communication Equipment,Computers and Other Electronic Equipment	92.9	90.3
仪器仪表及文化、办公用机械制造业	Manufacture of Measuring Instruments and Machinery for Culture Activity and Office Work	99.0	97.9
工艺品及其他制造业	Manufacture of Artwork and Other Manufacturing	99.8	103.5
废弃资源和废旧材料回收加工业	Recycling and Disposal of Waste	105.4	97.1
电力、热力的生产和供应业	Production and Distribution of Electric Power and Heat Power	105.1	103.8
燃气生产和供应业	Production and Distribution of Gas	102.3	100.7
水的生产和供应业	Production and Distribution of Water	102.8	100.0

7-11 原材料、燃料、动力购进价格指数
INDICES OF PURCHASING PRICES OF RAW MATERIALS, FUELS AND POWER

(上年=100) (preceding year=100)

项目	Item	2010	2009
总指数	**General Index**	**110.5**	**88.6**
燃料、动力类	Fuel and Power	121.3	85.1
黑色金属材料类	Ferrous Metals	115.4	79.8
#钢材	Steel Products	108.4	82.5
其他	Others	142.8	77.6
有色金属材料和电线类	Nonferrous Metals	121.6	81.1
化工原料类	Raw Chemical Materials	111.7	82.3
木材及纸浆类	Timber and Paper Pulp	104.2	97.0
建筑材料及非金属矿类	Construction Materials and Nonmetals	102.7	99.4
其他工业原材料及半成品类	Other Industrial Materials and Semi-finished Products	99.0	95.3
农副产品类	Agricultural Products	106.6	88.2
纺织原料类	Textile Materials	102.8	97.6

7-12 固定资产投资价格指数(2010年)
PRICE INDEX OF INVESTMENT IN FIXED ASSETS (2010)

项目	Item	1992=100	1993=100	1994=100	2000=100	2004=100	2005=100	2006=100	2007=100	2008=100	2009=100
总指数	**General Index**	**227.3**	**179.7**	**154.5**	**120.0**	**111.5**	**110.7**	**110.3**	**107.3**	**99.5**	**102.5**
建筑安装工程	Construction and Installation	283.0	215.8	180.0	131.9	114.4	113.8	114.2	109.6	98.1	104.0
人工费	Labor Cost	752.8	532.3	367.9	161.5	139.0	133.6	128.4	121.0	110.8	106.4
材料费	Costs of Materials	236.9	175.6	149.4	128.5	110.1	110.3	111.9	107.6	95.3	103.8
机械使用费	Costs of Machinery Use				114.1	110.9	110.9	109.5	107.7	102.4	101.6
设备、工器具购置	Purchase of Equipment,Tools and Instruments	110.7	96.3	94.3	75.5	91.2	92.6	93.0	94.0	95.9	99.1
其他费用	Others	187.1	153.3	124.1	117.4	114.1	112.0	110.1	107.7	102.8	101.9

注：按国家统计局的有关规定，固定资产投资价格指数从1991年开始计算。

Note: According to rules of National Bureau of Statistics, price index of investment in fixed assets is counted from 1991.

7-13 房地产价格指数(1998-2010年)
PRICE INDICES OF REAL ESTATE (1998-2010)

(上年=100) (preceding year=100)

项　　目	Item	1998	1999	2000	2001	2002	2003	2004
土地交易价格指数	**Transaction Price Index of Land**	**101.0**	**100.2**	**100.0**	**100.0**	**100.0**	**100.6**	**102.5**
居住用地	Land Used for Dwelling	100.4	100.2	100.0	100.0	100.0	101.0	102.2
工业用地	Land Used for Industrial Storage	98.8	100.1	100.0	100.0	100.0	99.5	104.8
商业营业用地	Land for Business Tour and Entertainment	100.3	100.3	100.0	100.0	100.0	99.3	103.5
其他用地	Land for Other Purposes	104.7	100.3	100.0	100.0	100.0	101.7	101.3
房屋租赁价格指数	**Renting Price Index of House**	**99.8**	**98.5**	**166.6**	**125.5**	**107.6**	**108.5**	**103.4**
住　宅	Residential Buildings	100.0	100.4	199.4	133.2	109.3	113.4	106.4
办公楼	Office Building	98.8	87.3	97.0	104.5	102.8	98.1	93.8
商业营业用房	Commercial Entertainment House	98.6	95.8	96.0	101.2	99.9	96.6	100.8
工业仓储用房	Industrial Storage House	100.0	100.0		105.1	114.3	100.0	102.6
其　它	Other	93.6	91.9	99.0				
物业管理价格指数	**Property Management Price Index**							
#住　宅	Residential Building							
办公楼	Office Building							
商业营业用房	Commercial Entertainment House							

7-13 续表 continued

(上年=100) (preceding year=100)

项　　目	Item	2005	2006	2007	2008	2009	2010
土地交易价格指数	**Transaction Price Index of Land**	**103.8**	**105.2**	**109.4**	**111.6**	**104.0**	**115.9**
居住用地	Land Used for Dwelling	103.7	106.3	105.9	114.6	104.5	117.8
工业用地	Land Used for Industrial Storage	105.0	105.3	110.7	109.1	99.4	107.7
商业营业用地	Land for Business Tour and Entertainment	104.4	103.8	112.7	113.3	103.8	114.1
其他用地	Land for Other Purposes	103.2	102.2	104.1	119.4	107.9	
房屋租赁价格指数	**Renting Price Index of House**	**102.4**	**102.9**	**102.7**	**101.8**	**98.9**	**113.0**
住　宅	Residential Buildings	103.1	104.4	103.4	102.4	98.8	114.6
办公楼	Office Building	97.8	98.6	100.4	97.4	100.3	105.3
商业营业用房	Commercial Entertainment House	102.7	100.1	101.6	98.9	97.1	101.3
工业仓储用房	Industrial Storage House	100.0	102.4	100.3			
其　它	Other	105.5	100.1	100.1	100.4	101.4	105.4
物业管理价格指数	**Property Management Price Index**	**100.5**	**100.8**	**100.1**	**100.2**	**100.0**	**100.2**
#住　宅	Residential Building	100.6	101.2	100.1	100.0	99.9	100.0
办公楼	Office Building	100.1	99.0	100.7	100.7	100.3	101.0
商业营业用房	Commercial Entertainment House	100.0	100.0	100.0	100.3	100.2	100.6

主要统计指标解释

居民消费价格指数 是度量消费商品及服务项目价格水平随着时间而变动的相对数，反映居民家庭购买的消费品及服务价格水平的变动情况。居民消费价格指数变动率通常被用来作为反映通货膨胀（或紧缩）程度的指标。

商品零售价格指数 是度量工业、商业、餐饮业和其他零售企业向城乡居民、机关团体出售生活消费品和办公用品价格水平随着时间而变动的相对数，反映市场商品零售价格的变动程度。

工业品出厂价格指数 是反映全部工业产品出厂价格总水平变动程度的相对数。其中包括工业企业售给商业、外贸、物资部门的产品，还包括售给工业和其他部门的生产资料以及直接售给居民的生活消费品。通过工业生产价格指数能观察工业产品出厂价格变动对工业总产值的影响。

原材料、燃料、动力购进价格指数 是反映全部工业原材料、燃料、动力购进价格总水平变动程度的相对数。用其可以观察和研究工业企业原材料价格变动对生产的影响，以及企业对原材料涨价的消化能力和承受能力，为制定价格政策提供依据。

固定资产投资价格指数 是反映固定资产投资额价格变动程度的相对数。固定资产投资额由建筑安装工程投资完成额，设备、工器具购置投资完成额和其他费用投资完成额三部分组成。编制固定资产投资价格指数应首先分别编制上述三部分投资的价格指数，然后采用加权算术平均法求出固定资产投资价格总指数。编制固定资产投资价格指数可以准确地反映固定资产投资中涉及的各类商品和取费项目价格变动幅度，消除按现价计算的固定资产投资指标中的价格变动因素，真实地反映固定资产投资的规模、速度、结构和效益，为国家科学地制定、检查固定资产投资计划，提高宏观调控水平，为完善国民经济核算体系提供科学、可靠的依据。

房地产价格指数 是反映一定时期内房地产价格总水平的变动趋势和程度的相对数。包括土地交易价格指数、房屋销售价格指数、房屋租赁价格指数和物业管理价格指数。

土地交易价格指数 是反映房地产开发商或其他建设单位在进行商品房开发前为取得土地使用权而实际支付的价格的变动趋势和程度的相对数。

房屋销售价格指数 是反映房屋销售价格总水平变动趋势和程度的相对数。

房屋租赁价格指数 是反映房屋租赁价格总水平变动趋势和程度的相对数。

物业管理价格指数 是反映物业管理企业价格总水平变动趋势和程度的相对数。

农产品生产价格指数 是指农产品生产价格总水平变动程度的相对数。农产品生产价格是指农产品生产者第一次出售其产品时的单位产品价格。

农业生产资料价格指数 是反映农村居民用于发展生产所购买的生产资料价格变动程度的综合价格指数。包括生产用种籽、化学肥料、农用薄膜、饲料、生产用电、生产用燃料，大、中、小型农机具等价格变动因素。

Explanatory Notes on Main Statistical Indicators

Consumer Price Index (CPI) is a relative number measuring the changes in consumer goods and service prices over time. It reflects the changes in prices of consumer goods and services purchased by consumers. CPI is an indicator usually used for reflecting the level of inflation (deflation).

Retail Price Index is a relative number measuring the changes in prices of consumer goods and office supplies provided by industrial, commercial, food & drink and other retail businesses over time. It reflects the extent of changes in retail prices of commodities on the market.

Ex-factory Price Index of Industrial Products is a relative number reflecting the degree of changes in general ex-factory prices of all industrial products, including products sold by industrial enterprises to commercial, foreign trade and materials companies, as well as production materials sold to industrial and other enterprises, and consumer goods directly sold to residents. It can be used to analyze the impact of ex-factory prices of industrial products on gross industrial output value.

Raw Material, Fuel and Power Purchase Price Index is a relative number reflecting the degree of changes in the overall level of prices of all industrial materials, fuels and power. It can be used to observe and analyze the effect of changes in prices of raw materials in industrial enterprises on their production, as well as the enterprises' capacity of digesting and bearing the rising prices of raw materials, thus proving basis for development of price policies.

Price Index of Investment in Fixed Assets is a relative number reflecting the degree of changes in prices of investment in fixed assets. The investment in fixed assets consists of three components, i.e. the investment in construction and installation, the investment in purchases of equipment and instrument, and the investment in other items. Price index of investment in fixed assets is calculated as the weighted arithmetic mean of the price indices of the three components of investment in fixed assets. Removing the factor of price change in the aggregates of investment at current prices, this indicator shows the changes in the prices of commodities and fees involved in the investment of fixed assets, and can be used to observe the actual size, growth, structure, and efficiency of investment in fixed assets and provides reliable and scientific basis for government planning on and examination of fixed assets investment, improving overall adjustment and controlling skill, and further improving the national accounting system.

Real Estate Price Index is a relative number reflecting the trend and degree of changes in the overall level of real estate prices within a given period of time. It includes the land transaction price index, house selling price index, house lease price index, and property management price index.

Land Transaction Price Index is a relative number reflecting the trend and degree of changes in the prices actually paid for the purpose of obtaining the land use right by real estate developers and other construction entities before the development of commercial houses.

House Selling Price Index is a relative number reflecting the trend and degree of changes in the overall level of house selling prices.

House Renting Price Index is a relative number reflecting the trend and degree of changes in the overall level of house lease prices.

Property Management Price Index is a relative number reflecting the trend and degree of changes in the overall level of property management prices.

Agricultural Products Production Price Index is a relative number reflecting the degree of changes in the overall production prices of agricultural products. Production price of agricultural products means the unit product price for agricultural product producers to sell their products for the first time.

Agricultural Production Goods Price Index is a comprehensive price index showing the degree of changes in the prices of production goods bought by rural residents for production development. It consists of such price change factors as productive seeds, chemical fertilizer, farming film, feedstuff, electricity and fuel for production, small, medium and large-sized agricultural machines and tools.

Explanatory Notes on Main Statistical Indicators

08

北京统计年鉴2011 BEIJING STATISTICAL YEARBOOK

人民生活
PEOPLE'S LIVELIHOOD

简要说明

一、本章资料的主要内容

本章资料反映北京市居民生活现状及变化情况，分为城镇居民生活和农村居民生活两部分。调查内容主要包括家庭现金收支、主要商品购买数量及支出金额、居住状况和耐用消费品的拥有量等。

二、城乡居民生活资料来源及调查方法

城乡居民生活状况的数据来源于国家统计局北京调查总队。

城乡居民住户调查方法和方案由国家统计局统一制定。城镇居民生活调查方法为抽样调查。城镇居民生活调查样本为5000户，覆盖16个区县。农村住户调查网点的抽选是以全市所辖行政村为总体，直接抽选调查村，在抽中村中抽选调查户。北京共抽选样本户3000户，覆盖13个郊区县。

三、五等分组的含义

要客观的反映不同收入层次家庭的收支及生活状况，必须按不同收入水平进行分组来观察和分析。“五等分组”即城镇住户按人均可支配收入、农村住户按人均纯收入从低到高排队分成五等份，有低收入组、中低收入组、中等收入组、中高收入组和高收入组五部分，各组的户数均占总户数的20%。通过对调查户的分组，可以分别计算各组人均收入、消费性支出的情况，以观察不同收入组之间的差距和存在的问题。

Brief Introduction

I. Main Content

Statistics in this chapter reflect the conditions and changes in the life of residents in Beijing, consisting of two parts, one for urban residents, and the other for rural residents. Figures include household income and payment in cash, purchase quantity and amount of expenditures of main commodities, living status and number of durable consumables in possession.

II. Source of Data of Urban and Rural Residents' Life and Method of Survey

Data of status of urban and rural residents' life are from National Bureau of Statistics Survey Office in Beijing.

Methods and proposals for urban and rural resident households' statistics are developed by the National Bureau of Statistics. Sample survey method was used for urban and rural residents' life statistics, with sample size of 5000 households, covering 16 districts and counties. Sites for rural household's survey were sampled directly from administrative villages across the city. Households were sampled from sampled villages. 3000 households from 13 suburb counties were selected as samples.

II. Meaning of Five-level Grouping

It is necessary to have different-level groups for observation and analysis in order to reflect the income and payment and living status of households at different classes. "Five-level grouping" means urban households are divided into five groups in a low-to-high order for the per-capita disposable income, while rural households using net per-capita income of rural households. These five groups are the low-income, middle-low-income, middle-income, middle-high-income and high-income groups. The number of households in each group accounts for 20% of the total. Through grouping of the households under survey, we can calculate the per-capital income and consumptive expenditure of each group so as to observe the difference between different income groups and problems that can be found.

8-1 人民生活基本情况(1978-2010年)

PEOPLE'S LIFE (1978-2010)

年 份 Year	城镇居民家庭基本情况 Basic Information on Urban Household Lives							
	人均家庭总收入(元) Per Capita Total Income (yuan)	人均可支配收入(元) Per Capita Disposable Income (yuan)	人均可支配收入实际增长(%) Real Growth Rate of Per Capita Disposable Income (%)	人均消费性支出(元) Per Capita Living Expenditures (yuan)	#食品 Food	城镇居民家庭恩格尔系数(%) Engel Coefficient of Urban Households (%)	每一城镇就业者负担人数(人) Dependents Per Urban Employee (person)	城镇居民人均住宅使用面积(平方米) Per Capita Usable Space of Houses in Urban Areas (sq.m)
1978	450.2	365.4		359.9	211.2	58.7	1.86	6.70
1979	491.5	415.0	11.6	408.7	236.7	57.9	1.83	6.73
1980	599.4	501.4	14.0	490.4	271.0	55.3	1.80	7.06
1981	619.6	514.1	1.2	511.4	295.1	57.7	1.72	7.48
1982	668.1	561.1	7.2	534.8	317.6	59.3	1.66	7.92
1983	716.6	590.5	4.7	574.1	337.7	58.8	1.65	8.37
1984	837.7	693.7	15.0	666.8	379.1	56.8	1.63	8.72
1985	1158.8	907.7	11.3	923.3	466.9	50.6	1.66	9.09
1986	1317.3	1067.5	10.1	1067.4	543.4	50.9	1.66	9.20
1987	1413.2	1181.9	1.9	1147.6	605.0	52.7	1.65	9.75
1988	1767.7	1437.0	1.0	1455.6	743.4	51.1	1.71	10.30
1989	1899.6	1597.1	-5.2	1520.4	841.3	55.3	1.52	10.74
1990	2067.3	1787.1	6.2	1646.1	892.2	54.2	1.52	11.17
1991	2359.9	2040.4	2.1	1860.2	1016.8	54.7	1.47	11.64
1992	2813.1	2363.7	5.4	2134.7	1126.3	52.8	1.43	12.09
1993	3935.4	3296.0	17.1	2939.6	1404.7	47.8	1.42	12.45
1994	5585.9	4731.2	14.9	4134.1	1919.0	46.4	1.41	12.85
1995	6748.7	5868.4	5.7	5019.8	2436.5	48.5	1.41	13.34
1996	7945.8	6885.5	5.1	5729.5	2671.5	46.6	1.41	13.82
1997	8741.7	7813.1	7.8	6531.8	2854.4	43.7	1.43	14.36
1998	10098.2	8472.0	5.9	6970.8	2865.7	41.1	1.40	14.96
1999	10654.8	9182.8	7.8	7498.5	2959.2	39.5	1.41	15.88
2000	12560.3	10349.7	8.9	8493.5	3083.4	36.3	1.41	16.75
2001	13768.8	11577.8	8.5	8922.7	3229.3	36.2	1.39	17.62
2002	13253.3	12463.9	15.6	10285.8	3472.5	33.8	1.41	18.20
2003	14959.3	13882.6	11.2	11123.8	3522.7	31.7	1.39	18.67
2004	17116.5	15637.8	11.5	12200.4	3925.5	32.2	1.44	18.88
2005	19533.3	17653.0	11.2	13244.2	4215.6	31.8	1.39	20.13
2006	22417.0	19978.0	12.2	14825.0	4561.0	30.8	1.40	20.96
2007	24576.0	21989.0	11.2	15330.0	4934.0	32.2	1.40	21.50
2008	27678.0	24725.0	7.0	16460.0	5562.0	33.8	1.40	21.56
2009	30674.0	26738.0	9.7	17893.0	5936.0	33.2	1.40	21.61
2010	33360.0	29073.0	6.2	19934.0	6393.0	32.1	1.40	19.49

注：1. 城镇住户调查的口径范围：2000-2003年是1000户城市居民(城八区)数据；2004-2006年是2000户城市居民数据；2007年是3000户城镇居民(十八区县)数据；2008年及以后由3000户调整为5000户。
2. 2004-2007年的城镇居民人均住宅使用面积根据2007年房屋普查进行了调整。

Note: a) Urban households investigation specification: figures of 1000 urban households'(in 8 districts) per-capita in 2000-2003; figures of 2000 urban households' per-capita in 2004-2006; figures of 3000 urban households'(in 18 districts and counties)per-capita in 2007; 3000 urban households changed to 5000 from 2008.
b) Figures of per-capita usable space of houses in urban areas 2004-2007 are adjusted according to house cencus 2007.

8-1 续表 continued

年份 Year	农村居民家庭基本情况 Basic Information on Rural Household Lives: 人均纯收入(元) Per Capita Net Income (yuan)	人均纯收入实际增长(%) Real Growth Rate of Per Capita Net Income (%)	人均总支出(元) Per Capita Total Expenditures (yuan)	人均生活消费支出(元) Per Capita Living Expenditures (yuan)	#食品 Food	农村居民家庭恩格尔系数(%) Engel Coefficient of Rural Households (%)	每一农村劳动力负担人数(人) Dependents Per Rural Labor Force (person)	农村人均住房面积(平方米) Rural Per Capita Living Space (sq.m)	居民储蓄存款余额(亿元) Balance of Saving Deposits (100 million yuan)	人均储蓄(元) Per Capita Saving Deposits (yuan)
1978	224.8		219.0	185.4	116.7	63.2	2.15	9.20	9.33	110
1979	250.0	10.9	235.0	204.7	131.1	63.9	2.16	9.67	11.07	127
1980	308.1	22.1	290.0	256.8	140.2	54.1	2.13	10.09	14.39	162
1981	361.4	17.1	350.5	307.2	160.6	52.3	2.14	12.35	17.39	193
1982	430.2	17.3	411.2	345.5	181.1	52.4	1.97	13.01	21.77	237
1983	519.5	20.9	498.5	384.4	193.8	50.4	1.82	14.24	29.81	319
1984	664.2	25.7	559.3	435.0	222.5	51.1	1.79	14.22	38.82	411
1985	775.1	14.5	726.0	510.0	240.5	47.1	1.64	16.48	51.70	540
1986	823.1	3.7	857.0	645.3	292.4	45.3	1.66	17.41	68.58	706
1987	916.4	6.5	943.0	705.5	340.9	48.3	1.64	18.38	92.90	940
1988	1062.6	3.1	1246.0	883.3	407.9	46.2	1.63	19.23	111.60	1115
1989	1230.7	2.2	1356.0	976.3	484.3	49.6	1.62	20.09	162.01	1587
1990	1297.1	2.1	1372.0	980.7	497.0	50.7	1.61	20.62	226.62	2196
1991	1422.3	1.7	1585.0	1100.1	537.0	48.8	1.59	21.92	299.23	2879
1992	1568.8	2.0	1684.0	1179.0	573.8	48.7	1.58	22.67	389.79	3730
1993	1854.8	5.1	1714.0	1308.9	611.7	46.8	1.51	23.70	562.54	5351
1994	2422.1	9.1	2175.0	1676.5	824.8	49.2	1.49	24.42	853.21	8036
1995	3208.5	6.3	3080.0	2433.0	1206.0	49.6	1.47	24.74	1253.95	11716
1996	3562.7	4.8	3272.0	2655.5	1233.1	46.4	1.45	25.74	1706.98	15839
1997	3762.4	5.1	3379.0	2795.4	1248.4	44.7	1.48	27.39	1975.26	18197
1998	4028.9	6.7	3617.0	2945.5	1241.9	42.2	1.44	27.64	2287.19	20955
1999	4316.4	7.2	3938.0	3132.5	1253.5	40.0	1.43	28.65	2680.66	24374
2000	4687.0	7.3	4517.9	3441.4	1263.6	36.7	1.51	28.91	2923.21	26395
2001	5274.3	8.7	5098.8	3871.5	1353.2	34.9	1.52	31.01	3536.32	31510
2002	5880.1	12.3	5548.7	4206.0	1386.6	33.0	1.48	32.58	4389.69	38631
2003	6496.3	11.5	5886.6	4655.3	1475.6	31.7	1.45	33.95	5293.53	46079
2004	7172.1	9.2	6275.2	4886.4	1592.3	32.6	1.46	34.21	6122.35	52647
2005	7860.0	8.1	7181.2	5515.0	1807.0	32.8	1.45	36.94	7477.59	49346
2006	8620.0	8.7	7935.0	6061.0	1937.0	32.0	1.42	39.10	8703.29	55808
2007	9559.0	8.2	8866.0	6828.0	2190.0	32.1	1.40	39.54	9113.49	56711
2008	10747.0	6.5	10166.0	7656.0	2629.0	34.3	1.40	39.40	11869.91	71334
2009	11986.0	13.4	11814.0	9141.0	2961.0	32.4	1.39	39.42	14566.30	84442
2010	13262.0	8.1	12805.0	10109.0	3121.0	30.9	1.39	40.62	16876.30	90808

注：1.本表中"居民储蓄存款余额"为中资金融机构人民币储蓄存款余额。
　　2.本表中计算"人均储蓄"使用的人口标准，2004年及以前年份使用北京市户籍人口，2005年开始使用北京市年平均常住人口。
资料来源：表中"居民储蓄存款余额"数据来自中国人民银行营业管理部。

Note: a) In this table, the "balance of saving deposits" is the balance of saving deposits in RMB in China-funded financial institutions.
b) Population figures used for "per capital saving deposits" in this table were the population for household registered in Beijing before 2004, and effective 2005, are the annual permanent population in Beijing.

Source: Savings figures in the table come from the Banking Administration Department of the People's Bank of China.

8-2 5000户城镇居民家庭基本情况(按收入水平分)(2010年)
BASIC STATISTICS OF 5000 SAMPLED URBAN HOUSEHOLDS (BY INCOME LEVEL) (2010)

项目	Item	全市平均 Total	低收入户 20% Low Income	中低收入户 20% Medium-Low Income	中等收入户 20% Medium Income	中高收入户 20% Medium-High Income	高收入户 20% High Income
调查户数 (户)	Households Surveyed (household)	5000	1000	1000	1000	1000	1000
平均每户家庭人口 (人)	Average Persons Per Household (person)	2.8	3.0	2.9	2.8	2.7	2.5
有收入者人数 (人)	Persons Having Income (person)	11108	1994	2241	2299	2335	2239
就业人口数 (人)	Employees (person)	7883	1485	1639	1531	1591	1637
离退休人员数 (人)	Retirees (person)	3023	352	582	760	733	596
其他有收入者人数 (人)	Others (person)	202	157	20	8	11	6
无收入者人数 (人)	Persons having no Income (person)	2797	1040	700	471	338	248
平均每户就业人口数 (人)	Average Employees Per Household (person)	1.6	1.5	1.6	1.5	1.6	1.6
平均每一就业者负担人数 (人)	Dependents Per Employee (person)	1.4	1.8	1.4	1.3	1.2	1.2
平均每人年可支配收入 (元)	Annual Disposable Income Per Capita (yuan)	29073	13692	20842	25990	32595	53739
平均每人年消费性支出 (元)	Annual Living Expenditure Per Capita (yuan)	19934	11478	16611	18683	22433	31085

8-3 5000户城镇居民家庭每人每年现金收入(2010年)

ANNUAL CASH INCOME PER CAPITA OF 5000 URBAN HOUSEHOLDS (2010)

单位：元 (yuan)

项目	Item	全市平均 Total	低收入户 20% Low Income	中低收入户 20% Medium-Low Income	中等收入户 20% Medium Income	中高收入户 20% Medium-High Income	高收入户 20% High Income	2010年为2009年% 2010 as % of 2009
家庭总收入	**Familial Gross Income**	**33360**	**16088**	**24436**	**29762**	**37204**	**60961**	**108.8**
#可支配收入	Annual Disposable Income	29073	13692	20842	25990	32595	53739	108.7
工资性收入	Emolument	23099	11971	18243	19918	25330	41047	109.4
工资及补贴收入	Laborage and Allowance Income	22724	11708	18058	19670	24972	40186	110.0
其他劳动收入	Other Income from Work	375	263	185	248	358	861	84.7
经营净收入	Business Income	1170	407	530	822	848	3378	106.8
财产性收入	Property Income	656	106	119	304	388	2475	111.8
利息收入	Interest Income	43	20	10	38	41	113	78.2
股息与红利收入	Dividend Income	125	5	15	31	23	576	112.6
保险收益	Insurance Proceeds	8	1	5	1	7	28	66.7
其他投资收入	Other Income from Yield	115	1		1	7	594	234.7
出租房屋收入	Lease House Income	361	75	88	231	300	1160	120.3
知识产权收入	Sciential Property Right							
其他财产性收入	Other Income from Property	4	4	1	2	10	4	6.8
转移性收入	Transfer Income	8435	3604	5544	8718	10638	14061	107.0
#养老金或离退休金	Annuities and Pension	7434	2863	5015	8088	9821	11672	112.5
社会救济收入	Receiving Special Reilief Income	57	273	11	1	7	1	103.6
辞退金	Resignation Allowances	3	2	11				12.0
保险收入	Insurance Income	3	4	3	2	…	5	18.7
#失业保险金	Unemployment Insurance Income	2	4	3	1			100.0
赡养收入	Maintenance Income	161	75	70	113	188	374	74.9
捐赠收入	Gift Income	214	125	142	151	178	491	65.6
提取住房公积金	Draw Money of Housing Accumulation Fund	262	7	29	78	151	1095	78.4
记账补贴	Subsidies of Account	258	233	243	257	272	287	99.6
出售财物收入	**Proceeds from Sales of Belongings**	**109**	**8**	**43**	**89**	**16**	**406**	**24.2**
借贷收入	**Credit Income**	**17525**	**9369**	**13631**	**14873**	**19161**	**31399**	**102.6**

注：人均可支配收入实际增长6.2%。

Note: Real growth rate of the per capita annual disposable income is 6.2%.

8-4 5000户城镇居民家庭每人每年现金支出(2010年)

ANNUAL CASH EXPENDITURES PER CAPITA OF 5000 URBAN HOUSEHOLDS (2010)

单位：元 (yuan)

项目	Item	全市平均 Total	低收入户20% Low Income	中低收入户20% Medium-Low Income	中等收入户20% Medium Income	中高收入户20% Medium-High Income	高收入户20% High Income	2010年为2009年% 2010 as % of 2009
家庭总支出	**Familial Gross Expenditures**	**26921**	**14640**	**21399**	**23695**	**29272**	**46721**	**105.9**
消费性支出	Living Expenditures	19934	11478	16611	18683	22433	31085	111.4
#服务性消费支出	Service Living Expenditures	5600	3036	4633	4992	6261	9277	112.7
购房与建房支出	Expenditures on Purchasing and Building Houses	1049	309	118	3	501	4540	62.9
购 房	Purchasing House	1009	151	116	3	485	4511	62.2
建 房	Building Houses	40	158	2	…	16	29	87.0
转移性支出	Transfer Expenditures	2392	732	1477	1778	2482	5684	94.1
交纳所得税	Individual Income-tax	639	72	252	378	662	1909	106.3
捐赠支出	Gift Expenditures	1099	444	789	878	1181	2272	104.1
购买彩票	Buy Lottery Expenditures	12	6	10	14	15	17	50.0
赡养支出	Support Expenditures	402	102	273	328	376	958	70.4
各种非储蓄性保险支出	Non-saving-deposits Insurance Expenditures	200	94	133	144	204	440	90.1
#车辆保险支出	Automotive Insurance	135	29	94	94	159	310	111.6
其他转移性支出	Others	40	14	20	36	44	88	58.0
财产性支出	Property Expenditures	155	30	95	95	181	386	66.5
社会保障支出	Social Security Expenditures	3391	2091	3098	3136	3675	5026	110.2
个人交纳的养老基金	Annuities	1188	874	1137	1115	1219	1610	111.4
个人交纳的住房公积金	Housing Accumulation Fund	1732	835	1511	1582	1966	2816	111.4
个人交纳的医疗基金	Iatrical Accumulation Fund	396	326	381	378	410	493	108.8
个人交纳的失业基金	Disemployed a Accumulation Fund	68	51	64	58	73	92	81.9
其他社会保障支出	Others	7	5	5	3	7	15	87.5
借贷支出	**Credit Expenditures**	**23469**	**10639**	**16424**	**20605**	**26457**	**44508**	**101.8**
#存入储蓄款	Saving Deposits	22392	10343	15937	20030	25582	41225	105.4
归还借款	Repayment of Loans	122	17	15	50	77	471	63.9
储蓄性保险支出	Saving-purpose Insurance Costs	174	60	80	135	166	449	80.6
购买有价证券	Purchase of Securities	90	7	1	29	20	412	20.2
归还住房贷款	Repayment of House Loan	429	84	263	239	471	1128	61.7
归还汽车贷款	Repayment of Auto Loan	33		5	28	6	132	100.0

8-5 5000户城镇居民家庭平均每人年消费性支出(2010年)
ANNUAL LIVING EXPENDITURE PER CAPITA OF 5000 URBAN HOUSEHOLDS (2010)

单位: 元 (yuan)

项目	Item	全市平均 Total	低收入户20% Low Income	中低收入户20% Medium-Low Income	中等收入户20% Medium Income	中高收入户20% Medium-High Income	高收入户20% High Income	2010年为2009年% 2010 as % of 2009
消费性支出	**Living Expenditures**	**19934**	**11478**	**16611**	**18683**	**22433**	**31085**	**111.4**
食品	Food	6393	4514	5698	6458	7104	8294	107.7
衣着	Clothing	2088	1122	1733	1912	2388	3353	116.3
居住	Housing	1577	1126	1166	1298	1756	2618	122.2
家庭设备用品及服务	Household Appliances and Service	1378	738	1038	1301	1552	2318	112.4
医疗保健	Health Care and Medical Services	1327	809	1079	1325	1573	1886	95.5
交通和通信	Transport and Communications	3421	1318	2697	3087	3898	6250	123.6
#汽车	Motor Vehicle	1065	193	799	968	1285	2134	134.1
教育文化娱乐服务	Education,Cultural and Recreation Services	2902	1542	2585	2618	3192	4652	109.3
其他商品和服务	Miscellaneous Goods and Services	848	309	615	684	970	1714	101.8
#服务	Services	297	104	206	228	350	619	112.5

注: 人均消费性支出实际增长8.8%。

Note: Real growth rate of the per capita living expenditure is 8.8 %.

8-6 5000户城镇居民家庭消费性支出构成(2010年)
MAKE UP OF ANNUAL LIVING EXPENDITURE 5000 URBAN HOUSEHOLDS (2010)

单位: % (%)

项目	Item	全市平均 Total	低收入户20% Low Income	中低收入户20% Medium-Low Income	中等收入户20% Medium Income	中高收入户20% Medium-High Income	高收入户20% High Income	2010年比2009年增、减百分点 2010 Increase or Decrease than 2009%
消费性支出	**Living Expenditures**	**100.0**	**100.0**	**100.0**	**100.0**	**100.0**	**100.0**	
食品(恩格尔系数)	Food (Engel Coefficient)	32.1	39.3	34.3	34.6	31.7	26.7	-1.1
衣着	Clothing	10.4	9.8	10.4	10.2	10.7	10.8	0.4
居住	Housing	7.9	9.8	7.0	6.9	7.8	8.4	0.7
家庭设备用品及服务	Household Appliances and Service	6.9	6.4	6.3	7.0	6.9	7.4	0.1
医疗保健	Health Care and Medical Services	6.7	7.1	6.5	7.1	7.0	6.1	-1.1
交通和通信	Transport and Communications	17.2	11.5	16.2	16.5	17.4	20.1	1.7
教育文化娱乐服务	Education,Cultural and Recreation Services	14.6	13.4	15.6	14.0	14.2	15.0	-0.2
其他商品和服务	Miscellaneous Goods and Services	4.2	2.7	3.7	3.7	4.3	5.5	-0.5

8-7 5000户城镇居民家庭平均每人年购买食品支出(2010年)

ANNUAL EXPENDITURE OF FOOD PER CAPITA OF 5000 URBAN HOUSEHOLDS (2010)

单位：元 (yuan)

项目	Item	全市平均 Total	低收入户20% Low Income	中低收入户20% Medium-Low Income	中等收入户20% Medium Income	中高收入户20% Medium-High Income	高收入户20% High Income	2010年为2009年% 2010 as % of 2009
食品	**Food**	**6393**	**4514**	**5698**	**6458**	**7104**	**8294**	**107.7**
粮油类	Grain and Oil	678	586	628	702	720	758	110.6
粮食	Grain	409	353	381	418	439	457	113.3
淀粉及薯类	Starches and Tubers	54	47	50	57	58	59	122.7
干豆类及豆制品	Bean and Their Products	78	63	72	83	82	88	114.7
油脂类	Oil or Fat	137	123	125	144	141	154	97.9
肉禽蛋及水产品类	Meat, Poultry and Related Products	1281	1021	1191	1302	1407	1494	102.2
肉类	Meat Products	752	616	706	764	824	855	100.9
禽类	Poultry Products	158	130	146	161	171	182	100.6
蛋类	Eggs	120	103	110	123	130	136	113.2
水产品类	Aquatic Products	251	172	229	254	282	321	102.0
蔬菜类	Vegetable	531	444	493	543	573	606	120.4
鲜菜	Fresh Vegetable	473	403	441	483	509	535	121.9
干菜	Dried Vegetable	34	24	31	36	38	41	97.1
菜制品	Vegetable Products	24	17	21	24	26	30	133.3
调味品	Flavoring	109	89	100	114	118	125	104.8
糖烟酒饮料类	Sugar, Tabacco and Beverage	800	560	738	800	875	1038	113.3
糖类	Sugar	71	49	63	72	78	94	110.9
烟草类	Tabacco	249	172	234	246	268	328	129.0
酒类	Liquor	211	150	194	208	230	277	111.1
饮料	Beverage	269	189	247	274	299	339	103.9
干鲜瓜果类	Nuts and Fresh Melon and Fruits	646	473	580	664	716	807	114.7
鲜果	Fresh Fruits	372	273	339	378	416	458	113.4
鲜瓜	Fresh Melon	70	55	65	72	76	83	107.7
其他干鲜瓜果类及制品	Other Fresh Fruits/Melons and Nuts and Products	204	145	176	214	224	266	120.0
糕点、奶及奶制品	Cake, Milk and Dairy Products	591	417	536	617	648	746	107.7
其他食品	Other	69	51	62	70	72	90	115.0
饮食服务	Catering Service	1688	873	1370	1646	1975	2630	102.6
食品加工服务费	Food Processing Service	1	1	1	1	1	1	…
在外饮食	Dinning Out	1687	872	1369	1645	1974	2629	102.5

8-8 5000户城镇居民家庭平均每人年购买衣着、居住支出(2010年)
ANNUAL PURCHASES OF CLOTHING AND RESIDENCE PER CAPITA OF 5000 URBAN HOUSEHOLDS (2010)

单位：元 (yuan)

项目	Item	全市平均 Total	低收入户20% Low Income	中低收入户20% Medium-Low Income	中等收入户20% Medium Income	中高收入户20% Medium-High Income	高收入户20% High Income	2010年为2009年% 2010 as % of 2009
衣着	**Clothing**	**2088**	**1122**	**1733**	**1912**	**2388**	**3353**	**116.3**
服装	Garments	1458	758	1198	1316	1667	2403	116.2
衣着材料	Cloth	13	8	11	12	16	18	108.3
鞋类	Shoes	532	309	454	511	600	802	116.2
其他衣着用品	Other	69	39	57	60	87	105	121.1
衣着加工服务费	Clothing Processing Service Charges	16	8	13	13	18	25	114.3
居住	**Residence**	**1577**	**1126**	**1166**	**1298**	**1756**	**2618**	**122.2**
住房	House	643	477	379	388	752	1269	116.5
租赁房房租	Rent	130	116	103	118	138	180	109.2
住房装潢支出	Construction Materials	445	314	199	217	540	1006	121.9
维修用建筑材料	Repairs	52	42	50	40	64	67	94.5
其他住房支出	Others	16	5	27	13	10	16	123.1
水电燃料及其他	Fare for Water, Electricity and Fuel	794	590	705	802	850	1039	125.0
水费	Water	109	78	95	118	118	140	125.3
电费	Electricity	338	244	322	346	368	414	121.1
燃料	Fuel	167	130	153	173	183	197	135.8
煤炭	Coal	14	17	13	17	13	7	87.5
罐装液化石油气	Tanked LPG	17	30	17	16	14	10	113.3
管道液化石油气	Pipeline LPG	2	2	1	1	1	2	100.0
管道煤气	Pipeline Gas							
管道天然气	Pipeline Natural Gas	134	81	121	139	155	178	148.9
柴油	Diesel Oil							
其他燃料	Others Fuel	…	…	1	…	…	…	…
取暖费	Heating Costs	170	120	127	157	171	280	122.3
其他相关支出	Other Related Expenditure	10	18	8	8	10	8	142.9
居住服务费	Habitation Service Charge	140	59	82	108	154	310	135.9

注：从2008年开始取消"燃料"项下的"液化石油气"指标，增加"罐装液化石油气"、"管道液化石油气"、"管道天然气"、"柴油"四项指标。

Note: From 2008, "tanked LPG", "pipeline LPG", "pipeline NG" and "diesel oil" expenditures are added to the expenditure of "LPG" under the item "Fuel".

8-9 5000户城镇居民家庭平均每人年家庭设备用品及服务、医疗保健、交通和通信支出(2010年)

ANNUAL EXPENDITURE OF HOUSEHOLDS ARTICLES AND SERVICES, MEDICINE AND MEDICAL SERVICES AND TRANSPORTATION AND COMMUNICATION PER CAPITA OF 5000 URBAN HOUSEHOLDS (2010)

单位：元 (yuan)

项目	Item	全市平均 Total	低收入户 20% Low Income	中低收入户 20% Medium-Low Income	中等收入户 20% Medium Income	中高收入户 20% Medium-High Income	高收入户 20% High Income	2010年为2009年% 2010 as % of 2009
家庭设备用品及服务	**Households Articles and Services**	**1378**	**738**	**1038**	**1301**	**1552**	**2318**	**112.4**
耐用消费品	Durable Consumer Goods	619	293	443	569	753	1063	97.9
家　具	Furniture	218	82	151	213	256	396	91.2
家庭设备	Household Appliances	401	211	292	356	497	667	102.0
室内装饰品	Indoor Ornament	43	13	27	43	42	95	148.3
床上用品	Bedding	103	51	81	86	120	182	109.6
家庭日用杂品	Groceries for Households Daily Use	507	346	426	492	537	747	133.8
家具材料	Furniture Materials	8	4	5	5	14	15	133.3
家庭服务	Household Services	98	31	56	106	86	216	114.0
医疗保健	**Medicine and Medical Services**	**1327**	**809**	**1079**	**1325**	**1573**	**1886**	**95.5**
医疗器具	Medical Apparatus	16	13	12	13	20	24	133.3
保健器具	Health Care Apparatus	57	34	31	37	45	144	85.1
药品费	Medicine Expenses	605	432	573	643	682	698	85.7
滋补保健品	Tonic	214	80	141	198	277	384	115.1
医疗费	Medical Services	417	242	309	418	530	598	103.0
其他医疗保健支出	Other	18	8	13	16	19	38	138.5
交通和通信	**Transportation and Communication**	**3421**	**1318**	**2697**	**3087**	**3898**	**6250**	**123.6**
交　通	Transportation	2373	636	1754	2068	2755	4778	125.9
家庭交通工具	Means of Transport for Household	1099	212	838	1010	1325	2162	132.6
车辆用燃料及零配件	Fuels and Parts	637	204	459	562	719	1275	125.6
交通工具服务支出	Means of Transport Services Expense	226	48	143	157	257	545	124.2
交通费	Transport Fare	411	172	314	339	454	796	112.0
通　信	Communication	1048	682	943	1019	1143	1472	118.7
通信工具	Communication Facility	216	112	185	198	250	339	114.3
通信服务	Communication Service	832	570	758	821	893	1133	119.9

8-10 5000户城镇居民家庭平均每人年教育文化娱乐服务、其他商品和服务支出(2010年)

ANNUAL EXPENDITURE OF EDUCATION,CULTURE,RECREATION SERVICES AND MISCELLANEOUS COMMODITIES AND SERVICES PER CAPITA OF 5000 URBAN HOUSEHOLDS (2010)

单位：元 (yuan)

项目	Item	全市平均 Total	低收入户20% Low Income	中低收入户20% Medium-Low Income	中等收入户20% Medium Income	中高收入户20% Medium-High Income	高收入户20% High Income	2010年为2009年% 2010 as % of 2009
教育文化娱乐服务	**Education, Culture, Recreation Services**	**2902**	**1542**	**2585**	**2618**	**3192**	**4652**	**109.3**
文化娱乐用品	Cultural and Recreational Articles	833	365	640	792	958	1444	101.5
文化娱乐服务	Cultural and Recreation Services	1040	340	690	880	1284	2070	114.4
教　育	Education	1029	837	1255	946	950	1138	111.2
教　材	Teaching Material	58	54	60	51	57	70	84.1
教育费用	Education Expenses	971	783	1195	895	893	1068	113.4
#非义务教育学杂费	Tuition for Non-compulsory Education	190	182	259	203	148	147	100.0
义务教育学杂费	Tuition for Compulsory Education	18	24	20	21	11	15	52.9
成人教育费	Tuition of Adult Education	138	72	152	124	137	205	129.0
家教费	Family Education Expenses	86	64	159	68	50	81	187.0
培训班	Training Courses	330	272	366	304	325	381	120.4
学校住宿费	Expenses for Accommodation in School	24	25	35	18	23	18	160.0
其他教育费用	Other Education Costs	59	53	64	50	69	59	83.1
其他商品和服务	**Miscellaneous Commodities and Services**	**848**	**309**	**615**	**684**	**970**	**1714**	**101.8**
其他商品	Miscellaneous Commodities	551	205	409	456	620	1095	96.8
服　务	Services	297	104	206	228	350	619	112.5

8-11 城镇居民家庭每百户主要耐用消费品拥有量(1978-2010年)

PER 100 HOUSEHOLDS ANNUAL POSSESSION OF MAIN DURABLE CONSUMER GOODS OF URBAN HOUSEHOLDS (1978-2010)

年份 Year	淋浴热水器 (台) Shower Heaters (unit)	洗衣机 (台) Washing Machines (unit)	彩色电视机 (台) Color TV Sets (unit)	电冰箱 (台) Refrige-rators (unit)	照相机 (架) Cameras (unit)	空调器 (台) Air-Conditioners (unit)	计算机 (台) Computers (unit)	移动电话 (部) Mobile telephone (unit)	家用汽车 (辆) Motor Vehicle (unit)
1978					8				
1979		…			10				
1980		2		…	11				
1981		12	2	2	13				
1982		19	2	3	17				
1983		29	4	7	21				
1984		42	8	15	29				
1985		58	32	42	35				
1986		76	51	62	47				
1987		83	58	72	56				
1988		86	70	81	60				
1989		90	81	89	62				
1990		93	91	96	67				
1991		93	97	102	73	…			
1992	17	96	101	101	77	1			
1993	23	100	107	101	82	2			
1994	39	103	112	104	85	5			
1995	45	100	114	104	87	12			
1996	52	101	119	105	87	14			
1997	58	101	124	104	88	27	12	1	1
1998	65	102	133	105	95	34	15	3	1
1999	67	100	141	103	95	50	24	13	3
2000	74	103	146	107	96	70	32	28	3
2001	78	102	149	107	101	90	45	62	3
2002	84	99	148	102	100	107	56	94	4
2003	85	99	147	100	103	119	68	134	7
2004	94	102	151	103	100	136	79	165	13
2005	97	105	153	104	109	147	89	190	14
2006	98	107	155	105	113	157	96	206	18
2007	99	102	147	108	99	157	92	207	20
2008	95	99	134	103	82	153	86	191	23
2009	98	100	138	104	89	163	97	213	30
2010	98	100	140	103	92	169	104	221	34

8-12　5000户城镇居民家庭每百户主要耐用消费品拥有量(2010年)

PER 100 HOUSEHOLDS ANNUAL POSSESSION OF MAIN DURABLE CONSUMER GOODS OF 5000 URBAN HOUSEHOLDS (2010)

项　　目		Item		全市平均 Total	低收入户 20% Low Income	中低收入户 20% Medium-Low Income	中等收入户 20% Medium Income	中高收入户 20% Medium-High Income	高收入户 20% High Income	2010年为2009年% 2010 as % of 2009
洗衣机	(台)	Washing Machines	(unit)	100	96	100	101	101	104	100.0
电冰箱	(台)	Refrigerators	(unit)	103	100	102	103	105	106	99.0
微波炉	(台)	Microwave Stove	(unit)	90	76	90	91	95	95	102.3
空调器	(台)	Air-Conditioners	(unit)	169	131	160	168	177	203	103.7
淋浴热水器	(台)	Showers	(unit)	98	93	98	97	99	102	100.0
消毒碗柜	(台)	Disinfector	(unit)	8	3	5	9	10	14	100.0
洗碗机	(台)	Dishwasher	(unit)	1	…	1	1	2	3	100.0
摩托车	(辆)	Motorcyles	(unit)	4	4	5	6	3	2	100.0
助力车	(辆)	Powered Bicycle	(unit)	10	8	10	10	12	10	111.1
家用汽车	(辆)	Motor Vehicle	(unit)	34	16	29	32	34	55	113.3
移动电话	(部)	Mobile telephone	(unit)	221	198	223	224	227	227	103.8
#接入互联网的移动电话	(部)	Mobile Phones Accessed to Internet	(unit)	15	10	15	12	15	20	136.4
彩色电视机	(台)	Color TV Sets	(unit)	140	120	129	141	146	159	101.4
#接入有线电视网络的电视机	(台)	TV Sets Accessed to CATV Network	(unit)	124	107	116	125	130	138	101.6
计算机	(台)	Computers	(unit)	104	81	102	101	108	123	107.2
#接入互联网的计算机	(台)	Computers Accessed to Internet	(unit)	84	63	80	83	89	98	118.3
组合音响	(套)	Hi-Fi Systems	(unit)	29	19	28	27	31	37	103.6
摄像机	(架)	Pickup Camera	(unit)	23	10	19	22	23	37	104.5
照相机	(架)	Camera	(unit)	92	63	84	94	100	115	103.4
钢　琴	(架)	Piano	(unit)	5	3	4	6	5	7	125.0
其他中高档乐器	(件)	Secondary and Top Grade Musical Instrument	(unit)	8	4	7	8	8	9	114.3
健身器材	(套)	Fitness Equipment	(unit)	7	2	5	8	8	11	100.0

8-13 5000户城镇居民家庭居住构成情况

COMPOSITION OF HOUSING CONDITIONS IN 5000 URBAN HOUSEHOLDS

项 目	Item	构成(%) Composition (%) 2010	2009
调查户数(户)	**Households Surveyed(household)**	**5000**	**5000**
房屋产权情况	**Building Property Right**		
租赁公房	Public House Rented	13.3	13.7
租赁私房	Private House Rented	2.6	2.4
原有私房	Private House Formerly Owned	1.9	2.0
房改私房	Private House from Housing Reform	49.8	49.7
商品房	Commercial House	31.4	30.3
其 他	Other	1.0	1.9
住宅建筑式样	**Style of House Construction**		
单栋住宅	Individual Storied Building		…
四居室	Four-bedroom	2.0	2.2
三居室	Three-bedroom	24.7	24.0
二居室	Two-bedroom	58.1	57.7
一居室	One-bedroom	8.5	8.7
普通楼房	Ordinary Storied Building	1.0	1.3
平房及其他	Single-story Building and Other	5.7	6.1
饮水情况	**Water Drinking**		
自来水	Tap Water	86.7	86.6
矿泉水	Mineral Water	9.3	10.0
纯净水	Purified Water	4.0	3.4
井、河水	Well-Water and River-Water		
其 他	Other		
用水情况	**Water Using**		
独用自来水	Tap Water for Separate Use	99.0	98.8
公用自来水	Public Tap Water	1.0	1.2
井、河水	Well-Water and River-Water		
其 他	Other		
卫生设备拥有情况	**Grouped by Possession of Sanitary Equipment**		
无卫生设备	No Sanitary Equipment	2.4	2.2
有厕所浴室	Having Bathroom and Lavatory	94.0	93.6
有厕所无浴室	Having Lavatory and No Bathroom	0.6	0.7
公 用	Public Sanitary Equipment	3.0	3.5
取暖设备拥有情况	**Grouped by Possession of Heating Equipment**		
无取暖设备	No Heating Equipment	0.2	0.2
空调设备	Air Conditioner	0.2	0.4
暖 气	Central Heating	94.8	94.4
其 他	Other	4.8	5.0
炊用燃料使用情况	**Grouped by Using of Cooking Fuel**		
液化石油气	Liquefied Petroleum Gas		
煤 炭	Coal	0.2	0.3
罐装液化石油气	Tanked LPG	14.0	16.6
管道液化石油气	Pipeline LPG	1.3	1.5
管道煤气	Pipeline Gas		
管道天然气	Pipeline Natural Gas	84.2	81.3
柴 油	Diesel Oil		
其他燃料	Other	0.3	0.3

注：从2008年开始取消“燃料”项下的“液化石油气”指标，增加“罐装液化石油气”、“管道液化石油气”、“管道天然气”、“柴油”四项指标。

Note: From 2008, "tanked LPG", "pipeline LPG", "pipeline NG" and "diesel oil" index are added to the using of "LPG" under the item "Fuel".

8-14 城镇居民居住水平(2006-2010年)
RESIDENTIAL CONDITIONS OF URBAN RESIDENTS (2006-2010)

项目	Item	2006	2007	2008	2009	2010
年末实有房屋建筑面积 (万平方米)	Floor Space of Houses(year-end) (10000 sq.m)	57069	60565	63937	66911	68413
年末实有住宅建筑面积 (万平方米)	Floor Space of Residential Buildings(year-end) (10000 sq.m)	32665	34661	36270	37736	38454
人均住宅使用面积 (平方米)	Per Capita Using Space (sq.m)	20.96	21.50	21.56	21.61	19.49
人均住宅建筑面积 (平方米)	Per Capita Floor Space (sq.m)	27.78	28.65	28.74	28.81	25.98

8-15 3000户农民家庭基本情况(2010年)
SAMPLING STATISTICS FOR 3000 RURAL HOUSEHOLDS (2010)

项目	Item	全市平均 Total	低收入户 20% Low Income	中低收入户 20% Low-Medium Income	中等收入户 20% Medium Income	中高收入户 20% Medium-High Income	高收入户 20% High Income	2010年为2009年% 2010 as % of 2009
调查户数 (户)	Households Surveyed (household)	3000	600	600	600	600	600	100.0
常住人口 (人)	Permanent Residents (person)	9768	2081	2070	1954	1899	1764	99.4
平均每户 (人)	Average Per Household (person)	3.26	3.47	3.45	3.26	3.17	2.94	99.4
整半劳动力 (个)	Full-time and Part-time Labors (person)	7047	1428	1456	1416	1389	1358	99.9
平均每户 (个)	Average Per Household (person)	2.35	2.38	2.43	2.36	2.32	2.26	99.9
平均每一劳动力负担人口(人)	Dependents Per Labor Force (person)	1.39	1.46	1.42	1.38	1.37	1.30	100.0
学龄前儿童人数 (人)	Number of Preschool Children (person)	224	55	63	48	29	29	97.8
家庭经营耕地面积 (公顷)	Cultivated Land Area Runned by Households (hectare)	323.67	88.93	68.46	64.31	53.29	48.68	95.4
家庭经营山地面积 (公顷)	Mountain Land Area Runned by Households (hectare)	47.23	30.17	6.83	2.9	3.45	3.87	108.6
人均生产性固定资产原值 (元)	Original Value of Productive Fixed Assets Per Capita (yuan)	3138	4604	2020	2709	2501	3880	63.7
人均住房面积 (平方米)	Per Capita Living Space (sq.m)	40.62	32.29	34.82	40.03	42.88	55.46	103.0
人均总收入 (元)	Per Capita Total Revenue (yuan)	15328	7251	10446	13179	17658	30459	109.2
#现金收入 (元)	Cash Income (yuan)	15047	6986	10158	12941	17352	30148	109.3
人均纯收入 (元)	Per Capita Net Income (yuan)	13262	5358	9033	11903	15789	26335	110.6
人均生活消费支出 (元)	Per Capita Annual Living Expenditures (yuan)	10109	5786	7476	9550	11993	16891	110.6
#现金支出 (元)	Cash Expenditures (yuan)	10041	5706	7402	9482	11933	16836	110.5
平均每个劳动力创造纯收入 (元)	Average Net Income Per Labor Force (yuan)	15075	6896	11528	13682	17457	25978	110.7
农村居民家庭恩格尔系数 (%)	Engel Coefficient of Rural Households (%)	30.9	35.6	35.5	32.0	29.9	25.6	

注：1. 人均纯收入实际增长8.1%。
2. 人均生活消费支出实际增长8%。

Note: a) Real growth rate of the per capita net income is 8.1%.
b) Real growth rate of the per capita annual living expenditure is 8%.

8-16 3000户农民家庭平均每人年纯收入(2010年)

ANNUAL NET INCOME PER CAPITA OF 3000 RURAL HOUSEHOLDS (2010)

单位：元 (yuan)

项目	Item	全市平均 Total	低收入户20% Low Income	中低收入户20% Low-Medium Income	中等收入户20% Medium Income	中高收入户20% Medium-High Income	高收入户20% High Income	2010年为2009年% 2010 as % of 2009
合计	**Total**	**13262**	**5358**	**9033**	**11903**	**15789**	**26335**	**110.6**
生产性收入	**Producing Income**	**9864**	**4162**	**7346**	**9005**	**11693**	**18526**	**109.7**
工资性收入	Wage	8007	3238	5950	7478	9954	14535	110.1
在非企业组织中劳动的报酬	from Non-enterprise Organizations	831	147	378	444	1171	2230	100.2
在企业劳动得到的报酬	from Enterprises	3187	1115	2177	3049	4152	5931	106.7
在其他单位劳动得到的报酬	from Other Units	3989	1976	3395	3985	4631	6374	115.3
家庭经营纯收入	Net Income from Family Business	1857	924	1396	1527	1739	3991	108.0
从第一产业得到	from Primary Industry	934	488	778	839	892	1793	99.9
#牧业收入	from Animal Husbandry	280	27	147	138	143	1038	102.6
从第二产业得到	from Secondary Industry	120	46	13	26	102	457	118.8
从第三产业得到	from Tertiary Industry	803	390	605	662	745	1741	117.4
#交通运输业收入	from Transportation	404	127	312	305	375	979	100.2
非生产性收入	**Nonproducing Income**	**3398**	**1196**	**1687**	**2898**	**4096**	**7809**	**113.6**
转移性收入	Transfer Income	1808	822	1113	1724	2367	3283	113.7
财产性收入	Property Income	1590	374	574	1174	1729	4526	113.4

8-17 3000户农民家庭平均每人年生活消费支出(2010年)
ANNUAL LIVING EXPENDITURES PER CAPITA OF 3000 RURAL HOUSEHOLDS (2010)

单位：元 (yuan)

项目	Item	全市平均 Total	低收入户20% Low Income	中低收入户20% Low-Medium Income	中等收入户20% Medium Income	中高收入户20% Medium-High Income	高收入户20% High Income	2010年为2009年% 2010 as % of 2009
合计	**Total**	**10109**	**5786**	**7476**	**9550**	**11993**	**16891**	**110.6**
食品支出	**Food Expenditure**	**3121**	**2060**	**2657**	**3056**	**3585**	**4489**	**105.4**
#谷物	Corn	287	267	289	292	294	298	112.5
蔬菜及制品	Vegetable and Related Products	290	220	261	290	323	370	127.2
肉、禽、蛋、奶及制品	Meat, Poultry, Egg, Milk and Products	722	508	624	743	822	956	98.9
衣着支出	**Clothing Expenditure**	**779**	**384**	**527**	**667**	**997**	**1432**	**111.3**
#服装支出	Garments	496	229	320	409	632	956	116.4
居住支出	**Residence**	**2201**	**1228**	**1492**	**2306**	**2477**	**3768**	**124.1**
#住房	Housing	1204	544	670	1274	1357	2370	136.0
燃料	Fuels	538	405	488	587	593	642	112.8
家庭设备用品及服务支出	**Household Facilities,Articles and Services**	**564**	**278**	**406**	**488**	**713**	**1011**	**94.3**
#耐用消费品	Durable Consumer Goods	334	137	237	281	439	623	93.3
家庭日用杂品	Daily Use Household Articles	159	107	125	147	184	245	95.8
医疗保健支出	**Medicines and Medical Services**	**897**	**619**	**707**	**780**	**1101**	**1356**	**103.8**
交通和通讯支出	**Transportation and Communications**	**1322**	**592**	**813**	**1164**	**1628**	**2626**	**119.3**
#交通工具	Transportation Means	542	210	210	461	666	1278	139.7
通讯工具	Telecommunication Means	97	42	70	90	143	155	105.4
通讯费	Telecommunications	373	220	316	374	436	549	101.1
文教娱乐用品及服务支出	**Cultural, Education and Recreation Articles and Services**	**983**	**504**	**733**	**877**	**1188**	**1736**	**102.5**
#文娱用机电消费品	Mechanical and Electric Consumer Goods of Culture and Recreation	210	74	164	169	235	441	106.6
书报杂志	Books, Newspapers and Magazines	16	11	14	16	22	18	84.2
学杂费	Tuition and Incidentals	257	213	253	258	279	287	82.1
文娱费	Recreation	217	68	87	148	304	530	124.0
其他商品及服务支出	**Other Commodity and Services**	**242**	**121**	**141**	**212**	**304**	**473**	**136.7**
#服务性支出	Services Expenditures	60	23	29	71	79	110	127.7

8-18 3000户农民家庭平均每人年粮食收支情况(2010年)
BROUGHT IN, SENT OUT OF GRAIN PER CAPITA OF 3000 RURAL HOUSEHOLDS (2010)

单位：公斤 (kg)

项目	Item	全市平均 Total	低收入户20% Low Income	中低收入户20% Low-Medium Income	中等收入户20% Medium Income	中高收入户20% Medium-High Income	高收入户20% High Income	2010年为2009年% 2010 as % of 2009
年内粮食收入实物量	**Grain Reaped in Kind in This Year**	**364.1**	**381.4**	**347.5**	**345.4**	**371.2**	**376.1**	**90.9**
家庭经营生产	Household Production	197.7	208.8	200.8	208.0	188.4	179.3	89.3
购买	Purchasing	152.8	156.0	132.1	124.9	171.6	184.1	93.1
其他	Other	13.6	16.6	14.6	12.5	11.2	12.7	89.5
年内粮食消费及出售量	**Grain Consumption and Sold in This Year**	**312.6**	**327.5**	**276.6**	**318.8**	**323.4**	**318.5**	**89.9**
生活用粮	Living Consumption	105.1	105.2	109.7	106.9	102.3	100.7	99.5
#稻谷	Rice	40.7	41.7	41.4	41.7	39.4	38.9	101.8
小麦	Wheat	45.2	46.3	50.0	45.6	42.2	40.9	100.7
出售粮食	Sold	134.4	142.9	117.0	161.7	130.9	118.0	84.8
其他	Other	73.1	79.4	49.9	50.2	90.2	99.7	87.4

8-19 3000户农民家庭主要生活消费品平均每人消费量(2010年)
PER CAPITA CONSUMPTION OF MAJOR LIVING CONSUMER GOODS OF 3000 RURAL HOUSEHOLDS (2010)

项目	Item	全市平均 Total	低收入户20% Low Income	中低收入户20% Low-Medium Income	中等收入户20% Medium Income	中高收入户20% Medium-High Income	高收入户20% High Income	2010年为2009年% 2010 as % of 2009
粮食 (公斤)	Grains (kg)	105.1	105.2	109.7	106.9	102.3	100.7	99.5
豆制品 (公斤)	Bean Products (kg)	5.1	4.4	4.9	5.7	5.3	5.6	96.2
蔬菜 (公斤)	Vegetables (kg)	97.9	87.6	93.7	98.9	103.2	108.0	102.4
植物油 (公斤)	Vegetable Oil (kg)	9.2	8.1	9.2	9.6	9.5	9.7	92.0
猪肉 (公斤)	Pork (kg)	13.3	11.3	12.5	13.8	13.7	15.8	95.7
牛羊肉 (公斤)	Beef,Mutton (kg)	4.2	2.4	3.6	4.2	5.0	6.3	91.3
家禽 (公斤)	Poultry (kg)	3.2	2.4	2.6	3.1	3.7	4.3	94.1
蛋类 (公斤)	Eggs (kg)	10.5	8.8	9.8	10.8	11.6	11.8	95.5
奶及奶制品 (公斤)	Milk and Diary Products (kg)	11.3	7.4	9.1	12.4	13.5	14.7	89.0
水产品 (公斤)	Aquatic Products (kg)	4.9	3.4	4.2	5.1	5.6	6.8	86.0
食糖 (公斤)	Sugar (kg)	1.0	1.1	1.0	1.1	1.0	1.1	83.3
酒类 (公斤)	Liquor (kg)	15.8	13.7	16.3	15.3	15.8	18.4	81.4
茶叶 (公斤)	Tea (kg)	0.6	0.4	0.5	0.6	0.7	0.8	100.0
干鲜瓜果 (公斤)	Melons and Fruits (kg)	39.7	29.6	35.4	39.6	44.5	51.6	91.3
服装 (件)	Clothing (unit)	4.1	2.9	3.3	3.9	5.0	5.7	93.2

8-20 农民家庭每百户主要耐用消费品拥有量(1978-2010年)

PER 100 HOUSEHOLDS ANNUAL POSSESSION OF MAIN DURABLE CONSUMER GOODS OF RURAL HOUSEHOLDS (1978-2010)

年 份 Year	自行车 (辆) Bicycles (unit)	移动电话 (部) Mobile Telephone (unit)	空调机 (台) Air Conditioner (unit)	影碟机 (台) Video CD (unit)	彩 色 电视机 (台) Color TV Sets (unit)	家 用 计算机 (台) Computer (unit)	照相机 (架) Cameras (unit)	洗衣机 (台) Washing Machines (unit)	电冰箱 (台) Refrige-rators (unit)	家用汽车 (辆) Motor Vehicle (unit)
1978	109									
1979	98									
1980	123									
1981	135									
1982	141									
1983	167									
1984	187									
1985	182				7		2	23	2	
1986	191				12		4	39	5	
1987	204				15		5	48	9	
1988	218				20		7	56	14	
1989	224				25		8	61	19	
1990	235				29		8	63	23	
1991	232				42		11	69	36	
1992	245				46		14	73	40	
1993	249				56		15	76	47	
1994	254		1		65		17	80	53	
1995	251		2		74		21	81	63	
1996	250		2		79		21	83	67	
1997	248		3		85		25	84	72	
1998	249		5		92		26	85	75	
1999	241		9		101		29	86	81	
2000	220	14	20	23	107	7	26	85	84	3
2001	220	30	27	27	112	12	29	91	86	5
2002	214	52	35	30	116	16	32	94	91	6
2003	210	77	39	34	116	22	32	94	94	6
2004	206	102	47	39	119	27	35	96	96	8
2005	189	139	63	49	129	36	37	97	100	10
2006	182	161	72	50	131	41	38	97	100	10
2007	182	182	78	47	134	46	37	99	104	11
2008	183	201	89	49	137	52	39	101	104	12
2009	181	212	98	50	138	58	42	101	105	12
2010	175	224	107	46	139	64	42	103	107	16

8-21 3000户农民家庭每百户主要耐用消费品拥有量(2010年)
PER 100 HOUSEHOLDS ANNUAL POSSESSION OF MAIN DURABLE CONSUMER GOODS OF 3000 RURAL HOUSEHOLDS (2010)

项 目 Item	全市平均 Total	低收入户 20% Low Income	中低收入户 20% Low-Medium Income	中等收入户 20% Medium Income	中高收入户 20% Medium-High Income	高收入户 20% High Income	2010年为2009年% 2010 as % of 2009
自行车 (辆) Bicycles (unit)	175	159	176	179	184	178	96.7
洗衣机 (台) Washing Machines (unit)	103	98	101	104	107	107	102.0
电冰箱 (台) Refrigerators (unit)	107	101	105	106	111	113	101.9
摩托车 (辆) Motorcycles (unit)	24	23	28	24	25	22	92.3
家用汽车 (辆) Motor Vehicle (unit)	16	10	14	14	18	24	133.3
彩色电视机 (台) Color TV Sets (unit)	139	128	136	139	141	150	100.7
照相机 (架) Cameras (unit)	42	24	38	42	49	59	100.0
抽油烟机 (台) Range Hoods (unit)	71	51	63	70	81	88	107.6
吸尘器 (台) Vacuum Cleaners (unit)	9	5	7	8	13	14	100.0
微波炉 (台) Microwave Oven (unit)	55	36	47	56	66	72	110.0
热水器 (台) Showers (unit)	91	76	88	88	99	104	105.8
电话机 (部) Telephone (unit)	105	99	103	105	110	109	96.3
移动电话 (部) Mobilphone (unit)	224	199	220	220	237	244	105.7
影碟机 (台) Video CD (unit)	46	40	45	46	48	52	92.0
家用计算机 (台) Computer (unit)	64	45	56	66	71	83	110.3
空调机 (台) Air Conditioners (unit)	107	70	87	103	128	150	109.2

8-22 农村居民居住情况
LIVING CONDITIONS OF RURAL HOUSEHOLDS

项目		Item		2010	2009
调查户数	**(户)**	**Households Surveyed**	**(households)**	**3000**	**3000**
年内建房户数比重	**(%)**	**of Households Building House within the Year**	**(%)**	**3.1**	**2.3**
户均住房价值	**(元)**	**House Value per Family**	**(yuan)**	**268979**	**207129**
住房类型		**Type of House**			
楼房面积占比重	(%)	of Area of Storied Buildings	(%)	20.8	18.8
砖瓦平房面积占比重	(%)	of Area of Single-storey Houses	(%)	78.5	80.4
其他面积占比重	(%)	of Other Area	(%)	0.7	0.8
饮用水来源情况		**Source of Drinking Water**			
自来水户数占比重	(%)	of Tap Water Users	(%)	96.6	97.6
深井水户数占比重	(%)	of Deep-well Water Users	(%)	3.4	2.4
浅井水户数占比重	(%)	of Shallow-well Water Users	(%)		
住房卫生设备使用情况		**Use of Sanitation Facilities in Living House**			
无厕所户数占比重	(%)	of Families Without Washroom	(%)	1.6	1.8
使用旱厕户数占比重	(%)	of Families Using Water-free Washroom	(%)	21.4	27.6
使用卫生厕所户数占比重	(%)	of Families Using Sanitary Washroom	(%)	77.0	70.6
取暖设备使用情况		**Use of Heating Device**			
使用其他取暖设备户数占比重	(%)	of Families Using Other Heating Device	(%)	4.4	5.0
使用火炕户数占比重	(%)	of Households Using Heatable Brick Bed	(%)	10.7	11.6
使用暖气户数占比重	(%)	of Households Using Central Heating	(%)	79.4	75.3
使用空调户数占比重	(%)	of Families Using Air Conditioner	(%)	5.5	8.1
炊事使用的主要能源		**Main Energy Used in Cooking**			
使用液化气的户数占比重	(%)	of Families Using LPG	(%)	79.4	78.7
使用煤炭的户数占比重	(%)	of Households Using Coal	(%)	8.1	9.7
使用柴草的户数占比重	(%)	of Households Using Firewood	(%)	5.7	6.5
使用电的户数占比重	(%)	of Households Using Electricity	(%)	5.1	4.8
使用其他燃料的户数占比重	(%)	of Households Using Other Fuel	(%)	1.7	0.3
住宅外道路路面状况		**Status of Surface of Road Outside House**			
水泥或柏油路面的户数占比重	(%)	of Households With Cement or Pitchy Road	(%)	97.0	96.6
沙石或石板等硬质路面的户数占比重	(%)	of Households with Road of Hard Surface Such as Sand and Stone or Slate	(%)	2.8	3.1
其它路面的户数占比重	(%)	of Households with Other Road Surface	(%)	0.2	0.3

主要统计指标解释

城镇部分

平均每一就业者负担人数 是由家庭人口数与离退休人口数之差，再除以就业人口数计算得到的。计算公式为：

$$\text{平均每一就业者负担人数}=\frac{(\text{家庭人口数}-\text{离退休人口数})}{\text{就业人口数}}$$

家庭总收入 指调查户中生活在一起的所有家庭成员在调查期得到的工资性收入、经营净收入、财产性收入、转移性收入的总和，不包括出售财物和借贷收入。收入的统计标准以实际发生的数额为准，无论收入是补发还是预发，只要是调查期得到的都应如实计算。

可支配收入 指调查户可用于最终消费支出和其他非义务性支出以及储蓄的总和，即居民家庭可以用来自由支配的收入。它是家庭总收入扣除交纳的个人所得税、个人交纳的社会保障支出以及调查户的记账补贴后的收入。计算公式为：

可支配收入 = 家庭总收入 – 交纳个人所得税 – 个人交纳的社会保障支出 – 记账补贴

工资性收入 指就业人员通过各种途径得到的全部劳动报酬，包括所从事主要职业的工资以及从事第二职业、其他兼职和零星劳动得到的其他劳动收入。

工资及补贴收入 指劳动者从工作单位得到的全部劳动报酬和各种福利。

其他劳动收入 指家庭成员从事第二职业、兼职、零星劳动等劳动所得的报酬。

经营净收入 指家庭成员从事生产经营活动所获得的净收入。是全部生产经营收入中扣除生产成本和税金后所得的收入。如当期收入小于生产费用的开支，其差额记入“其他借贷支出”中。

财产性收入 指家庭拥有的动产(如银行存款、有价证券)、不动产(如房屋、土地等)所获得的收入。包括出让财产使用权所获得的利息、租金、专利收入；财产营运所获得的红利收入、财产增值收益等。不包括出售财物获得的收入。

保险收益 指家庭参加储蓄性保险，扣除缴纳的保险本金后，所获得的保险净收益。不包括保险责任人对保险人给予的保险理赔收入。

其他投资收入 指家庭从事股票、保险以外的投资行为所获得的投资收益。如出售艺术品、邮票等收藏品超过原购买价的那部分收入；如投资各种经营活动（自己不参与经营）所获得的利润；财产转让溢价部分收入，包括出售住房增值收入。

知识产权收入 指出让家庭或家庭成员拥有的专利、版权等知识产权所获得的净收入。

转移性收入 指国家、单位、社会团体对居民家庭的各种转移支付和居民家庭间的收入转移。包括政府对个人收入转移的离退休金、失业救济金、赔偿等；单位对个人收入转移的辞退金、保险理赔、住房公积金、家庭间的赠送和赡养等。

保险收入 指参加保险的住户得到的保险收入，包括从保险公司得到的保险理赔款以及其他责任赔款。如人身意外事故赔偿、财产损失赔偿和住院医疗赔偿等。不包括人寿保险返回的年金。

记账补贴 指调查户因承担记账工作从统计部门、工作单位和其他途径所得到的现金。不包括实物部分。

出售财物收入 指调查户出售家庭财物所得到的收入。由于出售财物是家庭财产从实物形态转为货币形态，家庭财产总量不变，因此不计入可支配收入中。

借贷收入 指家庭资产不发生增减的周转性非生产经营性收入。包括提取银行存款、借入款、收回借出款、兑售有价证券、收回的投资本金、贷款等。

家庭总支出 指家庭除借贷支出以外的全部实际支出。包括消费性支出、购房与建房支出、转移性支出、财产性支出、社会保障支出。支出统计是以实际购得的商品或服务的总价值填报，不论其付款方式是一次付清、分期付款、还是赊购，只要商品或服务已被消费就要按其总价值计量。如果采用分期付款或赊购形式，则要在借贷收入类相应的项目填入实付款与总的应付款的差额。

消费性支出 指调查户用于满足家庭日常生活消费需要的全部支出，包括食品、衣着、居住、家庭设备用品及服务、医疗保健、交通和通信、教育文化娱乐服务、其他商品和服务等八大类。包括用于赠送的商品或服务。消费性支出构成是按照商品或服务的用途进行分类，如果消费支出的目的与用途不一致时，必须按照用途归入相应类内。

服务性消费支出 指调查户用于本家庭支付社会提供的各种文化和生活方面的非商品性服务费用。包括为别人付款的服务。服务消费与商品消费不同，其特点在于其劳动过程和消费过程在时间与空间上的统一。

购房与建房支出 指调查户购买住房、建房时的全部支出。

转移性支出 指调查户对国家、单位、住户、个人的转移支付。包括交纳的税款、捐赠和赡养支出等。

财产性支出 指家庭购买或维护财产所支付的利息等有关费用。

社会保障支出 指调查户家庭成员参加国家法律、法规规定的社会保障项目中由个人交纳的保障支出。不包括职工所在单位交纳的那部分社会保障金。

农村部分

平均每一劳动力负担人口 是由调查户常住人口除以整半劳动力计算得到的。计算公式为:

$$平均每一劳动力负担人口=\frac{调查户常住人口}{整半劳动力}$$

农村居民家庭整半劳动力 指农村常住居民家庭成员中有劳动能力并经常参加实际劳动的人员。是生产的基本要素指标之一，是发展生产增加农民家庭收入的重要源泉。按规定，农村男18周岁至50周岁、女18周岁至45周岁为整劳动力；男16周岁至17周岁、51周岁到60周岁，女16周岁到17周岁、46周岁至55周岁为半劳动力。农民家庭整半劳动力既包括在上述规定劳动年龄内和在劳动年龄以外有劳动能力并经常参加实际劳动的男女整半劳动力；也包括农民家庭常住人员中属于职工的劳动力。但不包括在劳动年龄内已丧失劳动能力的人员。

农村居民家庭总收入 指报告期内农村住户和住户成员以各种来源渠道得到的收入总和。按收入的性质分为工资性收入、家庭经营性收入、财产性收入和转移性收入。

纯收入 指农村住户当年从各个来源得到的总收入相应地扣除所发生的费用后的收入总和。纯收入主要用于再生产投入和当年生活消费支出，也可用于储蓄和各种非义务性支出。"农民人均纯收入"是按人口平均的纯收入水平，反映的是一个地区或一个农户农村居民的平均收入水平。计算方法:

纯收入＝总收入－家庭经营费用支出－税费支出－生产性固定资产折旧－农村内部亲友赠送收入

农村居民家庭生活消费支出 指农村住户用于物质生活和精神生活方面的支出。包括食品、衣着、居住、家庭设备用品及服务、医疗保健、交通和通讯、文化教育娱乐用品及服务、其他商品和服务等消费支出。

恩格尔系数 随着家庭和个人收入增加，收入中用于食品方面的支出比例将逐渐减小，这一定律被称为恩格尔定律，反映这一定律的系数被称为恩格尔系数。计算公式为:

$$恩格尔系数=\frac{食品支出总额}{家庭或个人消费支出总额}\times 100\%$$

Explanatory Notes on Main Statistical Indicators

Urban Households

Number of Dependents per Urban Employee refers to the difference between number of persons and the number of retired persons, which is divided by the number of employed persons in an urban household. The formula is:

Number of Dependents per Urban Employee = (number of persons - the number of retired persons in an urban household)/ number of employed persons in the household

Familial Gross Income refers to the sum of wage and salary; net business income; income from properties; and income from transfers of all members living together in a household surveyed. Income from selling of properties and income from borrowing are not included. Income is calculated on actual basis. Any income paid in the survey period, no matter it is paid retroactively or prepaid, is included according to the facts.

Annual Disposable Income refers to the actual income at the disposal of members of the households which can be used for final consumption, other non-compulsory expenditure and savings. This equals to total income minus income tax, personal contribution to social security and subsidy for keeping accounts in a sample household. The following formula is used:

Annual Disposable Income = total household income – personal income tax - personal contribution to social security - subsidy for keeping accounts for a sampled household

Emolument refers to income earned by employed persons from labour in all channels, including other earnings from main job, second job, other par-time job, and odd work.

Laborage and Allowance Income s refers to all labor rewards and welfares received by a labor from the employer.

Other Income from Work refers to the rewards received by family members from any second job, part-time job, and odd work.

Business Income refers to the net income of family members from productive and operating activities. It is the income of all productive and operating income deducting the production cost and tax. If the income in the period is smaller than the production cost, the difference is entered in the "Other Expenditure on Lending".

Property Income refers to the income earned from personal estates (such as bank deposits, securities) and real estates (such as house and land) owned by households, including the interest, rent, and patent income gained from transfer of use right of any property; bonus from property operation and property premium; excluding the income from selling of any property.

Insurance Proceeds refers to the net proceeds of insurance gained by households for participating in savings-type insurance after the paid insurance principal is deducted, excluding the income of insurance claim paid by the responsible person under the insurance program to the policyholder.

Other Income from Yield refers to the return on investment earned by households from investment acts other than stock transactions and insurance, such as income from selling artwork, stamps and other collections in excess of their original purchase cots; any profit from investment in operating activities (without personally participating in the operation); premium from property assignment, including the added value earned from house sales.

Income from Intellectual Property Rights refers to the net income from transfer of any intellectual property right such as any patent and copyright owned by a family or any family member.

Transfer Income refers to various transfer payment from the State, enterprises, companies, and social groups to households, along with income transfer between households, including such government's transfer of personal income as retirement pension, unemployment relief payment, and compensations; such transfer of personal income from enterprises and companies as dismissal pay, insurance claim compensation, public accumulation funds for housing, and donation and support between families.

Income from Insurance refers to the insurance income obtained by households participating in insurance programs, including any claim payment and other agreed compensation from an insurance company, such as compensation for personal incidence, compensation for property loss, and compensation for hospitalization costs, excluding annuity paid fro life insurance.

Subsidy for Account Keeping refers to the cash paid by authorities of statistics, employers and other channels to the sample household for its responsibility of accounts keeping, excluding any allowance in kind.

Proceeds from Sales of Belongings refers to the income received by the sample household for selling any household property. As the sale of household property is a conversion of physical form of household property to monetary form, and the total amount of household properties remains unchanged, the income from selling property is not included in the disposable income. The amount of household property, including withdrawal of bank deposits, borrowings, lending repaid, conversion and sale of securities, returned principal of investment, loans, etc.

Credit Income refers to the non-productive and non-operating income which causes no change in the amount of household property, including withdrawal of bank deposits, borrowings, lending repaid, conversion and sale of securities, returned principal of investment, loans, etc.

Familial Gross Expenditures refers to all expenditure of households except expenditure on lending. It includes expenditure on consumption; on purchasing or building houses; on transfers; on properties; and on social security. Expenditure is calculated with the total value of goods and services actually purchased. Whether they are purchased with lump-sum payment, installment, or on credit basis, the goods and services are measured at their total value so long as they are consumed. In the case of installment or credit-based purchase, the difference between the actually made payment and the payables shall be entered in the relevant item of income from borrowing and lending.

Consumption Expenditure of Urban Households refers to total expenditure of households for consumption in daily life, including eight major categories, i.e. expenditure on the food, clothing, housing, household appliances and services, health care and medical services, transport and communications, recreation, education and cultural services; and miscellaneous goods and services. It includes any goods and service for donation. Components of consumption expenditure are classified according to the purpose of goods and services. In the event of any discrepancy in the aim and purpose of consumption expenditure, it must be involved in relevant category according to the purpose of goods and service.

Expenditure of Urban Households on Consumption of Services refers to expenditure of households on various kinds of non-commercial services provided by society, including services paid for other persons. Not like commodity consumption, service consumption is completed in a consistent period and space.

Expenditure on Purchasing or Building Houses refers to all expenditures for purchase and construction of house by the sample household.

Transfer Expenditure refers to the transfer payment made by the sample household to the State, enterprises and companies, households and individuals, including tax payment, donation and support payments, etc.

Property Expenditures refers to relevant costs including interest paid by the sample household for purchasing or maintaining properties.

Social Security Expenditures refers to the personal payment made by members of the sample family for any social security program stated in national laws and regulations, excluding the payment made by employers for social security.

Rural Households

Number of Dependents per Labour refers to the number of permanent population in the sample household divided by the number of full/semi labours. It is calculated with the following formula:

Number of Dependents per Labour = Number of permanent population in the sample household / number of full/semi labours

Full/Semi Labour Force in Rural Households refers to persons among permanent family members in rural households who are capable of working and work frequently. This is one of the indicators for basic production elements, and an important source for production development and increase of farmer's household income. As stated in regulations, rural males aged 18-50, females aged 18-45 are full labours. Males aged 16-17, and 51-60, females aged 16-17 and 46-55 are semi-labours. Full/Semi Labour Force in Rural Households includes the male and female full/semi labours within the above-mentioned range age as well as those beyond such range of age who are capable of working and work frequently; also include labours among permanent members in rural households who are employees. But it exclude persons who are within the range of labour age but incapable of working.

Total Income of Rural Households refers to the total income earned from various sources by the rural households and their members in the reporting period, and by the nature of income, consists of income from wages and salaries, income from household operations, income from properties and transfer income.

Net Income refers to the total income of rural households from all sources minus all corresponding expenses. Net income is mainly used as input for reinvestment in production and as consumption expenditure of the year, and also used for savings and non-compulsory expenses of various forms. "Per-capita net income of farmers" is the level of net income averaged by population, reflecting the average income level of rural households in a given area. It is calculated as follows:

Net income = total income - household operation expenses - taxes and fees paid - taxes and fees - depreciation of fixed assets for production – income from donation by rural internal relatives and friends

Rural Household Expenditures on Living Consumption refers to spending by rural households on material life and ideological life, including consumption spending on food, clothes, housing, household appliance and service, medical service and health care, transport and communication, cultural, educational and entertainment supplies and services, other goods and services.

Engel's Coefficient Along with the increase in household and personal income, a gradually smaller portion of income is used for purchase of food. This law is called Engel's law, and the coefficient reflecting such law is called Engel's Coefficient. It is calculated as following:

$$\text{Engels Coefficient} = \frac{\text{expenditure on food}}{\text{total consumption expenditure}} \times 100\%$$

09

北京统计年鉴2011　BEIJING STATISTICAL YEARBOOK

城市公用事业
PUBLIC UTILITIES

简要说明

一、本章资料的主要内容

本章资料反映北京市城市公用事业的综合水平，主要内容包括四部分:

1．历年城市公用事业基本情况;

2．水、气、热等供应及消费情况;

3．城市公交、出租车情况;

4．市政主要设施情况。

二、本章的资料来源

本章城市供热、供气情况由北京市市政市容管理委员会提供；自来水情况由北京市水务局提供；城市公交、出租车情况由北京市交通委员会提供；道路及市政主要设施情况由北京市交通委员会、北京市公安交通管理局、北京市路灯管理中心提供。

Brief Introduction

I. Main Content

Statistics in this chapter show the overall level of urban utility services in Beijing, which consist of four parts:

1. Basic statistics for urban utility services in previous years;

2. Water, gas and heat supply and consumption;

3. Urban public transit and taxi;

4. Main public facilities.

II. Source of Data

Data on urban heat and gas supply were provided by Beijing Municipal Administration Committee; data on tap water were provided by Beijing Water Authority; data on urban public transit and taxi were provided by Beijing Municipal Commission of Transport; data on roads and main public facilities were provided by Beijing Municipal Commission of Transport, Beijing Traffic Management Bureau and Street Lighting Administration Center Of Beijing.

9-1 公路、城市道路及桥梁(1978-2010年)
HIGHWAYS, URBAN ROADS AND BRIDGES (1978-2010)

年份 Year	境内公路、道路总里程(公里) Total Length of Highways and Roads (km)	公路里程(公里) Total Length of Highways (km)	#高速公路 Express way	城市道路里程(公里) Length of Urban Roads (km)	#快速路 Rapid Roads	#主干路 Trunk Roads	城市道路面积(万平方米) Area of Urban Roads (10000 sq.m)	城市道路桥梁(座) Number of Bridges (unit)	#立交桥 Flyovers
1978		6562		2078			1611	351	2
1979		7278		2131			1618	348	2
1980		7487		2185			1664	351	6
1981		7566		2234			1742	342	8
1982		7683		2671			2098	408	9
1983		8058		2820			2265	431	10
1984		8271		2928			2393	440	11
1985		8482		2979			2485	460	16
1986		8995		3038			2559	479	16
1987		9103		3087			2631	510	22
1988		9124		3151			2701	522	23
1989		9371		3235			2815	552	27
1990		9648	35	3276			2905	562	33
1991		10259	63	3308			3134	569	40
1992		10827	71	3189			3212	595	55
1993		11260	99	3285			3398	596	64
1994		11532	112	3316			3470	616	75
1995		11811	113	3194			3494	582	84
1996		12084	114	3665			3807	646	133
1997		12306	144	3637			4061	693	140
1998		12498	190	3721			4214	715	138
1999		12825	230	3753			4353	787	141
2000		13600	268	4126			4921	834	149
2001		13891	335	4312			6062	891	160
2002		14359	463	5444			7645	1051	180
2003	18942	14453	499	3055			5345	848	119
2004	19010	14630	525	4067	219	834	6417	949	271
2005	19015	14696	548	4073	239	922	7437	964	304
2006	25377	20503	625	4419	232	955	7258	1079	376
2007	25765	20754	628	4460	236	960	7632	1230	377
2008	26921	20340	777	6186	242	755	8941	1738	381
2009	27436	20755	884	6247	242	805	9179	1765	393
2010	27907	21114	903	6355	263	874	9395	1855	411

注：1.境内公路、道路总里程为全市道路和公路里程之和(剔除道路、公路交叉重复部分)。
2.道路及桥梁1978年-1981年统计范围为城八区及通县；1982年-2002年统计范围为城八区及14个县城；2003年及以后统计范围为城八区和北京经济技术开发区。
3.2008年道路数据为北京市城市道路普查数据。
资料来源：北京市交通委员会。

Note: a) Total length of highways and roads means the sum of roads and highways across the city (excluding intersections of roads and highways).
b) Roads and bridge figures covered 8 districts and Tongxian County in 1978-1981; covered 8 districts and 14 counties in 1982-2002; and covered 8 districts and Beijing economic-technological development zones after 2003.
c) Road figures for 2008 were from Beijing Urban Road Census.
Source:Beijing Municipal Communission of Transport.

9-2 城市公共交通(1978-2010年)
URBAN PUBLIC TRANSIT (1978-2010)

年份 Year	公共交通运营线路长度(公里) Length of Public Transit Lines (km)	公共电汽车 Buses and Trolley Buses	轨道交通 Rail Transit	公共交通年末运营车辆(辆) Year-end Public Transit Vehicles in Operation (unit)	公共电汽车 Buses and Trolley Buses	轨道交通 Rail Transit	公共交通客运量(万人次) Passengers Carried by Public Transit (10000 person-times)	公共电汽车 Buses and Trolley Buses	轨道交通 Rail Transit
1978	1427	1403	24	2743	2627	116	172559	169465	3094
1979	1469	1446	24	2997	2889	108	205703	200918	4785
1980	1479	1455	24	3113	3001	112	236998	231477	5521
1981	1525	1501	24	3375	3259	116	263944	257478	6466
1982	1678	1654	24	3620	3500	120	284175	276922	7253
1983	1820	1797	24	3907	3753	154	302501	294301	8200
1984	1939	1899	40	4221	4037	184	324437	314132	10305
1985	2312	2272	40	4583	4398	185	335227	321264	13963
1986	2574	2534	40	4576	4371	205	328770	312990	15780
1987	2382	2342	40	4776	4524	252	330417	311190	19227
1988	2445	2405	40	4787	4535	252	337094	306396	30698
1989	2525	2485	40	4890	4587	303	306435	275383	31052
1990	2654	2614	40	5160	4857	303	334673	296495	38178
1991	2755	2715	40	5182	4877	305	344525	307438	37087
1992	3379	3338	42	5223	4900	323	348770	305959	42811
1993	3532	3491	42	5213	4890	323	335378	286268	49110
1994	4117	4075	42	5319	4984	335	353289	299993	53296
1995	4538	4497	42	5367	4984	383	371579	315777	55802
1996	7317	7276	42	6828	6427	401	349847	305433	44414
1997	14011	13969	42	10479	10044	435	391182	346676	44507
1998	14929	14888	42	10819	10382	437	418825	372494	46331
1999	16566	16513	54	12509	12018	491	426706	378483	48223
2000	15639	15585	54	14191	13604	587	406691	363213	43478
2001	13180	13126	54	15420	14803	617	449720	402850	46870
2002	15835	15760	75	17580	16939	641	492122	443880	48242
2003	16131	16017	114	17445	16753	692	426628	379380	47248
2004	15247	15133	114	19343	18451	892	499830	439130	60700
2005	18328	18214	114	19471	18503	968	517769	449793	67976
2006	18582	18468	114	20489	19522	967	468225	397919	70306
2007	17495	17353	142	20525	19395	1130	488138	422645	65493
2008	18057	17857	200	23221	21507	1714	592523	470863	121660
2009	18498	18270	228	23730	21716	2014	658785	516517	142268
2010	19079	18743	336	24011	21548	2463	689788	505144	184645

注：1. 2006年5月1日起，公共交通售票采用刷卡方式，因此，2006年公共电汽车客运量与历史数据不可比。
2. 2007年底轨道交通采取一票制，因此2008年轨道交通客运量数据与历史数据不可比。

资料来源：本表2005年及以后数据来源于北京市交通委员会。

Note: a) From May 1, 2006, public transit tickets were sold by card swiping, so passenger transportation volume in 2006 was incomparable with historical data.

b) As the one-price ticket system was implemented for the rail transport of Beijing at the end of 2007, the number of passengers transported by rail transport in 2008 was incomparable with historical data.

Source:After 2005,date in this table were provided by Beijing Municipal Commission of Transport.

9-3 城市供水、供气及供热（1978-2010年）
URBAN WATER SUPPLY, GAS SUPPLY AND HEAT SUPPLY (1978-2010)

年份 Year	全市集中供热管道长度（公里） Total Length of Pipelines for Centralized Heating (km)	全市集中供热面积（万平方米） Centralized Heating Area in Beijing (10000 sq.m)	#住宅 Dwelling House	煤气销售量（万立方米） Sales Volume of Gas (10000 cu.m)	液化石油气销售量（吨） Liquefied Petroleum Gas Sales (ton)	天然气销售量（万立方米） Natural Gas Sales (10000 cu.m)
1978				32687	97255	
1979				32113	114350	
1980				34935	128990	
1981				36309	134771	
1982				36748	149805	
1983				37319	150058	
1984				38710	156421	
1985				41678	169720	
1986				44542	182239	
1987				47594	178205	
1988				49595	177112	287
1989				56056	175814	1805
1990		3702		59508	172688	3544
1991		4560		66111	174326	5062
1992		5281		73615	174694	6040
1993		5730		80163	177065	6702
1994		7056		80409	173105	7623
1995		7537		85201	177637	11003
1996		7838		88356	185304	13504
1997		8399		76429	172879	16565
1998		9102		68998	174464	32619
1999		9992		61846	188450	64833
2000		10860		46719	190571	95919
2001		14729		33960	182188	150585
2002		18172		21077	234680	176504
2003		25108		23991	311657	208837
2004		28150	18962	17714	431660	250326
2005	6272	31736	22218	16776	356551	294279
2006	7013	34977	23158	9763	415268	389202
2007	10424	37203	23697		319631	441327
2008	11948	42501	26738		289576	578626
2009	12156	44240	27694		332693	645356
2010	12224	46715	32305		299392	677009

注：2006年6月开始全市煤气家庭用户已全部置换为天然气用户，因此2007年以后煤气销售量无数据。
资料来源：北京市市政市容管理委员会、北京市水务局。
Note: From June 2006, all coal gas users were changed to natual gas users. Therefoer, there are no figures of coal gas sales volume since 2007.
Source: Beijing City Planning and Appearance Management Committee, Beijing Water Authority.

9-3 续表 continued

年份 Year	居民燃气用户(万户) Household with Access to Gas (10000 households)	自来水综合生产能力(万立方米/日) Integrated Capacity of Tap Water (10000 cu.m/day)	自来水供水管线长度(公里) Length of Tap Water Supply Pipelines (km)	自来水销售总量(万立方米) Total Sales Volume of Tap Water (10000 cu.m)
1978	65.2	134	2926	32664
1979	76.7	151	3083	36232
1980	80.3	163	3272	38933
1981	85.1	167	3435	41634
1982	88.0	164	4216	41136
1983	90.9	166	4452	42778
1984	96.9	167	4622	43716
1985	102.3	176	4927	45601
1986	153.6	188	5079	46695
1987	160.9	185	5257	47680
1988	165.4	189	5550	50059
1989	172.6	206	5647	50145
1990	176.1	215	5770	52718
1991	184.7	221	5947	56107
1992	192.4	226	6130	58704
1993	197.5	234	6367	60794
1994	210.3	242	6727	67977
1995	219.8	264	6907	67877
1996	188.1	266	6907	69684
1997	243.0	302	6339	79046
1998	254.4	330	6989	75969
1999	259.8	357	7179	78098
2000	291.9	367	7610	75364
2001	310.0	371	8146	69807
2002	336.4	428	8555	79322
2003	406.0	429	9278	71583
2004	438.6	399	9981	82986
2005	458.5	348	9831	71600
2006	540.2	373	11899	74970
2007	556.4	391	13133	77778
2008	591.0	423	14118	80792
2009	600.0	424	14791	86881
2010	634.2	445	16144	89185

9-4 全市集中供热

TOTAL CENTRAL HEAT SUPPLY

项　目		Item		2010	2009	2010年为2009年% 2010 as % of 2009
供热面积	**（万平方米）**	**Total Heating Area**	**(10000 sq.m)**	**46715**	**44240**	**105.6**
#住　宅		Dwelling House		32305	27694	116.6
供热能力	**（兆瓦）**	**Supply Capacity**	**(megawatt)**	**35684**	**32674**	**109.2**
热电厂供热		Heating from Thermal Power Plants		6013	5420	110.9
锅炉房供热		Heating from Boiler Houses		29671	27254	108.9
供热总量	**（万吉焦）**	**Total Heating Supply**	**(10000 giga joules)**	**36112**	**36015**	**100.3**
热电厂供热		Heating from Thermal Power Plants		5387	4228	127.4
锅炉房供热		Heating from Boiler Houses		30725	31787	96.7
供热管道长度	**（公里）**	**Length of Pipeline**	**(km)**	**12224**	**12156**	**100.6**

资料来源：北京市市政市容管理委员会。

Source: Beijing City Planning and Appearance Management Committee.

9-5 液化石油气及天然气

GAS,LIQUEFIED PETROLEUM GAS AND NATURAL GAS

项　目		Item		2010	2009	2010年为2009年% 2010 as % of 2009
液化石油气		**Liquefied Petroleum Gas**				
供气总量	（吨）	Gas Supply	(ton)	323104	367323	88.0
销售气量	（吨）	Gas Sales	(ton)	299392	332693	90.0
#家庭用量	（吨）	for Households	(ton)	215133	226538	95.0
家庭用户	（万户）	Household	(10000 households)	179.3	180.0	99.6
天然气		**Natural Gas**				
供气总量	（万立方米）	Gas Supply	(10000 cu.m)	719740	682839	105.4
销售气量	（万立方米）	Gas Sales	(10000 cu.m)	677009	645356	104.9
#家庭用量	（万立方米）	for Households	(10000 cu.m)	101450	89087	113.9
家庭用户	（万户）	Household	(10000 households)	454.9	420.0	108.3
居民燃气用户	**（万户）**	**Household with Access to Gas**	**(10000 households)**	**634.2**	**600.0**	**105.7**

注：本表天然气用量中包含燕山石化用气量。

资料来源：北京市市政市容管理委员会、中国石化集团北京燕山石化有限公司。

Note: This table includes the figures of Yanshan Petrochem.

Source: Beijing City Planning and Appearance Management Committee,SINOPEC Beijing Yanshan Petrochemical Co., Ltd..

9-6 自来水及自备水源

TAP WATER AND SELF-PROVIDED SOURCE OF WATER

项目		Item		2010	2009
自来水		**Tap Water**			
综合生产能力	(万立方米/日)	General Production Capacity	(10000cu.m/day)	445	424
供水管道长度	(公里)	Length of Water Pipelines	(km)	16144	14791
销售总量	(万立方米)	Tatal Sales in Volume	(10000 cu.m)	89185	86881
#生产运营用	(万立方米)	for Production Use	(10000 cu.m)	11733	13060
公共服务用	(万立方米)	for Public Service Use	(10000 cu.m)	31413	30975
居民家庭用	(万立方米)	for Households Use	(10000 cu.m)	45284	41999
自备井水		**Self-provided Well Water**			
用水量	(万立方米)	Consumption	(10000 cu.m)	47519.7	48068.3
#生产运营用	(万立方米)	for Production Use	(10000 cu.m)	10842.6	11445.2
公共服务用	(万立方米)	for Public Service Use	(10000 cu.m)	14167.1	14641.5
居民家庭用	(万立方米)	for Households Use	(10000 cu.m)	16771.1	16955.1

注：自备井用水量为城镇范围用水量。
资料来源：北京市水务局。
Note: Consumption of self-provided well water is for unban area.
Source: Beijing Water Authority.

9-7 公共交通及客运出租小轿车

PUBLIC TRAFFIC AND TAXIS SERVICE

项目		Item		2010	2009
公共交通		**Public Traffic**			
年末运营车辆	(辆)	Operating Vehicles (year-end)	(unit)	24011	23730
公共电汽车	(辆)	Buses and Trolley Buses	(unit)	21548	21716
轨道交通	(辆)	Subways	(unit)	2463	2014
年末运营线路		Operating Routes(year-end)			
条 数	(条)	Number	(line)	727	701
公共电汽车	(条)	Buses and Trolley Buses	(line)	713	692
轨道交通	(条)	Subways	(line)	14	9
长 度	(公里)	Length	(km)	19079	18498
公共电汽车	(公里)	Buses and Trolley Buses	(km)	18743	18270
轨道交通	(公里)	Subways	(km)	336	228
客运量	(万人次)	Passengers Carried	(10000 person-times)	689788	658785
公共电汽车	(万人次)	Buses and Trolley Buses	(10000 person-times)	505144	516517
轨道交通	(万人次)	Subways	(10000 person-times)	184645	142268
客运出租小轿车		**Taxis Service**			
年末运营车辆	(辆)	Operating Vehicles (year-end)	(unit)	66646	66646
客运量	(万人次)	Passengers Carried	(10000 person-times)	69000	68000

资料来源：北京市交通委员会。
Source:Beijing Municipal Communission of Transport.

9-8 市政设施情况

BASIC STATISTICS ON MUNICIPAL ENGINEERING

项　　目		Item		2010	2009
境内道路、公路总里程	(公里)	Total Length of Highways and Roads	(km)	27907	27436
高速公路里程	(公里)	Length of Expressway	(km)	903	884
城市道路里程	(公里)	Length of Urban Roads	(km)	6355	6247
#快速路	(公里)	Rapid Roads	(km)	263	242
#主干路	(公里)	Trunk Roads	(km)	874	805
城市道路面积	(万平方米)	Area of Roads in City	(10000 sq.m)	9395	9179
#铺装步道	(万平方米)	Paved Roads	(10000 sq.m)	1641	1594
城市道路立交桥数	(座)	Number of Flyovers in City	(unit)	411	393
城市过街天桥数	(座)	Number of Pedestrain Overbridges in City	(unit)	420	405
城市地下通道数	(座)	Underpass in City	(unit)	200	200
经营性停车场个数	(个)	Operational Parking Lots	(unit)	5471	5274
经营性停车场车位总数	(个)	Total Capacity of Parking Lots	(unit)	1394495	1278129
路口电视监视点位	(台)	TV Monitor at Crossings	(unit)	1131	752
城八区照明线路长度	(公里)	Length of Lighting Lines in 8 Districts	(km)	5661	5258

注：道路及桥梁数据统计范围为城八区及北京经济技术开发区。

资料来源：北京市交通委员会、北京市公安交通管理局、北京市路灯管理中心。

Note: Roads and bridge figures covered 8 districts and Beijing economic-technological development zones.

Source: Beijing Municipal Communission of Transport, Beijing Administration for Public Security & Traffic, Beijing Street Lamp Administration Center.

主要统计指标解释

自来水综合生产能力 指按供水设施取水、净化、送水、出厂输水干管等环节实际测定计算的综合生产能力。不包括供水高峰阶段，超负荷增加的生产能力。计算时，以四个环节中最薄弱的环节为主确定能力。

自来水管道长度 指供水设施的取水管道和供水管道长度之和。

取水管道长度指水源地至地表水水厂净化设施（或地下水水厂清水池）之间所有管道的长度，包括水源井之间的井群联络管道长度。

供水管道长度指从送水泵至用户水表之间所有管道的长度。不包括新安装尚未使用的管道。

生产运营用水 指在城市范围内生产、运营的农、林、牧、渔业、工业、建筑业、交通运输业等单位在生产、运营过程中的用水。

公共服务用水 指为城市社会公共生活服务的用水。包括行政事业单位、部队营区和公共设施服务、社会服务业、批发零售贸易业、旅馆饮食业以及社会服务业等单位的用水。

居民家庭用水 指城市范围内所有居民家庭的日常生活用水。包括城市居民、农民家庭、公共供水站用水。

公共交通年末营运车辆 指公交企业（单位）用于运营业务的全部车辆数。

运营线路总长度 指全部运营线路长度之和。计算公式:

$$\text{运营线路长度} = \sum \text{各条运营线路长度}$$

$$= \sum \left[\begin{pmatrix} \text{上行起点至终点里程} + \text{下行起点至终点里程} \\ + \text{上下行终点掉头里程} \end{pmatrix} \right]$$

公路里程 指公路的长度，凡达到《公路工程技术标准（JTGB01-2003）》规定的技术等级的公路，均统计公路里程，包括大、中城市的郊区公路里程，公路通过城镇（指县城、集镇）街道的里程和公路桥梁长度、隧道长度、渡口的宽度以及分期修建的公路已验收交付使用的里程。国道、省道、县道、乡道和专用公路中新增的人工修建的、路基宽度在4.5米以上的等外路里程也纳入公路里程统计。按技术等级公路可分为高速公路、一级公路、二级公路、三级公路、四级公路和等外公路。

道路里程 指道路长度和与道路相通的桥梁、隧道的长度，按车行道中心线计算。城市道路由车行道和人行道两部分组成。在统计时只统计路面宽度在3.5米（含3.5米）以上的各种铺装道路，包括开放型工业区和住宅区道路在内。

道路面积 指道路面积和与道路相通的广场、桥梁、隧道的面积（统计时，将人行道面积单独统计）。人行道面积按道路两侧面积相加计算。包括步行街和广场，不含人车混行的道路。

Explanatory Notes on Main Statistical Indicators

General Production Capacity means the comprehensive production capacity of water supply facilities actually measured for water intake, purifying, outlet, and delivering trunk pipes, excluding additional capacity beyond load at water supply peak hours. It is determined mainly by the weakest one of four sections.

Length of Water Pipelines means the total length of water intake pipes and water supply pipes.

Length of water intake pipes means the length of all pipes between the water source to the purification facilities in surface water plant (or the clear water pond in underground water plant), including the length of well cluster connection pipes between water source wells.

Length of water supply pipes means the length of all pipes between the water outlet pumps the user's water meters, excluding any pipes newly installed and not used.

Water for Production Use means the water used by entities in sectors of agriculture, forestry, livestock raising, fishery, industry, construction, transportation, which are producing and operating in urban area, in their production and operation.

Water for Public Service Use means the water used for urban public living services, including that used for administrative and public institutions, army camps, public facility services, social service, wholesale and retail trades, hotels and restaurants, and social service organizations.

Water for Households Use means the water used for daily life of all households in urban area, including the water used for urban residents, farmer households, and public water supply stations.

Year-end Public Transit Vehicles in Operation means the number of all vehicles used for operational business in pubic transit enterprises (companies).

Total Length of Public Transit Lines means the sum of all lines in operation. It is calculated with the formula:

Length of Public Transit Lines = ∑ Length of all lines in operation = ∑ [(mileage from the upward starting point to the end point + mileage from the downward starting point to the end point + mileage of double back from upward and downward end points)]

Total Length of Highways means the length of highways. Such statistics apply for any highway reaching the technical grade stated in Highway Engineering Technical Standards (JTGB01-2003), including the mileage of highways in suburbs in middle and large cities, mileage of highways passing through streets in towns (county seats and towns), length of highway bridges, length of tunnels, width of ferries, and mileage of highways constructed in several phases and put into use. The mileage of substandard new highways built manually in national highways, provincial highways, county highways, township highways and special highways, with roadbed width of 4.5m over. In terms of technical grade, highways fall into expressways, first-grade highways, second-grade highways, third-grade highways, fourth-grade highways, and substandard highways.

Mileage of Roads means the length of roads and bridges and tunnels connecting with roads, calculated by the central lines of carriage ways. Urban roads consist of carriageways and pavements. Statistics only apply for laid roads with road surface width of 3.5m (including 3.5m), including roads in open industrial zones and residential zones.

Area of Roads means the area of roads and the area of squares, bridges and tunnels connecting to the roads (the area of pavements is calculated separately). The area of pavements is the sum of area of roads on sides of road, including pedestrian streets and squares, excluding roads for both pedestrians and vehicles.

10

北京统计年鉴2011　BEIJING STATISTICAL YEARBOOK

农业及农村经济
AGRICULTURE AND RURAL ECONOMY

简要说明

一、本章资料的主要内容及统计范围

本章资料反映北京市农业生产和农村经济基本情况，主要包括农村基层组织情况、农村地区人口、从业人员、耕地、农林牧渔业产值及主要农产品生产情况、设施农业、农业观光园、民俗旅游、农村固定资产投资、乡镇企业情况、农村经济收入与分配情况等。

农林牧渔业统计范围包括辖区内全部农林牧渔业生产单位、非农行业单位附属的农林牧渔业生产活动单位以及农户的农业生产活动。军委系统的农林牧渔业生产（除军马外）也应包括在内，但不包括农业科学试验机构进行的农业生产。

1. 农业：指各种农作物的种植活动。包括谷物、豆类、薯类、棉花、油料、糖料、麻类、烟叶、蔬菜、食用菌及花卉盆景园艺产品、水果、坚果、饲料和香料作物、药材及其它作物的种植。

2. 林业：包括林木的栽培(不包括茶园、桑园和果园的栽培、管理和收获等活动)、木材和竹材的采运、林产品的采集。

3. 畜牧业：包括牲畜饲养和放牧、家禽饲养以及野生动物的捕猎和饲养。

4. 渔业：分为淡水养殖和海水养殖，包括水生动物和海藻类植物的养殖和捕捞。

农村社会经济统计范围包括所有乡镇辖区内的社会经济活动。

二、本章资料来源及调查方法

1. 乡镇企业数据由北京市经济和信息化委员会提供。农村经济收入分配数据由北京市农村经济研究中心农村合作经济经营管理站提供，耕地数据由北京市国土资源局提供，林业数据由北京市园林绿化局提供，水产品数据由北京市农业局提供。其余资料均由北京市统计局、国家统计局北京调查总队提供。

2. 主要粮食播种面积数据通过卫星遥感测量方法取得，粮食产量数据通过抽样调查方法取得。农村基层组织资料来源于北京市民政局，农林牧渔业生产统计采取全面调查方法，村级起报。

三、本章中关于历史数据调整的问题

根据2006年第二次农业普查结果，北京市统计局、国家统计局北京调查总队按照国务院农普办要求，依照国际通用做法，已对1997—2005年的相关指标历史数据进行了修订。

Brief Introduction

I. Main Content and Scope of Statistics

Statistics in this chapter show basic situation of agricultural production and rural economy in Beijing, mainly consisting of figures on rural grass-root organizations, population and employed persons in rural area, arable land, output value of agriculture, forestry, animal husbandry and fishery, production of main agricultural products, facility agriculture, agricultural sightseeing garden, folk custom tour, rural fixed assets investment, township enterprises, rural economic income and allocation.

Statistics for agriculture, forestry, animal husbandry and fishery involve all producing entities of agriculture, forestry, animal husbandry and fishery, productive activities entities of agriculture, forestry, animal husbandry and fishery attached to entities in non-agricultural sectors, as well as farmers' agricultural production activities. Production of agriculture, forestry, animal husbandry and fishery in the military committee system shall also be included (warhorses excluded). The agricultural production conducted in experimental organizations of agricultural science is not included.

1. Agriculture: means planting activities of various agricultural crops, including the planting of grain, beans, potatoes, cottons, oil plants, sugar plants, hemp plants, tobacco leaves, vegetables, edible fungus, flower bonsai and gardening products, fruits, nuts, feedstuff, and flavor crops, herbs, and other crops.

2. Forestry: including the planting of forest (excluding the planting, management, harvest of tea garden, mulberry garden, fruit garden and other activities), felling and transporting of timber and bamboo, collection of forestry products.

3. Animal husbandry: including the raising and grazing of livestock, poultry raising, and hunting and breeding of wildlife.

4. Fishery: divided into fresh water cultivation and seawater cultivation, including cultivation and catching of aquatic animals and seaweed plants.

Statistics for social and economic development in rural areas include social and economic activities within the jurisdiction of all villages and towns.

II. Source of Data and Method of Survey

1. Data on township enterprises were provided by Beijing Municipal Commission of Economy and Information Technology. Data on income allocation in rural economy were provided by the Operation and Management State of Rural Cooperative Economy, Beijing Research Center for Rural Economy. Data on arable land were provided by Beijing Municipal Bureau of Land and Resources. Forestry data were provided by Beijing Gardening and Landscaping Bureau. Data on aquatic products were provided by Beijing Municipal Bureau of Agriculture. All other data were provided by Beijing Municipal Bureau of Statistics and National Bureau of Statistics Survey Office in Beijing.

2. Figures on seeded area of main grain were obtained through satellite remote sensing measurement. Data on rural grass-root organizations are from Beijing Municipal Bureau of Civil Affairs. Obtained through complete survey, data on production of agriculture, forestry, animal husbandry and fishery were reported from the minimum level of villages.

III. Adjustment to Historical Data

Based on results of the second agricultural census 2006, Beijing Municipal Bureau of Statistics and National Bureau of Statistics Survey Office in Beijing revised relevant historical data 1997-2005 as required by the Agricultural Census Office of the State Council and in accordance with international universal practice.

10-1 农村基本情况(1978-2010年)
BASIC STATISTICS FOR RURAL AREA (1978-2010)

年份 Year	乡政府 (个) Township Governments (unit)	镇政府 (个) Town Governments (unit)	村民委员会 (个) Villagers Committees (unit)	乡镇及行政村户数 (万户) Number of Towns and Administrative Villages (10000 households)	乡镇及行政村人口 (万人) Towns and Administrative Population (10000 persons)	乡镇及行政村从业人员 (万人) Number of Persons Employed in Towns and Administrative Villages (10000 persons)
1978				91.9	382.1	165.3
1979				92.9	374.7	165.1
1980				95.0	374.3	167.4
1981				98.9	377.6	172.9
1982				103.2	381.8	179.4
1983				106.6	384.0	184.6
1984				108.9	385.6	188.9
1985	350	15	4394	111.8	387.2	190.0
1986	327	15	4400	113.1	386.9	189.5
1987	324	14	4326	115.7	388.9	189.8
1988	321	13	4111	118.6	389.6	189.2
1989	322	14	4483	121.5	390.0	186.1
1990	252	77	4481	124.5	392.0	184.3
1991	209	77	4480	125.5	390.7	182.1
1992	209	77	4229	126.2	387.6	178.7
1993	192	81	4476	126.5	382.4	176.0
1994	174	92	4464	124.9	376.0	171.6
1995	166	100	4355	125.0	371.5	163.6
1996	166	100	4357	124.6	368.9	164.2
1997	132	108	4348	124.6	365.3	161.2
1998	126	105	4032	125.9	364.4	161.0
1999	125	103	4040	125.9	363.9	165.3
2000	70	142	4039	126.8	363.7	165.8
2001	52	139	4010	127.6	361.6	165.3
2002	51	141	4005	128.0	357.6	165.6
2003	45	142	3985	131.1	360.6	169.6
2004	42	142	3985	132.8	359.9	171.4
2005	43	142	3953	142.2	381.8	184.0
2006	41	142	3957	143.6	501.6	316.9
2007	41	142	3955	176.9	510.0	313.4
2008	40	142	3951	189.8	547.4	321.3
2009	40	142	3950	203.8	572.5	338.7
2010	40	142	3943	216.0	589.4	347.8

注：1. 从业人员指标1998年以前为乡村劳动力。
2. 乡政府个数、镇政府个数、村民委员会个数由北京市民政局提供。
3. 2006年乡镇及行政村人口和从业人员为农普数据；2007年以后乡镇及行政村人口和从业人员为农普口径，包含居住半年以上外来人口。
4. 2006年乡镇及行政村户数为农普数据，为自然户口径；2007年以后为户籍户口径。

Note: a) Employed Persons before 1998 were rural labor force.
b) Number of Township Governments, Town Governments, Villagers Committees provided by Beijing Civil Affairs Bureau.
c) Number of towns and administrative villages and population in towns and administrative villages were agriculture census data in 2006. These figures are from agriculture census and include non-local population since 2007.
d) Number of towns and administrative villages in 2006 was from agricultural census, as natural ones; since 2007, it is from the household registers.

10-2 农业生产条件(1978-2010年)
PRODUCTIVE CONDITIONS OF AGRICULTURE (1978-2010)

年 份 Year	年末实有耕地面积(万公顷) Cultivated Area (year-end) (10000 hectares)	有效灌溉面积(千公顷) Irrigated Area (1000 hectares)	农业机械总动力(万千瓦) Total Power of Agricultural Machinery (10000 kw)	农村用电量(万千瓦小时) Rural Electricity Consumption (10000 kwh)	化肥施用量(万吨) Consumption of Chemical Fertilizers (10000 tons)
1978	42.9	341.7	189.4	58802	11.6
1979	42.7	340.8	212.2	63124	11.3
1980	42.6	340.3	234.6	76753	12.3
1981	42.5	341.3	244.8	91844	11.2
1982	42.4	339.4	242.2	96961	12.0
1983	42.3	343.3	261.8	104608	12.0
1984	42.2	342.6	290.8	119289	10.7
1985	42.1	338.4	320.4	126830	8.2
1986	41.9	337.9	345.5	180640	9.1
1987	41.8	337.9	388.4	159450	10.0
1988	41.6	338.1	399.7	163986	10.6
1989	41.4	338.4	423.9	128414	11.8
1990	41.3	335.1	416.2	122711	14.4
1991	41.1	328.7	384.8	111347	14.4
1992	40.9	331.1	399.8	143963	14.4
1993	40.6	314.7	450.5	169911	14.9
1994	40.2	323.4	459.2	172042	19.8
1995	39.4	292.4	468.1	201731	18.8
1996	34.4	301.9	468.4	275871	18.9
1997	34.2	323.3	433.2	301655	19.7
1998	34.1	323.7	415.5	290859	19.3
1999	33.8	322.1	410.4	330069	19.0
2000	32.9	322.7	399.2	572257	17.9
2001	29.2	322.7	394.9	619806	15.7
2002	27.5	219.7	381.8	414248	14.9
2003	26.0	178.9	366.9	427266	14.3
2004	23.6	186.7	340.3	383954	14.5
2005	23.3	181.5	337.7	421680	14.8
2006	23.3	181.5	325.5	416459	14.8
2007	23.2	173.6	300.5	411238	14.0
2008	23.2	171.8	267.0	427377	13.6
2009		165.2	271.5	439099	13.8
2010		162.6	276.0	443774	13.7

注：1. 化肥施用量为折纯量。
2. 2003年以前农村用电量由原北京市供电局提供。
3. 农业机械总动力数据由北京市农业局提供。
4. 1991-2001年有效灌溉面积由北京市水务局提供。

Note: a) Consumption of chemical fertilizers means that converted into pure.
b) Figures of rural electricity consumption before 2003 were provided by Beijing Electric Power Supply Bureau.
c) Figures of Total Power of Agricultural Machinery are provided by Agriculture Bureau.
d) Figures of Irrigated Area 1991-2001 were provided by Beijing Water Affairs Bureau.

10-3 农作物播种面积及造林面积(1978-2010年)
SOWN AND AFFORESTATION AREA OF CROPS (1978-2010)

年份 Year	农作物播种面积(万公顷) Sown Area (10000 hectares)	#粮食作物 Grain Crops	#玉米 Corn	#小麦 Wheat	#棉花 Cotton	#油料 Oil-bearing Crops	#蔬菜 Vegetable	#瓜类及草莓 Melon & Strawberry	#饲料 Forage	造林面积(万公顷) Afforestation Area (10000 hectares)
1978	69.1	56.1	16.9	19.2	1.3	3.3	5.6	0.2	2.0	1.4
1979	67.7	56.0	18.2	19.7	0.2	3.0	5.4	0.3	2.0	1.6
1980	65.7	54.9	19.7	18.8	0.2	2.8	5.1	0.4	1.8	2.4
1981	64.4	53.0	19.8	18.4	0.2	2.7	5.5	0.6	1.7	2.7
1982	64.2	52.7	19.7	18.1	0.2	2.4	5.9	0.8	1.6	2.8
1983	63.8	53.0	20.1	18.7	0.3	1.9	5.7	0.5	1.5	3.3
1984	63.3	52.3	20.6	19.5	0.6	1.8	5.8	0.7	1.5	3.2
1985	61.8	51.1	21.7	19.1	0.5	2.0	5.4	0.9	1.3	3.0
1986	60.5	49.9	21.6	18.5	0.3	2.0	5.8	1.1	1.0	1.5
1987	59.8	49.5	22.3	18.3	0.3	1.6	6.0	0.9	1.1	2.0
1988	59.5	48.8	22.2	18.6	0.3	1.5	6.3	1.0	1.2	1.6
1989	58.9	48.3	21.9	18.5	0.3	1.3	6.8	0.8	1.1	0.8
1990	59.0	48.4	22.4	18.8	0.3	1.2	7.0	0.6	1.1	1.3
1991	59.0	48.3	22.3	19.2	0.4	1.2	7.3	0.5	1.0	1.5
1992	58.5	47.7	22.4	19.2	0.5	1.2	7.5	0.5	0.8	1.5
1993	56.5	45.6	21.8	17.8	0.4	1.3	7.8	0.5	0.7	4.8
1994	55.1	43.0	20.6	16.4	0.4	1.2	9.1	0.6	0.6	5.5
1995	55.3	43.4	20.8	17.2	0.3	1.2	9.1	0.5		4.7
1996	53.8	42.7	20.8	17.1	0.3	1.1	8.8	0.5	0.5	4.0
1997	53.6	42.5	20.6	17.1	0.2	1.0	8.9	0.5	0.5	3.8
1998	53.5	42.3	20.8	17.1	0.2	1.0	9.0	0.5	0.5	3.7
1999	52.6	41.0	19.8	16.8	0.2	1.0	9.2	0.5	0.5	3.0
2000	45.4	30.8	13.6	12.2	0.2	1.5	10.4	0.8	1.2	2.6
2001	38.0	21.4	10.0	7.3	0.3	1.4	11.3	0.9	1.9	3.2
2002	33.5	16.9	8.7	4.7	0.3	1.6	11.5	0.9	1.8	4.8
2003	30.1	14.1	7.5	3.6	0.3	1.4	10.8	0.9	1.9	4.7
2004	30.4	15.4	9.4	3.9	0.7	1.1	9.1	0.8	2.8	3.2
2005	30.8	19.2	12.0	5.3	0.2	0.9	7.9	0.8	1.5	1.2
2006	32.0	22.0	13.6	6.3	0.2	0.7	7.1	0.9	0.6	1.3
2007	29.5	19.7	13.9	4.1	0.2	0.7	7.0	0.9	0.4	1.1
2008	32.2	22.6	14.6	6.4	0.1	0.7	6.8	0.8	0.4	0.9
2009	32.0	22.6	15.1	6.1	0.1	0.6	6.8	0.8	0.4	1.8
2010	31.7	22.3	15.0	6.2	…	0.5	6.8	0.8	0.5	1.4

注：1.蔬菜播种面积2006年为农普衔接数据，1997年—2005年为历史修订数据。
2.造林面积2009年以前为人工造林面积，2009年起调整为荒山荒(沙)地造林面积，包括人工造林、无林地和疏林地新封面积。

Note: a) Figures of vegetable sown area in 2006 were from agricultural census, figures in 1997-2005 were historically revised ones.
b) Afforestation area before 2009 was man-made afforestation area, and changed to afforestation area for barren mountains and barren sand after 2009, including the area of man-made forest, forest-free land and newly enclosed light-forest land.

10-4 农林牧渔业总产值(1978-2010年)
GROSS OUTPUT VALUE OF FARMING, FORESTRY, ANIMAL HUSBANDRY AND FISHERY (1978-2010)

年份 Year	农林牧渔业总产值(亿元) Gross Output Value of Farming, Forestry, Animal Husbandry and Fishery (100 million yuan)	农业 Farming	林业 Forestry	牧业 Animal Husbandry	渔业 Fishery	服务业 Services
1978	11.5	8.9	0.2	2.4	0.01	
1979	12.3	8.8	0.2	3.3	0.02	
1980	14.3	9.8	0.5	3.9	0.05	
1981-1985	**99.4**	**64.6**	**3.9**	**30.1**	**0.8**	
1981	14.9	10.1	0.7	4.1	0.05	
1982	16.8	11.3	0.7	4.7	0.05	
1983	19.6	12.7	0.8	6.0	0.1	
1984	22.2	14.4	0.9	6.7	0.2	
1985	25.9	16.1	0.8	8.6	0.4	
1986-1990	**245.7**	**142.1**	**4.1**	**91.6**	**7.9**	
1986	28.1	17.2	0.8	9.4	0.7	
1987	34.4	20.3	0.8	12.3	1.0	
1988	52.6	31.4	0.9	18.6	1.7	
1989	60.4	34.2	0.7	23.3	2.2	
1990	70.2	39.0	0.9	28.0	2.3	
1991-1995	**570.1**	**293.2**	**11.2**	**244.6**	**21.1**	
1991	76.5	39.6	1.5	32.8	2.6	
1992	84.5	43.2	1.6	36.3	3.4	
1993	100.4	51.1	2.3	42.7	4.3	
1994	144.3	72.5	3.1	64.0	4.7	
1995	164.4	86.8	2.7	68.8	6.1	
1996-2000	**883.4**	**441.8**	**18.2**	**388.5**	**34.9**	
1996	168.9	89.2	2.8	71.1	5.8	
1997	170.5	86.8	2.9	74.6	6.2	
1998	174.8	88.3	3.2	75.8	7.5	
1999	180.6	89.4	4.1	79.5	7.6	
2000	188.6	88.1	5.2	87.5	7.8	
2001-2005	**1114.6**	**423.2**	**57.0**	**567.3**	**45.6**	
2001	202.2	84.7	9.0	99.3	9.2	
2002	213.5	83.5	11.9	108.6	9.5	
2003	224.7	80.9	12.3	114.3	9.3	7.9
2004	234.9	83.1	11.4	124.3	8.9	7.2
2005	239.3	91.0	12.4	120.8	8.7	6.4
2006-2010	**1459.4**	**648.4**	**87.1**	**643.7**	**51.5**	**28.7**
2006	240.2	104.5	14.8	105.1	9.8	6.0
2007	272.3	115.5	17.8	122.4	10.1	6.5
2008	303.9	128.1	20.5	140.5	9.8	5.0
2009	315.0	146.1	17.2	136.1	10.3	5.3
2010	328.0	154.2	16.8	139.6	11.5	5.9

注：1．绝对数按现价计算，从2003年起执行新《国民经济行业分类标准》，农林牧渔业总产值中含农林牧渔服务业产值。
2．2003年以后，计算农林牧渔业总产值使用的价格从农产品综合平均价调整为农产品生产价格。
3．2006年为与农业普查衔接的数据，1997-2005年为历史修订数据。
4．2010年按照新的《统计用产品分类目录》，将原归属林业产值的核桃、板栗等林产品调整至农业产值，并对2009年数据作了调整。

Note: a) Figures in value terms are at current prices. In the year of 2003, new Classification Standards of National Economy Industries are implemented. Gross output value of farming, forestry, animal husbandry and fishery includes the output value of services of farming forestry, animal husbandry and fishery.
b) After 2003, the prices used for calculating the output value of farming, forestry, animal husbandry and fishery were changed from comprehensive average price of farming products to production price of farming products.
c) Figures for 2006 were from agricultural census, figures in 1997-2005 were historically revised ones.
d) Output value of forest produces such as walnuts and chestnuts was transferred to that of agricultural products in 2010 according to the new Directory of Product Classification Used for Statistics. Figures 2009 were adjusted accordingly.

10-5 主要农业产品产量(1978-2010年)
OUTPUT OF MAJOR AGRICULTURAL PRODUCTS (1978-2010)

年份 Year	粮食(万吨) Grain (10000 tons)	棉花(万吨) Cotton (10000 tons)	油料(万吨) Oilbearing Crops (10000 tons)	蔬菜(万吨) Vegetable (10000 tons)	干鲜果品(万吨) Nuts and Fresh Fruit (10000 tons)	牛奶(万吨) (Milk) (10000 tons)	肉类(万吨) Meat (10000 tons)	#猪牛羊肉 Pork, Beef and Mutton	禽蛋产量(万吨) Poultry Eggs (10000 tons)	水产品(万吨) Aquatic Products (10000 tons)
1978	186.0	0.3	2.6	164.5	17.5	5.4	11.9	11.9	2.1	0.2
1979	172.8	0.1	2.6	181.3	15.8	6.0	13.1	13.2	3.1	0.3
1980	186.0	0.1	3.1	175.9	15.9	6.8	15.1	15.1	3.4	0.4
1981-1985	**1004.8**	**1.4**	**13.1**	**1002.2**	**86.7**	**53.3**	**69.0**	**68.9**	**44.3**	**4.0**
1981	180.7	0.1	2.2	172.8	15.6	7.6	13.2	13.2	3.7	0.4
1982	185.5	0.1	2.3	208.3	13.8	8.9	13.9	13.8	5.4	0.4
1983	201.5	0.2	2.1	199.1	18.2	10.6	14.9	14.9	8.9	0.6
1984	217.4	0.6	2.6	218.0	20.2	12.6	13.4	13.4	12.2	1.0
1985	219.7	0.4	3.9	204.0	18.9	13.5	13.6	13.6	14.1	1.6
1986-1990	**1181.9**	**1.4**	**15.2**	**1422.2**	**119.3**	**89.7**	**90.8**	**78.3**	**103.8**	**18.8**
1986	216.5	0.2	3.0	222.7	18.7	14.6	13.3	13.3	14.7	2.2
1987	227.0	0.3	3.3	241.1	22.5	15.5	12.9	12.9	16.8	3.0
1988	234.6	0.3	3.0	271.3	23.8	18.0	14.5	14.5	21.8	3.9
1989	239.2	0.3	2.8	331.0	26.7	19.9	23.3	17.2	24.7	4.6
1990	264.6	0.3	3.1	356.1	27.6	21.7	26.8	20.4	25.8	5.1
1991-1995	**1354.7**	**1.9**	**17.6**	**1915.9**	**198.5**	**113.7**	**180.7**	**134.0**	**139.3**	**34.7**
1991	279.7	0.3	3.3	368.4	29.3	23.9	33.9	24.8	27.9	5.6
1992	281.9	0.5	3.4	381.4	34.0	24.5	35.9	27.3	30.0	6.4
1993	284.1	0.4	3.8	418.8	39.6	22.5	36.7	28.2	31.4	7.0
1994	249.2	0.4	3.8	350.0	48.8	22.2	34.4	24.8	31.2	7.6
1995	259.8	0.3	3.3	397.3	46.8	20.6	39.8	28.9	28.5	8.1
1996-2000	**1059.4**	**1.1**	**15.0**	**2101.9**	**291.8**	**120.2**	**218.1**	**146.5**	**98.2**	**38.2**
1996	237.4	0.3	2.9	403.2	51.3	21.0	38.2	27.3	24.7	7.8
1997	237.5	0.2	2.7	408.8	54.8	22.2	39.9	27.8	23.8	7.7
1998	239.3	0.2	2.8	403.8	59.5	22.7	43.4	30.3	17.9	7.6
1999	201.0	0.2	2.8	419.8	60.2	24.0	46.1	30.2	15.8	7.6
2000	144.2	0.2	3.8	466.3	66.0	30.3	50.5	30.9	16.0	7.5
2001-2005	**410.3**	**1.9**	**18.5**	**2302.3**	**419.5**	**295.5**	**287.8**	**169.1**	**78.9**	**35.0**
2001	104.9	0.3	4.3	491.0	71.9	42.9	55.9	33.0	15.6	7.4
2002	82.3	0.3	4.6	507.4	78.7	55.1	60.9	35.2	15.2	7.4
2003	58.0	0.3	3.3	486.7	84.1	63.3	60.6	35.2	16.2	7.1
2004	70.2	0.8	2.9	444.1	90.9	70.0	57.4	34.0	15.9	6.7
2005	94.9	0.2	2.5	373.1	93.9	64.2	53.3	31.7	16.0	6.4
2006-2010	**577.3**	**0.6**	**10.0**	**1622.7**	**445.3**	**322.1**	**231.7**	**135.0**	**76.5**	**29.6**
2006	109.2	0.2	2.2	341.2	88.7	61.9	45.3	26.9	15.2	5.4
2007	102.1	0.2	2.2	340.1	91.1	62.2	47.9	27.1	15.6	6.0
2008	125.5	0.1	2.2	321.3	89.8	66.4	45.1	25.9	15.2	6.1
2009	124.8	0.1	1.8	317.1	90.3	67.4	47.2	27.6	15.4	5.8
2010	115.7	…	1.6	303.0	85.4	64.1	46.3	27.5	15.1	6.3

注：1. 蔬菜、干鲜果品、猪牛羊肉产量2006年为农普衔接数据，1997年-2005年为历史修订数据。
2. 肉类产量1988年及以前为猪牛羊肉产量。
3. 2006年及以前水产品产量为淡水鱼产量，2007年以后含远洋捕捞量。水产品数据由北京市农业局提供。

Note: a) Figures of vegetable, dry and fresh fruit, pork, beef and mutton output in 2006 were from agricultural census, figures in 1997-2005 were historically revised ones.
b) Output of meat in and before 1988 was that of pork, beef and mutton.
c) Output of aquatic products was that of fresh water fish in and before 2006, and included deep-sea fishing amount since 2007. Aquatic product figures were provided by Beijing Bureau of Agriculture.

10-6 平均每一从业人员创造农、林、牧、渔业产值(1990-2010年)

OUTPUT VALUE OF FARMING, FORESTRY, ANIMAL HUSBANDRY AND FISHERY CREATED BY EACH PERSON (1990-2010)

单位：元 (yuan)

年 份 Year	农林牧渔业总产值 Total Output Value of Farming, Forestry, Animal Husbandry and Fishery	#农 业 Farming	#林 业 Forestry	#畜牧业 Animal Husbandry	#渔 业 Fishery
1990	8507	5537	1540	54837	22729
1991	9523	5722	2807	68268	26442
1992	11329	6678	3826	78905	33689
1993	13859	8271	4558	92901	39518
1994	21002	12461	6507	139136	39182
1995	25110	15760	5750	156332	47266
1996	25250	15504	6741	173404	53133
1997	26101	15605	6886	169541	56211
1998	25817	15653	7724	124279	68379
1999	25396	15621	8398	101869	63684
2000	27061	16454	8416	99481	65223
2001	29772	16838	12287	109151	76321
2002	33313	18193	15209	116799	86784
2003	37770	19579	14634	129862	92879
2004	40569	20934	12376	153518	98619
2005	40834	22700	12496	156911	96184
2006	36559	21147	17398	166889	195867
2007	44276	25892	19324	177359	126998
2008	49175	28405	22031	212910	122318
2009	51750	33061	18507	215008	128750
2010	54579	35130	17886	228814	164441

注：1.2006年从业人员为农普数据，2007年以后为农普口径，含居住半年以上的外来人口。
2.2006年农林牧渔业总产值及分行业产值为与农业普查衔接的数据，1997-2005年为历史修订数据。
3.2010年按照新的《统计用产品分类目录》，将原归属林业产值的核桃、板栗等林产品调整至农业产值，并对2009年数据作了调整。

Note: a) Figures of Employees in 2006 were from agriculture census. These figures are from agriculture census and include non-local population since 2007.
b) Figures for output value of farming,forestry,amimal husbandry and fishery in 2006 were from agricultural census, figures in 1997-2005 were historically revised ones.
c) Output value of forest produces such as walnuts and chestnuts was transferred to that of agricultural products in 2010 according to the new Directory of Product Classification Used for Statistics. Figures 2009 were adjusted accordingly.

10-7 耕地面积
ARABLE LAND AREA

单位：公顷 (hectare)

项目	Item	2008	2007
年初耕地总资源	**Year-beginning Total Arable Land Resources**	**232187.3**	**232574.8**
年内增加	**Increased in the Year**	**1984.5**	**2657.2**
#新开荒地	Wasteland Newly Opened Up	785.7	881.7
园地改为耕地	Gardening Land Converted into Arable Land	660.5	609.5
年内减少	**Decreased in the Year**	**2483.6**	**3044.7**
#国家基建占地	Occupied by National Capital Construction	1791.7	2065.6
其它基建占地	Occupied by Other Capital Construction		
退耕还林还草占地	Occupied by Restoration of Forest and Grassland from Cultivated Land		
耕地改为园地	Arable Land Converted into Gardening Land	31.7	41.4
年末耕地总资源	**Year-end Total Arable Land Resources**	**231688.2**	**232187.3**
#水田	Paddy Field	6870.2	7049.9
水浇地	Irrigable Land	157044.5	157989.9

注：1平方公里=100公顷=1500亩
资料来源：北京市国土资源局。
Note: 1sq.km =100 hectare =1500 mu
Source: Beijing Land Resource Administration.

10-8 农村固定资产投资情况(2010年)
INVESTMENT IN FIXED ASSETS PER CAPITA IN RURAL AREAS (2010)

单位：万元、万平方米 (10000 yuan, 10000 sq.m)

项 目	Item	合 计 Total	非农户 Non -Agricultural	农 户 Agricultural
本年固定资产投资完成额	**Investment in Fixed Assets Completed in This Year**	**4909439**	**4388319**	**521120**
按投资方向分完成投资额	**Investment Completed Grouped by Use of Funds**			
农、林、牧、渔业	Farming, Animal Husbandry and Fishery	390047	362215	27832
采矿业	Mining	9929	9929	
制造业	Manufacturing	587046	587046	
电力、煤气及水的生产和供应业	Electricity, Gas and Water Production and Supply	134898	134898	
建筑业	Construction	15198	15198	
交通运输、仓储和邮政业	Transportation, Storage, Posts and Telecommunications	487608	463182	24426
信息传输、计算机服务和软件业	Telecommunications, Computer Services and Software	8730	8730	
批发和零售业	Wholesale Trade and Retail Trade	79688	79688	
住宿和餐饮业	Hotel and Restaurants	169469	169086	383
金融业	Financial Intermediation			
房地产业	Real Estate	1571793	1103687	468106
租赁和商务服务业	Leasing and Business Services	52986	52986	
科学研究、技术服务与地质勘探业	Scientific Rearch, Professional Technical Services and Geological Prospecting	34688	34688	
水利、环境和公共设施管理业	Water, Environment and Municipal Engineering Conservancy	933004	933004	
居民服务和其他服务业	Services to Households and Other Services	29629	29255	374
教 育	Education	163997	163997	
卫生、社会保障和社会福利业	Health, Social Security and Social Welfare	29284	29284	
文化、体育和娱乐业	Culture, Arts, Sports and Recreation	124566	124566	
公共管理和社会组织	Public Management and Society Organization	86880	86880	
国际组织	International Organization			
上年末结余资金	**Balance of Last Year End**	**423897**	**423897**	
本年资金来源小计	**Total Source of Funds in This Year**	**4513159**	**3992039**	**521120**
国家资金	State Funds	53427	53427	
国内贷款	Domestic Loan	509998	509998	
利用外资	Foreign Funds	1926	1926	
自筹资金	Self-raising Funds	3442975	2921855	521120
其他资金	Other Funds	504833	504833	
本年施工房屋面积	**Floor Space of Buildings under Construction in This Year**	**2013**	**1065**	**948**
#住 宅	Residential Buildings	1283	371	912
本年竣工房屋面积	**Floor Space of Buildings Completed in This Year**	**973**	**343**	**631**
#住 宅	Residential Buildings	697	86	611
本年竣工房屋投资完成额	**Investment of Buildings Completed in This Year**	**427222**		**427222**
#住 宅	Residential Buildings	415931		415931
本年新增固定资产	**Original Value of Incremental Fixed Assets**	**3414464**	**2953604**	**460860**

注：本表非农户固定资产投资为全面调查；农户固定资产投资为抽样调查。

Note: It is investigated in an all-round way to get Non-Agricultural household's investment in fixed assets; Agricultural household's investment in fixed assets is from sample survey.

10-9 农业生产条件

PRODUCTIVE CONDITIONS OF AGRICULTURE

项目		Item		2010	2009	2010年为2009年% 2010 as % of 2009
主要农业机械拥有量		**Possession of Major Agricultural Machinery**				
农业机械总动力	(万千瓦)	Total Power of Agricultural Machinery	(10000 kw)	276.0	271.5	101.7
大中型拖拉机	(混合台)	Large and Medium Tractors	(unit)	8293	7832	105.9
小型拖拉机	(台)	Mini-Tractors	(unit)	13191	14044	93.9
机引农具	(台)	Towing Farm Machinery	(unit)	24388	24291	100.4
机动喷雾器	(部)	Motorized Sprayer	(unit)	20380	22805	89.4
联合收割机	(台)	Combine Harvester	(unit)	2085	1842	113.2
机动脱粒机	(台)	Motorized Sheller	(unit)	5110	5319	96.1
米面加工机	(台)	Processing Machine of Rice and Flour	(unit)	5563	5627	98.9
机动挤奶器	(台)	Motorized Milker	(unit)	1146	1214	94.4
饲料粉碎机	(台)	Fodder Grinder	(unit)	4825	4820	100.1
载重汽车	(辆)	Truck	(unit)	4938	5131	96.2
农业机械作业面积		**Operation Area with Agricultural Machinery**				
机耕面积	(公顷)	Cultivated Area by Machine	(hectare)	97849	93866	104.2
占全部耕地面积比重	(%)	As Percentage of Total	(%)	78.9	78.3	
机播面积	(公顷)	Sown Area by Machine	(hectare)	216970	216281	100.3
占播种面积比重	(%)	As Percentage of Sown Area	(%)	66.9	68.6	
机收面积	(公顷)	Harvest Area by Machine	(hectare)	133061	104503	127.3
占收获面积比重	(%)	As Percentage of Harvest Area	(%)	40.8	33.0	
农村用电量及小水电		**Rural Electricity Consumption and Small Hydropower Station**				
农村用电量	(万千瓦小时)	Rural Electricity Consumption	(10000 kwh)	443774	439099	101.1
农村小水电站	(处)	Rural Small Hydropower Station	(unit)	20	21	95.2
农村小水电站发电量	(万千瓦小时)	Energy by Generated	(10000 kw)	454.3	452.9	100.3
农田水利		**Irrigation and Water Conservancy**				
排灌用动力机械	(台)	Power-driven Irrigation Machinery	(unit)	47010	45024	104.4
排灌用动力机械动力	(万千瓦)	Power-driven Irrigation Machinery	(10000 kw)	51.1	49.5	103.2
机(电)井	(眼)	Motor-pumped Well	(unit)	45427	46339	98.0
#已配套	(眼)	Completed Set	(unit)	43008	44046	97.6
扬水站(固定机电排灌站)	(处)	Pumping Station	(unit)	1354	2504	54.1
有效灌溉面积	(公顷)	Irrigated Areas	(hectare)	162643	165159	98.5
化肥施用量(折纯)		**Consumption of Chemical Fertilizer (converted into pure)**				
化肥施用量	(吨)	Consumption of Chemical Fertilizers	(ton)	136658	138237	98.9
氮　肥	(吨)	Nitrogenous Fertilizer	(ton)	68691	69947	98.2
磷　肥	(吨)	Phosphate Fertilizer	(ton)	8790	9352	94.0
钾　肥	(吨)	Potash Fertilizer	(ton)	7179	6790	105.7

注：1. 农村小水电站是指乡村两级小水电实有数。
2. 主要农业机械拥有量、农业机械作业面积、排灌动力机械数据由北京市农业局提供。
3. 机(电)井和扬水站数据由北京市水务局提供。

Note: a) Figures of rural small hydropower station refer to actual number of small hydropower at township and village level.
b) Figures of Possession of Major Agricultural Machinery,Operation Area with Agricultural Machinery and Power-driven Irrigation Machinery are provided by Beijing Municipal Power Supply Bureau.
c) Figures of Motor-pumped Well are provided by Beijing Water Authority.

10-10 农林牧渔业总产值

GROSS OUTPUT VALUE OF FARMING, FORESTRY, ANIMAL HUSBANDRY AND FISHERY

单位：万元 (10000 yuan)

项目	Item	总产值 Gross Output Value 2010	2009	2010年为2009年% 2010 as % of 2009
合计	**Total**	**3280226.5**	**3149533.6**	**104.1**
农业	**Farming**	**1542227.8**	**1461294.5**	**105.5**
谷物	Cereal	212112.6	206814.2	102.6
豆类	Beans	5843.5	7845.2	74.5
经济作物	Cash Crops	9724.1	10361.3	93.9
蔬菜、食用菌	Vegetable and Domestic Fungus	615912.9	552070.5	111.6
水果（含瓜果类）	Fruits (including melons)	416611.2	381917.4	109.1
其他	Other	282023.5	302285.9	93.3
林业	**Forestry**	**168127.2**	**172118.9**	**97.7**
牧业	**Animal Husbandry**	**1395762.5**	**1360831.4**	**102.6**
牲畜饲养	Animals Breeding	355684.4	354664.0	100.3
养猪	Hogs	436454.9	419953.8	103.9
家禽饲养	Poultry Raising	493483.1	472486.5	104.4
#禽蛋	Poultry Eggs	164246.4	137197.4	119.7
其他	Others	110140.1	113727.1	96.8
渔业	**Fishery**	**115109.0**	**102788.8**	**112.0**
农林牧渔服务业	**Services for Agriculture**	**59000.0**	**52500.0**	**112.4**

注：2010年按照新的《统计用产品分类目录》，将原归属林业产值的核桃、板栗等林产品调整至农业产值，并对2009年数据作了调整。

Note: Output value of forest produces such as walnuts and chestnuts was transferred to that of agricultural products in 2010 according to the new Directory of Product Classification Used for Statistics. Figures 2009 were adjusted accordingly.

10-11 主要农作物播种面积及产量
SOWN AREA AND YIELD OF MAJOR CROPS

项目	Item	2010 播种面积(公顷) Sown Areas (hectare)	2010 单产(公斤/公顷) Unit Yield (kg/hectare)	2010 总产量(吨) Total Yield (ton)	2009 播种面积(公顷) Sown Areas (hectare)	2009 单产(公斤/公顷) Unit Yield (kg/hectare)	2009 总产量(吨) Total Yield (ton)
粮食	**Grain**	**223465.3**	**5176.9**	**1156864.8**	**226286.3**	**5513.7**	**1247673.6**
按季节分	Grouped by Season						
夏粮	Summer Grain	61599.5	4609.5	283941.3	60863.5	5106.4	310795.8
秋粮	Autumn Grain	161865.8	5392.9	872923.5	165422.8	5663.5	936877.8
按品种分	Grouped by Variety						
稻谷	Rice	299.1	6327.4	1892.3	378.1	6273.5	2371.8
冬小麦	Winter Wheat	61566.1	4610.3	283835.3	60455.1	5120.3	309545.1
玉米	Corn	149750.7	5620.5	841674.0	150760.5	5953.8	897597.7
薯类	Tubers	2417.3	5607.2	13554.0	2748.9	6046.1	16620.0
大豆	Soybean	6408.5	1671.4	10711.2	8351.3	1787.0	14923.5
棉花	**Cotton**	**397.8**	**1157.4**	**460.4**	**604.0**	**1269.7**	**766.9**
油料	**Oil-bearing Crops**	**5389.2**	**2881.3**	**15527.9**	**6105.4**	**2970.5**	**18135.8**
#花生	Peanuts	5028.9	2991.2	15042.4	5814.9	3050.4	17737.8
药材	**Drug**	**2934.5**	**885.8**	**2599.5**	**2805.4**	**832.0**	**2334.1**
蔬菜	**Vegetable**	**67538.1**	**44860.9**	**3029821.9**	**68485.5**	**46303.4**	**3171115.0**
瓜类及草莓	**Melon & Strawberry**	**7811.7**	**43753.4**	**341787.1**	**7584.7**	**45660.5**	**346322.8**
#西瓜	Watermelon	6969.6	46092.8	321248.5	6882.5	47665.8	328058.5
饲料	**Forage**	**5021.9**			**3611.8**		
#牧草	Grazing	1538.0			1429.9		
花卉	**Flower**	**2887.9**			**2523.5**		

10-12 林业及干鲜果品生产
FORESTRY, NUTS AND FRESH FRUIT PRODUCTION

项目		Item		2010	2009	2010年为2009年% 2010 as % of 2009
林业生产		**Forestry**				
荒山荒(沙)地造林面积	(公顷)	Afforestation Area for Barren Mounta	(hectare)	13887	17566	79.1
育苗面积	(公顷)	Nursery Garden Area	(hectare)	12321	12441	99.0
#本年新育	(公顷)	New Growing This Year	(hectare)	802	797	100.6
果类生产		**Fruit**				
干鲜果总产量	(吨)	Output of Nuts and Fresh Fruit	(ton)	853985	903331	94.5
干果	(吨)	Nuts	(ton)	44071	48309	91.2
#核桃	(吨)	Walnut	(ton)	11160	13481	82.8
板栗	(吨)	Chinese Chestnut	(ton)	26761	29634	90.3
鲜果	(吨)	Fresh Fruit	(ton)	809914	855022	94.7
#苹果	(吨)	Apple	(ton)	103772	119676	86.7
梨	(吨)	Pear	(ton)	158632	155889	101.8
葡萄	(吨)	Grape	(ton)	42140	40618	103.7
柿子	(吨)	Persimmon	(ton)	49433	57295	86.3
桃	(吨)	Peach	(ton)	386227	408517	94.5
年末实有果园面积	**(公顷)**	**Actual Orchard Area (year-end)**	**(hectare)**	**64932**	**66710**	**97.3**

注：造林面积2009年以前为人工造林面积，2009年起调整为荒山荒(沙)地造林面积，包括人工造林、无林地和疏林地新封面积。

资料来源：林业生产数据由北京市园林绿化局提供。

Note: Afforestation area before 2009 was man-made afforestation area, and changed to afforestation area for barren mountains and barren sand after 2009, including the area of man-made forest, forest-free land and newly enclosed light-forest land.

Source: Data of Forestry are from Beijing Municipal Bureau of Landscape and Forestry.

10-13 牲畜饲养及畜产品产量

NUMBER OF LIVESTOCK AND OUTPUT OF LIVESTOCK PRODUCTS

项目		Item		2010	2009	2010年为2009年% 2010 as % of 2009
畜禽存栏		**Amount of Livestock and Poultry on Hand**				
大牲畜	(万头)	Large Animals on Hand (year-end)	(10000 heads)	21.92	23.37	93.8
#役　畜		Draught Animals		0.53	0.66	79.9
#牛		Cattle and Buffaloes		20.69	22.06	93.8
猪	(万头)	Year-end Pork Pigs on Hand	(10000 heads)	183.13	186.57	98.2
羊	(万只)	Year-end Sheep on Hand	(10000 heads)	60.63	67.36	90.0
山　羊		Goats		16.18	18.86	85.8
绵　羊		Sheep		44.45	48.50	91.6
家　禽	(万只)	Livestock on Hand (year-end)	(10000 heads)	2737.52	2835.42	96.5
#产蛋鸡		Hens		1382.24	1358.82	101.7
肉　鸡		Chickens		941.20	945.47	99.5
鸭		Ducks		394.80	435.59	90.6
兔	(万只)	Rabbits on Hand(year-end)	(10000 heads)	6.78	6.59	102.8
畜禽出栏		**Amount of Livestock and Poultry Slaughter**				
牛	(万头)	Beef Cattle Slaughtered in the Whole Year	(10000 heads)	11.09	11.69	94.8
猪	(万头)	Pork Pigs Slaughtered in the Whole Year	(10000 heads)	311.93	314.04	99.3
羊	(万只)	Sheep Slaughtered in the Whole Year	(10000 heads)	86.44	86.73	99.7
畜禽产品产量		**Output of Livestock and Poultry Products**				
肉类产量	(万吨)	Output of Meat	(10000 tons)	46.3	47.2	98.1
#猪　肉		Pork		24.1	24.1	99.9
牛　肉		Beef		2.0	2.1	97.7
羊　肉		Mutton		1.4	1.4	99.7
牛奶产量	(万吨)	Cow Milk	(10000 tons)	64.1	67.4	95.1
禽　蛋	(万吨)	Poultry Eggs	(10000 tons)	15.1	15.4	98.3
#鸡　蛋		Eggs		14.7	15.1	97.5
蜂　蜜	(吨)	Honey	(ton)	3012	2795	107.7

10-14 水产品生产

AQUATIC PRODUCTS

项目		Item		2010	2009	2010年为2009年% 2010 as % of 2009
渔业水域面积	**(公顷)**	**Area of Water Surface**	**(hectare)**	**20860**	**20084**	**103.9**
#淡水养殖面积	(公顷)	Freshwater Area	(hectare)	5003	5077	98.5
#水　库	(公顷)	Large Reservoir	(hectare)	260	160	162.5
池　塘	(公顷)	Puddle and Pond	(hectare)	4526	4739	95.5
水产品产量	**(吨)**	**Output of Freshwater Fish**	**(ton)**	**63365**	**58161**	**108.9**
#淡水鱼产量	(吨)	Output of Freshwater Fish	(ton)	54426	54248	100.3
#大水库	(吨)	Large Reservoirs	(ton)	2505	2411	103.9
中、小水库	(吨)	Medium and Small Reservoirs	(ton)	1769	1624	108.9
池　塘	(吨)	Puddle and Pond	(ton)	45213	45277	99.9

资料来源：北京市农业局。

Source: Beijing Municipal Bureau of Agriculture.

10-15 农业观光园、民俗旅游、种业和设施农业（2005-2010年）
AGRICULTURAL SIGHTSEEING GARDENS，FOLK-CUSTOM TOURISM，BREEDING OF SEED AND FACILITY-AGRICULTURE (2005-2010)

项 目		Item		2005	2006	2007
农业观光园		**Agricultural Sightseeing Garden**				
农业观光园个数	（个）	Number of Agricultural Sightseeing Gardens	(unit)	1012	1230	1302
生产高峰期从业人员	（人）	Employed Persons At Production Climax	(person)	40729	52828	51392
接待人次	（万人次）	Visits Received	(10000 person-time)	892.5	1210.6	1446.8
经营总收入	（万元）	Total Operating Income	(10000 yuan)	78810.0	104929.4	131492.3
民俗旅游		**Folk-Custom Tourism Receiption**				
从事民俗旅游实际经营接待户	（户）	Number of Families Engaged in Folk-Custom Tourism Receiption	(household)	7268	8726	10323
从事民俗旅游接待的人数	（人）	Number of Persons Engaged in Folk-Custom Tourism Receiption	(person)	14070	18253	20750
民俗旅游接待人次	（万人次）	Folk-Custom Tourism Receiption Visits	(10000 person-time)	758.9	982.5	1167.6
民俗旅游总收入	（万元）	Total Income of Folk-Custom Tourism	(10000 yuan)	31402.0	36544.7	49550.4
种 业		**Breeding of Seed**				
种业收入	（万元）	Income	(10000 yuan)	59370.9	77459.9	99132.8
设施农业		**Facility-agriculture**				
设施农业播种面积	（公顷）	Planting Area of Facility-agriculture	(hectare)			30331
设施农业收入	（万元）	Income of Facility-agriculture	(10000 yuan)	186214.9	211092.2	281238.7

注：民俗旅游接待户数为实际经营的户数。

Note: Figures of families engaged in folk-custom tourism reception are actually operating families.

10-15 续表 continued

项 目		Item		2008	2009	2010
农业观光园		**Agricultural Sightseeing Garden**				
农业观光园个数	（个）	Number of Agricultural Sightseeing Gardens	(unit)	1332	1294	1303
生产高峰期从业人员	（人）	Employed Persons At Production Climax	(person)	49366	49504	42561
接待人次	（万人次）	Visits Received	(10000 person-time)	1498.2	1597.4	1774.9
经营总收入	（万元）	Total Operating Income	(10000 yuan)	135807.8	152434.3	177958.4
民俗旅游		**Folk-Custom Tourism Receiption**				
从事民俗旅游实际经营接待户	（户）	Number of Families Engaged in Folk-Custom Tourism Receiption	(household)	9151	8705	7979
从事民俗旅游接待的人数	（人）	Number of Persons Engaged in Folk-Custom Tourism Receiption	(person)	19421	19790	16856
民俗旅游接待人次	（万人次）	Folk-Custom Tourism Receiption Visits	(10000 person-time)	1205.6	1393.1	1553.6
民俗旅游总收入	（万元）	Total Income of Folk-Custom Tourism	(10000 yuan)	52914.4	60895.4	73471.6
种 业		**Breeding of Seed**				
种业收入	（万元）	Income	(10000 yuan)	109343.5	128410.7	145734.1
设施农业		**Facility-agriculture**				
设施农业播种面积	（公顷）	Planting Area of Facility-agriculture	(hectare)	33889	36203	36811
设施农业收入	（万元）	Income of Facility-agriculture	(10000 yuan)	281654.3	339094.0	407236.5

注：民俗旅游接待户数为实际经营的户数。

Note: Figures of families engaged in folk-custom tourism reception are actually operating families.

10-16 农业观光园

STATISTICS ON AGRICULTURAL SIGHTSEEING GARDENS

项　目	Item	2010	2009	2010年为2009年% 2010 as % of 2009
农业观光园个数　（个）	Number of Agricultural Sightseeing Gardens (unit)	1303	1294	100.7
生产高峰期从业人员（人）	Employed Persons At Production Climax (person)	42561	49504	86.0
接待人次　（人次）	Visits Received (person-time)	17748934	15974427	111.1
经营总收入　（万元）	Total Operating Income (10000 yuan)	177958.4	152434.3	116.7

10-17 民俗旅游

STATISTICS ON FOLK-CUSTOM TOURISM

项　目	Item	2010	2009	2010年为2009年% 2010 as % of 2009
从事民俗旅游接待的户数　（户）	Number of Families Engaged in Folk-Custom Tourism Reception (household)	7979	8705	91.7
从事民俗旅游接待的人数　（人）	Number of Persons Engaged in Folk-Custom Tourism Reception (person)	16856	19790	85.2
民俗旅游接待人次　（人次）	Folk-Custom Tourism Receiption Visits (person-time)	15535783	13931183	111.5
民俗旅游总收入　（万元）	Total Income of Folk-Custom Tourism (10000 yuan)	73471.6	60895.4	120.7

注：民俗旅游接待户数为实际经营的户数。

Note: Figures of families engaged in folk-custom tourism reception are actually operating families.

10-18 种业生产

STATISTICS ON SEEDING AND BREEDING

项目	Item	产量 Output 2010	2009	2010年为2009年% 2010 as % of 2009	收入(万元) Income (10000 yuan) 2010	2009	2010年为2009年% 2010 as % of 2009
合计	**Total**				**145734.1**	**128410.7**	**113.5**
农业	**Agriculture**				**12546.1**	**13305.7**	**94.3**
#小麦种 (公斤)	Wheat Seed (kg)	4288577	4518428	94.9	901.7	880.1	102.5
玉米种 (公斤)	Corn Seed (kg)	831032	1000120	83.1	466.8	427.9	109.1
蔬菜种 (公斤)	Vegetable Seed (kg)	350687	492455	71.2	3384.9	6249.6	54.2
林业	**Forestry**				**7876.4**	**7213.1**	**109.2**
#树苗 (百株)	Sapling (100-unit)	37421.0	27128.0	137.9	7777.5	7076.3	109.9
牧业	**Animal Husbandry**				**121332.1**	**105572.6**	**114.9**
#种猪 (头)	Boar (Heads)	282379	226369	124.7	48095.3	43390.1	110.8
种雏禽 (万只)	Breeding Bird (10000-unit)	4257.0	3816.8	111.5	21760.2	26671.8	81.6
种蛋 (万枚)	Breeding Egg (10000-unit)	45817.2	32248.3	142.1	45303.2	29933.1	151.3
渔业	**Fishery**				**3979.5**	**2319.3**	**171.6**
#种鱼苗 (万尾)	Breeding Young Fish (10000-unit)	10402.0	7155.3	145.4	3567.5	2319.3	153.8

10-19 设施农业(2010年)
FACILITY-AGRICULTURE (2010)

项　目	Item	设施农业播种面积（公顷） Planting Area of Facility-agriculture (hectare)	设施农业产量（吨） Output of Facility-agriculture (ton)	设施农业收入（万元） Income of Facility-agriculture (10000 yuan)
合　计	**Total**	**36811**		**407236.5**
温　室	**Hothouse**	**19729**		**271004.3**
蔬　菜	Vegetable	17709	666758	198188.6
花　卉	Flowers	975		47840.8
#切　花	Cut Flowers	318	3979	8507.8
盆　花	Potted Flowers	647	7005	39004.2
瓜果类	Melons	656	15235	18010.9
水　果	Fruits	225	2258	2988.7
其　它	Others	164		3975.3
大　棚	**Large Shed**	**11226**		**98818.2**
蔬　菜	Vegetable	8199	299232	61846.4
花　卉	Flowers	184		6470.6
#切　花	Cut Flowers	40	598	1079.0
盆　花	Potted Flowers	140	2597	5040.6
瓜果类	Melons	2647	110693	28040.3
水　果	Fruits	134	700	587.0
其　它	Other	62		1873.9
中小棚	**Medium and Small Shed**	**5856**		**37414.0**
蔬　菜	Vegetable	3032	90835	18053.1
花　卉	Flowers	18		522.5
#切　花	Cut Flowers	4	98	21.1
盆　花	Potted Flowers	14	212	501.4
瓜果类	Melons	2779	116024	18498.6
水　果	Fruits	2	12	9.8
其　它	Other	25		330.0

注：切花产量的计量单位是万枝，盆花产量的计量单位是万盆。

Note: Cut flowers are measured with 10000 units, and potted flowers, 10000 pots.

10-20 乡镇企业各业基本情况(2010年)

BASIC STATISTICS ON SECTORS OF TOWN AND TOWNSHIP ENTERPRISES (2010)

项目	Item	企业个数(个) Number of Enterprises (unit)		从业人员(人) Persons Employed (person)		总收入(万元) Total Revenue (10000 yuan)		利润总额(万元) Total Profits (10000 yuan)	
		数量 Number	构成(%) Composition (%)	数量 Number	构成(%) Composition (%)	数量 Number	构成(%) Composition (%)	数量 Number	构成(%) Composition (%)
合计	**Total**	**152778**	**100.0**	**1364518**	**100.0**	**42665839**	**100.0**	**2426968**	**100.0**
农业	Agriculture	3697	2.4	27290	2.0	291402	0.7	22378	0.9
工业	Industry	21465	14.0	641323	47.0	22821293	53.5	1282786	52.9
建筑业	Construction	3307	2.2	122807	9.0	4062837	9.5	209396	8.6
交通运输业	Transportation	32850	21.5	95516	7.0	1757564	4.1	150576	6.2
批发零售业	Wholesale & Retail	42000	27.5	150097	11.0	8935253	20.9	322959	13.3
住宿及餐饮业	Accomodation and Catering	13868	9.1	81871	6.0	899618	2.1	90019	3.7
居民服务、其它	Household Service, Other								
服务和娱乐业	Service and Entertainment	20900	13.7	191033	14.0	2313789	5.4	252732	10.4
其他	Others	14691	9.6	54581	4.0	1584083	3.7	96122	4.0

资料来源：北京市经济和信息化委员会。

Source: Beijing Municipal Commission of Economy and Information Technology.

10-21 农村经济收入与分配
INCOME AND DISTRIBUTION OF RURAL ECONOMY

单位：万元 (10000 yuan)

项　　目	Item	2010	2009	2010年为2009年% 2010 as % of 2009
营业收入	**Operation Income**	**42771623.7**	**38861756.9**	**110.1**
农　业	Agriculture	999672.2	972268.1	102.8
#粮　食	Grain	261540.5	247603.6	105.6
林　业	Forestry	158958.8	159351.9	99.8
牧　业	Animal Husbandry	1054900.4	1039161.6	101.5
渔　业	Fishery	93777.6	90559.6	103.6
工　业	Industry	14201907.8	12889884.1	110.2
建筑业	Construction	4648204.5	4129989.9	112.5
交通运输业	Transportation	2278227	2246774.0	101.4
商业、饮食业	Commerce and Catering	8941767.1	8526632.3	104.9
服务业	Services	7381116.8	6058272.4	121.8
其　他	Other	3013091.5	2748863.0	109.6
营业成本	**Operation Cost**	**37977586.7**	**34517599.2**	**110.0**
农　业	Agriculture	981735.8	945194.3	103.9
#粮　食	Grain	253015	244037.1	103.7
林　业	Forestry	155112.2	154722.4	100.3
牧　业	Animal Husbandry	1045062.5	1027032.4	101.8
渔　业	Fishery	91363.9	88362.1	103.4
工　业	Industry	12536748.6	11363893.3	110.3
建筑业	Construction	4164741.1	3710995.6	112.2
交通运输业	Transportation	2202999.5	2155675.7	102.2
商业、饮食业	Commerce and Catering	8167902.2	7846164.4	104.1
服务业	Services	6068187.9	4963023.3	122.3
其　他	Other	2563733.0	2262535.7	113.3
营业利润	**Operating Profits**	**1287157.4**	**1143892.0**	**112.5**
利润总额	**Total Profits**	**1574593.1**	**1433710.9**	**109.8**
税后利润	**After-tax Profits**	**1371169.8**	**1258250.0**	**109.0**
可供分配的利润	**Profit to be Divided**	**1545354.4**	**1385192.8**	**111.6**
未分配利润	**Retained Profits**	**1110068.6**	**933236.6**	**118.9**

资料来源：北京市农村经济研究中心农村合作经济经营管理站。
Source: Beijing Rural Economy Research Center Management Station for Rural Cooperative Economy.

10-22 乡镇企业出口供货情况
GOODS SUPPLIES FOR EXPORT OF TOWN AND TOWNSHIP ENTERPRISES

单位：万元 (10000 yuan)

项　　目	Item	出口产品交货总额 Total Amount on Delivery of Exports		2010年为2009年% 2010 as % of 2009
		2010	2009	
合　　计	**Total**	**1460647**	**1283816**	**113.8**
化　　工	Chemical Products	67189	59364	113.2
机　　械	Machinery	255770	219533	116.5
矿　　产	Mineral Products	13145	11811	111.3
轻　　工	Light Industry	219636	191289	114.8
食　　品	Food	160671	141220	113.8
土产畜产	Local Products	32134	27676	116.1
纺织服装	Garment	479631	419808	114.3
工 艺 品	Handicraft	33599	29528	113.8
其　　他	Others	198872	183586	108.3

资料来源：北京市经济和信息化委员会。
Source: Beijing Municipal Commission of Economy and Information Technology.

主要统计指标解释

农林牧渔业总产值 是以货币表现的农林牧渔业的全部产品总量和对农林牧渔业生产活动进行的各种支持性服务活动的价值。

农林牧渔业总产值的统计范围 包括辖区内全部农林牧渔业生产单位、非农行业单位附属的农林牧渔业生产活动单位以及农户的农业生产活动。军委系统的农林牧渔业生产(除军马饲养外)也应包括在内，但不包括农业科学试验机构进行的农业生产。

农林牧渔业总产值的核算方法 根据农业生产特点，农林牧渔业总产值的核算采用“产品法”计算，即用产品产量乘以价格求出各种产品的产值，按产品产值类别分别汇总，计算出农林牧渔各业的产值，各业相加为农林牧渔业总产值。

(1)农业：包括谷物和其他作物；蔬菜、食用菌及花卉盆景园艺产品；水果、坚果、饮料、香料；中药材。

(2)林业：包括林木的培育和种植；木材、竹材采运；林产品的采集。

(3)牧业：包括除渔业养殖以外的一切动物饲养和放牧以及野生动物的捕猎和饲养。

(4)渔业：包括水生动物和海藻类植物的养殖和捕捞。

(5)服务业：产值等于农林牧渔服务业营业收入。

1957 年以前的农业总产值中包括了厩肥和农民自给性手工业（如农民自制衣服、鞋、袜，自己从事粮食初步加工等）。1958 年及以后的农业总产值、林业中增加了村及村以下竹木采伐产值；牧业中取消了厩肥产值；副业中取消了农民自给性手工业产值；渔业中增加了海洋捕捞水产品产值。1980 年及以后的农业总产值，在副业中增加了农民家庭兼营工业商品部分的产值。从 1984 年起村及村以下办工业产值划归工业。从 1993 年起，取消副业。将野生动物的捕猎划入牧业，野生植物采集和农民家庭兼营商品性工业划归农业。从 2003 年起按照新的《国民经济济行业分类》标准取消了“其它农业”；将农林牧渔服务业产值纳入农林牧渔业总产值中；从农林牧渔业总产值中取消了“家庭兼营商品性工业”；将村以上木材和竹材的采运划入了林业；产值计算采用生产者价格，即生产者第一次出售农产品的价格；2010 年起，根据新的《统计用产品分类目录》将原林业产值中的核桃、栗子、白果、松子等干果产值调整至农业产值中，为同口径对比，将 2009 年年报数据也作了相应调整。

年末耕地总资源 指能够种植农作物的田地。包括当年实际耕种的熟地；新开荒且已种植的地；“沿海”、“沿湖”地区已围垦利用三年以上的“海涂”、“湖田”；弃耕、休闲不满三年，随时可以复耕的地；因灾害或其他因素，虽然当年内未种植农作物但仍可复耕的地；以种植农作物为主，附带种植桑树、果树和其他林的地；年年进行耕耘种草的地；南方小于 1 米、北方小于 2 米宽的沟、渠、路、田埂。不包括：因灾害或其他因素，已不能复耕的地；弃耕、休闲满三年的地，或者虽不满三年，但已经成为荒地的土地；不进行耕耘，种植牧草已成为永久性草地的土地；专业性的桑园、茶园、果园、果木苗圃地、芦苇地、天然草场等；以混凝土等铺设的温室、玻璃室，导致栽培的植物体与地面隔绝的基地。

农作物播种面积 指实际播种或移植有农作物的面积。凡是实际种植有农作物的面积，不论种植在耕地上还是种植在非耕地上，均包括在农作物播种面积中。在播种季节基本结束后，因遭灾而重新改种和补种的农作物面积，也包括在内。

有效灌溉面积 指具有一定的水源，地块比较平整，灌溉工程或设备已经配套，在一般年景下当年能够进行正常灌溉的耕地面积。

设施农业 指以工厂化生产方式，建造人工设施，改变气候条件，提高农作物抵御自然灾害的能力，改良生物特性，使作物实现错季或反季节生产，达到农作物均衡生产的目的。

农业机械总动力 指主要用于农、林、牧、渔业的各种动力机械的动力总和。包括耕作机械、排灌机械、收获机械、农用运输机械、植物保护机械、牧业机械、渔业机械和其他农用机械[内燃机按引擎马力折成瓦（特）计算，电动机按功率折成瓦（特）计算]。不包括专门用于乡、镇、村、组办工业、基本建设、非农业运输、科学实验和教学等非农业生产方面用的动力机械与作业机械。

农村用电量 指本年度内，扣除在农村中的国有经济工业交通、基建等单位的用电量以后的农村生产和生活的全年用电总量（计量单位千瓦小时，按全年累计数统计），即包括国家电网供电，也包括农村自办电站供电量。

农用化肥施用量 指本年度内实际用于农业生产的化学肥料数量，包括氮肥、磷肥、钾肥和复合肥。施用量要求按折纯量计算数量，即各类化学肥料的实际施用数量按其含氮、含五氧化二磷、含氧化钾的比例折成百分之百计算。

折纯量＝实物量 × 某种化肥有效成份含量的百分比

造林面积 指报告期内在荒山、荒地沙丘等一切可以造林的土地上，采用人工播种、植苗、飞机播种等方法种植成片乔木林和灌木林，经过检查验收符合《造林技术规程》要求，并按《中华人民共和国森林法实施细则》规定，成活率达到85%及以上的造林面积。造林面积不包括补植面积和治沙种草面积。

乡镇及行政村户数 指长期（一年以上）居住在乡镇（不包括城关镇）行政管理区域内的住户，还包括居住在城关镇所辖行政村范围内的农村住户。户口不在本地而在本地居住一年及以上的住户也包括在本地农村住户内；有本地户口，但举家外出谋生一年以上的住户，无论是否保留承包耕地都不包括在本地农村住户范围内。不包括乡村地区内的国有经济的机关、团体、学校、企业、事业单位的集体户及集中连片的商品住宅小区居民户。

乡镇及行政村人口 指乡村地区常住居民户数中的常住人口数，即经常在家或在家居住6个月以上，而且经济和生活与本户连成一体的人口。外出从业人员在外居住时间虽然在6个月以上，但收入主要带回家中，经济与本户连为一体，仍视为家庭常住人口；在家居住，生活和本户连成一体的国家职工、退休人员也为家庭常住人口。但是现役军人、中专及以上（走读生除外）的在校学生、以及常年在外（不包括探亲、看病等）且已有稳定的职业与居住场所的外出从业人员，不应当作家庭常住人口。

乡镇及行政村从业人员 指全部乡镇及行政村人口中16岁以上实际参加生产经营活动并取得实物或货币收入的人员，既包括劳动年龄内经常参加劳动的人员，也包括超过劳动年龄（男16—60岁；女16—55岁）但经常参加劳动的人员。但不包括户口在家的在外学生、现役军人和丧失劳动能力的人，也不包括待业人员和家务劳动者。从业人员按从事主业时间最长（时间相同按收入）分为农业从业人员、工业从业人员、建筑业从业人员、交运仓储及邮电通讯业从业人员、批零贸易及餐饮业从业人员、其它从业人员。

Explanatory Notes on Main Statistical Indicators

Gross Output Value of Agriculture, Forestry, Animal Husbandry and Fishery refers to the monetary value of all products of agriculture, forestry, animal husbandry and fishery, as well as the monetary value of services in support of activities of agriculture, forestry, animal husbandry and fishery.

Scope of Statistics for Gross Output Value of Agriculture, Forestry, Animal Husbandry and Fishery Statistics for agriculture, forestry, animal husbandry and fishery apply for the agricultural production activities conducted by all producers of agriculture, forestry, animal husbandry and fishery, productive activities entities of agriculture, forestry, animal husbandry fishery attached to entities in non-agricultural sectors, as well as farmers. Production of agriculture, forestry, animal husbandry and fishery in the military committee system shall also be included (military horse breeding excluded). But the agricultural production conducted in experimental organizations of agricultural science is not included.

Calculation Method for Gross Output Value of Agriculture, Forestry, Animal Husbandry and Fishery According to features of agricultural production, the gross output value of agriculture, forestry, animal husbandry and fishery is calculated with the "product method", namely multiplying the output of each product by its price, summing up the output value of each type of product to get the output value of each sector of agriculture, forestry, animal husbandry and fishery, adding them to get the gross output value of agriculture, forestry, animal husbandry and fishery.

Agriculture: including cereal and other crops; vegetables, edible fungus, flower bonsai and gardening products; fruits, nuts, beverage, flavor, and herbs.

Forestry: including the cultivation and planting of forest trees; felling and transporting of timber and bamboo; and collection of forestry products.

Animal husbandry: including the breeding and grazing of animals other than fish breeding, as well as hunting and breeding of wildlife.

Fishery: including cultivation and catching of aquatic animals and seaweed plants.

Service: the output value is equal to the operating income of services in support of activities of agriculture, forestry, animal husbandry and fishery.

Prior to 1957, China's gross agricultural output value included barnyard manure and handicraft products for self-consumption (clothes, shoes, stockings, and initial grain processing undertaken by peasants). In and after 1958, output value of cutting and felling of bamboo and trees by villages and other cooperative organizations under villages were included in forestry; output value of barnyard manure was from animal husbandry; self consumed handicrafts was not included in sideline product output value; and the output value of aquatic products caught in ocean was added to fishery. For the gross output of agriculture in and after 1980, the output value of industrial commodities operated by farmer households was included in the output value of sideline. Since 1984, industries run by villages and organizations under villages have been included in the sector of industry. Since 1993, the subdivision of sideline has been cancelled, and the hunting of wild animals has been classified as animal husbandry, and the gathering of wild plants and commodity industry run by rural households have been included in farming. A new industrial classification of economic activities was introduced in 2003. Under the new classification, "other agriculture" is cancelled. And the value of services to agriculture, forestry, animal husbandry and fishery is included in the gross output value of agriculture, value of industrial output by households is not included in agriculture, value of wood and bamboo felling and transport is included in forestry; the output value is calculated at producer's price, namely the price at which producers sell their agricultural products for the first time; Since 2010, the output value of dry fruits such as walnuts, chestnuts, gingko and pine nuts formerly involved in forestry has been included in the output value of agriculture according to the new Directory on Statistical Product Classification. For comparison, data in the annual report 2009 have been adjusted accordingly.

Year-end Total Resources of Arable Land refers to the plow land on which crops can be planted, including the cultivated land actually tilled in the year; any land which is newly opened up and has been cultivated; sea mudflat and lake field in the area off the sea shore and lake shore, that have been enclosed and utilized for more than three years; any land that has been idle for less than three years, which can be cultivated again at any time; any land which is not planted in the year due to disaster or other factors but can be cultivated again; any land mostly grown with farm plants, together with mulberry trees, fruit trees, and other forest trees; any land tilled and grown with grass every year; channels, dykes, field ridges less than 1m in southern part of China, and less than 2m in northern part of China. Excluding: any land that cannot be cultivated again due to disasters and other factors; any land that has been idle at least for three full years, or any land that has been idle for less than three years but has been waste land; any land that cannot be cultivated, and has been grown with forage grass and become permanent grass land; any land for professional mulberry gardens, tea gardens, fruit gardens, fruit tree nursery, reed, and natural meadow, etc.; any base where greenhouse and glasshouse are built with concrete which causes isolation of plants grown from the ground.

Sown Area of Crops refers to area of land actually sown or transplanted with crops regardless of being in cultivated area or non-cultivated area. Area of land re-sown due to natural disasters is also included after the planting season is over basically.

Irrigated Area refers to area of arable land that are effectively irrigated, i.e. relatively level land, where there are water sources or complete sets of irrigation facilities to irrigate under normal harvest situations.

Facility Agriculture means to build man-made facilities in a manner of factory production in order to change the climate conditions, improve the crops of capability of resisting natural disasters, improve the biological property, and achieve balanced production of crops in all seasons.

Total Power of Agricultural Machinery refers to total power of motive power machines used in agriculture, forestry, animal husbandry and fishery, including machinery for ploughing, irrigation and drainage, harvesting, agricultural transport, plant protection, animal husbandry, fishery and other agricultural machineries (For the power of internal combustion engines, it is converted from its horsepower into watts while for electric motors the output power is converted into watts). Motive power machines and operating machines specially used for industry run by township, towns, villages and teams, capital construction, non-agricultural transport, scientific experiments and teaching and other non-agricultural production, are not included.

Rural Electricity Consumption refers to the yearly electricity consumption in rural production and living after the deduction of electricity consumption in industrial, transport, and capital construction and other entities in rural state-owned economy (measured with KWh, on annual accumulated basis), including both the electricity supplied from the state grid, and from power stations run by villages.

Consumption of Chemical Fertilizers refers to the quantity of chemical fertilizers applied in agriculture in the year, including nitrogenous fertilizer, phosphate fertilizer, potash fertilizer, and compound fertilizer. The application amount of chemical fertilizers is calculated in terms of equivalent pure amount by means of converting the gross weight of the respective fertilizers into weight containing effective ingredient (e.g. nitrogen content in nitrogenous fertilizer, phosphorous pentoxide contents in phosphate fertilizer, and potassium oxide contents in potash fertilizer).

Equivalent Pure Amount = physical quantity× content (%) of effective ingredients of certain chemical fertilizer

Afforestation Area refers to the area of forest built in the reporting period on any land where afforestation is possible, including waste mountains and waste land and sand hills, where arbor forest and shrub forest are planted in manners of artificial planting, seedling planting, aircraft seeding, which meet the requirements in the Technical Specifications on Afforestation upon check and acceptance, and with survival rate of 85% over in line with Detailed Rules for Implementation of Law of Forest, P.R.C. It excludes the re-planting area and the area of grass planting for sand control purpose.

Number of Towns and Administrative Villages refer to households living in the administrative areas in towns and villages (excluding towns just outside city gates) for many years (more than one year), including those living in administrative villages under the jurisdiction of towns just outside city gate. Households with non-local household register but living locally for more than one year are also included in local rural households; households with local household register but staying away for more than one year with all family members are also included in local rural households; excluding collective households in government agencies, groups, schools, enterprises, and public institutions in state economy as well as households in concentrated commercial residential quarters in rural areas.

Towns and Administrative Villages Population refers to the population in permanent households in rural areas, namely those regularly living or living in the household for more than 6 months, and whose economy and life are a part of the household. Employed persons staying out for more than 6 months but taking most of their income to home, whose economy is a part of the household, is still regarded as permanent population of the household; employees and retired persons of the State who live in the household, and whose life is a part of the household is also permanent population of the household. But soldiers in active service, enrolled students (externs excluded) in technical secondary schools, as well as employed persons always staying away (excluding going home to visit their families and see a doctor) and having a stable job and residential place, are not regarded as permanent household population.

Number of Persons Employed in Towns and Administrative Villages refer to persons above 16 in all towns and administrative villages who actually participate in productive and operative activities and earn incomes in kind or cash, including persons within the range of labor age and regularly participating in labor, and persons beyond the range of labor age (16-60 for males, 16-55 for females) but regularly participating in labor, excluding persons waiting for employment and housework laborers. In terms of the length employment period (in terms of income in the event of same employment period), employed persons fall into employees in agricultural, industrial, transport, warehouse storage, post and telecom sectors, wholesale and retail trades, food and drink, and other sectors.

11

工　业
INDUSTRY

简要说明

本章资料反映北京市工业方面的基本情况，主要包括：按登记注册类型、轻重工业、企业规模、高技术制造业、工业行业大类等分组的主要经济指标，指标包括：单位数、工业总产值、工业增加值、资产总计、负债合计、主营业务收入、主营业务成本、主营业务税金及附加、利润总额、应交增值税、总资产贡献率、资产负债率、成本费用利润率、主要工业产品产量等。

本章还包括国有控股工业企业、股份制工业企业、港澳台及外商投资工业企业、大中型工业企业的主要经济指标，按工业行业大类、轻重工业、企业规模等主要分组数据。

一、本章的统计范围

1999 年以前，工业的统计范围按隶属关系划分为乡及乡以上独立核算工业企业和非独立核算生产单位、村办工业、城镇合作工业、农村合作工业、城镇个体工业、农村个体工业六大部分（1984 年以前村办工业不在工业统计范围内）。

2000 年及以后，工业统计调查范围由按隶属关系划分，改变为按企业规模划分。2000 年至 2006 年，分为全部国有及年主营业务收入在 500 万元及以上非国有工业企业（简称“规模以上”）和年主营业务收入在 500 万元以下非国有工业企业（简称“规模以下”）两部分。

2007 年及以后，分为年主营业务收入在 500 万元及以上法人工业企业（简称“规模以上”）和年主营业务收入在 500 万元以下法人工业企业和全部个体经营工业单位（简称“规模以下”）两部分。

本章资料除 11-18 表是年主营业务收入在 500 万元以下法人工业企业和全部个体经营工业单位（简称“规模以下”），其余均为年主营业务收入在 500 万元及以上的法人工业企业（简称“规模以上”）。

本章资料中工业行业分类按 2002 年《国民经济行业分类标准》划分；企业大中小型划分按 2003 年《统计上大中小型企业划分办法（暂行）》标准执行。

二、数据来源和调查方法

本章工业企业统计数据来源于北京市统计局、国家统计局北京调查总队。其中，规模以上数据为全面调查，规模以下数据为抽样调查。

三、本章中关于历史数据调整的问题

按照国家统计局统一要求和统一方法，规模以上工业总产值及增加值历史资料已根据“北京市第一次全国经济普查”的结果采用“趋势离差法”进行了修正。调整历史区间为 1993 年至 2003 年。2004 年为第一次经济普查数据，2008 年为第二次经济普查数据。

Brief Introduction

Data in this chapter shows the basic situation of industry in Beijing, mainly including: main economic indicators grouped by type of registration, light and heavy industries, enterprise size, high-tech manufacturing, and industrial sectors. Indicators include: gross industrial output value, industrial added value, total assets, total liabilities, main business income, main business cost, main business tax and surtax, total profits, payable VAT, contribution rate of total assets, asset-liability ratio, cost-profit ratio, and output of main industrial products, etc.

This chapter also includes main economic indicators for state-controlled industrial enterprises, joint-stock industrial enterprises, industrial enterprises funded by Hong Kong, Macao, Taiwan and foreign companies, and data grouped by industrial sectors, light and heavy industries and enterprise size.

I. Scope of Statistics

Before 1999, industrial statistics covered six parts, i.e. industrial enterprises keeping separate accounts and producers not keeping separate accountings at the township level and above, village-run industrial, urban cooperative industrial, rural cooperative industrial, urban private industrial and rural private industry (village-run industry was not involved in the industrial statistics before 1984).

In and after 2000, the scope of industrial statistics was grouped by size instead of by registration status. From 2000 to 2006, industrial enterprises fell into two parts. One part includes all state-owned ones and non-state-owned ones with annual main business income of RMB5 million and above (“above designated size”), the other part includes non-state-owned ones with annual main business income below RMB5 million (“below designated size”).

In and after 2007, industrial enterprises fell into two parts. One part includes industrial enterprises as legal persons with main business income of RMB5 million and above ("above designated size"), the other part includes industrial enterprises as legal persons with main business income below RMB5 million and all privately-run industrial entities ("below designated size").

For data in this chapter, except for Table 11-18 are for industrial enterprises as legal persons with main business income below RMB5 million and all privately-run industrial entities ("below designated size"), other tables are for industrial enterprises as legal persons with main business income of RMB5 million and above ("above designated size").

In this chapter, industrial sectors are classified in accordance with Classification Standards of Industrial Sectors in National Economy 2002; classification of small, medium and large size of enterprises is in line with Measures for Statistical Classification of Small, Medium and Large Size of Enterprises 2003 (Temporary).

II. Source of Data and Methods of Survey

Statistical data of industrial enterprises in this chapter are sourced from Beijing Municipal Bureau of Statistics and National Bureau of Statistics Survey Office in Beijing. Data of industrial enterprises above designated size were obtained through complete survey, that below designated size were obtained through sample survey.

III. Adjustment to Historical Data

In accordance with the uniform requirement and method of the National Bureau of Statistics, data of total output value and added value of industrial enterprises above designated size were adjusted with "trend deviation method", which was according to results from the "first national economic census in Beijing". Data during 1993-2003 were adjusted. Data from the first economic census were used for 2004. And data from the second economic census were used for 2008.

11-1 规模以上工业总产值(1984-2010年)
GROSS OUTPUT VALUE OF INDUSTRY ABOVE DESIGNATED SIZE (1984-2010)

单位：亿元 (100 million yuan)

年 份 Year	合 计 Total	轻工业 Light Industry	重工业 Heavy Industry	#大中型工业 Medium- and Large-sized Industry
1984	276.2	118.0	158.2	178.7
1985	324.2	135.8	188.4	213.7
1986-1990	**2448.3**	**1039.7**	**1408.6**	**1691.2**
1986	336.5	140.8	195.7	231.6
1987	387.6	160.1	227.5	272.1
1988	495.6	212.5	283.1	345.4
1989	602.7	264.1	338.6	408.3
1990	625.9	262.2	363.7	433.8
1991-1995	**5826.7**	**1936.6**	**3890.1**	**3770.8**
1991	730.2	298.1	432.1	507.4
1992	860.0	306.5	553.5	587.4
1993	1166.6	361.9	804.7	747.6
1994	1576.6	497.9	1078.7	990.7
1995	1493.3	472.2	1021.1	937.7
1996-2000	**10382.8**	**3026.2**	**7356.6**	**5765.7**
1996	1590.6	509.1	1081.5	962.3
1997	1819.7	577.8	1241.9	999.6
1998	1947.0	598.2	1348.8	1059.8
1999	2183.5	621.8	1561.7	1090.9
2000	2842.0	719.3	2122.7	1653.1
2001-2005	**23980.6**	**4911.1**	**19069.5**	**16858.4**
2001	3270.1	842.4	2427.7	2298.4
2002	3620.2	882.4	2737.8	2434.7
2003	4410.8	936.7	3474.1	3183.9
2004	5733.3	1084.7	4648.6	3699.3
2005	6946.2	1164.9	5781.3	5242.1
2006-2010	**53010.4**	**8204.7**	**44805.7**	**40357.2**
2006	8210.0	1258.2	6951.8	6237.9
2007	9648.4	1505.5	8142.9	7365.9
2008	10413.1	1674.3	8738.8	7898.9
2009	11039.1	1766.7	9272.4	8349.3
2010	13699.8	2000.0	11699.8	10505.3

注：1. 工业总产值按现价计算。
2. 规模以上工业：2000年以前各年为乡及乡以上工业口径；2000-2006年调整为全部国有及年主营业务收入在500万元及以上非国有工业口径；2007年及以后调整为年主营业务收入500万元及以上的全部法人工业企业。

Note: a) Gross output value is calculated at current prices.
b) Data in the column "Industry above designated size" covered enterprises at and above the township level before 2000, 2000-2006, covered all State-owned enterprises and non-State-owned enterprises with main business income of over 5 million yuan annually, and after 2007, covered all industrial enterprises as legal persons with main business income of over 5 million yuan annually.

11-2 规模以上工业企业主要指标(1978-2010年)
MAIN INDICATORS FOR INDUSTRIAL ENTERPRISES ABOVE DESIGNATED SIZE (1978-2010)

年 份 Year	企业单位个数(个) Number of Enterprises (unit)	从业人员平均人数(万人) Average Number of Persons Employed (10000 persons)	资产总计(万元) Total Assets (10000 yuan)	负债合计(万元) Total Liabilities (10000 yuan)	固定资产原价(万元) Original Value of Fixed Assets (10000 yuan)	主营业务收入(万元) Operating Income (10000 yuan)	利润总额(万元) Total Profits (10000 yuan)	利税总额(万元) Total Taxes & Profits (10000 yuan)
1978	4225	114.79			1305271	1098279	370551	501588
1979	3746	116.79	1417223		1371335	1186497	414344	554895
1980	3733	140.91	1547267		1495083	1987967	453147	604241
1981-1985						**12561630**	**2404751**	**3383077**
1981	3778	152.90	1650869		1622035	2054862	440753	599452
1982	3867	158.70	1748915		1750727	2183458	440000	604372
1983	4011	161.98	1846698		1886857	2408893	469364	642437
1984	4291	165.50	2003625		2045344	2728866	505249	707360
1985	4458	165.63	2338194		2337082	3175551	549385	829456
1986-1990						**24054442**	**2924045**	**4825016**
1986	5461	169.85	2720485		2627346	3385055	523961	813979
1987	5746	170.52	3147157		3008917	3935004	570760	885303
1988	5932	170.54	3607173		3412765	5032042	701574	1081370
1989	6175		4343353		3890267	5597829	638385	1087017
1990	6272	173.46	4982746		4382462	6104512	489365	957347
1991-1995						**57731437**	**4241285**	**8051832**
1991	6344	172.39	5672894		5052285	7271529	583381	1106009
1992	6205	175.48	6409037		5754181	8526860	748098	1347058
1993	10320	167.90	15209851		9986886	12822058	1095165	1811556
1994	10889	179.50	19692285		9648050	13207344	961715	1857476
1995	10712	176.16	25826309	15287699	13900296	15903646	852926	1929733
1996-2000						**103617473**	**3188809**	**8655552**
1996	16905	166.63	28755517	17220941	16319878	15801389	330539	1225314
1997	19387	157.52	34083006	20496564	18503218	17070867	405129	1405499
1998	18089	167.11	40129028	24839166	22213387	20345380	484460	1617338
1999	19682	161.10	42540707	25863159	23121446	22186280	697807	1846310
2000	16027	145.60	46127325	26763977	25316408	28213557	1270874	2561091
2001-2005						**233471075**	**13486920**	**23453788**
2001	4356	108.02	44482243	24595592	25036546	30068965	1369794	2795203
2002	4551	107.56	47429487	25278299	26554117	31827790	1655153	3219863
2003	4019	100.81	51779832	27511740	27559571	38856527	2352909	4189859
2004	6872	113.60	120495094	41430793	39221838	59926564	3974076	6417537
2005	6301	117.06	128298350	47067350	44340413	72791229	4134988	6831326
2006-2010						**576103251**	**35550064**	**57599572**
2006	6400	117.36	142444009	55423362	50306165	89141630	5311453	8479249
2007	6398	119.25	162155043	65083476	58148433	104401683	6956067	10552194
2008	7206	123.38	168024206	80850104	65745860	112758173	5569968	9379138
2009	6891	120.41	195407033	98746128	70836396	121730618	7429216	12699472
2010	6885	124.15	227505774	115480740	79360648	148071147	10283360	16489519

注：2000年以前，该表统计范围为独立核算工业企业。2000-2006年为全部国有及年主营业务收入500万元及以上非国有企业；2007年及以后调整为年主营业务收入500万元及以上的全部法人工业企业。

Note: Statistics in this form covered industrial enterprises with independent accounting system before 2000,2000-2006, covered all State-owned enterprises and non-State-owned enterprises with main business income of and over 5 million yuan annually, and after 2007, covered all industrial enterprises as legal persons with main business income of and over 5 million yuan annually.

11-3 规模以上工业增加值(1993-2010年)

单位：亿元

年 份 Year	增加值 Added Value of Industry	轻工业 Light Industry	重工业 Heavy Industry	#通信设备、计算机及其他电子设备制造业 Manufacture of Communication Equipment, Computers and Other Electronic Equipment	#交通运输设备制造业 Manufacture of Transport Equipment	#电力、热力的生产和供应业 Production and Distribution of Electric Power and Heat Power	#黑色金属冶炼及压延加工业 Smelting and Pressing of Ferrous Metals
1993	304.1	98.3	205.8	22.6	28.4	4.6	54.3
1994	374.6	138.0	236.6	30.9	29.7	9.5	56.4
1995	473.1	112.3	360.8	46.7	44.4	33.0	94.9
1996-2000	**3058.8**	**981.7**	**2077.1**	**622.0**	**180.7**	**170.4**	**264.5**
1996	500.2	168.8	331.4	66.6	38.1	-12.1	75.6
1997	558.0	170.1	387.9	75.7	58.0	45.8	62.2
1998	588.2	197.2	391.0	133.8	30.0	41.5	22.4
1999	636.5	200.6	435.9	154.5	25.6	45.4	35.4
2000	776.0	245.0	531.0	191.4	29.0	49.8	68.9
2001-2005	**6153.4**	**1549.4**	**4604.0**	**1078.7**	**505.4**	**564.2**	**696.3**
2001	866.3	265.2	601.0	203.6	39.0	52.4	87.4
2002	960.7	306.6	654.1	177.8	54.8	66.6	71.2
2003	1174.7	304.8	869.9	228.3	126.0	78.3	98.2
2004	1524.7	332.6	1192.1	197.5	144.2	174.4	211.3
2005	1627.0	340.2	1286.8	271.5	141.4	192.5	228.2
2006-2010	**11071.1**	**2366.2**	**8704.9**	**1423.7**	**1329.5**	**1705.0**	**687.9**
2006	1840.2	370.1	1470.1	329.7	155.1	254.6	240.0
2007	2159.4	427.6	1731.9	363.6	194.9	355.2	235.8
2008	2037.6	482.3	1555.3	289.4	211.1	358.4	110.9
2009	2282.2	529.4	1752.8	201.2	310.6	327.3	71.9
2010	2751.7	556.8	2194.8	239.8	457.8	409.5	29.3

注：本表增加值均按生产法计算，2004年以前数据为根据全国第一次经济普查数据调整后的数据。

ADDED VALUE OF INDUSTRY ABOVE DESIGNATED SIZE (1993-2010)

(100 million yuan)

#化学原料及化学制品制造业 Manufacture of Raw Chemical Materials and Chemical Products	#通用设备制造业 Manufacture of General Purpose Machinery	#专用设备制造业 Manufacture of Special Purpose Machinery	#电气机械及器材制造业 Manufacture of Electrical Machinery and Equipment	#仪器仪表及文化、办公用机械制造业 Manufacture of Measuring Instruments and Machinery for Culture Activity and Office Work	#医药制造业 Manufacture of Medicines	#非金属矿物制品业 Manufacture of Non-Metallic Mineral Products	#石油加工、炼焦及核燃料加工业 Processing of Petroleum, Coking, Processing of Nuclear Fuel
15.5	13.0	10.0	10.1	3.2	5.5	14.8	12.5
19.7	15.9	26.4	11.6	4.5	5.3	21.2	14.2
28.9	17.2	12.1	9.8	9.0	7.5	17.7	45.9
136.2	**73.1**	**114.5**	**99.5**	**52.6**	**90.3**	**139.4**	**194.5**
26.0	18.1	16.9	15.4	10.6	11.8	28.4	37.9
21.4	13.2	19.3	17.3	7.5	15.6	25.7	42.3
25.3	17.5	22.9	21.0	10.9	12.6	30.9	31.4
24.0	8.2	22.9	19.0	11.1	22.7	19.6	42.3
39.5	16.1	32.5	26.8	12.4	27.6	34.8	40.6
381.2	**200.8**	**263.7**	**257.8**	**142.2**	**225.4**	**230.1**	**215.6**
44.1	25.7	29.2	36.5	17.0	31.0	34.4	35.8
55.3	25.5	56.3	38.7	19.0	47.2	47.2	53.9
76.3	36.6	49.8	54.9	21.6	53.2	48.5	29.6
141.8	56.5	67.7	65.1	38.3	44.7	52.0	19.7
63.7	56.5	60.7	62.6	46.4	49.3	48.0	76.6
331.2	**495.2**	**526.7**	**497.0**	**313.6**	**543.0**	**333.5**	**461.6**
56.9	72.6	86.6	57.1	57.2	57.0	53.5	49.6
72.6	84.7	84.7	85.8	70.6	81.6	52.7	56.9
60.5	99.1	111.9	92.9	58.7	115.3	55.2	-2.3
57.1	97.4	112.3	126.4	61.0	135.8	85.8	172.5
84.1	141.4	131.2	134.8	66.1	153.3	86.3	184.9

Note: Added value in this table is calculated with production method. Figures before 2004 are adjusted according to the national first economic census.

11-4 规模以上工业产品产量(1978-2010年)

OUTPUT OF INDUSTRIAL PRODUCTS ABOVE DESIGNATED SIZE (1978-2010)

年份 Year	布 (万米) Cloth (10000 m)	机制纸及纸板 (万吨) Machine-made Paper and Paperboard (10000 tons)	饮料酒 (万千升) Beverage (10000 kl)	乳制品 (万吨) Dairy Products (10000 tons)	家用电冰箱 (万台) Household Refrigerators (10000 units)	照相机 (万台) Camera (10000 units)	家具 (万件) Furniture (10000 units)	原煤 (万吨) Raw Coal (10000 tons)	原油加工量 (万吨) Pressing of Crude Oil (10000 tons)	乙稀 (万吨) Ethylene (10000 tons)	发电量 (万千瓦时) Electricity (10000 kwh)
1978	25436	12.1	8.4			0.5	137.8	818.7			990750
1979	27297	13.9	9.9		2.0	0.7	171.3	711.1			1042870
1980	28940	14.0	11.6		2.6	1.0	200.2	791.0	591.1		1065060
1981-1985	**142080**	**86.9**	**87.3**	**2.0**	**41.6**	**25.7**	**1348.4**	**4269.1**	**2811.3**	**132.3**	**5101356**
1981	28635	14.5	13.4		3.1	4.2	217.7	788.7	533.5	24.7	993071
1982	29758	15.8	14.9	0.2	4.5	0.9	243.5	811.3	533.5	25.6	1003446
1983	30068	17.1	17.4	0.3	6.4	2.8	254.2	840.5	563.8	27.3	1028826
1984	27621	18.9	20.3	0.6	10.3	5.3	297.9	884.3	589.4	26.9	1038842
1985	25998	20.6	21.3	0.9	17.3	12.5	335.1	944.3	591.1	27.8	1037171
1986-1990	**153032**	**120.5**	**131.4**	**4.7**	**96.4**	**74.6**	**2096.6**	**4745.3**	**3210.5**	**141.8**	**5656282**
1986	27503	21.9	21.5	0.7	18.1	15.9	303.8	917.2	619.0	25.3	1043208
1987	29738	24.1	22.7	0.8	19.4	16.5	283.0	899.8	640.2	27.0	1057493
1988	32262	23.3	23.9	1.0	23.6	15.8	347.1	906.0	645.0	30.3	1110758
1989	32271	25.8	28.7	1.0	24.7	13.5	572.1	1016.8	651.9	29.1	1191269
1990	31258	25.4	34.6	1.2	10.7	12.9	590.6	1005.5	654.4	30.1	1253554
1991-1995	**133994**	**116.5**	**347.3**	**5.9**	**27.0**	**450.8**	**3261**	**4851.0**	**3269.9**	**172.2**	**6772732**
1991	31497	27.2	43.8	1.3	7.1	5.4	602.0	996.5	653.4	31.1	1318000
1992	29717	22.6	56.6	1.2	9.1	4.2	570.0	1015.2	662.5	32.8	1423000
1993	26816	19.1	72.6	1.6	4.2	39.3	729.0	835.4	664.0	27.2	1410900
1994	21440	21.0	83.1	0.3	6.6	158.8	605.0	1008.5	642.0	28.1	1298718
1995	24524	26.6	91.2	1.5		243.1	755.0	995.4	648.0	53.0	1322114
1996-2000	**96005**	**70.0**	**436.6**	**7.3**	**15.9**	**706.5**	**1986.8**	**4360.0**	**3336.5**	**306.0**	**7330814**
1996	22585	15.3	102.2	1.2	6.3	234.3	510.6	1013.7	633.6	57.5	1415555
1997	25185	18.1	...	1.7	...	157.7	469.4	1011.7	657.0	58.0	1464302
1998	21299	13.1		0.9	0.3	177.7	348.5	989.5	602.3	57.0	1566621
1999	14753	13.0	148.8	1.4	5.8	81.6	386.2	792.1	701.9	68.0	1431772
2000	12183	10.6	185.6	2.1	3.6	55.2	272.1	553.0	741.7	65.5	1452564
2001-2005	**38411**	**59.5**	**700.9**	**119.7**	**189.7**	**685.0**	**2036.9**	**4359.5**	**3624.5**	**430.7**	**8369923**
2001	11353	8.8	135.8	3.7	5.9	61.3	370.6	690.2	647.9	54.3	1326588
2002	10314	6.2	138.7	1.4	16.2	220.7	368.3	880.9	695.2	90.4	1419754
2003	8393	7.9	132.8	1.3	22.8	238.3	323.8	822.6	701.1	88.8	1451197
2004	4081	19.6	148.0	56.4	63.1	116.8	567.7	1067.9	783.4	98.2	2038933
2005	4270	17.0	145.6	56.9	81.7	47.9	406.5	897.9	796.9	99.0	2133451
2006-2010	**4508**	**64.0**	**906.9**	**270.8**	**447.0**	**189.1**	**3765.4**	**2971.5**	**5143.2**	**455.6**	**11960020**
2006	930	14.0	170.8	63.5	74.1	49.2	893.4	629.2	828.9	99.1	2136918
2007	536	10.4	189.1	57.9	73.1	34.7	638.8	633.3	915.0	90.9	2278658
2008	1583	14.9	180.0	44.9	79.0	49.0	690.9	567.7	1114.6	85.4	2431255
2009	965	14.1	181.1	52.2	128.7	27.1	719.4	641.3	1161.3	84.1	2424839
2010	495	10.6	185.8	52.3	92.1	29.2	822.8	500.0	1123.4	96.2	2688350

11-4 续表 continued

年 份 Year	粗 钢 (万吨) Crude Steel (10000 tons)	钢 材 (万吨) Rolled-steel (10000 tons)	水 泥 (万吨) Cement (10000 tons)	交 流 电动机 (万千瓦) Alternator (10000 kw)	汽 车 (万辆) Motor Vehicle (10000 units)	#轿 车 Saloon Car	移动通信 手持机 (万台) Mobile telephone (10000 units)	微型计算机 设 备 (万台) Micro-computer (10000 units)	数控金属 切削机床 (台) Digitally-controlled Metal Cutting Lathe (unit)	显示器 (万台) Display (10000 units)	集 成 电 路 (亿块) IC (100 million units)
1978	191.0	116.8	191.5	152.5	1.8						
1979	196.5	137.5	196.9	179.7	2.4						
1980	200.9	152.1	217.4	142.7	2.8						
1981-1985	**1114.2**	**907.9**	**1355.7**	**713.0**	**17.2**			**2.0**			
1981	190.3	149.5	225.7	104.0	2.7						
1982	200.4	159.4	249.1	123.3	2.8						
1983	214.1	177.9	270.8	148.3	3.1			0.3			
1984	241.7	200.1	291.6	165.4	3.6			1.2			
1985	267.7	221.0	318.5	172.0	5.0			0.5			
1986-1990	**1837.8**	**1556.7**	**1649.3**	**889.7**	**39.5**			**6.9**			
1986	303.6	255.5	310.5	178.4	5.8			0.5			
1987	335.5	283.4	319.6	196.4	7.4			0.9			
1988	369.0	314.9	334.3	199.5	9.0			3.0			
1989	386.0	327.9	345.9	163.8	8.5			1.3			
1990	443.7	375.0	339.0	151.6	8.8			1.2			
1991-1995	**3411.0**	**2613.9**	**2364.7**	**824.3**	**70.8**			**32.3**			
1991	499.7	402.9	377.6	156.7	11.0			1.7			
1992	575.0	438.3	403.0	174.9	13.8			3.0			
1993	702.7	525.3	477.9	162.3	13.4			4.1			
1994	828.7	617.6	531.7	165.0	14.7			4.3			
1995	804.9	629.8	574.2	165.4	17.9			19.2			
1996-2000	**3937.5**	**3343.3**	**3758.9**	**753.3**	**57.7**			**686.6**	**2238**		**5.4**
1996	794.7	654.3	666.0	151.9	13.4			28.1	326		0.5
1997	801.7	652.4	700.9	148.7	11.0			59.8	433		0.6
1998	803.2	676.1	762.0	149.7	8.5			160.9	430		0.6
1999	734.5	663.8	803.0	142.0	12.3	1.0		180.0	481		1.3
2000	803.4	696.7	827.0	161.0	12.5	0.5	1549.6	257.8	568		2.4
2001-2005	**4113.3**	**4096.9**	**4963.3**	**1169.8**	**179.6**	**45.7**	**21081.2**	**2407.0**	**5783**		**33.0**
2001	824.9	727.3	809.0	175.1	14.3	0.5	2163.4	339.7	1004		2.1
2002	816.9	750.0	884.0	199.3	18.1	0.7	2280.1	415.7	912		2.5
2003	816.4	785.0	882.0	253.1	34.7	7.3	3334.5	469.3	1188		4.7
2004	827.5	868.3	1204.5	279.4	53.9	15.0	4172.1	532.7	1024		11.1
2005	827.6	966.3	1183.8	262.9	58.6	22.2	9131.1	649.6	1655		12.6
2006-2010	**2988.1**	**4267.1**	**5443.8**	**1160.6**	**492.9**	**191.6**	**106256.6**	**4052.3**	**23256**	**3205.7**	**90.2**
2006	818.1	1016.3	1269.4	269.0	68.3	27.0	14068.0	736.1	1875	680.7	11.8
2007	810.8	1030.4	1167.3	281.9	70.7	20.3	22719.9	843.3	2382	513.6	15.7
2008	466.8	656.8	880.8	259.7	76.6	28.3	20725.5	691.7	3108	478.1	19.1
2009	464.9	769.6	1077.4	159.0	127.1	53.8	21355.3	842.7	6125	655.6	18.3
2010	427.5	794.0	1049.0	191.1	150.3	62.2	27388.0	938.6	9766	877.8	25.3

11-5 规模以上工业企业主要工业产品生产能力(2010年)

CAPACITY OF MAIN INDUSTRIAL PRODUCTS IN INDUSTRIAL ABOVE DESIGNATED SIZE (2010)

主要工业产品名称		Name of Main Industrial Product		年末生产能力 Year-end Capacity
原油加工能力	(吨)	Crude Oil Processing Capacity	(ton)	14000000
水泥熟料	(吨)	Cement & Fertilizer	(ton)	8192000
#窑外分解窑熟料	(吨)	Kiln Chamotte Decomposed outside Kiln	(ton)	8032000
发电设备容量总计	(万千瓦)	Total Capacity of Power Generation Equipment	(10000 KW)	640
#火电设备容量	(万千瓦)	Capacity of Thermal Power Equipment	(10000 KW)	524
水电设备容量	(万千瓦)	Capacity of Hydropower Equipment	(10000 KW)	101
风电设备容量	(万千瓦)	Capacity of Wind Power Equipment	(10000 KW)	15
原　煤	(吨)	Raw Coal	(ton)	5200000
卷　烟	(万支)	Cigarette	(10000 units)	3699000
棉纺锭(环锭纺)	(锭)	Cotton Spindle (Ring Spindle Spinning)	(unit)	23010
气流纺锭(转杯纺)	(头)	Air Spinning Spindle (Rotating-cup Spinning)	(unit)	1080
棉布织机	(台)	Cotton Cloth Weaver	(unit)	216
水　泥	(吨)	Cement	(ton)	12260000
钢　材	(吨)	Rolled Steel	(ton)	3775060
金属切削机床	(台)	Metal-Cutting Machine Tools	(unit)	20016
汽　车	(辆)	Motor Vehicle	(unit)	1225000
#轿　车	(辆)	Cars	(unit)	560000
家用电冰箱	(台)	Household Refrigerators	(unit)	1500000
移动通信手持机(手机)	(台)	Mobile Telephone	(unit)	294500000
微型计算机设备	(台)	Micro-computer	(unit)	21475920

11-6 规模以上高技术制造业总产值(2010年)

GROSS OUTPUT VALUE OF HIGH-TECH MANUFACTURING IN INDUSTRIAL ABOVE DESIGNATED SIZE (2010)

单位：亿元 (100 million yuan)

项　目	Item	2010
合　计	**Total**	**3004.9**
按登记注册类型分	**Grouped by Registration Status**	
内　资	Domestic Funded Enterprises	674.2
国　有	State-owned	39.1
集　体	Collective-owned	2.4
股份合作企业	Cooperative Enterprises	5.1
联营企业	Joint Owned Enterprises	0.4
有限责任公司	Limited-Liability Corporations	274.6
股份有限公司	Share Holding Corporations Ltd.	231.7
私营企业	Private Enterprises	120.9
其　他	Others	
港澳台商投资	Enterprises with Funds from Hongkong, Macao and Taiwan	474.5
外商投资	Foreign-funded	1856.2
按高新技术领域分	**Grouped by the High-tech Field Technology**	
核燃料加工	Nuclear Fuel Processing	
信息化学品制造	Information Chemicals Manufacturing	12.3
医药制造业	Pharmaceutics	372.8
航空航天器制造	Aircraft Manufacturing	86.3
电子及通信设备制造业	Electronic and Communication Equipment Manufacturing	1850.4
电子计算机及办公设备制造业	Electronic Computer and Office Equipment Manufacturing	404.3
医疗设备及仪器仪表制造业	Medical Equipment, Apparatus and Instrument Manufacturing	278.8

11-7 规模以上工业企业主要经济指标(2010年)

单位：万元

项目	Item	企业单位个数(个) Number of Enterprises (unit)	#亏损企业 Loss-Suffering Enterprises	工业总产值(当年价格) Gross Output Value of Industry (at current prices)	工业增加值 Added Value of Industry	工业销售产值(当年价格) Sales Value of Industry (at current price)	#出口交货值 Delivery Value of Exports
合计	**Total**	**6885**	**1256**	**136998388**	**27516781**	**135265665**	**16416795**
在合计中:	**Of the Total:**						
中央企业	Central Enterprises	334	62	42960203	8872466	42797265	2477151
地方企业	Local Enterprises	6551	1194	94038185	18644315	92468400	13939644
在合计中:	**Of the Total:**						
内资企业	Domestic Funded Enterprises	5543	931	82208182	17247027	81349616	2393886
国有企业	State-Owned Enterprises	232	61	13065452	3194156	13038272	81957
集体企业	Collective Owned Enterprises	245	51	629931	155546	615883	13146
股份合作企业	Cooperative Enterprises	262	47	691347	129634	679483	45205
联营企业	Joint Owned Enterprises	11	3	13383	3699	15112	1093
有限责任公司	Limited-Liability Corporations	2119	402	38920678	7134495	38441317	1045704
股份有限公司	Share Holding Corporations Ltd.	208	29	20765003	4880400	20577740	781192
私营企业	Private Enterprises	2465	337	8121811	1748992	7981234	425590
其他企业	Other	1	1	577	105	575	
港澳台商投资企业	Enterprises with Funds from Hongkong, Macao and Taiwan	358	82	11144838	1921100	10736740	1637165
港澳台合资经营	Joint Venture	195	43	3195250	850911	3086232	310548
港澳台合作经营	Cooperative	12	1	63445	18655	60734	3
港澳台商独资企业	Hongkong, Macao and Taiwan Enterprises	143	37	5392606	729015	5169782	1303552
港澳台商投资股份有限公司	Hongkong, Macao and Taiwan Funded Share Holding Corporations	8	1	2493537	322519	2419992	23061
外商投资企业	Foreign Funded Enterprises	984	243	43645368	8348654	43179309	12385744
中外合资经营	Joint Venture	431	100	27982873	4945619	27740282	9122288
中外合作经营	Cooperative	17	3	188439	72384	175697	65111
外资(独资)企业	Foreign Enterprises	516	137	14829884	3106771	14649611	3147136
外商投资股份有限公司	Foreign Funded Share Holding Corporations	20	3	644172	223880	613719	51209
在合计中:	**Of the Total:**						
农村企业	Rural Enterprises	343	75	1253158	259368	1239886	95385
在合计中:	**Of the Total:**						
国有控股	State-holding Enterprises	1010	224	72238964	15325728	71565822	1908000
集体控股	Collective-holding Enterprises	476	98	2585959	661134	2502400	163604
私人控股	Private-holding Enterprises	4090	624	17252854	3896270	16984826	928107
港澳台控股	HK, Macao, Taiwan-holding Enterprises	287	72	7636307	1281017	7331178	1455384
外商控股	Foreign Investor-holding Enterprises	852	208	33451963	5800870	33064882	11893992
在合计中:	**Of the Total:**						
轻工业	Light Industry	2507	568	20000513	5568463	19412984	1914180
重工业	Heavy Industry	4378	688	116997875	21948318	115852681	14502614
在合计中:	**Of the Total:**						
大型企业	Large Enterprises	58	12	65318670	12364335	64894223	10123010
中型企业	Medium Enterprises	621	95	39734481	8990328	38796942	4621425
小型企业	Small Enterprises	6206	1149	31945237	6162118	31574500	1672359

注：本章资料统计范围(除特殊注明外)均为年主营业务收入500万元及以上工业企业。工业增加值为生产法计算的工业增加值。

MAIN ECONOMIC INDICATORS OF INDUSTRIAL ABOVE DESIGNATED SIZE (2010)

(10000 yuan)

从业人员平均人数(人) Average Number of Persons Employed (person)	资产负债 Assets and Liabilities								
	资产总计 Total Assets	流动资产合计 Total Current Assets	#存货 Inventories	#产成品 Stock Inventory of Finished Products	#应收账款(净额) Accounts Receivable (Net)	长期投资合计 Longterm Investment	固定资产合计 Total Fixed Assets	固定资产原价 Total Original Value of Fixed Assets	固定资产净值 Net Value of Fixed Assets
1241513	**227505774**	**90129501**	**18945996**	**5429101**	**20032411**	**51233876**	**55513073**	**79360648**	**48041210**
209814	110228729	21602841	4341306	826204	3001745	36447999	26578292	39638715	23450129
1031699	117277045	68526660	14604690	4602896	17030666	14785877	28934781	39721933	24591081
858579	182907922	59660962	12057987	3793045	10937304	48779258	45443521	62586082	39030230
73818	82453962	11883464	938786	137339	1154202	29981480	16759589	23281629	15100486
23123	771322	537633	162134	81714	132380	45662	175860	295086	160009
22287	742572	523968	191254	85188	158498	14765	178526	260699	150606
744	27766	16091	4878	2683	6009	827	10555	18291	10087
406518	65837118	27184617	5728666	1613728	5796611	13472371	22169434	28577114	18463905
150125	23917585	12978064	3151520	1231331	1765014	4762652	4420432	7937743	3683457
181947	9156563	6536506	1880409	640961	1924542	501501	1728712	2215034	1461269
17	1034	620	340	101	49		413	486	413
97110	11437917	8559675	1991185	394106	2390683	726608	1630276	3166486	1562769
49237	3437637	1959736	515477	152520	618838	215442	1006372	2125725	976852
1247	73598	56891	18133	5574	17110	2121	11221	18706	10481
39294	4342769	3492367	534134	223410	734071	167158	529893	886591	501221
7332	3583913	3050681	923441	12602	1020664	341887	82790	135463	74215
285824	33159934	21908864	4896824	1241950	6704423	1728011	8439276	13608081	7448212
129585	16844054	12424211	2775428	608530	3742130	200671	3756022	6667148	3531967
6134	307422	225079	59293	3169	46762	436	75346	148822	77325
140341	14276938	8650531	1936290	593662	2783064	804072	4335158	6333479	3603175
9764	1731521	609043	125814	36589	132467	722831	272751	458632	235745
40205	1320830	915784	304175	139765	294207	40362	334302	533742	308143
484165	166410653	46828319	8324555	2309892	6508693	47695694	43616383	61388349	37738732
58901	3470602	2529495	717646	317411	671356	190205	642973	937378	540612
357423	22145654	15292753	3957781	1371201	4256161	1903041	3903609	5000386	3289109
75289	6780972	5001178	945055	325906	1146249	301107	1150839	1859132	1089393
240895	24258342	16740785	3896687	1018765	6093474	959653	5826538	9662171	5044383
425533	26935667	16080155	4410706	1744748	2958697	2453533	6609258	10487208	6030603
815980	200570107	74049346	14535290	3684353	17073714	48780343	48903814	68873440	42010607
325270	74653602	29142329	5734574	1432608	5224965	14572409	27682765	38935905	22971571
420653	116076631	36058646	6750901	1792909	7739576	34033255	20493179	29750858	18523154
495590	36775541	24928526	6460521	2203584	7067870	2628212	7337128	10673886	6546485

Note: Figures in this section cover industrial enterprises with annual business income of 5 million yuan and over (unless particularly indicated). Added value of industry is calculated with production method.

11-7 续表1 continued

单位：万元

项目	Item	资产负债 Assets and Liabilities 负债合计 Total Liabilities	#流动负债合计 Total Current Liabilities	#长期负债合计 Total Longterm Liabilities	所有者权益合计 Total Owner's Equity	#实收资本 Paid-up Capital
合　计	**Total**	**115480740**	**71593915**	**43057889**	**112025034**	**59313491**
在合计中:	**Of the Total:**					
中央企业	Central Enterprises	51986386	21726483	30070011	58242342	31593757
地方企业	Local Enterprises	63494354	49867432	12987878	53782691	27719734
在合计中:	**Of the Total:**					
内资企业	Domestic Funded Enterprises	89255787	47553970	41059073	93652135	47966656
国有企业	State-Owned Enterprises	38986266	10721488	28097964	43467696	21103892
集体企业	Collective Owned Enterprises	476813	428393	48024	294509	102472
股份合作企业	Cooperative Enterprises	519586	461955	53625	222986	141033
联营企业	Joint Owned Enterprises	16320	14011	2145	11446	10447
有限责任公司	Limited-Liability Corporations	33698318	22316414	11052796	32138800	20458461
股份有限公司	Share Holding Corporations Ltd.	10090849	8501082	1508805	13826736	4075757
私营企业	Private Enterprises	5466901	5109913	295697	3689662	2074443
其他企业	Other	734	716	18	300	151
港澳台商投资企业	Enterprises with Funds from Hongkong, Macao and Taiwan	7629256	7055637	494601	3808662	2085895
港澳台合资经营	Joint Venture	1934424	1797841	134481	1503213	1137355
港澳台合作经营	Cooperative	19250	15729	3521	54349	30765
港澳台商独资企业	Hongkong, Macao and Taiwan Enterprises	2986780	2821858	89148	1355989	647932
港澳台商投资股份有限公司	Hongkong, Macao and Taiwan Funded Share Holding Corporations	2688802	2420208	267453	895112	269843
外商投资企业	Foreign Funded Enterprises	18595698	16984308	1504215	14564237	9260940
中外合资经营	Joint Venture	10466144	9686049	713051	6377910	4168069
中外合作经营	Cooperative	201636	191449	10187	105786	146265
外资(独资)企业	Foreign Enterprises	7477037	6765202	688579	6799901	4263994
外商投资股份有限公司	Foreign Funded Share Holding Corporations	450881	341607	92399	1280640	682613
在合计中:	**Of the Total:**					
农村企业	Rural Enterprises	836687	763137	64746	484142	265589
在合计中:	**Of the Total:**					
国有控股	State-holding Enterprises	79925257	38793235	40735532	86485397	45567047
集体控股	Collective-holding Enterprises	1992621	1793199	170874	1477981	560257
私人控股	Private-holding Enterprises	12452402	11396842	868416	9693252	4679174
港澳台控股	HK,Macao,Taiwan-holding Enterprises	4352004	4060204	214578	2428968	1461482
外商控股	Foreign Investor-holding Enterprises	13546135	12670278	783980	10712207	6435153
在合计中:	**Of the Total:**					
轻工业	Light Industry	14167627	12372029	1552159	12768040	7597854
重工业	Heavy Industry	101313113	59221887	41505730	99256994	51715637
在合计中:	**Of the Total:**					
大型企业	Large Enterprises	39620395	27554453	11889880	35033207	16483114
中型企业	Medium Enterprises	55181267	25171069	29739476	60895365	32707069
小型企业	Small Enterprises	20679079	18868393	1428534	16096462	10123308

11-7 续表2 continued

(10000 yuan)

利润及分配 Profits and Distribution						
主营业务收入 Operating Income	主营业务成本 Operating Cost	营业费用 Operating Expenses	主营业务税金及附加 Operating Tax and Extra Charges	营业利润 Operating Profits	利润总额 Total Profits	应交增值税 Value Added Tax Payable
148071147	**126112136**	**5576651**	**1930915**	**9560100**	**10283360**	**4097894**
44472721	39202796	355963	1169089	3509811	3511058	1182136
103598427	86909339	5220688	761825	6050289	6772302	2915758
88854998	76867320	2279012	1449486	5500553	6119837	2390294
13356722	11494634	155306	289287	2116639	2180225	337589
621202	540842	19654	3058	5552	15702	27755
717372	622381	35327	2927	7690	15673	22825
15292	11262	521	90	1459	1583	1048
43710872	39430867	892380	167129	1377712	1753805	1050292
21982265	17800698	742436	954565	1602205	1694713	721555
8450633	6966075	433365	32429	389305	458144	229231
640	560	24		-8	-8	
14065550	11815607	938283	22999	810180	851253	303243
3404707	2757390	179964	11885	246620	272736	120126
75226	54039	5455	49	10270	10561	3276
7957377	6720402	711985	3824	265535	271326	152065
2628240	2283776	40880	7241	287756	296630	27776
45150599	37429209	2359356	458430	3249366	3312270	1404358
28776339	24289569	1004820	439728	2074690	2097651	810999
321472	257191	30461	66	24110	25647	9507
15394276	12410634	1259941	18132	1016926	1050959	550645
658513	471816	64133	504	133640	138013	33207
1308378	1145189	41727	3477	43341	59362	39717
78282653	68061675	1571868	1789269	5170855	5581637	2211796
2571165	2121805	149603	17839	94739	139673	91227
18143177	14669559	1017985	69859	1087946	1251874	540055
10316875	8591984	844731	11256	463694	487332	231838
34445191	28985361	1820497	29418	2363709	2430623	952250
21550406	15585077	2656545	310901	1392410	1587699	984919
126520741	110527058	2920107	1620014	8167690	8695662	3112975
72008517	63624695	2101948	1450353	2948758	2998917	2036836
41866044	33863280	2017918	379178	4777558	5143363	1122047
34196586	28624160	1456785	101384	1833784	2141080	939011

11-8 规模以上工业企业主要经济指标(按行业分)(2010年)

单位：万元

项目	Item	企业单位个数(个) Number of Enterprises (unit)	#亏损企业 Loss-Suffering Enterprises	工业总产值(当年价格) Gross Output Value of Industry (at current prices)	工业增加值 Added Value of Industry
合计	**Total**	**6885**	**1256**	**136998388**	**27516781**
煤炭开采和洗选业	Mining and Washing of Coal	8	1	5745119	818345
石油和天然气开采业	Extraction of Petroleum and Natural Gas	6	2	***	***
黑色金属矿采选业	Mining and Processing of Ferrous Metal Ores	7		1907443	551774
有色金属矿采选业	Mining and Processing of Non-Ferrous Metal Ores				
非金属矿采选业	Mining and Processing of Nonmetal Ores	15	2	36182	3949
其他采矿业	Mining of Other Ores				
农副食品加工业	Processing of Food from Agriculture Products	213	55	2827611	317663
食品制造业	Manufacture of Foods	226	71	1926002	435298
饮料制造业	Manufacture of Beverages	65	18	1660762	480499
烟草制品业	Manufacture of Tobacco	1		***	***
纺织业	Manufacture of Textile	150	36	718176	150427
纺织服装、鞋、帽制造业	Manufacture of Textile Wearing Apparel, Footware and Caps	285	73	1079115	326355
皮革、毛皮、羽毛(绒)及其制品业	Manufacture of Leather, Furs, Feather (Down) and Related Products	34	4	89474	15465
木材加工及竹、藤、棕、草制品业	Processing of Timber, Manufacture of Wood, Bamboo, Rattan, Palmand Straw Products	58	11	169965	27087
家具制造业	Manufacture of Furniture	142	27	579613	135375
造纸及纸制品业	Manufacture of Paper and Paper Products	129	26	676919	177927
印刷业和记录媒介的复制	Printing, Reproduction of Recording Media	341	75	1317877	486666
文教体育用品制造业	Manufacture of Articles for Culture, Education and Sports Activity	40	11	149199	41914
石油加工、炼焦及核燃料加工业	Processing of Petroleum, Coking, Processing of Nuclear Fuel	48	4	8251513	1849352
化学原料及化学制品制造业	Manufacture of Raw Chemical Materials and Chemical Products	415	67	3582995	840531
医药制造业	Manufacture of Medicines	231	50	3727609	1533006
化学纤维制造业	Manufacture of Chemical Fibers	11	3	27347	9518
橡胶制品业	Manufacture of Rubber	49	7	271113	56571
塑料制品业	Manufacture of Plastics	273	46	917941	181432
非金属矿物制品业	Manufacture of Non-Metallic Mineral Products	448	68	3924789	862570
黑色金属冶炼及压延加工业	Smelting and Pressing of Ferrous Metals	44	13	4328334	292747
有色金属冶炼及压延加工业	Smelting and Pressing of Non-Ferrous Metals	87	13	715695	95405
金属制品业	Manufacture of Metal Products	479	56	2334541	462426
通用设备制造业	Manufacture of General Purpose Machinery	601	103	5476995	1414403
专用设备制造业	Manufacture of Special Purpose Machinery	554	78	5023520	1311502
交通运输设备制造业	Manufacture of Transport Equipment	420	65	21777477	4578404
电气机械及器材制造业	Manufacture of Electrical Machinery and Equipment	484	86	6991429	1347748
通信设备、计算机及其他电子设备制造业	Manufacture of Communication Equipment, Computers and Other Electronic Equipment	413	78	22291049	2397658
仪器仪表及文化、办公用机械制造业	Manufacture of Measuring Instruments and Machinery for Culture Activity and Office Work	342	37	2279103	661198
工艺品及其他制造业	Manufacture of Artwork and Other Manufacturing	91	13	1008694	139547
废弃资源和废旧材料回收加工业	Recycling and Disposal of Waste	18	3	109190	14394
电力、热力的生产和供应业	Production and Distribution of Electric Power and Heat Power	108	40	21202164	4094567
燃气生产和供应业	Production and Distribution of Gas	20	3	1469194	267790
水的生产和供应业	Production and Distribution of Water	29	11	359898	77650

MAIN ECONOMIC INDICATORS OF INDUSTRIAL ABOVE DESIGNATED SIZE (BY SECTOR) (2010)

(10000 yuan)

工业销售产值(当年价格) Sales Value of Industry (at current price)	#出口交货值 Delivery Value of Exports	从业人员平均人数(人) Average Number of Employed Persons (person)	资产负债 Assets and Liabilities						
			资产总计 Total Assets	流动资产合计 Total Current Assets	#存货 Inventories	#产成品 Stock Inventory of Finished Products	#应收账款(净额) Accounts Receivable (Net)	长期投资合计 Longterm Investment	固定资产合计 Total Fixed Assets
135265665	**16416795**	**1241513**	**227505774**	**90129501**	**18945996**	**5429101**	**20032411**	**51233876**	**55513073**
5729554	196444	16859	1501520	826228	99394	20910	157430	583992	65657
***	***	33406	***	***	***		***	***	***
1897176		19052	16946074	6557655	248383	38331	781683	5341839	4841381
36475		1178	161742	50816	8363	3236	10142	37560	31101
2774260	100440	37431	2268520	1580714	381963	132841	165102	189984	409295
1890535	115786	45455	2503116	1479319	296050	127356	365850	197549	686165
1614842	18702	28757	3103672	1440068	300332	99660	202315	888654	607080
***	***	846	***	***	***	***	***	***	***
687813	259863	25948	1008450	686405	292774	167921	117041	76392	195423
1031236	266372	58922	1013072	751770	374243	187157	113512	27136	204046
89144	16453	2929	84653	67601	25180	10892	13386	1565	14606
168793	3907	4444	251342	138139	53196	17536	30583	6822	82988
573470	72101	19725	781098	530369	172106	58662	110709	21179	170273
668949	51759	10476	813137	495904	129205	52021	118457	39725	236219
1316494	16155	44023	2113736	1076867	304168	88002	217969	54597	878838
146923	65004	7283	217319	149944	66719	19498	23229	3784	52493
8390065	29062	16653	2651627	1269085	832496	171234	94339	60121	1204423
3532726	161662	42636	4599721	2580200	515341	216193	552306	169266	1312628
3505248	66393	54653	4876268	3127251	858039	297314	568840	336630	943578
25584	5536	953	62267	31301	15774	8146	6049	3870	19424
264485	61736	9327	238969	132760	44887	25812	37758	3107	84750
904169	108963	21579	1013454	633477	169274	76543	198198	64082	273137
3842564	152159	66786	5595694	3744632	691168	234345	1537807	375895	1235472
4333575	136462	21805	3952803	1466959	422385	80500	311191	396134	1574496
715553	104894	7690	550836	375899	117346	38785	110333	19801	110475
2353169	133292	48209	2954217	1954868	617971	242004	560763	230337	639251
5272966	561762	74616	7100796	5114628	1846793	475039	1225323	558529	1160578
4953628	698651	79607	8491915	5947842	1375471	351303	1473828	866214	1145936
21507059	448654	129375	15140623	10064584	2440456	972323	2264567	410004	3973075
6856483	507823	64832	8986597	7163312	1829911	306169	2362334	668609	847583
21841631	11529301	126946	18771487	12294989	2233020	523795	3639098	2932137	3068904
2241511	221532	36865	3422406	2607430	677435	137670	758360	283803	387142
930798	71266	14927	1518172	1001188	390631	230594	191140	92870	298106
111994	5254	1458	154432	94841	19726	9848	13943	1973	51024
21198857		48619	93415677	11039547	168508	1667	1268565	34825085	23427725
1468988		9147	2807188	1045323	9695	659	79882	588380	1098580
349190		8096	3982612	718223	10696	210	100168	316707	2538879

11-8 续表1 continued

单位：万元

项目	Item	资产负债 Assets and Liabilities 固定资产原价 Total Original Value of Fixed Assets	固定资产净值 Net Value of Fixed Assets	负债合计 Total Liabilities	#流动负债合计 Total Current Liabilities
合计	**Total**	**79360648**	**48041210**	**115480740**	**71593915**
煤炭开采和洗选业	Mining and Washing of Coal	173701	71579	472324	464442
石油和天然气开采业	Extraction of Petroleum and Natural Gas	***	***	***	***
黑色金属矿采选业	Mining and Processing of Ferrous Metal Ores	4075617	3542635	8645906	2682923
有色金属矿采选业	Mining and Processing of Non-Ferrous Metal Ores				
非金属矿采选业	Mining and Processing of Nonmetal Ores	73957	30702	50702	49426
其他采矿业	Mining of Other Ores				
农副食品加工业	Processing of Food from Agriculture Products	569118	361989	1291444	1208705
食品制造业	Manufacture of Foods	1054665	617954	1637741	1493897
饮料制造业	Manufacture of Beverages	1087345	595255	1591997	1410319
烟草制品业	Manufacture of Tobacco	***	***	***	***
纺织业	Manufacture of Textile	298452	176411	581161	478606
纺织服装、鞋、帽制造业	Manufacture of Textile Wearing Apparel, Footware and Caps	267263	150926	684884	603475
皮革、毛皮、羽毛(绒)及其制品业	Manufacture of Leather, Furs, Feather (Down) and Related Products	17923	12543	54108	52100
木材加工及竹、藤、棕、草制品业	Processing of Timber, Manufacture of Wood, Bamboo, Rattan, Palm and Straw Products	121592	80535	157158	123493
家具制造业	Manufacture of Furniture	207053	138076	554337	483351
造纸及纸制品业	Manufacture of Paper and Paper Products	359033	223305	500429	477038
印刷业和记录媒介的复制	Printing, Reproduction of Recording Media	1582401	832148	1015236	820616
文教体育用品制造业	Manufacture of Articles for Culture, Education and Sports Activity	71507	49274	144222	131618
石油加工、炼焦及核燃料加工业	Processing of Petroleum, Coking, Processing of Nuclear Fuel	2920881	1091742	1598736	1586529
化学原料及化学制品制造业	Manufacture of Raw Chemical Materials and Chemical Products	2200234	1107503	2505570	2226349
医药制造业	Manufacture of Medicines	1387330	824905	2063387	1835742
化学纤维制造业	Manufacture of Chemical Fibers	29930	18092	24820	19514
橡胶制品业	Manufacture of Rubber	132063	77535	162315	155981
塑料制品业	Manufacture of Plastics	433509	249277	513390	485493
非金属矿物制品业	Manufacture of Non-Metallic Mineral Products	1964732	1148201	3257806	3055094
黑色金属冶炼及压延加工业	Smelting and Pressing of Ferrous Metals	2620415	1210028	2516302	1646740
有色金属冶炼及压延加工业	Smelting and Pressing of Non-Ferrous Metals	169919	96105	269631	251164
金属制品业	Manufacture of Metal Products	911406	561677	1609564	1480870
通用设备制造业	Manufacture of General Purpose Machinery	1677962	1040647	3677326	3444609
专用设备制造业	Manufacture of Special Purpose Machinery	1620409	1031123	4937207	4516042
交通运输设备制造业	Manufacture of Transport Equipment	5229316	3382171	9327246	8213043
电气机械及器材制造业	Manufacture of Electrical Machinery and Equipment	1251629	718589	5736562	5159264
通信设备、计算机及其他电子设备制造业	Manufacture of Communication Equipment, Computers and Other Electronic Equipment	5532414	2492640	9594579	8581003
仪器仪表及文化、办公用机械制造业	Manufacture of Measuring Instruments and Machinery for Culture Activity and Office Work	581404	367830	1840230	1706377
工艺品及其他制造业	Manufacture of Artwork and Other Manufacturing	445324	273047	736130	609907
废弃资源和废旧材料回收加工业	Recycling and Disposal of Waste	65339	45897	98522	83163
电力、热力的生产和供应业	Production and Distribution of Electric Power and Heat Power	33837656	21012712	42958988	12993614
燃气生产和供应业	Production and Distribution of Gas	1138820	880415	1233926	953211
水的生产和供应业	Production and Distribution of Water	3310794	2292513	1640136	575669

11-8 续表2 continued

(10000 yuan)

#长期负债合计 Total Longterm Liabilities	所有者权益合计 Owner's Equity	#实收资本 Paid-up Capital	利润及分配 Profits and Distribution: 主营业务收入 Operating Income	主营业务成本 Operating Cost	营业费用 Operating Expenses	主营业务税金及附加 Operating Tax and Extra Charges	营业利润 Operating Profits	利润总额 Total Profits	应交增值税 Value Added Tax Payable
43057889	**112025034**	**59313491**	**148071147**	**126112136**	**5576651**	**1930915**	**9560100**	**10283360**	**4097894**
7882	1029196	323851	5738896	5101814	69279	32728	473566	475250	136791
***	***	***	***	***	***	***	***	***	***
5962984	8300168	2508863	5022721	4696942	4896	13262	228800	226316	92058
1276	111040	99173	40650	35259	1812	356	4077	5815	1696
69134	977076	418506	3129524	2787114	157009	22354	54569	79949	35170
110302	865374	957081	2456929	1720313	498417	4453	74014	88560	129561
173593	1511676	684561	1854668	1267666	313508	76661	124167	143174	104731
***	***	***	***	***	***	***	***	***	***
15444	427289	377488	787637	605906	82562	2404	30494	50418	25431
69180	328188	221238	1124414	866070	115135	3126	38270	43362	43983
1375	30545	16320	104995	87260	4683	124	6504	6586	2869
32855	94184	89000	177555	161146	8906	282	-9442	-5471	4789
66927	226762	178566	618289	501516	48158	1473	23693	26816	20799
15159	312708	228363	737254	606762	25946	587	70144	71647	21451
164556	1098500	765292	1415640	1120767	43689	4994	95538	102399	62773
12525	73097	57301	161325	135076	9330	416	1154	2109	3391
12207	1052891	82679	8545050	6887974	69670	837687	497236	498577	335747
257993	2094151	1466302	3779624	2988726	279612	12344	221218	233422	144337
192770	2812881	1259037	3691621	1769697	962554	15944	579678	584898	318566
5305	37447	25479	26361	20627	1103	89	65	250	794
5730	76654	56026	275357	243564	8850	418	3601	4675	7473
24678	500064	314171	1011137	875268	31818	1782	45558	49900	24464
182048	2337887	1335960	4041921	3428320	179522	16008	151090	266387	101972
864490	1436501	1405059	4534048	4403328	54295	2681	-54388	-55018	30760
15068	281206	148370	720670	649577	9021	3315	24271	26519	9558
117034	1344653	733715	2720300	2298646	108969	8764	144826	156557	65898
186024	3423470	1759531	5606310	4354915	255538	11793	623578	657834	176851
354885	3554708	1519116	5515991	4302982	255314	23858	465678	505041	187585
1084986	5813377	2781491	22506569	18775103	696530	466975	1670610	1695168	665686
488183	3250034	1582228	7188871	5849915	267030	18639	779969	819390	178908
968823	9176908	5131720	25498705	23351624	740434	23202	637867	710523	315072
96471	1582176	683767	2545400	1895812	170507	10136	295542	323802	99634
124038	782042	280482	1114749	894769	37366	3060	92958	94869	18314
12758	55910	30285	112940	91137	14649	357	-325	3988	4850
29800601	50456689	26943028	21279348	19824572	13598	117046	2117594	2204783	504440
264161	1573262	367300	1493204	1351039	22477	10230	125828	166107	93695
1034259	2342476	2307589	347206	429674	2976	1406	-159047	-72176	14451

11-9 规模以上工业企业主要经济分析指标(2010年)

单位: %

项目	Item	工业经济效益综合指数 Aggregate Index of Industrial Economic Efficiency	企业亏损面 Loss-Making Enterprises as % of Total	总资产贡献率 Ratio of Profits,Taxes and Interest to Average Assets	资产保值增值率 Changing Rate of Net Assets
合计	**Total**	**236.36**	**18.24**	**8.31**	**115.89**
在合计中:	**Of the Total:**				
中央企业	Central Enterprises	363.11	18.56	6.37	113.27
地方企业	Local Enterprises	212.15	18.23	10.14	118.88
在合计中:	**Of the Total:**				
内资企业	Domestic Funded Enterprises	218.36	16.80	6.49	117.12
国有企业	State-Owned Enterprises	389.84	26.29	4.37	116.71
集体企业	Collective Owned Enterprises	110.68	20.82	6.32	88.85
股份合作企业	Cooperative Enterprises	110.15	17.94	6.38	100.17
联营企业	Joint Owned Enterprises	134.85	27.27	9.06	74.83
有限责任公司	Limited Liability Corporations	189.15	18.97	5.33	111.59
股份有限公司	Share Holding Corporations Ltd.	321.59	13.94	16.46	132.82
私营企业	Private Enterprises	152.40	13.67	8.99	125.39
其他企业	Others	80.24	100.00	2.77	94.17
港澳台商投资企业	Enterprises with Funds from Hongkong, Macao and Taiwan	224.27	22.91	11.39	98.93
港澳台合资经营	Joint Venture	223.59	22.05	14.14	115.25
港澳台合作经营	Cooperative	244.19	8.33	19.78	122.10
港澳台商独资企业	Hongkong, Macao and Taiwan Enterprises	203.61	25.87	9.36	76.95
港澳台商投资股份有限公司	Hongkong, Macao and Taiwan Funded Share Holding Corporations	391.98	12.50	11.51	121.13
外商投资企业	Foreign Funded Enterprises	301.67	24.70	17.21	113.38
中外合资经营	Joint Venture	363.71	23.20	20.93	102.56
中外合作经营	Cooperative	175.37	17.65	10.66	110.34
外资(独资)企业	Foreign Enterprises	249.02	26.55	13.33	124.29
外商投资股份有限公司	Foreign Funded Share Holding Corporations	299.31	15.00	11.12	120.88
在合计中:	**Of the Total:**				
农村企业	Rural Enterprises	123.41	21.87	8.11	89.13
在合计中:	**Of the Total:**				
国有控股	State-holding Enterprises	292.76	22.20	6.83	115.46
集体控股	Collective-holding Enterprises	153.42	20.59	7.89	119.19
私人控股	Private-holding Enterprises	168.84	15.26	9.98	134.15
港澳台控股	HK, Macao, Taiwan-holding Enterprises	202.21	25.09	11.17	92.57
外商控股	Foreign Investor-holding Enterprises	264.20	24.41	15.35	113.81
在合计中:	**Of the Total:**				
轻工业	Light Industry	187.31	22.66	12.25	117.14
重工业	Heavy Industry	264.47	15.71	7.78	115.74
在合计中:	**Of the Total:**				
大型企业	Large Enterprises	331.67	20.69	9.80	111.12
中型企业	Medium Enterprises	247.15	15.30	6.88	120.05
小型企业	Small Enterprises	172.43	18.51	9.59	111.71

MAIN INDICATORS ON ECONOMIC BENEFIT OF INDUSTRIAL ABOVE DESIGNATED SIZE (2010)

(%)

资产负债率 Ratio of Debts to Assets	流动资产周转率(次) Turnover of Working Capital (times)	成本费用利润率 Ratio of Profits to Industrial Cost	全员劳动生产率(元/人) Overall Labor Productivity (yuan/person)	产品销售率 Proportion of Products Sold	增加值率 Rate of Value Added to Gross Output Value	人均销售收入(元) Sales Revenue Per Capita (yuan)	流动比率(倍) Circulating Assets/ Liquid Liabilities (times)	速动比率(倍) Quick-circulating Assets/Liquid Liabilities (times)
50.76	**1.81**	**7.38**	**221639**	**98.74**	**20.09**	**1192667**	**1.26**	**0.99**
47.16	2.27	8.46	422873	99.62	20.65	2119626	0.99	0.79
54.14	1.66	6.92	180715	98.33	19.83	1004154	1.37	1.08
48.80	1.63	7.26	200879	98.96	20.98	1034908	1.25	1.00
47.28	1.30	17.35	432707	99.79	24.45	1809413	1.11	1.02
61.82	1.12	2.54	67269	97.77	24.69	268651	1.26	0.88
69.97	1.42	2.20	58166	98.28	18.75	321879	1.13	0.72
58.78	0.81	11.26	49719	112.92	27.64	205540	1.15	0.80
51.18	1.72	4.12	175503	98.77	18.33	1075251	1.22	0.96
42.19	1.85	8.59	325089	99.10	23.50	1464264	1.53	1.16
59.70	1.41	5.67	96126	98.27	21.53	464456	1.28	0.91
70.95	0.19	-1.21	61765	99.71	18.20	376176	0.87	0.39
66.70	1.98	6.36	197827	96.34	17.24	1448414	1.21	0.93
56.27	1.96	8.64	172819	96.59	26.63	691494	1.09	0.80
26.16	1.55	15.91	149599	95.73	29.40	603253	3.62	2.46
68.78	2.38	3.50	185528	95.87	13.52	2025087	1.24	1.05
75.02	1.32	12.33	439879	97.05	12.93	3584616	1.26	0.88
56.08	2.23	7.94	292091	98.93	19.13	1579664	1.29	1.00
62.14	2.39	7.98	381651	99.13	17.67	2220654	1.28	1.00
65.59	1.12	8.59	118004	93.24	38.41	524081	1.18	0.87
52.37	2.10	7.22	221373	98.78	20.95	1096919	1.28	0.99
26.04	1.07	23.33	229292	95.27	34.75	674429	1.78	1.41
63.35	1.38	4.67	64511	98.94	20.70	325427	1.20	0.80
48.03	1.89	7.60	316539	99.07	21.22	1616859	1.21	0.99
57.41	0.87	5.58	112245	96.77	25.57	436523	1.41	1.01
56.23	1.36	7.28	109010	98.45	22.58	507611	1.34	0.99
64.18	2.18	4.91	170147	96.00	16.78	1370303	1.23	1.00
55.84	2.09	7.52	240805	98.84	17.34	1429884	1.32	1.01
52.60	1.48	7.88	130859	97.06	27.84	506433	1.30	0.94
50.51	1.88	7.29	268981	99.02	18.76	1550537	1.25	1.00
53.07	2.64	4.41	380125	99.35	18.93	2213808	1.06	0.85
47.54	1.37	13.26	213723	97.64	22.63	995263	1.43	1.16
56.23	1.42	6.57	124339	98.84	19.29	690018	1.32	0.98

11-10 规模以上国有控股工业企业主要经济指标(2010年)

单位：万元

项目	Item	企业单位个数(个) Number of Enterprises (unit)	#亏损企业 Loss-Suffering Enterprises	工业总产值(当年价格) Gross Output Value of Industry (at current prices)	工业增加值 Added Value of Industry	工业销售产值(当年价格) Sales Value of Industry (at current price)
合计	**Total**	**1010**	**224**	**72238964**	**15325728**	**71565822**
在合计中:	**Of the Total:**					
中央企业	Central Enterprises	301	56	40263407	8572018	40174754
地方企业	Local Enterprises	709	168	31975557	6753710	31391068
在合计中:	**Of theTotal:**					
轻工业	Light Industry	313	85	5896077	1746180	5642268
重工业	Heavy Industry	697	139	66342887	13579548	65923554
在合计中:	**Of the Total:**					
大型企业	Large Enterprises	35	7	44974884	9900762	44859767
中型企业	Medium Enterprises	240	44	16746841	3930950	16316572
小型企业	Small Enterprises	735	173	10517239	1494016	10389483

11-10 续表 1 continued

单位：万元

项目	Item	资产负债 Assets and Liabilities					所有者权益合计 Total Owner's Equity
		固定资产原价 Total Original Value of Fixed Assets	固定资产净值 Net Value of Fixed Assets	负债合计 Total Liabilities	#流动负债合计 Total Current Liabilities	#长期负债合计 Total Longterm Liabilities	
合计	**Total**	**61388349**	**37738732**	**79925257**	**38793235**	**40735532**	**86485397**
在合计中:	**Of the Total:**						
中央企业	Central Enterprises	39146639	23173801	51209851	20991452	30036792	57804191
地方企业	Local Enterprises	22241710	14564932	28715406	17801783	10698740	28681206
在合计中:	**Of the Total:**						
轻工业	Light Industry	4957248	2770104	5084937	3969448	988902	6414282
重工业	Heavy Industry	56431101	34968629	74840320	34823787	39746631	80071115
在合计中:	**Of the Total:**						
大型企业	Large Enterprises	35548746	21022788	32142165	20569366	11458250	30559911
中型企业	Medium Enterprises	22449601	14684168	42648779	13677491	28779067	51460995
小型企业	Small Enterprises	3390002	2031777	5134314	4546378	498215	4464491

MAIN ECONOMIC INDICATORS OF STATE-OWNED AND STATE-CONTROLLED INDUSTRIAL ABOVE DESIGNATED SIZE (2010)

(10000 yuan)

#出口交货值 Delivery Value of Exports	从业人员平均人数（人） Average Number of Employed Persons (person)	资产负债 Assets and Liabilities: 资产总计 Total Assets	流动资产合计 Total Current Assets	#存货 Inventories	#产成品 Stock Inventory of Finished Products	#应收账款（净额） Accounts Receivable (Net)	长期投资合计 Longterm Investment	固定资产合计 Total Fixed Assets
1908000	**484165**	**166410653**	**46828319**	**8324555**	**2309892**	**6508693**	**47695694**	**43616383**
587781	191306	109014041	20715060	3964845	757163	2725126	36425258	26292148
1320219	292859	57396612	26113259	4359710	1552729	3783567	11270436	17324235
239321	112269	11499219	5890493	1536217	564412	758750	1839841	2980328
1668679	371896	154911434	40937826	6788338	1745480	5749943	45855853	40636055
1041095	226483	62702075	21072328	4168742	1070643	2329359	13345591	25412707
668993	171716	94109773	20179085	2757088	697353	2638127	33200609	15992921
197912	85966	9598805	5576906	1398725	541896	1541207	1149494	2210755

11-10 续表 2 continued

(10000 yuan)

利润及分配 Profits and Distribution: #实收资本 Paid-up Capital	主营业务收入 Operating Income	主营业务成本 Operating Cost	营业费用 Operating Expenses	主营业务税金及附加 Operating Tax and Extra Charges	营业利润 Operating Profits	利润总额 Total Profits	应交增值税 Value Added Tax Payable
45567047	**78282653**	**68061675**	**1571868**	**1789269**	**5170855**	**5581637**	**2211796**
31318160	41753780	36685729	337700	1164842	3426119	3418425	1153527
14248887	36528873	31375946	1234168	624427	1744736	2163212	1058269
3062594	6549311	4914904	473335	269216	409387	536062	279700
42504453	71733342	63146772	1098533	1520053	4761468	5045575	1932095
15154562	48932952	43140471	773824	1419473	2096153	2133399	1549073
27433902	17888939	14814847	513011	331423	2519867	2766778	416294
2978583	11460762	10106358	285033	38372	554835	681460	246429

11-11 规模以上国有控股工业企业主要经济指标(按行业分)(2010年)

单位：万元

项目	Item	企业单位个数(个) Number of Enterprises (unit)	#亏损企业 Loss-Suffering Enterprises	工业总产值(当年价格) Gross Output Value of Industry (at current prices)	工业增加值 Added Value of Industry
合计	**Total**	**1010**	**224**	**72238964**	**15325728**
煤炭开采和洗选业	Mining and Washing of Coal	5		5717890	816311
石油和天然气开采业	Extraction of Petroleum and Natural Gas	4	1	1672130	786167
黑色金属矿采选业	Mining and Processing of Ferrous Metal Ores	4		1835640	522386
有色金属矿采选业	Mining and Processing of Non-Ferrous Metal Ores				
非金属矿采选业	Mining and Processing of Nonmetal Ores	1		***	***
其他采矿业	Mining of Other Ores				
农副食品加工业	Processing of Food from Agriculture Products	22	6	1092788	120596
食品制造业	Manufacture of Foods	20	7	316429	47738
饮料制造业	Manufacture of Beverages	11	5	566319	214491
烟草制品业	Manufacture of Tobacco	1		***	***
纺织业	Manufacture of Textile	24	6	147358	19581
纺织服装、鞋、帽制造业	Manufacture of Textile Wearing Apparel, Footware and Caps	14	3	62881	12974
皮革、毛皮、羽毛(绒)及其制品业	Manufacture of Leather, Furs, Feather (Down) and Related Products	2		***	***
木材加工及竹、藤、棕、草制品业	Processing of Timber, Manufacture of Wood, Bamboo, Rattan, Palm and Straw Products	3		***	***
家具制造业	Manufacture of Furniture	5		27547	5889
造纸及纸制品业	Manufacture of Paper and Paper Products	11	5	59208	6132
印刷业和记录媒介的复制	Printing, Reproduction of Recording Media	71	27	529115	218327
文教体育用品制造业	Manufacture of Articles for Culture, Education and Sports Activity	3		***	***
石油加工、炼焦及核燃料加工业	Processing of Petroleum, Coking, Processing of Nuclear Fuel	7		7775296	1790420
化学原料及化学制品制造业	Manufacture of Raw Chemical Materials and Chemical Products	47	15	1390852	271011
医药制造业	Manufacture of Medicines	49	8	1193179	563930
化学纤维制造业	Manufacture of Chemical Fibers	2		***	***
橡胶制品业	Manufacture of Rubber	7	1	126683	18714
塑料制品业	Manufacture of Plastics	15	4	84156	15627
非金属矿物制品业	Manufacture of Non-Metallic Mineral Products	69	7	1241064	280190
黑色金属冶炼及压延加工业	Smelting and Pressing of Ferrous Metals	9	4	3803830	224279
有色金属冶炼及压延加工业	Smelting and Pressing of Non-Ferrous Metals	15	3	384818	44727
金属制品业	Manufacture of Metal Products	34	4	527629	114064
通用设备制造业	Manufacture of General Purpose Machinery	61	16	1061513	330793
专用设备制造业	Manufacture of Special Purpose Machinery	91	17	2414502	527775
交通运输设备制造业	Manufacture of Transport Equipment	79	13	14720991	3265394
电气机械及器材制造业	Manufacture of Electrical Machinery and Equipment	39	9	593230	102416
通信设备、计算机及其他电子设备制造业	Manufacture of Communication Equipment, Computers and Other Electronic Equipment	99	21	1457072	302957
仪器仪表及文化、办公用机械制造业	Manufacture of Measuring Instruments and Machinery for Culture Activity and Office Work	66	6	598392	151253
工艺品及其他制造业	Manufacture of Artwork and Other Manufacturing	21		743595	84682
废弃资源和废旧材料回收加工业	Recycling and Disposal of Waste	4		33485	13823
电力、热力的生产和供应业	Production and Distribution of Electric Power and Heat Power	65	25	21074820	4097755
燃气生产和供应业	Production and Distribution of Gas	6	1	198431	-4386
水的生产和供应业	Production and Distribution of Water	24	10	330917	62109

MAIN ECONOMIC INDICATORS OF STATE-OWNED AND STATE-CONTROLLED INDUSTIRAL ABOVE DESIGNATED SIZE (BY SECTOR) (2010)

(10000 yuan)

工业销售产值(当年价格) Sales Value of Industry (at current price)	#出口交货值 Delivery Value of Exports	从业人员平均人数(人) Average Number of Employed Persons (person)	资产负债 Assets and Liabilities: 资产总计 Total Assets	流动资产合计 Total Current Assets	#存货 Inventories	#产成品 Stock Inventory of Finished Products	#应收账款(净额) Accounts Receivable (Net)	长期投资合计 Longterm Investment	固定资产合计 Total Fixed Assets
71565822	**1908000**	**484165**	**166410653**	**46828319**	**8324555**	**2309892**	**6508693**	**47695694**	**43616383**
5702323	174177	16760	1481534	806746	99129	20729	149201	583992	65343
1669550	216235	33299	4128682	1729998	804156		238204	553906	1514500
1824566		18039	16882257	6512553	240551	35222	774002	5340896	4824936
***	***	192	***	***	***	***	***	***	***
1076863	9946	9656	1070342	767344	170271	69632	45257	97947	162072
309964	9100	8030	496098	200044	28029	9016	47147	164331	113243
563715	3819	12372	1710217	711729	140439	42762	111334	732862	219023
***	***	846	***	***	***	***	***	***	***
140324	46952	7103	413884	244065	83629	49439	20940	52032	97906
63823	38127	4259	52178	30557	17179	5371	3172	820	17920
***	***	157	***	***	***	***	***	***	***
***	***	520	***	***	***	***	***	***	***
28729	3381	1487	126774	87384	11842	6092	13821	3271	31429
59950		1285	102337	63209	12880	2202	26295		34695
529900	1544	18658	954625	474133	129461	35674	61797	22163	398335
***	***	2075	***	***	***	***	***	***	***
7915709	29062	14163	2463856	1117811	755107	165190	92463	58540	1173328
1359761	36050	13524	2463893	1118041	217077	84996	112291	57552	842269
1065688	25653	19411	2168832	1353727	424136	118533	159906	275312	400813
***	***	524	***	***	***	***	***	***	***
117843	53346	5070	94686	44898	21260	12972	2818	590	42133
80198	2866	2059	132921	67887	26975	16365	13973	9671	44868
1173475	34774	20874	2140254	1273895	202982	85117	474921	212400	513529
3823940	122195	18296	3635295	1231982	329170	52913	221015	392479	1507276
381534	71413	2552	279908	194542	55807	18866	51705	1022	51847
523262	68832	10211	934878	530602	172632	61024	133175	102831	250635
992517	62572	19543	2065214	1453014	663728	99109	235194	241740	288547
2381884	216714	36673	4895711	3068343	652253	191541	749580	760860	694960
14506221	257726	71645	10214270	6497270	1702255	725700	593909	324301	2884681
571130	72398	13312	1323610	756095	138330	27664	161700	327786	165229
1372010	304648	25439	6095906	2969334	410572	145134	330667	2034983	824878
579753	12656	10833	913904	669010	228006	41613	146435	76593	125507
672225	1892	8351	1210050	780481	279809	162409	157433	80670	238830
33691		421	62535	44842	2038	1774	6983	861	14440
21073303		46119	93160150	10942029	152143	1455	1257504	34824806	23276860
198431		2881	247630	156271	7402	571	3810	1963	85047
320666		7526	3917821	676873	9061		91363	316681	2517484

11-11 续表 1 continued

单位：万元

项 目	Item	资产负债 Assets and Liabilities 固定资产原价 Total Original Value of Fixed Assets	固定资产净值 Net Value of Fixed Assets	负债合计 Total Liabilities	#流动负债合计 Total Current Liabilities
合 计	**Total**	**61388349**	**37738732**	**79925257**	**38793235**
煤炭开采和洗选业	Mining and Washing of Coal	172886	71280	455413	447531
石油和天然气开采业	Extraction of Petroleum and Natural Gas	1762020	1111670	1701790	1439713
黑色金属矿采选业	Mining and Processing of Ferrous Metal Ores	4052934	3527844	8616470	2655970
有色金属矿采选业	Mining and Processing of Non-Ferrous Metal Ores				
非金属矿采选业	Mining and Processing of Nonmetal Ores	***	***	***	***
其他采矿业	Mining of Other Ores				
农副食品加工业	Processing of Food from Agriculture Products	192374	135990	695291	670367
食品制造业	Manufacture of Foods	159944	87076	215479	185153
饮料制造业	Manufacture of Beverages	483789	216777	707162	592317
烟草制品业	Manufacture of Tobacco	***	***	***	***
纺织业	Manufacture of Textile	143884	91959	239500	156681
纺织服装、鞋、帽制造业	Manufacture of Textile Wearing Apparel, Footware and Caps	26387	17983	37368	37345
皮革、毛皮、羽毛(绒)及其制品业	Manufacture of Leather, Furs, Feather (Down) and Related Products	***	***	***	***
木材加工及竹、藤、棕、草制品业	Processing of Timber, Manufacture of Wood, Bamboo, Rattan, Palm and Straw Products	***	***	***	***
家具制造业	Manufacture of Furniture	43882	31512	111297	71339
造纸及纸制品业	Manufacture of Paper and Paper Products	42573	28835	57040	48897
印刷业和记录媒介的复制	Printing, Reproduction of Recording Media	804874	381431	374604	280264
文教体育用品制造业	Manufacture of Articles for Culture, Education and Sports Activity	***	***	***	***
石油加工、炼焦及核燃料加工业	Processing of Petroleum, Coking, Processing of Nuclear Fuel	2872966	1062668	1497703	1488937
化学原料及化学制品制造业	Manufacture of Raw Chemical Materials and Chemical Products	1418219	686376	1527776	1312963
医药制造业	Manufacture of Medicines	612114	355852	602209	497622
化学纤维制造业	Manufacture of Chemical Fibers	***	***	***	***
橡胶制品业	Manufacture of Rubber	61682	40506	80713	77179
塑料制品业	Manufacture of Plastics	68253	41398	83587	77964
非金属矿物制品业	Manufacture of Non-Metallic Mineral Products	797785	488103	1227594	1107003
黑色金属冶炼及压延加工业	Smelting and Pressing of Ferrous Metals	2504055	1153042	2280932	1423881
有色金属冶炼及压延加工业	Smelting and Pressing of Non-Ferrous Metals	73847	42479	91915	85056
金属制品业	Manufacture of Metal Products	300411	206829	446885	383742
通用设备制造业	Manufacture of General Purpose Machinery	454890	276023	1167067	1083230
专用设备制造业	Manufacture of Special Purpose Machinery	998542	617867	2776059	2471496
交通运输设备制造业	Manufacture of Transport Equipment	3536910	2355131	6524736	5534954
电气机械及器材制造业	Manufacture of Electrical Machinery and Equipment	270980	142048	860457	718568
通信设备、计算机及其他电子设备制造业	Manufacture of Communication Equipment, Computers and Other Electronic Equipment	1549279	770108	1725572	1274264
仪器仪表及文化、办公用机械制造业	Manufacture of Measuring Instruments and Machinery for Culture Activity and Office Work	180942	120311	541523	490399
工艺品及其他制造业	Manufacture of Artwork and Other Manufacturing	370506	226591	556770	447468
废弃资源和废旧材料回收加工业	Recycling and Disposal of Waste	28237	13739	35101	34955
电力、热力的生产和供应业	Production and Distribution of Electric Power and Heat Power	33682253	20892971	42771720	12872765
燃气生产和供应业	Production and Distribution of Gas	144034	82985	121767	108713
水的生产和供应业	Production and Distribution of Water	3279233	2272559	1612993	549620

11-11 续表 2 continued

(10000 yuan)

			利润及分配 Profits, Loss and Distribution						
#长期负债合计 Total Longterm Liabilities	所有者权益合计 Total Owner's Equity	#实收资本 Paid-up Capital	主营业务收入 Operating Income	主营业务成本 Operating Cost	营业费用 Operating Expenses	主营业务税金及附加 Operating Tax and Surtax on Product	营业利润 Operating Profits	利润总额 Total Profits	应交增值税 Value Added Tax Payable
40735532	**86485397**	**45567047**	**78282653**	**68061675**	**1571868**	**1789269**	**5170855**	**5581637**	**2211796**
7882	1026121	321725	5711049	5078442	65172	32600	473699	475215	135090
262078	2426892	2077407	1777346	1600011	149	19545	44965	57866	72372
5960500	8265786	2506798	4950367	4646408	4421	12116	213807	210988	85346
***	***	***	***	***	***	***	***	***	***
22755	375051	128642	1316853	1169370	66887	21100	24526	28518	18425
10427	280619	182218	376478	290665	83127	753	3741	6215	14975
114006	1003055	119428	643725	459063	53426	65464	68369	74255	37499
***	***	***	***	***	***	***	***	***	***
3259	174384	227873	170864	151452	3805	845	-17217	-1772	2961
23	14810	15897	77755	69722	1280	267	188	1053	1363
	***	***	***	***	***	***	***	***	***
	***	***	***	***	***	***	***	***	***
39958	15476	11495	61376	50574	5124	213	941	2308	2332
29	45297	25175	108433	104006	1519	51	-1970	-1466	1457
90621	580021	435949	611774	476987	12526	2864	33320	38634	28418
***	***	***	***	***	***	***	***	***	***
8765	966154	55633	8066223	6473831	42905	835140	475399	476068	324961
208723	936117	890129	1457215	1270285	36580	4112	20434	26854	43261
95647	1566623	487436	1166078	610446	166041	9338	281796	300138	85286
***	***	***	***	***	***	***	***	***	***
3534	13973	20444	117272	113417	1497	65	-5339	-4716	591
5450	49334	47712	91982	82783	3522	219	2265	2320	1972
114509	912661	535270	1238173	1042894	62099	6360	42863	105737	34156
857010	1354362	1356820	4020536	3925899	48749	2357	-67558	-69004	25268
3647	187994	79762	387289	351722	3998	2748	13379	14126	3869
55778	487993	205306	768377	661915	20662	2411	40654	45107	12764
78403	898147	425634	1087738	861129	34026	4575	86920	95131	44238
302373	2119652	868881	2753967	2264137	94853	10763	183653	206331	85313
978478	3689535	1878848	15158937	12390052	568503	456181	1122877	1129476	472370
141784	463153	371241	636097	536300	28433	2516	-7726	3160	20264
436034	4370333	2354922	1833543	1623492	67025	8042	-16151	16480	56418
33991	372382	184814	665058	529219	26803	4024	80952	91363	23814
108754	653279	217734	845329	677569	22533	2333	77670	77294	12062
145	27434	8266	34775	12730	13033	228	4797	5136	2869
29743927	50388430	26895853	21152785	19679529	11238	116805	2147865	2202398	500391
	125863	121878	211077	231395	2497	1197	-36295	3554	5752
1033164	2304829	2278230	318488	412849	2273	1294	-165949	-79220	12463

11-12 规模以上股份制工业企业主要经济指标(2010年)

单位: 万元

项目	Item	企业单位个数(个) Number of Enterprises (unit)	#亏损企业 Loss-Suffering Enterprises	工业总产值(当年价格) Gross Output Value of Industry (at current prices)	工业增加值 Added Value of Industry	工业销售产值(当年价格) Sales Value of Industry (at current price)	#出口交货值 Delivery Value of Exports
合　计	**Total**	**2327**	**431**	**59685682**	**12014895**	**59019057**	**1826896**
在合计中:	**Of the Total:**						
中央企业	Central Enterprises	181	29	28093520	5395751	28024860	443983
地方企业	Local Enterprises	2146	402	31592162	6619144	30994197	1382913
在合计中:	**Of the Total:**						
轻工业	Light Industry	775	165	6929858	1790202	6713367	338856
重工业	Heavy Industry	1552	266	52755824	10224693	52305690	1488040
在合计中:	**Of the Total:**						
大型企业	Large Enterprises	30	6	32469345	6684462	32416870	713871
中型企业	Medium Enterprises	280	40	11828466	2740283	11425728	713224
小型企业	Small Enterprises	2017	385	15387871	2590150	15176459	399801

11-12 续表 1 continued

单位: 万元

项目	Item	资产负债 Assets and Liabilities				
		固定资产原价 Total Original Value of Fixed Assets	固定资产净值 Net Value of Fixed Assets	负债合计 Total Liabilities	#流动负债合计 Total Current Liabilities	#长期负债合计 Total Longterm Liabilities
合　计	**Total**	**36514856**	**22147361**	**43789167**	**30817496**	**12561600**
在合计中:	**Of theTotal:**					
中央企业	Central Enterprises	15807808	8256923	12810245	10709417	2038042
地方企业	Local Enterprises	20707049	13890438	30978922	20108079	10523558
在合计中:	**Of the Total:**					
轻工业	Light Industry	4733798	2830338	5802743	4722866	922477
重工业	Heavy Industry	31781058	19317024	37986425	26094630	11639124
在合计中:	**Of the Total:**					
大型企业	Large Enterprises	23925041	13895355	24143970	14697780	9385556
中型企业	Medium Enterprises	8116215	5408287	10903450	8177337	2505113
小型企业	Small Enterprises	4473600	2843719	8741748	7942380	670931

MAIN ECONOMIC INDICATORS OF SHARE-HOLDING INDUSTRIAL ABOVE DESIGNATED SIZE (2010)

(10000 yuan)

从业人员平均人数(人) Average Number of Employed Persons (person)	资产负债 Assets and Liabilities 资产总计 Total Assets	流动资产合计 Total Current Assets	#存货 Inventories	#产成品 Stock Inventory of Finished Products	#应收账款(净额) Accounts Receivable (Net)	长期投资合计 Longterm Investment	固定资产合计 Total Fixed Assets
556643	**89754703**	**40162681**	**8880186**	**2845060**	**7561624**	**18235022**	**26589867**
140116	27856058	9648711	3149695	667576	1719719	6769087	9783649
416527	61898645	30513970	5730491	2177484	5841905	11465935	16806218
150773	11957312	6790721	1798913	803205	965318	1187752	3077164
405870	77797391	33371960	7081273	2041854	6596306	17047270	23512702
190518	49739364	16843505	3448418	959325	2166967	12937556	17456932
188983	23843093	12770499	2838064	945949	2433951	3900934	5979498
177142	16172246	10548676	2593704	939786	2960707	1396532	3153437

11-12 续表 2 continued

(10000 yuan)

所有者权益合计 Total Owner's Equity	利润及分配 Profits and Distribution #实收资本 Paid-up Capital	主营业务收入 Operating Income	主营业务成本 Operating Cost	营业费用 Operating Expenses	主营业务税金及附加 Operating Tax and Extra Charges	营业利润 Operating Profits	利润总额 Total Profits	应交增值税 Value Added Tax Payable
45965536	**24534218**	**65693137**	**57231565**	**1634816**	**1121694**	**2979916**	**3448518**	**1771847**
15045812	9974920	29264370	25961911	264560	909557	1272071	1282414	822920
30919724	14559297	36428767	31269654	1370255	212138	1707845	2166104	948927
6154570	3437584	7564328	5801480	636317	83649	405155	547513	291280
39810966	21096634	58128809	51430085	998499	1038045	2574762	2901004	1480566
25595394	13289983	36126808	32442945	416284	949469	1267340	1349408	951031
12939643	6749122	13051313	10723593	631429	112572	789213	1011806	412034
7430498	4495112	16515015	14065026	587103	59653	923364	1087303	408782

11-13 规模以上股份制工业企业主要经济指标(按行业分)(2010年)

单位：万元

项目	Item	企业单位个数(个) Number of Enterprises (unit)	#亏损企业 Loss-Suffering Enterprises	工业总产值(当年价格) Gross Output Value of Industry (at current prices)	工业增加值 Added Value of Industry
合计	**Total**	**2327**	**431**	**59685682**	**12014895**
煤炭开采和洗选业	Mining and Washing of Coal	7		5745119	818249
石油和天然气开采业	Extraction of Petroleum and Natural Gas	4	1	***	***
黑色金属矿采选业	Mining and Processing of Ferrous Metal Ores	5		1866323	536242
有色金属矿采选业	Mining and Processing of Non-Ferrous Metal Ores				
非金属矿采选业	Mining and Processing of Nonmetal Ores	3		***	***
其他采矿业	Mining of Other Ores				
农副食品加工业	Processing of Food from Agriculture Products	89	20	1609420	197456
食品制造业	Manufacture of Foods	71	21	451800	96567
饮料制造业	Manufacture of Beverages	17	5	169471	72830
纺织业	Manufacture of Textile	46	11	301080	82481
纺织服装、鞋、帽制造业	Manufacture of Textile Wearing Apparel, Footware and Caps	56	10	230176	64453
皮革、毛皮、羽毛(绒)及其制品业	Manufacture of Leather, Furs, Feather (Down) and Related Products	8		28273	4669
木材加工及竹、藤、棕、草制品业	Processing of Timber, Manufacture of Wood, Bamboo, Rattan, Palm and Straw Products	17	3	37346	7434
家具制造业	Manufacture of Furniture	36	6	179803	46589
造纸及纸制品业	Manufacture of Paper and Paper Products	36	6	122944	15699
印刷业和记录媒介的复制	Printing, Reproduction of Recording Media	89	19	517030	210989
文教体育用品制造业	Manufacture of Articles for Culture, Education and Sports Activity	7	2	47493	15856
石油加工、炼焦及核燃料加工业	Processing of Petroleum, Coking, Processing of Nuclear Fuel	12		7720807	1783780
化学原料及化学制品制造业	Manufacture of Raw Chemical Materials and Chemical Products	139	28	1653630	326364
医药制造业	Manufacture of Medicines	112	23	1415796	623116
化学纤维制造业	Manufacture of Chemical Fibers	5	1	18930	8944
橡胶制品业	Manufacture of Rubber	11	4	117313	16945
塑料制品业	Manufacture of Plastics	69	12	245610	43511
非金属矿物制品业	Manufacture of Non-Metallic Mineral Products	183	21	2033222	345357
黑色金属冶炼及压延加工业	Smelting and Pressing of Ferrous Metals	25	6	3775310	257613
有色金属冶炼及压延加工业	Smelting and Pressing of Non-Ferrous Metals	30	7	397208	41211
金属制品业	Manufacture of Metal Products	132	21	809463	167538
通用设备制造业	Manufacture of General Purpose Machinery	183	38	1409873	382854
专用设备制造业	Manufacture of Special Purpose Machinery	201	27	2716249	705750
交通运输设备制造业	Manufacture of Transport Equipment	145	28	7333518	1217525
电气机械及器材制造业	Manufacture of Electrical Machinery and Equipment	189	36	2326861	423090
通信设备、计算机及其他电子设备制造业	Manufacture of Communication Equipment, Computers and Other Electronic Equipment	167	33	2135589	644563
仪器仪表及文化、办公用机械制造业	Manufacture of Measuring Instruments and Machinery for Culture Activity and Office Work	118	15	896571	287364
工艺品及其他制造业	Manufacture of Artwork and Other Manufacturing	34	3	570981	103938
废弃资源和废旧材料回收加工业	Recycling and Disposal of Waste	7	1	40159	-783
电力、热力的生产和供应业	Production and Distribution of Electric Power and Heat Power	49	14	10599896	1605700
燃气生产和供应业	Production and Distribution of Gas	6		163510	25795
水的生产和供应业	Production and Distribution of Water	19	9	313152	50736

MAIN ECONOMIC INDICATORS OF SHARE-HOLDING INDUSTRIAL ABOVE DESIGNATED SIZE (BY SECTOR) (2010)

(10000 yuan)

工业销售产值(当年价格) Sales Value of Industry (at current price)	#出口交货值 Delivery Value of Exports	从业人员平均人数(人) Average Number of Employed Persons (person)	资产负债 Assets and Liabilities 资产总计 Total Assets	流动资产合计 Total Current Assets	#存货 Inventories	#产成品 Stock Inventory of Finished Products	#应收账款(净额) Accounts Receivable (Net)	长期投资合计 Longterm Investment	固定资产合计 Total Fixed Assets
59019057	**1826896**	**556643**	**89754703**	**40162681**	**8880186**	**2845060**	**7561624**	**18235022**	**26589867**
5729554	196444	16858	1493161	817979	99276	20870	149959	583992	65547
***	***	33299	***	***	***		***	***	***
1855305		18239	16905358	6530960	244146	35765	778240	5341591	4828331
***	***	589	***	***	***	***	***	***	***
1565929	893	16105	1676142	1202438	228473	81956	85630	181502	233688
449268	41611	13984	679620	421103	80119	35864	75176	34893	159565
170564	2859	3780	488437	306540	95562	46809	104147	43472	116585
282519	55795	11799	628918	401588	157610	106468	54830	66184	120944
222837	66116	13542	207015	137671	71928	38934	22418	12277	49920
28021	8553	867	18246	16792	4369	1367	1853	88	1304
36399	22	1380	68813	41634	10638	4047	9707	170	14239
175785	13090	6548	281093	166093	49397	27369	28445	13473	69877
120751		2840	119906	74054	18251	4635	21432	5	41459
514793	1385	14008	788482	364569	125862	23270	49797	21358	345647
46388	6516	2598	88447	45630	22380	10863	7713	1523	34498
7835057	29062	14393	2459353	1120255	740750	147281	97802	60121	1171088
1626911	61171	19782	2913463	1467797	274216	110830	193426	123508	845860
1346958	26338	27853	2802784	1697307	444896	152440	237618	318211	578287
17004	5536	627	34265	18584	8145	5440	2845	220	8057
108907	41001	4526	109490	53580	25722	15715	4367	2752	45721
243906	5388	5823	266072	166391	59298	30530	48350	10340	72762
2004279	32277	33266	3217507	2070133	332112	122991	858758	277469	709872
3781454	126200	20593	3657404	1288507	352764	65668	226315	393832	1464779
395956	41158	3230	283201	168393	61308	23620	48297	15952	64638
809464	46413	18857	1352602	848258	237237	95141	217881	119048	305325
1311565	36705	28137	2353997	1551181	537761	188498	397081	276310	415030
2620057	241081	41143	4051949	2939060	761200	217163	753943	187518	600307
7232485	280570	59999	5110136	3292608	1166912	652320	508376	335592	1108954
2259119	89691	29464	3582490	2535277	508712	142446	759407	443784	413675
2032251	113823	32081	7730910	4144453	667536	195778	542008	2703475	625063
872788	30397	16023	1684150	1243568	362297	64291	310177	150160	210392
531900	10568	6832	907403	654357	249572	167448	77767	60534	133871
42665		688	72576	33530	12875	6558	-1228	1112	33761
10597684		28497	15491454	1833593	49501	1624	541179	5539715	7681666
163304		1584	157133	120268	958		17555	8691	20023
303373		6809	3810470	630439	8570		91335	314689	2458973

11-13 续表 1 continued

单位：万元

项目	Item	资产负债 Assets and Liabilities				
		固定资产原价 Total Original Value of Fixed Assets	固定资产净值 Net Value of Fixed Assets	负债合计 Total Liabilities	#流动负债合计 Total Current Liabilities	#长期负债合计 Total Longterm Liabilities
合计	**Total**	**36514856**	**22147361**	**43789167**	**30817496**	**12561600**
煤炭开采和洗选业	Mining and Washing of Coal	173539	71484	463616	455733	7882
石油和天然气开采业	Extraction of Petroleum and Natural Gas	***	***	***	***	***
黑色金属矿采选业	Mining and Processing of Ferrous Metal Ores	4058143	3531238	8624311	2663461	5960850
有色金属矿采选业	Mining and Processing of Non-Ferrous Metal Ores					
非金属矿采选业	Mining and Processing of Nonmetal Ores	***	***	***	***	***
其他采矿业	Mining of Other Ores					
农副食品加工业	Processing of Food from Agriculture Products	286215	200826	927171	879960	36680
食品制造业	Manufacture of Foods	207074	143024	439329	318232	92834
饮料制造业	Manufacture of Beverages	144299	103864	233223	229702	2885
纺织业	Manufacture of Textile	171333	110628	340936	252265	5609
纺织服装、鞋、帽制造业	Manufacture of Textile Wearing Apparel, Footware and Caps	67951	43585	117732	115169	2228
皮革、毛皮、羽毛(绒)及其制品业	Manufacture of Leather, Furs, Feather (Down) and Related Products	2030	1213	10050	9394	50
木材加工及竹、藤、棕、草制品业	Processing of Timber, Manufacture of Wood, Bamboo, Rattan, Palm and Straw Products	21644	14014	55071	49585	4684
家具制造业	Manufacture of Furniture	89857	63186	217728	155646	62082
造纸及纸制品业	Manufacture of Paper and Paper Products	57546	39666	82799	81855	944
印刷业和记录媒介的复制	Printing, Reproduction of Recording Media	609610	329126	333790	283973	47265
文教体育用品制造业	Manufacture of Articles for Culture, Education and Sports Activity	45717	32742	55677	43473	12204
石油加工、炼焦及核燃料加工业	Processing of Petroleum, Coking, Processing of Nuclear Fuel	2877115	1064319	1494058	1485017	9040
化学原料及化学制品制造业	Manufacture of Raw Chemical Materials and Chemical Products	1385827	683851	1743248	1523329	210684
医药制造业	Manufacture of Medicines	840610	511291	960585	783486	149420
化学纤维制造业	Manufacture of Chemical Fibers	16471	7764	9280	7710	1569
橡胶制品业	Manufacture of Rubber	66857	44095	84802	79390	5412
塑料制品业	Manufacture of Plastics	111932	68520	158289	149756	8056
非金属矿物制品业	Manufacture of Non-Metallic Mineral Products	1083391	658775	1912253	1769985	129824
黑色金属冶炼及压延加工业	Smelting and Pressing of Ferrous Metals	2452129	1101825	2240392	1381855	856776
有色金属冶炼及压延加工业	Smelting and Pressing of Non-Ferrous Metals	103233	53810	151422	141506	9270
金属制品业	Manufacture of Metal Products	361377	255994	713228	640759	63219
通用设备制造业	Manufacture of General Purpose Machinery	588826	377746	1233915	1094150	122346
专用设备制造业	Manufacture of Special Purpose Machinery	846900	551414	2485807	2234683	187041
交通运输设备制造业	Manufacture of Transport Equipment	1376710	870212	3146236	2690658	445173
电气机械及器材制造业	Manufacture of Electrical Machinery and Equipment	537129	323963	2167892	1933620	220001
通信设备、计算机及其他电子设备制造业	Manufacture of Communication Equipment, Computers and Other Electronic Equipment	773285	491983	2310408	1978488	310160
仪器仪表及文化、办公用机械制造业	Manufacture of Measuring Instruments and Machinery for Culture Activity and Office Work	296210	201278	826510	758613	46753
工艺品及其他制造业	Manufacture of Artwork and Other Manufacturing	220795	122549	365841	351224	14558
废弃资源和废旧材料回收加工业	Recycling and Disposal of Waste	35225	30603	44832	29658	12573
电力、热力的生产和供应业	Production and Distribution of Electric Power and Heat Power	11544620	6659657	6412326	4137787	2234637
燃气生产和供应业	Production and Distribution of Gas	28443	19220	121947	114947	7000
水的生产和供应业	Production and Distribution of Water	3206130	2226932	1573008	523124	1019734

11-13 续表 2 continued

(10000 yuan)

所有者权益合计 Total Owner's Equity	#实收资本 Paid-up Capital	利润及分配 Profits and Distribution 主营业务收入 Operating Income	主营业务成本 Operating Cost	营业费用 Operating Expenses	主营业务税金及附加 Operating Tax and Extra Charges	营业利润 Operating Profits	利润总额 Total Profits	应交增值税 Value Added Tax Payable
45965536	**24534218**	**65693137**	**57231565**	**1634816**	**1121694**	**2979916**	**3448518**	**1771847**
1029545	323801	5738280	5101214	69279	32720	473574	475258	136695
***	***	***	***	***	***	***	***	***
8281047	2508253	4980851	4665309	4697	12609	222875	220114	87474
***	***	***	***		***	***	***	***
748972	248368	1848862	1623758	95954	21721	45480	59850	25140
240291	186694	495673	378452	75051	1958	-4815	3053	21136
255214	104194	243792	177739	13182	32875	1151	4892	11930
287982	263156	324030	229827	39695	1913	17513	33230	14060
89284	59672	248590	202820	15556	741	6337	7587	8765
8196	4934	28833	25341	1387	52	785	781	693
13742	12741	43207	40361	2308	130	-1612	-1444	977
63365	52907	204590	168906	15247	713	7953	9789	7006
37107	38937	138883	126083	6200	358	999	1378	2308
454692	342259	584410	450434	12055	2490	51604	55907	25435
32770	25207	58255	48384	3825	244	293	702	1888
965296	59405	7990194	6414826	37594	833045	468472	469036	323484
1170215	960827	1798361	1521933	68415	5398	50453	59071	55943
1842200	701314	1461200	743982	247498	12308	315763	327839	110898
24985	13800	16643	11935	473	62	1725	1915	386
24688	27856	116677	111447	1870	128	-5148	-4591	1134
107783	85716	260692	231079	9335	681	7953	8735	6221
1305254	752388	2130951	1841935	95889	8662	53050	144159	51779
1417012	1329374	3971335	3855697	51246	2579	-53239	-54374	26899
131779	100256	402220	365683	4308	3000	8185	9126	4726
639374	288592	981725	837351	28758	4453	50885	53079	21788
1120082	553022	1479181	1165565	62146	6580	114273	128210	55701
1566142	800019	2757129	2141293	120509	16926	227341	251323	92641
1963900	726989	7516525	6655368	199221	32198	303334	327281	125211
1414599	836280	2362934	1956059	117990	8189	118292	138918	70102
5420502	2147473	2907528	2370795	150084	15465	227635	267745	67019
857640	316966	987981	729747	49758	6205	150227	164487	41089
541562	214965	629739	483230	26959	2491	70726	71299	14542
27744	20117	42198	42910	1612	125	-4634	-1083	1570
9079128	5990614	10685415	10346694	1507	32450	164776	226225	266500
35186	21500	162146	149979	3629	1307	4845	5493	6146
2237462	2240595	298288	399012	1431	1175	-166479	-79654	11359

11-14 规模以上港澳台及外商投资工业企业主要经济指标(2010年)

单位：万元

项目	Item	企业单位个数(个) Number of Enterprises (unit)	#亏损企业 Loss-Suffering Enterprises	工业总产值(当年价格) Gross Output Value of Industry (at current prices)	工业增加值 Added Value of Industry	工业销售产值(当年价格) Sales Value of Industry (at current price)	#出口交货值 Delivery Value of Exports
合　计	**Total**	**1342**	**325**	**54790206**	**10269754**	**53916049**	**14022909**
在合计中:	**Of the Total:**						
中央企业	Central Enterprises	36	6	3151459	465397	3081672	1953409
地方企业	Local Enterprises	1306	319	51638747	9804357	50834377	12069500
在合计中:	**Of the Total:**						
轻工业	Light Industry	519	175	8357975	2583829	8094774	1342165
重工业	Heavy Industry	823	150	46432230	7685925	45821275	12680744
在合计中:	**Of the Total:**						
大型企业	Large Enterprises	24	6	27539785	4183426	27170179	9353052
中型企业	Medium Enterprises	230	36	19016139	4107299	18587662	3699296
小型企业	Small Enterprises	1088	283	8234282	1979029	8158207	970560

11-14 续表 1 continued

单位：万元

项目	Item	资产负债 Assets and Liabilities					所有者权益合计 Total Owner's Equity
		固定资产原价 Total Original Value of Fixed Assets	固定资产净值 Net Value of Fixed Assets	负债合计 Total Liabilities	#流动负债合计 Total Current Liabilities	#长期负债合计 Total Longterm Liabilities	
合　计	**Total**	**16774566**	**9010980**	**26224953**	**24039945**	**1998816**	**18372898**
在合计中:	**Of the Total:**						
中央企业	Central Enterprises	1667203	658548	1533130	1380961	149702	1503264
地方企业	Local Enterprises	15107364	8352432	24691823	22658984	1849114	16869634
在合计中:	**Of the Total:**						
轻工业	Light Industry	3500242	1893831	4938627	4743977	160699	3933837
重工业	Heavy Industry	13274325	7117149	21286327	19295968	1838118	14439061
在合计中:	**Of the Total:**						
大型企业	Large Enterprises	6080593	3500114	10533097	9731608	799359	5777837
中型企业	Medium Enterprises	7404865	3615854	9978752	9086019	860115	8045326
小型企业	Small Enterprises	3289108	1895012	5713105	5222319	339343	4549735

MAIN ECONOMIC INDICATORS OF HONGKONG, MACAO, TAIWAN AND FOREIGN FUNDED INDUSTRIAL ABOVE DESIGNATED SIZE (2010)

(10000 yuan)

从业人员平均人数(人) Average Number of Employed Persons (person)	资产负债 Assets and Liabilities						
	资产总计 Total Assets	流动资产合计 Total Current Assets	#存货 Inventories	#产成品 Stock Inventory of Finished Products	#应收账款(净额) Accounts Receivable (Net)	长期投资合计 Longterm Investment	固定资产合计 Total Fixed Assets
382934	**44597852**	**30468538**	**6888009**	**1636056**	**9095106**	**2454618**	**10069552**
22903	3036394	1376377	410026	58229	344804	788079	665430
360031	41561458	29092162	6477983	1577827	8750302	1666540	9404122
151840	8872464	5908778	1450384	510910	1369567	377640	2012289
231094	35725388	24559760	5437625	1125146	7725539	2076978	8057263
109487	16310934	11076663	1985666	448300	2846609	870530	3871526
162243	18024078	12020497	3037305	661649	4140553	1108862	4152606
111204	10262840	7371379	1865038	526107	2107944	475227	2045420

11-14 续表 2 continued

(10000 yuan)

利润及分配 Profits and Distribution							应交增值税 Value Added Tax Payable
#实收资本 Paid-up Capital	主营业务收入 Operating Income	主营业务成本 Operating Cost	营业费用 Operating Expenses	主营业务税金及附加 Operating Tax and Extra Charges	营业利润 Operating Profits	利润总额 Total Profits	
11346836	**59216150**	**49244816**	**3297639**	**481429**	**4059546**	**4163523**	**1707600**
921071	3305417	3065188	23937	4027	97116	109303	59672
10425764	55910732	46179628	3273702	477402	3962431	4054220	1647928
3112939	9071813	5910408	1731233	19893	772782	792447	510215
8233897	50144337	43334408	1566406	461536	3286764	3371076	1197386
2872708	30566198	26371032	1625658	448719	1427901	1426510	852618
5282404	19773494	15790166	1202479	24339	1940570	2011322	563309
3191724	8876458	7083618	469502	8370	691075	725691	291673

11-15 规模以上港澳台及外商投资工业企业主要经济指标(按行业分)(2010年)

单位：万元

项目	Item	企业单位个数(个) Number of Enterprises (unit)	#亏损企业 Loss-Suffering Enterprises	工业总产值(当年价格) Gross Output Value of Industry (at current prices)	工业增加值 Added Value of Industry
合计	**Total**	**1342**	**325**	**54790206**	**10269754**
煤炭开采和洗选业	Mining and Washing of Coal				
石油和天然气开采业	Extraction of Petroleum and Natural Gas	1	***	***	***
黑色金属矿采选业	Mining and Processing of Ferrous Metal Ores				
有色金属矿采选业	Mining and Processing of Non-Ferrous Metal Ores				
非金属矿采选业	Mining and Processing of Nonmetal Ores				
其他采矿业	Mining of Other Ores				
农副食品加工业	Processing of Food from Agriculture Products	36	14	541763	80030
食品制造业	Manufacture of Foods	59	25	1277721	301472
饮料制造业	Manufacture of Beverages	31	8	1051945	256059
纺织业	Manufacture of Textile	37	12	267773	34853
纺织服装、鞋、帽制造业	Manufacture of Textile Wearing Apparel, Footware and Caps	47	23	262206	94157
皮革、毛皮、羽毛(绒)及其制品业	Manufacture of Leather, Furs, Feather (Down) and Related Products	8	2	23965	5698
木材加工及竹、藤、棕、草制品业	Processing of Timber, Manufacture of Wood, Bamboo, Rattan, Palm and Straw Products	9	2	46289	5949
家具制造业	Manufacture of Furniture	31	15	169763	40705
造纸及纸制品业	Manufacture of Paper and Paper Products	23	10	433842	142040
印刷业和记录媒介的复制	Printing, Reproduction of Recording Media	35	12	290758	112536
文教体育用品制造业	Manufacture of Articles for Culture, Education and Sports Activity	18	4	80638	21242
石油加工、炼焦及核燃料加工业	Processing of Petroleum, Coking, Processing of Nuclear Fuel	4		403795	47250
化学原料及化学制品制造业	Manufacture of Raw Chemical Materials and Chemical Products	75	15	1015226	353110
医药制造业	Manufacture of Medicines	44	9	1877939	789031
化学纤维制造业	Manufacture of Chemical Fibers	2	***	***	***
橡胶制品业	Manufacture of Rubber	10		86360	22766
塑料制品业	Manufacture of Plastics	41	16	339150	78623
非金属矿物制品业	Manufacture of Non-Metallic Mineral Products	57	14	601292	210453
黑色金属冶炼及压延加工业	Smelting and Pressing of Ferrous Metals	4	3	494871	30250
有色金属冶炼及压延加工业	Smelting and Pressing of Non-Ferrous Metals	8		129981	31850
金属制品业	Manufacture of Metal Products	69	6	783209	172075
通用设备制造业	Manufacture of General Purpose Machinery	131	27	3302956	842129
专用设备制造业	Manufacture of Special Purpose Machinery	130	29	1332878	384982
交通运输设备制造业	Manufacture of Transport Equipment	126	14	13585924	3076100
电气机械及器材制造业	Manufacture of Electrical Machinery and Equipment	67	19	3964773	790059
通信设备、计算机及其他电子设备制造业	Manufacture of Communication Equipment, Computers and Other Electronic Equipment	117	29	19682718	1616435
仪器仪表及文化、办公用机械制造业	Manufacture of Measuring Instruments and Machinery for Culture Activity and Office Work	78	9	945020	254358
工艺品及其他制造业	Manufacture of Artwork and Other Manufacturing	25	3	130225	30798
废弃资源和废旧材料回收加工业	Recycling and Disposal of Waste	3		***	***
电力、热力的生产和供应业	Production and Distribution of Electric Power and Heat Power	5		414498	163824
燃气生产和供应业	Production and Distribution of Gas	9	3	1215232	265483
水的生产和供应业	Production and Distribution of Water	2		***	***

FOREIGN FUNDED INDUSTRIAL ABOVE DESIGNATED SIZE (BY SECTOR) (2010)

(10000 yuan)

工业销售产值(当年价格) Sales Value of Industry (at current price)	#出口交货值 Delivery Value of Exports	从业人员平均人数(人) Average Number of Employed Persons (person)	资产负债 Assets and Liabilities: 资产总计 Total Assets	流动资产合计 Total Current Assets	#存货 Inventories	#产成品 Stock Inventory of Finished Products	#应收账款(净额) Accounts Receivable (Net)	长期投资合计 Longterm Investment	固定资产合计 Total Fixed Assets
53916049	**14022909**	**382934**	**44597852**	**30468538**	**6888009**	**1636056**	**9095106**	**2454618**	**10069552**
***		75	***	***	***	***	***	***	***
532420	95749	13111	323088	200784	81991	21325	49479	1532	99146
1248714	63479	25185	1623543	920502	153483	74678	260179	160470	476203
1010003	14282	15434	1229935	662151	124890	37056	79882	152474	308113
260868	183144	8138	224794	165901	75184	33808	42731	749	51072
248624	113003	17779	248638	202702	85897	43970	31307	5112	35195
23686	2811	746	26325	17954	3846	2078	8580	1436	6155
47117	3447	673	77215	28501	15844	4961	4509		39256
169623	43067	6532	250068	207408	68998	10578	42682	3270	30985
428899	50748	3934	480635	309229	66160	15040	64313	1303	146786
296452	7692	6807	433448	247295	45546	18740	80255	18663	149639
78855	54570	3823	89548	71248	35410	7381	11479	462	13661
403307		1494	122022	102456	57345	2156	-6775		16903
1002686	54926	10412	953055	642074	107978	47124	213562	9300	269669
1747203	30884	19284	1524433	1068031	324846	103974	254683	4117	251500
***		122	***	***	***	***	***	***	***
86187	20735	2725	56655	34643	10574	5320	12492		21811
333590	86366	7450	486636	275489	53799	25929	89744	50760	140496
561234	53643	11296	714075	425587	109239	37214	156596	450	251285
493908	32	428	248156	149227	58895	8991	74216		95257
130112	53730	1498	131310	106801	18294	4558	34479	226	21463
813017	72318	9751	850178	565401	197923	81049	190125	59424	198855
3216729	482262	26584	3823858	2869155	1118748	230989	624719	232155	606950
1319226	361327	17298	2487615	1873504	355824	61830	327583	256262	256770
13482195	166106	48329	8522591	5834810	848830	281521	1562164	30896	2397815
3917548	394691	20946	4482033	3934222	1127149	98494	1407925	170340	300155
19333182	11398176	82868	10145949	7486034	1439633	281828	2923780	133251	2342401
942483	170854	9107	1032161	893376	214808	49600	321073	39517	74424
122446	44867	2902	115930	87098	63612	43174	8387		22098
***		173	***	***	***	***	***		***
414498		1679	1341155	201066	17549		154935	541672	424389
1215232		5912	2491226	850832	2327	608	61005	578779	998760
***		439	***	***	***		***		***

11-15 续表 1 continued

单位：万元

项目	Item	资产负债 Assets and Liabilities 固定资产原价 Total Original Value of Fixed Assets	固定资产净值 Net Value of Fixed Assets	负债合计 Total Liabilities	#流动负债合计 Total Current Liabilities
合计	Total	**16774566**	**9010980**	**26224953**	**24039945**
煤炭开采和洗选业	Mining and Washing of Coal				
石油和天然气开采业	Extraction of Petroleum and Natural Gas	***	***	***	***
黑色金属矿采选业	Mining and Processing of Ferrous Metal Ores				
有色金属矿采选业	Mining and Processing of Non-Ferrous Metal Ores				
非金属矿采选业	Mining and Processing of Nonmetal Ores				
其他采矿业	Mining of Other Ores				
农副食品加工业	Processing of Food from Agriculture Products	186952	96235	194140	186358
食品制造业	Manufacture of Foods	789228	435301	1053413	1036247
饮料制造业	Manufacture of Beverages	557051	316235	838864	778161
纺织业	Manufacture of Textile	91499	46245	133585	127445
纺织服装、鞋、帽制造业	Manufacture of Textile Wearing Apparel, Footware and Caps	71043	33473	162267	154139
皮革、毛皮、羽毛(绒)及其制品业	Manufacture of Leather, Furs, Feather (Down) and Related Products	8429	5881	11162	9816
木材加工及竹、藤、棕、草制品业	Processing of Timber, Manufacture of Wood, Bamboo, Rattan, Palm and Straw Products	65837	38351	25901	22321
家具制造业	Manufacture of Furniture	54259	28361	179418	173472
造纸及纸制品业	Manufacture of Paper and Paper Products	241353	143234	267465	260160
印刷业和记录媒介的复制	Printing, Reproduction of Recording Media	282618	147903	132807	110674
文教体育用品制造业	Manufacture of Articles for Culture, Education and Sports Activity	20575	12831	63239	62909
石油加工、炼焦及核燃料加工业	Processing of Petroleum, Coking, Processing of Nuclear Fuel	26025	15733	58798	58798
化学原料及化学制品制造业	Manufacture of Raw Chemical Materials and Chemical Products	501711	259016	368170	341875
医药制造业	Manufacture of Medicines	404151	218879	761647	728259
化学纤维制造业	Manufacture of Chemical Fibers	***	***	***	***
橡胶制品业	Manufacture of Rubber	45662	19209	28984	28984
塑料制品业	Manufacture of Plastics	230617	126490	196750	183389
非金属矿物制品业	Manufacture of Non-Metallic Mineral Products	466422	237281	376077	352323
黑色金属冶炼及压延加工业	Smelting and Pressing of Ferrous Metals	144854	94901	237268	226343
有色金属冶炼及压延加工业	Smelting and Pressing of Non-Ferrous Metals	31452	19609	18572	15889
金属制品业	Manufacture of Metal Products	349895	182104	423942	389429
通用设备制造业	Manufacture of General Purpose Machinery	890720	540063	1916014	1845343
专用设备制造业	Manufacture of Special Purpose Machinery	387058	225237	1489842	1426548
交通运输设备制造业	Manufacture of Transport Equipment	3366590	2237415	5140523	4712262
电气机械及器材制造业	Manufacture of Electrical Machinery and Equipment	556255	293455	3011642	2696594
通信设备、计算机及其他电子设备制造业	Manufacture of Communication Equipment, Computers and Other Electronic Equipment	4619617	1915009	6919159	6280182
仪器仪表及文化、办公用机械制造业	Manufacture of Measuring Instruments and Machinery for Culture Activity and Office Work	152821	72384	604969	586487
工艺品及其他制造业	Manufacture of Artwork and Other Manufacturing	36147	21388	53948	47755
废弃资源和废旧材料回收加工业	Recycling and Disposal of Waste	***	***	***	***
电力、热力的生产和供应业	Production and Distribution of Electric Power and Heat Powe	1183603	423442	473484	376630
燃气生产和供应业	Production and Distribution of Gas	974786	783575	1068289	807627
水的生产和供应业	Production and Distribution of Water	***	***	***	***

11-15 续表 2 continued

(10000 yuan)

#长期负债合计 Total Longterm Liabilities	所有者权益合计 Owner's Equity	#实收资本 Paid-up Capital	利润及分配 Profits and Distribution 主营业务收入 Operating Income	主营业务成本 Operating Cost	营业费用 Operating Expenses	主营业务税金及附加 Operating Tax and Extra Charges	营业利润 Operating Profits	利润总额 Total Profits	应交增值税 Value Added Tax Payable
1998816	**18372898**	**11346836**	**59216150**	**49244816**	**3297639**	**481429**	**4059546**	**4163523**	**1707600**
***	***	***	***	***	***	***	***	***	
7537	128949	117477	586762	523491	36818	263	-556	5695	5954
14152	570130	734645	1759638	1173080	407221	1896	77774	82325	101928
53566	391072	543650	1169543	782016	252426	10860	54525	67414	65858
2140	91209	86795	310064	246855	32532	69	9044	9852	6496
7135	86372	69414	282201	200290	34643	112	17295	20350	10099
1325	15163	5666	37887	29788	822	9	4863	4887	1462
3572	51314	50229	47836	45713	3463	16	-8626	-6733	2021
1897	70651	49419	171415	134491	16507	94	3477	5071	7227
7275	213170	145093	440611	331218	17495	18	72704	73101	16385
12232	300642	188208	312567	230849	16059	138	41663	42651	17365
322	26309	19761	81398	68266	4154	89	859	1371	999
	63224	11673	403439	346171	24554	2300	20294	20791	9379
25815	584885	352871	1021399	641905	172553	4508	138876	139170	65960
31873	762786	452988	1799964	723891	682657	1361	220757	205814	183299
	***	***	***	***	***	***	***	***	***
	27671	14046	87365	72194	3382	19	5745	5609	3386
12658	289886	170895	378586	302269	14795	222	32497	35082	11553
20783	337997	293384	582474	453612	30858	483	50692	61089	29937
7614	10887	66722	504348	493402	1275	1	-359	37	3435
1171	112737	24112	129165	110111	1748	29	12061	12593	2174
33915	426237	247328	980705	795442	55177	827	78649	84578	28467
53081	1907844	1021591	3326728	2536872	161028	1935	457522	474930	93091
62625	997773	435483	1648290	1300328	77757	1608	144967	151431	55715
412765	3382068	1904512	14114851	11441750	474465	431827	1304450	1298557	517054
240690	1470391	503347	4089752	3275939	121625	7753	630674	643637	83796
621643	3226791	2682858	22070032	20618554	549265	4555	357037	380759	227422
4802	427192	236464	1084359	826821	82323	1050	112253	113822	37729
4074	61982	25573	120831	92824	6013	101	12057	12985	2008
	***	***	***	***	***	***	***	***	***
95900	867671	615278	413762	350685		428	46398	54494	28185
257161	1422938	235462	1223093	1068645	15611	8814	157827	158032	86734
***	***	***	***	***			***	***	***

11-16 大中型工业企业主要经济指标(2010年)

单位：万元

项目	Item	企业单位个数(个) Number of Enterprises (unit)	#亏损企业 Loss-Suffering Enterprises	工业总产值(当年价格) Gross Output Value of Industry (at current prices)	工业增加值 Added Value of Industry	工业销售产值(当年价格) Sales Value of Industry (at current price)	#出口交货值 Delivery Value of Exports
合计	**Total**	**679**	**107**	**105053152**	**21354663**	**103691165**	**14744436**
在合计中:	**Of the Total:**						
中央工业	Central Industry	109	12	37664635	8335992	37558456	2440466
地方工业	Local Industry	570	95	67388516	13018671	66132709	12303969
在合计中:	**Of the Total:**						
内资企业	Domestic Funded Enterprises	425	65	58497228	13063938	57933323	1692087
国有企业	State-Owned Enterprises	51	12	12299450	3055833	12250767	80408
集体企业	Collective Owned Enterprises	6	1	108683	51678	103748	10898
股份合作企业	Cooperative Enterprises	5	2	108849	21941	108773	26498
联营企业	Joint Owned Enterprises						
有限责任公司	Limited Liability Corporations	230	35	24753253	4906713	24469092	727384
股份有限公司	Share Holding Corporations Ltd.	80	11	19544559	4518031	19373506	699710
私营企业	Private Enterprises	53	4	1682434	509741	1627436	147189
港澳台商投资企业	Enterprises with Funds from Hongkong, Macao and Taiwan	65	11	9220595	1417786	8861666	1446775
港澳台合资经营	Joint Venture	37	5	2089480	535856	2018244	227728
港澳台合作经营	Cooperative						
港澳台商独资企业	Hongkong, Macao and Taiwan Enterprises	23	5	4679749	561281	4464160	1195987
港澳台商投资股份有限公司	Hongkong, Macao and Taiwan Funded Share Holding Corporations	5	1	2451366	320649	2379262	23061
外商投资企业	Foreign Funded Enterprises	189	31	37335329	6872939	36896176	11605573
中外合资经营	Joint Venture	84	10	25140508	4240960	24886947	8846589
中外合作经营	Cooperative	4	2	132088	50764	118846	58026
外资(独资)企业	Foreign Enterprises	93	18	11500048	2376618	11357372	2653046
外商投资股份有限公司	Foreign Funded Share Holding Corporations	8	1	562685	204598	533011	47913
在合计中:	**Of the Total:**						
农村企业	Rural Enterprises	18	7	390534	89485	383421	67799
在合计中:	**Of the Total:**						
轻工业	Light Industry	274	61	12299567	3808825	11849109	1214124
重工业	Heavy Industry	405	46	92753584	17545838	91842056	13530312
在合计中:	**Of the Total:**						
大型企业	Large Enterprises	58	12	65318670	12364335	64894223	10123010
中型企业	Medium Enterprises	621	95	39734481	8990328	38796942	4621425

MAIN ECONOMIC INDICATORS OF LOCAL MEDIUM AND LARGE-SIZED INDUSTRIAL ENTERPRISES (2010)

(10000 yuan)

从业人员平均人数(人) Average Number of Employed Persons (person)	资产负债 Assets and Liabilities						
	资产总计 Total Assets	流动资产合计 Total Current Assets	#存货 Inventories	#产成品 Stock Inventory of Finished Products	#应收账款(净额) Accounts Receivable (Net)	长期投资合计 Total Longterm Investment	固定资产合计 Total Fixed Assets
745923	**190730233**	**65200975**	**12485475**	**3225517**	**12964541**	**48605664**	**48175944**
184929	106956869	19442806	3684879	533778	2512049	35995037	26107653
560994	83773364	45758169	8800596	2691739	10452492	12610627	22068291
474193	156395221	42103815	7462504	2115568	5977379	46626272	40151812
53393	80802225	11036296	800513	73845	946069	29665302	16344176
4118	108745	82473	19951	6205	7726	3250	22869
3948	128918	78132	37439	20804	16964	3394	43971
245136	52575129	18645313	3450680	769599	3389222	12549219	19296228
134365	21007329	10968692	2835803	1135675	1211695	4289271	4140202
33233	1772875	1292910	318119	109440	405703	115836	304366
66339	8456345	6430486	1489174	221887	1902816	576377	1081301
31373	2105740	1096565	304533	75477	357655	172798	630161
27964	2889696	2373024	278359	133827	551995	81740	379606
7002	3460909	2960897	906282	12583	993166	321838	71534
205391	25878667	16666674	3533797	888062	5084346	1403015	6942831
92187	13178209	9593481	2128292	441896	2942676	94719	3126177
5251	238190	181100	47391	1327	39383		53136
99111	10827486	6368891	1270425	410677	1996127	587233	3496475
8842	1634782	523202	87688	34162	106160	721063	267043
12174	350321	238319	88162	42256	83088	12217	92497
229598	16908934	9545178	2283074	799959	1614933	2006941	4162119
516325	173821299	55655797	10202400	2425558	11349608	46598723	44013825
325270	74653602	29142329	5734574	1432608	5224965	14572409	27682765
420653	116076631	36058646	6750901	1792909	7739576	34033255	20493179

11-16 续表 1 continued

单位: 万元

项目	Item	资产负债 Assets and Liabilities 固定资产原价 Total Original Value of Fixed Assets	固定资产净值 Net Value of Fixed Assets	负债合计 Total Liabilities	#流动负债合计 Total Current Liabilities	#长期负债合计 Total Longterm Liabilities	所有者权益合计 Total Owner's Equity
合 计	**Total**	**68686762**	**41494725**	**94801661**	**52725522**	**41629355**	**95928572**
在合计中:	**Of the Total:**						
中央工业	Central Industry	38671301	23038660	50253136	20099826	29982285	56703732
地方工业	Local Industry	30015461	18456064	44548525	32625697	11647070	39224839
在合计中:	**Of the Total:**						
内资企业	Domestic Funded Enterprises	55201304	34378757	74289813	33907896	39969882	82105409
国有企业	State-Owned Enterprises	22635089	14751332	38179932	10077476	27973003	42622293
集体企业	Collective Owned Enterprises	51564	21173	52153	49888	2265	56592
股份合作企业	Cooperative Enterprises	46883	27940	107222	70050	37172	21697
联营企业	Joint Owned Enterprises						
有限责任公司	Limited Liability Corporations	24438641	15852133	26031708	15375952	10450287	26543421
股份有限公司	Share Holding Corporations Ltd.	7602615	3451509	9015712	7499164	1440382	11991617
私营企业	Private Enterprises	426514	274670	903086	835366	66773	869789
港澳台商投资企业	Enterprises with Funds from Hongkong, Macao and Taiwan	2259988	1051257	6001909	5627507	370538	2454436
港澳台合资经营	Joint Venture	1501882	622151	1168201	1080371	86186	937538
港澳台合作经营	Cooperative						
港澳台商独资企业	Hongkong, Macao and Taiwan Enterprises	631409	359421	2213381	2195403	16899	676315
港澳台商投资股份有限公司	Hongkong, Macao and Taiwan Funded Share Holding Corporations	126697	69685	2620327	2351734	267453	840583
外商投资企业	Foreign Funded Enterprises	11225470	6064711	14509940	13190119	1288936	11368727
中外合资经营	Joint Venture	5568643	2924158	8362533	7683862	656918	4815676
中外合作经营	Cooperative	107244	55842	161151	161151		77039
外资(独资)企业	Foreign Enterprises	5103183	2854613	5592256	5044839	545214	5235230
外商投资股份有限公司	Foreign Funded Share Holding Corporations	446401	230097	394000	300268	86805	1240783
在合计中:	**Of the Total:**						
农村企业	Rural Enterprises	160566	83088	227489	208064	15859	122832
在合计中:	**Of the Total:**						
轻工业	Light Industry	6960691	3906451	8462811	7146186	1172958	8446123
重工业	Heavy Industry	61726071	37588273	86338850	45579337	40456398	87482449
在合计中:	**Of the Total:**						
大型企业	Large Enterprises	38935905	22971571	39620395	27554453	11889880	35033207
中型企业	Medium Enterprises	29750858	18523154	55181267	25171069	29739476	60895365

11-16 续表 2 continued

(10000 yuan)

#实收资本 Paid-up Capital	利润及分配 Profits and Distribution 主营业务收入 Operating Income	主营业务成本 Operating Cost	营业费用 Operating Expenses	主营业务税金及附加 Operating Tax and Extra Charges	营业利润 Operating Profits	利润总额 Total Profits	应交增值税 Value Added Tax Payable
49190183	**113874561**	**97487976**	**4119866**	**1829531**	**7726316**	**8142280**	**3158884**
30656481	38762627	34041575	229571	1153049	3296956	3275758	1083929
18533702	75111934	63446400	3890295	676482	4429360	4866522	2074955
41035071	63534869	55326777	1291729	1356473	4357844	4704447	1742956
20742524	12428787	10686004	114729	282855	2134736	2159074	312665
15060	103352	77545	1623	1156	10263	10273	9369
8687	121784	96201	13318	576	818	3439	5759
16647436	28665089	26432462	402022	119612	622561	855559	692053
3391670	20513033	16734077	645691	942429	1433992	1505656	671012
229695	1702825	1300490	114347	9845	155474	170448	52100
1237595	11916667	10130778	813015	20556	619351	646349	223457
682614	2266037	1861586	118211	10396	153710	168085	73431
313362	7076980	6023351	657919	3142	182392	186407	122851
241619	2573650	2245841	36885	7018	283248	291857	27175
6917517	38423025	32030420	2015123	452502	2749121	2791483	1192470
3017173	25705229	21843870	846766	436655	1824042	1836675	704230
126194	263332	212935	28372	35	17770	17870	6527
3116830	11878367	9562626	1086028	15386	776839	802311	451594
657320	576097	410990	53957	426	130471	134628	30119
64256	386188	332181	10776	978	19484	25651	10605
4479856	13175855	8796977	2129401	284632	1033057	1159857	733252
44710327	100698706	88690998	1990465	1544899	6693259	6982423	2425631
16483114	72008517	63624695	2101948	1450353	2948758	2998917	2036836
32707069	41866044	33863280	2017918	379178	4777558	5143363	1122047

11-17 大中型工业企业主要经济指标(按行业分)(2010年)

单位：万元

项 目	Item	企业单位个数(个) Number of Enterprises (unit)	#亏损企业 Loss-Suffering Enterprises	工业总产值(当年价格) Gross Output Value of Industry (at current prices)	工业增加值 Added Value of Industry
合 计	**Total**	**679**	**107**	**105053152**	**21354663**
煤炭开采和洗选业	Mining and Washing of Coal	1		***	***
石油和天然气开采业	Extraction of Petroleum and Natural Gas	3	1	***	***
黑色金属矿采选业	Mining and Processing of Ferrous Metal Ores	6		1876760	537917
有色金属矿采选业	Mining and Processing of Non-Ferrous Metal Ores				
非金属矿采选业	Mining and Processing of Nonmetal Ores	1		***	***
其他采矿业	Mining of Other Ores				
农副食品加工业	Processing of Food from Agriculture Products	28	8	1716787	235028
食品制造业	Manufacture of Foods	35	12	1292229	281424
饮料制造业	Manufacture of Beverages	16	4	1500752	436490
烟草制品业	Manufacture of Tobacco	1		***	***
纺织业	Manufacture of Textile	17	6	348820	76808
纺织服装、鞋、帽制造业	Manufacture of Textile Wearing Apparel, Footware and Caps	32	7	474233	195129
皮革、毛皮、羽毛(绒)及其制品业	Manufacture of Leather, Furs, Feather (Down) and Related Products	2		***	***
木材加工及竹、藤、棕、草制品业	Processing of Timber, Manufacture of Wood, Bamboo, Rattan, Palm and Straw Products	2	1	***	***
家具制造业	Manufacture of Furniture	11	2	245435	80076
造纸及纸制品业	Manufacture of Paper and Paper Products	4	1	307394	116273
印刷业和记录媒介的复制	Printing, Reproduction of Recording Media	30	8	602951	239676
文教体育用品制造业	Manufacture of Articles for Culture, Education and Sports Activity	6	1	89947	28890
石油加工、炼焦及核燃料加工业	Processing of Petroleum, Coking, Processing of Nuclear Fuel	5		8070731	1821211
化学原料及化学制品制造业	Manufacture of Raw Chemical Materials and Chemical Products	21	3	1742366	493386
医药制造业	Manufacture of Medicines	35	4	2836187	1204518
化学纤维制造业	Manufacture of Chemical Fibers	1		***	***
橡胶制品业	Manufacture of Rubber	4	1	156837	28807
塑料制品业	Manufacture of Plastics	7	1	210571	29744
非金属矿物制品业	Manufacture of Non-Metallic Mineral Products	43	4	1902472	513610
黑色金属冶炼及压延加工业	Smelting and Pressing of Ferrous Metals	7	3	3701605	248872
有色金属冶炼及压延加工业	Smelting and Pressing of Non-Ferrous Metals	5	2	160160	24825
金属制品业	Manufacture of Metal Products	22	1	687824	146418
通用设备制造业	Manufacture of General Purpose Machinery	48	7	3281253	883449
专用设备制造业	Manufacture of Special Purpose Machinery	42	5	2880748	668814
交通运输设备制造业	Manufacture of Transport Equipment	67	4	19525388	4088458
电气机械及器材制造业	Manufacture of Electrical Machinery and Equipment	44	3	5277245	995992
通信设备、计算机及其他电子设备制造业	Manufacture of Communication Equipment, Computers and Other Electronic Equipment	70	8	20339764	1924347
仪器仪表及文化、办公用机械制造业	Manufacture of Measuring Instruments and Machinery for Culture Activity and Office Work	24	1	761947	226795
工艺品及其他制造业	Manufacture of Artwork and Other Manufacturing	10	1	409516	71730
废弃资源和废旧材料回收加工业	Recycling and Disposal of Waste				
电力、热力的生产和供应业	Production and Distribution of Electric Power and Heat Power	20	6	20594031	4056811
燃气生产和供应业	Production and Distribution of Gas	3		***	***
水的生产和供应业	Production and Distribution of Water	6	2	273444	34365

MAIN ECONOMIC INDICATORS OF MEDIUM AND LARGE-SIZED INDUSTRIAL ENTERPRISES (BY SECTOR) (2010)

(10000 yuan)

工业销售产值(当年价格) Sales Value of Industry (at current price)	#出口交货值 Delivery Value of Exports	从业人员平均人数(人) Average Number of Employed Persons (person)	资产负债 Assets and Liabilities: 资产总计 Total Assets	流动资产合计 Total Current Assets	#存货 Inventories	#产成品 Stock Inventory of Finished Products	#应收账款(净额) Accounts Receivable (Net)	长期投资合计 Longterm Investment	固定资产合计 Total Fixed Assets	固定资产原价 Total Original Value of Fixed Assets	固定资产净值 Net Value of Fixed Assets
103691165	**14744436**	**745923**	**190730233**	**65200975**	**12485475**	**3225517**	**12964541**	**48605664**	**48175944**	**68686762**	**41494725**
***		16243	***	***	***	***	***	***	***	***	***
***	***	33004	***	***	***		***	***	***	***	***
1866436		18852	16922973	6539248	244788	37787	777445	5341144	4837987	4070409	3539240
***		352	***	***	***	***	***	***	***	***	***
1687866	68984	23649	1666342	1147981	219906	74190	88658	173984	275071	368650	238516
1261386	59249	30525	1649619	956032	150661	77977	250223	170561	466271	749012	423309
1459347	16730	23558	2494607	1067484	203482	52115	95301	834123	456156	888286	459107
***	***	846	***	***	***	***	***	***	***	***	***
325795	150279	13182	526123	370232	156772	91501	49711	26805	99435	146684	92640
443656	137092	25634	469700	352059	170384	87166	52754	13110	91820	131485	72446
***		699	***	***	***	***	***	***	***	***	***
***	***	1226	***	***	***	***	***	***	***	***	***
241123	23037	9310	387306	263720	60511	17676	58187	16473	71373	96990	66695
303787	4312	1564	314849	210693	42866	7833	15999		84143	144881	82891
603157	9702	17950	965866	458591	140381	33698	55483	19017	432473	799515	415983
87479	41875	4619	125644	75385	36567	15579	13493	1710	40494	55571	38996
8184307	22980	15295	2532335	1183130	784650	144731	81375	58540	1181095	2889728	1073161
1713514	77280	20019	2720355	1329031	239625	97047	155321	62942	898330	1558304	734986
2626545	51599	33771	3216405	2099223	604968	211456	405077	271128	554707	865163	484902
***	***	447	***	***	***	***	***	***	***	***	***
146989	40824	5413	122836	56923	23498	14137	9569	940	57799	95965	54043
203164	49584	4655	265604	146595	31051	12964	43878	51754	58569	79854	51263
1859979	101653	31793	2857989	1828655	309392	101761	655144	248040	642504	1010326	596720
3707640	134817	19303	3571526	1223036	337904	58492	207077	393880	1455166	2441530	1094765
156301	58619	2211	168483	110690	26110	6820	33817	3294	30380	55670	23168
689963	74849	15270	1139690	619485	201792	101323	137840	145995	310533	393528	264317
3126378	391282	35144	4325283	3080249	1225642	335177	728368	295840	791284	1135367	707421
2850508	527093	41235	4827206	3271428	675045	201238	727949	524998	727096	1088866	666956
19278011	381847	96898	12817484	8394415	2063871	842320	1663549	349076	3503735	4547554	2936859
5159544	460026	35544	6467070	5301291	1384052	165887	1770760	465892	510723	792987	427978
19963087	11354143	94619	14793967	9379474	1667602	332805	2966609	2487418	2596264	4939418	2120796
735158	95431	11176	1109305	849364	274970	45625	226374	61719	154000	228208	149524
376148	2311	7494	929337	527491	111504	22368	149752	60133	232209	355385	219733
20592997		40403	92016647	10554317	133798	1413	1114925	34803640	22605204	32559658	20245391
***		8123	***	***	***	***	***	***	***	***	***
273352		5897	3611849	574397	8079		89778	313101	2340310	3056539	2122898

11-17 续表1 continued

单位：万元

项目	Item	资产负债 Assets and Liabilities 负债合计 Total Liabilities	#流动负债合计 Total Current Liabilities	#长期负债合计 Total Longterm Liabilities
合计	**Total**	**94801661**	**52725522**	**41629355**
煤炭开采和洗选业	Mining and Washing of Coal	***	***	***
石油和天然气开采业	Extraction of Petroleum and Natural Gas	***	***	***
黑色金属矿采选业	Mining and Processing of Ferrous Metal Ores	8638066	2675432	5962634
有色金属矿采选业	Mining and Processing of Non-Ferrous Metal Ores			
非金属矿采选业	Mining and Processing of Nonmetal Ores	***	***	***
其他采矿业	Mining of Other Ores			
农副食品加工业	Processing of Food from Agriculture Products	906436	851024	43211
食品制造业	Manufacture of Foods	1088387	1021642	39556
饮料制造业	Manufacture of Beverages	1312677	1150080	155292
烟草制品业	Manufacture of Tobacco	***	***	***
纺织业	Manufacture of Textile	317155	228787	5306
纺织服装、鞋、帽制造业	Manufacture of Textile Wearing Apparel, Footware and Caps	307341	259053	47399
皮革、毛皮、羽毛(绒)及其制品业	Manufacture of Leather, Furs, Feather (Down) and Related Products	***	***	***
木材加工及竹、藤、棕、草制品业	Processing of Timber, Manufacture of Wood, Bamboo, Rattan, Palm and Straw Products	***	***	***
家具制造业	Manufacture of Furniture	285361	226831	58530
造纸及纸制品业	Manufacture of Paper and Paper Products	193644	190865	2749
印刷业和记录媒介的复制	Printing, Reproduction of Recording Media	390736	292971	93132
文教体育用品制造业	Manufacture of Articles for Culture, Education and Sports Activity	80134	67934	12200
石油加工、炼焦及核燃料加工业	Processing of Petroleum, Coking, Processing of Nuclear Fuel	1529168	1520403	8765
化学原料及化学制品制造业	Manufacture of Raw Chemical Materials and Chemical Products	1581656	1364515	217100
医药制造业	Manufacture of Medicines	1269428	1147371	114883
化学纤维制造业	Manufacture of Chemical Fibers	***	***	***
橡胶制品业	Manufacture of Rubber	90265	86731	3534
塑料制品业	Manufacture of Plastics	108362	96796	11566
非金属矿物制品业	Manufacture of Non-Metallic Mineral Products	1490064	1378945	108864
黑色金属冶炼及压延加工业	Smelting and Pressing of Ferrous Metals	2171356	1317260	854086
有色金属冶炼及压延加工业	Smelting and Pressing of Non-Ferrous Metals	43936	38888	5048
金属制品业	Manufacture of Metal Products	521614	441733	72746
通用设备制造业	Manufacture of General Purpose Machinery	2216556	2048236	153522
专用设备制造业	Manufacture of Special Purpose Machinery	2865559	2541474	264178
交通运输设备制造业	Manufacture of Transport Equipment	8059218	7042207	1002422
电气机械及器材制造业	Manufacture of Electrical Machinery and Equipment	4246169	3794930	425029
通信设备、计算机及其他电子设备制造业	Manufacture of Communication Equipment, Computers and Other Electronic Equipment	7561642	6779960	769316
仪器仪表及文化、办公用机械制造业	Manufacture of Measuring Instruments and Machinery for Culture Activity and Office Work	646789	572473	63263
工艺品及其他制造业	Manufacture of Artwork and Other Manufacturing			
废弃资源和废旧材料回收加工业	Recycling and Disposal of Waste	372787	257627	114679
电力、热力的生产和供应业	Production and Distribution of Electric Power and Heat Power	41953854	12302221	29508310
燃气生产和供应业	Production and Distribution of Gas	***	***	***
水的生产和供应业	Production and Distribution of Water	1446230	421883	1021657

11-17 续表2 continued

(10000 yuan)

所有者权益合计 Total Owner's Equity	#实收资本 Paid-up Capital	利润及分配 Profits and Distribution						应交增值税 Value Added Tax Payable
		主营业务收入 Operating Income	主营业务成本 Operating Cost	营业费用 Operating Expenses	主营业务税金及附加 Operating Tax and Extra Charges	营业利润 Operating Profits	利润总额 Total Profits	
95928572	**49190183**	**113874561**	**97487976**	**4119866**	**1829531**	**7726316**	**8142280**	**3158884**
***	***	***	***	***	***	***	***	***
***	***	***	***		***	***	***	***
8284907	2507408	4992238	4678041	4620	12769	219732	217189	89930
***	***	***	***	***	***	***	***	***
759906	265744	1839698	1603597	103949	21721	45012	55210	26905
561232	651464	1805202	1205090	448874	2913	53388	61718	105208
1181930	477697	1612152	1078304	287551	69797	123002	140065	94904
***	***	***	***	***	***	***	***	***
208968	184617	386318	270474	62827	1425	22861	28929	14882
162359	78763	494280	341884	65220	1731	40094	41538	27025
***	***	***	***	***	***	***	***	***
***	***	***	***	***	***	***	***	***
101945	46240	272130	213121	22920	818	20752	23184	12883
121205	44402	310282	220993	12505	10	68467	68716	13737
575130	402962	599855	460869	12017	2630	45107	50462	29404
45510	34923	100140	83902	5750	251	1101	1691	2208
1003167	61856	8334489	6713741	59061	835024	484270	485319	330719
1138699	907138	1792053	1342561	172995	8563	125330	132216	88650
1946977	727628	2777808	1226204	859055	11407	449160	443160	259993
***	***	***	***	***	***	***	***	***
32571	30316	148475	136723	3543	127	-1916	-1226	3445
157242	58981	221339	187795	5823	180	11574	12287	3943
1367925	585831	1989731	1641769	79924	11402	127370	202542	55542
1400171	1310500	3892955	3782337	50013	2395	-53887	-55300	24730
124547	54143	154179	139839	1909	62	5783	5975	497
618076	244861	895903	740632	44670	2580	59289	64877	18804
2108726	1056475	3313807	2531179	144530	6577	429230	447224	100957
1961647	687545	3089423	2460084	123220	11639	260693	286835	98658
4758267	2219907	20015445	16704543	621093	462760	1480486	1499557	592260
2220900	926801	5323455	4312302	188046	12490	681971	710194	118754
7232325	3945162	23339624	21683684	618895	15113	522523	569837	250021
462516	191735	845703	641537	61808	2882	89439	111328	34101
556550	176638	497641	368083	4975	1582	66484	66689	10869
50062793	26665559	20647124	19175155	9319	114492	2189217	2179885	483110
***	***	***	***	***	***	***	***	***
2165620	2171985	269526	366631	704	1004	-158272	-76638	11530

11-18 规模以下工业主要指标(2010年)
MAJOR INDICATORS FOR INDUSTRIAL ENTERPRISES BELOW DESIGNATED SIZE (2010)

项 目	Item	企业个数 (个) Number of Enterprises (unit)	从业人员平均人数 (人) Average Number of Persons Employed(person)	工业总产值 (当年价格，万元) Gross Output Value (at current prices, 10000 yuan)
合 计	**Total**	**29474**	**249886**	**2801897**
法人工业企业	Corporation Unit	17838	179098	2496929
个体经营工业单位	Individual Unit	11636	70788	304968

注：规模以下工业企业指年主营业务收入500万元以下的法人工业企业和全部个体经营工业单位。

Note: Industrial enterprises below designed size refers to enterprises with main business income below 5 million yuan and all individual industrial units.

主要统计指标解释

工业 指从事自然资源的开采，对采掘品和农产品进行加工和再加工的物质生产部门。具体包括：（1）对自然资源的开采，如采矿、晒盐、森林采伐等（但不包括禽兽捕猎和水产捕捞）；（2）对农副产品的加工、再加工，如粮油加工、食品加工、扎花、纺织、制革等；（3）对采掘品的加工、再加工，如炼铁、炼钢、化工生产、石油加工、机器制造、木材加工等，以及电力、自来水、煤气的生产和供应等；（4）对工业品的修理、翻新，如机器设备的修理、交通运输工具（包括小卧车）的修理等。

1984 年以前农村的村及村以下办工业归属农业，1984 年以后划归工业。

轻工业 指主要提供生活消费品和制作手工工具的工业。按其所使用的原料不同，可分为两大类：（1）以农业为原料的轻工业，是指直接或间接以农产品为基本原料的轻工业。主要包括食品制造、饮料制造、烟草加工、纺织、缝纫、皮革和毛皮制作、造纸以及印刷等工业；（2）以非农产品为原料的轻工业，是指以工业品为原料的轻工业。主要包括文教体育用品、化学药品制造、合成纤维制造、日用化学制品、日用玻璃制品、日用金属制品、手工工具制造、医疗器械制造、文化和办公用机械制造等工业。

重工业 是指为国民经济各部门提供物质技术基础的主要生产资料的工业。按其生产性质和产品用途，可以分为下列三类：（1）采掘（伐）工业，是指对自然资源的开采，包括石油开采、煤炭开采、金属矿开采、非金属矿开采和木材采伐等工业；（2）原材料工业，指向国民经济各部门提供基本材料、动力和燃料的工业。包括金属冶炼及加工、炼焦及焦炭化学、化工原料、水泥、人造板以及电力、石油和煤炭加工等工业；（3）加工工业，是指对工业原材料进行再加工制造的工业。包括装备国民经济各部门的机械设备制造工业、金属结构、水泥制品等工业，以及为农业提供的生产资料如化肥、农药等工业。

根据上述划分原则，修理业中以重工业产品为修理作业对象的划为重工业，反之划为轻工业。

工业总产值 指工业企业在报告期内生产的以货币形式表现的工业最终产品和提供工业劳务活动的总价值量。它包括：在本企业内不再进行加工，经检验、包装入库（规定不需包装的产品除外）的成品价值，对外加工费收入，自制半成品、在产品期末期初差额价值。工业总产值采用“工厂法”计算，即以工业企业作为一个整体，按企业生产活动的最终成果来计算，企业内部不允许重复计算，不能把企业内部各个车间（分厂）生产的成果相加。但在企业之间、行业之间、地区之间存在着重复计算。

轻重工业总产值的划分也是按“工厂法”计算的，即一个工业企业在正常情况下生产的主要产品的性质属于轻工业，则该企业的全部总产值作为轻工业总产值；一个工业企业生产的主要产品的性质属于重工业，则该企业的全部总产值作为重工业总产值。

工业增加值 是指工业企业在报告期内以货币形式表现的工业生产活动的最终成果。

工业销售产值 是以货币形式表现的，工业企业在报告期内销售的本企业生产的工业产品或提供工业性劳务价值的总价值量。包括企业在报告期内实际销售（包括本期生产和非本期生产）的全部成品、半成品的总价值，报告期内完成的对外承接的工业品加工的加工费收入，对外工业品修理作业可获取的加工费收入和对内非工业部门提供的加工修理、设备安装等收入。已销售的成品、半成品不论是本期生产的、还是非本期生产的，只要是本期销售出去的均包括在内。企业为本单位基本建设部门、生活福利部门等提供的产品和工业性作业及自制设备也应视同销售，这部分也应作为销售统计。

工业销售产值的计算价格和计算方法与工业总产值一致，但两者计算的基础不同，工业销售产值计算的基础是产品销售总量，工业总产值计算的基础是工业产品生产总量。工业销售产值不包括自制半成品、在制品期末期初差额价值，而工业总产值包括这部分内容。

资产总计 指企业拥有或控制的能以货币计量的经济资源，包括各种财产、债权和其他权利。资产按其流动性（即资产的变现能力和支付能力）划分为：流动资产、长期投资、固定资产、无形资产、递延资产和其他资产。

（1）**流动资产合计** 指企业可以在一年内或者超过一年的一个生产周期内变现或者耗用的资产，包括现金及各种存款、短期投资、应收及预付款项、存货等。

（2）**固定资产合计** 指企业使用期限超过一年的房屋、建筑物、机器、机械、运输工具以及其他与生产、经营有关的设备、器具、工具等。不属于生产经营主要设备的物品，单位价值在 2000 元以上，并且使用年限超过 2 年的，也应当作为固定资产。

负债合计 指企业所承担的能以货币计量，将以资产或劳务偿付的债务，偿还形式包括货币、资产或提供劳务。

（1）**流动负债合计** 指企业在一年内或者超过一年的一个营业周期内需要偿还的债务，包括短期借款、应付票据、应付账款、预收账款、应付工资、应交税金、应付利润、预提费用等。

（2）**长期负债合计** 指企业偿还期在一年以上或者超

过一年的一个营业周期以上的债务，包括长期借款、长期应付款、应付债券等。

固定资产原价 指企业在购置、自行建造、安装、改建、扩建、技术改造某项固定资产时所支出的全部支出总额。

固定资产净值 指固定资产原价减去累计折旧后的净额。

所有者权益 指所有者在企业资产中享有的经济利益，它等于企业资产减去负债后的余额。包括实收资本（或股本)、资本公积、盈余公积和未分配利润等。

实收资本 指投资者按照企业章程，或合同、协议的约定，实际投入企业的资本。企业实收资本按照投资主体划分为国家资本、集体资本、法人资本、个人资本、港澳台资本和外商资本六种。

主营业务收入 指企业经营主要业务所取得的收入总额。

主营业务成本 指企业经营主要业务发生的实际成本。

主营业务税金及附加 指企业经营主要业务应负担的营业税、消费税、城市维护建设税、资源税、土地增值税、教育费附加。

营业利润 指企业从事生产经营活动所取得的利润。

营业利润=主营业务收入-主营业务成本-主营业务税金及附加+其他业务利润-营业费用-管理费用-财务费用

利润总额 指企业在生产经营过程中各种收入扣除各种耗费后的盈余，反映企业在报告期内实现的亏盈总额，包括营业利润、补贴收入、投资净收益和营业外收支净额。

应交增值税 指企业按税法规定，从事货物销售或提供加工、修理修配劳务等增加货物价值的活动本期应交纳的税金。

应交增值税=销项税额-（进项税额-进项税额转出）-出口抵减内销产品应纳税额-减免税款+出口退税

工业产品销售率 指报告期工业销售产值与同期全部工业总产值之比。计算公式:

$$工业产品销售率(\%)=\frac{报告期现价工业销售产值}{报告期现价工业总产值}\times100\%$$

工业增加值率 指报告期工业增加值占工业总产值的比重，反映降低中间消耗的经济效益。计算公式:

$$工业增加率(\%)=\frac{报告期现价工业增加值}{报告期现价工业总产值}\times100\%$$

工业成本费用利润率 指在一定时期内实现的利润与成本费用之比，是反映工业生产成本及费用投入的经济效益指标，同时也是反映降低成本的经济效益的指标。计算公式:

$$工业成本费用利润率(\%)=\frac{利润总额}{成本费用总额}\times100\%$$

工业全员劳动生产率 指根据产品的价值量指标计算的平均每一个职工在单位时间内创造的工业生产最终成果。是考核企业经济活动的重要指标，是企业生产技术水平、经济管理水平、职工技术熟练程度和劳动积极性的综合表现。

$$工业全员劳动生产率(元/人)=\frac{工业增加值(现价)}{全部职工平均人数}$$

流动资产周转次数 指在一定时期内流动资产完成的周转次数，反映流动资产的周转速度。计算公式:

$$流动资产周转次数(次)=\frac{产品销售收入}{流动资产平均余额}$$

流动比率 是反映企业每百元流动负债中，有多少元流动资产作后盾。计算公式:

$$流动比率(倍)=\frac{流动资产总额}{流动负债总额}$$

速动比率 是衡量企业流动资产中可以立即用于偿付流动负债的能力。计算公式:

$$速动比率(倍)=\frac{流动资产总额-存货}{流动负债总额}$$

资产负债率 反映在企业资产总额中有多少资产是通过借债而得的，也可以用于衡量企业利用债权人提供资金进行经营活动的能力以及企业在清算时保护债权人利益的程度。计算公式:

$$资产负债率=\frac{负债总额}{资产总额}\times100\%$$

总资产贡献率 反映企业全部资产的获利能力，是企业经营业绩和管理水平的集中体现，是评价和考核企业盈利能力的核心指标。计算公式为:

$$总资产贡献率=(利润总额+税金总额+利息支出)\div平均资产总额\times100\%$$

其中：税金总额为主营业务税金及附加、管理费用中的税金与应交增值税之和；平均资产总额为期初期末资产总计的算术平均值。

资本保值增值率 反映企业净资产的变动状况，是企业发展能力的集中体现。计算公式为:

$$资本保值增值率=\frac{报告期期末所有者权益}{上年同期期末所有者权益}\times100\%$$

高技术制造业 在高技术产业中扣除公共软件服务业（包括基础软件服务和应用软件服务）以外的全部行业。

Explanatory Notes on Main Statistical Indicators

Industry refers to the material production sector which is engaged in extraction of natural resources and processing and reprocessing of minerals and agricultural products, including (1) extraction of natural resources, such as mining, salt production, logging (but not including hunting and fishing); (2) processing and reprocessing of farm and sideline produces, such as cereal and oil processing, foodstuff processing, cotton ginning, textile, and leather making; (3) manufacture of industrial products, such as steel making, iron smelting, chemicals manufacturing, petroleum processing, machine building, timber processing; water and gas production and electricity generation and supply; (4) repairing of industrial products such as the repairing of machinery and means of transport (including cars).

Prior to 1984, the rural industry run by villages and cooperative organizations under village was classified into agriculture. Since 1984, it has been grouped into industry.

Light Industry refers to the industry that produces consumer goods and hand tools. It consists of two categories, depending on the materials used:

(1) Industries using farm products as raw materials. These are branches of light industry which directly or indirectly use farm products as basic raw materials, including the manufacture of food and beverages, tobacco processing, textile, clothing, fur and leather manufacturing, paper making, printing, etc.

(2) Industries using non-farm products as raw materials. These are branches of light industry which use manufactured goods as raw materials, including the manufacture of cultural, educational articles and sports goods, chemicals, synthetic fiber, chemical products for daily use, glass products for daily use, metal products for daily use, hand tools, medical apparatus and instruments, and the manufacture of cultural and clerical machinery.

Heavy Industry refers to the industry which produces capital goods, and provides various sectors of the national economy with necessary material and technical basis. It consists of the following three branches according to the purpose of production or the use of products:

(1) Mining, quarrying and logging industry refers to the industry that extracts natural resources, including extraction of petroleum, coal, metal and non-metal ores and logging.

(2) Raw materials industry refers to the industry that provides various sectors of the national economy with raw materials, fuels and power. It includes smelting and processing of metals, coking and coke chemistry, chemical materials and building materials such as cement, plywood, and power, petroleum refining and coal dressing.

(3) Manufacturing industry refers to the industry that processes raw materials. It includes machine building industry which equips sectors of the national economy, industries of metal structure and cement products, industries producing means of agricultural production, such as chemical fertilizers and pesticides.

According to the above principle of classification, the repairing trades which are engaged primarily in repairing products of heavy industry are classified into heavy industry while these engaged in repairing products of light industry are classified into light industry.

Gross Output Value of Industry is the total value of final industrial products made and industrial labor service provided by industrial enterprises in the year. It includes the value of the finished products, which are not to be further processed in the enterprises and have been inspected, packed and put in storage (with the exception of products not to be packaged as stated), the value of industrial services rendered to other units, and the changes in the value of the semi-finished products and products in process between the beginning and end of the period. The gross industrial output value is calculated with "factory method". No double calculations are to be made within the same enterprise. However, double counting does occur among different enterprises.

Output value of light and heavy industries is also classified with the "factory" method. Under normal conditions, if the major products of an industrial enterprise belong to light industry products, the gross output value of that enterprise is classified wholly into light industry; the same principle applies to heavy industry.

Added Value of Industry refers to the final results of industrial production of industrial enterprises in money terms in the reporting period.

Sales Value of Industry refers to the total value of industrial products sold or labor service provided by an industrial enterprise in the year in money terms. It includes the total value of all finished and semi-finished products actual sold by the enterprise(including current period and non current period production), income of charges for processing external industrial products, income of charges for repairing external industrial products, along with income from processing, repairing, and equipment installation for internal non-industrial departments in the reporting period. Finished and semi-finished products that have been sold, whether produced in the current period or in the previous period, are included as long as they are sold in the current period. Provision of production, industrial operation and self-made equipment by the enterprise for its capital construction departments and life welfare departments is also regarded as sale, and shall be included in the industrial sales value.

Sales value of industry is calculated at the same price and

with the same method as gross output value of industry. But they are calculated on different bases. The calculation of sales value of industry is based on the total sales volume of products, and that of gross industrial output value, on the total output of industrial products. The sales value of industry does not cover the difference between beginning and ending self-made semi-finished products and in-process products, while the gross industrial output value covers such value.

Total Assets refer to all economic resources, owned or controlled by enterprises, that could be measured in monetary terms, including properties, creditors equity and other economic rights of all forms. Classified by the fluidity (namely the cash realization and payment capacity of assets), total assets include circulating assets, long term investment, fixed assets, intangible assets and deferred assets, and other assets.

(1)Total Current Assets refer to assets which can be cashed in or spent or consumed in an operating cycle of one year or over one year, including cash, all kinds of deposits, short-term investment, receivables, advance payment, inventory, etc.

(2)Total Fixed Assets refer to houses and buildings, machines, machinery, transport tools as well as other equipment, apparatus and tools in relation to production and operation in an enterprise, which have been used for more than one year. Articles that are not main equipment for production and operation, with unit value of RMB2000 over, and which are used for more than 2 years, are also fixed assets.

Total Liabilities refer to the debts, measured in monetary terms, that enterprises are responsible for repayment in the form of cash, assets or provision of labor service.

(1) Total Current liabilities refer to enterprises' total debt payable within an operating cycle of one year or over one year, including short-term loans, bills payable, accounts payable, accounts received in advance, wages payable, taxes payable and profit payable, and outlays withdrawn etc.

(2) Total Long-term Liabilities refers to total debts of an enterprise to be payable within an operating cycle of one year or over one year, including long-term loans, long-term payables, and bonds payable, etc.

Total Original Value of Fixed Assets refers to the total value of all costs paid by an enterprise for purchasing, building, installing, rebuilding, expanding, technically renovating any fixed asset.

Net Value of Fixed Assets is obtained by deducting depreciation over years from the original value of fixed assets

Total Owner's Equity refers to the economic interest of owners in the assets of enterprise. It is equal to the net value of assets minus liabilities, consisting of paid-up capital (or share capital), accumulation of capital, operating surplus and non-distributed profits.

Paid-up Capital refers to the capital actually contributed by investors to an enterprise in accordance with provisions in the articles or incorporation, contract or agreement. By players of investment, paid-up capital falls into six categories, i.e. state capital, collective capital, corporate capital, individual capital, capital from Hong Kong, Macao and Taiwan, and foreign capital.

Operating Income refers to the total income earned by enterprise from its main business operation.

Operating Cost refers to the actual cost of enterprise during its operation of main business.

Operating Tax and Extra Charges refers to the business tax, exercise tax, urban maintenance and construction tax, resource tax, land value added tax, and educational surcharge to be levied against the main business operated by an enterprise.

Operating Profits refers to the profits reaped by an enterprise from its productive and operating activities.

Operating profit = operating income – operation cost – operating tax and extra charges + profits from other business – operating expenses – management expenses – financial expenses

Total Profits refers to the surplus of various incomes earned by an enterprise from its production and operation deducting various expenses. It reflects the total gain/loss realized in the enterprise in the reporting period. It includes operating profit, subsidy income, net return on investment, and net non-operating income.

VAT Payable refers to the tax payable by an enterprise in current period according to provisions in Law of Tax for its activities adding value to goods, including sales of goods, provision of labor service such as processing, repair and replacement.

VAT Payable = Sales-related Tax – (Purchase-related Tax – Transfer-out of Purchase-related Tax) – Taxable Amount of Exports Deducting Domestically Sold Products – Tax Concession +Export Rebate

Rate of Sales of Industrial Products refers to the rate of industrial sales output value in the reporting period to the gross output value in the same period. It is calculated as follows:

Rate of Sales of Industrial Products (%) = sales value of industry at present value in the reporting period / gross output value of industry at present value in the reporting period × 100%

Rate of Added Value of Industry refers to the rate of added value of industry to the gross output value of industry in the reporting period. It indicates the economic benefit from reduction of intermediate consumption. It is calculated as follows:

Rate of Added Value of Industry = added value of industry at present value in the reporting period / gross output value of industry at present value in the reporting period × 100%

Rate of Profits to Total Industrial Costs refers to the ratio of profits realized in a given period to the total costs in the same period, which reflects the economic efficiency of input cost and is calculated as follows:

Rate of Profits to Total Industrial Cost (%) = (Total Profits/ Total Costs) ×100%

Overall Labor Productivity of Industry refers to the final result of industrial production created by each employee in value terms of products within a unit time, measured with the value of products. It is an important indicator measuring the economic activities of an enterprise, and reflects the level of production technology, level of economic management, employees' skill and labor enthusiasm of the enterprise.

Overall Labor Productivity of Industry (RMB/person) = added value of industry (at present value) / average number of all employees

Turnovers of Current Assets refer to the number of turnovers of current assets within a given period of time. It reflects the turnover velocity of current assets. It is calculated as follows:

Turnovers of Current Assets (Nos.) = product sales / average balance of current assets

Liquidity Ratio indicates how much money of current assets is supporting the current liabilities of RMB100 in an enterprise. It is calculated as follows:

Liquidity Ratio (Times) = total current assets / total current liabilities

Quick Ratio indicates the capacity of current assets in an enterprise that can be used instantly for paying off current liabilities.

Quick Ratio = (total current assets – inventory)/total liabilities

Ratio of Liabilities to Assets reflects that how many assets of the total assets in an enterprise are obtained from liabilities. It can be used for measuring the enterprise's capability of carrying out operating activities by using the funds provided by creditors, and to what extent the enterprise protects the creditors' interest during liquidation. It is calculated as follows:

Ratio of Liabilities to Assets = total liabilities / total assets × 100%

Contribution Rate of Total Assets indicates the profitability of all assets in an enterprise, reflecting the operating performance and management skill of the enterprise, service as a core indicator measuring the enterprise's profitability. It is calculated with the following formula:

Contribution Rate of Total Assets = (total profit + total tax + total interest) ÷average total assets × 100%

Where, the total tax is the sum of tax and surtax on main business, tax in management expenses, and payable VAT; average total assets is the arithmetic mean of beginning and ending total assets.

Rate of Capital Value Preservation and Appreciation reflects the changes in the net assets of an enterprise. It is a concentrated materialization of enterprise growth capacity. The formula for calculation is:

Rate of Capital Value Preservation and Appreciation = owner's equity at the end of the reporting period / owner's equity at the end of the same period in the previous year × 100%

High-tech Manufacturing means all sectors in the high-tech industry other than public software services (including basic software service and application software service).

12

北京统计年鉴2011　BEIJING STATISTICAL YEARBOOK

建筑业
CONSTRUCTION

简要说明

一、本章资料的主要内容

本章资料主要反映北京市建筑业企业基本情况和生产经营情况。主要指标包括企业个数、从业人员、建筑业总产值、建筑业企业房屋建筑面积、利润、税金及劳动生产率等。

二、本章的统计范围

建筑业统计范围从 2004 年起，由原具有建筑业资质等级四级及四级以上的独立核算的建筑业企业调整为具有施工总承包、专业承包资质的所有法人建筑业企业。

三、本章的资料来源及调查方法

本章建筑业企业统计数据是根据国家统计局制定的《建筑业统计报表制度》整理汇总。建筑业统计数据采取全面调查的方法。资料由北京市统计局、国家统计局北京调查总队负责提供。

四、本章中关于历史数据调整的问题

由于 2004 年开展了“北京市第一次全国经济普查”，按照国家统计局统一要求和统一方法，历史资料要根据普查结果进行修正。本章中 1993 至 2003 年的建筑业总产值数据采用“趋势离差法”进行了调整，2004 年为第一次经济普查数据，2008 年为第二次经济普查数据。

Brief Introduction

I. Main Content

Figures in this chapter reflect the basic situation and operation of building enterprises in Beijing. Main indicators include number of enterprises, employees, total output value of building sector, house building area of enterprises in building sector, profit, tax and productivity, etc.

II. Scope of Statistics

From 2004, figures of statistics for building sector cover all building enterprises with qualification of general and specialized contracting of construction, compared with previous building enterprises keeping separate accounts at and above class-4 building sector qualification.

III. Source of Data and Method of Survey

Statistical data of building sector were summarized according to Statistical Statement System for Building Sector developed by the National Bureau of Statistics, which were gained from complete survey. They are from Beijing Bureau of Statistics and National Bureau of Statistics Survey Office in Beijing.

IV. Adjustment to Historical Data

As the “first national economic census in Beijing” was conducted in 2004, in accordance with the uniform requirement and method of the National Bureau of Statistics, historical data must be corrected according to the census result. Data of total output value of building sector in 1993-2003 were adjusted with “trend deviation method”. Data from the first economic census were used for 2004. And data from the second economic census were used for 2008.

12-1 建筑业企业基本情况(1978-2010年)
BASIC STATISTICS ON CONSTRUCTION ENTERPRISES WITH INDEPENDENT ACCOUNTING SYSTEM (1978-2010)

年份 Year	建筑施工企业单位数(个) Construction Enterprises (unit)	建筑施工企业年末从业人员(万人) Employed Persons (year-end) (10000 persons)	建筑施工企业总产值(亿元) Gross Output Value (100 million yuan)	建筑施工企业全员劳动生产率(元/人) Overall Labor Productivity (yuan/person)	工程结算收入(亿元) Settled Project Income (100 million yuan)	建筑施工企业利润总额(亿元) Total Profits (100 million yuan)	建筑施工企业房屋建筑面积(万平方米) Floor Space of Buildings (10000 sq.m)	
							施工面积 Floor Space under Construction	竣工面积 Floor Space Completed
1978	64	25.4	10.5	4397		0.7		
1979	70	26.4	12.7	4680		0.9		
1980	71	27.8	14.7	5249		1.5		
1981	71	27.0	14.5	5264		1.6		
1982	91	30.7	17.3	5404		1.7		
1983	116	37.2	22.6	6128		2.5		
1984	2765	53.0	33.4	6345		3.2		
1985	2549	63.9	43.9	7197		3.9		
1986	2361	61.3	51.3	8702		3.3		
1987	2292	64.4	67.0	10832		4.1		
1988	1659	64.2	81.6	12992		3.9		
1989	1545	60.0	89.0	14539		3.8		
1990	994	60.2	94.7	16340		3.4		
1991	922	60.3	99.6	17031		2.8	2495	1172
1992	976	62.7	122.6	19786		3.1	2774	1227
1993	1098	75.9	215.5	27739	205.5	6.1	3499	1428
1994	1259	73.4	336.0	41099	289.4	9.4	4035	1437
1995	1332	82.6	426.6	44852	337.6	7.8	4602	1593
1996	1292	82.5	494.7	56750	431.3	8.9	5328	1967
1997	1297	80.3	556.4	64633	481.1	10.4	5801	2117
1998	1482	75.6	678.6	73644	579.3	12.4	6525	2225
1999	1588	62.0	750.6	82465	645.8	13.6	6824	2632
2000	1697	56.6	812.5	88132	706.8	16.4	7247	2809
2001	1811	57.8	1055.4	105924	906.9	18.7	8919	3198
2002	2122	57.0	1211.3	117482	1094.0	24.7	10241	3827
2003	2419	59.1	1521.2	130075	1329.9	31.5	12160	4486
2004	2623	51.2	1659.8	147996	1936.0	40.0	14424	5258
2005	2752	67.2	1894.0	158082	2206.9	67.3	15418	4862
2006	2800	66.9	2167.9	164379	2666.2	112.8	16202	4786
2007	2845	51.7	2576.8	191356	3351.3	115.7	18225	4946
2008	3527	47.0	3066.2	220425	3856.8	84.5	19537	4803
2009	3556	56.2	4059.7	249137	5081.1	217.4	22721	5225
2010	3594	59.9	5196.0	253939	6545.0	265.2	29440	5933

注：1. 1996-2003年全部指标的统计口径为四级及四级以上的法人建筑施工企业。
2. 2004-2010年全部指标的统计口径为建筑施工总承包、专业承包的建筑业企业。
3. 建筑施工企业房屋建筑面积包括在本市和外省完成的施工、竣工面积。

Note: a) All figures from 1996 to 2003 covered the construction enterprises as legal persons at Grade IV and above.
b) All figures from 2004 to 2010 covered the general contracting and specialized contracting construction enterprises.
c) Building area of houses completed by construction enterprises included the construction and Completion area completed both inside and outside the city.

12-2 建筑业施工企业基本情况(2010年)

BASIC INFORMATION ON PROFESSIONAL CONTRACTING BUILDING CONSTRUCTION ENTERPRISES (2010)

项目	Item	建筑施工企业单位数(个) Construction Enterprises (unit)	年末从业人员(人) Employed Persons (year-end) (person)	年末自有机械设备 Machines and Equipment Owned (year-end)		
				净值(万元) Net Value (10000 yuan)	总台数(台) Total Number (set)	总功率(千瓦) Total Power (kw)
合计	**Total**	**3594**	**599148**	**995702**	**163612**	**4379332**
按企业登记注册类型分	**Grouped by Registration Status of Enterprises**					
内资企业	Domestic Funded Enterprises	3490	574632	986255	161161	4330792
国有企业	State-Owned Enterprises	128	48978	63491	9617	338200
集体企业	Collective Owned Enterprises	150	18665	13564	7849	159612
私营企业	Private Enterprises	79	8255	12479	5425	57618
联营企业	Joint Owned Enterprises	3	58	88	21	145
股份有限公司	Share Holding Corporations Ltd.	1267	371897	707860	93830	2784512
有限责任公司	Limited-Liability Corporations	83	32836	82914	4331	213447
股份合作企业	Cooperative Enterprises	1780	93943	105859	40088	777258
其他企业	Others					
外商投资企业	Foreign Funded Enterprises	56	18966	5267	1530	15557
港、澳、台商投资企业	Enterprises with Funds from Hongkong, Macao and Taiwan	48	5550	4180	921	32983
按隶属关系分	**Grouped by Administrative Relationship**					
中央	Central	221	260174	515698	38348	1563764
地方	Local	3373	338974	480004	125264	2815568
按行业分	**Grouped by Sector**					
房屋和土木工程建筑业	House and Civil Work Construction	1152	426436	845076	98833	3349386
建筑安装业	Building Installation	842	88990	77294	30666	698843
建筑装饰业	Building Decoration	1276	65236	28877	26618	192995
其他建筑业	Other Building Sector	324	18486	44455	7495	138108

注：统计范围为施工总承包、专业承包的法人建筑业企业（下表同）。

Note: Statistics covers general contracting and specialized contracting construction enterprises as legal persons (same to the below table).

12-3 建筑业施工企业总产值和劳动生产率

GROSS OUTPUT VALUE AND LABOR PRODUCTIVITY OF PROFESSIONAL CONTRACTING BUILDING CONSTRUCTION ENTERPRISES

项目	Item	总产值（万元） Gross Output Value (10000 yuan)		劳动生产率(元/人) Overall Labor Productivity (yuan/person)	
		2010	2009	2010	2009
合　计	**Total**	**51960173**	**40597023**	**253939**	**249137**
按企业登记注册类型分	**Grouped by Registration Status of Enterprises**				
内资企业	Domestic Funded Enterprises	50539861	39419320	260550	249602
国有企业	State-Owned Enterprises	3280217	3612884	218668	195467
集体企业	Collective Owned Enterprises	1038578	884205	206657	196656
私营企业	Private Enterprises	439909	368380	242067	230612
联营企业	Joint Owned Enterprises	633	1271	93132	128384
股份有限公司	Share Holding Corporations Ltd.	36762423	27437449	278294	271103
有限责任公司	Limited-Liability Corporations	5479931	4235437	272441	311308
股份合作企业	Cooperative Enterprises	3538171	2879694	177706	155409
其他企业	Others				
外商投资企业	Foreign Funded Enterprises	915315	601586	104439	213791
港、澳、台商投资企业	Enterprises with Funds from Hongkong, Macao and Taiwan	504997	576117	268844	260923
按隶属关系分	**Grouped by Administrative Relationship**				
中　央	Central	28883310	21734072	293659	297067
地　方	Local	23076863	18862951	217174	210082
按行业分	**Grouped by Sector**				
房屋和土木工程建筑业	House and Civil Work Construction	43719385	34108346	261478	262458
建筑安装业	Building Installation	4441221	3486041	250492	228635
建筑装饰业	Building Decoration	3204130	2509211	197251	168325
其他建筑业	Other Building Sector	595437	493425	173027	173790

12-4 建筑业施工企业主要财务指标(2010年)

单位：万元

项目	Item	企业单位个数(个) Number of Enterprises (unit)	资产总计 Total Assets	流动资产合计 Total Current Assets	长期投资 Longterm Investment	固定资产合计 Total Fixed Assets	固定资产原价合计 Original Value of Fixed Assets
合计	**Total**	**3594**	**99620472**	**67727430**	**23231313**	**3935089**	**5857844**
按企业登记注册类型分	**Grouped by Registration Status of Enterprises**						
内资企业	Domestic Funded Enterprises	3490	98024106	66289043	23152554	3868786	5758524
国有企业	State-Owned Enterprises	128	7665975	5646837	1122957	413096	673559
集体企业	Collective Owned Enterprises	150	1636064	1479266	47663	103343	151232
私营企业	Private Enterprises	79	584225	521989	7037	47841	78853
联营企业	Joint Owned Enterprises	3	***	***		***	***
股份有限公司	Share Holding Corporations Ltd.	1267	50702027	41292519	5164844	2459059	3670400
有限责任公司	Limited-Liability Corporations	83	33043988	13753284	16620152	318279	459280
股份合作企业	Cooperative Enterprises	1780	4387679	3591386	189900	526782	724570
其他企业	Other						
外商投资企业	Foreign Funded Enterprises	56	1002628	927660	28957	38504	53766
港、澳、台商投资企业	Enterprises with Funds from Hongkong, Macao and Taiwan	48	593738	510727	49802	27799	45554
按隶属关系分	**Grouped by Administrative Relationship**						
中央	Central	221	66558775	41868521	18936149	1698248	2598383
地方	Local	3373	33061697	25858909	4295164	2236841	3259461
按行业分	**Grouped by Sector**						
房屋和土木工程建筑业	House and Civil Work Construction	1152	87927553	57833853	22620827	3090308	4725062
建筑安装业	Building Installation	842	7180470	6183399	371262	469957	613504
建筑装饰业	Building Decoration	1276	3247740	2793939	173599	246422	316898
其他建筑业	Other Building Sector	324	1264709	916239	65625	128402	202380

MAIN FINANCIAL INDICATORS ON CONSTRUCTION ENTERPRISES (2010)

(10000 yuan)

负债合计 Total Liabilities	流动负债合计 Total Current Liability	长期负债合计 Total Longterm Liability	所有者权益合计 Total Owner's Interest	实收资本 Paid-up Capital	工程结算收入 Revenue of Settlement of Projects	工程结算成本 Cost of Settlement of Projects	工程结算税金及附加 Tax and Extra Charges of Settlement of Projects	工程结算利润 Profits of Settlement of Projects	利润总额 Total Profits	应交所得税 Income Tax Payable	本年应交增值税 VAT Payable in the Year
62800164	**55259353**	**7540811**	**36820308**	**19183920**	**65450122**	**60099432**	**1703882**	**3449336**	**2651842**	**341666**	**44097**
61686890	54161436	7525454	36337216	18872753	63643904	58476536	1661853	3329849	2572693	326786	41214
5097451	4447605	649846	2568524	1478856	4653237	4273554	115217	258403	135184	15961	1046
1316166	1312464	3702	319898	225532	1138812	1015901	35620	83697	25718	6632	273
355637	355172	465	228588	111720	530390	470068	17136	42145	20424	4398	44
***	***	***	***	***	***	***	***	***	***	***	***
41137775	38210023	2927752	9564252	6488784	45571637	41995904	1224264	2284253	1155853	213678	33572
11325875	7429636	3896240	21718112	7376589	7712119	7256496	144852	305386	1155914	64124	226
2450840	2403620	47219	1936839	3190465	4036115	3463241	124741	355789	79637	21993	5884
678429	671967	6462	324199	202445	981062	897544	21507	52280	54814	8881	553
434845	425950	8895	158893	108722	825156	725352	20522	67207	24335	5999	2330
38784096	33030906	5753190	27774679	11335456	38731071	36068507	917025	1722271	2055606	213229	20024
24016068	22228447	1787621	9045629	7848464	26719051	24030925	786857	1727065	596236	128437	24073
54448139	47137735	7310404	33479414	15097834	54072164	50021698	1408735	2595358	2303463	265285	27040
5382845	5258528	124317	1797625	2292538	6796367	6039895	158842	510611	250782	50770	12698
2109157	2076458	32699	1138583	943710	3695132	3265116	111987	272154	74535	22089	2557
860023	786632	73391	404686	849838	886459	772723	24318	71213	23062	3522	1802

12-4 续表 continued

项　目	Item	流动比率(倍) Current Ratio (times)	速动比率(倍) Quick Ratio (times)	资产负债率(%) Assets-Liabilities Ratio (%)	资本金利润率(%) Profit-Capital Ratio (%)
合　计	**Total**	**1.23**	**0.98**	**63.0**	**13.8**
按企业登记注册类型分	**Grouped by Registration Status of Enterprises**				
内资企业	Domestic Funded Enterprises	1.22	0.98	62.9	13.6
国有企业	State-Owned Enterprises	1.27	1.04	66.5	9.1
集体企业	Collective Owned Enterprises	1.13	0.55	80.4	11.4
私营企业	Private Enterprises	1.47	1.03	60.9	18.3
联营企业	Joint Owned Enterprises	1.29	0.60	75.8	-4.5
股份有限公司	Share Holding Corporations Ltd.	1.08	0.84	81.1	17.8
有限责任公司	Limited-Liability Corporations	1.85	1.71	34.3	15.7
股份合作企业	Cooperative Enterprises	1.49	1.15	55.9	2.5
其他企业	Others				
外商投资企业	Foreign Funded Enterprises	1.38	1.02	67.7	27.1
港、澳、台商投资企业	Enterprises with Funds from Hongkong, Macao and Taiwan	1.20	1.01	73.2	22.4
按隶属关系分	**Grouped by Administrative Relationship**				
中　央	Central	1.27	1.06	58.3	18.1
地　方	Local	1.16	0.88	72.6	7.6
按行业分	**Grouped by Sector**				
房屋和土木工程建筑业	House and Civil Work Construction	1.23	0.99	61.9	15.3
建筑安装业	Building Installation	1.18	0.87	75.0	10.9
建筑装饰业	Building Decoration	1.35	1.06	64.9	7.9
其他建筑业	Other Building Sector	1.16	0.85	68.0	2.7

12-5 建筑业施工企业竣工率

PROJECT COMPLETION RATE OF PROFESSIONAL CONTRACTING BUILDING CONSTRUCTION ENTERPRISES

单位：% (%)

项 目	Item	产值竣工率 Completion Rate by Output Value		面积竣工率 Completion Rate by Floor Space	
		2010	2009	2010	2009
合 计	**Total**	**42.7**	**50.8**	**20.2**	**23.0**
按企业登记注册类型分	**Grouped by Registration Status of Enterprises**				
内资企业	Domestic Funded Enterprises	42.6	50.6	20.5	23.3
国有企业	State-Owned Enterprises	45.3	69.8	15.0	23.6
集体企业	Collective Owned Enterprises	65.0	65.8	29.0	33.2
私营企业	Private Enterprises	81.1	79.1	44.8	42.6
联营企业	Joint Owned Enterprises	88.5	81.7		
股份有限公司	Share Holding Corporations Ltd.	41.6	48.5	20.7	23.5
有限责任公司	Limited-Liability Corporations	23.8	26.2	17.7	16.1
股份合作企业	Cooperative Enterprises	68.0	73.8	31.3	26.2
其他企业	Others				
外商投资企业	Foreign Funded Enterprises	36.0	52.9	3.6	10.6
港、澳、台商投资企业	Enterprises with Funds from Hongkong, Macao and Taiwan	64.8	66.0	37.9	17.1
按隶属关系分	**Grouped by Administrative Relationship**				
中 央	Central	30.3	39.6	16.1	17.7
地 方	Local	58.2	63.8	25.6	28.8
按行业分	**Grouped by Sector**				
房屋和土木工程建筑业	House and Civil Work Construction	40.5	48.7	20.1	22.9
建筑安装业	Building Installation	54.0	61.9	31.7	36.2
建筑装饰业	Building Decoration	53.8	59.5	2.0	20.4
其他建筑业	Other Building Sector	63.6	73.7	2.3	13.5

主要统计指标解释

建筑业总产值 是以货币表现的建筑业企业在一定时期内生产的建筑产品和服务的总和。它包括建筑工程产值、设备安装工程产值、其他产值三部分内容。

(1)**建筑工程产值** 指列入建筑工程预(概)算内的各种工程价值。

(2)**安装工程产值** 指为设备安装而发生的安装工程费用，并不是以建筑业企业的行业类别为依据，而是以建筑业企业的施工对象为依据。

(3)**其他产值** 建筑业总产值中除建筑工程、安装工程以外的产值。包括房屋构筑物修理产值、非标准设备制造产值、总包企业向分包企业收取的管理费、以及不能明确划分的施工活动所完成的产值。

计算建筑业劳动生产率的平均人数 指建筑业企业(或单位)报告期实际拥有的、与建筑施工活动有关的人员的平均人数，如从外单位借入人员、劳务输出机构提供的劳务工、个体劳动者等均应包括在内。但不包括企业内部社会服务性机构的人员以及由本企业支付工资但所从事的工作与本企业生产基本无关的人员。计算建筑业劳动生产率的平均人数是以人员在哪里干活就在哪里统计为原则，不是以支付工资(即谁发工资谁统计)为原则。

年末从业人员 指在本单位工作并取得劳动报酬或收入的期末实有人员数。年末从业人员包括在各单位工作的外方人员和港澳台方人员、兼职人员、再就业的离退休人员、借用的外单位人员和第二职业者。但不包括离开本单位仍保留劳动关系的职工。

房屋建筑施工面积 指报告期内施过工的全部房屋建筑面积，具体包括：本期新开工的房屋面积、上期施工跨入本期继续施工的房屋面积、上期停缓建本期复工的房屋面积、本期开工又停缓建和本期竣工的房屋面积。

房屋建筑竣工面积 指在报告期内房屋建筑按照设计要求已全部完工，达到了使用条件，经有关部门检查验收鉴定合格的房屋建筑面积。

自有机械设备净值 指本企业(或单位)自有机械设备经过使用、磨损后实际存在的价值，即原值减去累计折旧后的净额。经营性租赁的设备不作为自有施工机械设备统计；融资性租赁应作为建筑业企业的自有施工机械设备统计。

自有机械设备年末总台数 指年末本企业(或单位)自有的直接用于工程施工的各种机械设备的台数。不包括附属辅助生产机械设备、运输机械设备、生产试验机械设备的台数。经营性租赁的设备不作为自有施工机械设备统计；融资性租赁应作为建筑业企业的自有施工机械设备统计。

自有机械设备年末总功率 指年末本企业(或单位)自有的直接用于工程施工的各种机械设备年末总功率，按设定能力或查定能力计算。包括施工机械本身的动力和为该机械服务的单独动力设备，如电动机等。但不包括附属辅助生产机械设备、运输机械设备、生产试验机械设备的功率。计量单位用千瓦，动力换算可按 1 马力=0.735 千瓦折合成千瓦数。电焊机、变压器、锅炉不计算动力。经营性租赁的设备不作为自有施工机械设备统计；融资性租赁应作为建筑业企业的自有施工机械设备统计。

工程结算收入 指企业经营主要业务所取得的收入总额。本指标指建筑业企业承包工程实现的工程价款结算收入以及向发包单位收取的除工程价款以外按规定列作营业收入的各种款项，如临时设施费、劳动保险费、施工机构调迁费等以及向发包单位收取的各种索赔款。

工程结算成本 指企业经营主要业务发生的实际成本。本指标指建筑业企业在报告期内与发包单位办理工程价款结算的已完工程实际成本。

工程结算税金及附加 指企业经营主要业务应负担的营业税、消费税、城市维护建设税、资源税、土地增值税、教育费附加。本指标指建筑业企业因从事生产活动，取得工程价款结算收入而按规定应该交纳的营业税、城市维护建设税等以及随同营业税金一并计算交纳的教育费附加等。

工程结算利润 指企业经营主要业务实现的利润。本指标指建筑业企业已结算工程实现的利润。

利润总额 指企业在生产经营过程中各种收入扣除各种耗费后的盈余，反映企业在报告期内实现的亏盈总额，包括营业利润、补贴收入、投资净收益和营业外收支净额。

Explanatory Notes on Main Statistical Indicators

Gross Output Value of Construction refers to total of construction products and services, expressed in money terms, completed by construction and installation enterprises during a given period of time. It includes: output value of construction works, output value of installation works and other output value.

Output Value of Construction Works means the value of works involved in project budgets.

Output Value of Installation Works means the costs of installation works incurred for equipment installation. The calculation is based on the construction targets of construction enterprises, instead of the industrial sector of construction enterprises.

Other Output Value means, of the total output value of construction, the output value other than that of construction and installations works. It includes the repair output value of houses and structures, manufacturing output value of non-standard equipment, management charges collected by general contracting enterprises from subcontracting enterprises, as well as the output value of construction activities falling in no specific categories.

Average Number of Persons for Calculation of Productivity means the average number of persons actually in construction enterprises and related to construction activities, including persons temporarily transferred from other companies, labor service workers provided by labor export companies, and self-employed labors, but excluding persons in social service organizations inside an enterprise, and persons receiving wages from the enterprise but doing a job in no relation to the enterprise's production. The average number of persons for calculation of productivity is based on the place of work, instead of the place where wages are paid.

Employed Persons mean the actual ending number of persons receiving labor remuneration or income in the enterprise. Year-end employed person include foreigners and persons from Hong Kong, Macao and Taiwan, part-time persons, re-employed retired persons, workers temporarily transferred from other entities, and second-job workers who work in an enterprise, but exclude those employees who have left the entity with their labor relationship remained.

House and Building Construction Area means the area of all houses and buildings in the reporting period, including: the area of houses newly started in current period, area of houses built in the previous period and continued in current period, area of houses suspended in the previous period and restarted in current period, area of houses started and suspended in current period, and area of houses completed in current period.

Area of Houses and Buildings Completed means the area of houses and buildings entirely completed in line with requirements of design, meeting conditions of use, satisfactorily accepted by relevant authorities in the reporting period.

Net Value of Machinery and Equipment Owned means the actual value of machinery and equipment owned by an enterprise (or entity) after use and wear, i.e. the net amount of original value minus the accumulated depreciation. Leased equipment for operation is not included as construction machinery and equipment owned. Leased equipment for financing is included as construction machinery and equipment owned by a construction enterprise.

Year-end Total Number of Machinery and Equipment Owned means the number of various machines and equipment owned by an enterprise (or entity) directly used for project construction. It excludes the number of auxiliary productive machines and equipment, transport machines and equipment, production test machines and equipment. Leased equipment for operation is not included as construction machinery and equipment owned. Leased equipment for financing is included as construction equipment owned by a construction enterprise.

Year-end Total Power of Machinery and Equipment Owned means the total power of machinery and equipment owned by an enterprise (entity) at the year end and directly used for project construction, calculated at the verified capacity, including the power of construction machines themselves and the power of any separate equipment serving the machine, such as motors, but excluding the power of auxiliary productive machines and equipment, transport machines and equipment, production test machines and equipment. machinery and equipment for construction, production and transportation. The unit used for the calculation of power is kilowatt, with horsepower converted to kilowatt by 1 horsepower=0.735 kilowatt. The power of welders, transformers and boilers is not included. Leased equipment for operation is not included as construction machinery and equipment owned. Leased equipment for financing is included as construction equipment owned by a construction enterprise.

Revenue of Settlement of Projects means the total amount of income from main business operated by an enterprise. This indicator covers the settled amount of income from projects contracted by the enterprise and all money collected from contracting enterprises listed as operating income other than project money, such as temporary facility expenses, labor insurance costs, construction organization transfer expenses, as well as all claims collected from contracting enterprises.

Cost of Settlement of Projects means the actual cost of main business operated by an enterprise. This indicator means the actual cost of projects completed by the construction enterprise, of which the project money has been settled with the contracting enterprise.

Tax and Extra Charges of Settlement of Projects means the business tax, excise tax, urban maintenance and construction tax, resource tax, land VAT, and educational surtax payable for main business of an enterprise. This indicator means the business tax, urban maintenance and construction tax, and educational surtax paid together with business tax, payable in accordance with regulations by a construction enterprise against its production activities and project money received.

Profits of Settlement of Projects means the profits reaped by an enterprise from its main business. This indicator means the profits from settled projects of a construction enterprise.

Total Profits mean the surplus of all revenues deducting all costs in the production and operation of an enterprise. It shows the total profit and loss of the enterprise in the reporting period, including operating profit, income from subsidy, net return on investment, and net non-operating revenues and payments.

13

交通运输邮电

TRANSPORT,
POST AND TELECOMMUNICATON SERVICES

简要说明

一、本章资料的主要内容

本章资料反映北京市交通运输业和邮政电信业发展的基本状况。

交通运输业资料主要包括：铁路、公路、民航、管道四种运输方式的线路条数、里程、总运量及周转量、主要技术经济指标（不含管道）；机动车拥有情况。

邮政电信业资料主要包括：邮电业务完成情况、邮政电信发展水平等资料。

二、各部分资料的调查范围、统计单位及数据来源

1. 铁路资料：主要是国家铁路运营情况，不含地方铁路、合资铁路和军用铁路及由厂矿企事业单位自建的铁路专用线和专用铁道，资料来源于北京铁路局。

2. 公路资料：(1)公路里程为年末通车里程数，不含在建和未正式投入使用的公路里程；(2)公路运输统计范围包括在北京市注册从事公路货运的全部企事业单位和私人(包括个体联户)，资料来源于北京市交通委员会运输管理局。

3. 管道运输资料：包括输送原油、成品油、天然气以及其他气体的管线长度、

输送能力及完成的运输量。管道运输统计数据主要来源于北京华油天然气有限责任公司和中国石油化工股份有限公司北京燕山分公司所属的管道运输企业，由两家集团公司分别负责收集审核本部门统计数据。

4. 民航运输资料：不包括在京运输飞行的外省市及外国航空公司。统计范围为各航空公司从事国内运输、港澳台运输、国际运输的定期航班航线条数及里程、运输量等。2009 年及以前数据主要来源于中国国际航空公司、新华航空有限责任公司，2010 年起为北京地区的民航运输法人单位。

5. 邮政电信资料：包括邮政和电信运营企业为社会公众提供的各类邮政和电信服务，不含专用网业务资料。邮电业务量按业务种类分为邮政业务量和电信业务量。数据主要来源于北京市邮政公司、中国联合网络通信有限公司北京市分公司、中国移动通信集团北京有限公司、中国铁通集团有限公司北京分公司、中国电信股份有限公司北京分公司。

6. 民用汽车拥有量资料：民用汽车指在公安交通管理部门已注册登记领有民用车辆牌照的全部汽车数量。民用汽车根据汽车结构分为载客汽车、载货汽车及其他汽车；根据汽车所有者不同分为私人汽车、单位汽车。民用汽车数据来自于北京市公安局公安交通管理局。

Brief Introduction

I. Main Content

Figures in this chapter show the basic situation of development of transportation, post and telecommunication in Beijing.

Transport statistics include the number of lines, kilometers, total volume of transport, and turnover for four transport forms, i.e. railway, highway, civil aviation, and pipeline, main technological and economic indicators (excluding pipelines); possession of mobile vehicles.

Post and telecommunication statistics include: performance of post and telecom services; development level of post and telecom, and so on.

II. Scope of Survey, Statistical Units and Source of Data

1. Data on railways: operation of national railways, excluding local railways, joint venture railways, military railways, as well as dedicated lines and railways built by factories, mines, enterprises and public institutions. These data are from Beijing Railway Bureau.

2. Data on highways: (1) highway kilometers mean those open to traffic at the year end, excluding those under construction and not put into formally use; (2) highway transport statistics cover all enterprises and public institutions as well as individuals (including self-employed) registered in Beijing for highway cargo transportation. These data are from Transport Management Bureau of Beijing Municipal Commission of Transport.

3. Pipeline transport data: including the length, capacity and completed traffic of pipelines for transport of crude oil, product oil, natural gas, and other gas. These data are mainly from Beijing

Huayou Natural Gas Co., Ltd. and pipeline transport enterprises attached to Beijing Yanshan Branch of SINOPEC. Each of these two corporations was responsible for collecting and reviewing statistical data in its own system.

4. Civil aviation data: not covering non-local and foreign airlines flying and operating in Beijing. Statistics consist of the number, mileage, and traffic volume of regular flight lines of airlines for domestic transport, transport from and to Hong Kong, Macao and Taiwan, and international transport. Data for 2009 and earlier are sourced from Air China and Xinhua Airline. From 2010, they are sourced from corporate entities of civil aviation transport in Beijing area.

5. Post and telecom data: including those on postal and telecom services offered by post and telecom operators, excluding data on services of dedicated networks. Traffic falls into postal service traffic and telecom traffic. Data are mainly sourced from Beijing Post and Telecom Company, Beijing Branch of China Unicom, China Mobile Beijing Company, Beijing Branch of China Tietong, Beijing Branch of China Telecom.

6. Data on possession of civil automobiles: civil automobiles include all mobiles registered with traffic administration and granted license plates. In terms of mobile structure, civil automobiles consist of passenger automobiles, cargo automobiles, and others; in terms of owners, they include private and company ones. These data are sourced from Beijing Traffic Management Bureau.

13-1 交通运输邮电业基本情况(1978-2010年)

TRANSPORTATION, POSTS AND TELECOMMUNICATIONS (1978-2010)

年份 Year	铁路里程(公里) Railway Operating Length (km)	公路里程(公里) Highway Operating Length (km)	客运量(万人) Passenger Traffic (10000 persons)				货运量(万吨) Freight Traffic (10000 tons)				
				铁路 Railway	公路 Highway	民航 Civil Aviation		铁路 Railway	公路 Highway	民航 Civil Aviation	管道 Pipeline
1978	699	6562	4431	2264	2120	47	7394	3370	4023	1	
1979	700	7278	4777	2504	2220	53	7764	3485	4277	2	
1980	707	7487	5285	2762	2465	58	7571	3356	4213	2	
1981-1985			**33230**	**17688**	**15058**	**484**	**45456**	**15425**	**29063**	**14**	**954**
1981	858	7566	5877	2982	2824	71	8546	3046	5498	2	
1982	858	7683	6215	3205	2931	79	9097	3065	5812	2	218
1983	860	8058	6662	3546	3038	78	9403	3152	6016	3	232
1984	864	8271	7273	3877	3287	109	9671	3133	6301	3	234
1985	876	8482	7203	4078	2978	147	8739	3029	5436	4	270
1986-1990			**38506**	**21290**	**16160**	**1056**	**121771**	**15518**	**104929**	**41**	**1283**
1986	876	8995	7337	4106	3059	172	22121	3030	18794	6	291
1987	876	9103	7763	4418	3117	228	23068	3125	19734	8	201
1988	876	9124	8491	4782	3460	249	24749	3168	21308	9	264
1989	876	9371	7434	4214	3034	186	25184	3144	21767	8	265
1990	876	9648	7480	3770	3490	220	26648	3051	23326	10	262
1991-1995			**40918**	**20615**	**18010**	**2292**	**147385**	**14923**	**131956**	**79**	**427**
1991	876	10259	7704	4036	3378	289	26804	2983	23739	11	71
1992	875	10827	8158	4196	3593	369	27707	2912	24700	14	80
1993	875	11260	7607	4374	2781	452	29865	3048	26730	17	70
1994	875	11532	8537	3992	4008	537	30825	3006	27700	19	99
1995	875	11811	8913	4017	4250	646	32184	2974	29087	17	106
1996-2000			**62554**	**19683**	**38888**	**3983**	**154376**	**13491**	**140455**	**125**	**304**
1996	922	12084	8801	3650	4395	756	32907	2851	29960	18	78
1997	924	12306	9263	3613	4902	748	32351	2883	29360	20	87
1998	924	12498	11228	3762	6704	762	30127	2563	27490	22	52
1999	997	12825	14866	4201	9878	788	28275	2583	25635	30	27
2000	997	13600	18396	4458	13009	929	30717	2612	28010	35	60
2001-2005			**191964**	**25350**	**157061**	**9553**	**156702**	**11053**	**144049**	**277**	**1323**
2001	987	13891	22469	4750	16630	1090	30607	2505	28007	38	57
2002	987	14359	28384	5032	22103	1249	30961	2348	28375	44	194
2003	964	14453	30520	4352	24940	1228	30925	2265	28361	45	254
2004	964	14630	49750	5437	41463	2850	31700	1959	29256	73	412
2005	966	14696	60841	5779	51925	3137	32509	1976	30050	77	406
2006-2010			**435377**	**37892**	**376377**	**21107**	**121931**	**8820**	**106451**	**508**	**6151**
2006	962	20503	12276	6269	2482	3525	33547	1956	30953	89	549
2007	962	20754	20040	6915	9275	3850	20770	1925	17872	98	875
2008	956	20340	128525	7644	117118	3763	21885	1733	18689	93	1369
2009	956	20755	133872	8161	121373	4339	22017	1635	18753	98	1531
2010	956	21114	140663	8903	126130	5630	23712	1572	20184	130	1827

注：1. 铁路数据为北京市市辖范围，2005年以前取自北京铁路分局，2005年及以后取自北京铁路局。
2. 从2006年开始，公路里程包括村道数据。
3. 2006-2007年公路客运量为持有道路运输经营许可证的客运车辆发生的旅客运输量；从2008年开始，公路客运量根据交通运输部《公路水路运输量专项调查方案》调整旅客运输量统计口径,调整后包括郊区道路客运、"9"字头公交车和出租车的运输量。
4. 从2007年开始,公路货物运输为营业性运量。
5. 民航统计范围为北京地区的民航运输法人单位，不包括在京运输飞行的外省市及外国航空公司。
6. 邮电业务总量2000年及以前按1990年不变价格计算，以后按2000年不变价格计算。

Note: a) Railway figures are statistics for Beijing's jurisdiction. Those figures for years before 2005 were from Beijing Railway Branch,those for 2005 and after were from Beijing Railway Bureau.
b) From 2006, road length includes figures of rural roads.
c) In 2006 and 2007, passenger traffic by highway was that by passenger transportation vehicles holding road transportation license ; From 2008, passenger traffic by highway included suburb road passenger traffic, traffic by buses of numbers beginning with "9" and taxes according to Special Survey Program for Highway and Water Way Transportation Volume of the Ministry of Traffic and Transportation.
d) From 2007, freight traffic by highway is operational traffic.
e) Civil aviation covers judicial entities of civil aviation in Beijing, excluding airlines of other provinces and other countries which fly and transport in Beijing.
f) Business volumes of post and telecommunications before 2000 were calculated at 1990's constant prices and these since 2000 were calculated at 2000's constant prices.

13-1 续表1 continued

年 份 Year	旅客周转量(万人公里) Total Passenger-Kilometers (10000 passengers-km)	铁 路 Railway	公 路 Highway	民 航 Civil Aviation	货物周转量(万吨公里) Total Freight Ton-Kilometers (10000 ton-km)	铁 路 Railway	公 路 Highway	民 航 Civil Aviation	管 道 Pipeline
1978			59367				92247		
1979			64033				97616		
1980			73692				93899		
1981-1985			**498768**				**540035**		
1981			81879				93254		
1982	755815	641550	90092	24173	3451037	3329450	106767	13530	1290
1983	853655	723200	103742	26713	3794223	3666600	110118	16099	1406
1984	968481	821431	113871	33179	4309798	4171789	115740	20896	1373
1985	1089919	936300	109184	44435	4719663	4576400	114156	27437	1670
1986-1990	**6333894**	**2608550**	**649210**	**3076133**	**13703344**	**11007906**	**2496086**	**191715**	**7637**
1986	1133620	496288	119065	518267	2569579	2133836	405645	28281	1817
1987	1281763	534720	133735	613308	2792589	2282106	471393	37966	1124
1988	1503508	588947	141625	772936	2887270	2344684	498391	42612	1583
1989	1216981	521263	122435	573283	2765660	2179878	546022	38194	1566
1990	1198022	467332	132350	598339	2688246	2067402	574635	44662	1547
1991-1995	**8690001**	**2645880**	**842807**	**5201314**	**15220745**	**11382191**	**3488944**	**346841**	**2769**
1991	1383465	506431	139041	737993	2799731	2153176	591187	54929	439
1992	1666810	531574	161735	973501	2938746	2230406	642200	65614	527
1993	1656130	551392	127461	977277	3143512	2301941	767790	73216	565
1994	1906718	547488	180030	1179200	3107722	2303265	725740	78142	575
1995	2076879	508995	234540	1333344	3231034	2393403	762027	74940	663
1996-2000	**12752549**	**2649587**	**1744526**	**8358436**	**14987253**	**10458031**	**3918017**	**609517**	**1688**
1996	2219196	459514	250488	1509194	3176234	2311011	784888	79983	352
1997	2272177	477538	261204	1533435	3129097	2263274	769190	96202	431
1998	2419787	505554	304592	1609641	2846652	1952602	783237	110470	343
1999	2701471	579759	400597	1721115	2838857	1929269	754264	155171	153
2000	3139918	627222	527645	1985051	2996414	2001875	826438	167691	410
2001-2005	**27318106**	**3454437**	**5282581**	**18581088**	**18786284**	**12470145**	**4130198**	**1121536**	**1064404**
2001	3462571	677146	529776	2255649	3159848	2167201	826437	165832	378
2002	3961623	642676	603510	2715437	3405498	2213728	835873	195792	160105
2003	3933077	619631	693100	2620346	3620777	2409620	789952	208058	213147
2004	7580057	738956	1582441	5258660	4022791	2571459	822992	270182	358158
2005	8380778	776028	1873754	5730996	4577370	3108137	854944	281672	332617
2006-2010	**53738139**	**4632513**	**10259436**	**38846188**	**22812698**	**12714298**	**4414583**	**1906235**	**3777583**
2006	8254536	890691	791947	6571898	4231243	2625719	885991	335693	383840
2007	9603464	908438	1474249	7220776	4490390	2684862	792883	376074	636572
2008	10419977	902281	2409604	7108091	4542168	2535249	840878	356744	809297
2009	11464758	935596	2677144	7852018	4412317	2293902	878887	355257	884271
2010	13995404	995507	2906492	10093405	5136580	2574567	1015944	482467	1063602

13-1 续表 2 continued

年份 Year	机动车拥有量(万辆) Possession of Motor Vehicles (10000 unit)	#民用汽车拥有量 Possession of Civil Motor Vehicles	#私人 Private	邮电业务总量(万元) Business Volum of Post and Telecommunication Service (10000 yuan)	固定电话用户数(万户) Number of Fixed Telephone subscribers (10000 units)	移动电话用户数(万户) Number of Mobile Telephone subscribers (10000 units)	主线普及率(线/百人) Popularization Rate of Telephone (lines/100 persons)	移动电话普及率(户/百人) Popularization Rate of Mobile Telephone (sets/100 persons)
1978		6.1		24113.7	7.3		0.8	
1979		7.0		26723.6	7.8		0.9	
1980		8.1		30047.2	8.4		0.9	
1981-1985				**204839.1**				
1981		8.9		31906.9	9.2		1.0	
1982		9.3		34776.6	9.8		1.1	
1983		9.8		38524.7	10.9		1.2	
1984		12.1		45628.8	12.1		1.3	
1985		16.0		54002.1	13.6		1.4	
1986-1990				**434581.9**				
1986		18.6		62079.1	16.5		1.6	
1987		19.3	0.7	71152.2	19.5		1.9	
1988		22.2	1.3	84330.6	23.8		2.2	
1989		24.8	2.4	98124.0	27.8		2.6	
1990		27.1	2.8	118896.0	33.3	0.3	3.1	0.03
1991-1995				**1664508.2**				
1991		29.7	3.5	157417.7	39.5	0.7	3.6	0.1
1992		34.1	4.9	215768.9	48.0	1.2	4.4	0.1
1993		41.6	6.7	311251.3	66.5	3.2	6.0	0.3
1994		48.1	8.5	418773.9	100.4	7.7	8.9	0.7
1995		58.9	12.8	561296.4	150.5	16.9	12.0	1.4
1996-2000				**6756753.8**				
1996		62.2	17.4	729022.4	195.7	31.0	15.5	2.5
1997		78.4	29.8	930136.7	251.2	62.0	20.3	5.0
1998		89.8	40.7	1290966.5	313.3	104.2	25.1	8.4
1999		95.1	44.7	1659132.7	376.3	186.2	29.9	14.8
2000	157.8	104.1	49.4	2147495.5	451.2	347.2	33.1	25.5
2001-2005				**15331552.0**				
2001	169.9	114.5	62.4	2182782.0	525.7	629.4	38.0	45.4
2002	189.9	133.9	81.1	2540454.0	585.5	919.5	41.1	64.6
2003	212.4	163.1	107.1	3040327.0	682.7	1109.0	46.9	76.1
2004	229.6	187.1	129.8	3438375.5	847.4	1340.7	56.8	89.8
2005	258.3	214.6	154.0	4129613.5	943.5	1459.8	61.3	94.9
2006-2010				**40044605.9**				
2006	287.6	244.1	181.0	5046013.8	905.2	1571.1	57.3	99.4
2007	312.8	277.8	212.1	6726272.9	914.5	1598.3	56.0	97.9
2008	350.4	318.1	248.3	8008146.8	884.9	1616.2	52.2	95.3
2009	401.9	372.1	300.3	9175072.2	893.1	1825.4	50.9	104.0
2010	480.9	452.9	374.4	11089100.2	885.6	2117.7	45.1	107.9

13-2 社会客货运总量(换算周转量)

PASSENGER AND FREIGHT TRAFFIC (CONVERTED INTO TURNOVER VOLUME)

单位：万吨公里 (10000 ton-km)

项目	Item	2010	2009	2010年为2009年% 2010 as % of 2009	构成(%) Composition(%)	
					2010	2009
运输总量	**Total**	**7322889.6**	**6265284.2**	**116.9**	**100.0**	**100.0**
铁路	Railway	3570073.9	3229497.6	110.5	48.8	51.5
公路	Highway	1306593.0	1146601.4	114.0	17.8	18.3
民航	Civil Aviation	1382620.2	1004914.1	137.6	18.9	16.0
管道	Pipelines	1063602.5	884271.1	120.3	14.5	14.1

13-3 运输线路

TRANSPORTATION ROUTES

项目	Item	条数(条) Number (line)		长度(公里) Length (km)	
		2010	2009	2010	2009
铁路	Railway	50	50	956.4	956.4
公路	Highway	9833	9636	21113.6	20755.2
民航	Civil Aviation				
#中国国际航空公司	Air China	266	255		
中国新华航空有限责任公司	China Xinhua Airlines	532	560		
管道	Pipeline	15	13	3423.5	2295.5

注：铁路长度为营业里程，管道长度为管输里程。

Note: Railway length means operating kilometers, pipeline length means pipe transportation kilometers.

13-4 公路、铁路、民航主要技术经济指标

MAIN TECHNICAL AND ECONOMIC INDICATORS OF HIGHWAY, RAILWAY AND CIVIL AVIATION

项目	Item	2010	2009	2010年为2009年% 2010 as % of 2009
公路货运	**Highway Freight Traffic**			
货车百吨公里耗汽油 (升)	Petroleum Consumption of Trucks Per 100 Ton-km (liter)	12.64	15.57	81.2
货车百吨公里耗柴油 (升)	Diesel Consumption of Trucks Per 100 Ton-km (liter)	6.93	7.24	95.7
铁路	**Railway**			
内燃机车每万吨公里耗柴油 (千克)	Diesel Consumption of internal-combustion Engine Per 10000 Ton-km (kg)	31.8	27.8	114.4
电力机车每万吨公里耗电 (千瓦小时)	Electricity Consumption of electric power Engine Per 10000 Ton-km (kwh)	91.8	92.2	99.6
民航	**Civil Aviation**			
每吨公里耗航空油 (千克)	Aviation-oil Consumption Per Ton-km (kg)	0.28	0.30	92.4

13-5 机动车拥有量

POSSESSION OF CIVIL MOTOR VEHICLES

单位：万辆 (10000 units)

项目	Item	2010	2009	2010年为2009年% 2010 as % of 2009
机动车	**Motor Vehicles**	**480.9**	**401.9**	**119.7**
#民用汽车	Civil Automobiles	452.9	372.1	121.7
#载货汽车	Trucks	19.4	18.3	106.0
载客汽车	Passanger Cars	425.7	345.4	123.2
#私人汽车	Private Cars	374.4	300.3	124.7
#轿车	Sedans	275.9	218.1	126.5

资料来源：北京市公安局公安交通管理局。

Source: Beijing Traffic Management Bureau.

13-6 邮电业务主要指标

MAIN INDICATORS OF POST AND TELECOMMUNICATION SERVICES

项目		Item		2010	2009	2010年为2009年% 2010 as % of 2009
邮电业务量	**(万元)**	**Sales Revenue of Posts and**				
(2000年不变价)		**Telecommunications**	**(10000 yuan)**	**11089100**	**9175072**	**120.9**
		(at 2000 constant prices)				
邮　政		Posts		420790	507618	82.9
电　信		Telecommunications		10668311	8667454	123.1
邮电业务总量		**Business Volume of Post and**				
		Telecommunication Service				
函　件	(万件)	Number of Letters	(10000 pcs)	67665	64261	105.3
包　件	(万件)	Parcels	(10000 pcs)	637	787	80.9
特快专递	(万件)	EMS	(10000 pcs)	2972	3072	96.8
汇　票	(万件)	Postal Money Order	(10000 pcs)	851	1103	77.1
订销报纸累计	(万份)	Newspaper	(10000 copies)	76845	68722	111.8
订销杂志累计	(万份)	Magazines	(10000 copies)	5595	5249	106.6
邮政储蓄期末余额	(亿元)	Post Savings Deposit Balance	(100 million yuan)	524.8	714.4	73.5
长途电话通话量(固定)	(亿分钟)	Length of Long-distance Calls of	(100 million minutes)	26.3	27.5	95.6
		Fixed Telephone				
本地电话通话量(固定)	(亿次)	Local Calls(Stationary)	(100 million times)	214.8	256.5	83.7
移动电话通话量	(亿分钟)	Length of Calls of Mobile Telephone	(100 million minutes)	1165.9	965.5	120.8
移动短信业务量	(亿条)	Short Message Services	(100 million messages)	368.7	364.4	101.2
移动电话用户	(万户)	Mobile Telephone Subscribers	(10000 subscribers)	2129.8	1825.4	116.7
#3G移动电话用户数	(万户)	3G Mobile Phone Subscribers	(10001 subscribers)	259.9	76.8	338.4
固定电话用户	(万户)	Fixed Telephone Subscribers	(10000 subscribers)	885.6	893.1	99.2
#住宅电话用户	(万户)	Household Telephone Subscribers	(10001 subscribers)	568.3	569.6	99.8
长途光缆纤芯长度	(芯公里)	Fiber Length of Long Distance Optic Cables	(core-km)	170790.0	131030.4	130.3
长途电话交换机容量	(万路端)	Capacity of Long Distance		52.3	54.5	96.0
		Telephone Exchanges	(10000 roadheads)			
局用交换机容量	(万门)	Capacity of Office Telephone Exchange	(10000 units)	1500.7	1530.7	98.0
移动电话交换机容量	(万户)	Capacity of Mobile Telephone Exchange	(10000 subscribers)	4134	3686	112.2
主线普及率	(线/百人)	Widespreading Rate of Main Line	(lines/100 persons)	45.1	50.9	
移动电话普及率	(户/百人)	Widespreading Rate of Mobile Telephone	(sets/100 persons)	107.9	104.0	
互联网宽带接入用户数	(万户)	Broad Band Subscribers of Internet	(10000 subscribers)	545.6	451.7	120.8
互联网上网人数	(万人)	Number of Internet Users	(10000 persons)	1218.0	1103.0	110.4

注：1. 固定电话用户包括市内电话用户和农村电话用户。
2. "互联网上网人数"来源于中国互联网络信息中心（CNNIC)发布的《中国互联网络发展状况统计报告》。

Note:a) Data of fixed telephone subscribers included urban and rural areas.
b) "Number of Internet Users" was sourced from the Statistic Report on Internet Development Status in China issued by CNNIC.

主要统计指标解释

货（客）运量 指在一定时期内，各种运输工具实际运送的货物（旅客）数量。是反映运输业为国民经济和人民生活服务的数量指标，也是制定和检查运输生产计划，研究运输发展规模和速度的重要指标。货运按吨计算，客运按人计算。货物不论运输距离长短，货物类别，均按实际重量统计；旅客不论行程远近或票价多少，均按一人一次作为客运量统计。半价票、小孩票也按一人统计。

货物（旅客）周转量 指在一定时期内，由各种运输工具运送的货物（旅客）数量与其相应运输距离的乘积之总和，是反映运输业生产总成果的重要指标，也是编制和检查运输生产计划、计算运输效率、劳动生产率以及核算运输单位的主要基础资料。计算货物周转量通常按发出站与到达站之间的最短距离，也就是计费距离计算。

邮电业务总量 是以货币形式表示的邮政电信企业为社会提供各类邮政通信服务的总数量。计算公式为：

$$邮电业务总量=\sum\left(各类邮政通信业务量\times不变单价\right)+出租代维及其他业务收入$$

函件 是指邮政部门为用户传递以书面信息为主的邮件，包括信件、印刷品和邮送广告。

包件 指符合包裹准寄范围，通过邮政渠道寄递的物品。包括国内普通包裹、国内快递包裹、国际及港澳台包裹。

长途电话交换机容量 是指用于接入长途电话网的电话交换机的设备额定容量。

局用交换机容量 是指安装在本地电信企业内用于接续本地固定电话的电话交换机容量。包括现用和备用的人工或自动交换机（含远端模块）的全部容量，包括接入网设备容量。

移动电话交换机容量 分为GSM、CDMA两种。指移动电话交换机根据一定话务模型和交换机处理能力计算出来的最大同时服务用户的数量。

主线普及率 是指报告期行政区域常住人口中，平均每百人拥有的固定电话主线数。计算公式为：

$$主线普及率=\frac{电话主线数(本地电话用户)}{行政区域常住人口数}$$

移动电话普及率 是指报告期行政区域常住人口中，平均每百人拥有的移动电话的用户数。计算公式为：

$$移动电话普及率=\frac{移动电话用户总数}{行政区域常住人口数}$$

Explanatory Notes on Main Statistical Indicators

Freight (Passenger) Traffic refers to the volume of freight (passenger) transported with various means. It is a quantitative measure to show how the transport industry serves the national economy and people, and is also an important indicator for planning the transport industry and for studying the development scale and speed of the transport industry. Freight transport is calculated in tons and passenger traffic is calculated in the number of persons. Despite the type of freight and travelling distance, the freight transport is calculated in the actual weight of the goods: and despite the travelling distance and ticket price, the passenger traffic is calculated by the principle that one person can be counted only once in one travel. The passenger who travels with a half price ticket or a child ticket is also calculated as one person.

Freight Ton-kilometers (Passenger-kilometers) refer to the sum of the products of the volume of transported cargo (passengers) multiplying by the transport distance, usually using ton-kilometer and passenger-kilometer as units for measurement. This is an important indicator to show the total results of the transport industry, also serving as main basic data for preparing and examining the transport plan and measuring the efficiency, the labor productivity and the unit cost of transport. Freight Ton-kilometers are usually calculated by the shortest distance between the delivering station and the arrival station, namely the charging distance.

Business Volume of Post and Telecommunications refers to the total amount of post and telecommunications services, expressed in currency form, provided by the post and telecommunications departments for the society. The formula is as follows:

Business Volume of Post and Telecommunications =∑(Transaction of Post and Telecommunication Service x Constant Price) + Income from Leasing, Maintenance and other Services

Correspondences mean mails mainly in the form of written information delivered by post and telecom offices, including letters, prints and delivered advertisements.

Parcels means articles permitted for mailing, and mailed through postal channels, including domestic express parcels, international parcels, and parcels from and to Hong Kong, Macao and Taiwan.

Capacity of Long-distance Phone Exchangers means the rated capacity of phone exchangers used for connecting to the long-distance phone network.

Capacity of Local Exchangers means the capacity of phone exchangers installed in local telecom businesses and used for linking local fixed telephones. It includes all capacity of existing and backup manual or automatic exchangers (including far-end modules), including the capacity of network access equipment.

Capacity of Mobile Phone Exchangers, falling into GSM and CDMA, means the maximum number of users receiving services simultaneously from mobile phone exchangers, calculated for given talking model and exchanger processing capacity.

Popularization Rate of Telephone means the number of fixed phone main lines owned by one hundred persons of permanent population in administrative areas in the reporting period. It is calculated with the following formula:

Popularization Rate of Telephone= Number of Main Lines of Telephone (Local Phone Users) / Number of Permanent Population in Administrative Areas

Popularization Rate of Mobile Telephone means the number of mobile phones owned by 100 persons among permanent population in administrative areas in the reporting period. It is calculated with the following formula:

Popularization Rate of Mobile Telephone = Total Number of Mobile Phone Users / Permanent Population in Administrative Areas

14

批发和零售业、住宿和餐饮业

WHOLESALE, RETAIL, HOUSING AND CATERING

简要说明

一、本章资料的主要内容

本章资料反映北京市商品流通市场发展及批发和零售业、住宿和餐饮业经营情况。主要内容有社会消费品零售额；批发和零售业商品购进、销售、库存总值、商品分类销售情况及主要商品销售情况；机动车销售情况；限额以上批发和零售业、住宿业、餐饮业财务状况；连锁企业基本情况；商品交易市场基本情况、成交额及主要商品的成交量；消费者投诉处理情况。

二、本章的资料来源

本章资料由北京市统计局、国家统计局北京调查总队提供。

三、本章的统计调查方法

限额以上批发和零售业、住宿和餐饮业单位采用全面调查的方法；连锁企业、商品交易市场采取全数调查；限额以下批发和零售业、住宿和餐饮业法人单位及个体户采用抽样调查方法。

四、本章中关于历史数据调整的问题

按照国家统计局统一要求和统一方法，本章中1978年至2003年的社会消费品零售额数据，根据2004年第一次经济普查结果，采用“速度推算法”进行了修正。2004年数据为第一次经济普查数据。2005-2007年数据根据2008年第二次经济普查结果，采用“趋势离差法”进行了修正。2008年数据为第二次经济普查数据。

Brief Introduction

I. Main Content

Statistics in this chapter show the development of commodity circulation market and the operating performance of wholesale and retail trades, accommodation and catering. Figures are mainly for consumer goods retails, total value of commodity purchase, sale and inventory in wholesale and retail trades, sales of commodities by categories, and sales of main commodities; sales of mobile vehicles; financial status of wholesale, retail, accommodation and catering enterprises above designated size; chain businesses; basic situation of commodity transaction markets, transaction volume, and transaction volume of main commodities; and settlement of consumer complaints.

II. Source of Data

Data in this chapter are sourced from Beijing Municipal Bureau of Statistics and NBS Survey Office in Beijing.

III. Method of Statistics

The method of complete survey was used for statistics for wholesale and retail trades, accommodation, catering service enterprises above designated size; total survey was used for chain businesses, commodity trading markets; method of sample survey was used for wholesale and retail trades, accommodation, catering service enterprises as legal persons below designated size as well as self-employed operators.

IV. Adjustment to Historical Data

In accordance with the uniform requirement and method of the National Bureau of Statistics, 1978-2003 data of retail sales of consumer goods were adjusted with the “speed calculation method” according to the first economic census results in 2004. Data 2004 are those from the first economic census. Data for 2005-2007 were corrected with the “trend deviation method” in accordance with results from the second economic census 2008. Data 2008 are those from the second economic census.

14-1 社会消费品零售额(1978-2010年)

TOTAL RETAIL SALES OF CONSUMER GOODS (1978-2010)

单位：亿元 (100 million yuan)

年 份 Year	社会消费品零售额 Retail Sales of Consumer Goods	按地区分 By Region			按经济类型分 By Ownership			
		市 City	县 County	县以下 Below County Level	国有经济 State-Owned Units	集体经济 Collective-Owned Units	个体经济 Individual	其他经济 Others
1978	44.2	34.5	5.3	4.4	37.2	7.0		
1979	53.3	42.5	5.9	4.9	45.1	8.1	0.1	
1980	62.8	50.5	6.7	5.6	50.2	12.1	0.4	0.1
1981-1985	**472.7**	**377.9**	**50.1**	**44.7**	**313.2**	**149.1**	**9.4**	**1.0**
1981	70.7	57.1	7.5	6.1	50.0	19.7	0.7	0.3
1982	75.4	60.3	8.3	6.8	52.6	21.8	0.9	0.1
1983	86.4	68.8	9.6	8.0	57.9	27.0	1.4	0.1
1984	105.8	84.4	10.8	10.6	70.4	33.4	1.8	0.2
1985	134.4	107.3	13.9	13.2	82.3	47.2	4.6	0.3
1986-1990	**1239.8**	**1033.1**	**113.4**	**93.3**	**676.2**	**439.2**	**117.2**	**7.2**
1986	155.0	128.8	12.8	13.4	89.4	53.9	11.2	0.5
1987	188.9	155.8	17.4	15.7	103.8	69.0	15.5	0.6
1988	256.0	213.1	23.1	19.8	141.4	92.3	21.6	0.7
1989	294.8	244.8	27.7	22.3	158.9	101.9	31.1	2.9
1990	345.1	290.6	32.4	22.1	182.7	122.1	37.8	2.5
1991-1995	**3239.5**	**2551.7**	**429.8**	**258.0**	**1534.8**	**912.8**	**610.4**	**181.5**
1991	408.3	343.7	38.1	26.5	218.9	140.2	46.2	3.0
1992	503.0	421.4	48.0	33.6	269.8	163.3	66.1	3.8
1993	611.2	495.3	69.6	46.3	313.7	186.8	101.4	9.3
1994	766.6	603.5	104.1	59.0	344.0	196.8	175.1	50.7
1995	950.4	687.8	170.0	92.6	388.4	225.7	221.6	114.7
1996-2000	**6811.7**	**5288.4**	**502.7**	**1020.6**	**2207.3**	**1277.5**	**1453.8**	**1873.1**
1996	1061.6	763.7	109.9	188.0	361.8	249.7	277.8	172.3
1997	1208.5	929.0	101.4	178.1	423.9	284.9	271.7	228.0
1998	1373.6	1094.7	88.5	190.4	396.2	266.0	279.3	432.1
1999	1509.3	1192.6	96.5	220.2	501.2	230.8	296.5	480.8
2000	1658.7	1308.4	106.4	243.9	524.2	246.1	328.5	559.9
2001-2005	**11671.8**	**9635.6**	**395.2**	**1641.0**	**2018.0**	**899.0**	**2179.6**	**6575.2**
2001	1831.4	1438.8	117.2	275.4	517.1	190.0	385.5	738.8
2002	2005.2	1564.7	127.6	312.9	491.4	179.7	397.3	936.8
2003	2296.9	1840.3	106.4	350.2	538.7	242.1	408.0	1108.1
2004	2626.6	2286.8	22.2	317.6	236.6	142.8	459.4	1787.8
2005	2911.7	2505.0	21.8	384.9	234.2	144.4	529.4	2003.7
2006-2010	**23315.2**				**1342.9**	**569.9**	**3612.8**	**17789.5**
2006	3295.3	2848.6	26.4	420.3	245.0	137.5	665.8	2247.0
2007	3835.2	3330.7	32.0	472.5	294.6	116.4	727.4	2696.8
2008	4645.5	4050.9	38.3	556.3	248.0	106.9	609.3	3681.3
2009	5309.9	4634.7	41.8	633.4	257.6	100.0	790.9	4161.4
2010	6229.3				297.8	109.1	819.4	5003.0

注：1. 1978-2003年社会消费品零售额按2004年第一次经济普查数据进行了修订，2004年为第一次经济普查数据，2005-2007年数据按第二次经济普查进行了修订，2008年数据为第二次经济普查数据。
2. 国有经济包括国有、国有联营、国有独资公司。
3. 集体经济包括集体、集体联营、股份合作公司。
4. 根据统计制度，2010年起，社会消费品零售额取消按市、县、县以下及按行业分组。

Note: a) Total retail sales of consumer goods for 1978-2003 were revised according to the first economic cencus statistics.Figures for 2004 were from the first economic census. Figures for 2005-2007 were revised from the second economic census. Figures for 2008 were from the second economic census.
b) State-owned units include state-owned companies,state-owned affilates and wholly state-owned companies.
c) Collective-owned units include collective companies, collective affilates and joint-stock companies.
d) In accordance with statistical system, retail sales of consumer goods will not be grouped by city, county and below county and by sectors from 2010.

14-1 续表 continued

单位：亿元 (100 million yuan)

年份 Year	按行业分 By Sector			按商品类别分 By Category of Commodity			
	批发零售贸易业 Wholesale and Retail Trade	餐饮业 Restaurants	其他行业 Others	吃类商品 Food	穿类商品 Clothing	用类商品 Daily Supplies	烧类商品 Fuels
1978	40.7	1.7	1.8	18.0	8.9	16.0	1.3
1979	48.3	2.2	2.8	20.8	11.3	19.7	1.5
1980	54.8	2.8	5.2	24.9	13.4	22.9	1.6
1981-1985	**396.4**	**22.7**	**53.6**	**180.9**	**85.1**	**196.2**	**10.5**
1981	59.4	3.6	7.7	28.0	14.5	26.5	1.7
1982	63.2	3.8	8.4	29.7	13.7	30.3	1.7
1983	72.8	4.1	9.5	34.0	15.7	34.8	1.9
1984	89.1	4.9	11.8	39.6	18.7	45.2	2.3
1985	111.9	6.3	16.2	49.6	22.5	59.4	2.9
1986-1990	**993.2**	**77.4**	**169.2**	**494.9**	**166.7**	**551.8**	**26.4**
1986	126.2	8.6	20.2	60.7	22.8	68.0	3.5
1987	150.0	11.4	27.5	77.4	27.4	80.2	3.9
1988	203.6	17.6	34.8	100.6	36.0	114.9	4.5
1989	235.5	18.2	41.1	119.4	34.9	134.1	6.4
1990	277.9	21.6	45.6	136.8	45.6	154.6	8.1
1991-1995	**2394.4**	**248.2**	**596.9**	**1261.4**	**481.3**	**1422.2**	**74.6**
1991	326.7	26.1	55.5	158.2	53.7	187.6	8.8
1992	390.4	36.1	76.5	193.6	66.9	230.5	12.0
1993	451.7	51.3	108.2	220.7	96.5	277.6	16.4
1994	553.4	62.3	150.9	283.2	125.3	338.6	19.5
1995	672.2	72.4	205.8	405.7	138.9	387.9	17.9
1996-2000	**4808.5**	**448.6**	**1554.6**	**2177.0**	**858.9**	**3576.5**	**199.3**
1996	755.2	78.6	227.8	427.5	152.5	461.8	19.8
1997	815.3	83.3	309.9	447.9	161.6	565.6	33.4
1998	994.9	94.0	284.7	399.8	167.2	764.2	42.4
1999	1064.5	93.4	351.4	430.4	178.8	852.9	47.2
2000	1178.6	99.3	380.8	471.4	198.8	932.0	56.5
2001-2005	**9438.5**	**904.7**	**1328.6**	**3061.2**	**1218.6**	**6722.7**	**669.3**
2001	1296.7	111.0	423.7	528.7	221.9	1016.9	63.9
2002	1446.8	129.2	429.2	540.2	219.9	1167.4	77.7
2003	1930.8	145.5	220.6	596.4	252.3	1356.4	91.8
2004	2227.0	250.2	149.4	644.9	242.1	1538.3	201.3
2005	2537.2	268.8	105.7	751.0	282.4	1643.7	234.6
2006-2010				**5343.5**	**2107.9**	**14019.4**	**1844.4**
2006	2883.2	289.0	123.1	818.8	314.7	1852.6	309.2
2007	3366.4	346.2	122.6	940.4	359.3	2205.2	330.3
2008	4049.5	454.2	141.8	1073.3	411.7	2799.4	361.1
2009	4662.3	503.7	143.9	1180.0	473.8	3278.2	377.9
2010				1331.0	548.4	3884.0	465.9

14-2 社会消费品零售额

TOTAL RETAIL SALES OF CONSUMER GOODS

单位：亿元 (100 million yuan)

项目	Item	2010	2009	2010年为2009年% 2010 as % of 2009
社会消费品零售额	**Retail Sales of Consumer Goods**	**6229.3**	**5309.9**	**117.3**
按商品类别分	**By Category of Commodity**			
吃类商品	Food	1331.0	1180.0	112.8
穿类商品	Clothing	548.4	473.8	115.8
用类商品	Daily Supplies	3884.0	3278.2	118.5
烧类商品	Fuel	465.9	377.9	123.3
按销售单位所在地分	**By Location of Seller**			
城镇	Towns and Cities	6128.8	5221.8	117.4
农村	Countryside	100.5	88.1	114.1
按消费品形态分	**By Form of Consumer Goods**			
餐饮收入	Food & Drink Income	666.6	590.3	112.9
商品零售额	Retail Sales of Commodities	5562.7	4719.6	117.9

14-3 按登记注册类型分限额以上批发和零售企业商品零售额

RETAIL SALES OF GOODS IN WHOLESALE AND RETAIL ENTERPRISES ABOVE DESIGNATED SIZE BY REGISTRATION STATUS

单位：万元 (10000 yuan)

项目	Item	2010	2009	2010年为2009年% 2010 as % of 2009
总计	**Total**	**48796587**	**37466959**	**130.2**
内资企业	Domestic Funded Enterprises	39215899	30716676	127.7
#国有企业	State-owned Enterprises	1791193	1549077	115.6
集体企业	Collective-owned Enterprises	538515	478153	112.6
股份有限公司	Share Holding Corporations Ltd.	6869910	5667878	121.2
港澳台商投资企业	Enterprises with Funds from Hongkong, Macao and Taiwan	2590342	1821068	142.2
外商投资企业	Foreign Funded Enterprises	6990346	4929215	141.8

注：限额以上批发和零售企业是指批发业年主营业务收入2000万元及以上企业和零售业年主营业务收入500万元及以上企业。

Note: Above designated size of wholesale and retail trades include annual main business income are 20 million yuan or above for wholesale trade; 5 million yuan or above for retail trade.

14-4 批发和零售业商品购进、销售、库存总值

TOTAL VALUE OF PURCHASES, SALES AND INVENTORY OF COMMODITIES IN WHOLESALE AND RETAIL TRADES

单位：万元 (10000 yuan)

项　　目	Item	2010	2009	2010年为2009年% 2010 as % of 2009
商品购进总额	**Total Purchases of Goods**	**367139377**	**278540126**	**131.8**
市内购进	In the City	81213733	72046324	112.7
市外购进	From Outside Beijing	227551374	169306038	134.4
进　口	Imported	58374270	37187764	157.0
商品销售总额	**Total Sales**	**396016849**	**296200618**	**133.7**
批发额	**Wholesale**	**339113413**	**248050466**	**136.7**
市内批发	In the City	75590462	61311444	123.3
市外批发	To Outside	250810398	175987833	142.5
出　口	Exported	12712553	10751189	118.2
零售额	**Retail**	**56903436**	**48150152**	**118.2**
期末商品库存总额	**Inventory (year-end)**	**36677352**	**30799118**	**119.1**

注：本表统计范围为批发和零售业法人单位和个体经营户，不包括其他行业购进、销售、库存数据。

Note: Figures in this table cover corporate entities, self-employed operators in wholesale and retail trades, excluding figures on purchase, sales and inventory in other sectors.

14-5 批发和零售业法人单位商品购进、销售、库存总值

TOTAL VALUE OF PURCHASES, SALES AND INVENTORY IN WHOLESALE AND RETAIL CORPORATE ENTITIES

单位：万元 (10000 yuan)

项　　目	Item	2010	2009	2010年为2009年% 2010 as % of 2009
商品购进总额	**Total Purchases of Goods**	**350592011**	**258414142**	**135.7**
市内购进	In the City	71048608	59194437	120.0
市外购进	From Outside Beijing	221169133	162031941	136.5
进　口	Imported	58374270	37187764	157.0
商品销售总额	**Total Sales**	**379024581**	**278536099**	**136.1**
批发额	**Wholesale**	**328120121**	**237096003**	**138.4**
市内批发	In the City	68693560	54235630	126.7
市外批发	To Outside	246714008	172109184	143.3
出　口	Exported	12712553	10751189	118.2
零售额	**Retail**	**50904460**	**41440096**	**122.8**
期末商品库存总额	**Inventory (year-end)**	**36629989**	**30041973**	**121.9**

14-6 批发和零售业法人单位商品分类销售(2010年)
SALES BY CATEGORY IN WHOLESALE AND RETAIL ENTERPRISES(2010)

单位：万元 (10000 yuan)

项目	Item	合计 Total			大型企业 Large Enterprises		
		商品总销售 Total Sales	批发额 Wholesale	零售额 Retail	商品总销售 Total Sales	批发额 Wholesale	零售额 Retail
合计	**Total**	**379024581**	**328120121**	**50904460**	**173343092**	**154101866**	**19241226**
食品、饮料、烟酒类	Food,Beverages,Tobacco and Liquor	23164038	18164690	4999348	10923448	7194073	3729375
食品类	Food	16274987	12528299	3746688	7274924	4331193	2943731
#粮油类	Grain and Oil	9407805	8797560	610245	3438416	2969902	468514
肉禽蛋类	Meat,Poultry and Eggs	1080598	536055	544543	634432	198053	436379
饮料类	Beverages	1787139	1328535	458604	1315542	1021974	293568
烟酒类	Tobacco and Liquor	5101912	4307856	794056	2332982	1840906	492076
服装鞋帽、针、纺织品类	Clothing,Shoes,Hats and Textiles	9531599	4429064	5102535	4977346	1669539	3307807
服装类	Clothing	5870599	2063256	3807343	3365053	870572	2494481
鞋帽类	Shoes and Hats	1911391	1035774	875617	1284564	731960	552604
针、纺织品类	Knitwear and Textiles	1749609	1330034	419575	327729	67007	260722
化妆品类	Cosmetics	1546574	475592	1070982	1121222	252501	868721
金银珠宝类	Gold, Silver and Jewelry	5509565	3524380	1985185	1651294	298481	1352813
日用品类	Articles for Daily Use	3559147	1859128	1700019	1758508	662978	1095530
#洗涤用品类	Washing Articles	579441	303865	275576	255213	58697	196516
儿童玩具类	Children Toys	94871	30274	64597	46307	1868	44439
五金、电料类	Hardware and Electrical Materials	1417989	1167950	250039	227255	190215	37040
体育、娱乐用品类	Sports and Recreation Articles	4990067	4341569	648498	4334280	3928095	406185
书报、杂志类	Newspapers and Magazines	1236780	507632	729148	442693	79584	363109
电子出版物及音像制品类	E-Journal and Video Products	885479	422544	462935	495026	186041	308985
家用电器和音像器材类	Household Appliances and Video Appliances	9834349	7736305	2098044	8374427	6722454	1651973
中西药品类	Traditional Chinese and Western Medicines	8871038	5415936	3455102	4179605	2816696	1362909
#西药类	Western Medicines	6279312	3851973	2427339	3232150	2127557	1104593
中草药及中成药类	Traditional Chinese Medicines	1442210	830136	612074	616372	365909	250463
文化、办公用品类	Cultural and Official Goods	13394235	10838510	2555725	4697577	4137086	560491
家具类	Furniture	862281	165127	697154	117851	78092	39759
通讯器材类	Communication Appliances	18060568	16604928	1455640	15174854	14328453	846401
煤炭及制品类	Coal and Related Products	40070575	40049820	20755	19025765	19025765	
木材及制品类	Wood and Wooden Products	440931	440931				
石油及制品类	Petroleum and Related Products	36149755	31648855	4500900	16758998	13734821	3024177
化工材料及制品类	Raw Chemical Materials	22061497	22061497		6179034	6179034	
#化肥类	Fertilizer	6611327	6611327		2540188	2540188	
金属材料类	Metal Materials	77280881	77280881		24971381	24971381	
建筑及装潢材料类	Building and Decoration Materials	3233835	2658035	575800	790077	639800	150277
机电产品及设备类	Electric-mechanic Products and Equipments	22361570	21671727	689843	10001107	10000611	496
#农机类	Agricultural Machinery	362431	362431		697	697	
汽车类	Automobile	61485884	44454956	17030928	34601692	34583441	18251
种子饲料类	Seed and Feedstuff	760354	760354		30542	30542	
棉麻类	Cotton, Hemp	1938264	1936607	1657			
其他类	Others	10377326	9503103	874223	2509110	2392183	116927

14-6 续表 continued

单位：万元 (10000 yuan)

项目	Item	中型企业 Medium Enterprises 商品总销售 Total Sales	批发额 Wholesale	零售额 Retail	小型企业 Small Enterprises 商品总销售 Total Sales	批发额 Wholesale	零售额 Retail
合　计	**Total**	**60844087**	**45066577**	**15777510**	**144837402**	**128951678**	**15885724**
食品、饮料、烟酒类	Food,Beverages,Tobacco and Liquor	4427504	3621993	805511	7813086	7348624	464462
食品类	Food	2957267	2417357	539910	6042796	5779749	263047
#粮油类	Grain and Oil	1915030	1830060	84970	4054359	3997598	56761
肉禽蛋类	Meat,Poultry and Eggs	89217	28893	60324	356949	309109	47840
饮料类	Beverages	230302	118356	111946	241295	188205	53090
烟酒类	Tobacco and Liquor	1239935	1086280	153655	1528995	1380670	148325
服装鞋帽、针、纺织品类	Clothing,Shoes,Hats and Textiles	2181531	922798	1258733	2372722	1836727	535995
服装类	Clothing	1460289	543048	917241	1045257	649636	395621
鞋帽类	Shoes and Hats	371231	129026	242205	255596	174788	80808
针、纺织品类	Knitwear and Textiles	350011	250724	99287	1071869	1012303	59566
化妆品类	Cosmetics	224333	65104	159229	201019	157987	43032
金银珠宝类	Gold, Silver and Jewelry	3040451	2600233	440218	817820	625666	192154
日用品类	Articles for Daily Use	682274	332163	350111	1118365	863987	254378
#洗涤用品类	Washing Articles	147059	89313	57746	177169	155855	21314
儿童玩具类	Children Toys	7946	109	7837	40618	28297	12321
五金、电料类	Hardware and Electrical Materials	66154	43786	22368	1124580	933949	190631
体育、娱乐用品类	Sports and Recreation Articles	78504	2519	75985	577283	410955	166328
书报、杂志类	Newspapers and Magazines	324184	168180	156004	469903	259868	210035
电子出版物及音像制品类	E-Journal and Video Products	59616	14529	45087	330837	221974	108863
家用电器和音像器材类	Household Appliances and Video Appliances	255667	198971	56696	1204255	814880	389375
中西药品类	Traditional Chinese and Western Medicines	1650944	755663	895281	3040489	1843577	1196912
#西药类	Western Medicines	1184198	531075	653123	1862964	1193341	669623
中草药及中成药类	Traditional Chinese Medicines	358954	153886	205068	466884	310341	156543
文化、办公用品类	Cultural and Official Goods	1747049	1415113	331936	6949609	5286311	1663298
家具类	Furniture	558942	8299	550643	185488	78736	106752
通讯器材类	Communication Appliances	527239	351373	175866	2358475	1925102	433373
煤炭及制品类	Coal and Related Products	2119098	2119046	52	18925712	18905009	20703
木材及制品类	Wood and Wooden Products	31639	31639		409292	409292	
石油及制品类	Petroleum and Related Products	4182060	3886709	295351	15208697	14027325	1181372
化工材料及制品类	Raw Chemical Materials	3536901	3536901		12345562	12345562	
#化肥类	Fertilizer	2882526	2882526		1188613	1188613	
金属材料类	Metal Materials	12489256	12489256		39820244	39820244	
建筑及装潢材料类	Building and Decoration Materials	985616	737391	248225	1458142	1280844	177298
机电产品及设备类	Electlomechanic Products and Equipments	2629598	2609175	20423	9730865	9061941	668924
#农机类	Agricultural Machinery	15453	15453		346281	346281	
汽车类	Automobile	16129835	6503014	9626821	10754357	3368501	7385856
种子饲料类	Seed and Feedstuff	51523	51523		678289	678289	
棉麻类	Cotton, Hemp	855797	855797		1082467	1080810	1657
其他类	Others	2008372	1745402	262970	5859844	5365518	494326

14-7 限额以上批发和零售企业商品销售情况(2010年)

COMMODITY SALES OF WHOLESALE AND RETAIL ENTERPRISES ABOVE DESIGNATED SIZE (2010)

项目		Item		商品总销售 Total Sales	批发 Wholesale Trade	零售 Retail Trade
粮　食	(百公斤)	Grain	(100 kg)	187365929	184545993	2819936
食用植物油	(百公斤)	Edible Vegetable Oil	(100 kg)	46915088	46008201	906887
猪和猪肉	(百公斤)	Pigs and Pork	(100 kg)	2455324	1555970	899354
牛和牛肉	(百公斤)	Cattle and Beef	(100 kg)	254810	104721	150089
羊和羊肉	(百公斤)	Goat,Sheep and Mutton	(100 kg)	178240	39068	139172
家　禽	(百公斤)	Poultry	(100 kg)	7359020	6619550	739470
鲜　蛋	(百公斤)	Fresh Eggs	(100 kg)	613185	150267	462918
鲜　菜	(百公斤)	Fresh Vegetable	(100 kg)	3130820	1009720	2121100
鲜瓜果	(百公斤)	Fresh Melons and Fruits	(100 kg)	2905790	836020	2069770
水产品	(百公斤)	Aquatic Products	(100 kg)	956270	590950	365320
食　糖	(百公斤)	Sugar	(100 kg)	64756080	64297750	458330
鲜　奶	(千升)	Fresh Milk	(1000 liter)	2184796	1250136	934660
卷　烟	(万支)	Cigarettes	10000 units)	11234661	10792593	442068
酒	(百公斤)	Liquor Wine	(100 kg)	8390615	7181493	1209121
#白　酒	(百公斤)	Distilled Spirit	(100 kg)	1078168	652410	425758
啤　酒	(百公斤)	Beer	(100 kg)	6811866	6190470	621396
茶　叶	(百公斤)	Tea	(100 kg)	179120	87990	91130
各种服装	(百件)	Clothing	(100 units)	4394895	2705438	1689457
鞋	(百双)	Shoe	(100 pairs)	1353816	977014	376802
数码照相机	(台)	Digital Camera	(unit)	24264774	23260527	1004247
自行车	(辆)	Bicycle	(unit)	686576	478120	208456
彩色电视机	(台)	Color TV Set	(unit)	9630262	8297220	1333042
组合音响	(台)	Stereo Component System	(unit)	406586	320874	85712
摄像机	(台)	Pickup Camera	(unit)	2386772	2287163	99609
#数码摄像机	(台)	Digital Video Camera	(unit)	1713537	1640164	73373
影碟机	(台)	Video Disc Player	(unit)	1273311	999951	273360
家用电风扇	(台)	Electrical Fans	(unit)	731893	255829	476064
电冰箱（家用电冰箱）	(台)	Household Refrigerators	(unit)	2262099	1569898	692201
洗衣机（家用洗衣机）	(台)	Household Washing Machine	(unit)	6410114	5674152	735962
家用空调器（房间空调器）	(台)	Room Air Conditioners	(unit)	8755882	7581585	1174297
微波炉	(台)	Microwave Oven	(unit)	1537336	1057202	480134

注：限额以上批发和零售企业是指批发业年主营业务收入2000万元及以上企业,零售业年主营业务收入500万元及以上企业。

Note: Above designated size of wholesale and retail trades include annual main business income are 20 million yuan or above for wholesale trade; 5 million yuan or above for retail trade.

14-7 续表 continued

项 目		Item		商品总销售 Total Sales	批发 Wholesale Trade	零售 Retail Trade
热水淋浴器	(台)	Showers	(unit)	844459	263708	580751
吸尘器	(台)	Dust Catcher	(unit)	1244963	1043286	201677
抽油烟机	(台)	Exhauster	(unit)	410292	128942	281350
电饭锅(煲)	(台)	Electric Rice Cooker	(unit)	4101424	3278861	822563
电脑（微型计算机）	(台)	Micro Computers	(unit)	13908591	11601082	2307509
移动电话机	(部)	Mobile phone	(unit)	184001859	177445873	6555986
煤 炭	(吨)	Coal	(ton)	580879122	580607145	271977
汽 油	(吨)	Gasoline	(ton)	10680623	6239110	4441513
煤 油	(吨)	Kerosene	(ton)	10836576	10819285	17291
柴 油	(吨)	Diesel Oil	(ton)	17519520	16019854	1499666
钢 材	(吨)	Steel Products	(ton)	89470719	89470095	624
水 泥	(吨)	Cement	(ton)	3585251	3584928	323
汽 车	(辆)	Motor Vehicles	(unit)	2115244	1264138	851106
#轿 车	(辆)	Cars	(unit)	1212536	506690	705846
摩托车	(辆)	Motorcycle	(unit)	9648	8355	1293
木材	(立方米)	Timber	(cu.m)	2274591	2273392	1199
化学肥料	(吨)	Chemical Fertilizer	(ton)	12725179	12725179	
化学农药	(吨)	Chemical Pesticide	(ton)	963017	963017	
农用塑料薄膜	(吨)	Agricultural Plastic Film	(ton)	72276	72276	
铜	(吨)	Copper	(ton)	919175	919175	
铝	(吨)	Aluminium	(ton)	1956573	1956573	
农业机械	(台)	Agricultural Machine	(unit)	44402	44402	

14-8 机动车销售情况(2001-2010年)
SALES OF MOTOR VEHICLE (2001-2010)

单位：万辆 (10000 units)

项 目	Item	2001	2002	2003	2004	2005	2006	2007	2008	2009	2010
机动车销售量	**Motor Vehicles Sold**	**22.9**	**26.0**	**40.8**	**44.7**	**57.0**	**71.4**	**79.8**	**87.8**	**114.8**	**143.2**
#轿 车	Car	11.4	15.1	25.2	27.2	38.0	46.2	52.7	54.5	70.6	92.4
新 车	**New Car**	**16.4**	**17.7**	**29.3**	**30.4**	**37.2**	**39.1**	**44.3**	**49.3**	**70.2**	**91.6**
#轿 车	Car	10.0	12.0	19.7	20.6	27.7	30.3	34.8	34.9	50.6	66.6
旧 车	**Second-hand Vehicles Traded**	**6.6**	**8.3**	**11.5**	**14.3**	**19.8**	**32.3**	**35.5**	**38.5**	**44.6**	**51.6**
#轿 车	Car	1.4	3.0	5.6	6.6	10.2	15.9	17.9	19.5	19.9	25.8

资料来源：北京市工商行政管理局。

Source: Beijing Administration For Industry & Commerce.

14-9 限额以上批发和零售企业财务状况(2010年)

FINANCIAL INDICATORS OF WHOLESALE AND RETAIL ENTERPRISES ABOVE DESIGNATED SIZE (2010)

单位：万元 (10000 yuan)

项目	Item	企业单位个数(个) Number of Enterprises (unit)	资产总计 Total Assets	流动资产合计 Total Circulating Assets	长期投资 Long-term Investment	固定资产合计 Total Fixed Assets	固定资产原价合计 Original Value of Fixed Assets
合　计	**Total**	**8935**	**208565848**	**156857647**	**34427453**	**8446253**	**9995741**
按企业登记注册类型分	**Grouped by Registration Status of Enterprises**						
内　资	Domestic Funded Enterprises	8463	167065952	125206659	26778874	7149741	8090232
国　有	State-Owned Enterprises	384	25151127	17612334	4330373	1610264	1376282
集　体	Collective Owned Enterprises	145	1607454	1215495	225658	159631	208469
股份合作	Cooperative Enterprises	139	444615	340221	16206	78948	82939
联　营	Joint Owned Enterprises	13	30378	25337	2340	2624	4961
有限责任公司	Limited-Liability Corporation	2595	97915822	76315198	14390284	3534818	4025952
股份有限公司	Share Holding Corporations Ltd.	142	24506898	14063806	7053593	1059591	1436712
私　营	Private Enterprises	5045	17409658	15634268	760421	703867	954918
其　他	Others						
港澳台商投资	Enterprises with Funds from Hongkong, Macao and Taiwan	136	3929929	3245039	373466	162894	238211
外商投资	Foreign Funded Enterprises	336	37569967	28405948	7275113	1133618	1667298
按国民经济行业分	**Grouped by Sectors**						
批发业	Wholesale Trade	5917	181600042	135873973	32767875	5772633	6232803
农畜产品批发	Agricultural and Animal Products	93	12334250	6444222	4787377	794728	363384
食品、饮料及烟草制品批发	Food,Beverage and Tobacoo Products	388	9098118	7881625	724724	360614	451423
纺织、服装及日用品批发	Textile Garments and Daily Use goods	392	2646624	2065167	364160	136590	181649
文化、体育用品及器材批发	Products and Equipment of Culture or Sports	309	3332506	2712419	303510	209438	256924
医药及医疗器材批发	Medicine and Medical Appliance	342	4471634	3589013	537466	133679	192648
矿产品、建材及化工产品批发	Mineral,Construction Material, Chemical Products	1926	73582282	53074148	15627860	2365571	2394299
机械设备、五金交电及电子产品批发	Machinery,Hardware,Electrical Appliance and Electronic product	2218	51323243	39770800	7840403	1380894	1940246
贸易经纪与代理	Trade and Deputy	144	22256235	18467134	2215150	279098	298245
其他批发	Others	105	2555150	1869447	367227	112022	153984
零售业	Retail	3018	26965806	20983674	1659578	2673620	3762938
综合零售	Total Retail	243	10005807	6995703	914907	1073715	1684355
食品、饮料及烟草制品专门零售	Food,Beverage and Tobacoo	123	461840	314441	6940	121824	147232
纺织、服装及日用品专门零售	Textile,Garments and Daily Use Goods	264	1024967	812105	12529	109770	141788
文化、体育用品及器材专门零售	Products and Equipment of Culture or Sports	297	1129307	836403	96542	162746	165466
医药及医疗器材专门零售	Medicine and Medical Appliance	298	1407690	1194111	118391	57568	87219
汽车、摩托车、燃料及零配件专门零售	Automobile,Motorcycle, Elding and Spares or Fittings	735	6262186	4783496	270949	927499	1208752
家用电器及电子产品专门零售	Household Appliances and Electronic product	649	4438105	4132439	184269	50165	65659
五金、家具及室内装修材料专门零售	Hardware,Electrical Appliance Furniture and Interior Decoration Material	154	738567	554136	3965	112184	167338
无店铺及其他零售	No Area of Business and Others	255	1497337	1360839	51087	58151	95130
按规模划分	**Grouped by Size**						
#大型企业	Large-sized Enterprises	246	96116312	66740263	21196735	3840337	5240331
中型企业	Medium-sized Enterprises	763	35944621	25694587	5570852	1578013	2078449

注：限额以上批发和零售企业是指批发业年主营业务收入2000万元及以上、零售业年主营业务收入500万元及以上的法人企业。

Note:Above designated size of wholesale and retail trades include the corporations meeting the following criteria: annual sales are 20 million yuan or above for wholesale trade; 5 million yuan or above for retail trade.

14-9 续表 1 continued

单位：万元 (10000 yuan)

项目	Item	负债合计 Total Liabilities	流动负债合计 Total Current Liability	长期负债合计 Total Long-term Liability	所有者权益合计 Ownership Interest	#实收资本 Proceeds of Capital	营业收入 Business Revenue
合计	**Total**	**144216964**	**131155259**	**11958248**	**64348884**	**32927585**	**323592268**
按企业登记注册类型分	**Grouped by Registration Status of Enterprises**						
内资	Domestic Funded Enterprises	119345849	107291964	11144346	47720103	26565180	251787582
国有	State-Owned Enterprises	17173444	15756838	1342027	7977684	3504509	32480467
集体	Collective Owned Enterprises	1353040	1144831	207781	254415	68566	3603136
股份合作	Cooperative Enterprises	360961	350900	8978	83653	84462	1470574
联营	Joint Owned Enterprises	16442	16442		13936	6009	127846
有限责任公司	Limited-Liability Corporation	75441664	66516593	8329119	22474158	14027278	140932666
股份有限公司	Share Holding Corporations Ltd.	11069719	9939612	1056778	13437179	4141039	32497547
私营	Private Enterprises	13930580	13566748	199663	3479079	4733317	40675347
其他	Others						
港澳台商投资	Enterprises with Funds from Hongkong, Macao and Taiwan	2637568	2530110	75633	1292361	575614	7725962
外商投资	Foreign Funded Enterprises	22233547	21333185	738269	15336420	5786791	64078724
按国民经济行业分	**Grouped by Sectors**						
批发业	Wholesale Trade	123245211	111117072	11181103	58354831	28723506	276798480
农畜产品批发	Agricultural and Animal Products	8389083	6705501	1679821	3945167	1102903	6339488
食品、饮料及烟草制品批发	Food,Beverage and Tobacoo Products	6954778	6700637	179702	2143340	875975	11548876
纺织、服装及日用品批发	Textile Garments and Daily Use goods	1782053	1667900	55162	864571	499834	4353376
文化、体育用品及器材批发	Products and Equipment of Culture or Sports	2211190	2157040	48138	1121316	523395	5990914
医药及医疗器材批发	Medicine and Medical Appliance	3127883	2735954	140720	1343752	632419	7138229
矿产品、建材及化工产品批发	Mineral,Construction Material, Chemical Products	48351567	45255486	2847490	25230715	14833740	149888397
机械设备、五金交电及电子产品批发	Machinery,Hardware,Electrical Appliance and Electronic product	32063533	30066280	1710850	19259709	8204696	82806551
贸易经纪与代理	Trade and Deputy	18496381	14255708	4239826	3759854	1737543	6962502
其他批发	Others	1868743	1572566	279395	686407	313002	1770147
零售业	Retail	20971753	20038187	777145	5994053	4204079	46793788
综合零售	Total Retail	7591694	7146248	369218	2414113	1177507	11920351
食品、饮料及烟草制品专门零售	Food,Beverage and Tobacoo	237653	228830	3241	224186	110340	604272
纺织、服装及日用品专门零售	Textile,Garments and Daily Use Goods	885232	858522	23888	139735	234809	1884812
文化、体育用品及器材专门零售	Products and Equipment of Culture or Sports	721200	609492	99620	408107	251076	1253752
医药及医疗器材专门零售	Medicine and Medical Appliance	1035032	1005145	23354	372658	168403	2230215
汽车、摩托车、燃料及零配件专门零售	Automobile,Motorcycle, Elding and Spares or Fittings	4627845	4510245	95839	1634342	1238220	21257234
家用电器及电子产品专门零售	Household Appliances and Electronic product	3900778	3874825	3439	537327	460562	4598819
五金、家具及室内装修材料专门零售	Hardware,Electrical Appliance Furniture and Interior Decoration Material	586300	498161	81924	152267	180455	808090
无店铺及其他零售	No Area of Business and Others	1386017	1306720	76622	111320	382706	2236244
按规模划分	**Grouped by Size**						
#大型企业	Large Enterprises	60323214	54831638	5075802	35793098	12996736	147687880
中型企业	Medium Enterprises	25733235	22377770	3186003	10211386	5219619	54179001

14-9 续表 2 continued

单位：万元 (10000 yuan)

项　　目	Item	主营业务收　入 Operating Income	主营业务成　本 Operating Cost	主营业务税金及附加 Operating Tax and Extra Charges	营　业利　润 Operating Profits	利　润总　额 Total Profits	应　交所得税 Income Tax Payable
合　　计	**Total**	**319338111**	**294742086**	**523529**	**9435490**	**11221119**	**2207901**
按企业登记注册类型分	**Grouped by Registration Status of Enterprises**						
内　资	Domestic Funded Enterprises	248770838	235794067	443596	4820157	5461625	1152335
国　有	State-Owned Enterprises	32336978	30403814	101710	871818	1008590	226075
集　体	Collective Owned Enterprises	3586505	3479934	2335	-36029	-9136	2906
股份合作	Cooperative Enterprises	1462900	1419196	977	-1001	273	1190
联　营	Joint Owned Enterprises	127805	119258	209	2005	2780	587
有限责任公司	Limited-Liability Corporation	138694819	131912772	216949	2514464	2916648	698424
股份有限公司	Share Holding Corporations Ltd.	32185987	30766712	63221	1186016	1209506	113737
私　营	Private Enterprises	40375845	37692381	58196	282884	332964	109416
其　他	Others						
港澳台商投资	Enterprises with Funds from Hongkong, Macao and Taiwan	7625755	6452677	8789	325290	356851	86807
外商投资	Foreign Funded Enterprises	62941518	52495342	71143	4290043	5402643	968760
按国民经济行业分	**Grouped by Sectors**						
批发业	Wholesale Trade	273763757	254127995	402394	8526433	10246005	1902659
农畜产品批发	Agricultural and Animal Products	6314106	5980854	4865	34914	153618	24842
食品、饮料及烟草制品批发	Food,Beverage and Tobacoo Products	11451982	10163424	89945	324982	488031	97692
纺织、服装及日用品批发	Textile Garments and Daily Use goods	4271897	3686688	6325	129546	140156	33457
文化、体育用品及器材批发	Products and Equipment of Culture or Sports	5935351	5211887	11949	192937	227897	53153
医药及医疗器材批发	Medicine and Medical Appliance	7062557	6250308	12965	218310	257762	58560
矿产品、建材及化工产品批发	Mineral,Construction Material, Chemical Products	149373262	145764416	145903	2171844	2388796	415974
机械设备、五金交电及电子产品批发	Machinery,Hardware,Electrical Appliance and Electronic product	81715908	70393970	96855	4936270	5873135	1090827
贸易经纪与代理	Trade and Deputy	5926642	5171413	28690	481298	654933	112388
其他批发	Others	1712051	1505036	4897	36333	61678	15767
零售业	Retail	45574354	40614091	121134	909057	975114	305243
综合零售	Total Retail	11217611	9505681	62468	380776	393557	127571
食品、饮料及烟草制品专门零售	Food,Beverage and Tobacoo	589905	444799	3308	24592	35451	10837
纺织、服装及日用品专门零售	Textile,Garments and Daily Use Goods	1841922	1274804	5406	26602	26070	19731
文化、体育用品及器材专门零售	Products and Equipment of Culture or Sports	1230658	970165	5828	45355	51476	11638
医药及医疗器材专门零售	Medicine and Medical Appliance	2211304	1969329	4934	43156	45849	11818
汽车、摩托车、燃料及零配件专门零售	Automobile,Motorcycle, Elding and Spares or Fittings	21108937	19916245	20118	308227	325931	83688
家用电器及电子产品专门零售	Household Appliances and Electronic product	4417500	3998332	8971	95035	107426	23965
五金、家具及室内装修材料专门零售	Hardware,Electrical Appliance Furniture and Interior Decoration Material	774881	567116	5720	24069	25373	10384
无店铺及其他零售	No Area of Business and Others	2181635	1967620	4382	-38756	-36018	5611
按规模划分	**Grouped by Size**						
#大型企业	Large Enterprises	144863456	129742661	228482	14892313	7936684	1403621
中型企业	Medium Enterprises	53725793	50191216	141854	3392723	866306	225033

14-10 限额以上住宿业企业财务状况(2010年)

单位：万元

项　目	Item	企业单位个数(个) Number of Enterprises (unit)	资产总计 Total Assets	流动资产合计 Total Current Assets	长期投资 Longterm Investment	固定资产合计 Total Fixed Assets	固定资产原价合计 Total Original Value of Fixed Assets
合　计	**Total**	**1240**	**9489039**	**2685139**	**671737**	**5037736**	**7262232**
按登记注册类型分	**Grouped By Registration Status of Enterprises**						
内　资	Domestic Investment Enterprises	1173	6808840	1878405	427511	3783724	4753486
国　有	State-Owned Enterprises	356	2174907	445224	163268	1416084	1898598
集　体	Collective-Owned Enterprises	68	306267	84634	7771	194040	217301
股份合作	Private Enterprises	40	79392	27457	1335	42688	67782
联　营	Joint-Owned Enterprises	2	***	***		***	***
有限责任公司	Limited-Liabilities Corporations	383	3296845	897121	210232	1761077	2081119
股份有限公司	Share Holding Corporations Ltd.	22	***	***	***	***	***
私　营	Private Enterprises	302	637187	255277	19808	261366	316168
其　他	Others						
港澳台商投资	Enterprises with Funds from Hongkong, Macao and Taiwan	39	1848489	491558	242275	845203	1611663
外商投资	Foreign Funded Enterprises	28	831711	315176	1951	408809	897084
按行业划分	**By Sectors**						
旅游饭店	Tourism Hotels	733	8239744	2245740	502294	4560908	6639393
一般旅馆	Common Inns	479	1172490	423978	169271	420225	572687
其他住宿服务	Other Accomodation Service	28	76805	15421	173	56603	50153

注：限额以上住宿业企业是指年主营业务收入200万元及以上的住宿业法人企业。

FINANCIAL STATUS OF ACCOMODATION ENTERPRISES ABOVE DESIGNATED SIZE(2010)

(10000 yuan)

负债合计 Total Liabilities	流动负债合计 Total Current Liabilities	长期负债合计 Total Long-term Liabilities	所有者权益合计 Total Owner's Equity	#实收资本 Paid-up Capital	主营业务收入 Business Revenue	主营业务成本 Business Cost	主营业务税金及附加 Business Tax and Extra Charges	主营业务利润 Business Profits	利润总额 Total Profits	应交所得税 Income Tax Payable
6772406	**4267853**	**2390243**	**2716633**	**3041696**	**3057242**	**835710**	**162146**	**2058857**	**-30311**	**41738**
5026449	3501290	1432231	1782391	2064378	2227765	620544	121700	1484992	-119361	13889
1276676	777358	482269	898231	769714	708232	203887	38535	465811	-33575	3019
211572	95837	115735	94695	62217	92648	21004	5068	66576	-907	588
45730	31096	12960	33662	21937	37701	9035	2002	26665	-709	391
***	***	***	***	***	***	***	***	***	***	
2574778	1865796	656120	722067	1021402	985320	255763	53620	675407	-66541	7754
***	***	***	***	***	***	***	***	***	***	***
636274	570885	58380	913	126596	313393	88603	17633	207157	-15660	1317
1172117	570974	583284	676372	713485	552143	165502	26606	360035	57568	17147
573841	195590	374728	257870	263832	277334	49664	13840	213830	31483	10702
6030699	3623974	2307133	2209046	2597827	2555339	697084	134363	1723891	-20021	38178
677887	588918	82172	494603	422945	477369	130378	26469	319992	-7545	3534
63821	54961	938	12984	20924	24535	8248	1314	14974	-2744	27

Note:Above designated size of accomodation includes annual sales are 2 million yuan or above for hotels.

14-11 限额以上餐饮业企业财务状况(2010年)

单位：万元

项　目	Item	企业单位个数(个) Number of Enterprises (unit)	资产总计 Total Assets	流动资产合计 Total Current Assets	长期投资 Longterm Investment	固定资产合计 Total Fixed Assets	固定资产原价合计 Total Original Value of Fixed Assets
合　计	**Total**	**2137**	**2849568**	**1581879**	**194907**	**569527**	**864729**
按登记注册类型分	**Grouped by Registration Status of Enterprises**						
内　资	Domestic Investment Enterprises	1987	2102673	1216531	144151	430606	615007
国　有	State-Owned Enterprises	38	38010	22593	2074	9142	14550
集　体	Collective-Owned Enterprises	52	24100	14381	1060	7141	7311
股份合作	Private Enterprises	79	25126	12972	386	9349	11898
联　营	Joint-Owned Enterprises	2	***	***		***	***
有限责任公司	Limited-Liabilities Corporations	494	763032	413629	15745	202163	275983
股份有限公司	Share Holding Corporations Ltd.	53	300557	137458	93940	51083	75855
私　营	Private Enterprises	1268	951529	615362	30946	151685	229260
其　他	Others	1	***	***		***	***
港澳台商投资	Enterprises with Funds from Hongkong, Macao and Taiwan	68	269603	157014	20056	41100	75486
外商投资	Foreign Funded Enterprises	82	477292	208334	30700	97820	174237
按行业划分	**Grouped by Sectors**						
正　餐	Restaurant	1903	2316140	1300151	162947	458311	663651
快　餐	Snack Counter	138	410115	184937	30631	94674	168263
饮料及冷饮	Beverage and Cold Drink	36	50177	38458	58	8660	19032
其他餐饮业	Other	60	73137	58333	1272	7882	13784

注：限额以上餐饮业企业是指年主营业务收入200万元及以上的餐饮业法人企业。

FINANCIAL STATUS OF CATERING ENTERPRISES ABOVE DESIGNATED SIZE (2010)

(10000 yuan)

负债合计 Total Liabilities	流动负债合计 Total Current Liabilities	长期负债合计 Total Long-term Liabilities	所有者权益合计 Total Owner's Equity	#实收资本 Paid-up Capital	主营业务收入 Business Revenue	主营业务成本 Business Cost	主营业务税金及附加 Business Tax and Extra Charges	主营业务利润 Business Profits	利润总额 Total Profits	应交所得税 Income Tax Payable
2150090	**1879265**	**226084**	**699478**	**650303**	**3963160**	**1740033**	**208367**	**2014760**	**132973**	**57021**
1659801	1465417	156370	442873	411749	2621574	1246030	140755	1234789	37879	25799
20316	15258	4882	17694	8886	37656	17561	1846	18249	1768	316
16582	14337	85	7518	10789	32143	16710	1583	13850	-23	100
22072	20487	1180	3053	3274	49880	28474	2717	18690	227	120
***	***		***	***	***	***	***	***	***	***
632771	558319	57954	130261	165985	879949	403917	47297	428735	7025	10531
88697	83708	4014	211860	50352	201663	85105	10519	106039	27086	4196
879088	773034	88256	72441	172394	1419334	693768	76742	648824	1811	10528
***	***		***	***	***	***	***	***	***	***
225164	166776	57650	44439	95252	410664	169798	20645	220221	27710	11116
265125	247072	12064	212166	143301	930923	324206	46967	559751	67384	20106
1812458	1576305	208948	503682	511130	2967696	1352455	157958	1457283	67738	36078
246292	228281	15449	163823	95135	839154	305915	43054	490185	66583	18639
27163	25917	907	23014	17165	62462	18212	2979	41271	5430	2145
64177	48763	780	8960	26873	93848	63450	4377	26021	-6778	159

Note:Above designated size of catere industries includes annual sales are 2 million yuan or above for restaurants.

14-12 连锁企业基本情况(2001-2010年)

STATISTICS FOR CHAIN ENTERPRISES (2001-2010)

年 份 Year	连锁总店(个) Number of Head Offices of Chain Stores (unit)	门店总数(个) Number of Chain Stores (unit)	从业人员年末人数(人) Year-end Employed Persons (person)	营业面积(平方米) Operational Area (sq.m)	商品销售总额(营业额)(万元) Total Revenue of Sales (10000 yuan)	#零售额 Retail Sales
2001	129	2123	139470	1605808	4831168	2186540
2002	146	3523	109089	2356266	6621975	6487185
2003	153	4519	132030	3405562	8404232	7601221
2004	196	5432	153942	3783507	8603560	8337829
2005	188	5973	166598	4376383	10612658	9507168
2006	205	6730	170007	5546003	11229026	9514297
2007	210	7645	185114	6677266	13890913	11573838
2008	240	8611	223954	6745802	15720473	12954839
2009	240	8928	218024	6995047	17366414	13816796
2010	234	9299	228292	7268786	21329783	16255496

14-13 连锁企业基本情况(按登记注册类型、经营业态分)(2010年)

STATISTICS FOR CHAIN ENTERPRISES (GROUPED BY REGISTRATION STATUS OF ENTERPRISES AND INDUSTRIES)(2010)

指 标	Item	门店总数(个) Number of Chain Stores (unit)	从业人员年末人数(人) Year-end Employed Persons (person)	营业面积(平方米) Operational Area (sq.m)	商品销售总额(营业额)(万元) Total Revenue of sales (10000 yuan)	#零售额 Retail Sales
合 计	**Total**	**9299**	**228292**	**7268786**	**21329783**	**16255496**
按登记注册类型分	**Grouped by Registration Status of Enterprises**					
内资	Domestic Funded Enterprises	6947	147613	5339640	17039681	12191632
国有	State-Owned Enterprises	116	1215	42106	63839	54729
集体	Collective Owned Enterprises	316	1530	85688	93477	90718
股份合作	Cooperative Enterprises	636	2674	88385	60061	58918
联营	Joint Ownership Units	5	52	928	869	869
有限责任公司	Limited-Liability Corporations	3203	69037	2897834	7659215	5404890
股份有限公司	Share Holding Corporations Ltd.	1262	48964	1780151	8497712	5963438
私营	Private Enterprises	1409	24141	444548	664508	618070
其他	Others					
港澳台商投资	Enterprises with Funds from Hongkong,Macao and Taiwan	803	20751	323612	839631	708003
外商投资	Foreign Funded Enterprises	1549	59928	1605534	3450470	3355861
按经营业态分	**Grouped by Industries**					
零售业态	**Chain Retail**	**6875**	**141712**	**5957377**	**19648177**	**14650092**
食杂店	Grocer					
便利店	Convenient Store	629	2817	53214	113794	103800
折扣店	Discount Store	7	585	50430	121538	121538
超市	Supermarket	2085	46226	1868547	3308317	2601942
大型超市	Supermarket	85	21303	810970	1925027	1838640
仓储会员店	Storage Store	7	2651	130869	334932	334932
百货店	Department Store	57	16092	1077979	2492823	2492823
专业店	Professional Shop	1976	28238	1185241	3738672	3421771
加油站	Gas Station	671	8101	292324	6271384	2733580
专卖店	Regie Shop	1122	11689	160056	985589	702378
家居建材商店	Fitment Store	26	3168	309043	298688	298688
其 他	Other	210	842	18704	57413	
餐饮业态	**Chain Catering Services**	**2316**	**83225**	**1303275**	**1608196**	**1602710**
中式正餐	Chinese Restaurant	548	38536	788977	643869	642785
中式快餐	Chinese Snack Counter	726	13293	152494	246014	245667
外国风味正餐	Foreign-flavoring Restaurant	275	7881	103770	181984	181985
外国风味快餐	Foreign-flavoring Snack Counter	598	21783	234425	485962	482145
茶馆	Tea shop	6	40	910	567	567
咖啡店	Cafe	97	895	18425	39330	39330
其他	Other	66	797	4274	10470	10231
住宿业态	**Chain Accomodation Sector**	**108**	**3355**	**8134**	**73410**	**2694**
旅游饭店	Tourism Hotels	49	1729	3313	31775	890
一般旅馆	Common Inns	59	1626	4821	41635	1804

14-14 商品交易市场基本情况(2010年)

STATISTICS FOR COMMODITY TRANSACTION MARKETS (2010)

单位：个 (unit)

项目	Item	全市 Total	各区 Districts	各县 Counties
商品交易市场总数	**Total Number of Commodity Transaction Markets**	**911**	**868**	**43**
#亿元市场	Million-yuan Markets	135	130	5
一、综合市场	**Comprehensive Markets**	**426**	**393**	**33**
综合贸易市场	**Comprehensive Trade Market**	**426**	**393**	**33**
生产资料综合市场	Comprehensive Market of Capital Goods	3	3	
工业消费品综合市场	Comprehensive Market of Industrial Consumables	69	66	3
农产品综合市场	Comprehensive Market of Agricultural Products	247	237	10
其他综合市场	Other Comprehensive Markets	107	87	20
二、专业市场	**Special Markets**	**485**	**475**	**10**
生产资料市场	**Market of Capital Goods**	**58**	**57**	**1**
农业生产用具市场	Market of Agricultural Production Tools			
农用生产资料市场	Market of Agricultural Production Means	1	1	
煤炭市场	Coal Market			
木材市场	Timber Market	3	3	
建材市场	Building Materials Market	49	48	1
化工材料及制品市场	Chemical Materials and Products Market			
金属材料市场	Metal Materials Market	3	3	
机械设备市场	Mechanical Equipment Market	1	1	
其他生产资料市场	Other Production Means Market	1	1	
农产品市场	**Agricultural Products Market**	**85**	**84**	**1**
粮油市场	Foodstuff and Oil Market	5	5	
肉禽蛋市场	Meat, Poultry and Egg Market	8	8	
水产品市场	Aquatic Product Market	5	5	
蔬菜市场	Vegetable Market	21	20	1
干鲜果品市场	Fried and Fresh Fruits Market	3	3	
棉麻土畜、烟叶市场	Cotton, Linen,Local and Livestock Product, and Tobacco Leaf Market			
其他农产品市场	Other Agricultural Product Market	43	43	
食品、饮料及烟酒市场	**Food, Beverage, Tobacco and Wine Market**	**29**	**27**	**2**
食品饮料市场	Food & Beverage Market	9	8	1
茶叶市场	Tea Market	6	6	
烟酒市场	Tobacco and Wine Market	1	1	
其他食品饮料及烟酒市场	Other Food, Beverage, Tobacco and Wine Market	13	12	1
纺织、服装、鞋帽市场	**Textile, Costume, Shoes and Caps Market**	**90**	**88**	**2**
布料及纺织品市场	Cloth and Textile Market	11	11	
服装市场	Costume Market	60	59	1
鞋帽市场	Shoes and Caps Market	4	4	
其他纺织服装鞋帽市场	Other Textile, Costume, Shoes and Caps Market	15	14	1
日用品及文化用品市场	**Daily-use Articles and Cultural Articles Market**	**18**	**18**	
小商品市场	Small Commodities Market	10	10	

14-14 续表 continued

单位：个 (unit)

项目	Item	全市 Total	各区 Districts	各县 Counties
箱包市场	Case and Bag Market			
玩具市场	Toys Market	1	1	
文具市场	Stationary Market	1	1	
图书、报刊杂志市场	Books, Newspapers, Periodicals and Journals Market	1	1	
音像制品及电子出版物市场	Audio/visual Products, Electronic Publications Market	1	1	
体育用品市场	Sports Article Market			
其他日用品及文化用品市场	Other Daily-use Articles and Cultural Articles Market	4	4	
黄金、珠宝、玉器等首饰市场	**Market of Gold, Jewelry, Jade**	**8**	**8**	
电器、通讯器材、电子设备市场	**Market of Electrical Appliance, Communication Apparatus, Electronic Equipment**	**23**	**23**	
家电市场	Household Appliances Market	2	2	
通讯器材市场	Communication Apparatus Market	6	6	
照相、摄像器材市场	Photography and Camera Shot Apparatus Market	2	2	
计算机及辅助设备市场	Computer and Peripheral Equipment Market	7	7	
其他电器、通讯器材、电子设备市场	Other Electrical Appliance, Communication Apparatus and Electronic Equipment Market	6	6	
医药、医疗用品及器材市场	**Medicine, Medial Articles and Equipment Market**			
中药材市场	Chinese Herb Market			
其他医药、医疗用品及器材市场	Other Medicine, Medial Articles and Equipment Market			
家具、五金及装饰材料市场	**Furniture, Hardware, and Decoration Materials Market**	**82**	**80**	**2**
家具市场	Furniture Market	33	33	
装饰材料市场	Decoration Materials Market	24	24	
灯具市场	Lamps and Lanterns Market	5	5	
厨具、盥洗设备市场	Kitchen and Washroom Equipment Market			
五金材料市场	Hardware Market	14	14	
其他装修市场	Other Fitment Market	6	4	2
汽车、摩托车及零配件市场	**Automobile, Autobike,Parts and Fittings Market**	**29**	**29**	
汽车市场	Automobile Market	11	11	
摩托车市场	Autobike Market			
机动车零配件市场	Motor Vehicle Parts and Fittings Market	18	18	
花、鸟、鱼、虫市场	**Flowers, Birds, Fish and Insects Market**	**19**	**19**	
花卉市场	Flower Market	18	18	
鸟市场	Bird Market			
观赏鱼市场	Fish Market			
其他花鸟鱼虫市场	Other Flowers, Birds, Fish and Insects Market	1	1	
旧货市场	**Used Goods Market**	**18**	**18**	
古玩、古董、字画市场	Curio, Antique, Calligraphy and Paintings Market	8	8	
邮票、硬币市场	Stamps and Coins Market	1	1	
其他旧货市场	Other Used Goods Market	9	9	
其他专业市场	**Other Specialized Market**	**26**	**24**	**2**

14-15 商品交易市场成交额(2010年)

TRANSACTION VALUE OF COMMODITY TRANSACTION MARKETS (2010)

单位：万元 (10000 yuan)

项目	Item	全市 Total	各区 Districts	各县 Counties
商品交易市场总计	**Total Number of Commodity Transaction Markets**	**26193930**	**25957431**	**236499**
#亿元市场	Million-yuan Markets	24897505	24706386	191119
一、综合市场	**Comprehensive Markets**	**12080662**	**11921951**	**158711**
综合贸易市场	**Comprehensive Trade Market**	**12080662**	**11921951**	**158711**
生产资料综合市场	Comprehensive Market of Capital Goods	23026	23026	
工业消费品综合市场	Comprehensive Market of Industrial Consumables	903617	900895	2722
农产品综合市场	Comprehensive Market of Agricultural Products	8067645	7935442	132203
其他综合市场	Other Comprehensive Markets	3086374	3062588	23786
二、专业市场	**Special Markets**	**14113268**	**14035480**	**77788**
生产资料市场	**Market of Capital Goods**	**648178**	**613722**	**34456**
农业生产用具市场	Market of Agricultural Production Tools			
农用生产资料市场	Market of Agricultural Production Means	452	452	
煤炭市场	Coal Market			
木材市场	Timber Market	13654	13654	
建材市场	Building Materials Market	324812	290356	34456
化工材料及制品市场	Chemical Materials and Products Market			
金属材料市场	Metal Materials Market	53688	53688	
机械设备市场	Mechanical Equipment Market	199000	199000	
其他生产资料市场	Other Production Means Market	56572	56572	
农产品市场	**Agricultural Products Market**	**2855385**	**2825831**	**29554**
粮油市场	Foodstuff and Oil Market	688964	688964	
肉禽蛋市场	Meat, Poultry and Egg Market	52090	52090	
水产品市场	Aquatic Product Market	919912	919912	
蔬菜市场	Vegetable Market	339535	309981	29554
干鲜果品市场	Fried and Fresh Fruits Market	87454	87454	
棉麻土畜、烟叶市场	Cotton, Linen,Local and Livestock Product, and Tobacco Leaf Market			
其他农产品市场	Other Agricultural Product Market	767430	767430	
食品、饮料及烟酒市场	**Food, Beverage, Tobacco and Wine Market**	**62235**	**61807**	**428**
食品饮料市场	Food & Beverage Market	14311	14272	39
茶叶市场	Tea Market	35134	35134	
烟酒市场	Tobacco and Wine Market	68	68	
其他食品饮料及烟酒市场	Other Food, Beverage, Tobacco and Wine Market	12722	12333	389
纺织、服装、鞋帽市场	**Textile, Costume, Shoes and Caps Market**	**525059**	**518931**	**6128**
布料及纺织品市场	Cloth and Textile Market	43573	43573	
服装市场	Costume Market	416893	414503	2390
鞋帽市场	Shoes and Caps Market	10924	10924	
其他纺织服装鞋帽市场	Other Textile, Costume, Shoes and Caps Market	53669	49931	3738
日用品及文化用品市场	**Daily-use Articles and Cultural Articles Market**	**457803**	**457803**	
小商品市场	Small Commodities Market	271962	271962	

14-15 续表 continued

单位：万元 (10000 yuan)

项 目	Item	全 市 Total	各 区 Districts	各 县 Counties
箱包市场	Case and Bag Market			
玩具市场	Toys Market	4110	4110	
文具市场	Stationary Market	154797	154797	
图书、报刊杂志市场	Books, Newspapers, Periodicals and Journals Market	18811	18811	
音像制品及电子出版物市场	Audio/visual Products, Electronic Publications Market	3103	3103	
体育用品市场	Sports Article Market			
其他日用品及文化用品市场	Other Daily-use Articles and Cultural Articles Market	5020	5020	
黄金、珠宝、玉器等首饰市场	**Market of Gold, Jewelry, Jade**	**60922**	**60922**	
电器、通讯器材、电子设备市场	**Market of Electrical Appliance, Communication Apparatus, Electronic Equipment**	**1104263**	**1104263**	
家电市场	Household Appliances Market	1595	1595	
通讯器材市场	Communication Apparatus Market	16344	16344	
照相、摄像器材市场	Photography and Camera Shot Apparatus Market	16243	16243	
计算机及辅助设备市场	Computer and Peripheral Equipment Market	931395	931395	
其他电器、通讯器材、电子设备市场	Other Electrical Appliance, Communication Apparatus and Electronic Equipment Market	138686	138686	
医药、医疗用品及器材市场	**Medicine, Medial Articles and Equipment Market**			
中药材市场	Chinese Herb Market			
其他医药、医疗用品及器材市场	Other Medicine, Medial Articles and Equipment Market			
家具、五金及装饰材料市场	**Furniture, Hardware, and Decoration Materials Market**	**1107418**	**1103216**	**4202**
家具市场	Furniture Market	544928	544928	
装饰材料市场	Decoration Materials Market	191663	191663	
灯具市场	Lamps and Lanterns Market	21540	21540	
厨具、盥洗设备市场	Kitchen and Washroom Equipment Market			
五金材料市场	Hardware Market	38804	38804	
其他装修市场	Other Fitment Market	310483	306281	4202
汽车、摩托车及零配件市场	**Automobile, Autobike,Parts and Fittings Market**	**7128281**	**7128281**	
汽车市场	Automobile Market	6506175	6506175	
摩托车市场	Autobike Market			
机动车零配件市场	Motor Vehicle Parts and Fittings Market	622106	622106	
花、鸟、鱼、虫市场	**Flowers, Birds, Fish and Insects Market**	**33998**	**33998**	
花卉市场	Flower Market	33952	33952	
鸟市场	Bird Market			
观赏鱼市场	Fish Market			
其他花鸟鱼虫市场	Other Flowers, Birds, Fish and Insects Market	46	46	
旧货市场	**Used Goods Market**	**69163**	**69163**	
古玩、古董、字画市场	Curio, Antique, Calligraphy and Paintings Market	16702	16702	
邮票、硬币市场	Stamps and Coins Market	9674	9674	
其他旧货市场	Other Used Goods Market	42787	42787	
其他专业市场	**Other Specialized Market**	**60563**	**57543**	**3020**

14-16 商品交易市场主要商品成交量

TRANSACTION VOLUME OF COMMODITY TRANSACTION MARKETS

项 目	Item	2010	2009	2010年为2009年% 2010 as % of 2009
粮 食 (吨)	Grain (ton)	3059050	2979078	102.7
食用植物油 (吨)	Edible Vegetable Oil (ton)	588499	519479	113.3
猪 肉 (吨)	Hog and Pork (ton)	388542	383891	101.2
牛 肉 (吨)	Oxes and Beef (ton)	88080	77784	113.2
羊 肉 (吨)	Goat, Sheep and Mutton (ton)	70464	65282	107.9
家 禽 (吨)	Poultry (ton)	60402	59943	100.8
鲜 蛋 (吨)	Fresh Eggs (ton)	353403	312435	113.1
鲜 菜 (吨)	Fresh Vegetable (ton)	12394505	10966243	113.0
鲜瓜果 (吨)	Fresh Melon and Fruit (ton)	7488604	7145718	104.8
水产品 (吨)	Aquatic Products (ton)	728654	684877	106.4
新、旧机动车 (辆)	New and Old Automobiles (unit)	578651	588632	98.3
钢 材 (吨)	Rolled Steel (ton)	200655	313853	63.9
煤 炭 (吨)	Coal (ton)	31189	48597	64.2

14-17 消费者投诉与处理

CONSUMER'S COMPLAINTS AND HANDLING

单位：件 (unit)

项　　目	Item	2010 受理投诉件数 Complaints Accepted	2010 构　成 (%) Composition (%)	2009 受理投诉件数 Complaints Accepted	2009 构　成 (%) Composition (%)
合　计	**Total**	**15604**	**100.0**	**16844**	**100.0**
按行业分	**Grouped by Sector**				
家用电器类	Household Appliances	4392	28.1	5299	31.5
#电视机	TV Sets	273	1.7	291	1.7
空调类	Air Conditioners	353	2.3	520	3.1
洗衣机类	Washing Machines	96	0.6	94	0.6
电冰箱(柜)	Refrigerators	129	0.8	201	1.2
厨房电器及设备	Cookroom Appliances	197	1.3	255	1.5
通讯类	Communication Product	2056	13.2	2466	14.6
计算机类	Computer	720	4.6	830	4.9
家用机械类	Household Machines	535	3.4	706	4.2
#汽　车	Automobile	216	1.4	184	1.1
热水器	Showers	111	0.7	123	0.7
百货类	General Merchandise	3497	22.4	4174	24.8
#家具类	Furniture	454	2.9	540	3.2
服装鞋帽	Garments,Shoes and Hats	1269	8.1	1456	8.6
日用杂品	Articles of Daily Use	220	1.4	285	1.7
食　品	Food	638	4.1	619	3.7
房屋及装修建材	Tenement and Fitment	519	3.3	713	4.2
#房　屋	Tenement	74	0.5	107	0.6
装饰材料	Fitment	339	2.2	407	2.4
农用生产资料	Materials for Agricultural Use	114	0.7	212	1.3
服务类	Service	5512	35.3	5140	30.5
#美容美发	Hairdressing	545	3.5	690	4.1
食宿娱乐庆典	Room Entertainment and Celebration	400	2.6	447	2.7
洗衣业	Wash Clothers	460	2.9	434	2.6
装修物业	Fitment and Realty	104	0.7	107	0.6
教育或培训	Education or Training	161	1.0	139	0.8
咨询中介	Consultation Agency	832	5.3	831	4.9
其他商品类	Others	495	3.2	600	3.6
按内容分	**Grouped by Content**				
#质　量	Quality	9320	59.7	10211	60.6
安　全	Safety	96	0.6	61	0.4
价　格	Price	298	1.9	249	1.5
计　量	Measure	27	0.2	47	0.3
广　告	False Advertisements	53	0.3	61	0.4
假　冒	Counterfeit Goods	66	0.4	77	0.5
虚假品质表示	Inveracious Quality	249	1.6	141	0.8
营销合同	Manage and Sell Contract	1227	7.9	1401	8.3
人格尊严	Personality and Dignity	65	0.4	63	0.4

注：总解决率为94.2%。
资料来源：北京市消费者协会。
Note: Total rate of settlement is 94.2%.
Source: Beijing Customer Institution.

主要统计指标解释

社会消费品零售额 指企业（单位、个体户）通过交易直接售给个人、社会集团非生产、非经营用的实物商品金额，以及提供餐饮服务所取得的收入金额。个人包括城乡居民和入境人员，社会集团包括机关、社会团体、部队、学校、企事业单位、居委会或村委会等。

批发和零售业单位 指在流通环节从事商品批发活动和零售活动的单位。

商品购进总额 指从本企业（单位）以外的单位和个人购进(包括从国外直接进口)作为转卖或加工后转卖的商品金额（含增值税）。本指标反映批发和零售从国内外市场上购进商品的总价。

商品销售总额 指对本企业以外的单位和个人出售的商品金额（包括售给本单位消费用的商品，含增值税）。本指标反映批发和零售业在国内市场上销售商品以及出口商品的总量。

期末商品库存总额 对于批发和零售业法人企业和个体经营户，是指取得所有权的全部商品金额（含增值税）；对于批发和零售业产业活动单位，是指期末实际在库且归属法人具有所有权的全部商品金额（含增值税）。这个指标反映批发和零售业的商品库存情况，以及对市场商品供应的保证程度。

连锁总店（总部） 负责连锁企业资源（商号、商誉、经营模式、服务标准、管理模式等等）的开发、配置、控制或使用等功能的企业核心管理机构。连锁经营是指经营同类商品或服务，使用统一商号的若干店铺，在同一总店（总部）的管理下，采取统一采购或特许经营等方式,实现规模效益的组织形式，包括直营连锁、特许连锁和自愿连锁三种形式。直营连锁是指连锁店铺由连锁公司全资或控股开设，在总部的直接控制下，开展统一经营的连锁经营形式；特许连锁是指拥有注册商标、企业标志、专利、专有技术等经营资源的企业（特许人），以合同形式将其拥有的经营资源许可其他经营者（被特许人）使用，被特许人按合同约定在统一的经营模式下开展经营，并向特许人支付特许经营费用的连锁经营形式；自愿连锁是指若干个店铺或企业自愿组合起来，在不改变各自资产所有权关系的情况下，以同一个品牌形象面对消费者，以共同进货为纽带开展的连锁经营形式。

连锁门店 在连锁企业经营管理的基础上，按照总店（总部）的指示和服务规范要求，承担日常销售业务的店铺，称连锁门店，包括直营店（控股店）和加盟店。

（1）直营店（控股店） 是指由连锁企业总部投资开设，按连锁经营管理模式，由总部统一管理的店铺。

（2）加盟店 是指在特许连锁中，被特许人获得特许人授权后，使用其商标、商号、经营模式、专利和专有技术等经营资源建立的店铺，也包括自愿连锁的成员店。

门店总数 指该连锁企业所拥有的全部门店（包括直营店和加盟店，下同）数量。其中，总店（如果总公司有门店的话）作为一个直营店处理。此外，有的地区分出控股店，控股店按直营店统计。

批发业及零售业大型、中型、小型企业的划分标准(本标准自 2003 年起执行)

批发业:

大型企业: 年销售额 30000 万元及以上，且从业人员 200 人及以上;

中型企业: 年销售额 3000-30000 万元，且从业人员 100-200 人;

小型企业: 年销售额 3000 万元以下，或从业人员 100 人以下。

零售业:

大型企业: 指年销售额 15000 万元及以上，且从业人员 500 人及以上;

中型企业: 指年销售额 1000-15000 万元，且从业人员 100-500 人;

小型企业: 指年销售额 1000 万元以下，或从业人员 100 人以下。

餐饮业企业 指在一定场所，专门从事对食物进行现场烹饪、调制，并出售给顾客主要供现场消费服务活动的企业。如各种饭馆、中西餐厅、酒馆、茶馆和火车餐车、车站食堂、飞机场餐厅等。

住宿业企业 指有偿为顾客提供临时住宿服务活动的单位。如旅游饭店、宾馆、酒店和旅馆、旅店等。

商品交易市场 指经有关部门和组织批准设立，有固定场所、设施，有经营管理部门和监管人员，若干市场经营者入内，常年或实际开业三个月以上，集中、公开、独立地进行生活消费品、生产资料等现货商品交易以及提供相关服务的交易场所，包括各类消费品市场，生产资料市场等。

Explanatory Notes on Main Statistical Indicators

Total Retail Sales of Consumer Goods refer to the amount of commodities in kind sold by enterprises (entities or self-employed operators) through transaction directly to individuals and social groups to be used for non-productive and non-operating purposes, as well as the amount of income from provision of food and drink services. Individuals include urban and rural residents and overseas personnel entering China. Social groups include government agencies, social organizations, armies, schools, enterprises and public institutions, residents' committee or villagers' committee, and so on.

Wholesale and Retail Establishments refer to establishments engaged in commodity wholesale and retail activities on the circulation link.

Total Purchases of Commodities refer to the total value (including value added tax) of purchases (including direct imports from foreign countries) of commodities by the establishments (entities) from other establishments or individuals for the purpose of re-selling, either with or without further processing of the commodities purchased. This indicator is used to show the total value of purchases of commodities by wholesale and retail establishments from domestic and overseas markets.

Total Sales of Commodities refer to value of commodities sold by the establishments to other establishments and individuals (including sold to this establishment, including value added tax). This indicator is used to show the total value of commodities sold in domestic markets and exported commodities in the wholesale and retail trades.

Inventory (year-end) refer to, for wholesale and retail enterprises as legal persons and self-employed operators, the value of all commodities with ownership gained (VAT included); for wholesale and retail establishments, refer to the value of all commodities with ownership, actually in storage at the end of a period, and owned by the legal person (VAT included). This indicator shows the commodity stocks in wholesale and retail trades, and to what extent the commodities are ensured to supply to markets.

Head Chain Store (Headquarters) means a core management organization in an enterprise, responsible for the development, deployment, control or use and other functions of resources (trade name, goodwill, operating mode, service standards, and management mode, etc.) of the chain enterprise. Chain operation means an organization form in which several stores using uniform trade name operate the same commodities or provide the same services through uniform purchase or franchise operation under the management of the same head store (headquarters) to achieve large-scale benefit. Chain operation falls into direct subordinate chain, franchise chain and voluntary chain. Direct subordinate chain is a form of chain operation that chain stores are wholly funded or controlled by chain companies, carrying out uniform operation under the direct control of headquarters; franchise chain is a form of chain operation that any enterprise (the franchiser) owning such operating resources as trademark, logo, patent and know-how grants license of use of such operating resources to any other operator (the franchisee) by using a contract, and the franchisee operates under uniform operating mode as stated in the contract, and pays franchise fees to the franchiser; voluntary chain is a form of chain operation that several stores or enterprises combine together voluntarily to face consumers with the same brand image without changing their own assets ownership relations, and linking together through joint purchase.

Chain Stores Based on the operation and management of chain enterprises, stores carrying out daily sales business by following the head store's (headquarters) instruction and required service standards are called chained stores. They include direct subordinate stores (controlled stores) and franchise stores.

Direct Subordinate Stores (Controlled Stores) refer to stores opened with funds from the headquarters of chain enterprises, operating in chain operation and management mode, and under the uniform management of the headquarters.

Franchise Stores refer to, in franchise chains, stores established after the franchisee is authorized by the franchisor to use its trademark, trade name, operating mode, patent and know-how and other operating resources, including member stores on voluntary chains.

Total Number of Stores refers to the number of all stores owned by the chain enterprise (including direct subordinate stores and franchise stores). Of which, the head store (if the parent company has stores) is regarded as a direct subordinate store. In addition, controlled stores are listed separately in some areas, which are regarded as direct subordinate stores.

Classification of large-, medium- and small-sized enterprises of wholesale and retail sales trades (this classification was effective as of 2003.)

Wholesale trades:

Large-sized Enterprises: those with annual sales of RMB300 million, and 200 and more employees.

Medium-sized Enterprises: those with annual sales of RMB30-300 million, and 100-200 employees.

Small-sized Enterprises: those with annual sales less than RMB30 million, or those with employees less than 100.

Retail trades:

Large-sized Enterprises: those with annual sales of RMB150 million and more, and 500 and more employees;

Medium-sized Enterprises: those with annual sales of RMB10-150 million, and 100-150 employees;

Small-sized Enterprises: those with annual sales less than RMB10 million, or those with employees less than 100.

Catering Enterprises refer to enterprises specializing in food cooking and preparing for selling to clients for on-site consumption at a specific site, such as various restaurants, Chinese food and Western food restaurants, pubs, tea houses, dining compartments on trains, eateries at railway stations, and restaurants at airports.

Accommodation Enterprises refer to entities providing clients with temporary accommodation services, such as tourist hotels, guest houses, rest houses and inns.

Commodity Transaction Markets refer to transaction sites approved by relevant authorities and organizations, provided with fixed place and facilities, with operation management departments and regulating personnel, where several market operators stay, always opening or actually opening for more than three months, conducting transactions of on-hand commodities such as living consumables and production goods, and offering relevant services in a concentrated, open and independent manner.

15

对外经济贸易
FOREIGN ECONOMY AND TRADE

简要说明

一、本章资料的主要内容

本章资料综合反映北京市对外贸易、利用外资、对外经济合作的历年概况，重点反映对外经济贸易的发展状况。

二、本章资料的调查方法及数据来源

1．对外贸易部分

对外贸易统计的主要内容包括：北京地区进出口总额；主要产品进出口数量等。

对外贸易统计的范围是：凡能引起北京市海关境内物质资源存量增加或减少的进出口货物，除制度另有规定者外，均列入该项统计。

对外贸易统计的资料来源于中华人民共和国北京海关，调查方法采用全面调查。

2．口岸运营情况来源于北京市人民政府口岸办公室。

3．利用外资部分

利用外资统计的主要内容包括：外商直接投资，外商投资企业登记注册情况，外商投资企业经营情况。

统计范围是：凡经工商行政管理机关核准登记，在中华人民共和国北京地域内所有使用外资（包括港澳台地区投资）的单位和部门，经批准设立的中外合资经营企业、合作经营企业、外资企业、外商投资股份制企业、合作开发项目等具有法人资格的独立核算企业(包括港澳台地区投资企业)，在华从事经营活动的外国及港澳台地区企业及外国公司在中国境内设立的分支机构。

利用外资统计的资料主要来源于北京市商务委员会(原北京市商务局)、北京市工商行政管理局，调查方法采用全面调查；外商投资企业投产开业及经营情况调查范围为限额以上企业，调查方法采用全面调查，数据来源于北京市统计局。

4．对外经济合作部分

对外经济合作统计的主要内容包括：对外承包工程、劳务合作和设计咨询。

统计范围为经各级商务部门批准的从事对外承包、劳务合作和设计咨询业务并具有法人资格的对外承包劳务企业，调查方法采用全面调查，数据来源于北京市商务委员会(原北京市商务局)。

Brief Introduction

I. Main Content

Data in this chapter show the general situation of foreign trade, foreign capital utilization, and foreign economic cooperation in Beijing in previous years, with focus on the development of foreign economy and trade..

II. Method of Survey and Source of Data

1. Foreign trade

Foreign trade data include those of: total value of import and export in Beijing, and quantity of main imported and exported products, etc.

Foreign trade statistics apply for: any imports and exports that lead to increase or decrease in the stock of physical resources at the customs of Beijing, except for those otherwise stated in regulations.

Foreign trade data are from Beijing Customs, P.R.C., and were obtained through complete survey.

2. Data of performance of port operation are from Beijing Port Office of the People's Government of Beijing.

3. Foreign capital utilization

Foreign capital utilization data include those of foreign direct investment, registration of foreign-funded enterprises, and operation of foreign-funded enterprises.

Scope of statistics: all entities and organizations registered with administration for industry and commerce upon approval, and using foreign capital (including that from Hong Kong, Macao and Taiwan) within the jurisdiction of Beijing, P.R.C, Sino-foreign joint ventures, cooperative enterprises and foreign-funded enterprises, foreign-funded joint-stock enterprise, cooperative development projects, and all other enterprises as legal persons keeping separate accounts (including enterprises funded by companies of Hong Kong, Macao and Taiwan), enterprises of foreign countries and Hong Kong, Macao and Taiwan conducting operations in China as well as branch offices opened by foreign companies in China.

Foreign capital utilization data are mainly sourced from Beijing Municipal Commission of Commerce (former Beijing Municipal Bureau of Commerce), Beijing Administration for Industry and Commerce. These data were obtained through complete survey; survey for the opening and operation of foreign-funded enterprises covers enterprises above designated size. Complete survey method was used. Data are sourced from Beijing Municipal Bureau of Statistics.

4. Foreign economic cooperation

Foreign economic cooperation statistics apply for: foreign contracting project, labor cooperation and design consulting.

Statistics cover foreign labor service enterprises as legal persons engaged in foreign contracting, labor cooperation and design consulting with approval by departments of commerce at different levels. Complete survey method was used. Data are sourced from Beijing Municipal Commission of Commerce (former Beijing Municipal Bureau of Commerce).

15-1 北京地区对外经济贸易(1980-2010年)

FOREIGN TRADE (1980-2010)

年 份 Year	进出口总额(万美元) Total Value of Imports and Exports (USD 10000)	出 口 Exports	#高新技术产品 High-tech Products	#机电产品 Mechanical and Electrical Products	进 口 Imports	#高新技术产品 High-tech Products	#机电产品 Mechanical and Electrical Products
1980							
1981-1985							
1981							
1982							
1983	3059926	1468740			1591186		
1984	3559284	1751704			1807580		
1985	3254341	437398			2816943		
1986-1990	**13945243**	**1865234**			**12080009**		
1986	3060236	371282			2688954		
1987	2670466	354374			2316092		
1988	2988576	395887			2592689		
1989	2861489	302343			2559146		
1990	2364476	441348			1923128		
1991-1995	**14305670**	**3547263**			**10758405**		
1991	2424137	457114			1967023		
1992	2498241	561037		157835	1937204	271005	731359
1993	2791700	669930		151133	2121769	302965	885074
1994	2888079	834205		194937	2053873	421071	1121082
1995	3703513	1024977		281810	2678536	407176	1225200
1996-2000	**17397285**	**5011639**		**1609152**	**12385646**	**2242338**	**5049210**
1996	2931833	811975		254450	2119858	240903	733641
1997	3038852	961103		271119	2077749	346166	766288
1998	3050608	1051293		325390	1999315	347556	909222
1999	3435951	990352		320852	2445599	567687	1213857
2000	4940041	1196916	226549	437341	3743125	740026	1426202
2001-2005	**39258570**	**9270820**	**2525916**	**4291246**	**29987748**	**5318558**	**10501427**
2001	5149809	1177236	263382	477568	3972572	992797	1883151
2002	5250529	1261386	314174	570971	3989142	916363	1701504
2003	6850017	1688682	396489	715359	5161335	990357	1949077
2004	9457572	2056926	580929	970117	7400647	1053395	2271805
2005	12550643	3086590	970942	1557231	9464052	1365646	2695890
2006-2010	**113918161**	**24817747**	**8781469**	**14861935**	**89100414**	**11589524**	**25107110**
2006	15803663	3795398	1388925	2170700	12008265	1704997	3786847
2007	19299976	4892639	1797751	2862301	14407337	2360093	4477646
2008	27169290	5749961	1906381	3354179	21419329	2417936	4987666
2009	21479103	4835807	1751571	3080447	16643296	2357239	5194072
2010	30166129	5543942	1936840	3394308	24622187	2749258	6660878

注：进出口总额为海关统计的北京地区进出口数据(包括中央单位)。
资料来源：北京市商务委员会、中华人民共和国北京海关。
Note: Figures of "total value of imports and exports" were imports and exports of Beijing counted by Beijing Customs (including Central businesses).
Source: Beijing Municipal Commission of Commerce , Beijing Customs District People's Republic of China.

15-1 续表 continued

年 份 Year	批准外商直接投资企业项目个数(个) Number of Approved Foreign Funded Enterprises (unit)	实际利用外商直接投资额(万美元) Foreign Capital Actually Used (USD10000)	对外承包工程、劳务合作和设计咨询 Contracting Projects, Labor Services Cooperation with Foreign Countries and Design Consultation		
			合同数(份) Number of Contracts (unit)	合同金额(万美元) Contracted Value (USD 10000)	完成营业额(万美元) Fulfiled Value (USD 10000)
1980	4				
1981-1985	**124**				
1981	3				
1982	4				
1983	5		9	218	837
1984	29		9	2801	502
1985	83		12	852	2083
1986-1990	**709**		**329**	**7319**	**5107**
1986	63		30	446	1535
1987	72	9534	37	547	696
1988	148	50278	46	885	802
1989	185	31846	111	1685	1018
1990	241	27696	105	3756	1056
1991-1995	**10912**	**410896**	**617**	**72816**	**46357**
1991	724	24482	114	3202	1897
1992	2208	34984	130	8889	3140
1993	3753	66693	143	29397	9748
1994	2675	144460	114	15715	18783
1995	1552	140277	116	15613	12789
1996-2000	**4100**	**989794**	**597**	**170372**	**149661**
1996	868	155290	116	67689	43057
1997	790	159286	107	35640	29629
1998	651	206415	180	25526	31009
1999	644	223004	90	25232	26167
2000	1147	245799	104	16285	19799
2001-2005	**7821**	**1231631**	**695**	**272576**	**207625**
2001	1147	177000	105	21439	18628
2002	1370	178964	73	27949	23160
2003	1362	214675	117	48271	34926
2004	1806	308354	128	81185	59630
2005	2136	352638	272	93732	71281
2006-2010		**2818387**	**1424**	**1594749**	**832698**
2006	2106	455191	232	176752	83518
2007	2177	506572	317	236881	94077
2008	1897	608172	486	558714	168416
2009	1423	612094	190	336223	226893
2010		636358	199	286179	259794

15-2 北京地区海关进出口贸易总额(按登记注册类型、贸易方式分)

TOTAL VALUE OF IMPORTS AND EXPORTS AT CUSTOMS OF BEIJING (BY TYPE OF REGISTRATION AND COMPOSITION)

项 目	Item	金 额 (万美元) Value (USD 10000)		2010年为2009年% 2010as % of 2009	构 成 (%) Composition(%)	
		2010	2009		2010	2009
出口	**Local Exports**	**5543942**	**4835807**	**114.6**	**100.00**	**100.00**
按登记注册类型分	**Grouped by registration status**					
内资企业	Domestic Funded Enterprises	3328713	2826329	117.8	60.04	58.45
国有企业	State-owned Enterprises	2844261	2475046	114.9	51.30	51.18
集体企业	Collective-owned Enterprises	58081	37452	155.1	1.05	0.77
其 他	Others	426372	313831	135.9	7.69	6.49
外商投资企业	Foreign Funded Enterprises	2215229	2009478	110.2	39.96	41.55
中外合资	Joint Venture	1474423	1416706	104.1	26.60	29.30
中外合作	Cooperative	7838	1066	735.6	0.14	0.02
外商独资	Foreign Enterprises	732967	591706	123.9	13.22	12.24
按贸易方式分	**Grouped by Composition**					
#一般贸易	General Trade	2495718	2026220	123.2	45.02	41.90
来料加工装配贸易	Trade of Processing & Assembling Supplied Materials	555435	408926	135.8	10.02	8.46
进料加工贸易	Trade of Processing Imported Materials	1777012	1728752	102.8	32.05	35.75
对外承包工程货物	Goods for Contracted Foreign Projects	496779	488266	101.7	8.96	10.10
出料加工贸易	Trade of Processing Exported Materials	473	379	124.9	0.01	0.01
进口	**Local Imports**	**24622187**	**16643296**	**147.9**	**100.00**	**100.00**
按登记注册类型分	**Grouped by registration status**					
内资企业	Domestic Funded Enterprises	19854334	13317632	149.1	80.64	80.01
国有企业	State-owned Enterprises	17739093	12541351	141.4	72.05	75.35
集体企业	Collective-owned Enterprises	104807	85536	122.5	0.43	0.51
其 他	Others	2010434	690745	291.1	8.17	4.15
外商投资企业	Foreign Funded Enterprises	4767854	3325664	143.4	19.36	19.98
中外合资	Joint Venture	1070598	929217	115.2	4.35	5.58
中外合作	Cooperative	6139	81149	7.6	0.02	0.49
外商独资	Foreign Enterprises	3691117	2315298	159.4	14.99	13.91
按贸易方式分	**Grouped by Composition**					
#一般贸易	General Trade	21846963	14298041	152.8	88.73	85.91
来料加工装配贸易	Trade of Processing & Assembling Supplied Materials	862481	639038	135.0	3.50	3.84
进料加工贸易	Trade of Processing Imported Materials	602491	668298	90.2	2.45	4.02
外商投资企业进口设备、物品	Equipment and Goods Imported by Foreign-funded Enterprises	68104	103867	65.6	0.28	0.62
租赁贸易	Leasing Trade	137318	146041	94.0	0.56	0.88

资料来源：中华人民共和国北京海关。
Source: Beijing Customs District People's Republic of China.

15-3 北京地区海关进出口贸易总额(按国别、地区分)

TOTAL VALUE OF IMPORTS AND EXPORTS AT CUSTOMS OF BEIJING (GROUPED BY COUNTRY AND REGION)

项 目	Item	金 额 (万美元) Value (USD 10000)		2010年为2009年% 2010as % of 2009	构 成 (%) Composition(%)	
		2010	2009		2010	2009
出口按国别(地区)分	**Local Exports Grouped by Country (Region)**	**5543942**	**4835807**	**114.6**	**100.00**	**100.00**
#中国香港	Hongkong,China	401337	311600	128.8	7.24	6.44
中国澳门	Macao,China	21089	18498	114.0	0.38	0.38
中国台湾	Taiwan,China	144276	115659	124.7	2.60	2.39
日 本	Japan	360212	277809	129.7	6.50	5.74
新加坡	Singapore	274511	197405	139.1	4.95	4.08
韩 国	Korea	236142	246797	95.7	4.26	5.10
越 南	Viet Nam	210778	146211	144.2	3.80	3.02
伊 朗	Iran	100341	87719	114.4	1.81	1.81
印 度	India	286547	223255	128.3	5.17	4.62
印度尼西亚	Indonesia	143329	128790	111.3	2.59	2.66
英 国	United Kingdom	90825	123228	73.7	1.64	2.55
德 国	Germany	153782	135076	113.8	2.77	2.79
法 国	France	81101	68355	118.6	1.46	1.41
意大利	Italy	72445	50737	142.8	1.31	1.05
匈牙利	Hungary	144337	133502	108.1	2.60	2.76
俄罗斯联邦	Russia Union	82619	56847	145.3	1.49	1.18
美 国	United States	427875	323157	132.4	7.72	6.68
澳大利亚	Australia	100676	80750	124.7	1.82	1.67
进口按国别(地区)分	**Local Imports Grouped by Country (Region)**	**24622187**	**16643296**	**147.9**	**100.00**	**100.00**
#中国香港	Hongkong,China	230997	177130	130.4	0.94	1.06
日 本	Japan	1527664	1203479	126.9	6.20	7.23
新加坡	Singapore	169590	196180	86.4	0.69	1.18
韩 国	Korea	1087780	887943	122.5	4.42	5.34
沙特阿拉伯	Saudi Arabia	2284961	1600651	142.8	9.28	9.62
英 国	United Kingdom	277739	139837	198.6	1.13	0.84
德 国	Germany	1752243	1167582	150.1	7.12	7.02
法 国	France	195599	146648	133.4	0.79	0.88
意大利	Italy	166388	181679	91.6	0.68	1.09
瑞 士	Switzerland	914011	127467	717.1	3.71	0.77
比利时	Belgium	65336	59941	109.0	0.27	0.36
俄罗斯联邦	Russia Union	1008223	719058	140.2	4.09	4.32
加拿大	Canada	190075	154609	122.9	0.77	0.93
美 国	United States	1566163	1234115	126.9	6.36	7.42
澳大利亚	Australia	921904	562455	163.9	3.74	3.38
阿 曼	Oman	740124	403498	183.4	3.01	2.42
安哥拉	Angola	2015835	1308549	154.1	8.19	7.86

资料来源：中华人民共和国北京海关。
Source: Beijing Customs District People's Republic of China.

15-4 北京地区海关主要商品进口量及金额（2010年）

VOLUME & VALUE OF MAJOR COMMODITIES IMPORTED AT CUSTOMS OF BEIJING (2010)

品名		Item		进口数量 Import Volume	进口金额（万美元）Import Value (USD 10000)
粮食	（万吨）	Grain	(10000 tons)	778	301126
铁矿砂及其精矿	（万吨）	Iron Sand and Concentrates	(10000 tons)	10120	1375839
原油	（万吨）	Crude Oil	(10000 tons)	19509	11004611
成品油	（万吨）	Product Oil	(10000 tons)	1038	619815
钢材	（万吨）	Steel Products	(10000 tons)	69	135154
未锻造的铜及铜材	（万吨）	Copper and Copper Products not Forged	(10000 tons)	21	164225
纸及纸板	（万吨）	Paper and Paperboard	(10000 tons)	16	26007
空气调节器	（台）	Air Conditioners	(set)	3904	2076
电视摄像机、数字照相机及		Television Camera, Digital Camera/			
视频摄录一体机	（万台）	Video Camera	(10000 sets)	1462	210945
集成电路	（万个）	Integrated Circuit	(10000 units)	750199	611370
机电产品		Mechanical and Electronical Products			6660878
#金属制品		Metal Products			103793
仪器仪表		Aluminum Products			621045
运输工具		Conveyance			2478727
汽车（包括整套散件）		Automobile (including complete set of spare parts)			1885527
汽车零件		Automobile spare parts			183994
飞机		Airplane			221815
高新技术产品		High-tech Products			2749258
#计算机集成制造技术		Compupter Integration Manufacturing Technology			296857

资料来源：中华人民共和国北京海关。

Source: Beijing Customs District People's Republic of China.

15-5 北京地区海关主要商品出口量及金额(2010年)

VOLUME & VALUE OF MAIN COMMODITIES EMPORTED AT CUSTOMS OF BEIJING

品 名		Item		出口数量 Import Volume	出口金额 Import Value (万美元) (USD 10000)
粮食	(万吨)	Grain	(10000 tons)	49	30931
果蔬汁	(万吨)	Fruit & Vegetable Juice	(10000 tons)	11	13842
肥料	(万吨)	Fertilizer	(10000 tons)	431	130910
煤	(万吨)	Coal	(10000 tons)	1129	112227
成品油	(万吨)	Product Oil	(10000 tons)	867	603803
钢材	(万吨)	Steel Products	(10000 tons)	278	228572
金属加工机床	(台)	Processed Metal Lathe	(set)	28401	13900
电话机	(万台)	Telephone Sets	(10000 sets)	17234	1083754
集成电路	(万个)	Integrated Circuit	(10000 units)	341009	144673
汽车（包括整套散件）	(辆)	Automobile (Including Complete Set of Spare Parts)	(unit)	31825	71440
汽车零件		Auto Parts			62115
船舶		Vessel			250504
服装及衣着附件		Costume and Personal Adornment			177304
机电产品		Mechanical and Electronical Products			3394308
#金属制品		Metal Products			162347
机械设备		Mechanical Equipment			636754
电器及电子产品		Electric Appliance and Electronic Products			1925670
仪器仪表		Instruments and Meters			155146
高新技术产品		High-tech Products			1936840
#计算机与通信技术		Computer and Communication Technology			1465855
电子技术		Electronic Technology			240013
生命科学技术		Life Science and Technology			36525

资料来源：中华人民共和国北京海关。

Source: Beijing Customs, The People's Republic of China.

15-6 北京口岸运营情况

STATISTICS ON PORT OPERATION IN BEIJING

项目		Item		2010	2009	2010年为2009年% 2010 as % of 2009
北京首都国际机场空港口岸		**Port of Beijing Capital International Airport**				
旅客吞吐量	(万人次)	Passenger Throughout	(10000 person-times)	7394.81	6533.74	113.2
进出境人员	(万人次)	Entering/Exiting Visitors	(10000 person-times)	1700.49	1386.09	122.7
#外籍人员进出境	(万人次)	Entering/Exiting Foreign Visitors	(10000 person-times)	840.41	687.49	122.2
货邮运量	(万吨)	Cargos Carried	(10000 tons)	155.15	146.43	106.0
飞机起降	(架次)	Takeoff and Landing of Airplanes	(unit)	517584	488495	106.0
#进出境飞机起降	(架次)	Takeoff and Landing of Airplanes Entering/Exiting	(unit)	106869	95832	111.5
海关监管货物	(万吨)	Cargos under Customs Regulating	(10000 tons)	47.45	37.11	127.8
海关征收关税及代征税	(万元)	Duties Levied and Withheld by Customs	(10000 yuan)	2992102	2272280	131.7
北京丰台货运口岸		**Beijing Fengtai Cargo Transport Port**				
海关监管货物	(吨)	Cargos under Customs Regulating	(ton)	27669.8	25717.05	107.6
海关征收关税及代征税	(万元)	Duties Levied and Withheld by Customs	(10000 yuan)	6723.61	4680.01	143.7
北京朝阳口岸		**Beijing Chaoyang Transport Port**				
海关监管货物	(标箱)	Cargos under Customs Regulating	(standard containers)	63536	50454	125.9
海关监管货物	(吨)	Cargos under Customs Regulating	(ton)	875561	1839882	47.6
海关征收关税及代征税	(万元)	Duties Levied and Withheld by Customs	(10000 yuan)	1025144	823232	124.5
北京西站铁路口岸		**Railway Port at Beijing West Railway Station**				
进出境人员	(人次)	Entering/Exiting Visitors	(person-times)	114492	89799	127.5
#外籍人员进出境	(人次)	Entering/Exiting Foreign Visitors	(person-times)	12003	11412	105.2

资料来源：北京市人民政府口岸办公室。

Source: Beijing People's Government Port Office.

15-7 外商投资企业实际利用外资情况

FOREIGN CAPITAL ACTURLLY USED OF FOREIGN FUNDED ENTERPRISES

单位：万美元 (USD 10000)

项　目	Item	2010	2009
实际利用外商直接投资额	**Amount of Foreign Capital Actually Used**	**636358**	**612094**
按登记注册类型分	**Grouped by Investment Manner**		
合资经营	Joint Venture	91335	91049
合作经营	Cooperative Operation	22890	32249
独资经营	Foreign Funded Enterprises	516766	448912
外商投资股份制	Foreign Funded Joint-Stock	5367	39884
按产业分	**Grouped by Industry**		
第一产业	Primary Industry	1246	3833
第二产业	Secondary Industry	71899	88536
第三产业	Tertiary Industry	563213	519725
按行业分	**Grouped by Sector**		
农、林、牧、渔业	Farming,Forestry,Animal Husbandry and Fishery	1246	3833
制造业	Manufacturing	68496	75364
建筑业	Construction	411	2493
信息传输、计算机服务和软件业	Information Transmission,Computer Services and Software	95453	94752
批发与零售业	Wholesale and Retail Trade	66032	55411
住宿和餐饮业	Hotel and Restaurants	3525	8427
房地产业	Real Estate	141728	79682
租赁和商务服务业	Leasing and Business Services	175580	225888
其他行业	Other Sectors	83887	66244
按外商国别(地区)分	**Grouped by Country(Region) of Foreign Partner**		
#香港	Hongkong,China	312863	270295
英属维尔京群岛	Virgin Islands	76255	123201
开曼群岛	Cayman Islands	45209	41389
日本	Japan	40692	23905
韩国	Korea	14725	17601
美国	United States	21370	18628
新加坡	Singapore	24888	12600
巴巴多斯	Barbados	941	2384
德国	Germany	22344	14308
毛里求斯	Mauritius	7179	5615
百慕大	Bermuda	4860	4441
萨摩亚	Samoan	1705	1310
荷兰	Netherlands	10639	4906
法国	France	3700	6349
英国	United Kingdom	1120	4242

资料来源：北京市商务委员会。
Source: Beijing Municipal Commission of Commerce.

15-8 外商投资企业投产开业情况

STATISTICS FOR OPENING OF FOREIGN FUNDED ENTERPRISES

项　　目	Item	企业单位数（个）Number of Enterprises (unit)		从业人员平均人数(人) Average Number of Employed Persons (person)	
		2010	2009	2010	2009
合　计	**Total**	**4472**	**4733**	**1122720**	**1086723**
按登记注册类型分	**Grouped by Registration Status**				
港澳台商投资企业	Enterprises with Funds from Hongkong,Macao and Taiwan	1504	1563	389209	384234
与港澳台商合资	Joint Venture	584	626	144211	136474
与港澳台商合作	Cooperative	153	165	24624	26019
港澳台商独资	Hongkong,Macao and Taiwan Enterprises	729	735	178836	171758
港澳台商投资股份有限公司	Hongkong,Macao and Taiwan Funded Share Holding Company	38	37	41538	49983
外商投资企业	Foreign Funded Enterprises	2968	3170	733511	702489
中外合资	Joint Venture	971	1067	274219	289459
中外合作	Cooperative	134	154	20839	21136
外商独资	Foreign Enterprises	1788	1862	409990	359734
外商投资股份有限公司	Foreign Funded Share Holding Company	75	87	28463	32160
按行业分	**Grouped by Sector**				
农、林、牧、渔业	Agriculture,Forestry,Animal Husbandry and Fishery				
制造业	Manufacturing	1325	1379	374829	352183
建筑业	Construction	104	114	28605	25560
信息传输、计算机服务和软件业	Information Transmission,Computer Services and Software	600	678	174331	165041
批发与零售业	Wholesale and Retail Trade	472	430	139984	114372
住宿和餐饮业	Hotel and Restaurants	227	246	91461	105537
房地产业	Real Estate	425	442	57426	51622
租赁和商务服务业	Leasing and Business Services	609	671	83638	78680
其他行业	Other Sectors	710	773	172446	193728
按三次产业分	**Grouped by Industry**				
第一产业	Primary Industry				
第二产业	Secondary Industry	1446	1511	411539	387059
第三产业	Tertiary Industry	3026	3222	711181	699664

注：本表统计范围为限额以上法人企业。

Note: The range of Statistics were for corporative enterprises above designated size.

15-9 外商投资企业生产经营情况

STATISTICS ON PRODUCTION AND BUSINESS OF FOREIGN ENTERPRISES

单位：万元 (10000 yuan)

项　目	Item	主营业务收入 Operating Income		利润总额 Total Profits		交纳税金总额 Total Taxes Paid	
		2010	2009	2010	2009	2010	2009
合　计	**Total**	**190350111**	**148809602**	**18990420**	**13294185**	**6740503**	**5088851**
按登记注册类型分	**Grouped by Registration Status**						
港澳台商投资企业	Enterprises with Funds from Hongkong,Macao and Taiwan	50789793	39031909	5431248	3560183	1638980	1284132
与港澳台商合资	Joint Venture	12201341	7358810	1169679	749799	418539	295377
与港澳台商合作	Cooperative	2184180	2440691	274947	284203	160967	182252
港澳台商独资	Hongkong,Macao and Taiwan Enterprises	25851506	21261881	2360568	1542555	782717	552595
港澳台商投资股份有限公司	Hongkong,Macao and Taiwan Funded Share Holding Company	10552766	7970527	1626054	983626	276757	253908
外商投资企业	Foreign Funded Enterprises	139560318	109777693	13559172	9734001	5101522	3804719
中外合资	Joint Venture	49260321	43451888	4159723	2981880	1955028	1430243
中外合作	Cooperative	1321070	1680402	129174	185606	80265	133042
外商独资	Foreign Enterprises	87656274	63071933	9138243	6241591	3002393	2177970
外商投资股份有限公司	Foreign Funded Share Holding Company	1322653	1573471	132032	324925	63836	63465
按行业分	**Grouped by Sector**						
农、林、牧、渔业	Agriculture,Forestry,Animal Husbandry and Fishery						
制造业	Manufacturing	57563182	47836860	3949215	3051367	1996321	1517462
建筑业	Construction	1806218	1488081	79149	66503	49829	39514
信息传输、计算机服务和软件业	Information Transmission,Computer Services and Software	17672970	13886638	2351634	2077255	693776	565117
批发与零售业	Wholesale and Retail Trade	70567272	49166992	5759493	3585320	1978101	1395577
住宿和餐饮业	Hotel and Restaurants	2346596	1954887	221297	68973	143804	123318
房地产业	Real Estate	7279035	5635970	1613160	1045873	883679	584825
租赁和商务服务业	Leasing and Business Services	15930545	12212061	1769550	1257282	436620	369030
其他行业	Other Sectors	17184294	16628112	3246922	2141610	558372	494009
按三次产业分	**Grouped by Three Industry**						
第一产业	Primary Industry						
第二产业	Secondary Industry	61022368	50886821	4242673	3340826	2172037	1644772
第三产业	Tertiary Industry	129327744	97922781	14747748	9953359	4568466	3444079

注：交纳税金总额不含所得税。
Note: Total taxes paid exclude income tax.

15-10 外国及港澳地区企业驻京代表机构

REPRESENTATIVE OFFICES IN BEIJING OF FOREIGN, HONGKONG AND MACAO ENTERPRISES

项 目	Item	数 量(个) Number(unit)		构 成 (%) Composition(%)	
		2010	2009	2010	2009
合 计	**Total**	**15246**	**15147**	**100.0**	**100.0**
#日 本	Japan	835	830	5.5	5.5
中国香港	Hongkong, China	3504	3367	23.0	22.2
中国澳门	Macao, China	29	29	0.2	0.2
美 国	United States	2970	2978	19.5	19.7
德 国	Germany	670	698	4.4	4.6
法 国	France	310	312	2.0	2.1
英 国	United Kingdom	610	615	4.0	4.1
意大利	Italy	265	269	1.7	1.8
瑞 士	Switzerland	166	168	1.1	1.1
瑞 典	Sweden	100	104	0.7	0.7
加拿大	Canada	559	565	3.7	3.7
澳大利亚	Australia	444	458	2.9	3.0
比利时	Belgium	69	66	0.5	0.4
新加坡	Singapore	419	421	2.7	2.8
荷 兰	Holland	153	155	1.0	1.0
奥地利	Austria	77	76	0.5	0.5

资料来源：北京市工商行政管理局。

Source: Beijing Administration for Industry & Commerce.

主要统计指标解释

进出口总额 海关进出口总额指实际进、出我国海关并能引起我国境内物质资源增加或减少的进出口货物总金额。包括我国境内法人和其他组织以一般贸易、易货贸易、加工贸易、补偿贸易、寄售代销贸易等方式进出口的货物、租赁期一年及以上的租赁进出口货物、边境小额贸易货物、国际援助物资或捐赠品、保税区和保税仓库进出口货物等的金额合计。进出口总额用以观察一个国家在对外贸易方面的总规模。我国规定出口货物按离岸价格统计，进口货物按到岸价格统计。

一般贸易 指我国境内有进出口经营权的企业单边进口或单边出口的货物。

来料加工装配贸易 指由外商提供全部或部分原材料、辅料、零部件、元器件、配套件和包装物料，必要时提供设备，由我方按对方的要求进行加工装配，成品交对方销售，我方收取工缴费，对方提供的作价设备价款，我方用工缴费偿还的交易形式。

进料加工贸易 指我方用外汇购买进口的原料、材料、辅料、元器件、零部件、配套件和包装物料，加工成品或半成品后再外销出口的交易形式。

旅客吞吐量 指乘国内、国际航班，出入首都机场空港口岸的所有人员数量。

货邮运量 指国内、国际航班经首都机场起降运输的货物和邮件量的总和。

飞机起降 指在首都机场起飞和降落的所有航班数量。

海关征收关税及代征税 指海关依法实际征收的关税和代征环节税的总和。

批准外商直接投资企业项目个数 指外商直接投资中批准设立的外商投资企业个数、批准的合作开发项目个数。

实际使用外商直接投资额 指批准的合同外资金额的实际执行数，外国投资者根据批准外商投资企业的合同（章程）的规定实际缴付的出资额和企业投资总额内外国投资者以自己的境外自有资金实际直接向企业提供的贷款。

对外承包工程 指企业按照国际通行做法，在国（境）外承揽和实施各类工程项目的经济活动。企业承揽的我国对外经济援助项目、我国驻外使（领）馆等建设项目视同对外承包工程项目。

对外劳务合作 指企业按照与国（境）外政府有关机构、团体、企业、私人雇主所签合同规定，向国（境）外派遣各类劳务人员的经济活动。企业自带设备以提供技术服务的形式在国（境）外承揽的项目视同对外劳务合作项目。

对外设计咨询 指企业在国（境）外承揽的工程设计、工程监理、技术咨询和人员培训等经济活动。

外国及港澳台地区企业常驻代表机构 指外国及港澳台企业在中国境内设立的开展与本企业业务有关的联络活动的办事机构。

Explanatory Notes on Main Statistical Indicators

Total Imports and Exports at Customs refer to the total value of goods actually imported and exported through China's customs, which lead to increase or decrease in the physical resources in China, including goods imported/exported by China domestic legal persons and other organizations in such manners as general trade, barter trade, processing trade, compensation trade, commission-based sales trade, leased imports/exports with a lease period of one year and more, goods in small-sum border trade, international aid goods and donations, imports/exports in bonded zones and bonded warehouses. The indicator of the total imports and exports at customs can be used to observe the total size of foreign trade in a country. In accordance with the stipulation of the Chinese government, imports are calculated at CIF, while exports are calculated at FOB.

General Trade means any domestic enterprise which has import/export rights imports or exports any goods unilaterally.

Processing Trade is a form of transaction all or part of raw materials, auxiliary materials, parts and components, elements, fittings, and packaging materials, and equipment if necessary are provided by the foreign party, processed or assemble by Chinese party pursuant to requirements of the foreign party, with the finished products sold by the foreign party. Chinese party receives processing charges and pays the money of equipment provided by the foreign party with processing charges.

Feeding Processing Trade is a form of transaction that Chinese party purchases raw materials, auxiliary materials, parts and components, elements, fittings, and packaging materials with foreign exchange, processing them into finished or semi-finished products and export them.

Passenger Throughput means the number of all persons passing through the port of Beijing Capital Airport by domestic and international flights.

Cargo and Mail Transport means the sum of cargoes and mails transported by domestic and international flights taking off from and touching down at Beijing Capital Airport.

Aircraft Taking-off and Touching-down means the number of all flights taking off from and touching down at Beijing Capital Airport.

Customs Duties and Withheld Duties means the sum of duties actually levied and duties withheld at customs.

Number of Direct Foreign-funded Enterprises means the number of foreign-funded enterprises and cooperative development projects approved in foreign direct investment (FDI).

Foreign Direct Investment Actually Utilized means the value of approved contractual foreign investment actually performed, the amount of actual capital contribution by foreign investors according to the contract (articles of incorporation) of the foreign-funded enterprise approved and, in the total investment of an enterprise, the amount of loans provided directly by foreign investor with its own overseas money.

Foreign Contracted Projects refer to economic activities in which enterprises undertake and implement various projects in foreign (overseas) countries in line with international practice. Foreign economic aid projects and construction projects of Chinese embassies (consulates) undertaken by enterprises are deemed as foreign contracted projects.

Foreign Labor Service Cooperation means any economic activity in which enterprises dispatch labors to foreign (overseas) countries as stated in contracts signed with foreign (overseas) government agencies, groups, enterprises, and private employers. Projects undertaken by enterprise in foreign (overseas) countries in a manner of providing technical service with their own equipment are deemed as foreign labor service cooperation projects.

Foreign Design Consulting means any economic activity of project design, project supervision, technical consulting and personnel training undertaken in foreign (overseas) countries by enterprises.

Standing Representative Offices of Enterprises from Foreign Countries, Hong Kong, Macao and Taiwan refer to liaison offices opened in mainland of China by enterprises from foreign Countries, Hong Kong, Macao and Taiwan which are related to their business.

16

北京统计年鉴2011　BEIJING STATISTICAL YEARBOOK

旅游业
TOURISM

简要说明

一、本章资料的主要内容和统计范围

本章内容主要包括来京旅游者人数及其在京花费情况、星级饭店经营及接待住宿者情况、旅行社接待及出境旅游情况、A级及以上重点旅游景区活动情况等。

统计范围包括国际旅游和国内旅游。

二、本章的资料来源

本章中的旅游外汇收入、国内旅游者人数、国内旅游收入、在京旅游花费情况资料来源于北京市旅游发展委员会。入境旅游者人数根据北京市统计局的星级饭店、限额以上非星级饭店全面调查、限额以下饭店抽样调查，以及北京市旅游发展委员会的其他住宿设施抽样调查结果汇总得出。星级饭店、旅行社、A级及以上及重点旅游景区有关数据通过全面调查取得，由北京市统计局、国家统计局北京调查总队提供。

Brief Introduction

I. Main Content and Scope of Statistics

This chapter includes statistics for the number and spending of tourists to Beijing, operation and occupancy of star-level hotels, reception and exiting tourists of travel services, activities in key scenic spots at class A and above, and so on.

Statistics apply for international and domestic tours.

II. Source of Data

Data of foreign exchange income from tourism, number of domestic tourists, domestic tourism income, spending of tourists in Beijing are from Beijing Municipal Commission of Tourism Development. The number of entering tourists are summed from the results of complete survey of star-level hotels and non-star-level hotels above designated size, sample survey of hotels below designated size conducted by Beijing Municipal Bureau of Statistics, as well as the results of sample survey of other accommodation facilities conducted by Beijing Municipal Commission of Tourism Development. Data concerning star-level hotels, travel services, key scenic spots at class A and above were obtained through complete survey, and provided by Beijing Municipal Bureau of Statistics and NBS Survey Office in Beijing.

16-1 国际、国内旅游情况(1978-2010年)
STATISTICS ON INTERNATIONAL AND DOMESTIC TOURISM (1978-2010)

年份 Year	来京旅游者人数(万人次) Number of Tourists to Beijing (10000 person-times)	入境旅游者人数 International Tourists	国内旅游者人数 Domestic Tourists	旅游外汇收入总额(万美元) Tourism Foreign Exchange Earnings (USD 10000)	国内旅游收入(亿元) Earnings Created by Domestic Tourists (100 million yuan)
1978		18.7		10000	
1979		25.2		9000	
1980		28.6		12000	
1981-1985		**295.4**		**94000**	
1981		39.4		12000	
1982		45.7		13000	
1983		50.9		14000	
1984		65.7		23000	
1985		93.7		32000	
1986-1990		**492.0**		**280901**	
1986		99.0		46000	
1987		108.1		55000	
1988		120.4		67000	
1989		64.5		47195	
1990		100.0		65706	
1991-1995		**919.6**		**735519**	
1991		132.0		85001	
1992		174.8		107286	
1993		202.8		124128	
1994	6913.0	203.0	6710	200904	298.0
1995	6527.0	207.0	6320	218200	352.6
1996-2000	**45284.5**	**1203.3**	**44081**	**1214800**	**2388.4**
1996	7901.9	218.9	7683	225200	359.6
1997	8450.6	229.8	8221	224800	391.3
1998	8951.5	220.1	8731	238400	424.5
1999	9512.4	252.4	9260	249600	530.0
2000	10468.1	282.1	10186	276800	683.0
2001-2005	**57116.7**	**1459.7**	**55657**	**1475000**	**4968.7**
2001	11292.8	285.8	11007	295000	887.7
2002	11810.4	310.4	11500	311000	930.0
2003	8885.1	185.1	8700	190000	706.0
2004	12265.5	315.5	11950	317000	1145.0
2005	12862.9	362.9	12500	362000	1300.0
2006-2010	**77925.4**	**2107.4**	**75818**	**2247000**	**9712.9**
2006	13590.3	390.3	13200	402600	1482.7
2007	14715.5	435.5	14280	458000	1753.6
2008	14560.0	379.0	14181	446000	1907.0
2009	16669.5	412.5	16257	436000	2144.5
2010	18390.1	490.1	17900	504400	2425.1

资料来源：旅游外汇收入总额、国内旅游者人数、国内旅游收入来源于北京市旅游发展委员会。

Source: Data of "Tourism Foreign Exchange Earnings, Domestic Tourists, Earnings Created by Domestic Tourists " were provided by Beijing Municipal Commission of Tourism Development.

16-2 按客源地分入境旅游者人数(1978-2010年)
NUMBER OF OVERSEA VISITOR ARRIVALS BY COUNTRY/REGION(1978-2010)

单位：万人次 (10000 person-times)

年 份 Year	入境旅游者人数 Number of International Tourists	港澳台同胞 Hongkong, Macao and Taiwan Chinese	外国人 Foreigner	#香港 Hongkong	#日本 Japan	#韩国 Korea	#美国 United States	#英国 United Kingdom	#法国 France	#德国 Germany	#俄罗斯 Russia
1978	18.7	3.3	15.4								
1979	25.2	4.1	21.1								
1980	28.6	5.8	21.7		6.0		3.7	1.3	0.9	0.9	
1981-1985	**295.4**	**47.5**	**233.0**		**68.3**		**47.1**	**10.1**	**9.2**	**10.6**	
1981	39.4	6.8	31.3		5.3		3.8	1.1	1.1	1.0	
1982	45.7	8.2	35.9		8.2		6.6	1.3	1.3	1.4	
1983	50.9	8.9	39.7		10.0		9.4	1.5	1.5	1.7	0.1
1984	65.7	10.0	52.1		17.2		12.5	2.3	2.1	2.5	0.1
1985	93.7	13.6	74.0		27.6		14.8	3.9	3.2	4.0	0.2
1986-1990	**492.0**	**117.7**	**357.0**		**110.0**		**63.8**	**18.1**	**15.7**	**22.4**	**3.8**
1986	99.0	15.8	79.0		25.5		14.7	4.1	3.1	4.6	0.3
1987	108.1	21.8	81.7		26.3		16.5	4.5	4.3	5.1	0.3
1988	120.4	28.8	86.5		27.8		16.7	4.2	4.2	5.4	0.7
1989	64.5	16.6	46.0		12.2		7.3	2.4	2.1	3.3	1.0
1990	100.0	34.7	63.8	11.4	18.2		8.6	2.9	2.0	4.0	1.5
1991-1995	**919.6**	**217.9**	**683.4**	**122.7**	**188.0**	**47.2**	**68.9**	**25.2**	**30.1**	**45.9**	**27.4**
1991	132.0	38.2	91.4	17.6	27.6	4.3	9.5	4.3	3.7	6.0	3.5
1992	174.8	51.2	120.5	24.6	37.6	5.6	12.3	4.4	6.6	9.4	5.1
1993	202.8	52.8	145.0	29.4	39.3	7.3	14.3	5.3	6.9	12.0	7.7
1994	203.0	39.4	160.0	25.7	41.1	12.7	15.4	5.4	6.7	9.7	4.9
1995	207.0	36.3	166.5	25.4	42.4	17.3	17.4	5.8	6.2	8.8	6.2
1996-2000	**1203.3**	**206.2**	**984.3**	**128.3**	**229.4**	**92.6**	**118.6**	**43.8**	**37.5**	**53.0**	**28.1**
1996	218.9	38.6	176.2	25.5	43.0	18.0	18.5	7.5	6.6	10.0	6.9
1997	229.8	40.3	186.9	26.3	43.0	19.4	21.7	9.0	6.5	9.1	6.5
1998	220.1	39.1	178.2	25.0	43.5	8.2	23.2	8.8	6.9	11.3	6.2
1999	252.4	44.1	205.0	26.5	45.6	19.2	24.1	8.8	7.9	10.5	4.6
2000	282.1	44.1	238.0	25.0	54.3	27.8	31.1	9.7	9.6	12.1	3.9
2001-2005	**1459.7**	**220.9**	**1238.8**	**133.2**	**233.7**	**182.9**	**173.8**	**57.8**	**51.7**	**56.9**	**33.2**
2001	285.8	45.9	239.9	26.9	50.7	32.7	33.1	11.1	10.2	12.3	4.9
2002	310.4	43.9	266.5	25.5	56.5	38.0	37.4	12.9	11.3	12.2	5.2
2003	185.1	32.4	152.7	21.7	29.2	24.5	19.4	8.1	5.5	6.3	5.2
2004	315.5	47.4	268.1	27.7	52.3	42.4	37.4	11.8	11.1	11.5	8.2
2005	362.9	51.3	311.6	31.4	45.0	45.3	46.5	13.9	13.6	14.6	9.7
2006-2010	**2107.4**	**286.2**	**1821.1**	**174.4**	**248.2**	**207.9**	**291.8**	**82.4**	**72.3**	**85.7**	**85.2**
2006	390.3	52.0	338.3	30.3	50.6	42.4	49.8	14.8	14.2	15.3	15.0
2007	435.5	52.9	382.6	31.3	58.8	44.4	60.3	17.0	16.4	17.5	18.3
2008	379.0	43.3	335.7	28.1	40.0	35.3	53.8	17.5	14.5	16.0	17.9
2009	412.5	69.6	342.9	44.4	46.2	35.2	57.9	16.3	12.9	16.8	15.0
2010	490.1	68.4	421.6	40.3	52.6	50.6	70.0	16.8	14.3	20.1	19.0

注：1.1980-1999年的入境旅游者人数由外国游客、港澳台游客、华侨三部分组成。
2.1990-1999年香港游客人数为香港、澳门合计。

Note: a) The "number of international tourists" in 1980-1999 consisted of foreign visitors, visitors from Hong Kong, Macao and Taiwan, and overseas Chinese.

b) Tourists from Hong Kong in 1990-1999 were total tourists from Hong Kong and Macao.

16-3 来京旅游者人数

NUMBER OF TOURISTS TO BEIJING

单位：万人次 (10000 person-times)

项　目	Item	2010	2009	2010年为2009年% 2010 as % of 2009
合　计	**Total**	**18390.1**	**16669.5**	**110.3**
国内旅游人数	**Number of Domestic Tourists**	**17900.0**	**16257.0**	**110.1**
外地来京旅游者人数	Number of Tourists to Beijing from Outside Beijing	11780.0	10441.0	112.8
市民在京游人数	Number of Beijing Citizen Touring in Beijing	6120.0	5816.0	105.2
入境旅游者人数	**Number of International Tourists**	**490.1**	**412.5**	**118.8**
港澳台同胞	Hongkong,Macao and Taiwan Chinese	68.4	69.6	98.3
中国香港	Hongkong,China	40.3	44.4	90.9
中国澳门	Macao,China	1.3	1.5	86.8
中国台湾	Taiwan,China	26.8	23.7	113.0
外国人	Foreigner	421.6	342.9	123.0
亚　洲	Asia	179.3	142.5	125.8
#日　本	Japan	52.6	46.2	113.7
韩　国	Korea	50.6	35.2	143.9
菲律宾	Philippines	2.8	2.7	105.6
印度尼西亚	Indonesia	5.7	4.1	139.7
马来西亚	Malaysia	12.5	9.4	133.8
新加坡	Singapore	13.1	11.0	119.2
泰　国	Thailand	7.6	5.9	128.5
印　度	India	6.4	5.1	126.2
蒙　古	Mongolia	6.1	4.0	151.6
美　洲	America	92.6	75.1	123.3
#美　国	United States	70.0	57.9	120.8
加拿大	Canada	15.1	12.0	125.7
欧　洲	Europe	119.5	104.3	114.6
#英　国	United Kingdom	16.8	16.3	102.9
法　国	France	14.3	12.9	110.4
德　国	Germany	20.1	16.8	119.6
意大利	Italy	6.7	5.8	115.7
西班牙	Spain	5.6	5.3	107.0
瑞　典	Sweden	5.4	5.3	101.9
瑞　士	Switzerland	2.3	2.0	117.4
俄罗斯	Russia	19.0	15.0	126.7
大洋洲	Oceania	14.8	13.2	111.8
#澳大利亚	Australia	12.4	11.0	113.3
新西兰	New Zealand	1.7	1.8	97.6
非　洲	Africa	6.4	5.4	117.1
其　他	Others	9.1	2.4	381.3

资料来源：表中"国内旅游人数"的相关资料来自北京市旅游发展委员会。
Source: Data related to "Number of Domestic Tourists" in the table were provided by Beijing Municipal Commission of Tourism Development.

16-4 在京旅游花费构成情况(2010年)

COMPOSITION OF EXPENDITURES FOR TOURISM IN BEIJING (2010)

单位：% (%)

项目	Item	入境旅游者 International Tourists	外省市来京游客 Tourists to Beijing from Outside Beijing
合计	**Total**	**100.0**	**100.0**
长途交通费	Long-distance Transportation Expenses	28.1	12.8
民航	Air	19.8	6.0
铁路	Railway	5.3	5.8
公路	Highway	3.0	1.0
市内交通费	Local Transportation Expenses	3.4	5.0
住宿	Accommodation	14.4	19.6
餐饮	Food and Beverage	8.7	20.2
购物	Shopping	25.1	34.5
邮电通讯	Posts and Telecommunications	3.2	0.5
景区游览	Scenic Spots Sightseeing	4.7	6.2
文化娱乐	Culture and Entertainment	5.0	1.0
其他	Others	7.4	0.2

资料来源：北京市旅游发展委员会。
Source: Beijing Municipal Commission of Tourism Development.

16-5 星级饭店接待及经营情况(1995-2010年)

RECEPTION AND OPERATION OF STAR-LEVEL HOTELS (1995-2010)

年份 Year	企业个数 (个) Number of Enterprises (unit)	接待住宿人数 (万人次) Tourists Received (10000 person-time)	接待住宿人天数 (万人天) Vistor-Days Received (10000 person-day)	出租率 (%) Renting Rate (%)	平均房价 (元/间天) Average Price (yuan/room.day)	营业收入 (万元) Business Revenue (10000 yuan)	利润总额 (万元) Total Profits (10000 yuan)	从业人员平均人数 (人) Average Persons Employed (person)
1995	191	484.6	1843.4	67	491	1136136	188095	98535
1996-2000		**3168.1**	**10110.0**			**5388348**	**286868**	
1996	207	485.3	1691.6	63	483	1132827	153145	94352
1997	235	541.8	1801.4	59	463	1145884	104918	103255
1998	262	605.0	1867.7	55	397	1038991	-24239	104391
1999	263	681.5	1918.6	57	352	970907	22383	103827
2000	294	854.5	2830.6	61	394	1099739	30661	96115
2001-2005		**5931.5**	**14152.9**			**7243160**	**316031**	
2001	363	1038.5	3191.7	62	384	1202746	50466	105792
2002	390	1071.2	2437.6	62	392	1307094	27212	107091
2003	441	1007.4	2497.2	52	389	1227956	-33471	105994
2004	464	1270.8	2798.9	65	409	1654198	117541	107386
2005	594	1543.6	3227.5	62	425	1851166	154283	126817
2006-2010		**8761.5**	**17721.0**			**11799293**	**650440**	
2006	597	1578.5	3284.5	61	460	2055300	194460	126430
2007	638	1664.2	3403.6	60	494	2369964	219891	129523
2008	694	1566.1	3206.6	52	605	2504849	232746	130609
2009	815	1827.3	3652.8	49	430	2261411	-76121	134159
2010	729	2125.4	4173.5	56	450	2607769	79464	130050

注：表中企业个数为全市星级宾馆饭店数，其余指标1995-1999年为涉外饭店数据，2000年及以后为星级宾馆饭店数据。
Note: Number of Enterprises means the number of star-level hotels in Beijing. Other indicators covered foreign-related hotels for 1995-1999, and star-level hotels after 2000.

16-6 星级饭店经营情况

STATISTICS FOR STAR-LEVEL HOTELS

项　目	Item	企业个数(个) Number of Enterprises (unit)		出租率(%) Renting Rate (%)		平均房价(元/间天) Average Price (yuan/room.day)	
		2010	2009	2010	2009	2010	2009
合　计	**Total**	**729**	**815**	**56**	**49**	**450**	**430**
四星、五星合计	**Hotels of 4 and 5 Star Grade**	**178**	**182**	**60**	**50**	**606**	**564**
五　星	5 Star	54	54	60	50	822	750
四　星	4 Star	124	128	59	51	441	440
一星至三星合计	**Hotels of 1 to 3 Star Grade**	**551**	**633**	**53**	**48**	**283**	**280**
三　星	3 Star	264	272	55	51	311	311
二　星	2 Star	261	322	51	44	217	213
一　星	1 Star	26	39	30	32	191	205

16-6 续表 continued

项　目	Item	营业收入(万元) Business Revenue (10000 yuan)		利润总额(万元) Total Profits (10000 yuan)		从业人员平均人数(人) Average Persons Employed (person)	
		2010	2009	2010	2009	2010	2009
合　计	**Total**	**2607769**	**2261411**	**79464**	**-76121**	**130050**	**134159**
四星、五星合计	**Hotels of 4 and 5 Star Grade**	**1846344**	**1618343**	**125108**	**-4018**	**76248**	**79711**
五　星	5 Star	1076447	926916	118127	21377	34752	36707
四　星	4 Star	769897	691427	6981	-25395	41496	43004
一星至三星合计	**Hotels of 1 to 3 Star Grade**	**761425**	**643068**	**-45644**	**-72103**	**53802**	**54448**
三　星	3 Star	605184	497537	-39900	-54785	41237	40837
二　星	2 Star	147287	139153	-5850	-17406	11811	12916
一　星	1 Star	8955	6378	106	87	754	695

16-7 星级饭店接待住宿者情况(按住宿者类别分)

STATISTICS FOR RECEPTION OF STAR GRADE HOTELS (GROUP BY TOURISTS)

项目	Item	2010		2009		2010年为2009年%
		接待量 Reception	构成(%) Composition (%)	接待量 Reception	构成(%) Composition (%)	2010 as % of 2009
接待住宿人数（万人次）	**Tourists Received (10000 person-times)**	**2125.4**	**100.0**	**1827.3**	**100.0**	**116.3**
国内住宿者	Domestic Tourists	1786.4	84.05	1529.2	83.69	116.8
外国人	Foreigners	298.6	14.05	255.5	13.98	116.8
香港同胞	Compatriots from Hongkong, China	25.0	1.17	27.8	1.52	89.7
澳门同胞	Compatriots from Macao, China	0.7	0.03	0.7	0.04	100.1
台湾同胞	Compatriots from Taiwan, China	14.7	0.69	13.9	0.76	105.2
接待住宿人天数(万人天)	**Person-day Received (10000 person-day)**	**4173.5**	**100.0**	**3652.8**	**100.0**	**114.3**
国内住宿者	Domestic Tourists	3377.9	80.94	2943.2	80.57	114.8
外国人	Foreigners	703.4	16.85	612.3	16.76	114.9
香港同胞	Compatriots from Hongkong, China	57.2	1.37	64.1	1.75	89.3
澳门同胞	Compatriots from Macao, China	1.9	0.05	1.8	0.05	106.8
台湾同胞	Compatriots from Taiwan, China	33.1	0.79	31.4	0.86	105.3

16-8 星级饭店接待住宿者情况(按饭店星级分)

STATISTICS FOR RECEPTION OF STAR GRADE HOTELS (GROUP BY STAR GRADE)

单位：万人次 (10000 person-times)

项目	Item	2010		2009		2010年为2009年%
		接待量 Reception	构成(%) Composition (%)	接待量 Reception	构成(%) Composition (%)	2010 as % of 2009
接待住宿人数	**Tourists Received**	**2125.4**	**100.0**	**1827.3**	**100.0**	**116.3**
五星级	5 Star	464.6	21.9	399.9	21.9	116.2
四星级	4 Star	603.5	28.4	524.8	28.7	115.0
三星级	3 Star	692.0	32.6	590.1	32.3	117.3
二星级	2 Star	346.6	16.3	292.1	16.0	118.7
一星级	1 Star	18.7	0.9	20.5	1.1	91.5
接待入境住宿人数	**Tourists Received From Abroad**	**338.9**	**100.0**	**298.0**	**100.0**	**113.7**
五星级	5 Star	161.6	47.7	136.4	45.8	118.5
四星级	4 Star	119.5	35.3	104.2	35.0	114.6
三星级	3 Star	47.8	14.1	46.9	15.7	101.9
二星级	2 Star	9.9	2.9	10.2	3.4	96.9
一星级	1 Star	0.2	0.1	0.3	0.1	52.0

16-9 旅行社接待及经营情况(1990-2010年)

RECEPTION AND OPERATION OF TRAVEL SERVICES (1990-2010)

年 份 Year	企业个数(个) Number of Enterprises (unit)	外联(组团)人数(万人次) Overseas Persons Contacted(Organized) (10000 person-times)	接待人数(万人次) Tourists Received (10000 person-times)	国内居民出境人数(万人次) Persons of Chinese Outbound Visitors (10000 person-times)	营业收入(万元) Business Revenue (10000 yuan)	利润总额(万元) Total Profits (10000 yuan)	从业人员平均人数(人) Average Persons Employed (person)
1990		32.5	54.7				
1991-1995		**355.6**	**451.7**				
1991		53.3	69.1				
1992		61.2	100.7				
1993		71.3	103.6				
1994		84.1	91.0	1.0			
1995	100	85.7	87.4	1.2	290987.9	107654.6	
1996-2000		**487.1**	**417.5**	**37.9**	**2187374.9**	**106167.0**	
1996	105	88.0	78.6	2.7	351634.7	13520.8	
1997	110	87.3	76.0	3.8	386254.1	16009.6	
1998	131	85.0	69.0	6.6	387562.7	21319.9	
1999	120	103.1	92.9	11.1	485678.8	26572.0	
2000	127	123.7	101.0	13.7	576244.6	28744.7	6280
2001-2005		**986.2**	**919.6**	**185.4**	**4453919.0**	**51899.5**	
2001	140	143.4	130.1	21.9	700529.0	18682.5	8259
2002	151	179.4	176.3	28.5	823551.0	23362.0	9350
2003	147	80.2	82.4	31.9	553787.0	-11829.0	8382
2004	147	274.8	252.6	51.4	1059989.0	11444.0	7760
2005	147	308.4	278.2	51.7	1316063.0	10240.0	8752
2006-2010		**2036.3**	**1852.4**	**515.9**	**11530195.8**	**82083.6**	
2006	147	343.9	315.7	79.2	1610265.0	7012.0	8659
2007	189	424.1	377.9	100.2	2101874.5	28409.2	11597
2008	245	359.6	310.1	102.0	2166898.1	18121.6	14369
2009	265	370.6	306.6	84.9	2134058.8	5904.6	15262
2010	819	538.1	542.1	149.6	3517099.4	22636.2	21454

注：1.本表2009年及以前为国际旅行社口径，从2010年起，调整为全部旅行社口径。
2.国内居民出境人数为旅行社组织出境游客的实际人次数，不重复统计。

Note:a) Figures in this table were for international travel service in and before 2009, and are for all travel services after 2010.
b) Number of Domestic Residents Going Abroad is the actual number of tourists going abroad who were organized by travel services. They were not calculated repeatedly.

16-10 旅行社外联(组团)及接待情况(2010年)

STATISTICS ON OVERSEAS TOURISTS CONTACTED (ORGANIZED) AND RECEIVED BY TRAVEL SERVICES(2010)

项目		Item		2010
外联(组团)人数	**(万人次)**	**Overseas Persons Contacted(Organized)**	**(10000 person-times)**	**538.1**
国内旅游者		Domestic Tourists		371.6
港澳同胞		Compatriots from Hongkong and Macao, China		8.4
台湾同胞		Compatriots from Taiwan, China		6.1
外国人		Foreigners		152.0
接待人数	**(万人次)**	**Tourists Received**	**(10000 person-times)**	**542.2**
国内旅游者		Domestic Tourists		352.7
港澳同胞		Compatriots from Hongkong and Macao, China		11.2
台湾同胞		Compatriots from Taiwan, China		4.9
外国人		Foreigners		173.4
外联(组团)人天数	**(万人天)**	**Person-days of Contacted(Organized)**	**(10000 person-day)**	**2463.6**
国内旅游者		Domestic Tourists		1564.4
港澳同胞		Compatriots from Hongkong and Macao, China		37.4
台湾同胞		Compatriots from Taiwan, China		33.3
外国人		Foreigners		828.5
接待人天数	**(万人天)**	**Person-day of Received**	**(10000 person-day)**	**2213.3**
国内旅游者		Domestic Tourists		1169.4
港澳同胞		Compatriots from Hongkong and Macao, China		44.2
台湾同胞		Compatriots from Taiwan, China		26.2
外国人		Foreigners		973.5

注：本表统计范围从2010年起调整为全部旅行社。

Note:Figures in this table are for all travel services after 2010.

16-11 旅行社组织国内居民出境旅游情况

STATISTICS FOR DOMESTIC TOURISTS TRAVELLING ABROAD ORGANIZED BY TRAVEL SERVICES

项　　目	Item	2010	2009	2010年为2009年% 2010 as % of 2009
国内居民出境人数　（万人次）	**Number of Domestic Residents Going Abroad (10000 person-times)**	**149.6**	**84.9**	**176.2**
前往国别及地区　（万人次）	**Travelling to Other Countries and Regions (10000 person-times)**			
#中国香港	Hongkong, China	18.8	14.0	134.3
中国澳门	Macao, China	6.9	5.5	125.5
中国台湾	Taiwan, China	10.3	7.1	145.1
泰　国	Thailand	13.8	7.0	197.1
新加坡	Singapore	9.2	5.3	173.6
马来西亚	Malaysia	7.1	4.8	147.9
菲律宾	Philippines	1.5	1.3	115.4
韩　国	Korea	14.7	8.5	172.9
日　本	Japan	24.4	13.1	186.3
澳大利亚	Australia	7.1	5.0	142.0
新西兰	New Zealand	4.8	2.9	165.5

注：1.本表统计范围为有特许经营出境旅游业务权的151家旅行社。

2.国内居民出境人数为旅行社组织出境游客的实际人次数，不重复统计。

3.前往国别及地区统计中，游客一次出境旅游去往多个国家及地区的，分别计入前往国家及地区。

Note:a) Figures in this table are for 151 travel services with right of franchised business of tour abroad.

b) Number of Domestic Residents Going Abroad is the actual number of tourists going abroad who were organized by travel services. They were not calculated repeatedly.

c) In the statistics for "Travelling to Other Countries and Regions", if a tourist went to several countries and regions, he/she was involved in each country and region.

16-12 旅行社经营情况(2010年)

BUSINESS OF TRAVEL SERVICES(2010)

单位：万元 (10000 yuan)

项　　目		Item		2010
企业个数	(个)	Number of Enterprises	(unit)	819
营业收入		Business Revenue		3517099.4
主营业务成本		Operating Cost		3248568.8
营业费用		Business Expenses		107690.5
主营业务税金及附加		Operating Tax and Extra Charges		14693.5
主营业务利润		Operating Profits		250355.1
管理费用		Overhead Expenses		127931.1
营业利润		Business Profits		27613.8
利润总额		Total Profits		22636.2
从业人员平均人数	(人)	Average Employed Persons	(person)	21454

注：本表统计范围从2010年起调整为全部旅行社。

Note:Figures in this table are for all travel services after 2010.

16-13 A级以上及重点旅游景区活动情况

STATISTICS ON KEY SIGHT SPOTS ABOVE GRADE A

项　　目		Item		2010	2009	2010年为2009年% 2010 as % of 2009
A级以上及重点旅游景区数	(个)	Number of key sight spots above grade A	(unit)	200	187	107.0
收入合计	(万元)	Total Revenue	(10000 yuan)	478572	407070	117.6
门票收入		Ticket Revenue		327828	278950	117.5
商品销售收入		Commodity Sales		11939	13602	87.8
其他收入		Other Revenue		138805	114518	121.2
接待人数	(万人次)	Tourists Received	(10000 person-times)	17307	15385	112.5
#入境旅游者人数		International Tourists		941	841	111.9

主要统计指标解释

入境旅游者 指来中国（大陆）观光、度假、探亲访友、就医疗养、购物、参加会议或从事经济、文化、体育、宗教活动，且在中国（大陆）的旅游住宿设施内至少停留一夜的外国人、港澳台同胞等游客。入境旅游者不包括以下人员:（1）应邀来华访问的政府部长以上官员及其随行人员；（2）外国驻华使领馆官员、外交人员以及随行的家庭服务人员和受赡养者；（3）常住我国一年以上的外国专家、留学生、记者、商务机构人员等；（4）乘坐国际航班过境不需要通过护照检查进入我国口岸的中转旅客;（5）边境地区往来的边民;（6）回大陆定居的港澳台同胞。

国内旅游者 指中国（大陆）居民离开惯常居住地在境内其他地方的旅游住宿设施内至少停留一夜，最长不超过12个月的国内游客。

旅游外汇收入 入境游客在中国（大陆）境内旅行、游览过程中用于交通、参观游览、住宿、餐饮、购物、娱乐等全部花费。

国内旅游收入 指国内游客在国内旅行、游览过程中用于交通、参观游览、住宿、餐饮、购物、娱乐等全部花费。

外联（组团）入境旅游者人数 指报告期内旅行社自组外联的入境旅游者人数，反映旅行社对外招徕的能力。旅行社按以下要求统计外联人数: 入境游客不论其停留时间多少、旅游线路长短，只统计一次；旅行社只统计本社自主外联团的实到人数，不包括非本社外联、仅由本社接受委托办理签证的人数。

接待入境旅游者人数 指报告期内本旅行社派地陪接待的入境人数。

出境旅游总人数 指中国（大陆）公民因公或因私出境前往其他国家、中国香港特别行政区、澳门特别行政区和台湾省观光、度假、探亲访友、就医疗养、购物、参加会议或从事经济、文化、体育、宗教活动的人数。统计时，出境游客按每出境一次统计1人次。

Explanatory Notes on Main Statistical Indicators

International Tourists refer to tourists from foreign countries, Hong Kong, Macao and Taiwan to (mainland of) China for sightseeing, holiday, visiting relatives and friends, medical service and recuperation, shopping, conferences, or economic, cultural, sports and religious activities, and staying in a tour accommodation facility in (mainland of) China for at least one night. They do not include: (1) officials above the rank of governmental ministers, and their accompanying persons who visit China upon invitation; (2) officials in foreign embassies and consulates in Beijing, diplomatic agents, and their accompanying family service personnel and dependents; (3) foreign experts, foreign students, reporters, and personnel in business institutions who have been in China for more than one year; (4) transit passengers via China by international flights without passport checking; (5) people living on the frontier who pass through borders; (6) compatriots from Hong Kong, Macao and Taiwan who settle down in mainland of China.

Domestic Tourists refer to domestic visitors as residents in (mainland of) China who leave their regular dwelling place to stay at least one night, at most 12 months in a travel accommodation facility in other places.

Tourism Foreign Exchange Earnings means the total spending of international tourists on traffic, tour, accommodation, food and drink, shopping, entertainment and so on during their tour and travel in (mainland of) China.

Earnings Created by Domestic Tourists means the total spending of domestic tourists on traffic, tour, accommodation, food and drink, shopping, entertainment and so on during their tour and travel in China.

Number of International Tourists Organized by Travel Services means the number of international tourists organized by travel services in the reporting period. It shows the capacity of travel services in soliciting international tourists; travel services shall count the tourists so organized: an international tourist is regarded as one visit regardless of the duration and distance of tour route; only the actual tourists organized by a travel service are included. Those organized by other travel services who execute visa formalities through the travel service on commission basis are not included.

Number of International Tourists Received means the number of international tourists received by local guides dispatched by a travel service.

Total Number of Tourists Going Abroad means the number of citizens from (mainland of) China who visit other countries, Hong Kong Special Administrative Area of PRC, Macao Special Administrative Area of PRC, and Taiwan for sightseeing, holiday, visiting relatives and friends, medical service and recuperation, shopping, conferences, or economic, cultural, sports and religious activities for official or private purpose. One visit is calculated as one person-time.

17

金融和保险
BANKING AND INSURANCE

简要说明

一、本章资料的主要内容

本章反映北京地区金融业发展情况。主要包括以下四个部分:

1. 金融机构信贷收支情况;

2. 证券市场交易情况;

3. 保险业务情况;

4. 上市公司基本情况。

二、本章各部分资料来源

1. 信贷收支数据统计范围包括中国人民银行营业管理部、政策性银行北京分行、各国有商业银行北京市分行、各股份制商业银行在京营业机构、北京银行、北京农村商业银行、信托投资公司、财务公司、外资银行北京市分行和村镇银行。资料来源于中国人民银行营业管理部。

2. 证券市场交易量数据来源于北京市统计局。

3. 银行、保险系统机构及人员数据来源于北京市统计局。

4. 反映保险业务情况的资料来源于中国保险监督管理委员会北京监管局。

5. 反映上市公司基本情况的数据来源于中国证券监督管理委员会北京证监局。

Brief Introduction

I. Main Content

This chapter reflects the development of situation of finance in Beijing, consisting of four parts:

1. Credit income and payment in financial institutions;

2. Transactions in securities market;

3. Insurance business;

4. Basic information on listed companies.

II. Source of Data

1. Figures of credit income and payment are for Banking Management Department of the People's Bank of China, Beijing branches of policy banks, Beijing branches of state-owned commercial banks, banking departments of joint-stock commercial banks in Beijing, Bank of Beijing, Beijing Rural Commercial Bank, trust investment companies, financial companies, Beijing branches of foreign-funded banks, and village and town banks. Data are from the Banking Management Department of the People's Bank of China.

2. Data of transactions in securities market are from Beijing Municipal Bureau of Statistics.

3. Data of banks, insurance institutions and personnel are from Beijing Municipal Bureau of Statistics.

4. Data about insurance business are from Beijing Regulatory Bureau of China Insurance Regulatory Commission.

5. Data about basic information of listed companies are from Beijing Securities Regulatory Bureau of China Securities Regulatory Commission.

17-1 北京市金融机构(含外资)存贷款余额(2000-2010年)

DEPOSIT AND LOAN BALANCE OF FINANCIAL INSTITUTIONS (INCLUDE FOREIGN BANKS)(2000-2010)

单位：亿元 (100 million yuan)

项目	Item	2000	2001	2002	2003	2004	2005
金融机构本外币存款余额	**Balance of Savings Deposit in Standard and Foreign Currencies in Financial Institutions**	**11526.0**	**14109.2**	**17438.4**	**20476.0**	**23781.3**	**28969.9**
#储蓄存款	Savings Deposit		4599.8	5559.5	6441.4	7154.3	8315.8
定期	Fixed			3884.1	4361.9	4758.4	5586.8
活期	Current			1675.4	2079.5	2395.9	2729.0
#中资金融机构	Chinese Financial Institutions						
人民币	RMB	9759.8	12223.4	15392.7	18321.9	21625.9	26731.3
#储蓄存款	Savings Deposit	2923.2	3536.3	4389.7	5293.5	6122.3	7477.6
定期	Fixed	2096.1	2404.3	2875.8	3413.0	3966.1	4957.0
活期	Current	827.1	1132.0	1513.9	1880.5	2156.2	2520.6
外汇(亿美元)	Foreign Exchange(USD 100 million)	205.6	219.8	238.9	250.9	248.1	256.4
外资银行	Foreign-funded Financial Bank						
人民币	RMB						54.6
外汇(亿美元)	Foreign Exchange(USD 100 million)	…	7.3	8.3	9.4	12.3	14.2
金融机构本外币贷款余额	**Balance of Loan in Standard and Foreign Currencies in Financial Institutions**	**6407.9**	**7612.2**	**9704.3**	**12057.7**	**13577.7**	**15335.5**
#中资金融机构	Chinese Financial Institutions						
人民币	RMB	6008.2	7202.9	9230.8	11314.7	12600.2	13792.2
外汇(亿美元)	Foreign Exchange (USD 100 million)	27.7	37.4	44.9	68.8	86.0	149.2
外资银行	Foreign-funded Financial Bank						
人民币	RMB						42.3
外汇(亿美元)	Foreign Exchange(USD 100 million)	9.0	10.8	12.1	20.9	32.0	36.8

资料来源：中国人民银行营业管理部。
Source: Banking Management Department of People's Bank of China.

17-1 续表 continued

单位：亿元 (100 million yuan)

项目	Item	2006	2007	2008	2009	2010
金融机构本外币存款余额	**Balance of Savings Deposit in Standard and Foreign Currencies in Financial Institutions**	**33793.3**	**37700.3**	**43980.7**	**56960.1**	**66584.6**
#储蓄存款	Savings Deposit	9515.0	9743.5	12538.1	15329.2	17585.2
定期	Fixed	6265.0	6029.4	8440.9	9960.8	11052.0
活期	Current	3250.0	3714.1	4097.3	5368.3	6533.2
#中资金融机构	Chinese Financial Institutions					
人民币	RMB	31179.2	35014.1	41500.0	53428.8	63025.2
#储蓄存款	Savings Deposit	8703.3	9113.5	11869.9	14566.3	16876.3
定期	Fixed	5704.0	5646.4	7997.1	9466.4	10604.5
活期	Current	2999.3	3467.1	3872.8	5099.9	6271.8
外汇(亿美元)	Foreign Exchange(USD 100 million)	295.2	283.8	233.3	348.0	282.7
外资银行	Foreign-funded Financial Bank					
人民币	RMB	134.5	355.6	607.5	846.6	1428.7
外汇(亿美元)	Foreign Exchange(USD 100 million)	22.4	35.2	40.8	45.2	39.0
金融机构本外币贷款余额	**Balance of Loan in Standard and Foreign Currencies in Financial Institutions**	**18131.6**	**19861.5**	**23010.7**	**31052.9**	**36479.6**
#中资金融机构	Chinese Financial Institutions					
人民币	RMB	15486.9	17360.2	19431.1	24805.1	28748.1
外汇(亿美元)	Foreign Exchange (USD 100 million)	274.7	231.9	399.4	783.0	997.2
外资银行	Foreign-funded Financial Bank					
人民币	RMB	145.8	452.3	554.0	616.7	815.6
外汇(亿美元)	Foreign Exchange(USD 100 million)	45.3	48.6	43.3	41.7	47.1

资料来源：中国人民银行营业管理部。
Source: Banking Management Department of People's Bank of China.

17-2 北京市中资金融机构存贷款余额(1978-2010年)

DEPOSIT AND LOAN BALANCE OF CHINA-FUNDED FINANCIAL INSTITUTIONS(1978-2010)

单位：亿元 (100 million yuan)

年份 Year	中资金融机构本外币存款 Balance of Savings Deposit in Standard Foreign Currencies in Chinese Financial Institutions	#企事业单位存款 Deposits by Enterprises	#储蓄存款 Savings Deposit	#人民币存款 RMB	#储蓄存款 Savings Deposit	定期 Fixed	活期 Current
1978				114.7	9.3	7.8	1.5
1979				139.1	11.1	9.2	1.9
1980				168.0	14.4	11.5	2.9
1981				220.5	17.4	14.1	3.3
1982				279.2	21.8	17.7	4.1
1983				321.3	29.8	23.9	5.9
1984				375.5	38.8	30.7	8.1
1985				411.0	51.7	40.5	11.2
1986				508.8	68.6	54.8	13.8
1987				610.8	92.9	74.6	18.3
1988				609.9	111.6	91.6	20.0
1989				717.6	162.0	141.2	20.8
1990				893.9	226.6	201.6	25.0
1991				1244.1	299.2	268.3	30.9
1992				1528.3	389.8	342.7	47.1
1993				1873.1	562.5	489.5	73.0
1994				2677.3	853.2	742.6	110.6
1995				3527.2	1254.0	1109.1	144.9
1996				4378.9	1707.0	1501.7	205.3
1997				5228.0	1975.3	1682.5	292.8
1998				6666.8	2287.2	1851.7	435.5
1999				8267.2	2680.7	2060.5	620.2
2000				9759.8	2923.2	2096.1	827.1
2001	14042.1			12223.4	3536.3	2404.3	1132.0
2002	17369.9	9328.0	5555.2	15392.7	4389.7	2875.8	1513.9
2003	20398.2	10834.2	6432.9	18321.9	5293.5	3413.0	1880.5
2004	23679.3	13183.8	7137.8	21625.9	6122.3	3966.1	2156.2
2005	28800.9	16234.3	8297.4	26731.3	7477.6	4957.0	2520.6
2006	33484.1	18968.0	9472.0	31179.2	8703.3	5704.0	2999.3
2007	37087.5	21645.5	9639.7	35014.1	9113.5	5646.4	3467.1
2008	43094.4	23686.3	12383.6	41500.0	11869.9	7997.1	3872.8
2009	55804.8	29632.0	15149.0	53428.8	14566.3	9466.4	5099.9
2010	64897.6	30989.1	17398.8	63025.2	16876.3	10604.5	6271.8

注：表中1990年及以前为银行数据，1991年及以后为中资金融机构数据。

资料来源：中国人民银行营业管理部。

Note: Figures in and before 1990 were for banks. Figures in and after 1991 were for China-funded financial institutions.

Source: Banking Management Department of People's Bank of China.

17-2 续表 continued

单位：亿元 (100 million yuan)

年份 Year	中资金融机构本外币贷款 Balance of Loan in Standard and Foreign Currencies in China-funded Financial Institutions	#人民币贷款 RMB	#中长期贷款 Medium-term &Long-term Loans	#短期贷款 Short-term Loans
1978		53.9		
1979		74.2		
1980		87.3		
1981		91.3		
1982		109.1		
1983		149.5		
1984		174.3		
1985		249.8		
1986		299.2		
1987		346.1		
1988		415.7		
1989		487.1		
1990		573.1		
1991		735.8		
1992		894.7		
1993		1128.1		
1994		1429.0		
1995		1779.1		
1996		2082.8		
1997		2720.7		
1998		3326.6		
1999		4007.8		
2000		6008.2		
2001	7514.9	7202.9		
2002	9602.6	9230.8	4985.0	3760.9
2003	11884.4	11314.7	6281.0	4510.3
2004	13312.3	12600.2	7387.4	4906.1
2005	14996.6	13792.2	8473.4	5039.6
2006	17631.7	15486.9	10929.9	5202.4
2007	19053.9	17360.2	11910.8	6042.1
2008	22160.5	19431.1	14285.0	6712.8
2009	30151.6	24805.1	20759.3	7146.7
2010	35352.0	28748.1	25718.3	8062.2

17-3 北京市金融机构(含外资)本外币信贷收支表

DEPOSITS AND LOANS OF FINANCIAL INSTITUTIONS (INCLUDE FOREIGN BANKS)

单位：万元，汇率：6.6227 (10000 yuan , exchange rate 6.6227)

项目	Item	余额 Balance 2010	余额 Balance 2009	2010年为2009年% 2010 as % of 2009	比年初增减额(+、-) Increase or Decrease than Year-beginning 2010	比年初增减额(+、-) Increase or Decrease than Year-beginning 2009	2010年为2009年% 2010 as % of 2009
各项存款	**Total Deposits**	**665845950**	**569601188**	**116.9**	**96280964**	**121748788**	**79.1**
企事业单位存款	Deposits by Enterprises	323491498	304754139	106.1	47711560	64597465	73.9
活期存款	Current Deposits	169828054	144150087	117.8	26228573	34312887	76.4
定期存款	Fixed Deposits	153663444	160604053	95.7	21482987	30284578	70.9
储蓄存款	Savings Deposit	175852228	153291669	114.7	22560564	27910302	80.8
活期存款	Current Deposits	65331788	53683410	121.7	11674365	12899197	90.5
定期存款	Fixed Deposits	110520439	99608259	111.0	10886199	15011105	72.5
信托存款	Trusted Deposits						
委托存款	Entrusted Deposits	3014504	4615932	65.3	-1599009	733997	
其他存款	Other Deposits	163487720	106939447	152.9	27607850	28507023	96.8
各项贷款	**Total Loans**	**364795842**	**310528908**	**117.5**	**54281743**	**78830097**	**68.9**
短期贷款	Short-term Loans	85969523	75869808	113.3	9329018	4108896	227.0
中长期贷款	Medium-term&Long-term Loans	261802287	211637529	123.7	50900671	63822349	79.8
信托贷款	Trusted Loans						
委托贷款	Entrusted Loans	775491	995736	77.9	-217825	546883	
其他贷款	Other Loans	7101769	5199953	136.6	1896075	2693900	70.4
票据融资	Notes Financing	9064769	16692039	54.3	-7626997	7590990	
各项垫款	Advances	82002	133842	61.3	801	67078	1.2

资料来源：中国人民银行营业管理部。

Source: Banking Management Department of People's Bank of China.

17-4 北京市中资银行人民币现金收支统计表
CASH INCOME AND EXPENDITURES OF CHINA-FUNDED BANKS

单位：万元 (10000 yuan)

项目	Item	2010	2009	2010年为2009年% 2010 as % of 2009
人民币现金收入合计	**Total Income**	**310016287**	**284555516**	**108.9**
商品销售收入	Income from Commodity Sales	27645597	23944506	115.5
服务业收入	Income from Service Trade	11992282	10593046	113.2
行政税费收入	Income from Administrative Fees and Taxes	284411	254793	111.6
城乡个体经营收入	Income from Urban and Rural Individual Business	1601915	1366125	117.3
储蓄存款收入	Income from Savings Deposit	233698534	210765220	110.9
其他金融机构收入	Income from Other Financial Institutions	765255	1211669	63.2
居民归还贷款收入	Income from Repayment of Loans by Residents	162139	167210	97.0
汇兑收入	Income from Remittances	880267	1064772	82.7
有价证券及其他投资性收入	Income from Securities and Other Investment	295931	260492	113.6
其他收入	Other Income	32689956	34927683	93.6
#兑换外币收入	Income from Foreign Currency Exchange	788326	708156	111.3
人民币现金支出合计	**Total Expenditures**	**311491853**	**284904759**	**109.3**
工资及对个人其他支出	Wages and Other Payment to Individuals	8981678	11972450	75.0
农副产品采购支出	Purchases of Agricultural and Sideline Products	1373007	1361973	100.8
工矿及其他产品采购支出	Expenditure for Purchases of Industrial and Mineral Products	568956	790512	72.0
行政企事业管理费支出	Management Expenditure for Government and Enterprises	20556057	18073501	113.7
城乡个体经营支出	Expenditure for Urban and Rural Individual Business	2460349	2540923	96.8
储蓄存款支出	Expenditure for Savings Deposit	250945896	211040575	118.9
其他金融机构支出	Expenditure for Other Financial Institutions	269623	344444	78.3
居民提取贷款支出	Expenditure for Loans by Residents	13403	40306	33.3
汇兑支出	Expenditure for Remittances	528924	492406	107.4
有价证券及其他投资性支出	Payment for Securities and Other Investment	308098	314345	98.0
其他支出	Other Expenditures	25485861	37933324	67.2

资料来源：中国人民银行营业管理部。
Source: Banking Management Department of People's Bank of China.

17-5 银行、保险系统机构及人员(2010年)
INSTITUTIONS AND PERSONNEL OF BANK AND INSURANCE SYSTEM (2010)

项 目	Item	银行系统 Bank System		保险系统 Insurance System	
		机 构(个) Institution(unit)	人 员(人) Personnel(person)	机 构(个) Institution(unit)	人 员(人) Personnel(person)
全 市	**Total**	**2859**	**130028**	**559**	**96112**
城 区	Urban Districts	543	76799	159	36674
郊 区	Suburban Districts	2191	51148	375	57269
各 县	Counties	125	2081	25	2169

注：1. 本表口径为在北京地区经营的银行、保险公司的总行(总公司)、分行(分公司)及所属分支机构。
2. 保险系统人员构成中含营销员。

Note: a) Figures in this table cover the headquarters(head offices), branches banks (branch companies) and subsidiaries of banks and insurance companies operating in Beijing.
b) Personnel of Insurance System included marketing personnel.

17-6 证券市场交易量及保险业务情况(1994-2010年)
SECURITIES MARKET TRADING VOLUME AND INSURANCE BUSINESS (1994-2010)

单位：亿元 (100 million yuan)

年 份 Year	证券市场交易量 Trading Volume of Securities Market	股票交易 Treasury Bonds	基金交易 Fund Transaction	债券交易 Securities Transaction	权证交易 Warrant Transaction	其他交易 Other Transaction	原保险保费收入 Premiums Income	保险赔付支出 Indemnity Payment
1994	183.26	135.51		47.75				
1995	1619.04	520.48		152.31		946.25		
1996	5224.77	2900.63		2324.06		0.07		
1997	7934.42	3900.93		3844.82		188.67	102.52	
1998	10241.50	3426.37	187.02	6435.43		192.68	88.62	
1999	10694.46	5268.19	341.74	5005.52		79.01	91.82	29.88
2000	14456.98	9136.52	346.02	4825.91		148.53	93.44	28.44
2001	12596.50	5339.61	400.61	6729.69		126.60	141.32	31.98
2002	12565.91	3788.22	485.77	8216.53		75.39	234.07	46.92
2003	23369.83	5041.40	110.45	18048.37		169.60	282.54	48.01
2004	18512.92	7247.72	78.94	10928.92		257.33	279.30	55.31
2005	9322.49	4343.65	91.30	4567.28		320.26	498.20	75.40
2006	19557.06	14851.55	298.27	2075.20		2332.04	411.60	83.99
2007	97978.66	77487.83	1534.96	2060.09	9756.74	7139.04	498.10	135.38
2008	62773.56	46231.27	1389.37	4052.52	9587.51	1512.89	585.95	188.93
2009	92148.02	78339.50	2253.54	1791.32	8823.82	939.84	697.60	196.01
2010	87575.38	79843.07	1714.94	3384.28	2287.76	345.33	966.46	199.65

资料来源：保险数据来源于中国保险监督管理委员会北京监管局。
Source: Beijing Regulatory Bureau of China Insurance Regulatory Commission.

17-7 上市公司基本情况(1993-2010年)

LISTED COMPANIES (1993-2010)

年 份 Year	境内上市公司(家) Companies Listed at Home (unit)	股票总发行股本(万股) Total Issued Capital (10000 Shares)	股票首发数量(万股) Initial Issued Shares (10000 Shares)	股票筹资额(万元) Amount of Fund Raised by Stocks (10000 yuan)
1993	2	10814	1900	39780
1994	6	90121	19000	113737
1995	6			27048
1996-2000		**1542276**	**396463**	**4060434**
1996	13	99575	18013	111254
1997	27	237503	68700	546787
1998	34	195512	52750	518179
1999	45	489880	109000	767286
2000	58	519806	148000	2116928
2001-2005		**10774652**	**755200**	**4664942**
2001	65	9355826	342500	1964590
2002	69	94199	23800	317099
2003	76	1259132	367600	1843666
2004	83	65495	21300	508452
2005	83			31135
2006-2010		**160295150**	**11318172**	**86820080**
2006	91	63036411	2667911	11343486
2007	103	49890423	2305303	27326555
2008	109	3376142	698853	8705788
2009	126	6626871	2048990	15081487
2010	164	37365303	3597115	24362764

资料来源：中国证券监督管理委员会北京证监局。

Source: Beijing Regulatory Bureau of China Securities Regulatory Commission.

17-8 保险业务情况

STATISTICS FOR INSURANCE

单位：亿元 (100 million yuan)

项目	Item	原保险保费收入 Premiums Income		赔付支出 Indemnity Payment	
		2010	2009	2010	2009
合计	**Total**	**966.5**	**697.6**	**199.7**	**196.0**
人身险业务小计	**Subtotal of Personal Insurance**	**754.2**	**533.2**	**105.9**	**110.6**
人寿保险	Life Insurance	676.5	466.1	81.3	90.2
非分红产品	Non-melon-cutting Products	35.3	33.0	13.7	12.2
分红产品	Melon-Cutting Products	501.6	303.1	64.1	72.2
投资连接产品	Investment Products	21.7	21.8	1.6	0.2
万能产品	Omnipotence Products	117.9	108.1	1.9	5.6
意外伤害保险	Accidental Injury Insurance	13.7	10.3	2.1	1.6
健康保险	Health Insurance	64.0	56.8	22.5	18.9
财产险业务小计	**Subtotal of Property Insurance**	**212.3**	**164.4**	**93.7**	**85.4**
#企业财产保险	Enterprise Property Insurance	24.2	17.9	6.4	11.1
家庭财产保险	Family Property Insurance	0.3	0.1	0.1	0.1
机动车辆及第三者责任保险	Motor Vehicle and Third-Party Responsibility	152.8	109.6	76.3	65.6
货物运输保险	Freight Transport Insurance	9.7	7.1	2.1	2.2
责任保险	Liability Insurance	8.6	6.2	2.7	1.7
工程险	Engineering Insurance	6.0	5.7	1.1	1.1

资料来源：中国保险监督管理委员会北京监管局。

Source: Beijing Regulatory Bureau of China Insurance Regulatory Commission.

主要统计指标解释

存款 企业、机关、团体或居民根据可以收回的原则，把货币资金存入银行或其他信用机构保管并取得一定利息的一种信用活动形式。根据存款对象的不同可划分为企业存款、财政存款、机关团体存款、储蓄存款、农业存款等科目。它是银行信贷资金的主要来源。

贷款 银行或其他信用机构根据必须归还的原则，按一定利率，为企业、个人等提供资金的一种信用活动形式。我国银行贷款分为短期贷款、中长期贷款、委托及信托类贷款、其他类贷款等。

原保险保费收入 是指保险企业确认的原保险合同保费收入。是投保人根据保险合同的有关规定，为被保险人取得因约定危险事故发生所造成的经济损失补偿（或给付）权利，付给保险人的代价。包括财产险和人身险收入。

保险赔付支出 公司按保险合同约定支付给被保险人（或受益人）的赔款、保险金、给付等。包括赔款支出、死伤医疗给付、满期给付和年金给付。

股票交易额 指投资者在市场买卖各种股票的总金额。包括A股、B股。不含认购新股及认购中签。

基金交易额 指投资者在市场买卖各种基金的总金额。包括封闭式基金、开放式基金等。

债券交易额 指投资者在市场买卖各种债券的总金额。包括债券现货、债券回购。

债券现货交易额 指投资者在市场买卖各种债券现货的总金额。包括国债、金融债、企业债、可转债等。

债券回购额 指投资者在市场债券回购的总金额。包括国债回购、企业债回购等。回购交易只记录单边交易额。

权证交易额 指投资者在市场买卖各种权证的总金额。

Explanatory Notes on Main Statistical Indicators

Deposit is a form of credit activity that enterprises, public institutions, groups or residents saves their monetary fund, on reclaimable basis, in banks or other credit institutions and receive certain interest. In terms of target of deposit, it consists of enterprise deposit, fiscal deposit, government agency deposit, savings deposit, agricultural deposit and so on. It serves as a main source of credit funds in banks.

Loan is a form of credit activity that banks or other credit institutions provide funds for enterprise and individuals at a given interest rate, which must be repaid. In China, bank loans are composed of short-term loan, medium & long-term loan, commission and trust loan, and other loan.

Premium Income means the income of insurance premium of confirmed original insurance contracts in insurance companies. It is the cost of police holder paid to the insurer for the right to receive compensation (claim settlement) for any economic loss caused by agreed dangerous accidents pursuant to relevant provisions in the insurance contract. It includes property insurance and person insurance incomes.

Indemnity Payment means any indemnity, insurance money, and claim settlement, etc. paid by the insurance company to the insurant (beneficiary) as agreed in the insurance contract. It consists of payment of indemnity, claim settlement for medical costs for death and injury, maturity money and annuity payment.

Shares Transaction Amount means the total amount of shares traded by investors in market. This includes A shares and B shares, excluding the amount of IPO subscription and subscription lot winning.

Fund Transaction Amount means the total amount of funds traded by investors in market, including closed and open fund, etc.

Bonds Transaction Amount means the total amount of bonds traded by investors in market, including stock bonds and bonds repurchase.

Bonds Stock Transaction Amount means the total amount of stock bonds traded by investors in market, including national bonds, financial bonds, enterprise bonds and convertible bonds, etc.

Bonds Repurchase Amount means the total amount of bonds repurchased by investors in market. It includes the repurchase of national bonds and enterprise bonds. Only unilateral transaction amount is involved in the repurchase amount.

Warrants Transaction Amount means the total amount of warrants traded by investors in market.

18

教育、文化
EDUCATION AND CULTURE

简要说明

一、教育部分的主要内容和资料来源

教育统计资料包括高等教育（研究生教育、普通本专科教育、成人本专科、其他各类高等学历教育）；中等教育(高中阶段、初中阶段)；小学教育；学前教育；特殊教育(盲聋哑和弱智儿童学校等)；工读学校等资料。主要指标包括学校数、在校学生数、招生数、毕业生数、教职工数、专任教师数和教育收支情况等。

教育统计资料由北京市教育委员会提供。

如要取得更为详细的资料，请参见《北京市教育事业统计资料》（北京市教育委员会发展规划处编）。

二、文化部分的主要内容和资料来源

文化部分主要包括专业艺术表演团体、艺术表演场所、公共图书馆、博物馆、文化馆、档案馆、文化站、广播、电影、电视以及新闻等文化单位的机构、人员、经费和业务活动情况。

文化部分数据根据部门统计报表加工整理。艺术事业、图书馆事业和群众文化事业的资料主要来自北京市文化局；档案馆资料来自北京市档案局；文物资料来自北京市文物局；广播、电影和电视资料来自北京市广播电影电视局及国家广播电影电视总局。

如希望取得更为详细资料，可分别见《北京市文化产业统计资料》(北京市文化局编)、《中国新闻出版统计资料汇编》(新闻出版署计财司编）和《广播电影电视资料汇编》（广电总局计财司编）。

Brief Introduction

I. Main Content and Source of Data for the Part of Education

Educational statistics include those for higher education (postgraduate education, undergraduate and junior college education, undergraduate and junior college education for adults, and other kinds of higher-diploma education); middle education (senior high school, junior high school); primary education; preschool education; special education (schools for blinds, deaf and mutes, and weak-intelligence children, etc.); work-study schools for delinquent children. Main indicators include the number of schools, number of enrolled students, number of new students, number of faculty, number of full-time teachers, and educational income and payment, etc.

Educational data were provided by Beijing Municipal Commission of Education.

For more detailed information, please refer to Statistics for Education in Beijing (compiled by the Development and Planning Division of Beijing Municipal Commission of Education).

II. Main Content and Source of Data for the Part of Culture

Cultural statistics include the number, personnel, funds, and activities of professional artistic performance groups, artistic performance sites, public libraries, museums, cultural centers, archives, radio, film, television and press organizations.

Cultural data were processed with statistic statements of departments. Data of art, libraries, and mass culture are from Beijing Municipal Bureau of Culture; data of archives are from Beijing Municipal Bureau of Archives; cultural relics data are from Beijing Municipal Administration of Cultural Heritage; radio, film and television data are from Beijing Municipal Bureau of Radio, Film, and Television and the National Administration for Radio, Film, and Television.

Fore more detailed information, see Statistics for Cultural Industry in Beijing (compiled by Beijing Municipal Bureau of Culture), Collection of Statistics for Press Publication in China (compiled by the Planning and Finance Division, General Administration of Press and Publication of PRC), and Compiled Data on Radio, Film and Television (compiled by the Planning and Finance Division, National Administration for Radio, Film, and Television).

18-1 教育基本情况(1978-2010年)
BASIC STATISTICS ON EDUCATION (1978-2010)

年 份 Year	全市各类学校数(个) Total Number of Various Schools (unit)	#普通高等学校 Colleges & Universities	#普通中等学校 Middle Schools	#高 中 Senior Middle Schools	#小 学 Primary Schools	全市各类学校在校学生数(人) Enrolled Students in Various Schools (person)	#普通高等学校 Colleges & Universities	#普通中等学校 Middle Schools	#高 中 Senior Middle Schools	#小 学 Primary Schools
1978		35			4666		48618		415612	937336
1979		48			4534		55073		299974	968723
1980		50			4485		83032		312188	951763
1981		51			4445		98044		175180	900350
1982		51			4381		93878		92401	854516
1983		54			4269		90894		88657	838078
1984		57			4168		102962		110916	763204
1985		61			4059		122791		119876	733605
1986		66			3995		129647		109862	749101
1987		67			3875		136694		109023	777982
1988		67			3793		145134		108106	850577
1989		67			3703		141625		110745	934696
1990		67			3611		139646		100669	995831
1991	8496	67	1168	282	3482	2142085	136940	565357	93728	1013268
1992	8052	67	1150	279	3306	2194268	139978	617847	82894	1001762
1993	7789	66	1145	280	3190	2266932	158906	679821	78261	1022166
1994	7574	67	1150	280	3035	2348406	175203	758310	86584	1024503
1995	7158	65	1170	286	2867	2380096	182173	834903	102522	1007301
1996	7121	65	1189	296	2780	2388002	189953	881912	118476	999740
1997	6858	65	1181	288	2696	2361438	195842	887644	133461	977323
1998	6456	63	1190	282	2511	2325043	212984	895042	145966	919531
1999	5807	64	1182	275	2352	2297673	234033	931029	161473	836655
2000	5458	59	1159	302	2169	2299433	282585	972930	179002	743109
2001	4873	61	1111	289	1960	2297107	340284	988985	194283	664443
2002	4447	62	998	325	1824	2294947	398573	984117	220667	594241
2003	4158	74	977	329	1652	2299416	458898	968035	250959	546530
2004	3971	77	945	338	1504	2291594	500245	919178	274803	516042
2005	3782	79	917	335	1403	2264004	536724	859132	278358	494482
2006	3751	82	888	335	1310	2910228	554702	799074	259414	473275
2007	3593	83	863	328	1235	3195763	567875	839038	243818	666617
2008	3508	82	838	325	1202	3208704	575639	782866	219163	659500
2009	3425	88	804	305	1160	3214354	577154	740396	203477	647101
2010	3330	89	779	289	1104	3299555	577828	727741	198415	653255

注：1. 从2007年开始，普通中学、小学、工读学校、特殊教育、学前教育在校学生数包括外省市户口借读学生。

2. 1991-2005年，普通中等学校包括普通中专、技工学校、职业中学、普通中学和工读学校。2006年及以后普通中等学校为中等教育口径，包括普通中专、成人中专、技工学校、职业高中和普通中学。

资料来源：北京市教育委员会。

Note: a) From 2007, enrolled students in general high schools, primary schools, work-study schools for delinquent children, special education schools, and pre-school education included those from outside Beijing and studying in Beijing on temporary basis.

b) In 1991-2005, middle schools included special secondary schools, technician training schools, vocational schools, general high schools, and work-study schools. In and after 2006, middle schools included special secondary schools, special secondary schools for adults, technician training schools, vocational senior high schools and general high schools.

Source: Beijing Municipal Commission of Education.

18-1 续表 continued

年份 Year	全市各类学校招生数(人) New Enrollments in Various Schools (person)	#普通高等学校 Colleges & Universities	#普通中等学校 Middle Schools	#高中 Senior Middle Schools	#小学 Primary Schools	学龄儿童入学率(%) Enrollment Rate of Children at School-age (%)	专任教师数(人) Full-time Teachers (person)	平均每一专任教师负担学生数(人) Average Number of Students Instructed by a Full-time Teacher(person) 高等学校 Institutions of Higher Education	普通中学 Regular Secondary Schools	小学 Primary Schools
1978		17445		161288	199076	99.00			19.9	20.7
1979		15848		160340	154809	98.50			16.1	21.3
1980		17972		131961	138751	98.70			14.8	21.7
1981		17921		54296	121744	98.90			13.4	19.7
1982		21936		35212	104357	98.90			12.3	19.5
1983		27988		40282	96028	99.10			11.5	19.6
1984		31805		47068	103482	99.30			13.2	18.2
1985		40670		35265	135048	99.10			13.9	17.4
1986		35390		27863	160513	99.50			14.1	17.3
1987		41163		41186	156954	99.50			12.8	16.8
1988		42187		35429	184516	99.50			11.4	17.6
1989		33557		33254	184609	99.70			11.0	19.1
1990		36275		30596	161742	99.50			10.1	18.6
1991	571685	37700	205107	28589	148300	99.17	168485		10.5	18.0
1992	622142	41517	232765	25790	157145	99.65	169249		11.3	17.4
1993	651729	52205	242274	26275	175853	99.88	170361		12.1	17.4
1994	704933	51884	287642	34704	186315	99.92	175025		13.1	16.9
1995	691972	52868	308786	40803	168903	99.93	176591		13.6	16.5
1996	628772	55269	289612	42603	156898	99.93	178006		13.7	16.1
1997	581091	56884	289719	49566	124231	99.95	179080		13.2	15.7
1998	581786	62264	308157	52956	100415	99.96	178210		12.8	14.9
1999	603332	78354	320731	56998	94358	99.95	175496	12.0	13.2	13.7
2000	635328	99397	324862	65890	92002	99.95	167040	14.0	14.1	12.8
2001	641432	116344	313257	69195	91230	99.62	168080	17.0	14.3	12.1
2002	671956	128320	326835	84679	86406	99.63	166490	19.0	14.2	11.2
2003	662877	143483	302071	94894	82631	99.95	166510	19.0	13.7	11.0
2004	635842	147298	271396	93519	73577	99.92	172055	17.1	12.9	10.6
2005	630515	156124	259133	88605	71020	99.90	174589	17.0	11.8	10.3
2006	851808	154969	234524	76375	73138	99.96	191365	17.0	10.8	9.8
2007	927144	156222	252709	71590	109203	100.00	195568	15.4	11.5	13.8
2008	938891	157238	236714	68397	110440	100.00	199114	17.1	10.9	13.5
2009	962648	158992	240937	65983	102414	100.00	203825	16.5	10.0	13.0
2010	1002141	155228	238954	65649	113728	99.96	206602	16.6	10.2	13.2

18-2 每万人口在校生情况(1996-2010年)

ENROLLED STUDENTS PER 10000 PERSONS (1996-2010)

单位：人 (person)

年 份	高等教育 Colleges & Universities	高中阶段 Regular Schools	初中阶段 Junior Secondary Schools	小 学 Primary Schools	幼儿园 Kindergartens
1996	319		424	799	217
1997	323		391	776	201
1998	355		374	742	198
1999	382		380	671	190
2000	432		408	591	182
2001	474	286	380	481	157
2002	546	302	369	430	155
2003		329	319	384	140
2004	620	332	267	357	141
2005	658	373	215	331	136
2006	690	349	187	308	128
2007	683	322	211	422	136
2008	675	284	199	404	139
2009	641	252	188	382	146
2010	602	236	177	372	158

资料来源：北京市教育委员会。

Source: Beijing Municipal Commission of Education.

18-3 各类学校基本情况

BASIC STATISTICS FOR SCHOOLS

单位：人 (person)

项目	Item	校数(所) Number of Schools (unit) 2010	2009	教职工数 Teachers and Staff 2010	2009	专任教师 Full-time Teachers 2010	2009
合计	**Total**	**3330**	**3425**	**331661**	**329818**	**206602**	**203825**
高等教育	**Higher Education**	**175**	**178**	**143648**	**141017**	**74202**	**72662**
研究生培养机构(不计校数)	Institutions Providing Postgraduate Programs(Schools Excluded)	(170)	(169)			(39726)	(37288)
高等学校	Colleges & Universities	(52)	(52)			(28598)	(26517)
科研机构	Research Institutes	(118)	(117)			11128	10771
普通高等学校	Regular Institutions of Higher Education	89	88	132317	129586	58383	57133
成人高等学校	Adult Institutions of Higher Education	24	25	3491	3569	1569	1623
民办的其他高等教育机构	Non-state Institutions of Higher Education	62	65	7840	7862	3122	3135
中等教育	**Secondary Education**	**779**	**804**	**89203**	**91877**	**60114**	**61089**
高中阶段教育	Senior Secondary	434	462	89203	91877	29859	30666
普通高中	Regular Schools	289	305	70418	71831	19618	19814
中等职业教育	Secondary Vocational Schools	145	157	18785	20046	10241	10852
普通中专	Regular Technical Secondary Schools	35	36	4831	5353	2439	2581
成人中专	Adult Technical Secondary Schools	11	12	669	684	341	334
职业高中	Vocational High Schools	61	66	8503	9009	5230	5508
技工学校	Technical Schools	38	43	4160	4675	1851	2183
其他机构(教学点)(不计校数)	Other Institutions(Schools Excluded)	(20)	(19)	622	325	380	246
初中阶段教育	Junior Secondary Education	345	342			30255	30423
小学教育	**Primary Schools**	**1104**	**1160**	**60038**	**60428**	**49480**	**49257**
工读学校	**Work-Study School for Delinquent Children**	**6**	**6**	**344**	**363**	**223**	**221**
特殊教育	**Special Education**	**21**	**24**	**1201**	**1160**	**906**	**844**
学前教育	**Pre-school Education**	**1245**	**1253**	**37227**	**34973**	**21677**	**19752**

注：1. 普通高中的教职工数中包含普通初中的教职工数。
　　2. 表中带()数据不计入"校数"的合计数据中。
资料来源：北京市教育委员会。

Note: a) Number of "Teachers and Staff" in regular senior high schools includes those in junior high schools.
　　b) In this table data with () was not be calculated in the total schools.
Source: Beijing Municipal Commission of Education.

18-3 续表 continued

单位：人 (person)

项　目	Item	毕业生数 Graduates 2010	毕业生数 Graduates 2009	招生数 New Enrollment 2010	招生数 New Enrollment 2009	在校学生数 Total Enrollment 2010	在校学生数 Total Enrollment 2009
合计	**Total**	**834340**	**865025**	**1002141**	**962648**	**3299555**	**3214354**
高等教育	**Higher Education**	**427228**	**433480**	**543113**	**528388**	**1632820**	**1570414**
研究生	Postgraduates	59244	58780	80176	76010	225029	209494
高等学校	Colleges & Universities	51791	51391	69479	66147	194165	180550
科研机构	Research Institutes	7453	7389	10697	9863	30864	28944
普通本专科	Regular University and Junior College	150156	152336	155228	158992	577828	577154
中央部委属高校	Under the Jurisdication of Central Ministries and Commissions	71185	72439	75202	74657	292052	290066
市属高校	Under the Jurisdication of Municipal Government	78971	79897	80026	84335	285776	287088
公办高校	Public Colleges and Universities	56852	57861	60563	61812	212729	212072
民办高校	Civilian-run Colleges and Universities	22119	22036	19463	22523	73047	75016
成人本专科	Adult University and Junior College	108122	123489	107020	107039	266271	281490
成人高等学校	Adult Institutions of Higher Education	10681	12521	11418	12357	28517	27691
普通高等学校	Regular Institutions of Higher Education	97441	110968	95602	94682	237754	253799
其他各类高等学历教育	Other Higher Education	109706	98875	200689	186347	563692	502276
在职人员攻读博士、硕士学位	Employees Enrolled in Graduate Programes Leading to Doctor or Master Degrees			15069	13855	51590	49634
网络本专科生	Online University and Junior College Students	109706	98875	185620	172492	512102	452642
中等教育	**Secondary Education**	**233837**	**253067**	**238954**	**240937**	**727741**	**740396**
高中阶段教育	Senior Secondary	132792	151256	136594	135007	417829	421522
普通高中	Regular Senior	62305	70132	65649	65983	198415	203477
#北京市户籍	Domicile in Beijing	59156	67346	59483	60444	182859	189175
中等职业教育	Secondary Vocational Schools	70487	81124	70945	69024	219414	218045
普通中专	Regular Technical Secondary School	23609	27659	17620	18748	67154	74596
成人中专	Adult Technical Secondary School	6100	5266	11404	9876	27025	20870
职业高中	Vocational High Schools	21616	23863	21562	21159	67627	66132
技工学校	Technical School	19162	24336	20359	19241	57608	56447
初中阶段教育	Junior Secondary Education	101045	101811	102360	105930	309912	318874
#北京市户籍	Domicile in Beijing	87228	88263	71472	80037	235954	252534
小学教育	**Primary Schools**	**102971**	**110730**	**113728**	**102414**	**653255**	**647101**
#北京市户籍	Domicile in Beijing	71036	79446	59647	54992	385044	395745
工读学校	**Work-study School for Delinquent Children**	**255**	**330**	**331**	**287**	**764**	**744**
特殊教育	**Special Education Schools**	**1914**	**1734**	**967**	**861**	**7981**	**7921**
学前教育	**Preschool Education**	**68135**	**65684**	**105048**	**89761**	**276994**	**247778**

18-4 全市高等教育学生情况(2010年)
PUPILLARY STATISTICS FOR INSTITUTION OF HIGHER EDUCATION (2010)

单位：人 (person)

项目	Item	毕(结)业生人数 Graduates	招生数 New Enrollment	在校学生数 Enrolled Students
学历教育学生	**Diploma Education Students**			
研究生	Postgraduates	59244	80176	225029
博士	Doctor's Degree	12827	16081	62279
硕士	Master's Degree	46417	64095	162750
普通本科、专科生	Regular Undergraduates and College Students	150156	155228	577828
本科	Enrolled in Full Undergraduate Courses	107578	117524	458695
专科（高职）	Enrolled in Specialized Courses Education and Occupational of Higher Education	42578	37704	119133
成人本科、专科生	Adult Undergraduates and College Students	108122	107020	266271
本科	Enrolled in Full Undergraduate Courses	54228	57997	147055
专科	Enrolled in Specialized Courses	53894	49023	119216
网络本科、专科生	Students Enrolled in Internet-based Courses	109706	185620	512102
本科	Enrolled in Full Undergraduate Courses	53624	74717	254850
专科	Enrolled in Specialized Courses	56082	110903	257252
非计划招生高等教育学生	**Non-planned Recruitment Higher Education Students**			
在职人员攻读博士、硕士学位	Employees Enrolled in Graduate Programes Leading to Doctor or Master Degrees		15069	51590
电大注册试听生	Registered Trial Attendees in TV Universities			
自考助学班	Classes for Self-Learning Programs	32959	24434	107230
各类进修培训	**Various Training Courses for Advanced Studies**			
研究生课程进修班	Postgraduate Courses for Advanced Study	13966		22176
普通预科生	College Preparatory Courses			2320
进修及培训	In-Service Training Courses	515012		285297
外国留学生	**Overseas Students**	**19471**	**25413**	**33570**
证书教育	**Certificate Education**	**87700**		**43270**
岗位培训	**Occupational Training**	**69558**		**22102**

资料来源：北京市教育委员会。
Source: Beijing Municipal Commission of Education.

18-5 普通高等学校本专科基本情况(2010年)

BASIC STATISTICS ON COLLEGES AND UNIVERSITIES (2010)

单位：人 (person)

项目	Item	校数(所) Number of Schools (unit)	毕业生数 Graduates	招生数 New Enrollment	在校学生数 Enrolled Students	教职工数 Teachers and Staff	#专任教师 Full-time Teachers
合计	**Total**	**89**	**150156**	**155228**	**577828**	**132317**	**58383**
#女性	Female		77473	80410	294353	65699	27549
综合大学	Comprehensive Universities	4	20440	20155	73763	19655	7333
理工院校	Science and Engineering	31	61048	63794	237496	52173	25717
农业院校	Agriculture	3	7547	6566	24951	4873	2390
林业院校	Forestry	1	3064	3398	13079	1644	1079
医药院校	Medicine	3	2997	2737	12772	15784	2343
师范院校	Teacher Training	2	4486	4763	18897	5596	3105
语文院校	Literature	9	11195	11362	41894	7819	3948
财经院校	Finance and Economics	16	21785	23522	85599	11369	5967
政法院校	Politics and Law	8	8771	9647	33963	6244	2582
体育院校	Physical Culture	3	2453	2699	10533	1714	953
艺术院校	Art	8	3574	3773	13645	3549	1930
民族院校	Minorities Colleges	1	2796	2812	11236	1897	1036

资料来源：北京市教育委员会。

Source: Beijing Municipal Commission of Education.

18-6 全市分学科研究生情况(2010年)

NUMBER OF POST GRADUATE BY SUBJECT OF STUDY (2010)

单位：人 (person)

项目	Item	毕业生 Graduates			招生数 New Enrollment			在校学生数 Enrolled Students		
		合计 Total	博士 Doctor's Degree	硕士 Master's Degree	合计 Total	博士 Doctor's Degree	硕士 Master's Degree	合计 Total	博士 Doctor's Degree	硕士 Master's Degree
合计	**Total**	**59244**	**12827**	**46417**	**80176**	**16081**	**64095**	**225029**	**62279**	**162750**
#女性	Female	27650	4751	22899	38845	5942	32903	104240	22121	82119
学术型学位	**Academic Degree**	**54125**	**12358**	**41767**	**62592**	**15729**	**46863**	**191183**	**60753**	**130430**
哲学	Philosophy	570	211	359	678	233	445	2159	882	1277
经济学	Economics	3773	637	3136	4486	870	3616	11848	3165	8683
法学	Law	4719	914	3805	5116	1170	3946	14997	4164	10833
教育学	Education	1665	265	1400	1854	308	1546	5797	1175	4622
文学	Literature	5101	722	4379	5878	898	4980	17708	3416	14292
历史学	History	535	165	370	619	190	429	2049	762	1287
理学	Science	6468	2652	3816	8818	3376	5442	26325	11810	14515
工学	Engineering	21151	4358	16793	24663	5866	18797	77764	24893	52871
农学	Agriculture	1715	505	1210	2092	672	1420	6240	2238	4002
医学	Medicine	2695	977	1718	2769	914	1855	8494	2934	5560
军事学	Military	42	8	34	30	9	21	129	50	79
管理学	Management	5691	944	4747	5589	1223	4366	17673	5264	12409
专业学位	**Academic Degree**	**5119**	**469**	**4650**	**17584**	**352**	**17232**	**33846**	**1526**	**32320**

资料来源：北京市教育委员会。

Source: Beijing Municipal Commission of Education.

18-7 高等教育外国留学生情况(2010年)

STATISTICS FOR FOREIGN STUDENTS STUDYING IN BEIJING OF HIGHER EDUCATION (2010)

单位：人 (person)

项 目	Item	毕(结)业生数 Graduates	授予学位人数 Number of Students Conferred with Degree	招生数 New Enrollment	在校学生数 Enrolled Students
合 计	**Total**	**19471**	**3140**	**25413**	**33570**
#女 性	Female	9736	1352	12107	15052
按学历划分	**By Educational Background**				
博 士	Doctor's Degree	274	268	591	1529
硕 士	Master's Degree	821	765	1605	3089
本 科	Enrolled in Full Undergraduate Courses	2368	2107	4246	13469
专 科	Enrolled in Specialized Courses	55		106	152
培 训	Training	15953		18865	15331
按地区划分	**By Region**				
亚 洲	Asia	10765	2568	14556	22427
非 洲	Africa	625	198	1081	1784
欧 洲	Europe	4734	167	5533	5296
北美洲	North America	2590	144	3266	2957
南美洲	South America	387	33	418	625
大洋洲	Oceania	370	30	559	481
按经费来源	**By Sources of Funds**				
国际组织资助	From International Organizations	49	36	73	103
中国政府资助	From Chinese Government	1833	586	2892	4809
本国政府资助	From the Government of the Student's Own Country	141	89	427	510
学校间交换	Interscholastic Exchange	1848	45	2090	1540
自 费	Self Funding	15600	2384	19931	26608

资料来源：北京市教育委员会。
Source: Beijing Municipal Commission of Education.

18-8 普通中专分科情况(2010年)

SPECIALIZED SECONDARY SCHOOLS BY MAJOR (2010)

单位：人 (person)

项　目	Item	毕业生数 Graduates	招生数 New Enrollment	在校学生数 Enrolled Students
合　计	**Total**	**23609**	**17620**	**67154**
#女　生	Female	12421	8181	32377
按类别分	**By Category**			
农林牧渔类	Agriculture, Forestry, Animal Husbandry and Fishery	433	143	880
资源环境类	Resource and Environment	168	64	296
能源与新能源类	Energy and New Energy	119	345	1648
土木水利类	Construction and Water Conservancy	937	1126	3250
加工制造类	Processing and Manufacturing	3666	1943	8855
石油化工类	Petroleum and Chemicals	252		154
轻纺食品类	Light Industry, Textile and Food	462	241	992
交通运输类	Transportation	2301	3349	10096
信息技术类	IT	2956	1153	4931
医药卫生类	Medicine and Health	4301	3466	13561
休闲保健类	Relaxation and Health Care			
财经商贸类	Business and Trade	3635	2107	8621
旅游服务类	Tourism Service	557	284	1515
文化艺术类	Culture and Art	2089	1858	7986
体育与健身	Sports and Fitness	680	602	1882
教育类	Education	319	410	1010
司法服务类	Judicial Service	410	324	919
公共管理与服务类	Public Management and Service	324	177	530
其　他	Other		28	28

资料来源：北京市教育委员会。

Source: Beijing Municipal Commission of Education.

18-9 职业高中分科情况(2010年)

VOCATIONAL SCHOOLS BY MAJOR (2010)

单位：人 (person)

项　目	Item	毕业生数 Graduates	招生数 New Enrollment	在校学生数 Enrolled Students
合　计	**Total**	**21616**	**21562**	**67627**
#女　生	Female	10400	10625	33925
按类别分	**By Category**			
农林牧渔类	Agriculture, Forestry, Animal Husbandry	314	359	930
资源环境类	Resource and Environment	17		
能源与新能源类	Energy and New Energy	10		16
土木水利类	Construction and Water Conservancy	290	413	1230
加工制造类	Processing and Manufacturing	1280	1258	4044
石油化工类	Petroleum and Chemicals			
轻纺食品类	Light Industry, Textile and Food	136	161	553
交通运输类	Transportation	3090	2832	9244
信息技术类	IT	4637	3367	11633
医药卫生类	Medicine and Health	904	626	1877
休闲保健类	Relaxation and Health Care	324	329	977
财经商贸类	Business and Trade	3689	3607	11962
旅游服务类	Tourism Service	2197	2591	7985
文化艺术类	Culture and Art	2036	2896	8432
体育与健身	Sports and Fitness	261	356	917
教育类	Education	1909	2089	6117
司法服务类	Judicial Service	66	66	163
公共管理与服务类	Public Management and Service	435	612	1508
其　他	Other	21		39

资料来源：北京市教育委员会。
Source: Beijing Municipal Commission of Education.

18-10 校外教育情况(2010年)

STATISTICS OF AFTER-SCHOOL EDUCATION (2010)

单位：人 (person)

项　目	Item	单位数(个) Number of Organizations(unit)	活动小组数(个) Activity Groups(unit)	参加小组学生数 Participating Students	教职工人数 Teachers and Staff	#辅导员 Coaches	兼职辅导员 Part-time Coaches
合　计	**Total**	**766**	**7677**	**143234**	**3304**	**1274**	**2219**
少年宫	Children's Palace	19	4979	73187	1327	731	715
少年科技馆(站)	Children's Scientific Museums (Center)	8	863	12435	234	149	90
少年之家	Children's Home	24	736	34842	300	177	220
少年活动站	Children's Club	715	1099	22770	1443	217	1194

资料来源：北京市教育委员会。

Source: Beijing Municipal Commission of Education.

18-11 幼儿园基本情况(2010年)

STATISTICS FOR KINDERGARTENS (2010)

单位：人 (person)

项　目	Item	总计 Total	#女 Female	城市 In City	县镇 In Counties and Towns	农村 In Villages
园数 (所)	Number of Kindergartens (unit)	1245		796	176	273
班数 (个)	Number of Classes (unit)	9883		7646	1178	1059
#学前班 (个)	Preschool Classes (unit)	167		68	27	72
在园幼儿数	Children Enrollment	276994	128943	216235	35040	25719
#学前班	Preschool Classes	5072	2314	2480	700	1892
教职工数	Teachers,Staff and Workers	37227	34282	31518	3240	2469
#园长	Headmaster	1710	1632	1313	203	194
教师	Teachers	21677	21302	17984	2128	1565
保健员	Health Workers	1672	1650	1419	143	110

注：从2007年开始,基础教育(普通中小学、工读学校、特殊教育、学前教育)的城乡划分按照国家统计局新的标准进行统计。

资料来源：北京市教育委员会。

Note: From 2007, statistics for urban and rural division of fundamental education (general primary and high shcools,work-study schools for delinquent, special education and pre-school education) is made in line with the new standard of National Statistics Bureau.

Source: Beijing Municipal Commission of Education.

18-12 高等教育自学考试情况

STATISTICS FOR HIGHER EDUCATION SELF-STUDY EXAMINATION

项　目	Item	2010	2009
报考人次 （人次）	Number of Person-times Registered (person-times)	374418	476315
报考科次 （科次）	Number of Major-times Registered (subject-times)	951424	1339315
发出专科毕业证书 （个）	Number of Junior College Diploma Issued (unit)	6517	7363
发出本科毕业证书 （个）	Number of Regular College Diploma Issued (unit)	4174	4598
开考专业 （个）	Number of Majors Examined (unit)	112	120

资料来源：北京市教育委员会。

Source: Beijing Municipal Commission of Education.

18-13 特殊教育情况(2010年)

STATISTICS FOR SPECIAL EDUCATION (2010)

单位：人 (person)

项　目	Item	毕业生 Graduates	招生数 New Enrollment	在校学生数 Enrolled Students
合　计	**Total**	**1914**	**967**	**7981**
#女　性	Female	728	361	2934
特殊教育学校	Special Education Schools	275	344	2705
小学附设特教班	Primary Schools Adnascent Special Classes	18	22	172
小学随班就读	Study In Primary Schools	847	154	3260
普通(职业)初中随班就读	Study In Reguar Junior Secondary (Vocational) Classes	774	447	1844

资料来源：北京市教育委员会。

Source: Beijing Municipal Commission of Education.

18-14 职业技术培训机构基本情况(2010年)

BASIC STATISTICS ON VOCATIONAL TECHNOLOGY TRAINING INSTITUTIONS(2010)

项目	Item	学校数(所) Schools (unit)	教学班(点、个) Teaching Classes (site,unit)	结业生数(人次) Students Completing Courses (person-time)	
				合计 Total	#女性 Female
总计	**Total**	**3561**	**23159**	**2871849**	**1358551**
#少数民族	National Miniority			15073	2128
按培训机构分	**Group by Training Institutions**				
职工技术培训学校(机构)	**Technical Training Schools (Institutions) for Employees**	**192**	**4922**	**188863**	**91390**
教育部门和集体办	Run by Education Dept. and Collective	22	1003	44470	27216
其他部门办	Run by Other Dept.	60	2965	104405	47441
民办	Run by Private	110	954	39988	16733
农村成人文化技术培训学校(机构)	**Cultural & Technical Training Schools (Institutions) for Rural Adults**	**1878**	**9040**	**811775**	**395382**
#教育部门和集体办	Run by Education Dept. and Collective	1875	9037	811678	395362
县办	Run by County	29	754	123912	72189
乡办	Run by Township	123	4789	381732	177031
村办	Run by Village	1723	3494	306034	146142
其他培训机构(含社会培训机构)	**Other Training Institutions (Incld. Social Training Institutions)**	**1491**	**9197**	**1871211**	**871779**
教育部门和集体办	Run by Education Dept. and Collective	144	126	145004	81331
其他部门办	Run by Other Dept.	153	200	784690	337826
民办	Run by Private	1194	8871	941517	452622
按培训时间分	**Group by Training Duration**				
一周至一个月以下	1 week to 1 month below			1318064	595253
一个月至半年以下	1 month to 6 months below			1205008	596890
半年以上	6 months over			348777	166408
按培训形式分	**Group by Form of Training**				
#资格证书培训	Qualification Certificate Training			342111	167594
岗位证书培训	Job Post Certificate Training			444021	180712
按培训科目分	**Group by Subject of Training**				
#外语	Foreign Language			457831	235078
会计	Accounting			81803	47779
计算机	Computer			90413	44793
农业技术	Agriculture Technology			414790	200642

资料来源:北京市教育委员会。
Source: Beijing Municipal Commission of Education.

18-14 续表 continued

单位：人 (person)

项目	Item	注册学生数 Enrolled Students 合计 Total	#女性 Female	教职工数 Teachers and Staff 合计 Total	#专任教师 Full-time Teachers	聘请校外教师 External Teachers Retained
总计	**Total**	**3114554**	**1451608**	**38062**	**14664**	**20778**
#少数民族	National Miniority	19808	2163	27	9	10
按培训机构分	**Group by Training Institutions**					
职工技术培训学校(机构)	**Technical Training Schools (Institutions) for Employees**	**184910**	**91958**	**3732**	**1082**	**1802**
教育部门和集体办	Run by Education Dept. and Collective	36491	22337	713	117	442
其他部门办	Run by Other Dept.	122256	54749	1530	338	770
民办	Run by Private	26163	14872	1489	627	590
农村成人文化技术培训学校(机构)	**Cultural & Technical Training Schools (Institutions) for Rural Adults**	**738790**	**269733**	**2319**	**797**	**2870**
#教育部门和集体办	Run by Education Dept. and Collective	738680	369713	2316	794	2867
县办	Run by County	75733	46984	172	71	366
乡办	Run by Township	373650	179657	987	317	957
村办	Run by Village	289297	143072	1157	406	1544
其他培训机构(含社会培训机构)	**Other Training Institutions (Incld. Social Training Institutions)**	**2190854**	**989917**	**32011**	**12785**	**16106**
教育部门和集体办	Run by Education Dept. and Collective	167264	96891	1705	788	2133
其他部门办	Run by Other Dept.	831918	348353	6015	2272	5499
民办	Run by Private	1191672	544673	24291	9725	8474
按培训时间分	**Group by Training Duration**					
一周至一个月以下	1 week to 1 month below	1329815	606891			
一个月至半年以下	1 month to 6 months below	1303234	619388			
半年以上	6 months over	481505	225329			
按培训形式分	**Group by Form of Training**					
#资格证书培训	Qualification Certificate Training	365527	179108			
岗位证书培训	Job Post Certificate Training	443616	190956			
按培训科目分	**Group by Subject of Training**					
#外语	Foreign Language	504902	263581			
会计	Accounting	90044	52163			
计算机	Computer	76202	35527			
农业技术	Agriculture Technology	199034	114792			

18-15 民办教育基本情况(2010年)

STATSTICS FOR NON-STATE EDUCATION (2010)

单位：人 (person)

项目	Item	校数(所) Number of Schools (unit)	毕(结)业生数 Numer of Students Graduated	招生数 New Enrollment	在校学生数 Enrolled Students	教职工数 Teachers and Staff	#专任教师 Full-time Teachers	代课兼任教师 Substitutive and Part-time Teachers
总计	**Total**	**637**	**79554**	**88839**	**317130**	**37656**	**19969**	**6508**
一、民办高等教育	**Civilian-run Higher Education**	**77**	**46766**	**36168**	**157328**	**16779**	**7569**	**6149**
普通高校	General Universities & Colleges	15	22119	19463	73047	8939	4447	3045
民办高等教育机构	Other Higher Education Institutions Run by Civilian	62	24647	16705	84281	7840	3122	3104
二、民办中等教育	**Civilian-run Secondary Education**	**94**	**11225**	**14983**	**43386**	**5016**	**2945**	**232**
(一)高中阶段教育	Senior High School Education	78	5197	7530	21838	5016	2945	232
1.民办普通高中	Civilian-run Senior High Schools	57	3313	5539	15044	3869	2402	40
2.民办中等职业教育	Civilian-run Secondary Vocational Education	21	1884	1991	6794	1147	543	192
(二)初中阶段教育	Junior High School Education	16	6028	7453	21548			
三、民办小学	**Civilian-run Primary Schools**	**21**	**3875**	**6863**	**32686**	**2295**	**1567**	**11**
四、民办幼儿园	**Civilian-run Kindergartens**	**445**	**17688**	**30825**	**83730**	**13566**	**7888**	**116**
补充资料：	Supplementary data: Civilian-run							
民办职业技术培训机构	Vocational Technical Training Institutions	1194	941517		1191672	24291	9725	20778

注：普通中学教职工数、专任教师及代课兼任教师数为初中高中合计数。

资料来源：北京市教育委员会。

Note: Number of teachers,staff,full-time teachers,substitutive and part-time teachers in regular secondary schools includes those in junior and senior middle schools.

Source: Beijing Municipal Commission of Education.

18-16 高校办学条件(2010年)

RUNNING CONDITIONS OF INSTITUTIONS OF HIGHER EDUCATION (2010)

项 目		Item		总 计 Total	中 央 Central	市属市管 Municipal
普通高校		**Institutions of Regular Higher Education**				
校舍建筑面积	(平方米)	Floor Space of Schoolhouses	(sq.m)	29805260	21514432	8290828
占地面积	(平方米)	Land Area	(sq.m)	39730486	25255950	14474536
图 书	(万册)	Books	(10000 volumes)	9218.1	5850.4	3367.7
电子图书藏量	(千兆字节)	Electro-books Reserved	(Gigabyte)	313070.7	171269.9	141800.8
拥有教学用计算机	(台)	Computers for Teaching	(unit)	315661	156797	158864
语言实验室座位数	(个)	Language Laboratory Seating	(unit)	46580	21421	25159
多媒体教室座位数	(个)	Multimedia Laboratory Seating	(unit)	883505	468407	415098
网上教学课程数	(种)	Number of Online Courses	(sort)	24112	17814	6298
成人高校		**Institutions of Adult Higher Education**				
校舍建筑面积	(平方米)	Floor Space of Schoolhouses	(sq.m)	854741	231204	623537
占地面积	(平方米)	Land Area	(sq.m)	1257223	266397	990826
图 书	(万册)	Books	(10000 volumes)	208.9	34.6	174.3
电子图书藏量	(千兆字节)	Electro-books Reserved	(Gigabyte)	31293.9	9520.0	21773.9
拥有教学用计算机	(台)	Computers for Teaching	(unit)	9017	1093	7924
语言实验室座位数	(个)	Language Laboratory Seating	(unit)	1504	197	1307
多媒体教室座位数	(个)	Multimedia Laboratory Seating	(unit)	26956	489	26467
网上教学课程数	(种)	Number of Online Courses	(sort)	1333	733	600

资料来源：北京市教育委员会。

Source: Beijing Municipal Commission of Education.

18-17 基础教育办学条件(2010年)
SCHOOL CONDITIONS OF BASIC EDUCATION (2010)

单位：平方米 (sq.m)

项目	Item	普通中学 Regular Secondary Schools	小学 Primary Schools
学校占地面积	Areas of Schools	21974983	13858094
校舍建筑面积	Floor Space of Schoolhouses	10644334	5666114
教学及辅助用房	Teaching and Auxiliary Houses	3757303	2584773
其中：普通教室	Senior Room	1943851	1776848
实验室	Laboratory	645010	145948
图书室	Library	276131	114735
微机室	Computer Room	174086	118838
语音室	Language Laboratory Seating	38251	20583
行政办公用房	Administrative Houses	1253156	676478
生活用房	Houses for Life	2798302	907427
其他用房	Houses for Other Purpose of Use	2835573	1497436
校舍建筑面积中：危房面积	Areas of Dangerous Building	16426	4552
当年新增	New adding In those Years	221029	171058
体育运动场(馆)面积	Areas of Stadiums and Gymnasiums	7539187	5522603
计算机 (台)	Computers (unit)	193706	148891
图书藏量 (册)	Books Collections (volume)	26446373	23993306
电子图书藏量 (千兆字节)	Electronics Collections (Gigabyte)	166276	70535

资料来源：北京市教育委员会。
Source: Beijing Municipal Commission of Education.

18-18 外省市、外籍学生就读情况(2010年)
STATISTICS ON STUDENTS FROM OTHER PROVINCES, MUNICIPALITIES AND AUTONOMOUS REGIONS ALONG WITH OTHER COUNTRIES (2010)

单位：人 (person)

项目	Item	外省市借读生 Students from Other Provinces, Municipalities and Autonomous Regions	#民办学校 Non-state Education	外国籍学生 Foreign Students	#民办学校 Non-state Education
合计	**Total**	**488520**	**73083**	**8332**	**3007**
普通中学	Regular Secondary Schools	89514	13790	2651	630
初中	Junior Secondary Schools	73958	9703	1182	284
高中	Senior Secondary Schools	15556	4087	1469	346
小学	Primary Schools	268211	25798	2910	941
特殊教育	Special Education Schools	535	30	4	
幼儿园	Kindergartens	67667	27677	1985	1436
中等职业学校	Vocational Secondary Schools	62593	5788	782	

资料来源：北京市教育委员会。
Source: Beijing Municipal Commission of Education.

18-19 农村义务教育基本情况(2010年)

BASIC STATISTICS ON RURAL COMPULSORY EDUCATION (2010)

项 目		Item		全市初中 In All Junior Middle Schools of Beijing	#农 村 In Villages	全市小学 In All Primary Schools of Beijing	#农 村 In Villages
校 数	(所)	Number of Schools	(unit)	345	100	1104	346
毕业生数	(人)	Graduates	(person)	101045	14972	102971	15940
招生数	(人)	New Students Enrollment	(person)	102360	12858	113728	16249
在校学生数	(人)	Students Enrollment	(person)	309912	40485	653255	92400
教职工数	(人)	Number of Teachers and Staff	(person)	70418	8938	60038	11381
#专任教师	(人)	Full-time Teachers	(person)	49873	6104	49480	8986
代课、兼任教师	(人)	Substitutive and Part-time Teachers	(person)	1078	25	680	88
体育运动场馆面积		Schools With Playground/Gym					
达标校数	(所)	in an Area Complying with Standard	(unit)	287	88	729	265
体育运动场馆面积	(平方米)	Area of Playground/Gym	(sq.m)	3582314	1113057	5522603	2056296
建立校园网校数	(所)	Schools With Campus Network	(unit)	325	95	1007	304
计算机	(台)	Computers	(unit)	61496	14004	148891	26776
图书藏量	(册)	Collections	(volume)	9336938	2180352	23993306	4676208
电子图书藏量	(千兆字节)	E-book Collections	(Gigabyte)	39927	9326	70535	5371
固定资产总值	(万元)	Total Fixed Assets	(10000 yuan)	492295	127025	890402	142512

注：初中教职工数、专任教师及代课兼任教师数为初中高中合计数。

资料来源：北京市教育委员会。

Note: Teachers and staff , full-time teachers, substitutive and part-time teachers in general middles schools are total for junior and senior middle schools.

Source: Beijing Municipal Commission of Education.

18-20 教育及其他部门各级各类学校教育经费收入情况

单位：万元

项 目	Item	合 计 Total 2010	合 计 Total 2009	预算内教育经费 Budgetary Govern-ment Appropriation for Education 2010	预算内教育经费 Budgetary Govern-ment Appropriation for Education 2009
总 计	**Total**	**11331565**	**9352007**	**8058115**	**6566062**
高等学校	**Institutions of Higher Education**	**6148314**	**4956827**	**3863198**	**3082154**
普通高等学校	Regular Institutions of Higher Education	6032719	4825765	3826137	3045250
普通高等本科学校	Universities	5782981	4581784	3625776	2864222
普通高等专科学校	Colleges	43445	47426	34924	39060
普通高等职业学校	Higher Vocational Schools	206292	196555	165437	141968
成人高等学校	Institutions of Higher Education for Adults	115595	131061	37062	36904
中等职业学校	**Higher Vocational & Professional Schools**	**397821**	**345596**	**305195**	**247338**
中等专业学校	Specialized Secondary Schools	128545	129434	111189	108967
职业高中	Vocational High Schools	176423	171159	114523	101156
#农村	Rural	15608	20328	12858	10004
技工学校	Technical Schools	87508	39976	76580	34316
成人中等专业学校	Specialized Secondary Schools for Adults	5345	5027	2903	2899
中学	**Secondary Schools**	**1556723**	**1248633**	**1359635**	**1041043**
普通中学	Regular Secondary Schools	1556723	1248633	1359635	1041043
普通高中	Regular Senior Secondary Schools	649067	536218	547804	431116
#农村	Rural	45762	52893	39442	46422
普通初中	Regular Junior Secondary Schools	907656	712415	811831	609927
#农村	Rural	286559	223561	262120	201621
成人中学	Secondary Schools for Adults				
小学	**Primary Schools**	**1214247**	**1025874**	**1066753**	**877161**
#农村	Rural	474903	380226	431256	332186
特殊教育	**Regular Primary Schools**	**32648**	**30926**	**26195**	**25954**
特殊教育学校	Special Educaiton Schools	29988	29260	24350	24575
工读学校	Work-study Schools	2660	1666	1846	1378
幼儿园	**Kindergartens**	**207697**	**112725**	**107381**	**71657**
教育行政单位	**Educational Administrations**	**44659**	**42110**	**41997**	**35053**
教育事业单位	**Educational Institutions**	**1441646**	**1468521**	**1025889**	**1096068**
其他	**Others**	**287810**	**120795**	**261872**	**89635**

资料来源：北京市教育委员会。

STATISTICS FOR EDUCATION REVENUE OF TOTAL EDUCATIVE MACHINE

(10000 yuan)

各级政府征收用于教育的税费 Taxes and Fees Levied by Governments for Education		事业收入 Income from Teaching Research and Other Auxiliary Activity		捐赠收入 Donations and Fund-raising for Running Schools		其他收入 Other Income	
2010	2009	2010	2009	2010	2009	2010	2009
380385	**305422**	**2273685**	**1870143**	**89991**	**102077**	**490873**	**459053**
7578	**3909**	**1855304**	**1478971**	**41537**	**49287**	**352176**	**300583**
3198	1867	1786333	1397162	41426	49229	347868	291263
1605	804	1742946	1339257	41426	49229	343471	287891
		8093	7434			428	384
1593	1063	35294	50472			3969	2989
4381	2043	68971	81810	111	58	4308	9320
37789	**49760**	**44280**	**40097**	**2711**	**1010**	**7283**	**7191**
	750	15335	16725		122	1986	2868
36774	48384	19154	16738	2616	888	3356	3994
1273	5750	1457	4167		22	21	385
113		8445	5204			1842	258
902	626	1346	1431	95		99	71
76873	**63207**	**72726**	**92348**	**12164**	**19623**	**34454**	**31384**
76873	63207	72726	92348	12164	19623	34454	31384
27078	18550	47248	58480	6220	9011	20339	18410
3625	1652	1913	3590	159	538	619	690
49795	44658	25477	33868	5944	10612	14115	12974
21079	18578	1042	1612	905	696	1411	1054
76741	**75011**	**45411**	**44787**	**9008**	**12844**	**15761**	**15752**
35322	40897	3875	3402	1860	1694	2591	2048
3422	**3745**	**1805**	**788**	**632**	**105**	**582**	**321**
2688	3590	1780	760	610	66	560	265
734	155	25	29	22	39	22	56
13117	**7139**	**56303**	**23983**	**21307**	**9422**	**8919**	**524**
902	**6269**	**70**	**6**	**206**	**20**	**1483**	**761**
163962	**95820**	**182994**	**169831**	**2427**	**9766**	**59908**	**93057**
	562	**14792**	**19332**			**10308**	**9481**

Source: Beijing Municipal Commission of Education.

18-21 教育及其他部门各级各类学校教育经费支出情况

单位：万元

项目	Item	合计 Total 2010	合计 Total 2009	事业性经费支出 Institutional Expenditure 2010	事业性经费支出 Institutional Expenditure 2009	工资福利支出 Wage and Welfare 2010	工资福利支出 Wage and Welfare 2009
总 计	**Total**	**10616762**	**8852230**	**9953138**	**8403918**	**2349819**	**1999448**
高等学校	**Institutions of Higher Education**	**5709815**	**4745187**	**5378362**	**4516569**	**1041241**	**896175**
普通高等学校	Regular Institutions of Higher Education	5599534	4585539	5268197	4357685	1014257	868322
普通高等本科学校	Universities	5372997	4362816	5051081	4140092	956577	818012
普通高等专科学校	Colleges	41454	45548	40791	42468	9430	8031
普通高等职业学校	Higher Vocational Schools	185084	177176	176326	175125	48250	42279
成人高等学校	Institutions of Higher Education for Adults	110281	159648	110165	158884	26984	27853
中等职业学校	**Higher Vocational & Professional Schools**	**371470**	**342857**	**358391**	**332906**	**101072**	**95545**
中等专业学校	Specialized Secondary Schools	120539	122987	117039	116327	31568	33361
职业高中	Vocational High Schools	168482	174680	161726	171769	50962	52544
#农村	Rural	16443	20772	11085	19260	3459	5638
技工学校	Technical Schools	77124	40225	74301	40225	17040	7929
成人中等专业学校	Specialized Secondary Schools for Adults	5326	4965	5326	4585	1502	1711
中学	**Secondary Schools**	**1563048**	**1236717**	**1341847**	**1134898**	**512090**	**445508**
普通中学	Regular Secondary Schools	1563048	1236717	1341847	1134898	512090	445508
普通高中	Regular Senior Secondary Schools	645989	517883	547959	470187	201914	183886
#农村	Rural	42738	51748	41177	43997	18233	17921
普通初中	Regular Junior Secondary Schools	917059	718833	793887	664711	310176	261623
#农村	Rural	283859	228095	260456	209320	104108	85498
成人中学	Secondary Schools for Adults						
小学	**Primary Schools**	**1206578**	**994074**	**1153487**	**957617**	**448486**	**371277**
#农村	Rural	475057	379854	434677	360112	182173	148127
特殊教育	**Regular Primary Schools**	**32243**	**25576**	**32243**	**25576**	**10766**	**9248**
特殊教育学校	Special Educaiton Schools	29523	23797	29523	23797	9939	8571
工读学校	Work-study Schools	2719	1779	2719	1779	827	677
幼儿园	**Kindergartens**	**204563**	**104864**	**199571**	**101937**	**95139**	**49722**
教育行政单位	**Educational Administrations**	**46837**	**38178**	**46837**	**38178**	**16474**	**13183**
教育事业单位	**Educational Institutions**	**1184653**	**1259592**	**1146098**	**1191866**	**97439**	**94232**
其他	**Others**	**297556**	**105186**	**296302**	**104371**	**27112**	**24557**

资料来源：北京市教育委员会。

STATISTICS FOR EDUCATION EXPENDITURE OF TOTAL EDUCATIVE MACHINE

(10000 yuan)

对个人和家庭的补助支出 Subsidies to Individuals and Families		商品和服务支出 Expenditure for Commodities and Serivces		其他资本性支出 Other Capital Expenditure		基本建设支出 Capital Construction Expenditure	
2010	2009	2010	2009	2010	2009	2010	2009
1721480	**1454231**	**3872812**	**3249380**	**2009027**	**1700859**	**663624**	**448312**
986674	**855461**	**2263424**	**1783575**	**1087023**	**981358**	**331453**	**228618**
971359	841478	2213917	1737024	1068664	910861	331337	227854
936261	816264	2154459	1678479	1003784	827337	321916	222724
4656	3408	17569	16579	9136	14451	663	3080
30443	21806	41888	41966	55744	69074	8758	2050
15315	13983	49507	46551	18359	70497	116	764
70405	**60332**	**77121**	**64569**	**109793**	**112460**	**13079**	**9951**
22895	21743	22351	23920	40225	37302	3500	6660
37776	35136	33655	27490	39333	56600	6756	2910
1183	1700	3204	3341	3240	8581	5358	1512
9089	2821	19193	11676	28979	17799	2823	
645	632	1922	1483	1257	759		380
269327	**237831**	**295297**	**245410**	**265133**	**206149**	**221201**	**101819**
269327	237831	295297	245410	265133	206149	221201	101819
114004	100957	126394	102396	105648	82949	98030	47696
5776	6557	9790	10469	7378	9050	1561	7751
155323	136874	168904	143014	159484	123200	123171	54122
38849	34608	56957	46709	60542	42505	23403	18775
236140	**204455**	**235002**	**190920**	**233860**	**190965**	**53090**	**36457**
73866	69060	91195	70170	87443	72755	40380	19741
6411	**5425**	**8455**	**6279**	**6612**	**4624**		
5757	4801	8115	6017	5713	4408		
654	624	340	262	899	216		
22754	**15773**	**55075**	**24144**	**26603**	**12299**	**4992**	**2927**
11051	**10037**	**17458**	**14074**	**1853**	**884**		
102008	**49907**	**716309**	**882581**	**230342**	**165144**	**38556**	**67726**
16712	**15010**	**204672**	**37828**	**47807**	**26976**	**1254**	**815**

Source: Beijing Municipal Commission of Education.

18-22 图书馆、文化馆、博物馆、档案馆情况(1978-2010年)

年份 Year	公共图书馆 Public Libraries 个数(个) Number (unit)	总藏数(万册、万件) Total Collections (10000 volumes)	建筑面积(万平方米) Floor Space of Building (10000 sq.m)	书刊文献外借人次(万人次) Person-times of Books,Periodicals, Literature Lent (10000 person-times)	群众艺术馆、文化馆 Mass Art Stations,Cultural Centers 个数(个) Number (unit)	藏书量(万册) Books Collected (10000 volumes)	组织文艺活动(次) Art Activities Organized (times)	建筑面积(万平方米) Floor Space of Building (10000 sq.m)
1978	18	1423		168.5	19	34.4	516	
1979	21	1502		173.7	19	15.8	1033	
1980	20	1606	1.8	210.4	19	10.2	778	
1981	21	1614	1.9	211.0	19		1131	
1982	21	1676	2.0	228.4	20		1334	
1983	21	1733	1.9	243.0	20	2.1	1015	1.9
1984	22	1824	2.3	223.7	22	6.1	489	2.1
1985	22	1860	3.0	219.9	23	5.4	469	2.5
1986	23	1874	6.0	219.9	23	4.6	883	2.7
1987	23	1959	20.6	169.8	23	1.8	1067	4.1
1988	23	2050	23.4	300.4	23	2.6	647	4.8
1989	23	2128	24.5		23	5.3	1411	4.8
1990	23	2205	25.0		23	5.7	1429	6.0
1991	23	2281	25.3		23	2.6	1128	6.1
1992	23	2397	25.4	147.0	23	5.2	978	6.9
1993	23	2461	25.5	212.0	23	5.3	764	5.8
1994	23	2548	23.8	383.8	23	5.3	1034	5.8
1995	23	2629	24.1	139.3	23	1.9	1127	5.3
1996	22	2652	25.3	145.6	23	2.1	2277	6.1
1997	23	2789	25.7	188.0	23	1.6	1875	6.2
1998	24	2848	25.6	189.0	23	1.6	2554	7.4
1999	24	2934	26.4	607.0	23	1.0	1490	7.1
2000	26	3020	27.0	283.0	23	1.0	1809	7.9
2001	26	3133	31.4	287.7	23	1.0	1822	7.9
2002	26	3248	30.7	337.5	20	1.1	1817	7.9
2003	26	3355	30.9	334.8	20	3.1	2023	8.2
2004	26	3451	30.9	405.0	22	3.3	1826	8.2
2005	26	3626	31.7	480.0	22	3.3	3697	8.3
2006	25	3776	31.0	515.0	21	0.5	2200	9.3
2007	25	3940	31.5	479.0	21	3.9	4752	12.6
2008	25	4100	33.4	450.0	20		3007	
2009	25	4368	41.9	471.0	20		3470	
2010	25	4613	42.4	441.0	20		3564	

注：1.1978—1981年，群众艺术馆、文化馆数据不包括群众艺术馆。
2.博物馆及其他文物保护机构为北京市文物局系统内所属单位数据。
资料来源：北京市文化局、国家图书馆、北京市文物局、北京市档案局。

LIBRARIES, CULTURAL CENTERS AND CHANCERIES (1978-2010)

博物馆及其他文物保护机构 Museums and Other Cultural Relic Protection & Administration Organizations					档案馆 Archiving Institution			
总个数 (个) Number (unit)	#博物馆 Museum	文物藏品数 (件) Cultural Relic Collections (unit)	#一级品 Grade-I Collections	参观人次 (万人次) Visitors (10000 person-time)	个数 (个) Number (unit)	建筑面积 (平方米) Floor Space of Building (10000 sq.m)	利用档案资料人次 (万人次) Persons of Using Files (10000 person-times)	案卷 (万卷件) Records (10000 rolls)
28		84035	294	9.7				
29		40000		58.0				
32		90000		20.0				
39	7	210000		905.0				
					20	10695	1.30	86.13
42	11	210000		1098.0	20	21472	1.46	115.98
46	12	140000		992.0	20	31280	1.48	156.28
					20	23618	2.51	167.37
46	12	117468	2901	6629.1	20	33491	3.24	177.45
					20	35950	2.64	181.31
50	16	174082	479	2423.4	20	37650	1.73	192.39
51	17	167342	447	955.0	20	42641	1.50	192.35
51	17	167342	447	2100.3	20	65489	1.42	204.06
51	17	180361	443	2009.3	20	62994	3.03	223.70
54	24	181557	443	935.8	20	64147	2.69	227.42
56	26	182542	387	697.8	20	67759	2.71	240.78
54	26	184658	374	5641.8	20	72597	2.52	259.50
53	25	181864	367	702.7	20	72596	3.01	278.29
58	26	173441	366	99.1	20	72730	4.17	297.02
48	27	201325	716	170.8	20	72946	4.53	328.42
55	27	1123558	716	119.2	20	81519	6.27	358.95
66	31	3704250	656	599.9	20	83162	7.03	379.13
73	34	1150898	620	1370.9	20	84656	6.97	404.69
70	33	1154683	643	1416.7	20	93773	10.59	436.70
69	34	1135372	439	1493.0	20	93463	9.51	461.67
71	37	1160000	678	1368.4	20	97605	9.00	495.70
76	40	1170000	722	1647.9	20	97605	9.88	523.84
79	41	1170000	725	1712.1	18	97611	13.45	557.99

Note:a) In 1978-1981, the data of mass art stations and cultural centers didn't include mass art stations.
b) The data of museums and other culture relic protection organizations are those under the jurisdiction of Beijing Municipal Administration of Cultural Heritage.

Source: Beijing Municipal Bureau of Culture,National Library of China,Beijing Municipal Administration of Cultural Heritage, Beijing Municipal Bureau of Archives.

18-23 博物馆及其他文物保护管理机构情况(2010年)

STATISTICS ON MUSEUMS AND OTHER CULTURAL RELIC PROTECTION & ADMINISTRATION ORGANIZATIONS (2010)

项目		Item		合计 Total	市属 Under the Jurisdiction of the City	区县属 Under the Jurisdiction of a District/County
全市按行业管理登记的博物馆数		**Museums of the City**				
博物馆数	(个)	Museum	(unit)	156	41	40
文物藏品数	(万件)	Cultural Relic Collections	(10000 units)	332		
参观人次	(万人次)	Visitors	(10000 person-times)	3500		
文物古迹个数	(处)	Historic Sites	(unit)	3550		
文物拍卖	(件、套)	Cultural Relic Auctions	(unit)	190450		
文物拍卖交易额	(万元)	Turnover of cultural relics auction	(10000 yuan)	3604300		
文物局系统内博物馆及文物保护管理机构情况	(个)	**Museums and Cultural Relic Protection & Administration Organizations of the Cultural Bureau System** & Administration Organizations	(unit)	**79**	**31**	**48**
#博物馆	(个)	Museum	(unit)	41	17	24
博物馆按类别分		Grouped by Category				
综合性	(个)	Comprehensive	(unit)	11	2	9
历史性	(个)	Historic	(unit)	17	7	10
艺术性	(个)	Art	(unit)	6	5	1
自然科技类	(个)	Natural,Science & Technology	(unit)	2	1	1
其他类	(个)	Other	(unit)	5	2	3
从业人员	(人)	Employment	(person)	4541	1369	3172
文物藏品数	(万件)	Cultural Relic Collections	(10000 units)	117	113	4
#一级品	(件)	Grade-I Collections	(unit)	725	607	118
参观人次	(万人次)	Visitors	(10000 person-times)	1712.1	344.5	1367.6
本年收入	(万元)	Revenues in the Year	(10000 yuan)	112104	61656	50448
#财政收入	(万元)	Fiscal Revenue	(10000 yuan)	56017	49631	6386
门票收入	(万元)	Ticket Revenue	(10000 yuan)	43644	1384	42260
本年支出	(万元)	Expenditure in the Year	(10000 yuan)	122397	60017	62380

注：全市博物馆数为北京地区按行业管理登记的博物馆数。
资料来源：北京市文物局。
Note: Number of Museums of the City means the number of museums registered by industrial administration in Beijing.
Source: Beijing Municipal Administration of Cultural Heritage.

18-24 公共图书馆(2010年)

PUBLIC LIBRARIES (2010)

项　目		Item		总 计 Total	中央属 Under Central Jurisdiction	市 属 Under the Jurisdiction of the City	区县属 Under the Jurisdiction of a District/ County
个　数	(个)	Number	(unit)	25	1	1	23
从业人员	(人)	Employment	(person)	2737	1430	381	926
总藏数	(万册、万件)	Total Collections	(10000 volumes)	4613	2898	582	1133
#图　书	(万册、万件)	Books	(10000 volumes)	2660	1133	499	1028
建筑面积	(万平方米)	Floor Space of Building	(10000 sq.m)	42.4	25.4	3.7	13.3
阅览座席	(个)	Seating Capacity of Reading Rooms	(unit)	19729	6877	1747	11105
总流通人次	(万人次)	Total Number of Visitors	(10000 person-times)	1308	533	284	491
#书刊文献外借人次	(万人次)	Person-times of Books, Periodicals, Literature Lent	(10000 person-times)	441	81	89	271
#书刊文献外借册次	(万册次)	Copy-times of Volumes of Books, Periodicals, Literature Lent	(10000 copy-times)	947	143	231	573

资料来源：北京市文化局、国家图书馆。

Source: Beijing Municipal Bureau of Culture,National Library of China.

18-25 群众艺术馆、文化馆和文化站情况(2010年)

STATISTICS ON MASS ART STATIONS, CULTURAL CENTERS AND CULTURAL STATIONS(2010)

项　目		Item		合 计 Total	群众艺术馆 Mass Art Stations	文化馆 Cultural Centers	文化站 Cultural Stations
个　数	(个)	Number	(unit)	337	1	19	317
从业人员	(人)	Employment	(person)	2359	60	793	1506
举办展览个数	(个)	Exhibitions Held	(unit)	2135	3	245	1887
组织文艺活动	(次)	Art Activities Orgai	(times)	24237	51	3513	20673

资料来源：北京市文化局。

Source: Beijing Municipal Bureau of Culture.

18-26 档案事业基本情况(2010年)

BASIC STATISTICS ON ARCHIVING INSTITUTION (2010)

项目		Item		合计 Total	市属 Under the Jurisdiction of the City	区县属 Under the Jurisdiction of a District/County
档案馆个数	**(个)**	**Number of National Archives**	**(unit)**	**18**	**2**	**16**
建筑面积	**(平方米)**	**Floor Space of Building**	**(sq.m)**	**97611**	**30059**	**67552**
馆藏档案情况		**Files Colllected in Archives**				
全宗	(个)	Full Archives	(unit)	2880	610	2270
案卷	(万卷件)	Records	(10000 rolls)	557.99	269.29	288.61
建国前档案		Files Prior to Foundation of PRC		101.55	99.83	1.72
建国后档案		Files After Foundation of PRC		456.35	169.46	286.88
录音、录像、影片档案	(盘)	Tape,Video,and Film Files	(piece)	39407	33614	5793
照片档案	(张)	Photo Files	(disc)	590504	270138	320366
电子档案	(张)	Electronic Files	(disc)			
磁盘		Disc		1039	604	435
光盘		CD-ROM		16305	12173	4132
缩微胶片		Microfiche				
平片、开窗卡	(张)	Flat and Window-open Microfiche	(disc)	289048	289048	
卷片	(万幅)	Rolled Microfiche	(10000 rolls)	4902.80	4902.75	0.05
档案利用情况		**File Utilization**				
本年利用档案人次	(人次)	Persons Using Files in the Year	(person-times)	133873	12444	121429
本年利用资料人次	(人次)	Persons Using Datas in the Year	(person-times)	668	105	563
本年利用档案数量	(万卷件次)	Files Used in the Year	(10000 roll.times)	28.12	4.65	23.47
本年利用资料数量	(册次)	Datum Used in the Year	(volume-times)	297	33	264
本年复制档案、资料	(万页)	Files and Data Copied in the Year	(10000 pages)	63.71	24.80	38.90
本年编研档案、资料	(万字)	Files and Data Prepared and Studied in the Year	(10000 Chinese characters)	822	97	725
档案馆网站来访IP次数	**(万次)**	**Archive Website Visiting IP**	**(10000 times)**	**142.87**	**125.90**	**16.97**

资料来源：北京市档案局。

Source: Beijing Municipal Bureau of Archives.

18-27 专业艺术剧团、艺术表演场所情况(1978-2010年)

PROFESSIONAL ART TROUPES AND ART PERFORMANCE VENUES (1978-2010)

年 份 Year	专业艺术剧团 Professional Art Troupes 个 数 (个) Number (unit)	从业人员 (人) Perons Employed (person)	演出场次 (场次) Perfor-mances (times)	#国内演出场 次 Domestic Performances	国 内观众人数 (万人次) Domestic Spectator (10000 person-times)	艺术表演场所 Art Performance Venues 个 数 (个) Number (unit)	从业人员 (人) Perons Employed (person)	演出场次 (场次) Perfor-mances (times)	#艺术演出场 次 Art Shows	观众人数 (万人次) Audience (10000 person-times)
1978						35	933		3430	
1979						29	792		3354	
1980	42	10035		16544	2092.0	30	850		4106	
1981	42	10150		16298	1860.0	33	887	25963	3234	
1982	43	10674		16656	1721.0	31	833	24367	3641	
1983	41	10424		13997	1596.0	32	849	28603	3680	
1984	41	10645		13470	1443.0	32	898	32460	3407	
1985	42	10390		11380	1105.0	32	892	36021	2883	
1986	42	10871		10907	1086.0	32	1085	33582	3001	2362.8
1987	42	10752		10652	1035.0	26	765	29695	2840	1866.5
1988	41	10228		8194	889.0	25	809	34731	2633	2044.3
1989	43	9865		7544	756.0	25	813	37030	1340	1913.9
1990	43	9847		7527	839.0	25	833	49444	1331	1782.4
1991	44	10116		6623	1612.0	25	849	44846	1147	1463.2
1992	43	9734		6850	682.0	25	810	49259	1195	1070.5
1993	42	9701		6538	529.0	25	831	37406	989	615.9
1994	42	9182		7290	554.0	23	745	30468	895	525.9
1995	43	8925		6728	447.0	23	724	28316	720	429.9
1996	38	7679		7615	638.0	24	761	33356	1411	371.2
1997	38	8090		8426	696.0	22	709	32412	1851	352.3
1998	37	5388		8105	495.0	22	720	32218	1800	270.4
1999	37	6959		8564	1275.0	24	784	32666	2294	264.7
2000	31	5089		7610	926.0	24	739	25922	2088	272.9
2001	37	6786		8466	1668.9	23	709	20373	2302	237.1
2002	36	6911		9528	678.7	24	715	18434	2950	257.8
2003	36	6965		8797	586.1	24	698	13956	2461	216.2
2004	36	6939		8731	846.4	36	1223	24310	7085	538.3
2005	36	6986	11059	8934	758.7	39	1313	26931	7160	542.9
2006	33	7363	10929	9790	866.0	42	1291	31408	8253	504.2
2007	33	7364	11720	10076	720.0	43	1803	34946	9288	553.3
2008	33	7146	11417	10663	877.0	54	2245	45014	11293	750.0
2009	35	7504	10131	9684	863.0	73	1798	59464	14061	791.0
2010	35	7415	10983	10483	1108.0	73	2879	54376	16941	1035.0

注：1. 专业艺术剧团包括中央、市属及区县属专业院团。
2. 1978年艺术表演场所范围含中央属；1979—2003年包括文化部门主管直属剧场；2004—2010年包括全行业主要剧场。
资料来源：北京市文化局。

Note: a)Professional art troupes include professional troupes at the central, municipal, district and county levels.
b) In 1978, art performance venues included central ones; in 1979-2003 they included theaters directly under the Ministry of Culture; in 2004-2010 they included main theaters across the sector.
Source: Beijing Municipal Bureau of Culture.

18-28 专业艺术剧团(2010年)

PROFESSIONAL ART TROUPES (2010)

项目	Item	个数 (个) Number (unit)	从业人员 (人) Perons Employed (person)	演出场次 (场次) Perfor-mances (times)	#国内演出场次 Domestic Performances	#农村演出场次 Rural Per-formances	国内观众人数 (万人次) Domestic Spectator (10000 person-times)	演出收入 (万元) Performances Revenue (10000 yuan)
合计	**Total**	**35**	**7415**	**10983**	**10483**	**2193**	**1108**	**45386**
按隶属关系分组	**Grouped by Administrative Relationship**							
中央属	Central	17	5060	3852	3635	715	678	30557
市属	Municipal	11	2200	6403	6135	1478	414	14169
区县属	District and County	7	155	728	713		16	660
按剧种分	**Grouped by Art Troupes**							
话剧、儿童剧团、滑稽剧团	Stage Play, Children's Drama, and Farce Troupes	4	1098	1842	1811	214	198	4941
歌剧、舞剧、歌舞剧团	Opera, Ballet and Dance Troupes	2	759	406	395	30	120	5827
歌舞团、轻音乐团	Song and Dance Troupes and Light Music Troupes	4	1322	2434	2401	752	424	13664
乐团、合唱团	Philharmonic Troupes and Glee Club	4	593	288	274	10	30	4483
戏曲剧团	Local Opera Troupes	10	1532	2892	2819	627	139	4992
曲、杂、木、皮影剧团	Recitation and Ballad Troupes,Acrobatics and Circus Troupes,Puppet Show Troupes and Shadow Play Troupes	5	441	1968	1749	8	71	3607
综合艺术表演团体	General Art Performance Groups	6	1670	1153	1034	552	126	7872

资料来源：北京市文化局。

Source: Beijing Municipal Bureau of Culture.

18-29 艺术表演场所情况

ART PERFORMANCE SITES

项　目		Item		2010	2009
艺术表演场所个数	(个)	Number of Art Performance Sites	(unit)	73	73
#剧场、影剧院		Theaters, Cinemas, Showplaces		51	56
#儿童剧场		Children's Theater		7	7
音乐厅		Music Halls		5	5
从业人员	(人)	Employees	(person)	2879	1798
观众座席数	(个)	Audience Seats	(unit)	55024	51740
演出场次	(场)	Performance Frequency	(times)	54376	59464
#艺术演出场次		Art Shows		16941	14061
观众人次数	(万人次)	Audience	(10000 person-times)	1035	791
#艺术演出观众人次		Art Show Audience		814	644
艺术演出分成收入	(万元)	Shared Income from Art Show	(10000 yuan)	59639	55926

资料来源：北京市文化局。

Source: Beijing Municipal Bureau of Culture.

18-30 文化娱乐机构情况(2010年)

STATISTICS ON CULTURAL ENTERTAINMENT INSTITUTIONS (2010)

项　目	Item	个　数 (个) Number (unit)	从业人员 (人) Employees (person)	营业收入 (万元) Business Income (10000 yuan)	经营面积 (万平方米) Businesst Area (10000 sq.m)
总　计	**Total**	**1937**	**16468**	**93025**	**124**
娱乐场所	Amusement Sites	803	11093	66959	76
#游艺娱乐场所	Game Amusement Sites	55	320	1646	3
网　吧	Internet Bar	1103	5188	22812	47
画店画廊	Painting Stores and Galleries	31	187	3254	1

资料来源：北京市文化局。

Source: Beijing Municipal Bureau of Culture.

18-31 电影电视、广播电台情况(1978-2010年)

年 份 Year	电影 Film					电视 TV		
	电影单位数(个) Number (unit)	放映场次(万场次) Show Times (10000 Times)	观众人次(万人次) Spectators (10000 Person-times)	票款收入(亿元) Ticket Revenue (100 million yuan)	发行收入(万元) Publishing Income (10000 yuan)	电视节目套数(套) Number of TV Programs (unit)	平均每日电视节目播出时间(小时) Daily Show Hours of TV Programs (hour)	电视综合覆盖率(%) Comprehensive Coverage Rate of TV (%)
1978	2904	31.9	29924.1		1137.4			
1979	3077	35.5	34626.0		1450.6			
1980	3192	33.1	31189.5		1294.0	1	4.25	
1981	2951	31.9	30067.0		1340.5	1	5.46	100.00
1982	2701	32.8	28743.5		1374.9	1	6.85	91.00
1983	2714	30.1	27345.5		1403.2	1	7.07	90.00
1984	2524	27.8	23966.7		1537.0	1	7.15	98.00
1985	2166	23.0	18875.0		1688.6	1	7.54	98.00
1986	1905	20.6	15904.4		1697.9	2	19.07	98.00
1987	1522	19.0	13517.7		1743.6	2	13.64	98.00
1988	1479	19.2	13269.4		1925.7	2	19.39	98.00
1989	1216	21.5	14492.6		2126.6	4	25.43	98.00
1990	1216	20.7	12771.2		2202.4	4	29.43	98.00
1991	1004	21.3	12558.3		2492.1	4	27.79	98.00
1992	955	22.1	11587.4		2439.3	6	45.02	98.00
1993	955	11.9	5369.8		1948.5	7	58.18	98.00
1994	961	10.6	2166.5	0.51		9	77.79	98.30
1995	339	9.2	1598.6	0.93		12	98.36	98.30
1996	323	11.5	1644.1	1.07		12	101.01	98.81
1997	333	12.6	1742.3	1.17		12	111.00	99.12
1998	189	12.3	1443.5	1.28		12	110.68	99.60
1999	226	11.7	964.7		2923.4	12	118.36	99.80
2000	236	12.2	873.2		3359.8	12	122.45	99.80
2001	213	12.6	804.7	0.92		16	200.15	99.91
2002	192	12.3	827.4	1.09		18	329.4	99.82
2003	214	11.8	683.0	1.35		19	259.32	99.90
2004	172	18.1	814.4	1.86		24	244.17	99.50
2005	160	22.6	873.8	2.29		25	329.81	99.99
2006		28.0	1221.0	3.02		25	294.23	99.99
2007		38.0	1711.0	3.70		25	309.12	99.99
2008		46.8	1767.3	5.37		24	309.06	99.99
2009		62.4	2451.5	8.19		26	319.13	99.99
2010		74.3	2923.3	11.81		26	319.24	99.99

资料来源：北京市广播电影电视局。

FILM, TELEVISION, BROADCAST, AND RADIO STATIONS (1978-2010)

电视 TV				广播电台 Broadcasting Stations			广告收入 (万元) Advertising Income (10000 yuan)
农村电视综合覆盖率 (%) Comprehensive Coverage Rate of TV in Rural Area (%)	无线电视综合覆盖率 (%) Comprehensive Coverage Rate of Wireless TV (%)	有线广播电视用户数 (万户) CATV Subscribers (10000 households)	有线广播电视入户率 (%) Access Rate of CATV (%)	广播节目套数 (套) Number of Radio Programs (unit)	平均每日广播节目播出时间 (小时) Daily Show Hours of Radio Programs (hour)	广播综合覆盖率 (%) Comprehensive Coverage Rate of Broadcast (%)	
				4	56.08		
				4	57.22	100.00	139.0
				4	59.37	98.00	165.6
				5	61.97	98.00	116.8
				5	73.67	98.00	668.4
				5	65.87	98.00	645.1
				5	66.17	98.00	554.9
				6	68.75	98.00	771.0
				6	76.33	98.00	964.0
				7	78.67	98.00	1668.0
				7	77.87	98.00	2885.0
				7	77.87	98.00	5115.0
				10	94.75	98.00	9680.0
				12	134.75	98.00	15225.0
		52.71		12	134.85	98.00	26480.0
		82.21		13	148.25	91.00	45398.0
		182.97		13	150.25	96.97	93428.0
		202.75		15	156.05	98.44	100546.0
		230.97		16	174.67	99.98	106773.0
		165.78	43.24	16	178.20	99.96	115072.0
		175.71	45.80	16	188.90	97.7	149661.0
		205.95	51.76	16	192.43	99.91	136451.0
		231.24	57.05	16	197.43	99.88	154317.0
		243.00	58.39	16	197.86	99.91	157210.0
	97.57	265.50	62.09	16	229.55	100.00	212091.0
	99.99	282.00	64.12	17	281.88	100.00	236334.0
99.97	94.90	319.58	70.75	17	282.88	100.00	240146.0
99.97	93.13	345.06	74.43	17	288.92	99.98	317437.0
99.97	93.19	383.13	81.00	17	297.40	99.98	385231.0
99.97	94.38	413.50	85.90	18	316.58	99.99	453932.0
99.97	98.72	448.12	91.68	18	324.82	99.99	613672.0

Source: Beijing Municipal Bureau of Radio,Film and Television.

18-32 电影放映单位情况(2010年)

STATISTICS ON MOVIE SHOW ORGANIZATIONS (2010)

项目	Item	放映单位数 (个) Number of Show Organizations (unit)	放映场次 (万场次) Show Times (10000 Times)	观众人次 (万人次) Spectators (10000 Person-times)	票款收入 (亿元) Ticket Revenue (100 million yuan)
合计	**Total**	**102**	**74.3**	**2923.3**	**11.8**
院线影院	Cinema Chain	102	72.6	2774.0	11.8
二级市场	Secondary Market		1.7	149.3	

资料来源：北京市广播电影电视局。

Source: Beijing Municipal Bureau of Radio,Film and Television.

18-33 电视台情况

BASIC STATISTICS ON TELEVISION STATIONS

项目	Item	2010 中央 Central	2010 地方 Local	2009 中央 Central	2009 地方 Local
基本情况	**Basic Statistics**				
电视台 (座)	Television Stations (unit)	1	1	1	1
公共节目套数 (套)	Programs (unit)	27	25	23	25
全年公共节目播出时间 (时：分)	Program Hours Per Year (hour:minute)	224265:35	107764:42	174313:38	107731:42
播放节目情况	**Shows of TV Programs**				
新闻咨询类节目 (时：分)	News Consulting Programs (hour:minute)	67035:56	10510:30	49851:48	11288:21
专题服务类节目 (时：分)	Special Service Programs (hour:minute)	61361:16	36882:06	54963:59	37686:52
综艺益智类节目 (时：分)	General Entertainment Art Programs (hour:minute)	34298:34	10584:12	22827:20	9301:20
影视剧类节目 (时：分)	Movie and TV Play Programs (hour:minute)	52479:19	24405:30	37587:49	24004:10
广告类节目 (时：分)	Advertisement Programs (hour:minute)	9090:30	11522:24	9082:42	11642:20
其他类节目 (时：分)	Other Programs (hour:minute)		13860:00		13808:39

注：电视台数不包括区县电视台。

资料来源：国家广播电影电视总局、北京市广播电影电视局。

Note: Number of television stations excludes TV stations of districts and counties.

Source: National Administration for Radio, Film and Television,Beijing Municipal Bureau of Radio,Film and Television.

18-34 广播电台情况

BASIC STATISTICS ON BROADCASTING STATIONS

项目	Item	2010 中央 Central	2010 地方 Local	2009 中央 Central	2009 地方 Local
基本情况	**Basic Statistics**				
电台数 (座)	Number of Broadcasting Stations (unit)	2	1	2	1
公共节目套数 (套)	Programs (unit)	24	9	21	18
全年公共节目播出时间 (时: 分)	Program Hours Per Year (hour:minute)	236465:40	118558:27	173114:55	115551:27
播放节目情况	**Shows of TV Programs**				
新闻咨询类节目 (时: 分)	News Consulting Programs (hour:minute)	69065:50	16443:14	49502:20	15129:42
专题服务类节目 (时: 分)	Special Service Programs (hour:minute)	90451:20	37864:28	60644:18	34945:43
综艺类节目 (时: 分)	General Art Programs (hour:minute)	47615:00	28932:25	43520:50	30766:09
广播剧类节目 (时: 分)	Broadcast Plays (hour:minute)	2673:30	5026:03	2265:00	4832:53
广告类节目 (时: 分)	Commercial Programs (hour:minute)	14420:30	15229:35	8412:09	15533:45
其他类节目 (时: 分)	Other Programs (hour:minute)	12239:30	15062:42	8770:18	14343:15

注：1. 广播电台数不包括区县电台。

2. 公共节目套数中含县级广播电视台的广播节目套数。

资料来源：国家广播电影电视总局、北京市广播电影电视局。

Note: a) Number of broadcasting stations excluded those of districts and counties.

b) Programs included broadcast programs of radio stations at county levels.

Source: National Administration for Radio, Film and Television,Beijing Municipal Bureau of Radio,Film and Television.

18-35 广播电视综合覆盖率(2010年)

COMPREHENSIVE COVERAGE RATE OF BROADCAST/TV(2010)

项目	Item	2010
广播综合覆盖率 (%)	Comprehensive Coverage Rate of Broadcast (%)	99.99
农村广播综合覆盖率 (%)	Comprehensive Coverage Rate of Broadcast in Rural Area (%)	99.96
无线广播综合覆盖率 (%)	Comprehensive Coverage Rate of Radio (%)	99.99
电视综合覆盖率 (%)	Comprehensive Coverage Rate of TV (%)	99.99
农村电视综合覆盖率 (%)	Comprehensive Coverage Rate of TV in Rural Area (%)	99.97
无线电视综合覆盖率 (%)	Comprehensive Coverage Rate of Wireless TV (%)	98.72
有线广播电视入户率 (%)	Access Rate of CATV (%)	91.68
有线广播电视入户数 (万户)	Access Subscnbers of CATV (10000 households)	448.12
#数字电视用户数 (万户)	Digital Broadcast/TV Subscribers (10000 households)	276.79
付费电视用户数 (万户)	Pay Broadcast/TV Subscribers (10000 households)	0.05
农村有线广播电视用户数 (万户)	Cable Broadcast/TV Subscribers in Rural Area (10000 households)	64.63

资料来源：北京市广播电影电视局。

Source: Beijing Municipal Bureau of Radio,Film and Television.

18-36 报纸、期刊、图书出版情况(1978-2010年)

NEWSPAPER,MAGAZINES AND BOOK PUBLISHING (1978-2010)

年份 Year	报纸出版 Newspaper Publications				期刊出版 Magazines Publications				图书出版 Books Publications		
	种数(种) Number (kind)	平均期印数(万份) Average Printed Copies Per Issue (10000 copies)	总印数(亿份) Total Printed Copies (100 million copies)	总印张(亿印张) Total Paper Capacity (100 million pieces)	种数(种) Number (kind)	平均期印数(万册) Average Printed Copies Per Issue (10000 copies)	总印数(亿册) Total Printed Copies (100 million copies)	总印张(亿印张) Total Paper Capacity (100 million pieces)	种数(种) Number (kind)	总印数(亿册、亿张) Total Printed Copies (100 million copies)	总印张(亿印张) Total Paper Capacity (100 million pieces)
1978	11		68.50		468		4.50		5253	5.12	
1979	16		81.60		697		5.92		6723	5.91	
1980	41		84.50		839		5.80		9534	6.28	
1981	55		83.10		886		6.69		11139	7.84	
1982	57		78.30		882		6.67		13862	8.71	
1983	61		79.90		940		6.84		14384	8.49	
1984	73		83.00		987		7.89		15636	8.43	
1985	99		86.00		1098		8.21		17178	9.01	
1986	126		82.00		1206		7.95		19362	5.82	
1987	129		86.00		1409		8.24		21843	6.94	
1988	151		87.00		1514		8.23		23689	7.28	
1989	161		66.00		1580		6.24		25980	6.31	
1990	148		68.00		1415		5.90		27345	6.17	
1991	157		76.70		1499		6.83		29609	7.05	
1992	164	3886	81.38	88.39	1594	6043	7.79	22.30	31320	7.83	58.67
1993	170	3965	81.70	87.71	1597	6037	7.80	22.36	34393	8.60	70.96
1994	233	3759	69.98	92.59	1854	5328	6.29	19.11	38498	8.28	71.71
1995	240	3823	72.92	108.32	1884	5018	6.38	19.62	38819	8.33	70.15
1996	242		70.52		2129		6.13		41572	9.45	
1997	242	3624	71.80	122.17	2162	5396	6.61	22.87	45775	9.93	78.62
1998	247	3561	71.70	130.01	2274	5797	7.28	26.54	50155	10.95	86.05
1999	247	3520	71.65	144.65	2273	6116	8.04	35.18	54783	11.34	93.38
2000	240	3343	68.67	149.58	2352	5909	7.91	32.96	57821	9.63	92.98
2001	243	3339	69.35	153.22	2374	5761	8.09	32.61	63928	10.27	105.06
2002	247	3364	71.02	169.87	2377	5708	8.23	34.34	73836	12.16	127.48
2003	250	3393	72.45	190.35	2382	5702	8.18	34.25	85244	13.82	140.77
2004	253	3405	70.40	206.53	2791	5233	7.97	35.53	98312	15.22	157.17
2005	255	3169	66.16	227.22	2809	4957	7.72	40.80	108152	17.07	180.51
2006	256	3651	74.01	240.39	2809	5077	8.29	47.39	113232	17.19	186.10
2007	256	3454	73.09	218.55	2809	5340	9.17	54.21	125412	18.68	195.30
2008	259	3328	73.21	241.27	2898	5392	9.36	55.39	136284	20.78	220.00
2009	260	3232	71.63	232.50	3030	5373	9.70	59.35	144211	21.04	220.21
2010	259		78.10		3030		10.05		155152		

注：1. 1991年及以前，报纸、期刊、图书为出版数；1992年及以后均为总印数。
2. 2010年数据为初步统计数。

资料来源：中华人民共和国新闻出版总署、北京市新闻出版局。

Note: a) Figures on newspaper, magazines and books before 1991 were published figures; after 1992, they were total printed copies.
b) Figures 2010 were preliminary statistics.

Source:The General Administration of Press and Publication of the P.R.China,Beijing Municipal Bureau of Press and Publication.

18-37 报纸出版情况

NEWSPAPER PUBLICATION

项目	Item	种数(种) Number of Publications (kind)		平均期印数(万份) Average Printed Copies Per Issue (10000 copies)		总印数 (亿份) Total Printed Copies (100 million copies)		总印张 (亿印张) Total Paper Capacity (100 million pieces)	
		2009	2008	2009	2008	2009	2008	2009	2008
总计	**Total**	**260**	**259**	**3232**	**3328**	**71.6**	**73.2**	**232.5**	**241.3**
综合报	Comprehensive	33	33	1152	1153	37.3	37.5	127.9	130.3
专业报	Professional	227	226	2080	2175	34.3	35.7	104.6	111.0

资料来源：中华人民共和国新闻出版总署、北京市新闻出版局。

Source:The General Administration of Press and Publication of the P.R.China,Beijing Municipal Bureau of Press and Publication.

18-38 期刊出版情况

MAGAZINES PUBLICATION

项目	Item	种数 (种) Number of Publications (kind)		平均期印数 (万册) Average Copies Per Issue (10000 copies)		总印数 (亿册) Total Copies (100 million copies)		总印张 (亿印张) Total Paper Capacity (100 million pieces)	
		2009	2008	2009	2008	2009	2008	2009	2008
总计	**Total**	**3030**	**2898**	**5373**	**5392**	**9.70**	**9.36**	**59.35**	**55.39**
综合	Comprehensive	74	81	235	226	0.38	0.36	2.63	2.32
哲学、社会科学	Philosophy and Social Sciences	937	887	2969	2982	5.43	5.20	28.42	26.29
自然科学技术	Natural Sciences and Technology	1569	1548	1222	1257	1.73	1.76	14.36	14.02
文化、教育	Culture and Education	275	213	391	395	0.73	0.70	5.89	5.33
文学、艺术	Literature and Art	137	131	259	234	0.66	0.63	4.40	4.28
少年儿童读物	Juvenile and Children's Books	16	16	231	233	0.64	0.60	2.00	1.90
画刊	Pictorial	22	22	66	65	0.12	0.11	1.65	1.24

资料来源：中华人民共和国新闻出版总署、北京市新闻出版局。

Source:The General Administration of Press and Publication of the P.R.China,Beijing Municipal Bureau of Press and Publication.

18-39 图书出版情况
BOOKS PUBLICATION

项目	Item	出版图书种数合计(种) Number of Publications (kind)		#新书 New Publications		总印数(万册、万张) Total Copies (10000 volumes, 10000 pieces)		总印张(万印张) Total Print Sheets (10000 print sheets)	
		2009	2008	2009	2008	2009	2008	2009	2008
总计	**Total**	**144211**	**136284**	**84382**	**74677**	**210412**	**207836**	**2202075**	**2200022**
书籍合计	**Books**	**144096**	**136133**	**84313**	**74633**	**210123**	**207085**	**2192229**	**2190337**
马列主义、毛泽东思想	Maxism-Leninism-Mao Zedong Thought	270	217	186	127	593	1535	11279	27336
哲学	Philosophy	3965	3305	3006	2390	3193	2598	52398	40053
社会科学总论	General Social Sciences	2601	2226	1701	1281	1862	1521	31635	26432
政治、法律	Politics and Law	9624	9783	7715	7337	16062	12659	166552	149379
军事	Military	548	444	457	353	359	252	4967	4480
经济	Economics	17346	16226	11516	10278	11622	12153	196662	191594
文化、科学、教育、体育	Culture,Science,Education and Sports	26356	26148	10534	9233	113683	113263	802881	792856
语言、文字	Languages	9878	9471	5094	4530	13446	13719	190125	218912
文学	Literature	8592	7037	6273	5035	8510	8051	123829	105516
艺术	Art	4484	3770	3175	2519	2920	3143	28991	27046
历史、地理	History and Geography	5570	5112	4245	3868	4705	4380	57965	58075
自然科学总论	General Natural Sciences	301	237	226	153	199	161	2729	2070
数学科学、化学	Mathematics and Chemistry	3538	3610	1566	1423	2576	2908	45633	51158
天文学、物理科学	Astronomy and Physics	1143	998	843	696	494	522	6404	5931
生物科学	Biology	1080	1069	675	561	615	626	9621	12380
医药、卫生	Medicine and Health Care	9307	8751	5914	5446	7009	7522	116928	129767
农业科学	Agricultural Science	3634	3211	1538	1443	2965	2142	25339	19710
工业技术	Industrial Technology	31431	30526	17122	15671	16123	16505	274723	288316
交通运输	Transportation	2606	2219	1317	1076	1720	1356	24623	19852
航空、航天	Aeronautics and Aerospace	242	174	152	141	80	67	1123	1085
环境科学	Environmental Science	929	883	665	588	505	555	6453	6622
综合性图书	General Books	651	716	393	484	882	1447	11369	11767
图片及小件印品合计	**Pictures**	**104**	**151**	**58**	**44**	**289**	**751**	**453**	**9685**

资料来源：中华人民共和国新闻出版总署、北京市新闻出版局。
Source:The General Administration of Press and Publication of the P.R.China,Beijing Municipal Bureau of Press and Publication.

18-40 录音制品出版情况

PUBLICATION OF AUDIO PRODUCTS

项 目 Item	录音带 Audio-tapes				激光唱盘 CDs				高密度激光唱盘 DVD-A			
	种数(种) Kind (kind)		数量(万盒) Volume (10000 cassettes)		种数(种) Kind (kind)		数量(万张) Volume (10000 pieces)		种数(种) Kind (kind)		数量(万张) Volume (10000 pieces)	
	2009	2008	2009	2008	2009	2008	2009	2008	2009	2008	2009	2008
总 计 Total	**1693**	**2114**	**12945.2**	**15768.4**	**2194**	**2060**	**1784.6**	**2076.2**	**1270**	**897**	**1690.1**	**908.4**
#市 属 Municipal	188	187	80.3	89.7	141	90	168.8	62.8	11	2	2.3	0.2

资料来源：中华人民共和国新闻出版总署、北京市新闻出版局。

Source:The General Administration of Press and Publication of the P.R.China,Beijing Municipal Bureau of Press and Publication.

18-41 录像制品出版情况

PUBLICATION OF VIDEO PRODUCTS

项 目 Item	录像带 Videotapes				激光视盘 VCD				高密度激光视盘 DVD-V			
	种数(种) Kind (kind)		数量(万盒) Volume (10000 cassettes)		种数(种) Kind (kind)		数量(万张) Volume (10000 pieces)		种数(种) Kind (kind)		数量(万张) Volume (10000 pieces)	
	2009	2008	2009	2008	2009	2008	2009	2008	2009	2008	2009	2008
总 计 Total	**3**	**22**	**0.3**	**4.4**	**3036**	**3358**	**4995.2**	**5208.9**	**3385**	**2467**	**3374.6**	**3443.8**
#市 属 Municipal		2		1.2	116	91	233.6	136.9	192	136	220.0	346.5

资料来源：中华人民共和国新闻出版总署、北京市新闻出版局。

Source:The General Administration of Press and Publication of the P.R.China,Beijing Municipal Bureau of Press and Publication.

主要统计指标解释

教育

研究生培养机构　指经国家批准按国家计划招收和培养硕士、博士和其他研究生的高等学校和科学研究机构。

普通高等学校　指按国家规定的设置标准和审批程序批准举办的，通过国家统一招生考试，招收高中毕业生为主要培养对象，实施高等教育的全日制大学、独立设置的学院和高等专科学校、短期职业大学。

成人高等学校　指按国家规定的设置标准和审批程序批准举办的，通过全国成人高等教育统一招生考试，招收具有高中毕业或同等学历的人员为主要培养对象，利用函授、业余、脱产等多种形式对其实施高等学历教育的学校。包括：职工高等学校、农民高等学校、管理干部学院、教育学院、独立函授学院、广播电视大学和其他机构。

高等教育机构　指经省、自治区、直辖市教育行政部门审批并颁发办学许可证，不具有颁发学历文凭资格的实施高等教育的单位。

民办学校　指经有关主管部门批准，公民个人、社会团体及其他社会组织等利用非国家财政性教育经费，面向社会举办的学校及其他教育机构。

学历文凭考试机构　经教育行政部门专门批准，进行全日制高等教育的民办其他高等教育机构。

专科教育　应当使学生掌握本专业必备的基础理论、专门应用技术知识，具有从事本专业实际工作的基本技能和技术应用能力。全日制专科教育的基本修业年限为二至三年。

本科教育　应当使学生比较系统地掌握本学科、专业必需的基础理论、基本知识，掌握本专业必要的基本技能、方法和相关知识，具有从事本专业实际工作和研究工作的初步能力。全日制本科教育的基本修业年限为四至五年。

硕士研究生教育　应当使学生掌握本学科坚实的基础理论、系统的专业知识，掌握相应的技能，方法和相关知识，具有从事本专业实际工作和科学研究工作的能力。硕士研究生教育的基本修业年限为二至三年。

博士研究生教育　应当使学生掌握本学科坚实宽广的基础理论、系统深入的专业知识、相应的技能和方法，具有独立从事本学科创造性科学研究工作和实际工作的能力。博士研究生教育的基本修业年限为三至四年。

网络学生　指经教育部批准的现代远程教育试点学校设立的网络教育学院，基于互联网上实施高等学历教育所招收的普通和成人本科、专科学生。

在职人员攻读博士、硕士学位学生　指经国务院学位委员会批准的，为提高在职人员业务水平，通过攻读博士、硕士学位入学全国联考所招收的学生。培养的学生只有学位没有学历。

证书教育　指由各类高等教育机构举办的，招收具有高中毕业文化程度，从事专业技术工作或专业性较强的管理工作人员，经过学校学习及考试合格，取得达到岗位要求的专业知识水平证明的非学历教育。证书教育形式包括单科班和专业证书班。

单科班　指学生在学校只学一个科目中的一门或几门课程，考试合格可获得单科结业证书。

专业证书班　学生在学校学习8至10门课程，考试合格可获得岗位要求的大专层次专业知识水平的证书。

岗位培训　指由各类高等教育机构举办的，以提高本职工作能力为目的的非学历教育和培训活动。接受培训的各类人员按要求经考核合格，颁发岗位合格证书和上岗任职聘任书。岗位培训形式包括资格性培训和适应性培训。

资格性培训　指学生按照岗位规范要求取得上岗(在岗)、转岗、晋升等资格的培训。

适应性培训　指学生根据本岗位工作的发展需要而进行各种适应性的培训。

进修及培训　指对具有大学专科以上学历和中级以上职称的专业人员和管理人员进行扩展知识，提高技能的非学历教育。

外国留学生　指接受来中国学习的外籍学生。

毕业生数　指上学年度内，具有学籍的学生学完教学计划规定的全部课程，考试及格，取得毕业证书，实际毕业的学生数。不包括结业生和肄业生数。

招生数　指新学年开始时，按照国家计划实际招收入学的新生数。不包括留级生和复读学生数。

在校学生数　指学年初开学以后，具有学籍的注册学生数。

结业生数　指具有学籍的学生学习期满，有一门以上主要课程(包括毕业论文或毕业设计)不及格或其他方面不合格，未予毕业而发给结业证书的学生数。不包括短训班和单科结业学生。

教职工数　指在学校(机构)工作并由学校(机构)支付工资的教职工人数。教职工数包括校本部教职工、科研机构人员、校办企业职工、其他附设机构人员。

教师　指专职从事教学工作的人员，包括临时调去帮助做其他工作的人员，不包括调离教学岗位担负行政领导工作的原教学人员。

专任教师　指主要从事教育工作的人员。包括临时（一年以内）调去帮助做其他工作的教学人员。不包括调离教学岗位，担任行政领导工作或其他工作的原教学人员；不包括兼任教师和代课教师。

特殊教育学校　指招收盲聋哑青少年进行初中等教育的学校。

校舍建筑面积 指产权归学校所有，已经使用的各种用房的建筑面积。不包括尚未竣工的在建工程和借用、租用的房舍或临时搭用的棚舍。

危房面积 指年久失修、结构构件受到严重损坏，有倒塌危险，经房管部门鉴定属于危房的面积。

学校占地面积 指学校校园内的土地面积，不包括校园外学校拥有的农场、林场及校办工厂等的土地面积。

预算内教育经费 指中央、地方各级财政或上级主管部门在年度内安排，并计划拨到教育部门和其他部门主办的各级各类学校、教育事业单位，列入国家预算支出科目的教育经费，包括教育事业拨款、科研经费拨款、基建拨款和其他经费拨款。

文化

公共图书馆藏书 指各级文化部门举办的面向社会服务的独立的图书馆（不包括文化馆的图书室，也不包括文化系统以外的图书馆藏书）数量。

艺术表演场所个数 指由各级文化主管部门或文化事业单位举办的和除部队系统外的其他部门举办的具有观众厅、舞台、灯光设备，经常供专业艺术表演团体演出，公开售票营业的场所数。包括剧场、影剧院、书场、曲艺场、杂技场、马戏场、音乐厅等。不包括露天剧场、茶馆、茶社和兼营曲艺表演的场所。

艺术剧团 指从事戏曲、音乐、舞蹈、杂技等专业艺术表演，有独立账户、实行独立核算的团体。不包括半工半艺和民间职业剧团。

艺术表演观众人数（人次） 指售票、包场演出或民族地区免费演出的艺术表演观众人次数。不包括彩排审查和内部观摩演出的观众人次数。

广播电视

广播综合覆盖率 根据国家广电总局制定的《广播电视人口覆盖率统计技术标准和方法》进行统计调查的，在对象区内能接收到广播节目的覆盖人口数占本行政区域内人口总数的比率。

农村广播综合覆盖率 根据国家广电总局制定的《广播电视人口覆盖率统计技术标准和方法》进行统计调查的，在对象区内能接收到广播节目的农村人口数占本行政区域内农村人口总数的比率。农村是指经国家批准设立的乡镇人民政府的乡和农村建制镇所辖区，不包括县政府驻地镇。

无线广播综合覆盖率 根据国家广电总局制定的《广播电视人口覆盖率统计技术标准和方法》进行统计调查的，在对象区内能接收到的用中、短波、调频等无线传输技术发射转播的广播节目的人口数占本行政区域内人口总数的比率。包括中央、省、地市、县四级无线广播综合覆盖人口。

电视综合覆盖率 根据国家广电总局制定的《广播电视人口覆盖率统计技术标准和方法》进行统计调查的，在对象区内能接收到电视节目的人口数占本行政区域内人口总数的比率，包括中央、省、地市、县电视节目综合覆盖人口。

农村电视综合覆盖率 根据国家广电总局制定的《广播电视人口覆盖率统计技术标准和方法》进行统计调查的，在对象区内能接收到电视节目的农村人口数占本行政区域内农村人口总数的比率，包括中央、省、地市、县电视节目综合覆盖农村人口。农村是指经国家批准设立的乡镇人民政府的乡和农村建制镇所辖区，不包括县政府驻地镇。

无线电视综合覆盖率 根据国家广电总局制定的《广播电视人口覆盖率统计技术标准和方法》进行统计调查的，在对象区内能接收到的用中、短波、调频等无线传输技术发射转播的电视节目的人口数占本行政区域内人口总数的比率。包括中央、省、地市、县四级无线电视综合覆盖人口。

有线电视入户率 指通过广播电视有线传输网收看电视节目的家庭用户数（包括接收模拟信号和接收数字信号的有线电视用户数，不包括宾馆、单位、写字楼等集体用户）与本行政区域内总户数的比率。

数字电视用户数 指通过广播电视有线传输网收看数字信号电视节目的家庭用户数。

付费电视用户数 指通过广播电视有线传输网收看数字信号的电视节目，并交纳收看费的有线电视家庭用户数。

Explanatory Notes on Main Statistical Indicators

Education

Postgraduate Education Institutions refer to colleges and universities, research institutions recruiting and educating postgraduates of master's degree, doctor's degree and other degree upon approval by the government and under the State Plan.

Regular Institutions of Higher Education refer to educational establishments set up according to the government evaluation and approval procedures, recruiting graduates from senior secondary schools as the main target by National Matriculation Test. They include full-time universities, independent colleges and higher professional schools, short-term vocational colleges.

Adult Institutions of Higher Education refer to educational establishments, set up in line with relevant rules approved by the government, recruiting personnel with senior high school or equivalent educational diploma through national college entrance test for adults, and providing higher education courses in many forms of correspondence, spare-time, or full-time teaching for adults. Institutions of higher learning for adults include schools of higher education for staff and workers, schools of higher education for farmers, colleges for management cadres, pedagogical colleges, independent correspondence colleges, Radio and TV universities and other educational establishments.

Higher Education Institutions refer to institutions offering higher education upon examination and approval by administrative departments in charge of education in provinces, autonomous regions and municipalities, with an education license, which are not eligible for conferring diploma.

Civilian-run Schools refer to schools and other educational institutions run by individuals, social groups and other social organizations upon approval by relevant competent authorities, by using educational funds not from state revenues.

Diploma Test Institutions refer to other civilian-run higher education institutions offering full-time higher education upon special approval by educational administration.

Undergraduate Education shall enable students to understand necessary basic theories and knowledge of a subject or specialty, have necessary basic skills, methodology and relevant knowledge of the specialty, and have preliminary skills for practical work and research of the specialty. Full-time undergraduate education offers a basic study term of 4-5 years.

Secondary Technical Education shall enable students to understand necessary basic theories and special knowledge on applied technologies of a specialty, have basic skills and technical application ability for practice of the specialty. Full-time secondary technically education offers a basic study term of 2-3 years.

Master's-degree Postgraduate Education shall enable students to understand solid basic theories, systematic professional knowledge of a subject, have relevant skills, methodology and relevant knowledge of the specialty, and have preliminary skills for practical work and research of the specialty. Master's-degree postgraduate education offers a basic study term of 2-3 years.

Doctor's-degree Postgraduate Education shall enable students to understand solid and extensive basic theories, systematic and in-depth professional knowledge, relevant skills and methodology of a subject, have relevant skills, methodology and relevant knowledge of the specialty, and have preliminary skills for independent creative research and practical work of the specialty. Doctor's-degree postgraduate education offers a basic study term of 3-4 years.

Online Students refer to students for Internet-based general higher courses, undergraduate courses for adults, and secondary technical courses recruited in online education colleges opened in schools as modern remote education pilots approved by the Ministry of Education.

Employees Enrolled in Graduate Programs refer to students recruited through national joint test for studies of Doctor's and Master's degrees approved by the Academic Degree Commission of the State Council, in order to improve the practical skills of on-the-job personnel. Graduated students will be conferred academic degree only, without academic credentials.

Certificate Education refers education not for academic credentials, run by various higher education institutions that recruit management personnel who are graduated from senior high schools and engaged in professional technical work or strongly professional management work, and receive a certificate for professional knowledge level meeting the requirements of their job position after studying in the school and pass the test. It consists of single-subject program and professional certificate program.

Single-subject Program means that students study only one or more courses of one subject, and will be awarded a certificate of completion of single subject.

Professional Certificate Program means that students study 8-10 courses in the school, and will be awarded a certificate for professional knowledge at junior college level required for their job.

Occupational Training refers to educational and training activities not for academic credentials, aiming to improve the competence, run by various higher education institutions. Various trainees will be awarded Occupational Incumbency Certification and Engagement Certification. The occupational training is in the form of qualification training and adaptability training.

Qualification Training means any training for students to become qualified for being employed (reemployed) on a job, transfer of job, and promotion as required by job criterion.

Adaptability Training means that students receive training for adaptability in line with needs of their own job.

Advanced Studies and Trainings means education not for academic credentials, offered for professional and managers with educational background of college and above, and technical title above middle rank, to expand their knowledge and improve their skill.

Foreign Students Studying in China refers to foreign students who study in China.

Number of Graduated Students means the number of enrolled students who are actually graduated after passing all exams and receiving a diploma upon completing all courses stated in the teaching plan within the last academic year. This does not include the number of students completing all courses with any one course not passed, and students not completing all courses or discontinuing their schooling.

Number of New Students refers to the number of students actually recruited at the beginning of an academic year in line with State plan, excluding the number of students failing to go up to the next grade and those resuming their interrupted studies.

Number of Enrolled Students means the number of students enrolled at the beginning of a new academic year.

Number of Students Completing Courses means the number of enrolled students completing their schooling with one and more courses not passed (including the graduation paper or graduation design) or other aspects not passed, who are not granted for graduation and awarded a certificate of completion, excluding the number of students completing short-term training courses and single-subject programs.

Faculty Number means the number of faculty working in and paid by schools (institutions). It includes the number of teachers and workers in the principal campus, in research institutions, school-run enterprises and other subsidiaries.

Teachers refer to full-time teaching personnel, including persons temporarily transferred to other jobs, excluding persons transferred from teaching to administrative leadership.

Full-time Teachers refer to personnel mainly engaged in teaching, including persons temporarily (within one year) transferred to other jobs, excluding persons transferred from teaching to administrative leadership or other jobs; excluding part-time teachers and teachers taking over a class for absent teachers.

Schools for Special Education mean schools recruiting blind, deaf and mute teenagers for primary and secondary education.

Floor Space of Schoolhouse refers to the building area of various houses of which the property right is owned by the school and which have been used, excluding houses not completed and under construction, borrowed and rented, or temporarily built sheds and houses.

Area of Dilapidated Houses refers to the area of those houses that have not been repaired for many years, have seriously damaged components, are at the risk of collapse, and are identified by the house administration authority as dilapidated houses.

Area of Land Occupied by School means the area of land within campus, excluding the area of land for farms and forest land outside schools and school-run factories.

Budgetary Educational Funds refer to educational funds which are arranged by central and local finance authorities or upper competent departments in the year, and which are planned to appropriate to schools and educational institutions sponsored by educational departments and other departments, which are involved in the payment subject of State budget, including appropriation for education career, appropriation for research outlays, appropriation for capital construction and other outlays.

Culture

Collection of Books in Public Libraries means the number of books collected in independent libraries open to the public and run by all-level cultural bodies (excluding book rooms in culture centers, and books collected in libraries not included in the cultural system).

Arts Performance Venues refer to the various sites for frequent performance by professional art troupes, open through publicly selling tickets, sponsored by the all-level bodies responsible for culture or cultural institutions, provided with audience hall, stage, and lighting. They include theatres, cinemas, story telling halls, opera halls, acrobatics halls, circus houses, and concert halls, but exclude open theatres, tea houses, tea saloons, and sites operating art performance as a sideline.

Art Troupes refer to groups engaged drama and opera, music, dancing, acrobatics, and other professional art performance, keeping independent accounts. They exclude spare-time and folk vocational art performance troupes.

Audience refer to visitors to art performance for which tickets are sold, as well as free performance provided on performance sites or in ethical group areas, excluding visitors to rehearsal review and internal performance.

Radio and Television

Comprehensive Coverage Rate of Broadcast means the share of population who can receive broadcasting programs in the target area, calculated in line with Statistical Standard and Method on Television and Radio Coverage of Population established by the State Administration of Broadcasting, Film and Television, of the total population in the administrative area.

Comprehensive Coverage Rate of Broadcast in Rural Area means the share of rural population who can receive broadcasting programs in the target area, calculated in line with Statistical Standard and Method on Television and Radio Coverage of Population established by the National Administration of Broadcasting, Film and Television, of the total rural population in the administrative area. Rural area means villages of towns with people's governments approved by the State and areas under the jurisdiction of rural towns with organizational system, excluding towns where people's governments of counties are located.

Comprehensive Coverage Rate of Radio means the share of population who can receive broadcasting programs transmitted with short-wave, medium-wave, FM and other radio transmission technologies in the target area, calculated in line with Statistical Standard and Method on Television and Radio Coverage of Population established by the National Administration of Broadcasting, Film and Television, of the total population in the administrative area, including the population covered by broadcasting programs from central, provincial, prefectural cities and county radio stations.

Comprehensive Coverage Rate of TV means the share of population who can receive TV programs in the target area, calculated in line with Statistical Standard and Method on Television and Radio Coverage of Population established by the National Administration of Broadcasting, Film and Television, of the total population in the administrative area, including the population covered by TV programs from central, provincial, prefectural cities and county TV stations.

Comprehensive Coverage Rate of TV in Rural Area means the share of rural population who can receive TV programs in the target area, calculated in line with Statistical Standard and Method on Television and Radio Coverage of Population established by the National Administration of Broadcasting, Film and Television, of the total rural population in the administrative area, including the population covered by TV programs from central, provincial, prefectural cities and county TV stations. Rural area means villages of towns with people's governments approved by the State and areas under the jurisdiction of rural towns with organizational system, excluding towns where people's governments of counties are located.

Comprehensive Coverage Rate of Wireless TV means the share of population who can receive TV programs transmitted with short-wave, medium-wave, FM and other radio transmission technologies in the target area, calculated in line with Statistical Standard and Method on Television and Radio Coverage of Population established by the National Administration of Broadcasting, Film and Television, of the total population in the administrative area, including the population covered by radio television programs from central, provincial, prefectural cities and county TV stations.

Access Rate of CATV refers to the percentage of households which can watch television programs by cable broadcasting and television transmission network (including cable TV households receiving analog signals and digital signals, excluding collective subscribers such as hotels, companies and entities, office buildings), to the total households in the administrative area).

Number of Digital Broadcast/TV Subscribers means the number of households watching digital-signal TV programs through the TV and radio cable transmission network.

Number of Pay TV Subscribers means the number of cable TV households watching digital-signal TV programs through the TV and radio cable transmission network and paying fees for watching.

19

科 技
SCIENCE AND TECHNOLOGY

简要说明

一、本章资料的主要内容

本章主要包括：科技活动及专利情况、R&D 活动人员情况、R&D 经费支出情况、R&D 项目（课题）情况、研究机构情况、规模以上工业企业 R&D 活动基本情况、高等学校科技活动情况、科学研究机构及人员、专利申请及授权情况等。

二、本章的统计范围

国民经济中 R&D 活动相对密集行业的法人单位。包括：农、林、牧、渔业，采矿业，制造业，电力、燃气及水的生产和供应业，建筑业，交通运输、仓储和邮政业，信息传输、计算机服务和软件业，金融业，租赁和商务服务业，科学研究、技术服务和地质勘查业，水利、环境和公共设施管理业，教育，卫生、社会保障和社会福利业，文化、体育和娱乐业等。

三、本章的资料来源

本章由市统计局、市科学技术委员会、市教育委员会、市经济和信息化委员会、市人力资源和社会保障局、市知识产权局、市质量技术监督局、市科学技术协会、北京技术市场管理办公室等部门负责提供。

Brief Introduction

I. Main Content

Data in this chapter reflect the situation of scientific and technological activities and patents, R&D activity personnel, R&D funds payment, R&D projects (tasks), research institutions, basic information on R&D activities in industrial enterprises above designated size, situation of scientific and technological activities in colleges and universities, scientific research institutions and personnel, patent application and authorization, etc.

II. Scope of Statistics

Included in this chapter are the corporate entities in sectors with relatively intensive R&D activities in national economy, such as agriculture, forestry, livestock raising, fishery, mining, manufacturing, production and supply of electric power, fuel gas and water, building, traffic and transportation, warehouse storage and postal service, information transmission, computer service and software, finance, leasing and business service, scientific research, technical service and geological survey, water conservancy, environment and public facility management, education, health, social security and social welfare, education, sports and entertainment, etc.

III. Source of Data

Data in this chapter are from Beijing Municipal Bureau of Statistics, Beijing Municipal Science & Technology Commission, Beijing Municipal Commission of Education, Beijing Municipal Commission of Economy and Information Technology, Beijing Human Resource and Social Security Bureau, Beijing Intellectual Property Bureau Beijing Municipal Bureau of Quality and Technology Supervision, Beijing Municipal Association of Science and Technology, and Beijing Management Office of Technological Market, etc.

19-1 科技活动及专利情况(1985-2010年)

年 份 Year	科技活动人员 (人) Personnel Engaged in Science and Technology (person)	研究与试验发展(R&D)人员折合全时当量 (人年) Full-time Personnel Equivalent R&D Personnel (person-years)	研究与试验发展(R&D)经费内部支出 (万元) Internal R&D Expenditure (10000 yuan)	研究与试验发展(R&D)经费内部支出相当于地区生产总值比例(%) R&D Expenditures as Percentage of GDP (%)
1985				
1986-1990				
1986				
1987				
1988				
1989				
1990				
1991-1995				
1991	228167			
1992	247525			
1993	252811			
1994	240386			
1995	252232			
1996-2000			**4307457**	
1996	265552	84793	418614	2.34
1997	273161	84913	532257	2.56
1998	237127	86602	861138	3.62
1999	229584	85740	938437	3.50
2000	261113	98723	1557011	4.92
2001-2005			**13434129**	
2001	240609	95255	1711696	4.62
2002	257326	114919	2195402	5.09
2003	270921	110358	2562518	5.12
2004	301202	152132	3169064	5.25
2005	383153	177765	3795450	5.45
2006-2010			**30706037**	
2006	382756	168875	4329878	5.33
2007	450331	204668	5270591	5.35
2008	450147	200080	6200983	5.58
2009	529985	191779	6686351	5.50
2010	529811	193718	8218234	5.82

资料来源：北京市统计局、北京市科学技术委员会、北京市教育委员会、北京市经济和信息化委员会、北京市知识产权局。

SCIENCE AND TECHNOLOGY ACTIVITIES AND PATENTS (1985-2010)

专利申请量(件) Applications for Patents (unit)	发明 Invention	实用新型 Utility Model	外观设计 Design	专利授权量(件) Grants for Patents (unit)	发明 Invention	实用新型 Utility Model	外观设计 Design
1540	754	720	66				
15087	**3332**	**11003**	**752**	**6700**	**737**	**5614**	**349**
1692	535	1091	66	491	43	408	40
2425	523	1796	106	776	102	630	44
3342	702	2494	146	1376	169	1147	60
3344	742	2408	194	1789	207	1497	85
4284	830	3214	240	2268	216	1932	120
31126	**6604**	**21787**	**2736**	**19379**	**1801**	**15835**	**1743**
4624	1023	3324	277	2369	263	1917	189
6316	1340	4493	483	3265	312	2724	229
6972	1483	4931	558	5806	530	4780	496
6852	1506	4666	680	3914	368	3245	301
6362	1252	4372	738	4025	328	3169	528
37296	**10344**	**20395**	**6557**	**22156**	**2483**	**14836**	**4837**
6595	1441	4255	899	3295	246	2563	486
6313	1678	3667	968	3327	281	2340	706
6321	1754	3444	1123	3800	309	2522	969
7723	2062	4045	1616	5829	573	3948	1308
10344	3409	4984	1951	5905	1074	3463	1368
83993	**39312**	**30960**	**13721**	**39944**	**10960**	**20019**	**8965**
12174	4984	5114	2076	6246	946	3600	1700
13842	5785	5920	2137	6345	1061	3721	1563
17003	7833	6665	2505	8248	2261	4244	1743
18402	8608	6321	3473	9005	3216	3956	1833
22572	12102	6940	3530	10100	3476	4498	2126
209275	**124175**	**62237**	**22863**	**100371**	**35532**	**48350**	**16489**
26555	14226	8200	4129	11238	3864	5490	1884
31680	18763	8819	4098	14954	4824	7364	2766
43508	28394	11157	3957	17747	6478	8776	2493
50236	29326	15424	5486	22921	9157	10141	3623
57296	33466	18637	5193	33511	11209	16579	5723

Source: Beijing Municipal Bureau of Statistics,Beijing Municipal Science & Technology Commission, Beijing Municipal Commission of Education, Beijing Municipal Commission of Economy and Information Technology，Beijing Intellectual Property Office of Bureau.

19-2 研究与试验发展(R&D)活动人员情况

项　目	Item	研究与试验发展(R&D)人员(人) R&D Personnel (person)		#本科及以上学历 Above Undergraduate	
		2010	2009	2010	2009
合　计	**Total**	**269932**	**252676**	**201919**	**158397**
按执行部门分	**Group by Administer Department**				
企　业	Enterprise	105902	110976	66459	41851
工业企业	Industrial Enterprises	55520	53086	20169	16590
非工业企业	Non-industrial Enterprises	50382	57890	46290	25261
科研机构	Scientific Research Institutions	91971	83251	77525	70184
高等学校	Institutions of Higher Education	61967	47789	53614	41699
事业单位	Public Institutions	10092	10660	4321	4663
按隶属关系分	**Group by Administrative Relationship**				
中　央	Central	166926	149528	130576	112344
地　方	Local	103006	103148	71343	46053
按行业门类分	**Grouped by Sector**				
#制造业	Manufacturing	52832	50697	19675	16100
信息传输、计算机服务和软件业	Information Transmission, Computer Services and Software	26433	33327	29766	10651
科学研究、技术服务和地质勘查业	Scientific Research, Technical Services and Geologic Prospecting	102365	93661	86481	79229
教育	Education	62303	40087	53946	37201

资料来源：北京市统计局、北京市科学技术委员会、北京市教育委员会、北京市经济和信息化委员会。

RESEARCH AND DEVELOPMENT PERSONNEL

研究与试验发展(R&D)人员折合全时当量(人年) Full-time Personnel Equivalent R&D Personnel (person-years)		基础研究 Basic Research		应用研究 Applied Research		试验发展 Experimental Development	
2010	2009	2010	2009	2010	2009	2010	2009
193718	**191779**	**29482**	**27188**	**52441**	**46617**	**111795**	**117982**
80082	86720	380	320	3024	2215	76679	84191
41761	41546	207	115	700	492	40855	40945
38321	45174	173	205	2324	1723	35824	43246
78260	71729	17620	16001	29159	25915	31481	29813
30060	27721	10698	10019	18107	16192	1253	1511
5316	5609	784	848	2151	2295	2382	2467
123438	116119	25410	24030	42562	37656	55469	54442
70280	75660	4072	3158	9879	8961	56326	63540
39775	39881	206	114	626	434	38943	39340
19980	26417	14	22	1084	640	18882	25754
86372	80410	17942	16410	30364	27108	38066	36892
30258	22563	10761	8625	18171	12410	1326	1531

Source: Beijing Municipal Bureau of Statistics,Beijing Municipal Science & Technology Commission, Beijing Municipal Commission of Education, Beijing Municipal Commission of Economy and Informatization.

19-3 研究与试验发展(R&D)经费情况

单位：万元

项目	Item	研究与试验发展(R&D)经费内部支出 Internal R&D Expenditure		按活动类型分 Group by Type of Activity					
				基础研究 Basic Research		应用研究 Applied Research		试验发展 Expenditure Development	
		2010	2009	2010	2009	2010	2009	2010	2009
合计	**Total**	**8218234**	**6686351**	**956109**	**704789**	**2168640**	**1532072**	**5093478**	**4449491**
按执行部门分	**Group by Administer Department**								
企业	Enterprise	2988031	2624817	17413	19245	190304	91138	2780313	2514434
工业企业	Industrial Enterprises	1330168	1137030	8067	5378	17090	12234	1305011	1119419
非工业企业	Non-industrial Enterprises	1657863	1487787	9346	13867	173214	78904	1475302	1395016
科研机构	Scientific Research Institutions	4017110	3216954	592456	455376	1268306	940428	2156349	1821151
高等学校	Institutions of Higher Education	1101609	700453	333869	210088	675861	431848	91873	58518
事业单位	Public Institutions	111484	144127	12371	20081	34169	68659	64943	55388
按隶属关系分	**Group by Administrative Relationship**								
中央	Central	5958775	4737188	894830	666135	1946310	1373579	3117632	2697473
地方	Local	2259459	1949163	61282	38653	222330	158492	1975847	1752017
按行业门类分	**Grouped by Sector**								
#制造业	Manufacturing	1269482	1082164	8059	5375	15847	11622	1245576	1065167
信息传输、计算机服务和软件业	Information Transmission, Computer Services and Software	880272	789875	2955	939	76925	42868	800393	746068
科学研究、技术服务和地质勘查业	Scientific Research, Technical Services and Geologic Prospecting	4488367	3639911	602302	479468	1358112	1004470	2527953	2155973
教育	Education	1107511	686117	335811	208035	677634	417575	94066	60507

资料来源：北京市统计局、北京市科学技术委员会、北京市教育委员会、北京市经济和信息化委员会。

RESEARCH AND EXPERIMENTAL DEVELOPMENT FUNDS

(10000 yuan)

按支出用途分 Group by Purpose of Payment								按资金来源分 Group by Fund Source							
经常费支出 Regular Expenses		#人员劳务费 Labor Cost		资产性支出 Payment for Assets		#仪器和设备 Instruments and Equipment		政府资金 Governmental		企业资金 Enterprises		国外资金 Foreign		其他资金 Others	
2010	2009	2010	2009	2010	2009	2010	2009	2010	2009	2010	2009	2010	2009	2010	2009
6559340	**5367567**	**1891119**	**1674560**	**1658893**	**1318784**	**1187882**	**974321**	**4720749**	**3494931**	**2704275**	**2521860**	**300646**	**291490**	**492569**	**378071**
2679066	2341000	1123733	1007719	308964	283817	277031	258422	275659	212183	2341693	2120117	262471	248609	108206	43908
1230280	1054791	412568	343579	99888	82240	96914	80538	98161	134428	1185866	964254	9739	8546	36401	29802
1448786	1286209	711165	664140	209076	201578	180117	177884	177498	77755	1155827	1155862	252732	240063	71805	14106
2861654	2322403	594450	525402	1155457	894551	733966	606458	3574651	2719862	81318	181699	15066	19759	346078	295633
917920	592934	138202	101862	183689	107518	171115	90742	780703	441209	273189	211295	22233	22394	25490	25554
100700	111229	34734	39577	10783	32898	5770	18699	89736	121676	8075	8749	876	727	12795	12975
4524187	3613566	991360	865065	1434587	1123621	971995	790802	4433474	3296100	1021604	1049356	37720	42957	465979	348774
2035153	1754000	899759	809494	224306	195163	215887	183519	287275	198830	1682671	1472504	262926	248533	26590	29296
1174342	1006323	386902	322515	95140	75841	92336	74275	94479	133039	1129545	910930	9739	8546	35719	29650
804520	736392	470086	434352	75752	53482	75538	52874	35306	15855	598386	549279	236872	211343	9708	13398
3250372	2626797	717866	642190	1237995	1013114	789956	694956	3732834	2829692	310334	459267	30691	48094	414511	302858
923823	579672	139406	97518	183688	106445	171114	89718	782796	425442	274330	211320	22232	21921	28154	27434

Source: Beijing Municipal Bureau of Statistics,Beijing Municipal Science & Technology Commission, Beijing Municipal Commission of Education, Beijing Municipal Commission of Economy and Informatization.

19-4 规模以上工业企业研究与试验发展(R&D)活动基本情况(2009年)

项　目	Item	企业数(个) Number of Enterprises (unit)	#有研究与试验发展(R&D)活动的企业数 Enterprises with R&D Activities	研究与试验发展(R&D)人员(人) Scientific Research Persons (person)	研究与试验发展(R&D)人员折合全时当量(人年) Full-time Personnel Equivalent R&D Personnel (person-years)	研究与试验发展(R&D)经费内部支出(万元) Internal R&D Expenditure (10000 yuan)
总　计	**Total**	**6890**	**1114**	**53086**	**41546**	**1137030**
按企业规模分	**By Size of Enterprise**					
大型企业	Large-sized Enterprises	55	39	13589	10806	366472
中型企业	Medium-sized Enterprises	578	227	20691	16372	491003
小型企业	Small-sized Enterprises	6257	848	18806	14368	279555
按隶属关系分	**By Administrative Relationship**					
中央	Central	363	147	12243	9697	358037
地方	Local	6527	967	40843	31849	778993
按登记注册类型分	**By Registration Status**					
内资企业	Domestic Investment Economy	5493	908	43259	34425	885836
#国有企业	State-owned Units	261	51	2805	2387	44812
港澳台商投资企业	Units with Funds from Hongkong, Macao and Taiwan	378	55	3002	2028	83938
外商投资企业	Foreign Funded Units	1019	151	6825	5093	167257
按重点产业分	**By Key Sector**					
#高技术制造业	High-tech Manufacturing	1150	432	17041	13466	454719
#现代制造业	Modern Manufacturing	2365	645	29806	24162	734090

BASIC INFORMATION ON R&D ACTIVITIES OF INDUSTRIAL ENTERPRISES ABOVE DESIGNATED SIZE (2009)

政府资金 Govern-mental	企业资金 Enterprises	国外资金 Foreign	其他资金 Others	专利申请数(件) Applications for Patents (unit)	#发明专利 Invention	新产品产值(万元) New Product Value (10000 yuan)	新产品销售收入(万元) New Product Income (10000 yuan)	#出口 Exports
134428	**964254**	**8546**	**29802**	**7016**	**3573**	**26676100**	**28314951**	**6729746**
14715	349913	403	1441	1884	886	13671313	13728910	5570655
102930	360150	4929	22993	2495	1454	7325520	6100258	828726
16783	254191	3214	5368	2637	1233	5679267	8485783	330365
100821	233322	170	23725	1323	556	2948244	4677486	85041
33607	730933	8377	6078	5693	3017	23727857	23637466	6644705
130492	726052	1504	27788	5253	2408	11837664	14414876	661987
6843	37447		523	321	131	423243	373883	11555
1007	81189	686	1055	564	316	4263289	2955759	348539
2928	157013	6356	959	1199	849	10575147	10944317	5719219
99830	343053	5132	6704	2958	1835	14647597	14835434	6056880
110811	591259	4305	27715	4629	2509	20489704	19232586	6349144

19-5 规模以上工业企业研究与试验发展(R&D)活动基本情况(按行业分)(2009年)

项　目	Item	企业数(个) Number of Enterprises (unit)	#有研究与试验发展(R&D)活动的企业数 Enterprises with R&D Activities	研究与试验发展(R&D)人员(人) Scientific Research Persons (person)
总　计	**Total**	**6890**	**1114**	**53086**
采矿业	**Mining**	**55**	**8**	**1516**
煤炭开采和洗选业	Mining and Washing of Coal	25	2	538
石油和天然气开采业	Extraction of Petroleum and Natural Gas	6	6	978
黑色金属矿采选业	Mining and Processing of Ferrous Metal Ores	7		
有色金属矿采选业	Mining and Processing of Non-Ferrous Metal Ores			
非金属矿采选业	Mining and Processing of Nonmetal Ores	17		
其他采矿业	Mining of Other Ores			
制造业	**Manufacturing**	**6683**	**1100**	**50697**
农副食品加工业	Processing of Food from Agriculture Products	220	24	726
食品制造业	Manufacture of Foods	213	26	792
饮料制造业	Manufacture of Beverages	66	4	1134
烟草制品业	Manufacture of Tobacco	1	1	14
纺织业	Manufacture of Textile	152	7	269
纺织服装、鞋、帽制造业	Manufacture of Textile Wearing Apparel, Footware and Caps	285	1	67
皮革、毛皮、羽毛(绒)及其制品业	Manufacture of Leather, Furs, Feather (Down) and Related Products	33		
木材加工及木、竹、藤、棕、草制品业	Processing of Timber, Manufacture of Wood, Bamboo,Rattan, Palmand Straw Products	55	2	28
家具制造业	Manufacture of Furniture	143	1	96
造纸及纸制品业	Manufacture of Paper and Paper Products	123	1	90
印刷业和记录媒介的复制	Printing, Reproduction of Recording Media	341	8	144
文教体育用品制造业	Manufacture of Articles for Culture, Education and Sports Activity	42	2	251
石油加工、炼焦及核燃料加工业	Processing of Petroleum, Coking, Processing of Nuclear Fuel	47	5	848
化学原料及化学制品制造业	Manufacture of Raw Chemical Materials and Chemical Products	411	71	1829
医药制造业	Manufacture of Medicines	225	89	3700
化学纤维制造业	Manufacture of Chemical Fibers	12	3	180
橡胶制品业	Manufacture of Rubber	45	6	275
塑料制品业	Manufacture of Plastics	272	15	368
非金属矿物制品业	Manufacture of Non-Metallic Mineral Products	440	43	2758
黑色金属冶炼及压延加工业	Smelting and Pressing of Ferrous Metals	40	7	1513
有色金属冶炼及压延加工业	Smelting and Pressing of Non-Ferrous Metals	91	19	448
金属制品业	Manufacture of Metal Products	472	25	1107
通用设备制造业	Manufacture of General Purpose Machinery	569	97	4127
专用设备制造业	Manufacture of Special Purpose Machinery	574	172	8373
交通运输设备制造业	Manufacture of Transport Equipment	412	48	5002
电气机械及器材制造业	Manufacture of Electrical Machinery and Equipment	481	106	4537
通信设备、计算机及其他电子设备制造业	Manufacture of Communication Equipment, Computers and Other Electronic Equipment	439	170	7919
仪器仪表及文化、办公用机械制造业	Manufacture of Measuring Instruments and Machinery for Culture Activity and Office Work	366	128	3323
工艺品及其他制造业	Manufacture of Artwork and Other Manufacturing	97	18	759
废弃资源和废旧材料回收加工业	Recycling and Disposal of Waste	16	1	20
电力、燃气及水的生产和供应业	**Production and Distribution of Electricity,Gas and Water**	**152**	**6**	**873**
电力、热力的生产和供应业	Production and Distribution of Electric Power and Heat Power	106	2	717
燃气生产和供应业	Production and Distribution of Gas	20	1	19
水的生产和供应业	Production and Distribution of Water	26	3	137

BASIC INFORMATION ON R&D ACTIVITIES OF INDUSTRIAL ENTERPRISES ABOVE DESIGNATED SIZE (BY SECTOR)(2009)

研究与试验发展(R&D)人员折合全时当量(人年) Full-time Personnel Equivalent R&D Personnel (person-years)	研究与试验发展(R&D)经费内部支出(万元) Internal R&D Expenditure (10000 yuan)	政府资金 Governmental	企业资金 Enterprises	国外资金 Foreign	其他资金 Others	专利申请数(件) Applications for Patents (unit)	#发明专利 Invention	新产品产值(万元) New Product Value (10000 yuan)	新产品销售收入(万元) New Product Income (10000 yuan)	#出口 Exports
41546	**1137030**	**134428**	**964254**	**8546**	**29802**	**7016**	**3573**	**26676100**	**28314951**	**6729746**
866	**33239**	**1200**	**31887**		**152**	**117**	**45**	**805931**	**3389831**	
234	4759		4759			41	21	800629	3389831	
632	28480	1200	27127		152	76	24	5303		
39881	**1082164**	**133039**	**910930**	**8546**	**29650**	**6620**	**3457**	**25863215**	**24918167**	**6729746**
582	6814	580	6138		96	35	24	184870	210173	6270
629	14103	266	13837			40	37	206668	246325	5775
1129	15140	1230	13909			36	10	126463	139868	3713
14	***		***			***		***	***	
149	4345	87	4257			15	11	138258	124760	9064
65	512		512			6		19826	19802	1411
26	149		149			8	5	1380	1446	
96	808		808			6		17945	29745	2076
7	182		182			1	1	19598	7868	2033
97	2199	10	2189			15	11	35196	71250	2125
72	1750		1725		25	3		11612	17684	772
617	9507	166	9340			51	41	330760	475631	
1364	25598	1870	23392	196	140	192	139	547607	538187	38930
3226	46129	2641	42017	705	767	264	212	785650	762675	16133
102	***		***			***	***	***	***	
227	2295		2295			13	5	35591	26893	
255	4020	12	3870		138	27	9	91525	98457	14011
2099	41313	7275	33766	59	213	398	170	817406	813166	44600
1171	42967	3361	39377		229	139	93	281922	283401	41414
330	7826	1448	6378			68	47	220984	206818	51946
715	19178	516	18513		149	93	27	326651	369904	43555
3137	69332	2795	65596	704	237	300	85	969634	1031668	89227
6931	159382	11290	127600	568	19925	1182	668	1441569	1408217	138410
4456	231474	87061	141648	170	2596	712	158	2459103	2406568	98085
3460	85270	1010	81441	1816	1004	546	225	3150686	1838387	49784
5827	219278	9314	204785	3310	1870	1929	1254	12650309	12830839	5993434
2597	46021	1750	41247	948	2077	487	196	846401	875319	71101
481	24139	116	23765	72	186	39	18	141073	79350	5882
20	646	240	405			10	10	1000		
799	**21627**	**189**	**21438**			**279**	**71**	**6954**	**6954**	
694	19940		19940			261	64			
2	176		176							
103	1511	189	1322			18	7	6954	6954	

19-6 规模以上工业企业研究与试验发展(R&D)活动基本情况(2010年)

项目	Item	企业数(个) Number of Enterprises (unit)	#有研究与试验发展(R&D)活动的企业数 Enterprises with R&D Activities	研究与试验发展(R&D)人员(人) Scientific Research Persons (person)	研究与试验发展(R&D)人员折合全时当量(人年) Full-time Personnel Equivalent R&D Personnel (person-years)	研究与试验发展(R&D)经费内部支出(万元) Internal R&D Expenditure (10000 yuan)
总计	**Total**	**6884**	**1043**	**55520**	**41761**	**1330168**
按企业规模分	**By Size of Enterprise**					
大型企业	Large-sized Enterprises	57	40	14027	10537	427641
中型企业	Medium-sized Enterprises	621	245	24648	18689	633717
小型企业	Small-sized Enterprises	6206	758	16845	12536	268810
按隶属关系分	**By Administrative Relationship**					
中央	Central	334	126	12246	9496	290963
地方	Local	6550	917	43274	32265	1039205
按登记注册类型分	**By Registration Status**					
内资企业	Domestic Investment Economy	5542	821	43502	33143	890128
#国有企业	State-owned Units	232	48	3081	2586	47499
港澳台商投资企业	Units with Funds from Hongkong, Macao and Taiwan	358	66	3561	2250	215829
外商投资企业	Foreign Funded Units	984	156	8457	6368	224212
按重点产业分	**By Key Sector**					
#高技术制造业	High-tech Manufacturing	1123	428	19273	14371	509049
#现代制造业	Modern Manufacturing	2342	601	32089	24419	920922

BASIC INFORMATION ON R&D ACTIVITIES OF INDUSTRIAL ENTERPRISES ABOVE DESIGNATED SIZE (2010)

政府资金 Govern-mental	企业资金 Enterprises	国外资金 Foreign	其他资金 Others	专利申请数(件) Applications for Patents (unit)	#发明专利 Invention	新产品产值(万元) New Product Value (10000 yuan)	新产品销售收入(万元) New Product Income (10000 yuan)	#出口 Exports
98161	**1185866**	**9739**	**36401**	**8655**	**4464**	**34015238**	**33549442**	**7047637**
11698	413800		2143	2153	951	15185554	14768384	5420303
67486	528571	8021	29639	3693	2210	10203506	10186925	1321960
18978	243495	1718	4619	2809	1303	8626178	8594134	305375
42366	219946		28651	1461	719	6534810	6556862	125029
55796	965920	9739	7750	7194	3745	27480428	26992580	6922608
92492	764630	379	32627	6250	2888	16508950	16040144	718509
4949	42421		129	307	128	525241	509391	21281
1264	213122		1441	673	400	5875299	5779541	579946
4405	208113	9360	2333	1732	1176	11630989	11729757	5749182
58504	443364	4142	3039	4002	2541	15591721	15550593	6133712
81104	803815	4907	31096	5887	3159	22806749	22287869	6405736

19-7 规模以上工业企业研究与试验发展(R&D)活动基本情况(按行业分)(2010年)

项　目	Item	企业数(个) Number of Enterprises (unit)	#有研究与试验发展(R&D)活动的企业数 Enterprises with R&D Activities	研究与试验发展(R&D)人员(人) Scientific Research Persons (person)
总　计	**Total**	**6884**	**1043**	**55520**
采矿业	Mining	**37**	**7**	**1774**
煤炭开采和洗选业	Mining and Washing of Coal	8	2	851
石油和天然气开采业	Extraction of Petroleum and Natural Gas	6	5	923
黑色金属矿采选业	Mining and Processing of Ferrous Metal Ores	6		
有色金属矿采选业	Mining and Processing of Non-Ferrous Metal Ores			
非金属矿采选业	Mining and Processing of Nonmetal Ores	17		
其他采矿业	Mining of Other Ores			
制造业	**Manufacturing**	**6692**	**1032**	**52832**
农副食品加工业	Processing of Food from Agriculture Products	214	20	561
食品制造业	Manufacture of Foods	222	22	622
饮料制造业	Manufacture of Beverages	66	4	1245
烟草制品业	Manufacture of Tobacco	1	1	20
纺织业	Manufacture of Textile	144	8	273
纺织服装、鞋、帽制造业	Manufacture of Textile Wearing Apparel, Footware and Caps	291	1	76
皮革、毛皮、羽毛(绒)及其制品业	Manufacture of Leather, Furs, Feather (Down) and Related Products	34		
木材加工及木、竹、藤、棕、草制品业	Processing of Timber, Manufacture of Wood, Bamboo,Rattan, Palmand Straw Products	58	2	18
家具制造业	Manufacture of Furniture	142	2	286
造纸及纸制品业	Manufacture of Paper and Paper Products	123	1	65
印刷业和记录媒介的复制	Printing, Reproduction of Recording Media	342	8	193
文教体育用品制造业	Manufacture of Articles for Culture, Education and Sports Activity	41	4	225
石油加工、炼焦及核燃料加工业	Processing of Petroleum, Coking, Processing of Nuclear Fuel	48	4	323
化学原料及化学制品制造业	Manufacture of Raw Chemical Materials and Chemical Products	420	71	1832
医药制造业	Manufacture of Medicines	229	95	4032
化学纤维制造业	Manufacture of Chemical Fibers	12	2	117
橡胶制品业	Manufacture of Rubber	52	6	412
塑料制品业	Manufacture of Plastics	275	17	576
非金属矿物制品业	Manufacture of Non-Metallic Mineral Products	451	46	2312
黑色金属冶炼及压延加工业	Smelting and Pressing of Ferrous Metals	41	6	1151
有色金属冶炼及压延加工业	Smelting and Pressing of Non-Ferrous Metals	85	18	808
金属制品业	Manufacture of Metal Products	483	26	1733
通用设备制造业	Manufacture of General Purpose Machinery	586	89	4417
专用设备制造业	Manufacture of Special Purpose Machinery	558	145	8437
交通运输设备制造业	Manufacture of Transport Equipment	421	42	5401
电气机械及器材制造业	Manufacture of Electrical Machinery and Equipment	482	91	4606
通信设备、计算机及其他电子设备制造业	Manufacture of Communication Equipment, Computers and Other Electronic Equipment	415	149	8440
仪器仪表及文化、办公用机械制造业	Manufacture of Measuring Instruments and Machinery for Culture Activity and Office Work	346	134	4125
工艺品及其他制造业	Manufacture of Artwork and Other Manufacturing	93	17	495
废弃资源和废旧材料回收加工业	Recycling and Disposal of Waste	17	1	31
电力、燃气及水的生产和供应业	**Production and Distribution of Electricity,Gas and Water**	**155**	**4**	**914**
电力、热力的生产和供应业	Production and Distribution of Electric Power and Heat Power	107	2	867
燃气生产和供应业	Production and Distribution of Gas	19		
水的生产和供应业	Production and Distribution of Water	29	2	47

BASIC INFORMATION ON R&D ACTIVITIES OF INDUSTRIAL ENTERPRISES ABOVE DESIGNATED SIZE (BY SECTOR)(2010)

研究与试验发展(R&D)人员折合全时当量(人年) Full-time Personnel Equivalent R&D Personnel (person-years)	研究与试验发展(R&D)经费内部支出(万元) Internal R&D Expenditure (10000 yuan)	政府资金 Govern-mental	企业资金 Enter-prises	国外资金 Foreign	其他资金 Others	专利申请数(件) Applications for Patents (unit)	#发明专利 Invention	新产品产值(万元) New Product Value (10000 yuan)	新产品销售收入(万元) New Product Income (10000 yuan)	#出口 Exports
41761	**1330168**	**98161**	**1185866**	**9739**	**36401**	**8655**	**4464**	**34015238**	**33549442**	**7047637**
1097	**36222**	**2941**	**32599**		**682**	**115**	**36**	**3564387**	**3564553**	**719**
335	6147		6147			14	6	3563511	3563511	
761	30075	2941	26452		682	101	30	876	1041	719
39775	**1269482**	**94479**	**1129545**	**9739**	**35719**	**8273**	**4326**	**30440779**	**29976497**	**7046918**
340	4794	355	4314		125	61	41	192887	191033	3146
472	13192	558	12634			69	51	139600	143712	23964
1215	19109	2665	16444			67	27	228899	250084	1553
20	***		***			***	***	***	***	
140	3991		3991			22	12	151206	146650	3698
58	474		474			2		25098	25018	17787
17	90		90			10	5	7987	7946	3038
179	2326		2326			36		34833	46272	1363
65	357		357			1	1	15144	15684	15382
124	3924		3883		41	6	4	79894	80492	4625
77	1823		1823			12	2	14428	17577	650
219	7226	168	7058			80	70	528711	653484	6
1394	39238	6260	32621	203	154	245	174	651493	650644	46439
2985	53088	4308	47188	708	884	314	268	881883	777005	19361
58	***		***			***	***	***	***	
334	2648	55	2593			9	2	40478	40401	470
421	7625	3	7294	189	139	42	8	105078	120950	17686
1733	38045	6452	31043	90	460	381	195	1009305	1018214	64048
963	36573	698	35875			118	86	170391	169568	32349
556	12650	2732	9917			89	64	294789	297004	94852
1277	27763	1418	26238		107	106	44	490160	461131	55957
3280	80174	4006	71951	2726	1491	366	111	1835793	1866401	210511
6730	198919	13447	157457		28015	1106	562	1618519	1501859	173629
3866	170080	27917	139569	1212	1382	982	226	3114594	2689947	116529
3529	171090	2840	166725	1177	347	716	259	4159977	4101500	66993
6236	301773	16136	281805	2561	1272	2867	1869	13210215	13313673	6034405
3109	61330	4115	55459	873	884	475	191	1004930	1002487	29969
369	9105	345	8342		419	63	36	421945	375172	8508
9	53		53			8	7			
890	**24463**	**741**	**23722**			**267**	**102**	**10071**	**8393**	
863	23358		23358			229	89			
						11	1			
27	1105	741	364			27	12	10071	8393	

19-8 研究与试验发展(R&D)项目(课题)情况

TASKS OF R&D PROJECTS

项 目	Item	项目(课题)数 (项) Number of Projects (unit)		项目(课题)人员折合全时当量 (人年) Project Personnel Full Time Equivalent (persons-year)		项目(课题)经费内部支出 (万元) Internal Payment of All Project Funds (10000 yuan)	
		2010	2009	2010	2009	2010	2009
总 计	**Total**	**94213**	**81554**	**173310**	**159097**	**5566236**	**4431455**
按项目(课题)来源分	**Group by Source of Project (Task)**						
国家科技项目	National Science and Technology Projects	42768	38941	82880	74597	2877815	2194756
地方科技项目	Local Science and Technology Projects	7615	7244	8507	8504	114225	113477
企业委托科技项目	Science and Technology Projects Entrusted by Enterprise	21160	17329	14219	13714	495709	425399
自选科技项目	Self-chosen Science and Technology Projects	18841	14129	53973	49345	1478269	1161997
来自国外的科技项目	Science and Technology Projects from Foreign Countries	1936	1943	8007	8198	379015	426182
其它科技项目	Other Science and Technology Projects	1893	1968	5726	4739	221203	109646
按项目(课题)合作形式分	**Group by Form of Cooperation of Project (Task)**						
与境外机构合作	Cooperated with Overseas Institutions	1532	1674	7624	9004	283465	372548
与国内高校合作	Cooperated with Domestic Colleges and Universities	5218	4984	11628	10784	405832	253189
与国内独立研究机构合作	Cooperated with Domestic Independent Research Institutions	7066	5850	17053	14636	684753	535839
与境内注册外商独资企业合作	Cooperated with Wholly-Foreign-Funded Enterprises Domestically Registered	216	212	550	487	14939	8640
与境内注册其他企业合作	Cooperated with Other Enterprises Domestically Registered	4425	4227	8080	7428	304014	234958
独立完成	Completed Independently	73641	62772	122285	109428	3598416	2825453
其 他	Other	2115	1835	6090	7330	274817	200829
按项目(课题)活动类型分	**Group by Type of Project (Task) Activity**						
基础研究	Basic Research	28922	25731	27412	23059	628970	470176
应用研究	Applied Research	46487	38702	48641	38769	1518420	1038326
试验发展	Experimental Development	18804	17121	97257	97269	3418846	2922953
按项目(课题)社会经济目标分	**Group by Social and Economic Objective of Project (Task)**						
#环境保护及污染防治	Environmental Protection and Pollution Prevention and Control	4231	3850	5724	4951	163674	128635
促进能源的生产、分配和合理利用	Promotion of Production, Allocation and Reasonable Utilization of Energy	5469	3831	9030	7307	363667	189411
促进卫生事业的发展	Promotion of Development of Health Career	5928	5150	15111	13607	188727	140444
促进教育事业的发展	Promotion of Development of Education Career	6007	4937	2209	1269	29497	17100
基础设施以及城市和农村规划	Infrastructures,Urban and Rural Planning	6144	5389	8976	7661	289680	260334

注：本表统计范围为限额以上R&D项目(课题)

Note:Figures in this table cover Tasks of R&D projects of above designated size.

19-8 续表 continued

项 目	Item	项目(课题)数 (项) Number of Projects (unit)		项目(课题)人员折合全时当量 (人年) Project Personnel Full Time Equivalent (persons-year)		项目(课题)经费内部支出 (万元) Internal Payment of All Project Funds (10000 yuan)	
		2010	2009	2010	2009	2010	2009
社会发展和社会服务	Social Development and Social Service	12210	12263	29053	32532	935232	858921
地球和大气层的探索和利用	Exploration and Exploitation of Earth and Aerosphere	2698	2346	4255	3562	103777	90484
民用空间的探测及开发	Exploration and Exploitation of Civil Space	882	671	1336	1025	52133	41260
促进农林牧渔业发展	Promotion of Development of Agriculture, Forestry, Animal Husbandry and Fishery	6298	5282	6086	5510	195463	152141
促进工商业发展	Promotion of Development of Industry and Commerce	15729	16930	42050	41004	1300119	1117355
非定向研究	Non-finite Research	21239	15027	20625	14658	565641	337291
按项目(课题)服务的国民经济行业分	**Group by Sector of National Economy Served by the Project (Task)**						
农林牧渔业	Farming,Forestry,Animal Husbandry and Fishery	4947	4224	4827	4317	158594	123401
采矿业	Mining	2398	1806	3880	2652	214628	91555
制造业	Manufacturing	16762	13931	46276	41628	1474100	1093726
电力、燃气及水的生产和供应业	Production and Distribution of Electricity,Gas and Water	1182	1183	1808	1517	53230	32852
建筑业	Construction	2853	2357	6363	5116	160987	149108
交通运输、仓储和邮政业	Transportation, Storage, Posts and Telecommunications	1372	1572	1650	1543	41927	50500
信息传输、计算机服务和软件业	Information Transmission, Computer Servecis and Software	5365	3960	20881	24965	852453	772420
批发和零售业	Wholesale Trade and Retail Trade	160	47	40	10	846	372
住宿和餐饮业	Accommodation and Catering	25	24	9	11	86	23
金融业	Finance	547	469	283	186	3388	2326
房地产业	Real Estate	128	56	43	17	742	233
租赁和商务服务业	Tenancy and Commercial Servecis	1835	1563	4129	4186	102121	103453
科学研究、技术服务和地质勘查业	Scientific Studies, Technical Services and Geological Prospecting	36559	33401	61594	55116	2222786	1811391
水利、环境和公共设施管理业	Water, Environment and Municipal Engineering Conservancy	2228	1837	2599	2000	88526	49138
居民服务和其他服务业	Resident Services and Other Services	397	503	181	139	6963	4256
教 育	Education	6151	5026	2297	1373	28236	12132
卫生、社会保障和社会福利业	Health Care, Social Security and Social Welfare	5169	4151	12384	10761	98789	75601
文化、体育和娱乐业	Culture, Art, Sports and Recreation	3383	3158	1815	1457	27500	26565
公共管理和社会组织	Public Manage and Social Organization	2660	2237	2206	2062	29654	31657
国际组织	International Organization	92	49	46	41	686	748

19-9 单位内部举办研究机构情况
STATISTICS FOR IN-HOUSE RESEARCH INSTITUTIONS

项目	Item	机构数 (个) Number of Institutions (unit)		机构研究与试验发展(R&D)人员 (人) R&D Persons in Insitutions (Person)		机构研究与试验发展(R&D)经费支出 (万元) Payment of R&D Fundss in Institutions (10000 yuan)	
		2010	2009	2010	2009	2010	2009
总计	**Total**	**2298**	**2026**	**150461**	**134211**	**5885597**	**4594227**
按机构所属学科分	**Gouped by Suject of Instituion**						
自然科学	Natural Science	213	134	60079	23720	2919350	668962
农业科学	Agricultural Science	70	70	4822	4459	178565	158198
医药科学	Mecidine Science	97	80	8512	8048	257067	178292
工程与技术科学	Engineering and Technology Science	1595	1562	68601	91834	2410157	3490204
人文与社会科学	Humanism and Social Science	323	180	8447	6150	120458	98572
按机构组成类型分	**Grouped by Type of Institution Composition**						
政府部门办	Run by Government Agency	512	468	101612	91497	4441030	3538596
与国内高校合办	Jointly Run with Domestic Colleges and Universities	25	21	529	460	18317	8030
与国内独立研究机构合办	Jointly Run with Domestic Independent Research Institutions	3	3	34	28	135	129
与境外机构合办	Jointly Run with Overseas Institutions	5	5	60	64	274	779
与境内注册外商独资企业合办	Jointly Run with Wholly-Foreign-Funded Enterprises Domestically Registered	1		4			
与境内注册其他企业合办	Jointly Run with Other Enterprises Domestically Registered	58	54	1008	986	31917	20677
单位自办	Self Run	1688	1469	47030	41067	1393424	1025739
其他	Other	6	6	184	109	500	277

19-10 高等学校科技活动情况
STATISTICS ON SCIENCE AND TECHNOLOGY ACTIVITIES IN COLLEGES AND UNIVERSITIES

项目		Item		2010	2009
科技活动人员	(人)	Personnel Engaged in Science and Technology	(person)	93489	91337
研究与试验发展机构	(个)	Scientific Research Institutions	(unit)	647	589
研究与试验发展人员折合全时当量	(人年)	Full-time Personnel Equivalent R&D Personnel	(person-years)	30060	27721
基础研究	(人年)	Basic Research	(person-years)	10698	10019
应用研究	(人年)	Applied Research	(person-years)	18107	16192
试验发展	(人年)	Experimental Development	(person-years)	1253	1511
研究与试验发展经费内部支出	(万元)	Internal R&D Expenditure	(10000 yuan)	1101609	700453
基础研究	(万元)	Basic Research	(10000 yuan)	333869	210088
应用研究	(万元)	Applied Research	(10000 yuan)	675861	431848
试验发展	(万元)	Experimental Development	(10000 yuan)	91873	58518

资料来源：北京市教育委员会。
Source: Beijing Municipal Commission of Education.

19-11 科学研究机构及人员(2009年)

SCIENTIFIC RESEARCH INSTITUTIONS AND PERSONNEL (2009)

项 目	Item	机构数 (个) Institution (unit)	从业人员年末人数 (人) Year-end Employed Persons (person)	从事科技活动人员 (人) Personnel Engaged in Scientific and Technological Activity (person)	科技经费筹集 (万元) Scientific Research-oriented Expenditure Financing (10000 yuan)	科技经费支出 (万元) Appropriation Expenditure for Science and Technology (10000 yuan)
合 计	**Total**	**275**	**67682**	**73726**	**2411855**	**2333592**
自然科学	**Natural Science**	**186**	**57430**	**63411**	**2152944**	**2088527**
按隶属关系分	**By Administrative Relationship**					
中 央	Central	147	51385	57899	1999148	1951629
地 方	Local	39	6045	5512	153796	136898
按服务的行业分	**By Sector**					
农、林、牧、渔业	Farming,Forestry,Animal Hus-bandry and Fishery	23	4676	5866	244101	246001
制造业	Manufacturing	12	2837	3066	72617	75441
电力、燃气及水的生产和供应业	Production and Distribution of Electricity, Gas and Water	2	1308	991	30530	45592
建筑业	Construction	3	253	190	7253	4580
交通运输、仓储和邮政业	Transport,Storage,Post	5	1637	1623	73137	81945
信息传输、计算机服务和软件业	Information Transmission,Computer Services and Software	7	1902	2992	149087	111930
金融业	Financial Intermediation					
租赁与商务服务业	Leasing and Business Services					
科学研究、技术服务与地质勘查业	Scientific Research,Technical Service and Geologic Prospecting	74	23059	35821	1188064	1157527
水利、环境和公共设施管理业	Management of Water Conservancy, Environment and Public Facilities	12	2819	3161	124161	89653
居民服务和其他服务业	Services to Households and Other Services	1	36	36	2545	2104
教 育	Education	1	85	83	1361	1346
卫生、社会保障和社会福利业	Health,Social Securities and Social Welfare	32	15401	7047	184995	195357
文化、体育与娱乐业	Culture,Sports and Entertainment	7	543	547	23123	25204
公共管理与社会组织	Public Management and Social Organization	7	2874	1988	51970	51847
社会科学	**Social Science**	**73**	**6706**	**7544**	**157621**	**140250**
按隶属关系分	**By Administrative Relationship**					
中 央	Central	67	5958	6867	124408	127464
地 方	Local	6	748	677	33213	12786
按机构学科分	**By Social Scientific Research Institutions**					
管理学	Management	4	177	190	5323	5908
马克思主义	Marxism	1	134	160	1524	1789
哲 学	Philosophy	1	142	192	2260	2644
宗教学	Religion	1	80	108	1697	2107
语言学	Language	1	81	105	1224	1325
文 学	Literature	3	267	371	2825	3861
艺术学	Art	2	760	691	26498	23356
历史学	History	5	508	600	6972	9205
考古学	Archeology	3	261	284	3641	4747
经济学	Economics	23	1747	2098	48433	41777
政治学	Politics	7	440	570	4932	7662
法 学	Law	5	260	543	3316	3698
社会学	Sociology	8	502	533	9802	10497
民族学	Ethnology	1	162	175	1905	2562
新闻学与传播学	News and Media	2	202	154	3365	1598
图书馆、情报与文献学	Library and Information Literature	1	128	111	734	1179
教育学	Education	4	820	632	32085	15215
统计学	Statistics	1	35	27	1085	1120
情报科学	**Intelligence Science**	**16**	**3546**	**2771**	**101290**	**104815**

注：从事科技活动人员包括科学研究机构外聘人员及在读研究生。

资料来源：北京市科学技术委员会。

Note: Personnel Engaged in Scientific and Technological Activity include personnel retained by research institutions and on-the-study postgradutes.

Source: Beijing Municipal Science & Technology Commission.

19-12 科学研究机构及人员(2010年)

SCIENTIFIC RESEARCH INSTITUTIONS AND PERSONNEL (2010)

项目	Item	机构数(个) Institution (unit)	从业人员年末人数(人) Year-end Employed Persons (person)	从事科技活动人员(人) Personnel Engaged in Scientific and Technological Activity (person)
合计	**Total**	**281**	**69980**	**69049**
自然科学	**Natural Science**	**189**	**60068**	**60273**
按隶属关系分	**By Administrative Relationship**			
中央	Central	147	53356	54733
地方	Local	42	6712	5540
按服务的行业分	**By Sector**			
农、林、牧、渔业	Farming,Forestry,Animal Hus-bandry and Fishery	23	5031	6009
制造业	Manufacturing	15	4322	3962
电力、燃气及水的生产和供应业	Production and Distribution of Electricity, Gas and Water			
建筑业	Construction	3	270	208
交通运输、仓储和邮政业	Transport,Storage,Post	5	1643	1893
信息传输、计算机服务和软件业	Information Transmission,Computer Services and Software	7	1946	2452
金融业	Financial Intermediation			
租赁与商务服务业	Leasing and Business Services			
科学研究、技术服务与地质勘查业	Scientific Research,Technical Service and Geologic Prospecting	75	24711	33372
水利、环境和公共设施管理业	Management of Water Conservancy, Environment and Public Facilities	12	2989	3395
居民服务和其他服务业	Services to Households and Other Services	1	39	39
教育	Education	1	82	79
卫生、社会保障和社会福利业	Health,Social Securities and Social Welfare	33	15553	6462
文化、体育与娱乐业	Culture,Sports and Entertainment	7	534	522
公共管理与社会组织	Public Management and Social Organization	7	2948	1880
社会科学	**Social Science**	**77**	**6654**	**6284**
按隶属关系分	**By Administrative Relationship**			
中央	Central	71	5890	5610
地方	Local	6	764	674
按机构学科分	**By Social Scientific Research Institutions**			
管理学	Management	5	203	216
马克思主义	Marxism	1	143	140
哲学	Philosophy	1	142	140
宗教学	Religion	1	79	75
语言学	Language	1	83	81
文学	Literature	3	265	265
艺术学	Art	2	768	721
历史学	History	5	510	484
考古学	Archeology	3	278	273
经济学	Economics	26	1712	1638
政治学	Politics	7	437	427
法学	Law	5	261	342
社会学	Sociology	8	535	494
民族学	Ethnology	1	161	156
新闻学与传播学	News and Media	3	242	161
教育学	Education	4	800	639
统计学	Statistics	1	35	32
情报科学	**Intelligence Science**	**15**	**3258**	**2492**

注：从事科技活动人员包括科学研究机构外聘人员及在读研究生。

资料来源：北京市科学技术委员会。

Note: Personnel Engaged in Scientific and Technological Activity include personnel retained by research institutions and on-the-study postgradutes.

Source: Beijing Municipal Science & Technology Commission.

19-12 续表 continued

项 目	Item	科技经费筹集(万元) Scientific Research-oriented Expenditure Financing (10000 yuan)	科技经费支出(万元) Appropriation Expenditure for Science and Technology (10000 yuan)
合 计	**Total**	**3020734**	**2949114**
自然科学	**Natural Science**	**2763634**	**2693506**
按隶属关系分	**By Administrative Relationship**		
中 央	Central	2567859	2513991
地 方	Local	195775	179515
按服务的行业分	**By Sector**		
农、林、牧、渔业	Farming,Forestry,Animal Hus-bandry and Fishery	258966	289580
制造业	Manufacturing	199528	145438
电力、燃气及水的生产和供应业	Production and Distribution of Electricity, Gas and Water		
建筑业	Construction	7677	5516
交通运输、仓储和邮政业	Transport,Storage,Post	85017	92716
信息传输、计算机服务和软件业	Information Transmission,Computer Services and Software	189233	154965
金融业	Financial Intermediation		
租赁与商务服务业	Leasing and Business Services		
科学研究、技术服务与地质勘查业	Scientific Research,Technical Service and Geologic Prospecting	1431598	1425684
水利、环境和公共设施管理业	Management of Water Conservancy, Environment and Public Facilities	205924	175627
居民服务和其他服务业	Services to Households and Other Services	8071	7824
教 育	Education	1534	1636
卫生、社会保障和社会福利业	Health,Social Securities and Social Welfare	288860	302022
文化、体育与娱乐业	Culture,Sports and Entertainment	24085	24573
公共管理与社会组织	Public Management and Social Organization	63142	67924
社会科学	**Social Science**	**154209**	**155950**
按隶属关系分	**By Administrative Relationship**		
中 央	Central	138866	142046
地 方	Local	15343	13904
按机构学科分	**By Social Scientific Research Institutions**		
管理学	Management	9154	9312
马克思主义	Marxism	1823	1881
哲 学	Philosophy	1758	1970
宗教学	Religion	4573	1338
语言学	Language	1390	1249
文 学	Literature	2911	2934
艺术学	Art	19212	26560
历史学	History	6906	6851
考古学	Archeology	3377	4113
经济学	Economics	55895	53455
政治学	Politics	4768	5426
法 学	Law	4195	4099
社会学	Sociology	13551	12019
民族学	Ethnology	1826	2085
新闻学与传播学	News and Media	5621	5679
教育学	Education	16163	15946
统计学	Statistics	1086	1036
情报科学	**Intelligence Science**	**102891**	**99658**

19-13 科学技术协会及所属学会工作情况(2010年)

STATISTICS OF SCIENCE AND TECHNOLOGY ASSOCIATION AND SUBORDINATE INSTITUTES (2010)

项目		Item		合计 Total	市科协 Municipal Science and Technology Association	市级学会 Institutes at Municipal Level
机构与人员		**Institutions and Personnel**				
机构	(个)	Institutions	(unit)	162	6	156
人员	(人)	Personnel	(person)	226445	50	226395
学术交流		**Academic Exchange**				
国内学术会议	(次)	Domestic Academic Meeting	(times)	1118	17	1101
参加人次	(人次)	Participants	(person-times)	133871	1580	132291
交流论文	(篇)	Papers Presented	(unit)	13904	200	13704
中外学术会议	(次)	China and Foreign Countries Academic Meeting	(times)	91	3	88
参加人次	(人次)	Participants	(person-times)	11206	483	10723
交流论文	(篇)	Papers Presented	(unit)	3308	67	3241
港澳台地区学术会议	(次)	Academic Meeting with Hongkong, Macao and Taiwan	(times)	9		9
参加人次	(人次)	Participants	(person-times)	1319		1319
交流论文	(篇)	Papers Presented	(unit)	270		270
民间科技交流		**Non-governmental Scientific and Technological Exchange**				
派往国外科技团组	(个)	Technological Group of Accredit Overseas	(unit)	68	20	48
派出人次	(人次)	Accredit person.time	(person-times)	749	118	631
派往港澳台地区科技团组	(个)	Technological Group of Hongkong, Macao and Taiwan Enterprises Accredit	(unit)	12	2	10
派出人次	(人次)	Accredit person.time	(person-times)	172	13	159
接待国外科技团组	(个)	Technological Group of overseas Reception	(unit)	125	30	95
接待人次	(人次)	Reception person.time	(person-times)	831	239	592
接待港澳台地区科技团组	(个)	Technological Group of Hongking,Macao and Taiwan Enterprises Reception	(unit)	21	2	19
接待人次	(人次)	Reception person.time	(person-times)	148	35	113
科学普及		**Scientific Promoting**				
科普讲座	(次)	Lectures	(times)	1973	374	1599
参加人次	(人次)	Participants	(person-times)	3661887	558420	3103467
科普展览	(次)	Exhibitions	(times)	335	129	206
参观人次	(人次)	Participants	(person-times)	6149623	5440600	709023
科技培训		**Training Program**				
举办科技培训班	(个)	Classes	(unit)	848	669	179
培训人次	(人次)	Participants	(person-times)	131050	26956	104094
科技咨询服务		**Consultative Services**				
科技咨询合同项目	(项)	Contracts Completed	(unit)	129	96	33
咨询合同实现金额	(万元)	Contracts Revenue	(10000 yuan)	148553	148156	397
科技出版物		**Technological Publication**				
科技期刊	(种)	Magazine	(sort)	1211060	246400	964660
科技图书	(种)	Books	(sort)	1377500	209000	1168500
科技论文集	(种)	Collection of Technological Papers	(sort)	40819		40819
科技光盘	(套)	Technology Disc	(unit)	28222		28222

资料来源：北京市科学技术协会。

Source: Beijing Association for Science & Technology.

19-14 市属国有企事业单位专业技术人员(2010年)
NUMBER OF PORFESSIONAL TECHNICAL PERSONNEL IN LOCAL STATE-OWNED ENTERPRISES AND INSTITUTIONS (2010)

单位：人 (person)

项　　目	Item	合　计 Total	#高　级 Senior	#中　级 Middle	#初　级 Junior
合　　计	**Total**	**439656**	**49589**	**153416**	**181038**
#工程技术人员	Engineering Technicians	99145	9849	26014	37547
农业技术人员	Agricultural Technicians	4521	384	1180	2422
科学研究人员	Science Research Personnel	5205	1181	2046	1183
卫生技术人员	Medical Technicians	82872	7655	26436	45476
教学人员	Teaching Personnel	149766	24413	71953	50635
经济人员	Economic Personnel	43679	2066	10702	17145
会计人员	Accountants	26553	1141	6044	14580
统计人员	Statisticians	3772	114	777	1827

资料来源：北京市人力资源和社会保障局。
Source: Beijing Human Resource and Social Security Bureau.

19-15 专利申请及授权情况
APPLICATIONS AND GRANTS FOR PATENTS

单位：件 (unit)

项　　目	Item	申请量 Applications for Patents		授权量 Grants for Patents	
		2010	2009	2010	2009
合　　计	**Total**	**57296**	**50236**	**33511**	**22921**
按种类分	**Grouped by Type**				
发　　明	Invention	33466	29326	11209	9157
实用新型	Utility Model	18637	15424	16579	10141
外观设计	Design	5193	5486	5723	3623
按对象分	**Grouped by Applicator**				
工矿企业	Industrial Enterprises	30380	26725	18179	10749
大专院校	Universities and Colleges	8495	6935	4332	3397
科研单位	Scientific Research Institutes	6911	5783	3545	2666
机关团体	Organizationgs	539	490	250	273
个　　人	Individuals	10971	10303	7205	5836

资料来源：北京市知识产权局。
Source: Beijing Intellectual Property Office of Bureau.

19-16 技术合同成交情况(1990-2010年)

STATISTICS FOR SIGNING OF TECHNOLOGICAL CONTRACTS (1990-2010)

年份 Year	合同数 (项) Number of Contracts (unit)	技术合同成交总额 (亿元) Total Amount of Technological Contracts Signed (100 million yuan)	#技术交易额 Technological Transaction Amount	实现合同总金额 (亿元) Total Amount of Contracts Achieved (100 million yuan)	#技术交易实现金额 Amount of Technological Transactions Achieved
1990	18588	20.3	10.5	15.4	8.4
1991-1995	**93970**	**167.7**	**120.0**	**115.4**	**83.8**
1991	18547	22.4	13.1	15.3	9.1
1992	23395	31.3	22.2	20.0	14.4
1993	20461	35.6	25.6	24.9	17.6
1994	15220	37.2	26.9	26.9	20.4
1995	16347	41.2	32.2	28.4	22.3
1996-2000	**91421**	**414.2**	**375.9**	**206.7**	**188.1**
1996	14850	45.8	39.2	29.6	25.4
1997	13866	54.3	48.1	31.1	27.8
1998	20724	81.6	73.9	42.1	37.6
1999	20711	92.2	88.5	43.6	41.0
2000	21270	140.3	126.3	60.3	56.3
2001-2005	**156114**	**1443.8**	**1217.2**	**669.5**	**628.1**
2001	23921	191.0	164.8	97.6	93.0
2002	27037	221.1	181.0	101.9	97.2
2003	32173	265.5	226.8	119.9	113.9
2004	35478	331.8	294.3	148.7	143.4
2005	37505	434.4	350.4	201.4	180.6
2006-2010	**256074**	**5422.8**	**3984.7**	**2226.7**	**2006.7**
2006	51575	697.3	572.6	349.5	319.7
2007	50972	882.6	660.3	418.1	353.5
2008	52742	1027.2	778.1	406.2	375.0
2009	49938	1236.2	906.9	516.8	452.9
2010	50847	1579.5	1066.7	536.0	505.6

资料来源：北京技术市场管理办公室。

Source: Beijing Technical Market Management Office.

19-17 技术合同成交情况
CONCLUSION OF TECHNICAL CONTRACTS

项 目	Item	合同数(项) Number of Contracts (unit)		成交额(万元) Amount of Transaction Concluded (10000 yuan)	
		2010	2009	2010	2009
合 计	**Total**	**50847**	**49938**	**15795367.3**	**12362259.8**
按合同类别分类	**Grouped by Type of Contract**				
技术开发合同	Technological Development	16427	13699	3509581.2	3201439.2
技术转让合同	Technology Transfer	1436	1499	369798.4	373523.3
技术咨询合同	Technical Consultation	3670	4659	264286.4	291224.3
技术服务合同	Technical Service	29314	30081	11651701.3	8496072.9
按合同卖方类别分类	**Grouped by Type of Seller**				
机关法人	Establishment Juridical Person				
事业法人	Insitution Juridical Person	8556	8833	649390.6	597436.6
社团法人	Juridical Association	23	84	634.6	3038.2
企业法人	Enterprise Juridical Person	42225	40998	15130351.7	11758695.8
自然人	Natural Person	17	18	2478.3	2774.0
其他组织	Other Organizaiton	17	5	11623.8	315.1
按合同买方类别分类	**Grouped by Type of Buyer**				
机关法人	Establishment Juridical Person	3999	3632	1138194.5	465596.0
事业法人	Insitution Juridical Person	7452	7564	1190096.0	1253412.9
社团法人	Juridical Association	254	184	19029.8	16710.7
企业法人	Enterprise Juridical Person	38402	37791	12673887.1	8596242.9
自然人	Natural Person	287	246	486277.6	670828.6
其他组织	Other Organizaiton	453	521	287882.4	1359468.7
按服务社会经济目标分类	**Grouped by Social and Economic Service Objective**				
农业、林业和渔业的发展	Development of Farming, Forestry and Fishery	635	532	116978.8	381830.3
促进工业的发展	Promoting Industrial Development	7570	6710	1567424.4	1567421.6
能源的生产和合理利用	Production and Reasonable Utilization of Energy	4532	3933	1922702.1	2564328.9
基础设施的发展	Development of Infrastructures	3374	3164	5878198.8	2298368.2
环境治理与保护	Environmental Control & Protection	1852	1712	691587.0	401489.7
卫生(不包括污染)	Health (Excld. Pollution)	1695	1889	235091.9	156669.6
社会发展和社会服务	Social Development and Service	14279	14764	2301740.4	2570654.8
地球和大气层的探索与利用	Exploration of Earth and Aerosphere and Utilization	127	121	18258.0	12020.6
知识的发展	Development of Knowledge	2040	1852	167364.1	119771.7
民用空间	Civil Space	710	841	120989.5	136402.4
国 防	National Defence	1336	1525	176205.1	330096.4
其 他	Others	12697	12895	2598827.2	1823205.5
按技术流向分类	**Grouped by Spread Area of Technology**				
流向本市	Beijing	22711	23477	3401547.5	3657015.2
流向外省市	Outside Beijing	26885	25300	6548180.6	4981837.0
技术出口	Export	1251	1161	5845639.2	3723407.5

资料来源：北京技术市场管理办公室。
Source: Beijing Technical Market Management Office.

19-18 科技成果及获奖情况(2001-2010年)
STATISTICS FOR SCIENTIFIC ACHIEVEMENTS AND AWARDS (2001-2010)

单位：项 (unit)

年份 Year	科技成果登记数 Registered Number of Scientific Achievements	#国家技术发明奖 National Award of Technical Invention	#国家科学技术进步奖 National Award of Sci-Tech Advancement
2001-2005	**3063**	**25**	**233**
2001	326	1	38
2002	275	5	48
2003	468	5	52
2004	976	6	43
2005	1018	8	52
2006-2010	**5081**	**56**	**257**
2006	1002	12	64
2007	1010	9	44
2008	1016	13	42
2009	1023	11	54
2010	1030	11	53

资料来源：北京市科学技术委员会。
Source: Beijing Municipal Science & Technology Commission.

19-19 地方产品质量监督检查情况(2010年)
LOCAL SUPERVISE AND CHECK UP PRODUCT QUALITY(2010)

项目		Item		2010
抽查企业数	(个)	Number of Enterprises for Sample Check	(unit)	9502
生产领域		In the Production Field		6171
加工经营使用		Processing and Operation		3331
抽查产品数	(个)	Number of Products for Sample Check	(unit)	10656
生产领域		In the Production Field		6655
加工经营使用		Processing and Operation		4001
合格产品数	(个)	Number of Products Up to Standard	(unit)	9482
生产领域		In the Production Field		6067
加工经营使用		Processing and Operation		3415
抽样合格率	(%)	Up-to-Standard Percentage of Sample Check	(%)	90.0
生产领域		In the Production Field		91.2
加工经营使用		Processing and Operation		85.4

资料来源：北京市质量技术监督局。
Source: Beijing Bureau of Quality and Technical Supervision.

主要统计指标解释

科技活动人员 指调查单位在报告年度直接从事科技活动、以及专门从事科技活动管理和为科技活动提供直接服务的人员。累计从事科技活动的实际工作时间占全年制度工作时间10%以下(不包含10%)的人员不统计。

研究与试验发展（R&D） 指在科学技术领域，为增加知识总量、以及运用这些知识去创造新的应用而进行的系统的创造性的活动，包括基础研究、应用研究、试验发展三类活动。

研究与试验发展（R&D）人员 指调查单位内部从事基础研究、应用研究和试验发展三类活动的人员。包括直接参加上述三类项目活动的人员以及这三类项目的管理人员和直接服务人员。

研究与试验发展（R&D）人员折合全时当量 R&D人员折合全时当量是国际上通用的、用于比较科技人力投入的指标。指R&D全时人员（全年从事R&D活动累计工作时间占全部工作时间的90%及以上人员）工作量与非全时人员按实际工作时间折算的工作量之和。

研究与试验发展（R&D）内部支出 指调查单位在报告年度用于内部开展R&D活动的实际支出。包括用于R&D项目（课题）活动的直接支出，以及间接用于R&D活动的管理费、服务费、与R&D有关的基本建设支出以及外协加工费等。

专业技术人员 指从事专业技术工作和专业技术管理工作的人员，即企事业单位中已经聘任专业技术职务从事专业技术工作和专业技术管理工作的人员，以及未聘任专业技术职务，现在专业技术岗位上工作的人员。包括工程技术人员，农业技术人员，科学研究人员，卫生技术人员，教学人员，经济人员，会计人员，统计人员，翻译人员，图书资料、档案、文博人员，新闻出版人员，律师、公证人员，广播电视播音人员，工艺美术人员，体育人员，艺术人员及企业政治思想工作人员，共十七个专业技术职务类别。

专利 是专利权的简称，是对发明人的发明创造经审查合格后，由专利局依据专利法授予发明人和设计人对该项发明创造享有的专有权。包括发明、实用新型和外观设计。

发明 指专利法及其实施细则所称的发明，指对产品、方法或者改进所提出的新的技术方案。

实用新型 指专利法及其实施细则所称的实用新型，指对产品的形状、构造或者其结合所提出的适于实用的新的技术方案。

外观设计 指专利法及其实施细则所称的外观设计，指对产品的形状、图案、色彩或者其结合所做出的富有美感并适于工业上应用的新设计。

Explanatory Notes on Main Statistical Indicators

Science and Technology Activity Persons refer to persons directly carrying out science and technology activities, and specially carrying out management of science and technology activities and persons directly providing services for science and technology activities in the investigated entity in the reporting year. Persons whose cumulative hours on science and technology activities accounting for less than 10% (excluding 10%) of annual full-time working hours are not included.

R&D means any systematic and creative activity carried out in the field of science and technology to increase the total knowledge, and apply such knowledge to create new applications, including three kinds of activities, i.e. basic research, application research, and development.

R&D Persons refer to persons in the investigated entity who are engaged in three kinds of activities, i.e. basic research, application research, and development. They include those who participate in the foregoing three kinds of activities and managerial persons and direct service persons for these activities.

R&D Persons Full Time Equivalent is an internationally universal indicator used for comparing the input of manpower on science and technology. It means the sum of workload of full-time personnel (those whose annual accumulated working hours on R&D activities account for 90% and more of total working hours) and that of non-full-time personnel converted from actual working hours.

Internal R&D Expenditure means the actual disbursement of investigated entities on internal R&D in the reporting year, including direct spending on R&D project (task) activities, and management expenses and service fees indirectly spent on R&D, R&D related capital construction spending, and external assisting processing charges, etc.

Professional Technicians refer to persons carrying out professional technological work and professional technological management, namely persons retained by enterprises and public institutions with professional technological titles for professional technological work and professional technological management, and persons not retained with professional technological work and professional technological management but working on professional technological posts, including engineering technicians, agricultural technicians, research personnel, medical technicians, teaching personnel, economics personnel, accountants, statistics personnel, translators and interpreters, personnel on books, files, archives and museums, press and publication personnel, lawyers, notaries, TV and radio broadcasting personnel, personnel on arts and crafts, personnel on sports, personnel on art, as well as personnel on political ideology work in enterprises, totaling seventeen professional technological titles.

Patent is a short name of patent right, referring to the exclusive right granted by patent authorities upon review of the inventor's invention and creation to the inventor and designer with regard to the invention, including invention, utility model and appearance design.

Invention means the invention mentioned in the Patent Law and its detailed rules for implementation, i.e. the new technological scheme presented for the product, methodology, or improvement.

Utility Model means the utility model mentioned in the Patent Law and its detailed rules for implementation, i.e. the new technological scheme presented for the product shape, structure or combination of them, which is suitable for practical use.

Appearance Design means the appearance design mentioned in the Patent Law and its detailed rules for implementation, i.e. the new design of product shape, pattern, color or combination of them, which is artistic and suitable for industrial application.

20

卫生、体育
HEALTH AND SPORTS

简要说明

一、本章资料的主要内容

本章主要反映卫生、体育的发展情况。

卫生部分主要内容包括卫生机构、卫生技术人员、床位数，医院诊疗人次及入院人数，主要疾病死亡原因及构成，传染病的发病及死亡以及农村改水及卫生等情况。体育部分主要包括群众体育和竞技体育，主要内容有体育系统职工情况，体育场地数，竞技体育成绩等情况。

二、本章的资料来源

卫生部分的资料来自北京市卫生局，详细资料请参见《北京市卫生工作统计资料（汇编）》（北京市卫生局编）；体育部分的资料来自北京市体育局。

Brief Introduction

I. Main Content

This chapter mainly reflects the development situation of health and sports.

Health statistics include the number of health institutions, health technicians, beds, medical service visitors and hospitalized persons, the death reason and composition of main diseases, occurrence and mortality of infectious diseases, rural water renovation and sanitation. Sports statistics include public sports and athletic sports. Main figures include information on staff members in sports system, number of sports sites, and results of athletic sports.

II. Source of Data

Health data are from Beijing Municipal Health Bureau. See Statistics on Health Work in Beijing (Collection) (prepared by Beijing Municipal Bureau of Health) for details. Sports data are from Beijing Municipal Sports Bureau.

20-1 卫生事业基本情况(1978-2010年)
BASIC STATISTICS ON HEALTH (1978-2010)

年 份 Year	卫生机构 (个) Health Care Institutions (unit)	#医院(卫生院) Hospitals (Township)	#医 院 Hospitals	#疾病预防控制中心(防疫站) Epidemic Prevention Station	#妇幼保健院(所、站) Maternity and Child Care Hospitals(station)	#社区卫生服务中心(站) Health Service Centers (Stations) for Community
1978	3263	389		22	15	
1979	3614	387		22	17	
1980	3818	393		22	19	
1981	4135	403		22	19	
1982	4389	413		22	18	
1983	4312	412		22	19	
1984	4173	423		22	18	
1985	4248	376		22	18	
1986	4483	371		22	20	
1987	4744	398		22	19	
1988	4342	445		22	17	
1989	4398	470		22	17	
1990	4953	512		22	17	
1991	4970	525	337	22	17	
1992	4868	535	345	22	16	
1993	4962	548	364	32	16	
1994	4958	629	387	33	16	
1995	4955	629	387	33	15	
1996	6470	645	405	33	13	
1997	6577	673	435	33	13	
1998	5723	676	449	32	11	
1999	5990	686	460	32	8	
2000	6176	674	458	30	8	
2001	5969	673	458	30	9	
2002	4998	647	461	24	19	35
2003	5075	646	459	29	19	36
2004	4835	657	503	29	19	43
2005	4818	692	519	28	18	93
2006	4878	705	541	28	18	90
2007	6189	686	535	31	18	1126
2008	6523	660	537	31	19	1282
2009	6603	638	522	31	19	1395
2010	6539		550	31	19	1587

注：1. 2010年起，原卫生院数据并入到社区卫生服务中心(站)等其他卫生机构。
2. 表中每千人口拥有执业(助理)医师数、每千人口拥有注册护士数、每千人口拥有医院床位数按平均户籍人口计算。2010年上述指标按常住人口计算分别为3.36人、3.43人和4.38张。

资料来源：北京市卫生局。

Note:a) From 2010, data on health centers were involved into other health institutions such as community health service centers (stations).
b) The data of "Certified Physicians per 1000 Persons", "Registered Nurses per 1000 Persons", "Beds per 1000 Persons" were calculated by average registered population.These indicators for 2010 calculated by permanent population were 3.36 persons,3.43 persons and 4.38 units.

Source: Beijing Municipal Health Bureau.

20-1 续表 continued

年 份 Year	卫生人员(人) Employed Persons in Health Care Institution (person)	#卫生技术人员 Medical Technical Personnel	#执业(助理)医师 Certified (Assistant) Physicians	#注册护士 Registered Nurses	实有床位数(张) Beds (unit)	#医院(卫生院) Hospitals (Township)	#医院 Hospitals	每千人口拥有执业(助理)医师数(人) Certified Physicians Per 1000 Persons(person)	每千人口拥有注册护士数(人) Registered Nurses Per 1000 Persons(person)	每千人口拥有医院床位数(张) Beds Per 1000 Persons (unit)
1978	90174	65943	28435	16085	29767	26432		3.35	1.89	3.11
1979	97942	72131	31842	17398	30231	26808		3.66	1.87	3.08
1980	102601	74753	34365	17492	32453	28495		3.88	1.97	3.22
1981	110774	81183	37886	20025	33666	29783		4.20	2.20	3.30
1982	114420	83843	39385	20389	34574	30940		4.30	2.23	3.40
1983	119222	86593	41216	21181	35987	32242		4.40	2.26	3.50
1984	124664	89362	42112	22286	38580	34602		4.40	2.33	3.70
1985	127771	90831	42216	23782	41603	38180		4.44	2.48	3.99
1986	132865	94433	43403	25383	43956	40903		4.47	3.72	4.21
1987	142556	101829	46007	27786	47538	44407		4.66	2.81	4.49
1988	145362	105237	48216	30250	53078	48711		4.82	3.02	4.87
1989	150062	108108	49361	32056	55623	51877		4.83	3.14	5.08
1990	156304	111614	50934	34565	59036	55474		4.93	3.35	5.37
1991	161103	114342	52309	35714	61744	58744	54888	5.03	3.44	5.65
1992	164213	115825	53254	36768	63230	59833	55858	5.10	3.52	5.73
1993	165170	116173	53906	36687	65621	62340	58605	5.13	3.49	5.93
1994	164867	116818	53865	36608	67112	64416	60661	5.07	3.45	6.07
1995	164436	115967	54114	36719	66925	64211	60337	5.06	3.43	6.00
1996	164981	116849	54091	37712	66760	64902	60997	5.02	3.50	6.02
1997	167090	119256	54909	38630	67946	65826	61865	5.06	3.56	6.06
1998	162609	115976	51902	38883	69095	66954	63144	4.76	3.56	6.13
1999	161823	116597	52646	39625	69465	67684	63660	4.79	3.60	6.15
2000	160258	115510	51570	39900	71245	69183	65138	4.66	3.60	6.25
2001	158185	115935	52100	40537	73053	70837	66537	4.64	3.61	6.31
2002	144021	109564	47236	38879	75188	71967	67750	4.18	3.44	6.46
2003	148406	112212	47887	39912	74298	71173	66990	4.21	3.51	5.89
2004	153154	116610	48988	41547	77359	73811	69850	4.25	3.60	6.54
2005	157133	119874	50617	42897	79067	76031	72329	4.32	3.66	6.65
2006	166278	126904	52795	45647	81440	78588	74762	4.41	3.84	6.77
2007	182475	139275	54989	50890	83736	80158	76915	4.53	4.19	6.34
2008	193799	149916	58773	55349	86196	81937	79089	4.78	4.50	6.43
2009	208156	160435	62348	61604	90100	84896	82471	5.00	4.94	6.62
2010	219762	171093	65954	67308	92871		85935	5.24	5.35	6.83

20-2 卫生机构基本情况

BASIC STATISTICS ON INSTITUTIONS OF PUBLIC HEALTH

项　　目		Item		2010	2009	构　成 (%) Composition(%) 2010	2009
卫生机构	**(个)**	**Health Care Institutions**	**(unit)**	**6539**	**6603**	**100.0**	**100.0**
#医　院		Hospitals		550	522	8.4	7.9
社区卫生服务中心(站)		Health Service Centers (Stations) for Community		1587	1511	24.3	22.9
门诊部		Clinics		794	768	12.1	11.6
妇幼保健院(所、站)		Maternity and Child Care Hospitals (Centers, Stations)		19	19	0.3	0.3
疾病预防控制中心(防疫站)		Prevent a Disease Control Center (Epidemic Prevention Station)		31	31	0.5	0.5
专科疾病防治院(所、站)		Specialized Disease Prevention & Treatment Institutions(Centers, Stations)		28	27	0.4	0.4
诊所、卫生所、医务室、护理站		Clinics,Health Centers, Infirmaris, Nursing Stations		3390	3592	51.8	54.4
床　位	**(张)**	**Beds**	**(unit)**	**92871**	**90100**	**100.0**	**100.0**
#医　院		Hospitals		85935	82471	92.5	91.5
社区卫生服务中心(站)		Health Service Centers (Stations) for Community		4238	4698	4.6	5.2
妇幼保健院(所、站)		Maternity and Child Care Hospitals (Centers, Stations)		1622	1534	1.7	1.7
专科疾病防治院(所、站)		Specialized Disease Prevention & Treatment Institutions(Centers, Stations)		568	942	0.6	1.0
卫生技术人员	**(人)**	**Medical Technical Personnel**	**(person)**	**171093**	**160435**	**100.0**	**100.0**
#医　院		Hospitals		121424	112584	71.0	70.2
社区卫生服务中心(站)		Health Service Centers (Stations) for Community		20518	19473	12.0	12.1
妇幼保健院(所、站)		Maternity and Child Care Hospitals (Centers, Stations)		3861	3725	2.3	2.3
专科疾病防治院(所、站)		Specialized Disease Prevention & Treatment Institutions (Centers, Stations)		482	516	0.3	0.3
#执业(助理)医师		Certified Doctors		65954	62348	38.5	38.9
注册护士		Registered Nurses		67308	61604	39.3	38.4

注：1. 卫生机构中不包括部队卫生机构以及村卫生室。

2. 从2010年起，社区卫生服务中心（站)数据包括卫生院数据，2009年数据根据此口径进行了调整。

资料来源：北京市卫生局。

Note:a) Health institutions do not include those in armies and village health centers.

b) From 2010, figures of community health service centers (stations) exclude those of health centers. Figures for 2009 were adjusted in compliance with such standard.

Source: Beijing Municipal Health Bureau.

20-3 全市医院基本情况(2010年)

BASIC STATISTICS ON HOSPITALS (2010)

项　　目	Item	医院数(个) Hospitals (unit)	床位数(张) Beds (unit)	职工人数(人) Staff and Workers (person)	#卫生技术人员 Medical Technical Personnel	#执业医师 Certified Doctors	#中医 Doctors of Chinese Medicine
合　计	**Total**	**550**	**85935**	**155172**	**121424**	**41842**	**6110**
按隶属关系分	**Group by Administrative Relationship**						
#市	Municipal	36	20205	38816	30786	10033	660
区　县	District and County	105	26942	43823	34742	12410	1975
按专业分	**Group by Specialty**						
综合医院	General Hospitals	323	55917	107798	85285	29349	1949
中医医院	Hospital Specialized in Traditional Chinese Medicine	90	9888	17280	13733	5505	3542
中西医结合医院	Hospitals Which Integrate Traditional Chinese Therapeutics with Western Therapeutics in Practice	6	954	1472	1208	495	232
民族医院	Ethnologic Hospitals	3	103	248	214	96	51
口腔医院	Stomatology Hospitals	9	248	3079	2270	928	
眼科医院	Ophthalmology Hospitals	10	458	573	352	102	4
肿瘤医院	Tumor Hospitals	6	2446	3536	2565	935	42
心血管病医院	Hospitals for Cardiovascular Diseases	2	1010	2437	1952	549	5
胸科医院	Thorax Hospitals	1	533	772	586	154	
血液病医院	Blood Disease Hospitals	1	104	278	215	37	
妇(产)科医院	Hospitals for Gynecology and Obstetrics	7	716	1755	1287	437	15
儿童医院	Children's Hospitals	5	1603	3536	2823	800	39
精神病医院	Mental Hospitals	22	7011	4834	3485	792	38
传染病医院	Infectious Disease Hospitals	3	1345	2449	1953	589	32
皮肤病医院	Skin Disease Hospitals	1	100	157	117	37	11
骨科医院	Hospitals of Orthopedics	8	495	534	397	108	35
康复医院	Recovery Hospitals	4	192	289	203	53	6
整形外科医院	Orthopaedics Hospitals	1	328	540	392	122	
美容医院	Beauty Hospitals	10	190	611	316	105	9
其他专科医院	Other Specialized Hospitals	35	2274	2968	2059	647	98
护理院	Nursing Hospitals	3	20	26	12	2	2

资料来源：北京市卫生局。
Source: Beijing Municipal Health Bureau.

20-3 续表 continued

单位：人 (person)

项　目	Item	#执业助理医师 Certified Assistant Doctors	#中医 Doctors of Chinese Medicine	#注册护士 Registered Nurses	#药剂人员 Druggist	西药师 Pharmacists	中药师 Pharmacists of Chinese Medicine	#检验人员 Laboratory Technicians
合　计	**Total**	**1406**	**266**	**54133**	**6919**	**4212**	**2419**	**4229**
按隶属关系分	**Group by Administrative Relationship**							
#市	Municipal	72	2	14403	1563	916	414	1003
区　县	District and County	491	77	15250	2194	1361	802	1276
按专业分	**Group by Specialty**							
综合医院	General Hospitals	963	130	38630	4450	3033	1165	2982
中医医院	Hospital Specialized in Traditional Chinese Medicine	180	79	4762	1428	393	1017	496
中西医结合医院	Hospitals Which Integrate Traditional Chinese Therapeutics with Western Therapeutics in Practice	24	17	505	77	35	42	41
民族医院	Ethnologic Hospitals	3	3	75	20	5	15	10
口腔医院	Stomatology Hospitals	24		938	30	29	1	15
眼科医院	Ophthalmology Hospitals	8	1	175	19	12	5	14
肿瘤医院	Tumor Hospitals	19	3	1083	132	111	21	86
心血管病医院	Hospitals for Cardiovascular Diseases	3		1033	53	52	1	35
胸科医院	Thorax Hospitals			337	29	25	4	21
血液病医院	Blood Disease Hospitals			108	6	6		31
妇(产)科医院	Hospitals for Gynecology and Obstetrics	22	2	582	53	39	14	55
儿童医院	Children's Hospitals	4		1346	190	155	35	138
精神病医院	Mental Hospitals	56	2	1898	153	111	29	91
传染病医院	Infectious Disease Hospitals	1		998	92	72	20	90
皮肤病医院	Skin Disease Hospitals	3	2	56	10	8	2	7
骨科医院	Hospitals of Orthopedics	15	5	210	18	10	8	10
康复医院	Recovery Hospitals	7	3	80	11	8	3	4
整形外科医院	Orthopaedics Hospitals			214	7	7		6
美容医院	Beauty Hospitals	15	2	153	16	10	5	13
其他专科医院	Other Specialized Hospitals	57	15	944	124	90	32	83
护理院	Nursing Hospitals	2	2	6	1	1		1

20-4 医院工作情况(2010年)

WORKS OF HOSPITALS (2010)

项 目	Item	诊疗人次数(千人次) Patients Treated (1000 person.times)	#门诊 Out-patients	健康检查人数(千人次) Health Check (1000 person.times)	平均开放病床数(张) Beds in Use (unit)	入院人数(千人次) In-patients (1000 person.times)	出院人数(千人次) Leaving Hospital (1000 person.times)
合 计	**Total**	**93374.7**	**84831.4**	**3313.0**	**82802.0**	**1712.9**	**1708.6**
综合医院	General Hospitals	64411.7	57241.8	2909.7	53881.6	1231.6	1229.2
中医医院	Hospital Specialized in Traditional Chinese Medicine Medicine	16884.3	16089.0	333.8	9442.8	167.5	166.4
中西医结合医院	Hospitals Which Integrate Traditional Chinese Therapeutics with Western Therapeutics in Practice	852.9	810.3	33.7	947.7	12.1	12.0
民族医院	Ethnologic Hospitals	28.6	28.6		62.3	0.6	0.5
口腔医院	Stomatology Hospitals	1731.4	1663.0		246.6	6.1	6.0
眼科医院	Ophthalmology Hospitals	157.1	156.9		434.6	7.7	7.5
肿瘤医院	Tumor Hospitals	846.9	840.7	11.8	2444.8	70.3	70.1
心血管病医院	Hospitals for Cardiovascular Diseases	474.7	450.8	3.7	892.3	34.3	34.2
胸科医院	Thorax Hospitals	137	132.8		533.0	8.1	8.0
血液病医院	Blood Disease Hospitals	22	22.0		102.9	2.3	3.0
妇(产)科医院	Hospitals for Gynecology and Obstetrics	953.1	932.6	6.0	628.0	27.4	27.3
儿童医院	Children's Hospitals	4594.7	4260.8	2.9	1584.6	62	61.9
精神病医院	Mental Hospitals	815	808.0	6.7	6908.7	12	12.1
传染病医院	Infectious Disease Hospitals	524.9	489.6		1244.7	26.9	26.8
皮肤病医院	Skin Disease Hospitals	59.7	59.7		100.0	0.8	0.8
骨科医院	Hospitals of Orthopedics	131.5	120.7	1.0	495.0	5.6	5.7
康复医院	Recovery Hospitals	46.4	46.4	0.3	192.0	2	1.9
整形外科医院	Orthopaedics Hospitals	74.7	73.6	0.1	328.0	10	10.0
美容医院	Beauty Hospitals	34.8	34.8		160.7	2.5	2.5
其他专科医院	Other Specialized Hospitals	593.7	569.2	3.3	2151.8	23.2	22.8
护理院	Nursing Centers				20.0		

资料来源：北京市卫生局。

Source: Beijing Municipal Health Bureau.

20-4 续表 continued

项　目	Item	治愈率 (%) Recovering Rate (%)	好转率 (%) Mending Rate (%)	病死率 (%) Rate of Death of Illness (%)	病床周转次数 (次) Turnover Beds (times)	病床使用率 (%) Utilization Rate of Beds (%)	出院者平均住院日 (日) Average Hospitalization Period (day)
合　计	**Total**	**54.05**	**41.51**	**1.70**	**20.6**	**84.49**	**14.0**
综合医院	General Hospitals	55.62	39.89	1.84	22.8	83.54	13.1
中医医院	Hospital Specialized in Traditional Chinese Medicine Medicine	31.55	63.68	2.02	17.6	79.92	16.2
中西医结合医院	Hospitals Which Integrate Traditional Chinese Therapeutics with Western Therapeutics in Practice	40.25	42.92	4.47	12.7	69.22	19.8
民族医院	Ethnologic Hospitals	6.21	88.35	2.33	8.3	71.78	29.2
口腔医院	Stomatology Hospitals	89.23	5.83	0.03	24.5	71.25	10.5
眼科医院	Ophthalmology Hospitals	98.14	1.78		17.3	51.18	7.6
肿瘤医院	Tumor Hospitals	73.17	22.84	1.03	28.7	96.38	11.7
心血管病医院	Hospitals for Cardiovascular Diseases	33.73	65.32	0.39	38.3	95.10	9.0
胸科医院	Thorax Hospitals	46.01	38.54	2.05	15.0	96.63	23.5
血液病医院	Blood Disease Hospitals	78.83	18.27	0.77	29.2	116.04	14.5
妇(产)科医院	Hospitals for Gynecology and Obstetrics	89.10	10.73	0.02	43.5	77.02	6.3
儿童医院	Children's Hospitals	54.47	42.17	0.19	39.0	93.23	8.7
精神病医院	Mental Hospitals	13.77	81.97	1.35	1.8	102.48	159.8
传染病医院	Infectious Disease Hospitals	47.55	43.22	2.91	21.5	92.66	15.6
皮肤病医院	Skin Disease Hospitals	4.56	95.44		8.1	43.24	14.2
骨科医院	Hospitals of Orthopedics	36.67	61.74	0.11	11.5	56.34	18.0
康复医院	Recovery Hospitals	16.83	81.29	0.94	10.0	74.91	21.2
整形外科医院	Orthopaedics Hospitals	82.47	17.53		30.4	85.04	9.5
美容医院	Beauty Hospitals	100.00			15.4	22.40	5.0
其他专科医院	Other Specialized Hospitals	67.44	29.84	1.63	10.6	68.53	19.6
护理院	Nursing Centers		89.47	10.53	0.95	50.00	76.8

20-5 全市居民前十位死因顺位、死亡率及构成(2010年)
DEATH RATE AND COMPOSITION OF 10 MAJOR DISEASE (2010)

顺 位 No.	死因名称	Cause of Death	死亡率(1/10万) Death Rate (1/100 thousand)	构 成(%) Composition(%)
	全 市	**Total**		
1	恶性肿瘤	Malignant Tumour	158.73	25.56
2	心脏病	Heart Trouble	156.97	25.28
3	脑血管病	Cerebrovasular Disease	142.29	22.91
4	呼吸系统疾病	Disease of the Respiratory System	60.92	9.81
5	损伤和中毒	Trauma and Toxicosis	22.95	3.70
6	内分泌、营养、代谢及免疫疾病	Endocrine, Nutrition, Metabolite and Immunity Disease	17.07	2.75
7	消化系统疾病	Disease of the Gigestive System	15.39	2.48
8	神经系统疾病	Neuropathy	6.61	1.07
9	传染病	Infection Disease	5.35	0.86
10	泌尿生殖系统疾病	Disease of the Genitourinary Syste	5.24	0.84
	男 性	**Male**		
1	恶性肿瘤	Malignant Tumour	187.24	27.12
2	心脏病	Heart Trouble	166.20	24.07
3	脑血管病	Cerebrovasular Disease	158.13	22.90
4	呼吸系统疾病	Disease of the Respiratory System	67.19	9.73
5	损伤和中毒	Trauma and Toxicosis	28.79	4.17
6	消化系病	Disease of the Gigestive System	28.79	4.17
7	内分泌、营养、代谢及免疫疾病	Endocrine, Nutrition, Metabolite and Immunity Disease	15.49	2.24
8	传染病	Infection Disease	7.52	1.09
9	神经系统疾病	Neuropathy	7.35	1.06
10	泌尿生殖系统疾病	Disease of the Genitourinary Syste	5.13	0.74
	女 性	**Female**		
1	心脏病	Heart Trouble	147.62	26.81
2	恶性肿瘤	Malignant Tumour	129.83	23.58
3	脑血管病	Cerebrovasular Disease	126.23	22.93
4	呼吸系统疾病	Disease of the Respiratory System	54.56	9.91
5	内分泌、营养、代谢及免疫疾病	Endocrine, Nutrition, Metabolite and Immunity Disease	18.68	3.39
6	损伤和中毒	Trauma and Toxicosis	17.04	3.09
7	消化系病	Disease of the Gigestive System	12.39	2.25
8	神经系统疾病	Neuropathy	5.87	1.07
9	泌尿生殖系统疾病	Disease of the Genitourinary Syste	5.36	0.97
10	传染病	Infection Disease	3.15	0.57

资料来源：北京市卫生局。
Source: Beijing Municipal Health Bureau.

20-6 全市主要健康指标情况(1978-2010年)

MAJOR HEALTH INDICATIONS OF BEIJING(1978-2010)

年 份 Year	婴儿死亡率(‰) Infant Mortality (‰)	城郊 District	远县 County	新生儿死亡率(‰) Newborn Baby Mortality (‰)	城郊 District	远县 County	孕产妇死亡率(1/10万) Pregnant & Lying-in Women Mortality (1/100 thousand)	城郊 District	远县 County	甲乙类传染病发病率(1/10万) Incidence Rate of First and Second (1/100 thousand)
1978	17.11	10.34	21.15	12.21	7.35	15.60	31.00	5.00	53.00	
1979	16.97	12.81	19.43	10.08	8.00	12.77	34.70	13.10	41.30	1584.25
1980	14.79	10.40	17.73	10.24	7.12	12.81	26.30	12.50	34.60	2165.23
1981	13.84	9.69	17.26	9.22	6.00	11.85	48.50	18.70	76.10	2225.71
1982	12.97	9.95	15.19	8.02	6.20	9.76	24.50	21.70	32.60	2193.16
1983	13.79	10.54	17.24	8.78	6.22	11.84	28.10	24.30	45.10	1904.55
1984	10.98	10.33	12.49	7.78	6.72	9.20	16.80	11.40	41.50	1666.68
1985	13.94	10.02	18.85	10.41	6.40	15.97	22.90	24.30	35.10	1335.23
1986	16.05	13.42	19.24	12.13	8.97	15.41	30.50	22.90	43.10	1120.19
1987	15.56	12.63	18.23	11.08	8.01	14.02	26.60	14.80	33.30	826.51
1988	14.98	11.71	17.92	10.48	7.96	13.20	24.80	25.40	32.40	640.98
1989	14.96	11.59	18.30	10.53	8.08	13.23	34.50	3.90	55.80	547.61
1990	11.66	10.12	12.55	8.49	7.43	9.38	25.00	13.00	30.50	509.55
1991	12.46	11.94	13.11	8.56	7.83	9.47	24.00	23.80	24.20	448.23
1992	12.12	10.81	14.43	8.93	7.72	11.18	30.10	30.20	29.80	385.98
1993	10.38	10.68	9.93	7.21	7.28	7.10	16.50	21.10	9.60	356.66
1994	10.93	12.09	9.43	7.29	7.57	6.94	18.94	21.02	16.26	374.31
1995	11.45	14.23	8.20	7.52	8.91	5.90	22.27	23.89	20.36	309.99
1996	10.05	11.57	8.13	6.97	7.61	6.17	15.32	11.45	20.19	340.24
1997	9.45	10.49	8.05	6.36	6.75	5.83	23.69	25.25	21.60	294.41
1998	7.58	9.07	5.75	5.53	6.46	4.39	10.46	10.87	9.97	306.37
1999	7.95	7.78	8.38	5.94	5.74	6.45	17.53	15.69	22.06	308.10
2000	5.36	6.29	4.05	3.70	4.26	2.91	9.70	7.10	13.38	301.19
2001	6.01	6.26	5.62	4.05	4.16	3.89	11.71	13.85	8.45	276.85
2002	5.56	5.57	5.54	3.70	3.65	3.77	15.12	16.24	13.29	282.95
2003	5.89	5.91	5.83	3.83	3.56	4.33	15.60	6.92	31.35	228.00
2004	4.61	4.51	4.79	3.49	3.42	3.62	15.19	17.69	10.66	408.03
2005	4.35	4.08	4.84	3.29	3.03	3.79	15.91	7.33	31.95	445.91
2006	4.66	3.96	6.04	3.42	2.99	4.26	7.87	7.12	9.36	448.70
2007	3.89	3.50	4.72	2.65	2.31	3.39	16.74	18.92	12.10	421.02
2008	3.70	3.49	4.21	2.45	2.41	2.52	18.52	15.86	24.76	312.99
2009	3.49	3.28	4.02	2.47	2.37	2.73	14.55	12.56	19.49	339.89
2010	3.29	2.95	4.25	2.06	1.94	2.42	12.14	8.95	21.23	268.99

注：城郊包括东城区、西城区、朝阳区、丰台区、石景山区、海淀区、门头沟区、房山区；远县包括通州区、昌平区、顺义区、大兴区、怀柔区、平谷区、密云县、延庆县。

资料来源：北京市卫生局。

Note: Districts include Dongcheng, Xicheng, Chaoyang, Fengtai, Shijingshan, Haidian, Mentougou, and Fangshan districts.
Counties include Tongzhou, Changping, Shunyi, Daxing, Huairou, and Pinggu Districts and Miyun and Yanqing Counties.

Source: Beijing Municipal Health Bureau.

20-7 全市7岁以下儿童系统管理情况
STATISTICS FOR SYSTEMATIC CARE OF CHILDREN AT 7 AND BELOW

项目	Item	2010	2009
7岁以下儿童数 (人)	Children at 7 and below (person)	698613	629319
系统管理人数 (人)	Children under Systematic Care (person)	644380	576710
体检人数 (人)	Children Having Health Check (person)	686031	619033
0-2岁儿童佝偻病患病率 (%)	Suffering Rate from Rickets of Children at Age 0-2 (%)	0.07	0.10
0-2岁儿童贫血患病率 (%)	Suffering Rate from Amenia of Children at Age 0-2 (%)	6.11	5.20
3-6岁儿童贫血患病率 (%)	Suffering Rate from Amenia of Children at Age 3-6 (%)	1.13	0.94

资料来源：北京市卫生局。
Source: Beijing Municipal Health Bureau.

20-8 农村卫生基本情况(2010年)
BASIC STATISTICS ON RURAL HEALTH (2010)

项目	Item	合计 Total	村办 Country Infirmary	乡卫生院设点 Under the Township Hospital	联合办 Jointly Run	私人办 Privately Run	其他 Other
机构数 (个)	Number of Infirmary (unit)	2972	2594	5	5	343	25
执业(助理)医师 (人)	Certified (Assistant) Doctors (person)	211	170			40	1
乡村医生 (人)	Country Doctors (person)	3580	3170	6	5	373	26
卫生员 (人)	Health Officer (person)	117	110			7	
诊疗人次数 (千人次)	Person-times of Diagnosis and Treatment (1000 person-times)	4315.3	3815.5	5.2	7.6	446.8	40.4

资料来源：北京市卫生局。
Source: Beijing Municipal Health Bureau.

20-9 农村改水及卫生情况
WATER RECONSTRUCTION AND HEALTH CONDITIONS IN RURAL AREA

项目		Item		2010	2009
农村总人口	(万人)	Total Rural Population	(10000 persons)	300.5	300.5
已改水累计受益人口	(万人)	Accumulative Population Benefiting from Water Reconstruction	(10000 persons)	300.5	300.5
已改水受益人口		Population Benefiting from Water			
占农村人口	(%)	Reconstruction as % of Total Rural Population	(%)	100	100
饮用自来水		Tap Water for Drinking			
现有水厂	(座)	Existing Water Plant	(unit)	3326	3315
累计受益人口	(万人)	Accumulative Population Benefited	(10000 persons)	298.87	298.71
饮用水压机井水		Motor-pumped Well of Drinking Water			
现有机井	(万台)	Existing Wells	(10000 units)	0.51	0.55
累计受益人口	(万人)	Accumulative Population Benefited	(10000 persons)	1.48	1.64
其他形式		In Other Form			
累计受益人口	(万人)	Accumulative Population Benefited	(10000 persons)	0.14	0.14
农村自来水普及率	(%)	Popularization Rate of Tap Water in Rural Area	(%)	99.46	99.40
农村卫生厕所普及率	(%)	Popularization Rate of Toilet in Rural Area	(%)	91.35	85.48
参加新型农村合作医疗人数	(万人)	Persons Participating in New-type Rural Cooperative Medical Service Program	(10000 persons)	278.5	274.9
新型农村合作医疗参合率	(%)	Percentage of Persons Participating in New-type Rural Cooperative Medical Service Program	(%)	96.7	95.7

资料来源：北京市卫生局。
Source: Beijing Municipal Health Bureau.

20-10 主要年份体育场地情况

SITUATION OF THE GYMNASIUMS AND STADIUMS IN MAIN YEAR

单位：个 (unit)

年份 Year	总计 Total	#体育场 Palaestra	#体育馆 Gymnasium	#游泳场馆 Natatorium	#室内 Indoor	#各种训练房 Exercise Rooms
1950	19	1				2
1955	61	1			2	10
1960	124	2		4	3	19
1970	188	2	2	8	3	24
1975	234	3	2	11	4	28
1980	293	3	2	12	4	32
1985	405	4	2	20	8	54
1990	780	12	12	49	26	153
1995	1381	18	18	88	56	291
2000	2815	35	24	214	161	863
2001	3500	42	27	283	216	1101
2002	4176	57	33	334	263	1358
2003	6100	93	36	443	371	1729
2004	6104	93	36	443	371	1729
2005	6112	93	36	446	374	1731
2006	6122	93	36	446	374	1734
2007	6146	94	37	446	374	1736
2008	6149	94	37	446	374	1739
2009	6149	94	37	446	374	1739
2010	6151	94	37	446	374	1741

资料来源：北京市体育局。

Source: Beijing Municipal Sports Bureau.

20-11 群众体育活动情况
ACTIVITIES OF MASS SPORTS

项　　目		Item		2010	2009
晨晚练辅导站	（个）	Instruction Stations of Morning and Evening Exercise	(unit)	4905	4905
晨晚练活动人数	（万人）	Number of People Having Morning and Evening Exercise	(10000 persons)	15914	15914
青少年体育俱乐部数	（个）	Number of Teenager Sport Clubs	(unit)	159	125
社会体育指导员	（人）	Social Sport Instructors	(person)	25257	32727
专项球类场地设施	（个）	Special ball game venue facilities	(unit)	120	90
社区健身俱乐部	（个）	Community fitness clubs	(unit)	86	72
体育生活化社区	（个）	Life-oriented sports communities	(unit)	129	99

资料来源：北京市体育局。
Source: Beijing Municipal Sports Bureau.

20-12 运动员、教练员、裁判员情况
ATHLETES,TRAINERS AND UMPIRE

单位：人 (person)

项　　目	Item	2010	#女性 Female	2009	#女性 Female
分等级运动员发展人数	**Number of Certified Athletes Admitted**	**1644**	**682**	**1784**	**709**
国际级运动健将	International Master			15	10
国家级运动健将	National Master			92	42
一　级	First Grade Athletes	450	193	291	129
二　级	Second Grade Athletes	1194	489	1386	528
专职教练员获职称人数	**Number of Professional Trainers Gained Title**	**83**		**657**	
高级职称	Senior	5		141	
中级职称	Middle	35		274	
初级职称	Junior	43		242	
分等级裁判员发展人数	**Number of Certified Referees Admitted**	**1438**	**403**	**1616**	**446**
一　级	First Grade Referees	340	144	416	104
二　级	Second Grade Referees	1098	259	1200	342

资料来源：北京市体育局。
Source: Beijing Municipal Sports Bureau.

20-13 运动员获奖牌情况(2010年)
STATISTICS ON MEDALS WON (2010)

单位：块 (piece)

项目	Item	金牌 Gold	银牌 Silver	铜牌 Copper
合计	**Total**	**100**	**82**	**44**
国际比赛	International Competitions	43	18	10
国内比赛	Domestic Competitions	57	64	34

资料来源：北京市体育局。
Source: Beijing Municipal Sports Bureau.

20-14 体育彩票
SPORT LOTTERY

项目		Item		2010	2009
电脑体育彩票销售个数	(个)	Number of Computer Sport Lottery Tickets Sold	(unit)	2180	1870
体育彩票发行额	(万元)	Circulation of Sport Lottery	(10000 yuan)	307469	171030
#足彩	(万元)	Football Lottery	(10000 yuan)	163447	47053
体育彩票公益金提取额	(万元)	Public Welfare Funds Drawn from Sport Lottery	(10000 yuan)	75100	44533
#足彩	(万元)	Football Lottery	(10000 yuan)	35958	10352

资料来源：北京市体育局。
Source: Beijing Municipal Sports Bureau.

主要统计指标解释

卫 生

卫生机构 指从卫生行政部门取得《医疗机构执业许可证》，或从民政、工商行政、机构编制管理部门取得法人单位登记证书，为社会提供医疗保健、疾病控制、卫生监督服务或从事医学科研和教育等工作的单位。

卫生技术人员 指由卫生机构支付工资的全部固定职工和合同制职工中现任职务为卫生技术工作的专业人员，不包括从事管理工作的人员。

执业医师和注册护士 指领取医师执业证书和注册护士证书的人员，不包括从事管理工作的医师和护士。与 2002 年以前年鉴中的医生和护（师）士口径基本相同。

死亡率（死因死亡率） 是指某种原因（如疾病）所致的死亡人数占户籍人口比重。

婴儿死亡率 指某地区一年内每 1000 名活产婴儿中未满 1 岁的婴儿死亡人数之比。婴儿死亡率可以衡量一个国家或地区经济文化、居民健康状况和卫生保健事业发展情况，同时也是人口平均期望寿命研究的重要内容。

5 岁以下儿童死亡率 指某地区一年内每 1000 名活产婴儿与未满 5 岁儿童死亡人数之比。5 岁以下儿童死亡率是目前国际上公认的反映儿童生存状况的重要指标。

孕产妇死亡率 指某年某地每十万活产中的孕产妇死亡比例。同婴儿死亡率一样，孕产妇死亡率是评价某一地区社会发展状况的重要指标，它的高低与社会经济状况、孕产妇社会环境及卫生保健服务有直接的联系。

体 育

体育场地 指专门用于体育训练、比赛和健身活动的，有一定投资的公益性或经营性体育建筑设施。

晨晚练辅导站 是指本市公民自愿参加，在本市体育场馆、公园、街道、街心花园等公共场所设立的，利用早晚时间，以开展健身活动为目的的群众体育健身场所。

青少年体育俱乐部数 指创建单位利用自己所拥有的体育场馆、人才等资源建立起来的具有社会主义公益性的新型社会化青少年体育组织。

社会体育指导员 指在竞技体育、学校体育、部队体育以外的群众性体育活动中从事技能传授、锻炼指导和组织管理的工作人员。

专项球类活动场地 为满足不同人群特别是青少年的健身需求，而建设的专项球类活动场地，分篮球广场、笼式多功能球场、乒乓球长廊三种类型。

社区体育健身俱乐部 社区体育健身俱乐部是指“城市社区居民根据共同的目的和兴趣自愿组成的，以辖区内特定的体育场地设施为依托，经常开展体育活动，且隶属于街道办事处或社区居委会的公益性群众体育组织。”

等级运动员人数 指经考核正式批准授予等级运动员称号的人数。运动员等级分为国际级运动健将、国家级运动健将、一级运动员、二级运动员、三级运动员、少年级运动员。

等级裁判员人数 指经考核正式批准授予等级裁判员称号的人数。裁判员等级分为国际级裁判、国家级裁判、一级裁判、二级裁判、三级裁判。

运动员获奖牌情况 指当年我市运动员在世界比赛、亚洲比赛、全国比赛中获得金、银、铜牌的数量。

Explanatory Notes on Main Statistical Indicators

Health

Health Institutions refer to institutions granted with License for Medical Institution by the health administration authority, or granted with certificate of corporate unit by the civil affair, administration for industry and commerce, management authority of institutional organization, and providing medical service and healthcare, disease control, health supervision service or carrying out medical research and education, and so on.

Medical Technicians refer to all fixed employees and of contract-based employees, professional personnel in health technology, who receive pays from health institutions, excluding personnel engaged in management.

Certified Physicians and Registered Nurses refer to personnel who have received a physician practicing certificate and certified nurse certificate, excluding physicians and nurses engaged in management. The statistical range is basically the same as that in the yearbook 2002.

Death Rate (Cause-specific Death Rate) means the proportion of persons dead due to certain cause (such as disease) in the permanent population.

Infant Death Rate means the rate of dead infants under 1 year old to 1000 live infants. Infant death rate measures the development of economy, culture, citizen health and health care in a country or region. It is also an important component of study on average life expectancy of population.

Death Rate of Children under 5 means the rate of dead children under 5 years old to 1000 live infants. This is an important indicator now internationally recognized to reflect the survival status of children.

Death Rate of Pregnant and Lying-in Women refers to the rate of dead pregnant and lying-in women to 100,000 live pregnant and lying-in women in an area in a year. This is an important indicator to evaluate the social development status in an area. The figure of this indicator is directly related to the social and economic status, social environment and health care service for pregnant and lying-in women.

Sports

Sports Venues refer to sports building facilities for public welfare or operating purpose, specially used for sports training, games and fitness activities, and with certain investment.

Instruction Station of Morning and Evening Exercise refer to public sports and fitness sites located in sports gyms and stadiums, parks, streets, street parks and other public sites in a city, where the citizens in the city participate in voluntarily fitness activities in the morning or evening.

Number of Teenager Sports Clubs means the number of new-type social sports organizations for teenagers in the nature of socialistic public welfare, which are established by the builder with its own resources such as sports gyms and stadiums and human resource.

Social Sports Instructors refer to working personnel who carry out skill teaching, exercise instruction, organization and management in mass sports activities other than athletic sports, school sports, and army sports.

Special Ball Game Venue Facilities are special venues for ball activities built to meet the fitness need of different population, especially teenagers, consisting of three types, i.e. basketball squares, multi-purpose cage-shaped courts, and table tennis corridors.

Community Fitness Clubs refer to "mass sports organizations in the nature of public welfare, which are formed by residents in urban communities voluntarily according to their common purpose and interest, based on specific sports venue facilities in the jurisdiction, for frequent sports activities, and under the jurisdiction of sub-district administrative office or community neighborhood committee."

Number of Graded Athletes means the number of athletes formally granted with the title of graded athlete upon examination. Grades of athletes include international master sportsman, national maser sportsman, grade-I athlete, grade-II athlete, grade-III athlete, and juvenile athlete.

Number of Graded Referees means the number of referees formally granted with the title of graded referees upon examination. Grades of referees include international referee, national referee, grade-I referee, grade-II referee, and grade-III referee.

Medals Won by Athletes mean the number of gold, silver and copper medals won by athletes of Beijing in world games, Asian games and national games.

21

社会福利、社区、政法及其他

SOCIAL WELFARE, COMMUNITY, POLITICS AND LAW AND OTHERS

简要说明

一、本章资料的主要内容

本章主要包括社会活动参与、公检法司、民政事业、劳动保障、残疾人事业、妇女及儿童发展规划监测情况等内容。

二、本章资料的数据来源

1. 社会活动参与的内容主要包括历届北京市人大代表和政协委员人数及议案情况、妇联组织和工会组织情况等。资料分别由北京市人民代表大会常务委员会、中国人民政治协商会议北京市委员会、北京市妇女联合会和北京市总工会依据部门统计报表制度整理提供。

2. 公检法司的资料主要包括公安机关的刑事案件立案情况和治安案件查处情况，交通、火灾事故情况，检察机关的办案情况，人民法院审理案件和收结案情况，以及司法局提供的律师、公证、调解工作等情况。资料分别由北京市公安局、北京市高级人民法院、北京市人民检察院和北京市司法局依据部门统计报表制度整理提供。

3. 民政事业和劳动保障统计资料主要包括社会福利企事业机构、人员、优抚和社会救济情况、婚姻登记情况。资料分别由北京市民政局、北京市人力资源和社会保障局依据部门统计报表制度整理提供。

如希望取得更多民政事业统计资料，请详见《北京市民政事业统计年鉴》(北京市民政局编)。

4. 残疾人资料主要包括残疾人康复、教育、就业、扶贫和残联组织建设等情况。资料由北京市残疾人联合会提供。

5. 妇女与儿童发展规划监测资料主要包括妇女参与决策和管理、就业、教育、健康、法律保护等情况；儿童的健康、教育、法律保护社会生活环境等情况。资料分别由北京市统计局、北京市人力资源和社会保障局、北京市教育委员会、北京市卫生局、北京市人民代表大会常务委员会、北京市公安局和北京市司法局依据部门统计报表制度整理提供。

6. 安全生产情况由北京市安全生产监督管理局提供。

Brief Introduction

I. Main Content

This chapter consists of statistics for social activity participation, public security organs, civil affairs, labor security, disables' undertaking, women and children development planning and monitoring.

II. Source of Data

1. Statistics for social activity participation cover the number of delegates and proposals at people's congress and political consulting conferences of Beijing in previous years, organizations of women's federation, and trade unions. Data were provided respectively by the Standing Committee of Beijing Municipal People's Congress, Beijing Committee of CPPCC, Beijing Women's Federation, and Beijing Federation of Labor Unions in accordance with statistic reporting system of different departments.

2. Statistics for public security organs cover criminal cases put on the record of public security organs as well as public security investigation and punishments, traffic accidents and fires, case settlements in prosecutorial organizations, case trial and settlement in people's courts, information on lawyers, notary, intermediation provided by juridical bureaus. Data were provided by Beijing Municipal Public Security Bureau, The People's High Court of Beijing, The People's Procuratorate of Beijing, and Beijing Justice Bureau in accordance with statistic reporting system of different departments.

3. Statistics for civil affairs and labor security mainly consist of social welfare institutions, personnel, social relief, preferential treatment and bereaved family comforting and compensating, and marriage register. Data were provided by Beijing Civil Affairs Bureau, Beijing Human Resource and Social Security Bureau in accordance with statistic reporting system of different departments.

Fore more statistics on civil affairs, see Beijing Statistical Yearbook on Civil Affairs (compiled by Beijing Civil Affairs Bureau).

4. Statistics for disables mainly include information on rehabilitation, education, employment and poverty reduction of disables, and building of disables' federations, etc. Data were provided by Beijing Disabled Persons Federation.

5. Data on women and children development and planning monitoring are composed of women's participation in decision making and management, employment, education, health, legal protection, and so on; children's health, education, legal protection, social living environment, etc. Data were provided respectively by Beijing Bureau of Statistics, Beijing Human Resource and Social Security Bureau, Beijing Municipal Commission of Education, Beijing Municipal Health Bureau, Standing Committee of Beijing Municipal People's Congress, Beijing Municipal Public Security Bureau, and Beijing Justice Bureau of Justice in accordance with statistic reporting system of different departments.

6. Safe production data were provided by Beijing Administration of Work Safety.

21-1 优抚及主要救济对象情况
STATISTICS FOR PERSONS RECEIVING SPECIAL PENSIONS AND RELIEF

单位：人 (person)

项目	Item	人数 Number of Persons 2010	2009	2010年为2009年% 2010 as % of 2009
抚恤、补助优抚对象总人数	**Total Persons Receiving Pensions, Subsidies, and Special Care**	**23378**	**23373**	**100.0**
定期抚恤人数	Persons Receiving Regular Pensions	2021	2096	96.4
定期补助人数	Persons Receiving Regular Subsidies	10583	10588	100.0
伤残人员合计	Total Number of Disabled Persons	10774	10689	100.8
医疗救助总人数	**Total Persons Receiving Medical Assistance**	**43340**	**24387**	**177.7**
城市医疗救助人数	Total Urban Persons Receiving Medical Assistance	26791	18626	143.8
农村医疗救助人数	Total Rural Persons Receiving Medical Assistance	16549	5761	287.3
社会救济对象总人数	**Total Persons Receiving Special Relief**	**218589**	**231877**	**94.3**
城市居民最低生活保障人数	Number of Persons Receiving Lowest Cost-of-Living in Urban Area	137024	147142	93.1
农村最低生活保障人数	Number of Persons Receiving Lowest Cost-of-Living in Rural Area	76955	79821	96.4
农村五保供养人数	Rural Personnel Enjoying Five Guarantees	4610	4914	93.8
农村集中五保供养人数	Collective Rural Personnel Enjoying Five Guarantees	2365	2596	91.1
农村分散五保供养人数	Scattered Rural Personnel Enjoying Five Guarantees	2245	2318	96.9

注："农村最低生活保障人数"不含"农村五保供养人数"。
资料来源：北京市民政局。
Note: Number of Persons Receiving Lowest Cost-of-Living in Rural Area excludes "Rural Personnel Enjoying Five Guarantees".
Source: Beijing Civil Affairs Bureau.

21-2 北京市历年参加社会保障情况(1995-2010年)

单位：万人

年 份 Year	参加基本养老保险人数 Number of People Participating in Basic Pension Insurance	参加基本医疗保险人数 Number of People Participating in Basic Medical Care Insurance	参加失业保险人数 Number of People Participating in Unemployment Insurance	参加工伤保险人数 Number of People Participating in Work Injury Insurance	参加生育保险人数 Number of People Participating in Maternity Insurance
1995	261.1		219.8		
1996	252.0		214.5		
1997	264.3		214.0		
1998	359.2		222.9		
1999	379.0		289.0		
2000	391.6		287.8	212.0	
2001	425.9	210.2	287.2	212.7	
2002	436.2	353.8	299.5	221.0	
2003	448.5	436.1	306.6	242.9	
2004	460.0	484.0	308.0	259.0	
2005	520.0	574.8	394.6	328.9	226.1
2006	604.1	679.5	482.2	465.3	263.3
2007	671.7	783.0	535.3	609.2	290.6
2008	758.1	871.0	614.3	666.5	324.1
2009	827.7	938.4	675.7	747.1	346.8
2010	982.5	1063.7	774.2	823.8	372.2

注：1.2001年开始设置基本医疗保险指标，以前年份称为大病统筹，2000年参加大病统筹人数为232.6万人。
2.2005年7月1日《北京市企业职工生育保险规定》开始实施。全市农村社会养老保险1992年试点，1996年全市正式实施。
3.从2006年起，农村最低生活保障人数不含农村五保供养人员。
4.农村居民参加城乡居民养老保险人数在2007年及以前为参加农村社会养老保险人数口径；2008年为参加新型农村社会养老保险人数；2009年及以后为参加城乡居民养老保险人数中农村参保人数。
5.农民养老保险参保率2008年及以前为农村养老保险覆盖率。

资料来源：城乡居民享受最低生活保障人数来源于北京市民政局；参加农村新型医疗人数和参合率来源于北京市卫生局；其他资料来源于北京市人力资源和社会保障局。

SOCIAL SECURITY PARTICIPATION(1995-2010)

(10000 persons)

农村居民参加城乡居民养老保险人数 Number of People Participating in Rural Basic Pension Insurance	参加新型农村合作医疗人数 Number of People Participating in New-type Rural cooperative medicare	城市居民最低生活保障人数 Number of Persons Receiving Lowest Cost-of-Living in Urban Area	农　村最低生活保障人数 Number of Persons Receiving Lowest Cost-of-Living in Rural Area	农民养老保险参保率 (%) Coverage Rate of Rural Pension Insurance	新型农村合作医疗参合率 (%) Percentage of Persons Participating in New-type Rural Cooperative Medicare
29.2		0.9			
37.4		0.9			
41.2		2.8			
34.4		4.3	1.2		
38.5		6.7	1.6		
34.7		7.8	1.8		
32.0		12.0	5.4		
33.6		16.1	6.7		
36.8	234.0	16.1	7.5		71.9
40.6	250.4	15.5	7.8	25.0	80.3
44.8	261.0	15.2	7.1	29.3	86.9
49.1	268.5	14.8	7.8	36.6	88.9
127.5	272.5	14.5	7.9	85.0	92.9
153.9	274.9	14.7	8.0	90.0	95.7
159.3	278.5	13.7	7.7	92.0	96.7

Note: a)The basic medicare indicator was offered from 2001, before which it was called general health care program for major diseases.It's 2.3 million people in 2000.

b) Regulations of Beijing on Maternity Insurance for Enterprise Employees were effective from July 1st, 2005. Experiment was made for social pension program in rural area of Beijing in 1992. The program was formally effective in 1996 in Beijing.

c) Rural persons receiving lowest cost-of-living excluded rural persons enjoying five guarantees from 2006.

d) In and before 2007, the number of rural people participating in urban and rural pension insurance covered the people participating in rural social pension insurance; in 2008, this figure covered the people participating in new-type rural social pension insurance; since 2009, this figure covered the rural people of those participating in the urban and rural pension insurance.

e) In and before 2008, the coverage rate of farmer pension insurance was the coverage rate of rural pension insurance.

Source:Figures on persons receiving lowest cost-of-living in urban and rural areas are from Beijing Civil Affairs Bureau; Figures on persons participating in new-type rural medicare and percentage of these persons are from Beijing Municipal Health Bureau; other data are from Beijing Human Resource and Social Security Bureau.

21-3 历年社会保险基金统筹情况(2001-2010年)
SOCIAL SECUIRTY FUND(2001-2010)

单位: 万元 (10000 yuan)

年份 Year	基金收支情况 Revenue and Expenses			基本养老保险 Basic Endowment Insurance Funds			基本医疗保险 Basic Medical Care Insurance Funds		
	基金收入 Revenue	基金支出 Expenses	累计结余 Balance at Year-end	基金收入 Revenue	基金支出 Expenses	累计结余 Balance at Year-end	基金收入 Revenue	基金支出 Expenses	累计结余 Balance at Year-end
2001	1385566	1290359	95207	1167000	1106000	61000	100157	67212	32945
2002	1831027	1804241	26786	1280238	1313869	-33631	407189	356822	50367
2003	2531071	2154086	376985	1664949	1476996	187953	704955	556320	148635
2004	3007207	2627713	379494	1918493	1746463	172030	899341	746448	152893
2005	3905638	3100804	804834	2414352	1959790	454562	1226560	966754	259806
2006	4763762	3730119	1033643	2890762	2287473	603289	1527277	1247353	279924
2007	5737704	4434427	1303277	3571646	2744689	826957	1721766	1484159	237607
2008	7094610	5619174	1475436	4424783	3566108	858675	2120063	1785713	334350
2009	8185259	6601069	1584190	5289032	4169656	1119376	2397037	2089072	307964
2010	10112337	8119209	1993127	6592428	4827017	1765412	2967843	2856748	111094

资料来源：北京市人力资源和社会保障局。
Source: Beijing Human Resource and Social Security Bureau.

21-3 续表 continued

单位: 万元 (10000 yuan)

年份 Year	失业保险 Unemployment Insurance			工伤保险 Industrial Injury Insurance			生育保险 Procreate Insurance		
	基金收入 Revenue	基金支出 Expenses	累计结余 Balance at Year-end	基金收入 Revenue	基金支出 Expenses	累计结余 Balance at Year-end	基金收入 Revenue	基金支出 Expenses	累计结余 Balance at Year-end
2001	96488	103730	-7242	21921	13417	8504			
2002	118019	113477	4542	25581	20073	5508			
2003	132970	96817	36153	28197	23953	4244			
2004	155759	109580	46179	33614	25222	8392			
2005	190605	132378	58227	43340	37097	6243	30781	4785	25996
2006	225712	120667	105045	56797	46256	10541	63214	28370	34844
2007	284208	105998	178210	85098	52588	32510	74986	46993	27993
2008	347471	134817	212654	111529	71193	40336	90764	61343	29421
2009	279028	178292	100735	113379	90891	22488	106784	73157	33626
2010	299780	250926	48854	129929	107195	22734	122356	77323	45033

21-4 北京市历年社会保障相关待遇标准(1994-2010年)
HISTORICAL SOCIAL WELFARE TREATMENT STANDARD IN BEIJING (1994-2010)

单位：元/月 (yuan/month)

标准 Standard / 年份 Year	职工最低工资 Lowest Wage of Staff and Workers	失业保险金最低标准 Lowest Cost of Unemployment Insurance	城市居民最低生活保障标准 Urban Lowest Cost-of-living	基本养老金平均增加水平 Average Increased Standard of Basic Old-age Pension	企业退休人员基本养老金最低标准 Lowest Pensions of Retired Persons	企业退职人员基本养老金最低标准 Lowest Pensions of Persons Withdraw	企业退养人员基本养老金最低标准 Lowest Pensions of Persons Withdraw
1994	210						
1995	240	174					
1996	270	189	170		263	202	170
1997	290	203	190	55	293	232	200
1998	310	217	200	50	336	265	233
1999年第一次 First-time in 1999	320	224	210	40			
1999年第二次 Second-time in 1999	400	291	273	80	396	335	288
2000	412	300	280	30	421	360	308
2001	435	305	285	40	441	380	317
2002	465	326	290	70	466	405	367
2003	465	326	290	62	466	405	367
2004年第一次 First-time in 2004	495						
2004年第二次 Second-time in 2004	545	347	290	70	510	443	402
2005	580	382	300	120	563	488	443
2006	640	392	310	120	620	537	487
2007	730	422	330	150	675	592	527
2008	800	502	390	200	775	682	607
2009	800	562	410	200	900	800	700
2010	960	632	430	200	1000	900	800

资料来源：城市居民最低生活保障标准由北京市民政局提供，本表其他资料由北京市人力资源和社会保障局提供。

Source: Data of urban lowest cost-of-living was provided by Beijing Civil Affairs Bureau,others were provided by Beijing Human Resource and Social Security Bureau.

21-5 社会保险基金统筹情况(2010年)
GENERAL SOCIAL SECURITY INSURANCE PROGRAM (2010)

项目	Item	基本养老保险 Basic Endowment Insurance Funds		基本医疗保险 Basic Medical Care Insurance Funds	
		单位个数(个) Number of Units (unit)	人数(人) Number of Persons (person)	单位个数(个) Number of Units (unit)	人数(人) Number of Persons (person)
合计	**Total**	**253631**	**9824528**	**221803**	**10636592**
按登记注册类型分	**Grouped by Registration Status**				
国有	State-Owned	8820	1972280	7805	1940114
集体	Collective-Owned	7986	273833	6645	263650
其他	Other	236825	7578415	207353	8432828
按隶属关系划分	**Grouped by Administrative Relationship**				
中央单位	Central Units	8039	1638609	7292	1578120
地方单位	Local Units	245592	8185919	214511	9058472

资料来源：北京市人力资源和社会保障局。
Source: Beijing Human Resource and Social Security Bureau.

21-5 续表 continued

项目	Item	失业保险 Unemployment Insurance		工伤保险 Industrial Injury Insurance		生育保险 Procreate Insurance	
		单位个数(个) Number of Units (unit)	人数(人) Number of Persons (person)	单位个数(个) Number of Units (unit)	人数(人) Number of Persons (person)	单位个数(个) Number of Units (unit)	人数(人) Number of Persons (person)
合计	**Total**	**253885**	**7742381**	**257575**	**8237608**	**233605**	**3722231**
按登记注册类型分	**Grouped by Registration Status**						
国有	State-Owned	8466	999326	8484	1138982	8375	769555
集体	Collective-Owned	7812	130893	8179	165546	7983	97538
其他	Other	237607	6612162	240912	6933080	217247	2855138
按隶属关系划分	**Grouped by Administrative Relationship**						
中央单位	Central Units	7867	1303253	7421	1263076	5722	700411
地方单位	Local Units	246018	6439128	250154	6974532	227883	3021820

资料来源：北京市人力资源和社会保障局。
Source: Beijing Human Resource and Social Security Bureau.

21-6 社会福利事业情况
STATISTICS ON SOCIAL WELFARE

项　目		Item		2010	2009	2010年为2009年% 2010 as % of 2009
城镇社区服务设施数	(个)	Number of Service Facilities in Urban Communities	(unit)	3971	3150	126.1
#街道社区服务中心	(个)	Substreet Community Service Centers	(unit)	175	157	111.5
城镇社区服务设施从业人员数	(人)	Employees in Urban Community Service Facilities	(person)	18252	22349	81.7
#安置下岗人员数	(人)	Laid-off Workers Employed	(person)	0	6788	
社区服务志愿者组织数	(个)	Number of Community Service Volunteer Organizations	(unit)	7629	6813	112.0
社区服务志愿者人数	(人)	Number of Community Service Volunteers	(person)	408263	367674	111.0
城镇便民利民服务网点数	(个)	Number of Urban Convenient Service Outlets	(unit)	11894	6284	189.3
社会福利企业单位数	(个)	Number of Social Welfare Enterprises	(unit)	701	747	93.8
社会福利企业年末职工人数	(人)	Year-end Employees in Social Welfare Enterprises	(person)	32163	32982	97.5
#残疾职工	(人)	Disabled Employees	(person)	12297	12946	95.0

资料来源：北京市民政局。
Source: Beijing Civil Affairs Bureau.

21-7 收养性社会福利单位情况(2010年)
STATISTICS ON ADOPTING SOCIAL WELFARE UNIT (2010)

项　目		Item		合　计 Total	光荣院 Honor Institution	社　会福利院 Social Welfare Institution	儿　童福利院 Children's Welfare Institution	社会福利医　院 Social Welfare Hospital	城镇老年福利机构 Urban Welfare Institution for Elders	农村老年福利机构 Rural Welfare Institution for Elders
单位数	(个)	Institutions	(unit)	415	10	7	10	2	175	211
职工人数	(人)	Employees	(person)	10200	226	986	508	271	4166	4043
床位数	(张)	Beds	(unit)	68339	772	3151	1320	574	27331	35191
收养人数	(人)	Persons adopted	(person)	30252	281	2294	939	497	12776	13465
#自费	(人)	Self-supported	(person)	25057	9	1670	36	472	11942	10928

资料来源：北京市民政局。
Source: Beijing Civil Affairs Bureau.

21-8 离婚、青少年刑事案犯情况
STATISTICS ON DIVORCE AND TEENAGER CRIMINAL CASES

项　目		Item		2010	2009
婚姻家庭纠纷案件数(结案)	(件)	Household Marriage Disputes (Ended)	(case)	31064	29351
#离婚案件数	(件)	Divorce Cases	(case)	21693	22096
#调离、判离案件数	(件)	Cases of Divorce Reconciled or Judged	(case)	11375	11301
建立少年法庭个数	(个)	Juvenile Courts Established	(unit)	22	24
青少年罪犯人数	(人)	Teenager Offenders	(person)	8974	8245
#18岁以下青少年罪犯人数	(人)	Teenager Offenders under 18	(person)	1274	1505
青少年刑事案犯占全部刑事案犯的比重	(%)	Teenager Criminal Offenders as % of Total Criminal Offenders	(%)	37.15	39.74
男　性	(%)	Male	(%)	88.22	88.13
女　性	(%)	Female	(%)	11.78	11.87

资料来源：北京市高级人民法院。
Source: The People's High Court of Beijing.

21-9 婚姻登记(1981-2010年)
BASIC STATISTICS ON MARRIAGE AND DIVORCE REGISTRATIONS (1981-2010)

年份 Year	结婚对数(对) Registered Marriages (couple)	#涉外及华侨、港澳台居民登记结婚对数 Registered Marriages with Foreigner and the Citzen of Hongkong, Macao and Taiwan	初婚总人数(人) First Marriages (person)	离婚对数(对) Registered Divorces (couple)	#民政部门登记离婚对数 Registered Divorces with Civil Affair Authorities
1981	198858		389936	5170	1780
1982	134934		261851	5359	1581
1983	117967		227676	5322	1465
1984	113182		217649	5654	1387
1985	134223		258255	5874	1746
1986	143105		274634	7541	2474
1987	140188		267424	8916	3218
1988	113203		212544	10664	4198
1989	102000		188287	12515	5174
1990	93000		169510	14748	5791
1991	92000		165752	15287	6483
1992	88292		158241	15567	6477
1993	89128		160127	17829	7589
1994	89636		160793	19928	8327
1995	84669		148722	20160	8096
1996	85924		146666	20716	8225
1997	83425		144040	22259	8630
1998	84631		146750	23708	9381
1999	83312		141740	23922	8502
2000	80212		136500	26616	6384
2001	79385	873	133259	27683	5425
2002	76136	606	126371	27691	5810
2003	93526	761	158729	30637	10142
2004	126436	974	214443	32657	21013
2005	96596	937	158736	34244	23991
2006	171286	1172	294223	35505	24954
2007	117926	991	193387	36622	26432
2008	147516	1165	246309	37619	27277
2009	181771	1176	305803	41299	29998
2010	138104	1085	222269	43970	32595

注：离婚对数包括在民政部门登记的对数和经法院调离和判离的对数。

资料来源：北京市民政局、北京市高级人民法院。

Note:Registered divorces include those registered with civil affair authorities and those mediated and judged in courts.

Source: Beijing Civil Affairs Bureau,The People's High Court of Beijing.

21-10 婚姻登记情况

BASIC STATISTICS ON MARRIAGE AND DIVORCE REGISTRATIONS

项目		Item		2010	2009	2010年为2009年% 2010 as % of 2009
登记结婚对数	**(对)**	**Registered Marriages**	**(couple)**	**138104**	**181771**	**76.0**
按婚前状况分		**Grouped by pre-marriage status**				
初婚人数	(人)	First Marriages	(person)	222269	305803	72.7
再婚人数	(人)	Remarriages	(person)	53939	57739	93.4
#女　性	(人)	Female	(person)	25444	26400	96.4
按居住地分		**Grouped by living area**				
内地居民登记结婚对数	(对)	Registered Marriages of Mainland	(couple)	137019	180595	75.9
涉外及华侨、港澳台居民登记结婚对数	(对)	Registered Marriages with Foreigner and the Citzen of Hongkong, Macao and Taiwan	(couple)	1085	1176	92.3
内地居民	(人)	Mainland Residents	(person)	1009	1085	93.0
#女　性	(人)	Female	(person)	719	807	89.1
香港居民	(人)	Hongkong Compatriots	(person)	59	77	76.6
澳门居民	(人)	Macao Compatriots	(person)	10	7	142.9
台湾居民	(人)	Taiwan Compatriots	(person)	90	92	97.8
华　侨	(人)	Overseas Chinese	(person)	83	114	72.8
外国人	(人)	Foreigner	(person)	919	977	94.1
离婚登记对数	**(对)**	**Registered Divorces**	**(couple)**	**32595**	**29998**	**108.7**
内地居民登记离婚对数	(对)	Mainland Residents	(couple)	32439	29857	108.6
涉外及华侨、港澳台居民登记离婚对数	(对)	Overseas Chinese,Hongkong,Macao,Taiwan Compatriots	(couple)	156	141	110.6

注：离婚对数不含法院判离数。

资料来源：北京市民政局。

Note: Number of Registered Divorces exclude Judged by Court.

Source: Beijing Civil Affairs Bureau.

21-11 残疾人事业基本情况

BASIC INFORMATION ON UNDERTAKING FOR DISABLED PERSONS

项目		Item		2010	2009
康复		**Rehabilitation**			
白内障复明手术		Sight-restoring Cataract Surgery			
白内障复明手术	(例)	Sight-Rrestoring Cataract Surgeries	(case)	11961	16473
人工晶体植入率	(%)	Artificial Intra-ocular Lens Implantation Rate	(%)	96	90
低视力配用助视器	(人)	Vision-aids Provided for Individuals with Low-vision	(person)	280	683
聋儿康复		Rehabilitation of Children with Hearing Disability			
年收训聋儿	(人)	Hearing and Speech Training	(person)	229	298
聋儿入普幼普小率	(%)	Enrollment Rate of Trained Children to Ordinary Kindergartens and Primary Schools	(%)	88	73
培训家长	(人)	Parents Trained	(person)	232	463
精神病防治康复		Prevention and Treatment of Psychiatric Diseases			
开展精神病防治康复工作区县数	(个)	Counties Carried on the Works of Prevention and Treatment of Psychiatric Diseases	(unit)	16	18
综合防治康复精神病人数	(人)	Prevention and Treatment Provided for Patients with Severe Psychiatric Diseases	(person)	28503	59399
监护率	(%)	Guardianship Rate	(%)	94.43	93.22
显好率	(%)	Significant Improvement Rate	(%)	67.44	79.43
社会参与率	(%)	Social Involvement Rate	(%)	51.00	67.04
肇事率	(%)	Violent Events Rate	(%)	0.06	0.10
康复训练与服务		Rehabilitation Training and Service			
肢体残疾康复训练人数	(人)	Function Training Provided to Persons with Physical Disability	(person)	5744	6941
智残儿童康复训练人数	(人)	Rehabilitation Training Provided to Children with Intellectual Disability	(person)	512	705
脑瘫儿童康复训练人数	(人)	Rehabilitation Training Provided to Children with Cerebral Palsy	(person)	110	121
教育		**Education**			
未入学适龄残疾儿童少年	(人)	School-age Disabled Children Without Schooling	(person)	448	407
职业教育与培训机构数	(个)	Vocational Education and Training Facilities	(unit)	67	37
教育与培训人数	(人)	Number of Educated and Trained	(person)	10118	6813
就业		**Employment**			
城镇残疾人就业状况		Employment of Urban Handicappeds			
当年安排就业	(人)	Persons Employed in the Year	(person)	4520	4784
#按比例就业		Employed by Quota Scheme		563	1334
集中就业		Employed at Welfare Enterprises		908	614
个体就业		Self-employed		3049	387
残疾人就业服务机构	(个)	Employment Placement Service Facilities for Disabled Jobseekers	(unit)	19	19
盲人按摩		**Massage by Persons with Visual Disability**			
保健按摩机构	(家)	Healthcare Massage Institutions	(unit)	502	477
医疗按摩机构	(家)	Medical Massage Institutions	(unit)	2	3
保健按摩员培训	(人)	Massage Therapists Training	(person)	176	178
医疗按摩员培训	(人)	Keep-fit Massager Training	(person)	42	30
扶贫		**Poverty Alleviation**			
享受城乡低保的残疾人数	(人)	Number of Disabled Granted Mininum Living Guarantee for Urban & Rural Residents	(person)	48095	54669
享受生活补助的重残人数	(人)	Number of Severely Disabled Persons Receving Living Subsidy	(person)	39758	58158
享受专项补助的残疾人数	(人)	Number of Disabled Persons Receiving Special Subsidies	(person)	73473	63824
享受城镇廉租住房的残疾人户数	(户)	Number of Disabled Families Granted Low-cost Urban House Leasing	(household)	1422	1649
农村扶持残疾人数	(人)	Number of Disabled Persons that Can be Supported in Rural Area	(person)	3245	2008
残联组织建设		**Organization Building of Disabled Persons'Federation**			
残疾人工作者数	(人)	Workers for Handicappeds	(person)	1541	1819

资料来源：北京市残疾人联合会。
Source: Beijing Disabled Persons Federation.

21-12 残疾人就业、维权援助情况
STATISTICS ON EMPLOYMENT AND AID FOR RIGHT SAFEGUARD OF DISABLED PERSONS

项　　目		Item		2010	2009
维权助残法律援助和		Cases of Right Safeguard, Legal Aid			
服务咨询件数	(件)	and Service Consulting for the Disabled	(case)	4685	4015
残疾人就业培训人数	(人)	Number of Disabled Persons Trained for Employment	(person)	3610	8527
#女　性	(人)	Female	(peoson)	1582	3872

资料来源：北京市残疾人联合会。
Source: Beijing Disabled Persons Federation.

21-13 律师工作
STATISTICS ON LAWYERS

项　　目		Item		2010	2009	2010年为2009年% 2010 as % of 2009
律师事务所	(个)	Law Offices	(unit)	1486	1355	109.7
执业律师	(人)	Number of Practicing Lawyers	(person)	22937	21215	108.1
专职律师	(人)	Full-time Lawyers	(person)	21434	19753	108.5
兼职律师	(人)	Part-time Lawyers	(person)	1020	990	103.0
公司律师	(人)	Company Lawyers	(person)	394	372	105.9
公职律师	(人)	Government Lawyers	(person)	34	37	91.9
法律援助律师	(人)	Law Aid Lawyers	(person)	55	63	87.3
担任法律顾问	(家)	Acting As Counselor-at-law	(unit)	17529	17890	98.0
民事诉讼代理	(件)	Civil Case Litigation Agency	(case)	69024	61939	111.4
行政诉讼代理	(件)	Administrative Case Litigation Agency	(case)	2167	2643	82.0
刑事诉讼辩护及代理	(件)	Criminal Case Litigation Agency	(case)	15334	22224	69.0
非诉讼法律事务	(件)	Off-court Case	(case)	62722	53638	116.9

资料来源：北京市司法局。
Source: Beijing Justice Bureau.

21-14 司法考试情况(2003-2010年)
HISTORICAL STATISTICS ON JUSTICE EXAMINATION (2003-2010)

单位：人 (person)

年份 Year	报考人数 Number of Applicants	实考人数 (参加考试一场及以上的) Number of Candidates	成绩合格人数 Number of Eligible Achievement Persons	成绩合格人数占报考人数比例 (%) Persons Eligible Achievement as Percentage of Applicants (%)
2003	15367	12829	2088	13.6
2004	16229	14417	2491	15.3
2005	21264	18349	3408	16.0
2006	24023	20447	4278	17.8
2007	24583	21072	5195	21.1
2008	29514	24037	6794	23.0
2009	31787	25593	6943	21.8
2010	30470	34248	6003	19.7

资料来源：北京市司法局。
Source: Beijing Justice Bureau.

21-15 调解工作
MEDIATION

项目		Item		2010	2009	2010年为2009年% 2010 as % of 2009
人民调解委员会个数	(个)	People's Mediation Committees	(unit)	7863	7840	100.3
调解员人数	(万人)	Members of the Mediation Institution	(10000 persons)	11.73	11.73	100.0
调解各类纠纷件数	(万件)	Disputes Mediated	(10000 cases)	30.74	13.41	229.2
#调解各类纠纷成功件数	(万件)	Succeed Disputes Mediated	(10000 cases)	29.42	12.77	230.3
防止民间纠纷激化件数	(件)	Prevent Intensification of Civil Disputes	(case)	1552	1257	123.5
防止民间纠纷激化人数	(人)	Prevent Intensification of Civil Disputes	(person)	25086	19025	131.9

资料来源：北京市司法局。
Source: Beijing Justice Bureau.

21-16 公证工作
NOTARIZATIONS

项目		Item		2010	2009	2010年为2009年% 2010 as % of 2009
公证处个数	(个)	Notary Offices	(unit)	25	25	100.0
执业公证员人数	(人)	Certified Notaries	(person)	238	232	102.6
办理国内民事公证件数	(件)	Notarized Domestic Civil Affairs	(case)	175987	258972	68.0
办理国内经济公证件数	(件)	Notarized Domestic Economic Affairs	(case)	109775	101050	108.6
办理涉外公证件数	(件)	Notarized Foreign Affairs	(case)	299421	250700	119.4
办理涉台、港、澳公证件数	(件)	Notarized Taiwan,Hongkong,Macao Affairs	(case)	5552	4118	134.8

资料来源：北京市司法局。
Source: Beijing Justice Bureau.

21-17 法律援助工作情况
STATISTICS ON LEGAL AID

项目		Item		2010	2009	2010年为2009年% 2010 as % of 2009
法律援助机构个数	(个)	Number of Legal Aid Bodies	(unit)	28	28	100.0
法律援助机构人员数	(人)	Number of Legal Aid Persons	(person)	206	173	119.1
承办民事法律援助案件数	(件)	Civil Legal Aid Cases	(case)	10952	10631	103.0
承办刑事法律援助案件数	(件)	Penal Legal Aid Cases	(case)	3812	4508	84.6
承办行政法律援助案件数	(件)	Administrative Legal Aid Cases	(case)	11	8	137.5
法律援助机构接待咨询人次	(万人次)	Legal Aid Bodies Consultation	(10000 person-times)	24.4	22.0	110.8
得到法律援助机构援助的妇女人数	(人)	Women Receiving Aid from Legal Aid Bodies	(person)	2582	2376	108.7
得到法律援助机构援助的儿童人数	(人)	Children Receiving Aid from Legal Aid Bodies	(person)	1278	1233	103.6

资料来源：北京市司法局。
Source: Beijing Justice Bureau.

21-18 司法鉴定工作情况
STATISTICS FOR JUDICIAL APPRAISAL

项目		Item		2010	2009
司法鉴定机构个数	(个)	Judicial Appraisal Organization	(unit)	112	112
司法鉴定人员数	(人)	Judicial Appraisal Personnel	(person)	1622	1760
司法鉴定业务量	(件)	Judicial Appraisal Proceeding	(case)	33999	26958

注：本表中司法鉴定机构数为"北京市司法局审核登记的全部司法鉴定机构"个数。
资料来源：北京市司法局。
Note: In the table, the number of judicial appraisal organizations is the number of "all judicial appraisal organizations approved by and registered with Beijing Justice Bureau".
Source: Beijing Justice Bureau.

21-19 公安、法院、检察院收案、结案情况(2005-2010年)

CASES ACCEPTED AND SETTLED BY PUBLIC SECURITY DEPARTMENT, COURTS AND PROCURATORATES (2005-2010)

项 目		Item		2005	2006	2007
公安部门侦破刑事案件		**Criminal Cases Detected by Public Security Departments**				
立 案	(起)	Cases Put on File	(case)	107988	120554	127446
破 案	(起)	Cases Settled	(case)	59035	66399	74232
法院刑事案件收、结案情况		**Criminal Cases in Courts and Settlement Thereof**				
收 案	(件)	Cases Accepted	(case)	17488	17725	19592
结 案	(件)	Cases Settled	(case)	17624	17701	19536
法院婚姻家庭、继承纠纷案件收、结案情况		**Marriage and Inheritance Dispute Cases in Courts**				
收 案	(件)	Cases Accepted	(case)	26739	27860	28089
结 案	(件)	Cases Settled	(case)	27002	27845	27916
法院合同纠纷案件收、结案情况		**Contract Dispute Cases in Courts and Settlement Thereof**				
收 案	(件)	Cases Accepted	(case)	133534	141485	135099
结 案	(件)	Cases Settled	(case)	135612	141439	134829
法院权属、侵权纠纷及其他民事案件收、结案情况		**Ownership, Infringement Dispute and Other Civil Cases in Courts and Settlement Thereof**				
收 案	(件)	Cases Accepted	(case)	42690	44890	46892
结 案	(件)	Cases Settled	(case)	43166	45005	46372
检察机关办理反贪污贿赂案件		**Anti-Corruption and Bribery Cases Handled by Procuratorates**				
受 案	(件)	Cases Accepted	(case)	1202	1330	1276
立 案		Cases Put on File				
件 数	(件)	Number of Cases	(case)	292	321	322
人 数	(人)	Number of Persons Involved	(person)	356	363	372
挽回经济损失	(万元)	Economic Losses Redeemed	(10000 yuan)	30701	29545	14703
检察机关办理渎职侵权案件		**Misconduct and Infringement Cases Handled by Procuratorates**				
受 案	(件)	Cases Accepted	(case)	218	162	205
立 案		Cases Put on File				
件 数	(件)	Number of Cases	(case)	37	30	34
人 数	(人)	Number of Persons Involved	(person)	38	31	36
挽回经济损失	(万元)	Economic Losses Redeemed	(10000 yuan)	1320	458	71

资料来源：北京市公安局、北京市人民检察院、北京市高级人民法院。
Source: Beijing Municipal Public Security Bureau,The People's Procuratorate of Beijing,The People's High Court of Beijing.

21-19 续表 continued

项 目		Item		2008	2009	2010
公安部门侦破刑事案件		**Criminal Cases Detected by Public Security Departments**				
立 案	(起)	Cases Put on File	(case)	90045	98750	104327
破 案	(起)	Cases Settled	(case)	63294	71950	80401
法院刑事案件收、结案情况		**Criminal Cases in Courts and Settlement Thereof**				
收 案	(件)	Cases Accepted	(case)	20024	18819	19824
结 案	(件)	Cases Settled	(case)	20004	18773	19870
法院婚姻家庭、继承纠纷案件收、结案情况		**Marriage and Inheritance Dispute Cases in Courts**				
收 案	(件)	Cases Accepted	(case)	30402	33056	36799
结 案	(件)	Cases Settled	(case)	29499	32902	37160
法院合同纠纷案件收、结案情况		**Contract Dispute Cases in Courts and Settlement Thereof**				
收 案	(件)	Cases Accepted	(case)	144948	153766	148655
结 案	(件)	Cases Settled	(case)	140512	152128	153130
法院权属、侵权纠纷及其他民事案件收、结案情况		**Ownership, Infringement Dispute and Other Civil Cases in Courts and Settlement Thereof**				
收 案	(件)	Cases Accepted	(case)	53864	58057	64379
结 案	(件)	Cases Settled	(case)	51668	57135	65763
检察机关办理反贪污贿赂案件		**Anti-Corruption and Bribery Cases Handled by Procuratorates**				
受 案	(件)	Cases Accepted	(case)	1060	1113	1138
立 案		Cases Put on File				
件 数	(件)	Number of Cases	(case)	282	319	356
人 数	(人)	Number of Persons Involved	(person)	333	369	418
挽回经济损失	(万元)	Economic Losses Redeemed	(10000 yuan)	21148	62542	14634
检察机关办理渎职侵权案件		**Misconduct and Infringement Cases Handled by Procuratorates**				
受 案	(件)	Cases Accepted	(case)	150	206	213
立 案		Cases Put on File				
件 数	(件)	Number of Cases	(case)	29	48	57
人 数	(人)	Number of Persons Involved	(person)	31	53	60
挽回经济损失	(万元)	Economic Losses Redeemed	(10000 yuan)	3019	25	16

21-20 法院行政案件收、结案情况(2010年)
STATISTICS FOR ADMINISTRATIVE CASES ACCEPTED AND SETTLED BY COURT (2010)

单位：件 (case)

项目	Item	收案 Cases Accepted	结案 Cases Settled	判决 Judgment	裁定 Mediation
合计	**Total**	**5746**	**5640**	**3239**	**2399**
公安	Public Security	273	283	176	106
资源	Resource	148	153	30	123
城建	City Construction	897	935	285	650
工商	Industry and Commerce	94	98	48	50
专利	Patent	530	516	459	57
劳动和社会保障	Labor and Social Security	121	130	71	59
教育	Education	26	27	13	14
其他	Other	3657	3498	2157	1340

资料来源：北京市高级人民法院。
Source: The People's High Court of Beijing.

21-21 法院刑事案件收、结案情况(2010年)
STATISTICS FOR CRIMINAL CASES ACCEPTED AND SETTLED BY COURT (2010)

项目	Item	收案(件) Cases Accepted (case)	结案(件) Cases Settled (case)	判决发生法律效力 Judgment with Legal Force	
				件数(件) Number of Cases (case)	人数(人) Number of Persons (person)
合计	**Total**	**19824**	**19870**	**17925**	**24167**
#危害公共安全罪	Offences against Public Security	1048	1047	825	885
破坏社会主义市场经济秩序罪	Offences against the Socialism Market Economy Order	1403	1399	1274	1730
侵犯公民人身权利、民主权利罪	Offences against Civil Personal Rights and Democratic Rights	4528	4546	3913	4765
侵犯财产罪	Offences against Property	7360	7383	6783	9142
妨害社会管理秩序罪	Offences against Social Management of Order	5009	5017	4760	7109
危害国防利益罪	Offences against National Defense Interest	24	24	24	32
贪污贿赂罪	Offences on Corruption and Bribery Crime	293	299	225	285
渎职罪	Offences on Abuse and Dereliction of Duty	32	28	18	20

资料来源：北京市高级人民法院。
Source: The People's High Court of Beijing.

21-22 法院婚姻家庭、继承纠纷案件收、结案情况(2010年)
STATISTICS FOR MARRIAGE AND FAMILY AND INHERITABLE DISPUTE CASE (2010)

单位：件 (case)

项　目	Item	收　案 Cases Accepted	结　案 Cases Settled	#判　决 Judgment	#调　解 Mediation
合　计	**Total**	**36799**	**37160**	**10839**	**15322**
婚姻家庭纠纷	**Marriage and Family Dispute**	**30728**	**31064**	**9000**	**12565**
离　婚	Divorce	21397	21693	6201	8471
解除非法同居关系	Relieving the Relation of Lawless Cohabitation	285	283	89	94
抚养、扶养关系纠纷	Upbringing Disputes	1297	1293	309	682
抚育费纠纷	Upbinging Fee Disputes	1205	1213	536	351
赡养纠纷	Support Disputes	1034	1043	431	288
分家析产	Family property division	3352	3379	651	2028
其　他	Other	2158	2160	783	651
继承纠纷	**Inheritance Dispute**	**6071**	**6096**	**1839**	**2757**
法定继承	Legal Inheritance	3691	3696	987	1876
遗嘱继承	Testament Inheritance	538	530	213	175
继承权确认纠纷	Inherited Dispute				
其　他	Other	1842	1870	639	706

资料来源：北京市高级人民法院。
Source: The People's High Court of Beijing.

21-23 法院合同纠纷案件收、结案情况(2010年)
STATISTICS ON CONTRACT CASES ACCEPTED AND CLOSED BY COURT (2010)

单位：件 (case)

项　目	Item	收　案 Cases Accepted	结　案 Cases Settled	#判　决 Judgment	#调　解 Mediation
合　计	**Total**	**148655**	**153130**	**63858**	**27325**
#买卖合同纠纷	Trade Contracts	22391	22992	9975	4706
房地产开发经营合同纠纷	Real Estate Development & Operation Contracts	7896	8275	5291	1254
供用电、水、气、热力合同纠纷	Electricity, Water, Gas, Heating Supply contracts	20325	20420	2538	4569
借款合同纠纷	Loan Contracts	14949	15394	6852	3237
租赁合同纠纷	Lease Contracts	10825	11089	4966	1818
建设工程合同纠纷	Construction Contracts	3682	3765	1653	696
承揽合同纠纷	Contracts for Work	3665	3753	1210	859
运输合同纠纷	Transportation Contracts	725	736	311	161
经营合同纠纷	Management Contracts	942	990	451	121
农村承包合同纠纷	Rural Contract	218	226	101	18
劳动争议	Work Disputes	22458	24192	13570	4263

资料来源：北京市高级人民法院。
Source: The People's High Court of Beijing.

21-24 法院权属、侵权纠纷及其他民事案件收、结案情况(2010年)
STATISTICS ON OWNERSHIP AND TORTIOUS DISPUTE CASES ACCEPTED AND CLOSED BY COURT (2010)

单位：件 (case)

项目	Item	收案 Cases Accepted	结案 Cases Closed	#判决 Judgment	#调解 Mediation
合计	**Total**	**64379**	**65763**	**28896**	**11493**
所有权及与所有权相关权利纠纷	Ownership and Related Rights	26738	27301	10300	7120
票据、证券权益纠纷	Disputes of Bill & Securities	362	360	146	61
股东权纠纷	Shareholder's Right	1107	1120	522	96
不正当竞争纠纷	Unfair Competition	128	133	51	5
人身权纠纷	Personal Rights	22020	22556	14201	3198
特殊侵权纠纷	Disputes of Special Infringement of Right	1444	1482	595	266
适用特别程序案件	Special Proceedings	5386	5428	763	
其他	Others	7194	7383	2318	747

资料来源：北京市高级人民法院。
Source: The People's High Court of Beijing.

21-25 检察机关办理各类案件情况(2010年)
STATISTICS ON CASES HANDLED BY PROCURATORIAL ORGAN (2010)

项目	Item	受案(受理) Cases Accepted		审结案合计 Cases Closed	
		件 Cases	人 Persons	件 Cases	人 Persons
审查批捕	**Examine for Arrest**	**18060**	**25211**	**17946**	**24915**
批准逮捕	Approved			15377	20894
不批准逮捕	Disapproved			2569	300
审查起诉	**Examine Law Suits**	**20982**	**28839**	**19825**	**27180**
起诉	Sue			19354	26485
不起诉	Immunity from Suit			471	695
举报案件	**Reported Law Cases**	**4794**		**4728**	
控告申诉案件	**Complaints**	**5449**		**5387**	
民事、行政案件	**Civil and Administrative Cases**	**1640**		**408**	
民事案件	Civil Cases	1499		373	
行政案件	Administrative Cases	141		35	

资料来源：北京市人民检察院。
Source: The People's Procuratorate of Beijing.

21-26 反贪污贿赂、渎职侵权案件情况(2010年)

STATISTICS FOR CASE THAT COMBAT CORRUPTION TO BRIBE AND MALFEASANCE ENCROACHES RIGHT (2010)

项目	Item	反贪污贿赂案件 Anti-curruption and Bribe Cases	贪污案 Corruption Cases	贿赂案 Bribe Cases	挪用公款案 Misappropriation of Public Funds	其他 Others	渎职侵权案件 Malpractice and Infringement Cases
受案 (件)	**Cases Accepted (case)**	**1138**	**472**	**588**	**54**	**24**	**213**
立案	**Cases Registered**						
件数 (件)	Cases Registered (case)	356	88	229	28	11	57
人数 (人)	Persons involved (person)	418	111	258	33	16	60
重特大案件 (件)	**Heavy and Extraordinarily Serious Case (case)**						
5万元至不满10万元	50000-100000 Yuan	42	16	26			
10万元至不满50万元	100000-500000 Yuan	127	30	91	6		
50万元至不满100万元	500000-1000000 Yuan	30	8	19	3		
100万元以上	Over 1000000 Yuan	43	7	28	8		
侦结	**Cases Closed**						
件数 (件)	Number of Cases (case)	315	83	202	23	7	56
人数 (人)	Number of Persons (person)	368	107	222	27	12	58
#移送起诉	Hand over to Law Suit						
件数 (件)	Number of Cases (case)	277	78	174	18	7	48
人数 (人)	Number of Persons (person)	323	100	189	22	12	49
#移送不起诉	Hand over yet Immunity from Suit						
件数 (件)	Number of Cases (case)	26	4	19	3		6
人数 (人)	Number of Persons (person)	31	4	24	3		6
挽回经济损失 (万元)	**Retrieved Economic Losses (10000 yuan)**	**14634**	**4706**	**8203**	**1027**	**699**	**16**

资料来源：北京市人民检察院。
Source: The People's Procuratorate of Beijing.

21-27 刑事案件情况

STATISTICS ON CRIMINAL CASES

单位：起 (case)

项目	Item	2010	2009	2010年为2009年% 2010 as % of 2009
刑事案件	**Criminal Cases**			
立案	Cases Registered	104327	98750	105.6
破案	Cases Solved	80401	71950	111.7

资料来源：北京市公安局。
Source: Beijing Municipal Public Security Bureau.

21-28 消防建设情况(1996-2010年)
STATISTICS ON FIRE CONTROL (1996-2010)

年份 Year	公安消防队数 (队) Number of Public Security Fire Stations (unit)	公安消防车辆 (辆) Number of Public Security Fire Engine (unit)	企业专职消防队队数 (个) Number of Full-time Fire Stations in Enterprises (unit)	企业专职消防队人数 (人) Persons of Full-time Fire Stations in Enterprises (person)
1996	36	180	101	1865
1997	38	190	104	1885
1998	41	210	108	1993
1999	44	236	120	2447
2000	47	259	120	2447
2001	50	266	120	2447
2002	52	296	112	2228
2003	56	303	112	2147
2004	57	381	120	2477
2005	57	342	120	2477
2006	64	357	109	2269
2007	69	401	109	2269
2008	77	558	109	2269
2009	86	572	109	2269
2010	91	664	109	2269

资料来源：北京市公安局消防局。
Source: Beijing Municipal Public Security Bureau of Fire Protection.

21-29 火灾及损失
FIRE ACCIDENTS AND LOSSES

项目	Item	数量 Number		直接经济损失(万元) Direct Pecuniary Losses (10000 yuan)	
		2010	2009	2010	2009
火灾起数 (起)	**Fire Accidents (case)**	**5307**	**5615**	**4078.0**	**15926.1**
特别重大火灾	Extraordinarily Serious		1		15072.2
重大火灾	Serious				
较大火灾	Big Fire	3	1	2914.0	0.5
一般火灾	Relatively Big Fire	5304	5613	1164.0	853.4
起火原因	**Cause of Fire**				
电气	Electric	1606	1749	551.9	398.6
生产作业	Violation of Operation	266	227	102.4	103.9
生活用火不慎	Carelessness in Fire Use	1121	1090	108.8	75.7
吸烟	Smoking	553	670	23.4	27.2
玩火	Fire Playing	254	258	25.7	15089.6
自燃	Spontaneous Combustion	134	93	2939.9	17.2
雷击	Thunderstroke	5	5	0.2	0.2
静电	Static	5	5	6.9	1.6
放火	Incendiarism	94	87	50.2	43.1
其他	Other	1269	1431	268.6	169.1
受伤人数 (人)	**Number of Injuries (person)**	**12**	**50**		
死亡人数 (人)	**Number of Deaths (person)**	**32**	**32**		

资料来源：北京市公安局消防局。
Source: Beijing Municipal Public Security Bureau of Fire Protection.

21-30 交通事故及损失
STATISTICS ON TRAFFIC ACCIDENTS AND LOSSES

项 目		Item		2010	2009	2010年为2009年% 2010 as % of 2009
交通事故		**Traffic Accidents**				
交通事故发生数	(起)	Number of Traffic Accidents	(case)	4161	3812	109.2
受伤人数	(人)	Number of Injuries	(person)	4703	4420	106.4
死亡人数	(人)	Number of Deaths	(person)	974	981	99.3
机动车事故		**Motor Vehicle Accidents**				
机动车事故发生数	(起)	Number of Motor Vehicle Accidents	(case)	3365	2970	113.3
受伤人数	(人)	Number of Injuries	(person)	3951	3584	110.2
死亡人数	(人)	Number of Deaths	(person)	847	861	98.4
直接经济损失	**(万元)**	**Direct Pecuniary Losses**	**(10000 yuan)**	**2341.6**	**2043.4**	**114.6**
每万辆机动车死亡人数	**(人)**	**Died Per 10000 Motor Vehicles**	**(person)**	**2.0**	**2.4**	**84.6**

资料来源：北京市公安局公安交通管理局。
Source: Beijing Traffic Management Bureau.

21-31 安全生产情况
STATISTICS ON SAFE PRODUCTION

项 目		Item		2010	2009	2010年为2009年% 2010 as % of 2009
生产安全事故数	(起)	Number of Production Safety Accidents	(case)	119	101	117.8
生产安全死亡人数	(人)	Number of Production Safety Death	(person)	136	123	110.6

资料来源：北京市安全生产监督管理局。
Source: Beijing Administration of Work Safety.

21-32 地震应急避难场所情况
EMERGENT EARTHQUAKE REFUGES

项目		Item		2010	2009
地震应急避难场所累计个数	（个）	Emergent Earthquake Refuges Accumulated	(unit)	33	33
地震应急避难场所累计面积	（万平方米）	Accumulated Area of Emergent Earthquake Refuges	(10000 sq.m)	510	510

资料来源：北京市地震局。
Source: Beijing Earthquake Bureau.

21-33 妇联组织状况
STATISTICS FOR WOMAN FEDERATION ORGANIZATIONS

单位：个，人 (unit,person)

项目	Item	2010	2009	2010年为2009年% 2010 as % of 2009
妇联组织状况	**Status of Women's Federation Organizations**			
区妇联数	Number of Women's Federations in Districts	14	16	
县妇联数	Number of Women's Federations in Counties	2	2	
乡、镇妇联组织数	Number of Women's Federations in Townships	183	185	
街妇联组织数	Number of Women's Federations in Subdistricts	137	131	
妇联干部状况	**Status of Cadres in Women's Federation**			
区妇联干部数	Cadres in Women's Federations in Districts	190	188	101.1
县妇联干部数	Cadres in Women's Federations in Counties	19	21	90.5
乡、镇、街妇联干部数	Cadres in Women's Federations in Townships, Towns and Subdistricts	323	342	94.4
妇联基层妇代会组织个数	**Number of Grass-root Women Congress of Women's Federations**			
城市	Urban	2646	2543	104.1
农村	Rural	3944	3941	100.1
各类妇女联谊组织数	Women's Sodalities	**17**	**16**	**106.3**

注：受行政区划调整，2010年区妇联数减少2个。
资料来源：北京市妇女联合会。
Note: Due to adjustment of administrative zoning, the number of women's federations decreased by 2 in 2010.
Source: Beijing Women's Federation.

21-34 工会组织建设情况(2010年)

STATISTICS ON LABOR UNIONS (2010)

项　　目	Item	基层工会组织（个） Grass-root Labor Unions (unit)	职工人数（人） Number of Staff and Workers (person)	会员人数（人） Number of Members (person)
合　计	**Total**	**22112**	**4140490**	**3750215**
按单位类别划分	**Grouped by Registration Status of Enterprises**			
国有企业	State-owned	1515	628797	578385
集体企业	Collective-owned	1684	193781	159685
股份合作企业	Share Holding Cooperative	928	140096	121037
联营企业	Joint-owned	41	4091	2802
国有独资公司	Enterprises with exclusively State Investment	416	176677	169123
其他有限责任公司	Limited-Liability Company	4866	1064734	973965
国有控股公司	State-owned Holding Company	337	190295	181675
其他股份有限公司	Other Share Holding Coporations	559	132098	120034
私营企业	Private Owned	4109	428849	354759
其他内资企业	Other Domestic Investment Enterprises	118	9008	8329
港澳台商投资企业	Hongkong,Macao and Taiwan Funded	237	50403	46694
外商投资企业	Foreign Funded Enterprises	634	251585	212819
事业单位	Institutions	4168	596936	556645
机　关	Governmental Agencies and Organizations	1798	224049	217871
其　他	Other	702	49091	46392
按系统分	**By System**			
工业国防工会	Labor Unions for Industry and National Defence	699	379768	350315
工业	Industry	684	367087	337888
国防	National Defence	15	12681	12427
建筑工会	Construction	2239	972642	862386
本市	Local	453	186983	175480
市外	Non-local	1786	785659	686906
服务业工会	Services	731	213327	191678
交通运输工会	Transportation	183	278977	277509
机关事业部	Governmental Institutions	305	104459	101277
教育工会	Education	92	137585	126156
金融工会	Finance	21	29694	29628
市直机关工会	Institutions under Direct Municipal Leadership	388	42212	38600
区县工会	Labor Unions in Districts and Counties	17454	1981826	1772666

资料来源：北京市总工会。
Source: Beijing Federation of Labor Unions.

21-35 北京市妇女发展规划监测统计资料

SUPERVISORY STATISTICS FOR WOMEN DEVELOPMENT PROGRAM OF BEIJING

项目		Item		2010	2009
城镇单位就业人员数	(万人)	Employed Persons in Urban Units	(10000 persons)	646.6	619.3
#女性		Female		256.5	245.9
城镇登记失业人员总数	(万人)	Urban Registeration Unemployment	(10000 persons)	31.1	33.3
#女性		Female		12.2	13.4
城镇登记失业人员就业人数	(万人)	Employed Persons from Urban Registration Unemployment	(10000 persons)	21.2	21.4
#女性		Female		8.7	9.1
女性接受再就业技能培训后就业率	(%)	The Employment Rate of Women Recommend after accepting training	(%)	65.2	56.9
参加基本养老保险人数	(万人)	Number of Participants in Endowment Funds	(10000 persons)	982.5	827.7
#女性		Female		442.0	376.1
参加基本医疗保险人数	(万人)	Number of Participants in Basic Medical Insurance	(10000 persons)	1063.7	938.4
#女性		Female		481.7	419.3
参加失业保险人数	(万人)	Number of Participants in Unemployment Insurance Funds	(10000 persons)	774.2	675.7
#女性		Female		336.5	293.1
参加工伤保险人数	(万人)	Number of Participants in Compo Insurance	(10000 persons)	823.8	747.1
#女性		Female		339.4	305.7
农村社会养老保险参保人数	(万人)	Number of Participants in Rural Society Endowment Insurance	(10000 persons)	159.3	153.9
#女性		Female		87.5	84.6
市人大女代表领衔提出的议案数	(件)	Number of Heads the Proposal to Put Forward with The Women Deputy of Beijing Municipal People's Congress(BMPC)	(case)	17	16
市政协女委员提出的提案数	(件)	Number of Heads the Porposal to Put Forward with the Women Deputy of Beijing Committee, Chinese People's Political Consultative Conference	(case)	526	540
普通高校在校学生人数	(万人)	Number of Higher Education	(10000 persons)	57.8	57.7
#女生		Female		29.4	29.1
在读研究生人数	(万人)	Number of Students that Pursuing Master Degree	(10000 persons)	22.5	21.0
#女生		Female		10.4	9.6
成人本专科在校生人数	(万人)	Students Enrollment of Adult Higher Education	(10000 persons)	26.6	28.2
#女生		Female		15.4	15.8
妇科病普查率	(%)	Gynaopathy General Survey Rate	(%)	64.03	64.86
患妇科病人数	(万人)	Women Sufferring from the Gynecopathy	(10000 persons)	36.16	33.2
#农村妇女患妇科病人数		Rural Women		14.25	16.3
高危孕产妇住院分娩率	(%)	Giving Birth Rate of Endanger Pregnant Lying in Hospital	(%)	100.0	100.0
已婚育龄妇女综合避孕率	(%)	Practising Contraception Rate Synthetically of Married Women of Child Bearing Age	(%)	84.6	85.6
抓获刑事作案成员中女性比例	(%)	Share of Female in Criminal Suspects	(%)	16.8	17.1
得到法律援助机构援助的妇女人数	(人)	Number of Women Getting the Aid from Law Aid Institution	(person)	2582	2376

21-36 北京市儿童发展规划监测统计资料

SUPERVISORY STATISTICS FOR CHILDREN DEVELOPMENT IN BEIJING

项　目		Item		2010	2009
婚前医学检查率	(%)	Rate of Premarital Medical Check	(%)	9.2	9.5
婚前卫生指导率	(%)	Rate of Premarital Medical Direction	(%)	95.8	96.0
出生缺陷监测率	(%)	Monitoring Rate of Birth Deficiency	(%)	100	100
新生儿疾病筛查率	(%)	Screen Check Rate of Illness for Newborn Babies	(%)	98.95	99.31
出生缺陷发生率	(‰)	Outbreak Rate of Birth Deficiency	(‰)	16.03	17.58
新生儿破伤风发病率	(‰)	Rate of Outbreak of Tetanus on Newborn Babies	(‰)		
围产儿死亡率	(‰)	Death Rate of Neonatus in Wardship	(‰)	4.43	4.96
婴儿死亡率	(‰)	Death Rate of Infant	(‰)	3.29	3.49
5岁以下儿童死亡率	(‰)	Death Rate of Children below 5-year-old	(‰)	4.16	4.13
五苗全程接种率	(%)	Rate of Inoculation of Five Vaccines	(%)	96.67	97.41
卡介苗疫苗接种率	(%)	Rate of Inoculation of BCG Vaccine	(%)	99.37	99.84
脊髓灰质炎疫苗接种率	(%)	Rate of Inoculation of Poliomyelities Polio Vaccine	(%)	99.13	99.23
百白破疫苗接种率	(%)	Rate of Inoculation of Pertussis,Diphtheria and Tetanus Vaccine	(%)	98.84	99.21
麻疹疫苗接种率	(%)	Rate of Inoculation of Measles Vaccine	(%)	99.47	99.36
孕产妇系统管理率	(%)	Rate of Gravida and Puerpera in Systematic Management	(%)	97.46	97.09
城　市		Urban		97.73	97.32
农　村		Rural		96.87	96.61
孕产妇健康教育普及率	(%)	Widespreading Rate of Health Education for Gravida and Puerpera	(%)	99.85	99.80
孕产妇住院分娩率	(%)	Rate of Parturition in Hospital	(%)	99.99	99.99
孕产妇死亡率	(1/10万)	Death Rate of Gravida and Puerpera	(1/100000)	12.14	14.55

21-37 北京市历届人代会代表人数性别构成及议案、建议数

NUMBER AND SEX COMPOSITION OF DEPUTIES AT HISTORICAL PEOPLE'S CONGRESS OF BEIJING ALONG WITH NUMBER OF PROPOSALS AND SUGGESTIONS

单位：人、%、件 (person,%,case)

项　目 Item	代表人数 Number of Deputies			性别比例 Sex Percentage		议案立案数 Number of Cases Registered of Proposal	建议数 Suggestions
	合计 Total	女性 Female	男性 Male	女性 Female	男性 Male		
第一届 1st	564	106	458	18.8	81.2		
第二届 2nd	619	142	477	22.9	77.1		
第三届 3rd	618	162	456	26.2	73.8		
第四届 4th	745	202	543	27.1	72.9		
第五届 5th	751	203	548	27.0	73.0		
第七届 7th	1195	325	870	27.1	72.9		
第八届 8th	973	252	721	25.9	74.1	55	6644
第九届 9th	880	217	663	24.7	75.3	86	7921
第十届 10th	885	224	661	25.3	74.7	156	7281
第十一届 11th	763	197	566	25.8	74.2	166	9717
第十二届 12th	762	235	527	30.8	69.2	276	9859
第十三届 13th	771	236	535	30.6	69.4	134	6187

注：1.北京市人大常委会是经北京市七届三次人民代表大会选举成立的，故一至七届人代会无议案及建议数。

2.代表人数为届首选举数，议案及建议数均是本届五年会上及平时议案及建议的合计数。

3.第十三届议案立案及建议数截至2011年5月底。

资料来源：北京市人民代表大会常务委员会。

Note: a) Standing Committee of Beijing People's Congress was established upon election at the 3rd Session of Beijing 7th People's Congress. As a result, there were no proposals and suggestions at the 1st-7th People's Congresses.

b) Deputies were those first elected for that term. Proposals and suggestions at other terms of Congress included those at the meeting of the said term and/or at ordinary times.

c) Data of Proposal and Advice of 13th Congress was that up to May of 2011.

Source: Standing Committee of Beijing Municipal People's Congress(BMPC).

21-38 北京市历届政协会委员人数及提案立案数
NUMBER OF MEMBERS AND PROPOSALS AT HISTORICAL BEIJING CPPCC

单位：人、件 (person,case)

届 别 Term	起止年月 Beginning-ending Month	委员人数 Number of Commissaries 合 计 Total	女 性 Female	男 性 Male	提案立案数 Number of Proposals Put on Record
第一届 1st	1955.04-1959.09	270	40	230	37
第二届 2nd	1959.09-1962.12	463	84	379	13
第三届 3rd	1962.12-1965.09	519	92	427	884
第四届 4th	1965.09-1977.11	529	88	441	23
第五届 5th	1977.11-1983.03	779	161	618	1610
第六届 6th	1983.03-1988.01	766	168	598	3122
第七届 7th	1988.01-1993.01	703	179	524	4276
第八届 8th	1993.01-1998.01	740	185	555	4975
第九届 9th	1998.01-2003.01	782	203	579	6240
第十届 10th	2003.01-2008.01	824	226	598	6871
第十一届 11th	2008.01-2010.12	737	233	504	4067

资料来源：中国人民政治协商会议北京市委员会。
Source: The Chinese People's Political Consultative Conference Beijing Committe.

主要统计指标解释

优抚对象 依照法律和政策的规定，享受国家、社会和群众抚恤优待的人员，包括中国人民解放军（包括中国人民武装警察部队）现役军人、革命伤残人员、复员退伍军人、革命烈士家属、因公牺牲军人家属、病故军人家属、现役军人家属。

社会救济对象总人数 指在报告期末生活在当地规定的最低生活保障线以下的家庭人员及国家规定由民政部门救济的特殊人员和60年代精简退职老职工救济人员等。

城市居民最低生活保障人数 指报告期末家庭平均收入在当地规定的最低生活保障线以下的城镇居民数。包括“三无”对象、失业人员和在职、下岗、退休人员等。

农村最低生活保障人数 指报告期末在建立农村最低生活保障制度的地区，得到当地政府或集体给予最低生活保障的农业人口家庭人数。

参加基本养老保险人数 指报告期末按照国家法律、法规和有关政策规定参加基本养老保险并在社保经办机构已建立缴费记录档案的职工人数，包括中断缴费但未终止养老保险关系的职工人数和参加基本养老保险的离休、退休和退职人员的人数。不包括只登记未建立缴费记录档案的人数。

参加基本医疗保险人数 指报告期末按国家有关规定参加基本医疗保险的人数。包括参加保险的职工人数和退休人员数。

参加失业保险人数 指报告期末按照国家法律、法规和有关政策规定参加了失业保险的城镇企业事业单位的职工及地方政府规定参加失业保险的其他人员的人数。参加失业保险人数为参加失业保险的人数。

参加工伤保险人数 指报告期末参加工伤保险的人数。

参加生育保险人数 指报告期末参加生育保险的人数。

农村居民参加城乡居民养老保险人数 指截止报告期末参加城乡居民养老保险的农村居民人数。

参加农村新型合作医疗人数 指截止报告期末乡镇已参加农村新型合作医疗的总人数。农村新型合作医疗制度是由政府组织、引导、支持，农民自愿参加，集体、个人和政府多方筹资，以大病统筹为主的农民医疗互助共济制度。

城镇社区服务设施数 指报告期末城镇(街道办事处、居委会）设立的以非盈利为目的，为本社区居民服务，特别是为老年人、残疾人、儿童服务的社区服务中心、活动站、服务站、养老院、老年公寓（托老所）、残疾人工疗站、残疾儿童日托所、家务服务站、婚姻介绍所等福利性设施以及职工社会保险管理服务的机构数。几种不同类型的社区服务单位，共用一个场所的，只能统计为一个社区服务设施。成为社区服务设施的条件(1)是独立核算单位；(2)有固定的从业人员；(3)有一定的服务项目；(4)有一定的服务场所。

律师 指受聘参加律师事务所工作，提任法律顾问、刑（民）事代理人、刑事辩护人，办理非诉讼事件、解答法律询问，代写法律事务文书等主要从事律师业务的专职法律工作者和兼职律师。

公证人员 指在国家公证机关依法办理公证事务的司法人员。包括公证员、助理公证员和在公证处工作的其他人员。

办理公证文书 指公证处在一定时期内办结的公证文书件数。公证文书系按司法部规定或批准的格式制作。包括国内公证和涉外公证两部分。其中国内公证分为经济公证和民事法律关系公证两大类。

调解人员 指人民调解委员会担负调解民间一般民事纠纷和轻微违法行为所引起的纠纷的工作人员。包括调解委员会的委员和调解小组调解员。

调解民间纠纷 指调解委员会依照法律规定，根据自愿原则，用说服教育的方法调解民间发生的有关民事权利和义务的争执，促成当事双方达到协议和谅解，解决纠纷。包括婚姻家庭纠纷，财产权益纠纷等。不包括法院受理调解的民事案件数。

地震应急避难场所 指适用于地震等自然灾害，也适用于其他事件应急状态下，供居民紧急疏散的公园、公共绿地、城市广场、体育场、学校运动场等场地数量。

Explanatory Notes on Main Statistical Indicators

Key Entitled Groups refer to persons receiving special treatment from the country, society and the public in accordance with provisions in laws and policies, including active servicemen of PLA (including the People's Armed Policy Army), persons wounded and disabled due to revolution, veterans, dependents of revolutionary martyrs, dependents of servicemen who sacrificed on business, dependents of servicemen who died of illness, dependents of active servicemen.

Total Number of Persons Receiving Social Relief refer to the number of family members living under the minimum living standard guarantee line stated by local government, special persons receiving relief by civil affair authorities in line with national regulations, as well as old employees retired in the 1960s, at the end of reporting period.

Number of Persons Receiving Lowest Cost-of-Living in Urban Area refers to the number of urban residents whose average family income is below locally stated minimum living standard guarantee line, including elders, psychotic patients and disables who have no statutory guardian, no fixed pocketbook, no labor ability, unemployed person, on-the-job persons, laid-off persons, and retired person, etc.

Number of Persons Receiving Lowest Cost-of-Living in Rural Area refers to the number of persons in agricultural families covered by minimum living standard guarantee of local government or collective in an area where rural minimum living standard guarantee system is established, at the end of reporting period.

Number of People Participating in Basic Pension Insurance refers to the number of employees participating in basic endowment insurance and keeping insurance premium payment records with social security organizations in accordance with provisions in national laws, rules and relevant policies at the end of reporting period, including the number of employees suspending the payment of insurance premium without terminating the endowment insurance relation as well as retired employees participating in basic endowment insurance, excluding the number of persons only registered but having no insurance premium payment records.

Number of People Participating in Basic Medical Care Insurance means the number of persons participating in medical care insurance program at the end of reporting period in accordance with relevant national regulations, including the number of employees and retired persons participating in the insurance.

Number of People Participating in Unemployment Insurance means the number of employees in urban enterprises and public institutions participating in unemployment insurance program at the end of reporting period in accordance with provisions in national laws, rules and relevant policies, as well as other persons specified by local governments to participate in unemployment insurance. The number of persons participating in unemployment insurance program is the number of persons who participate in unemployment insurance.

Number of People Participating in Work Injury Insurance means the number of persons participating in work injury insurance program at the end of reporting period.

Number of People Participating in Maternity Insurance means the number of persons participating in maternity insurance program at the end of reporting period.

Number of People Participating in Rural Basic Pension Insurance means the number of rural residents who had participated in urban and rural old-age insurance program by the end of reporting period.

Number of People Participating in New-type Rural Cooperative Medicare means the total number of persons who had participated in the rural new-type cooperative medical service by the end of reporting period. The rural new-type cooperative medical service system is a mutual aid medical system for farmers, with focus on general health care program for major diseases, organized, guided and supported by government, with farmers' voluntary participation.

Number of Service Facilities in Urban Community means the number of welfare facilities established in cities and towns (by sub-district office and community neighborhood committees) such as community service centers, activity stations, service stations, rest homes, elders' apartments, the disables' work treatment stations, disabled children's daily kindergarten, housework service stations and marriage service centers serving for residents in the community, especially serving elders, the disables and children for non-profit purpose, and institutions for employees' social security management at the end of reporting period. Several community service organizations in different types using one common site are calculated as on community service facility. To be a community service facility: it must (1) be a organization keeping independent accounts, (2) have fixed employees, (3) have fixed service items; (4) have certain service site.

Lawyer mean a full-time law worker and part-time lawyer joining a law firm, serving as a legal consultant, criminal (civil) proxy, criminal counsel, handling non-lawsuit events, answering legal questions, writing legal documents for others, and other lawyer business.

Notary means any judicial person handling notarization matters in national notarization agencies according to law, including notaries, assistant notaries, and other personnel working in notarization offices.

Notarization Documents Executed means the number of notarization documents executed at notarization offices within a given period of time. Notarization documents are prepared in the format specified or approved by the Ministry of Justice. Notarization includes domestic notarization and foreign notarization. Domestic notarization falls into economic notarization and civil legal relation notarization.

Mediation Personnel mean working personnel responsible for mediating general civil disputes as well as disputes caused by slightly illegal acts in any people's mediation committee, including members of people's mediation committees and mediators of mediation teams.

Mediation of Civil Disputes means the mediation of disputes against civil rights and obligations by mediation committees on voluntary basis and in accordance with provisions in laws in order to urge both parties to reach an agreement and understanding and resolve the dispute, including marriage and family dispute, property rights and interests dispute, etc., excluding the number of civil cases accepted by courts.

Emergent Earthquake Refuges refer to the number of parks, public green land, city squares, gyms, school playgrounds for residents' emergent evacuation in the event of natural disaster such as earthquake, and under the condition state of other emergent events.

22

第三产业
TERTIARY INDUSTRY

简要说明

一、本章资料的主要内容

本章主要内容包括：第三产业主要指标、限额以上第三产业主要指标、限额以上第三产业企业财务状况、北京地区服务贸易、文化创意产业、物流业、会展活动和体育及相关产业活动情况等。

二、本章资料的数据来源

本章除北京地区服务贸易情况由北京市商务委员会提供外，其他资料由北京市统计局、国家统计局北京调查总队提供。

三、本章资料的统计范围

按照国家统计局《三次产业划分规定》，第三产业包括：交通运输、仓储和邮政业，信息传输、计算机服务和软件业，批发和零售业，住宿和餐饮业，金融业，房地产业，租赁和商务服务业，科学研究、技术服务和地质勘查业，水利、环境和公共设施管理业，居民服务和其他服务业，教育，卫生、社会保障和社会福利业，文化、体育和娱乐业，公共管理和社会组织，国际组织。

本章限额以上第三产业是指除国际组织以外的各行业限额以上的法人单位。具体为金融业、房地产开发业的全部法人单位；批发业年主营业务收入2000万元及以上的企业；零售业年主营业务收入500万元及以上的企业；住宿业为星级饭店和星级以外年主营业务收入200万元及以上企业；餐饮业年主营业务收入200万元及以上的企业；其余行业为年营业收入或收入合计500万元及以上的法人单位。

文化创意产业资料根据文化创意产业法人单位调查资料测算取得。

物流业统计范围包括限额（规模）以上交通（货物）运输、仓储和邮政业、包装服务业、批发业、零售业和制造业企业。

会展业活动情况根据北京市统计局开展的“2010 年北京市会展活动统计调查”数据整理汇总得出。统计调查的对象涉及会展活动的举办服务单位和接待单位。具体包括星级宾馆饭店及年主营业务收入200万元及以上的宾馆饭店；从事各种会展活动的场馆；大型会展活动的主办单位（名单由北京市公安局提供）以及为会展活动提供各类专业服务的单位。本统计调查为年度统计调查，由于每年的调查单位范围不完全相同（有新增和消亡单位），为保持数据的可比性，调查时，同时采集调查对象本年和上年数据。

体育及相关产业情况根据“北京市体育产业专项调查”和统计年报资料汇总计算。统计范围执行国家体育总局、国家统计局颁布的《体育及相关产业分类（试行）》标准。

Brief Introduction

I. Main Content

This chapter includes: main indicators for the tertiary industry, main indicators for tertiary industry above designated size, financial status of tertiary industry above designated size, service trade, cultural creation industry, logistics, MICE, sports and activities in related sectors in Beijing area.

II. Source of Data

Except for the data on service trade in Beijing area, which are sourced from Beijing Municipal Commission of Commerce, other data are sourced from Beijing Municipal Bureau of Statistics, and NBS Survey Office in Beijing.

III. Scope of Statistics

As stipulated in the *Provisions on Division of Three Industries* National Bureau of Statistics, the tertiary industry covers: transport, storage and postal service, computer service and software, wholesale and retail trades, accommodation and catering, finance, real estate, leasing and business service, scientific research, technological service, geological survey, water conservancy, environment and public facilities management, residents service and other service, education, health, social security and social welfare, culture, sports and entertainment, public management, social organizations and international organizations.

In this chapter, the tertiary industry above designated size means corporate enterprises above designated size other than international organizations, in details including all corporate enterprises in finance and real estate development sectors; enterprises with annual main business income of RMB20 million and more in wholesale sector; enterprises with annual main business income of RMB5 million and more in retail sector star-level and off-star-level enterprises with annual main business income of RMB2 million and more in accommodation sector; enterprises with annual main business income of RMB2 million and more in catering sector; and in other sectors, corporate enterprises with annual business income or total income of RMB5 million and more.

Data on cultural creation were obtained from investigation to corporate enterprises in cultural creation sector.

Statistics for logistics apply for enterprises in (cargo) transport, storage and postal service, packaging service, wholesale trades, retail trades and manufacturing sectors above designated size.

MICE data were obtained through collation of data from "2010 Statistical Survey for MICE in Beijing" conducted by Beijing Municipal Bureau of Statistics. Target of statistics covers service companies and reception companies holding the MICE, in details, including: star-level hotels and those hotels with annual main business income of RMB2 million and more; venues for MICE; sponsors of large MICEs (with the list provided by Beijing Municipal Bureau of Public Security) together with organizations providing various professional services for MICEs. Such survey is conducted on yearly basis. As the scope of companies under survey is not completely the same (there companies newly added and companies died out), data in both the current year and previous year are collected from the surveyed companies to keep the data comparable.

Data on sports industry were calculated according to the "Special Survey on Sports Industry in Beijing" and the annual statistical report. As for the scope of statistics, the standards in the Classification of Sports Industry (Tryout) issued by the State Administration for Sports and National Bureau of Statistics were applied.

22-1 第三产业主要指标及占全市比重(2000-2010年)
MAIN INDICATORS OF THE TERTIARY SECTOR AND THEIR PERCENTAGES OF BEIJING'S TOTAL (2000-2010)

项 目		Item		2000	2001	2002	2003	2004
增加值	(亿元)	Gross Domestic Product	(100 million yuan)	2049.1	2484.8	2982.6	3435.9	4092.2
占全市比重	(%)	Percentage of the Total	(%)	64.8	67.0	69.1	68.6	67.8
劳动生产率	(元/人)	Overall Labor Productivity	(yuan/person)	61525	73082	83069	86864	83977
相当于全市比例	(%)	Percentage of the Total	(%)	120.4	123.0	125.9	119.9	108.4
从业人员年末人数	(万人)	Year-end Employed Persons	(10000 persons)	338.2	341.8	376.3	414.8	559.8
占全市比重	(%)	Percentage of the Total	(%)	54.6	54.4	55.4	59.0	65.5
固定资产投资	(亿元)	Investment in Fixed Assets	(100 million yuan)	510.3	1367.9	1621.8	1875.4	2112.7
占全市比重	(%)	Percentage of the Total	(%)	39.3	89.3	89.4	86.9	83.6
实际利用外资金额	(亿美元)	Amount of Foreign Capital Actually Used	(USD 100 million)	22.2	12.8	12.5	14.0	19.2
占全市比重	(%)	Percentage of the Total	(%)	90.5	72.4	69.8	65.3	62.4
万元地区生产总值能耗	(吨标准煤)	Energy Consumption per 10000 yuan GDP	(ton of SCE)	0.53	0.48	0.45	0.41	0.40
相当于全市比例	(%)	Percentage of the Total	(%)	40.2	42.2	43.5	43.6	46.9

22-1 续表 continued

项 目		Item		2005	2006	2007	2008	2009	2010
增加值	(亿元)	Gross Domestic Product	(100 million yuan)	4854.3	5837.6	7236.1	8375.8	9179.2	10600.8
占全市比重	(%)	Percentage of the Total	(%)	69.6	71.9	73.5	75.4	75.5	75.1
劳动生产率	(元/人)	Overall Labor Productivity	(yuan/person)	84828	95800	112388	122794	126872	140968
相当于全市比例	(%)	Percentage of the Total	(%)	105.4	106.1	106.3	106.3	103.3	101.4
从业人员年末人数	(万人)	Year-end Employed Persons	(10000 persons)	584.7	634.0	653.7	710.5	736.5	767.5
占全市比重	(%)	Percentage of the Total	(%)	66.6	68.9	69.3	72.4	73.8	74.4
固定资产投资	(亿元)	Investment in Fixed Assets	(100 million yuan)	2405.6	2993.8	3465.8	3434.4	4389.5	4922.3
占全市比重	(%)	Percentage of the Total	(%)	85.1	88.8	87.4	89.2	90.3	89.6
实际利用外资金额	(亿美元)	Amount of Foreign Capital Actually Used	(USD 100 million)	23.0	34.5	40.8	44.4	52.0	56.3
占全市比重	(%)	Percentage of the Total	(%)	65.2	75.8	80.6	72.9	84.9	88.5
万元地区生产总值能耗	(吨标准煤)	Energy Consumption per 10000 yuan GDP	(ton of SCE)	0.40	0.37	0.33	0.31	0.30	0.27
相当于全市比例	(%)	Percentage of the Total	(%)	49.9	50.2	51.7	54.8	55.5	55.4

22-2 第三产业按行业分主要指标(2010年)

MAIN INDICATORS OF THE TERTIARY SECTOR BY SECTOR(2010)

项　目	Item	增加值 (亿元) GVA (100 million yuan)	2010年为2009年% 2010 as % of 2009	固定资产投　资 (亿元) Investment in Fixed Assets (100 million yuan)	2010年为2009年% 2010 as % of 2009	实际利用外资金额 (万美元) Amount of Foreign Capital Actually Used (USD 10000)	2010年为2009年% 2010 as % of 2009
第三产业合计	**Total**	**10600.8**	**109.3**	**4922.3**	**112.1**	**563213**	**108.5**
交通运输、仓储和邮政业	Transport,Storage and Post	712.0	111.7	736.1	100.8	14930	129.7
信息传输、计算机服务和软件业	Information Transmission,Computer Service and Software	1214.1	110.6	143.3	102.4	95453	101.0
批发与零售业	Wholesale and Retail Trade	1888.5	120.9	30.8	152.3	66032	119.2
住宿和餐饮业	Hotel and Restaurants	317.3	115.2	36.1	89.5	3525	41.8
金融业	Financial Intermediation	1863.6	108.6	30.3	409.7	18753	239.9
房地产业	Real Estate	1006.5	85.8	3196.2	117.2	141728	177.9
租赁和商务服务业	Leasing and Business Services	953.2	110.0	27.7	104.9	175580	77.7
科学研究、技术服务与地质勘查业	Scientific Research,Technical Services and Geologic Prospecting	941.1	107.9	85.3	140.5	40261	136.6
水利、环境和公共设施管理业	Management of Water Conservancy, Environment and Public Facilities	75.3	104.7	378.2	105.1		
居民服务和其他服务业	Services to Households and Other Services	99.3	125.5	6.8	103.4	442	29.2
教　育	Education	516.2	108.5	88.8	134.8	211	70.3
卫生、社会保障和社会福利业	Health,Social Securities and Social Welfare	254.5	111.6	39.1	94.3	1390	
文化、体育与娱乐业	Culture,Sports and Entertainment	294.6	106.2	71.9	92.9	4908	128.7
公共管理与社会组织	Public Management and Social Organization	464.6	105.3	51.6	61.1		

22-3 北京地区服务贸易情况(2003-2010年)
STATISTICS ON SERVICE TRADE(2003-2010)

单位：亿美元 (USD 100 million)

项 目	Item	2003	2004	2005	2006	2007	2008	2009	2010
服务贸易总额	**Total Turnover of Service Trade**	**162.24**	**235.70**	**300.74**	**393.23**	**503.06**	**691.92**	**644.10**	**798.29**
运 输	Transportation	42.73	66.79	80.06	107.29	110.96	144.38	140.50	177.11
保险服务	Insurance Service	8.91	11.90	14.91	19.85	23.54	72.85	58.60	92.22
旅 游	Travel	30.87	48.60	54.93	68.22	94.13	88.66	92.90	108.68
金融服务	Financial	0.53	0.47	0.53	0.53	1.79	1.93	4.70	8.09
通讯服务	Communication Service	8.71	7.41	8.55	11.49	18.39	24.28	17.20	17.62
建筑服务	Construction Service	10.66	11.90	19.56	23.69	46.28	79.56	74.30	87.16
计算机和信息服务	Computer and Information	9.00	9.76	11.60	18.32	24.74	29.25	28.80	39.83
专利使用费和特许费	Fees for Patent or Royalty	5.27	7.38	9.40	14.39	16.80	20.38	16.40	21.11
咨 询	Consultation	12.22	18.94	28.33	43.28	57.91	84.38	81.10	89.47
广告、宣传	Advertisement and Publicity	3.19	5.16	6.26	7.40	10.02	12.90	10.80	13.19
电影、音像	Movies and Audio-video Products	0.74	1.33	1.95	1.82	3.85	5.51	2.70	3.56
其他商业服务	Other Commercial Service	29.41	46.06	64.66	76.95	94.65	127.82	116.00	140.27

资料来源：北京市商务委员会。
Source: Beijing Municipal Commission of Commerce .

22-4 北京地区服务贸易情况
STATISTICS ON SERVICE TRADE

单位：亿美元 (USD 100 million)

项 目	Item	服务贸易总额 Total Turnover of Service Trade		外汇收入 Forex Income		外汇支出 Forex Payment		顺(逆)差 Surplus (Deficit)	
		2010	2009	2010	2009	2010	2009	2010	2009
合 计	**Total**	**798.29**	**644.10**	**388.22**	**311.60**	**410.07**	**332.50**	**-21.85**	**-20.90**
运 输	Transportation	177.11	140.50	53.84	41.50	123.27	99.00	-69.44	-57.50
保险服务	Insurance Service	92.22	58.60	8.22	8.70	83.99	49.90	-75.77	-41.20
旅 游	Travel	108.68	92.90	44.47	40.80	64.21	52.10	-19.74	-11.30
金融服务	Financial	8.09	4.70	3.01	2.10	5.09	2.60	-2.08	-0.50
通讯服务	Communication Service	17.62	74.30	8.59	41.90	9.04	32.40	-0.45	9.50
建筑服务	Construction Service	87.16	58.60	59.67	8.70	27.49	49.90	32.18	-41.20
计算机和信息服务	Computer and Information	39.83	28.80	29.59	20.60	10.23	8.20	19.36	12.40
专利使用费和特许费	Fees for Patent or Royalty	21.11	16.40	3.27	2.10	17.84	14.30	-14.57	-12.20
咨 询	Consultation	89.47	81.10	64.80	60.00	24.67	21.10	40.13	38.90
广告、宣传	Advertisement and Publicity	13.19	10.80	7.98	6.70	5.21	4.10	2.77	2.60
电影、音像	Movies and Audio-video Products	3.56	2.70	0.77	0.70	2.79	2.00	-2.02	-1.30
其他商业服务	Other Commercial Service	140.27	116.00	104.02	77.70	36.25	38.30	67.77	39.40

资料来源：北京市商务委员会。
Source: Beijing Municipal Commission of Commerce .

22-5 限额以上第三产业主要指标（2004-2010年）
MAIN INDICATORS OF TERTIARY INDUSTRY ENTERPRISES ABOVE DESIGNATED SIZE (2004-2010)

项目	Item	2004	2005	2006	2007	2008	2009	2010
单位数（个）	Enterprises (unit)	25725	23661	24921	25651	34820	36177	36064
从业人员平均人数（万人）	Average Number of Employed Persons (10000 persons)	301.4	323.3	340.4	373.5	443.6	472.1	487.9
资产总计（亿元）	Total Assets (100 million yuan)	184985.5	274180.3	336485.9	422458.7	579095.5	712313.4	798485.4
收入合计（亿元）	Total Incomes (100 million yuan)	21467.2	24444.6	29468.7	38361.8	47524.3	55390.3	69106.8
税收合计（亿元）	Total Revenue (100 million yuan)	908.1	1004.0	1376.0	2360.9	1855.2	2560.8	3122.4
企业利润总额（亿元）	Total Profits (100 million yuan)	1544.8	2696.1	2967.2	4511.2	4577.6	10540.8	10236.3

22-6 限额以上第三产业主要指标（按行业、按登记注册类型分）（2010年）
MAIN INDICATORS OF TERTIARY INDUSTRY ENTERPRISES ABOVE DESIGNATED SIZE (GROUPED BY SECTOR AND REGISTRATION STATUS)(2010)

项目	Item	单位数（个）Enter-prises (unit)	从业人员平均人数（万人）Average Number of Employed Persons (10000 persons)	资产总计（亿元）Total Assets (100 million yuan)	收入合计（亿元）Total Incomes (100 million yuan)	税收合计（亿元）Total Revenue (100 million yuan)	利润总额（亿元）Total Profits (100 million yuan)
第三产业合计	**Total**	**36064**	**487.9**	**798485.4**	**69106.8**	**3122.4**	**10236.3**
按行业分	**Grouped by Sector**						
交通运输、仓储和邮政业	Transport,Storage and Post	1062	61.4	6669.5	3126.1	136.0	237.5
信息传输、计算机服务和软件业	Information Transmission, Computer Service and Software	2727	43.0	15828.8	3541.0	213.0	889.0
批发与零售业	Wholesale and Retail Trade	8935	60.1	20856.6	32359.2	654.8	1122.1
住宿和餐饮业	Hotel and Restaurants	3377	38.7	1233.9	707.4	54.3	10.3
金融业	Financial Intermediation	1031	26.4	644557.4	9721.1	1056.4	4994.3
房地产业	Real Estate	4681	32.6	28523.3	3536.8	545.0	629.8
租赁和商务服务业	Leasing and Business Services	5079	68.1	61742.3	6189.2	216.7	1940.3
科学研究、技术服务与地质勘查业	Scientific Research,Technical Services and Geologic Prospecting	3082	44.0	9741.0	4613.4	165.0	330.6
水利、环境和公共设施管理业	Management of Water Conservancy, Environment and Public Facilities	549	8.0	1020.0	259.2	7.2	12.0
居民服务和其他服务业	Services to Households and Other Services	417	6.0	160.7	145.4	6.0	4.1
教育	Education	1550	35.3	2289.7	1030.2	7.3	8.0
卫生、社会保障和社会福利业	Health,Social Securities and Social Welfare	638	18.8	931.3	834.4	1.5	3.9
文化、体育与娱乐业	Culture,Sports and Entertainment	1143	13.8	1971.0	933.9	57.0	54.5
公共管理与社会组织	Public Management and Social Organization	1793	31.8	2959.8	2109.7	2.3	
按登记注册类型分	**Grouped by Registration Status**						
内资	Domestic Investment Economy	33049	417.2	772708.7	55563.7	2403.2	8765.3
国有	State-owned Units	6992	163.0	341541.4	12956.0	374.8	1156.8
集体	Collective-owned Units	719	7.6	1030.1	514.9	9.7	9.8
联营	Joint Ownership Units	493	3.8	317.6	209.8	5.3	6.1
股份有限公司	Share Holding Corporations Ltd.	52	0.5	52.0	25.6	0.9	1.0
有限责任公司	Limited-Liability Corporations	10827	131.4	151275.7	25831.3	955.5	5260.7
股份合作	Share Holding	896	42.2	271978.2	9582.0	836.7	2084.4
私营	Private Units	12799	65.3	6182.4	6270.5	219.0	244.1
其他	Others	271	3.5	331.1	173.6	1.4	2.5
外商投资	Foreign Funded Units	1081	26.7	9445.5	3642.6	213.9	448.8
港、澳、台商投资	Units with Funds from Hongkong, Macao and Taiwan	1934	44.0	16331.2	9900.4	505.3	1022.2

22-7 限额以上第三产业企业财务状况(2010年)
FINANCIAL STATUS OF TERTIARY INDUSTRY ENTERPRISES ABOVE DESIGNATED SIZE (2010)

单位：万元 (10000 yuan)

项 目	Item	单位数(个) Enterprises (unit)	资产合计 Total Assets	流动资产合计 Total Circulating Assets	长期投资 Long-term Investment
合 计	**Total**	**30856**	**6172330940**	**701181688**	**485908996**
按登记注册类型分	**Grouped by Registation Status of Enterprises**				
内资企业	Domestic Funded Enterprises	27846	5914583867	581923794	457266829
国有企业	State-Owned Enterprises	2238	1608024289	122329424	262609472
集体企业	Collective Owned Enterprises	623	9221391	5805574	1229958
股份合作企业	Share Holding Enterprises	482	3143864	2125240	359382
联营企业	Joint Owned Enterprises	41	384307	120579	75997
有限责任公司	Limited-Liability Corporations	10824	1512680507	318504820	123896055
股份有限公司	Share Holding Corporations Ltd.	895	2719388427	84967811	62329920
私营企业	Private Enterprises	12724	61522305	47900309	6765333
其他企业	Others	19	218776	170036	713
港澳台商投资企业	Enterprises with Funds from Hongkong, Macao and Taiwan	1081	94455350	49194770	7278125
外商投资企业	Foreign Funded Enterprises	1929	163291723	70063123	21364042
按国民经济行业分	**Grouped by Sector**				
交通运输、仓储和邮政业	**Transportation,Storage and Post**	**1062**	**66694846**	**14391535**	**10397428**
铁路运输业	Railway Transport	15	20872406	2286322	5302107
道路运输业	Road Transport	432	10657418	1564509	338240
城市公共交通业	Urban Public Traffic	129	3808149	1222433	383901
水上运输业	Water Transport	5	***	***	***
航空运输业	Air Transport	13	18431128	2913912	2068833
管道运输业	Transport Via Pipelines	1	***	***	***
装卸搬运和其他运输服务业	Loading,Unloading and Other Transport Services	318	4584245	2622103	1130726
仓储业	Storage	125	2452960	1797703	70646
邮政业	Posts	24	3541396	1887819	1100731
信息传输、计算机服务和软件业	**Information Transmission,Computer Services and Software**	**2675**	**156807504**	**73371759**	**64084038**
电信和其他信息传输服务业	Telecommunications and Other Information Transmission Services	429	128440262	51999220	61132183
计算机服务业	Computer Services	784	9354096	6931273	1147127
软件业	Software	1462	19013146	14441266	1804729
批发与零售业	**Wholesale Trade and Retail Trade**	**8935**	**208565848**	**156857647**	**34427453**
批发业	Wholesale Trade	5917	181600042	135873973	32767875
零售业	Retail Trade	3018	26965806	20983674	1659578
住宿和餐饮业	**Hotel and Restaurants**	**3377**	**12338607**	**4267018**	**866645**
住宿业	Hotels	1240	9489039	2685139	671737
餐饮业	Restaurants	2137	2849568	1581879	194907

22-7 续表 1 continued

单位：万元 (10000 yuan)

项目	Item	单位数（个） Enterprises (unit)	资产合计 Total Assets	流动资产合计 Total Circulating Assets	长期投资 Long-term Investment
金融业	**Finance Intermediation**	**1018**	**4737048579**	**6168626**	**841410**
银行业	Banks	93	3832318216	141697	1541
证券业	Security Activities	114	441269700	103940	64641
保险业	Insurance	400	184704326	376018	23094
其他金融活动	Other Financial Activities	411	278756338	5546972	752133
房地产业	**Real Estate**	**4681**	**285233065**	**222388249**	**25436179**
租赁与商务服务业	**Leasing and Business Services**	**4763**	**612106346**	**168537260**	**330248860**
租赁业	Leasing	113	2230503	1321449	164695
商务服务业	Business Services	4650	609875843	167215811	330084166
科学研究、技术服务与地质勘查业	**Scientific Studies,Technical Services and Geological Prospecting**	**2534**	**71666226**	**44535203**	**17057410**
研究与试验发展	Research and Experimental Development	252	8979710	6141557	1244416
专业技术服务业	Professional Technical Services	1223	36291142	22970902	9856914
科技交流和推广服务业	Services of Science and Technology Exchanges and Promotion	1027	23363004	14164533	5558744
地质勘查业	Geologic Prospecting	32	3032369	1258212	397337
水利、环境和公共设施管理业	**Water，Environment and Municipal Engineering Conservancy**	**314**	**8799488**	**2451657**	**807339**
水利管理业	Management of Water Conservancy	15	1151590	303612	584656
环境管理业	Environmental Management	64	1568953	895751	152206
公共设施管理业	Management of Public Facilities	235	6078945	1252294	70477
居民服务和其他服务业	**Resident Services and Other Services**	**370**	**1352239**	**993851**	**110450**
居民服务业	Services to Households	144	399489	266441	7982
其他服务业	Other Services	226	952750	727411	102468
教　育	**Education**	**163**	**1173040**	**683630**	**130054**
卫生、社会保障和社会福利业	**Health Care,Social Security and Social Welfare**	**134**	**541496**	**329354**	**1220**
卫　生	Health	130	508758	319704	1220
社会保障业	Social Securities				
社会福利业	Social Welfare	4	32738	9650	
文化、体育与娱乐业	**Culture,Sports and Entertainment**	**830**	**10003657**	**6205899**	**1500510**
新闻出版业	Journalism and Publishing Activites	424	5972157	4109805	747323
广播、电视、电影和音像业	Broadcasting,Televisions,Movies and Audiovisual Activities	150	2384964	1405834	645045
文化艺术业	Cultural and Art Activities	92	337047	191482	19347
体　育	Sports Activities	45	415453	181083	70246
娱乐业	Entertainment	119	894036	317694	18548

22-7 续表 2 continued

单位：万元 (10000 yuan)

项　目	Item	固定资产合计 Total Fixed Assets	固定资产原价合计 Total Original Value of Fixed Assets	负债合计 Total Liabilities	流动负债合计 Total Current Liabilities
合　计	**Total**	**127615326**	**150712213**	**4786876884**	**507340466**
按登记注册类型分	**Grouped by Registation Status of Enterprises**				
内资企业	Domestic Funded Enterprises	98582260	108727258	4613554473	421336364
国有企业	State-Owned Enterprises	25512826	30465638	1236194360	69572412
集体企业	Collective Owned Enterprises	2016716	1987398	6319183	5202551
股份合作企业	Share Holding Enterprises	605915	706775	2220664	2101173
联营企业	Joint Owned Enterprises	104930	151712	202451	152872
有限责任公司	Limited-Liability Corporations	48509488	48892469	993664705	246083513
股份有限公司	Share Holding Corporations Ltd.	17450964	21103224	2329794985	57578884
私营企业	Private Enterprises	4337526	5374428	45056832	40544547
其他企业	Others	43894	45614	101293	100413
港澳台商投资企业	Enterprises with Funds from Hongkong, Macao and Taiwan	21156327	29161734	60305933	29161266
外商投资企业	Foreign Funded Enterprises	7876740	12823220	113016478	56842836
按国民经济行业分	**Grouped by Sector**				
交通运输、仓储和邮政业	**Transportation,Storage and Post**	**39584679**	**49624206**	**32276089**	**17712215**
铁路运输业	Railway Transport	13008215	17573432	4799076	3110216
道路运输业	Road Transport	8169096	8915636	5967109	3022824
城市公共交通业	Urban Public Traffic	2065174	3345967	2681818	1448959
水上运输业	Water Transport	***	***	***	***
航空运输业	Air Transport	12783353	15120730	12298617	5059421
管道运输业	Transport Via Pipelines	***	***	***	***
装卸搬运和其他运输服务业	Loading,Unloading and Other Transport Services	421779	580660	2047596	1706932
仓储业	Storage	447970	540945	1983734	1709386
邮政业	Posts	467642	668728	1399411	1375970
信息传输、计算机服务和软件业	**Information Transmission,Computer Services and Software**	**12123960**	**20324692**	**42411917**	**30262809**
电信和其他信息传输服务业	Telecommunications and Other Information Transmission Services	9531230	16471669	29045057	17917980
计算机服务业	Computer Services	741941	1333769	5130887	4781094
软件业	Software	1850790	2519254	8235973	7563735
批发与零售业	**Wholesale Trade and Retail Trade**	**8446253**	**9995741**	**144216964**	**131155259**
批发业	Wholesale Trade	5772633	6232803	123245211	111117072
零售业	Retail Trade	2673620	3762938	20971753	20038187
住宿和餐饮业	**Hotel and Restaurants**	**5607263**	**8126962**	**8922496**	**6147118**
住宿业	Hotels	5037736	7262232	6772406	4267853
餐饮业	Restaurants	569527	864729	2150090	1879265

22-7 续表 3 continued

单位：万元 (10000 yuan)

项目	Item	固定资产合计 Total Fixed Assets	固定资产原价合计 Total Original Value of Fixed Assets	负债合计 Total Liabilities	流动负债合计 Total Current Liabilities
金融业	**Finance Intermediation**	**11927550**	**13915255**	**4055679202**	**2916518**
银行业	Banks	8751042	10209244	3535738722	31224
证券业	Security Activities	476432	597158	114109215	46315
保险业	Insurance	1871039	1999119	142198677	129606
其他金融活动	Other Financial Activities	829036	1109734	263632589	2709372
房地产业	**Real Estate**	**19756873**	**20010711**	**221833597**	**166100411**
租赁与商务服务业	**Leasing and Business Services**	**16574565**	**15491807**	**225548333**	**108597743**
租赁业	Leasing	468342	646075	1588430	1047946
商务服务业	Business Services	16106224	14845732	223959903	107549797
科学研究、技术服务与地质勘查业	**Scientific Studies,Technical Services and Geological Prospecting**	**5932740**	**7490250**	**44091802**	**37260795**
研究与试验发展	Research and Experimental Development	975983	927121	6092013	4995114
专业技术服务业	Professional Technical Services	1849759	2427492	22294709	19458076
科技交流和推广服务业	Services of Science and Technology Exchanges and Promotion	1847635	2416675	14253954	11622374
地质勘查业	Geologic Prospecting	1259363	1718964	1451126	1185230
水利、环境和公共设施管理业	**Water，Environment and Municipal Engineering Conservancy**	**4992278**	**2249850**	**5650002**	**1772786**
水利管理业	Management of Water Conservancy	183003	340295	345991	278264
环境管理业	Environmental Management	460840	489589	901559	634365
公共设施管理业	Management of Public Facilities	4348436	1419966	4402452	860157
居民服务和其他服务业	**Resident Services and Other Services**	**186942**	**249948**	**993672**	**832586**
居民服务业	Services to Households	83625	114962	327657	302387
其他服务业	Other Services	103317	134986	666015	530199
教　育	**Education**	**295031**	**455402**	**785405**	**728103**
卫生、社会保障和社会福利业	**Health Care,Social Security and Social Welfare**	**181354**	**282326**	**272352**	**251537**
卫　生	Health	158422	249662	256740	235979
社会保障业	Social Securities				
社会福利业	Social Welfare	22932	32663	15612	15559
文化、体育与娱乐业	**Culture,Sports and Entertainment**	**2005838**	**2495062**	**4195052**	**3602586**
新闻出版业	Journalism and Publishing Activites	1009004	1329645	1937787	1790788
广播、电视、电影和音像业	Broadcasting,Televisions,Movies and Audiovisual Activities	281549	398237	929765	848476
文化艺术业	Cultural and Art Activities	110714	68213	151115	143771
体　育	Sports Activities	141342	123613	372029	269733
娱乐业	Entertainment	463230	575354	804357	549819

22-7 续表 4 continued

单位：万元 (10000 yuan)

项目	Item	长期负债合计 Total Long-term Liabilities	所有者权益合计 Total Owner's Equity	#实收资本 Paid-up Capital	主营业务收入 Operating Income	主营业务成本 Operating Cost
合　计	**Total**	**226587572**	**1385424593**	**824492833**	**529579941**	**445717601**
按登记注册类型分	**Grouped by Registation Status of Enterprises**					
内资企业	Domestic Funded Enterprises	194359711	1301000389	768915420	400427730	348334379
国有企业	State-Owned Enterprises	53249670	371801321	206752714	67994888	57566742
集体企业	Collective Owned Enterprises	1114042	2902208	703229	4463381	3889813
股份合作企业	Share Holding Enterprises	116330	923201	449524	2038334	1691112
联营企业	Joint Owned Enterprises	49579	181855	162077	177846	139294
有限责任公司	Limited-Liability Corporations	89559261	519015405	384804030	214473496	188832042
股份有限公司	Share Holding Corporations Ltd.	45956107	389593442	162731753	49212819	44563205
私营企业	Private Enterprises	4313841	16465473	13307988	61910327	51578634
其他企业	Others	880	117483	4106	156639	73537
港澳台商投资企业	Enterprises with Funds from Hongkong, Macao and Taiwan	20261383	34148960	27983476	35593867	25362021
外商投资企业	Foreign Funded Enterprises	11966478	50275244	27593937	93558345	72021202
按国民经济行业分	**Grouped by Sector**					
交通运输、仓储和邮政业	**Transportation,Storage and Post**	**14563874**	**34418757**	**27042238**	**30762551**	**25405131**
铁路运输业	Railway Transport	1688860	16073330	15890663	7115455	5931640
道路运输业	Road Transport	2944285	4690309	3875973	2610906	1926173
城市公共交通业	Urban Public Traffic	1232859	1126331	915157	1074847	1879689
水上运输业	Water Transport	***	***	***	***	***
航空运输业	Air Transport	7239196	6132511	2349905	8576490	6488388
管道运输业	Transport Via Pipelines	***	***	***	***	***
装卸搬运和其他运输服务业	Loading,Unloading and Other Transport Services	340664	2536649	1433529	5746163	4956140
仓储业	Storage	274348	469226	350268	3075699	2939361
邮政业	Posts	23442	2141985	1195901	1837242	976718
信息传输、计算机服务和软件业	**Information Transmission,Computer Services and Software**	**12149108**	**114395587**	**72592177**	**34421874**	**22437368**
电信和其他信息传输服务业	Telecommunications and Other Information Transmission Services	11127076	99395206	65660327	10766587	6539805
计算机服务业	Computer Services	349794	4223209	2293350	9696093	7285559
软件业	Software	672238	10777173	4638500	13959194	8612004
批发与零售业	**Wholesale Trade and Retail Trade**	**11958248**	**64348884**	**32927585**	**319338111**	**294742086**
批发业	Wholesale Trade	11181103	58354831	28723506	273763757	254127995
零售业	Retail Trade	777145	5994053	4204079	45574354	40614091
住宿和餐饮业	**Hotel and Restaurants**	**2616326**	**3416111**	**3691998**	**7020402**	**2575743**
住宿业	Hotels	2390243	2716633	3041696	3057242	835710
餐饮业	Restaurants	226084	699478	650303	3963160	1740033

22-7 续表 5 continued

单位: 万元 (10000 yuan)

项目	Item	长期负债合计 Total Long-term Liabilities	所有者权益合计 Total Owner's Equity	#实收资本 Paid-up Capital	主营业务收入 Operating Income	主营业务成本 Operating Cost
金融业	**Finance Intermediation**	**1230205**	**681369377**	**456819678**	**828283**	**295958**
银行业	Banks	23811	296579494	168535979	98444	66951
证券业	Security Activities	19012	327160485	247345393	22821	70
保险业	Insurance	655	42505649	16265950	253615	92962
其他金融活动	Other Financial Activities	1186727	15123749	24672357	453403	135974
房地产业	**Real Estate**	**55579327**	**63370005**	**40227499**	**34554037**	**20854516**
租赁与商务服务业	**Leasing and Business Services**	**116950590**	**386558013**	**172304001**	**58480857**	**44927368**
租赁业	Leasing	540484	642073	393497	467635	337067
商务服务业	Business Services	116410106	385915940	171910505	58013222	44590301
科学研究、技术服务与地质勘查业	**Scientific Studies,Technical Servecis and Geological Prospecting**	**6831008**	**27574424**	**14387846**	**36015978**	**29357273**
研究与试验发展	Research and Experimental Development	1096899	2887697	1526074	4458565	3820496
专业技术服务业	Professional Technical Services	2836633	13996433	6311396	17380355	14093868
科技交流和推广服务业	Services of Science and Technology Exchanges and Promotion	2631580	9109050	5742332	11836624	9526333
地质勘查业	Geologic Prospecting	265896	1581244	808043	2340435	1916577
水利、环境和公共设施管理业	**Water，Environment and Municipal Engineering Conservancy**	**3877216**	**3149486**	**1238453**	**1427296**	**1069591**
水利管理业	Management of Water Conservancy	67727	805599	556426	51474	36889
环境管理业	Environmental Management	267194	667394	303592	551925	404325
公共设施管理业	Management of Public Facilities	3542295	1676493	378434	823897	628378
居民服务和其他服务业	**Resident Services and Other Services**	**161087**	**358567**	**297802**	**1136959**	**767397**
居民服务业	Services to Households	25270	71831	81177	322685	143376
其他服务业	Other Services	135816	286736	216625	814274	624021
教 育	**Education**	**57302**	**387635**	**210753**	**664821**	**308716**
卫生、社会保障和社会福利业	**Health Care,Social Security and Social Welfare**	**20815**	**269144**	**203503**	**547060**	**330313**
卫 生	Health	20761	252018	202492	543227	328364
社会保障业	Social Securities					
社会福利业	Social Welfare	53	17126	1010	3833	1950
文化、体育与娱乐业	**Culture,Sports and Entertainment**	**592466**	**5808604**	**2549302**	**4381712**	**2646141**
新闻出版业	Journalism and Publishing Activites	146998	4034371	1114694	2748407	1707869
广播、电视、电影和音像业	Broadcasting,Televisions,Movies and Audiovisual Activities	81289	1455199	993939	1012511	634919
文化艺术业	Cultural and Art Activities	7344	185933	80961	211456	139328
体 育	Sports Activities	102297	43424	83880	159738	94933
娱乐业	Entertainment	254539	89679	275828	249600	69091

22-7 续表 6 continued

单位: 万元 (10000 yuan)

项目	Item	营业费用 Operating Expenses	主营业务税金及附加 Operating Tax and Extra Charges	利润总额 Total Profits	应交所得税 Income Tax Payable
合计	**Total**	**25961905**	**9372169**	**102363392**	**15261059**
按登记注册类型分	**Grouped by Registation Status of Enterprises**				
内资企业	Domestic Funded Enterprises	14421166	7355501	87652796	12731961
国有企业	State-Owned Enterprises	1574058	958301	11567685	1849944
集体企业	Collective Owned Enterprises	232624	42591	97898	25360
股份合作企业	Share Holding Enterprises	135065	23519	60726	12882
联营企业	Joint Owned Enterprises	14350	2745	9989	1974
有限责任公司	Limited-Liability Corporations	6900744	3771966	52606747	4220352
股份有限公司	Share Holding Corporations Ltd.	1620396	1667619	20843842	6149946
私营企业	Private Enterprises	3915695	883655	2440714	471294
其他企业	Others	28233	5106	25195	209
港澳台商投资企业	Enterprises with Funds from Hongkong, Macao and Taiwan	2915182	869645	4488488	822713
外商投资企业	Foreign Funded Enterprises	8625558	1147023	10222108	1706385
按国民经济行业分	**Grouped by Sector**				
交通运输、仓储和邮政业	**Transportation,Storage and Post**	**1341205**	**652333**	**2375104**	**636733**
铁路运输业	Railway Transport	909	230435	42000	143494
道路运输业	Road Transport	183391	58865	119576	28874
城市公共交通业	Urban Public Traffic	21765	38823	26138	12000
水上运输业	Water Transport	***	***	***	***
航空运输业	Air Transport	575404	180091	1216119	217555
管道运输业	Transport Via Pipelines	***	***	***	***
装卸搬运和其他运输服务业	Loading,Unloading and Other Transport Services	210740	51316	308061	56840
仓储业	Storage	70295	10580	25681	3221
邮政业	Posts	263160	58264	295950	89026
信息传输、计算机服务和软件业	**Information Transmission,Computer Services and Software**	**3832364**	**718322**	**8890102**	**624500**
电信和其他信息传输服务业	Telecommunications and Other Information Transmission Services	1398330	335416	6293905	283820
计算机服务业	Computer Services	837439	133166	678086	111271
软件业	Software	1596595	249741	1918111	229409
批发与零售业	**Wholesale Trade and Retail Trade**	**11701746**	**523529**	**11221119**	**2207901**
批发业	Wholesale Trade	8519865	402394	10246005	1902659
零售业	Retail Trade	3181880	121134	975114	305243
住宿和餐饮业	**Hotel and Restaurants**	**2394184**	**370513**	**102662**	**98759**
住宿业	Hotels	949322	162146	-30311	41738
餐饮业	Restaurants	1444862	208367	132973	57021

22-7 续表 7 continued

单位：万元 (10000 yuan)

项目	Item	营业费用 Operating Expenses	主营业务税金及附加 Operating Tax and Extra Charges	利润总额 Total Profits	应交所得税 Income Tax Payable
金融业	**Finance Intermediation**	**113788**	**2004105**	**49943361**	**8438437**
银行业	Banks		1332450	2276372	6045385
证券业	Security Activities	3693	145764	35203193	878411
保险业	Insurance	20397	322209	10233435	965118
其他金融活动	Other Financial Activities	89698	203682	2230361	549522
房地产业	**Real Estate**	**1634856**	**3443828**	**6297550**	**1712689**
租赁与商务服务业	**Leasing and Business Services**	**2962708**	**800410**	**19403414**	**808303**
租赁业	Leasing	34818	14576	36690	8802
商务服务业	Business Services	2927890	785834	19366724	799501
科学研究、技术服务与地质勘查业	**Scientific Studies,Technical Services and Geological Prospecting**	**1047694**	**645349**	**3305982**	**556321**
研究与试验发展	Research and Experimental Development	119282	36214	300267	53565
专业技术服务业	Professional Technical Services	371438	369271	1730026	266021
科技交流和推广服务业	Services of Science and Technology Exchanges and Promotion	542015	180891	995817	159154
地质勘查业	Geologic Prospecting	14959	58972	279871	77581
水利、环境和公共设施管理业	**Water，Environment and Municipal Engineering Conservancy**	**55169**	**32579**	**119651**	**21077**
水利管理业	Management of Water Conservancy	248	593	17141	426
环境管理业	Environmental Management	22528	7449	50378	7951
公共设施管理业	Management of Public Facilities	32393	24538	52133	12700
居民服务和其他服务业	**Resident Services and Other Services**	**170596**	**28936**	**41004**	**14803**
居民服务业	Services to Households	96102	13692	8050	4800
其他服务业	Other Services	74494	15243	32954	10003
教　育	**Education**	**104121**	**23675**	**79550**	**13264**
卫生、社会保障和社会福利业	**Health Care,Social Security and Social Welfare**	**52989**	**646**	**38702**	**10113**
卫　生	Health	52983	613	38710	10113
社会保障业	Social Securities				
社会福利业	Social Welfare	6	33	-8	
文化、体育与娱乐业	**Culture,Sports and Entertainment**	**550487**	**127946**	**545190**	**118162**
新闻出版业	Journalism and Publishing Activites	316999	55344	387567	68405
广播、电视、电影和音像业	Broadcasting,Televisions,Movies and Audiovisual Activities	79823	35343	178701	40417
文化艺术业	Cultural and Art Activities	30654	7417	13168	3298
体　育	Sports Activities	22513	7249	-5503	4243
娱乐业	Entertainment	100498	22593	-28744	1798

22-8 文化创意产业活动单位基本情况
STATISTICS ON UNITS IN CULTURAL AND CREATIVE INDUSTRY

单位：亿元 (100 million yuan)

项目	Item	增加值 Added Value 2010	2009	从业人员平均人数（万人） Average Number of Employed Persons (10000 persons) 2010	2009	资产总计 Total Assets 2010	2009	收入合计 Total Income 2010	2009
合计	**Total**	**1697.7**	**1489.9**	**122.9**	**114.9**	**11166.3**	**9535.3**	**7442.3**	**5985.7**
文化艺术	Cultural and Artistic	53.7	48.8	5.3	5.2	340.1	348.1	139.0	144.5
新闻出版	Journalism and Publication	171.8	159.8	14.9	15.6	1065.9	970.7	620.3	565.8
广播、电视、电影	Broadcast,TV and Film	138.6	124.5	4.4	4.8	1235.8	1085.2	491.1	437.3
软件、网络及计算机服务	Software, Network & Computer Service	847.1	710.5	51.6	45.1	4447.7	3631.0	2816.3	2297.0
广告会展	Advertisements & Exhibitions	127.4	98.5	10.1	9.4	847.6	705.3	971.7	777.0
艺术品交易	Transaction of Artwork	43.0	30.9	2.2	1.9	344.1	208.0	354.0	131.2
设计服务	Design Service	84.2	76.4	10.9	10.0	1084.8	1042.6	343.9	245.3
旅游、休闲娱乐	Touring,Relaxation and Amusement	69.5	60.7	9.9	10.3	577.5	553.0	458.4	440.7
其他辅助服务	Other Auxiliary Service	162.4	179.8	13.6	12.6	1222.8	991.4	1247.6	946.9

22-9 物流业活动情况
STATISTICS FOR LOGISTICS ACTIVITY

项目	Item	2010	2009	2010年为2009年% 2010 as % of 2009
物流业增加值（亿元）	**Added Value of Logistics Sector (100 million yuan)**	**493.7**	**427.7**	**115.4**
交通运输、邮政、仓储业	Transportation, Post, Storage	382.9	326.1	117.4
流通加工、配送、包装业	Circulation and Processing, Delivery, Packaging	110.8	101.6	109.1
物流业从业人员平均人数（万人）	**Employed Person in Logistics Sector (10000 persons)**	**48.6**	**47.5**	**102.4**
交通运输、邮政、仓储业	Transportation, Post, Storage	31.2	30.0	104.1
采掘业、制造业、批发和零售业	Excavation, Manufacturing, Wholesale, Retail	17.4	17.5	99.5
物流业务收入（亿元）	**Business Income of Logistics Sector (100 million yuan)**	**1686.1**	**1299.8**	**129.7**
运输收入	Transportation Income	1214.1	973.3	124.7
保管收入	Storage Income	463.1	321.7	144.0
一体化物流业务收入	Integrated Logistics Income	9.0	4.9	185.0
限额以上企业物流基础设施	**Logistics Infrastructure in Enterprises above the Designated Size**			
自有仓库和货场面积（万平方米）	Area of Self-owned and Goods Yard Warehouses (10000 sq.m)	3099.9	2724.7	113.8
货运车辆数（辆）	Number of Transportation Vehicles (unit)	41858	41590	100.6
普通货车数	Number of Genreal Trucks	32472	30600	106.1
专业货车数	Number of Special Trucks	10793	10990	98.2
装卸设备台数（台）	Number of Loading Equipment (unit)	35026	30349	115.4
物流计算机管理系统套数（套）	Number of Logistics Computer Systems (Set)	1966	2177	90.3
社会物流总额（亿元）	**Total Amount of Social Logistics (100 million yuan)**	**50424.7**	**38442.7**	**131.2**
农产品	Agricultural Products	280.2	269.4	104.0
工业品	Industrial Products	11390.9	9577.9	118.9
进口货物	Imported Goods	16649.1	11366.8	146.5
再生资源	Renewable Resource	69.3	67.9	102.0
外省市流入物品	Goods from Other Provinces and Cities	21909.6	17064.1	128.4
单位与居民物品	Entities and Residents' Goods	125.6	96.6	130.0

注：表中物流业增加值增速按现价计算。
Note:The growth rates for Added value of Logistics Sector were calculated at current prices.

22-10 会展业活动情况
STATISTICS ON THE MICE INDUSTRY IN BEIJING

项目		Item		2010	2009	2010年为2009年% 2010 as % of 2009
人员情况		**Employed Persons**				
从业人员年末人数	(万人)	Year-end Employed Persons	(10000 person)	21.37	20.73	103.1
设施情况		**Facilities**				
接待场所会议室个数	(个)	Number of Meeting Rooms	(unit)	5679	5585	101.7
#座位数超过500座的会议室	(个)	Number of Meeting Rooms with more than 500 Seats	(unit)	175	166	105.4
接待场所会议室使用面积	(万平方米)	Floorage of Meeting Rooms	(10000 sq.m)	78.9	74.7	105.6
接待场所会议室可容纳人数	(万人)	Capacity of Meeting Rooms	(10000 person)	47.8	46.0	103.9
展览场馆展厅使用面积	(万平方米)	Usable Area of Exhibition Halls	(10000 sq.m)	40.7	40.2	101.2
展览场馆室外可使用展览面积	(万平方米)	Usable Exhibition Area Outside Exhibition Halls	(10000 sq.m)	26.9	26.3	102.3
会议情况		**Meetings**				
接待会议个数	(个)	Number of Meetings Held in Beijing	(unit)	256771	220932	116.2
#国际会议	(个)	International Meetings	(unit)	5912	5084	116.3
接待会议人数	(万人次)	Number of Meeting Participants	(10000 person-times)	1731.3	1348.9	128.3
#国际会议	(万人次)	International Meeting Participants	(10000 person-times)	78.0	54.8	142.3
展览情况		**Exhibitions**				
接待展览个数	(个)	Number of Exhibitions Held in Beijing	(unit)	1196	1097	109.0
#国际展览	(个)	International Exhibitions	(unit)	291	252	115.5
#展览面积1万(不含)平方米以下的展览个数	(个)	Number of Exhibitions with Exhibition Area under 10000sq.m (10000sq.m excluded)	(unit)	1056	983	107.4
展览面积1万(含)-5万(不含)平方米的展览个数	(个)	Number of Exhibitions with Exhibition Area of 10000(10000sq.m included)-50000sq.m (50000sq.m excluded)	(unit)	119	98	121.4
展览面积5万平方米及以上的展览个数	(个)	Number of Exhibitions with Exhibition Area of 50000sq.m and over	(unit)	21	16	131.3
接待展览累计面积(含室外展览面积)	(万平方米)	Accumulative Exhibition Area (including outdoor exhibition area)	(10000 sq.m)	899.5	628.3	143.2
#国际展览累计面积	(万平方米)	International Exhibition Area	(10000 sq.m)	436.8	326.3	133.9
接待展览观众人数	(万人次)	Number of Exhibition Visitors	(10000 person-times)	839.4	491.6	170.7
#国际展览观众人数	(万人次)	International Exhibition Visitors	(10000 person-times)	165.0	120.7	136.7
奖励旅游情况		**Incentives**				
服务奖励旅游项目个数	(个)	Number of Incentive Projects	(unit)	5586	3036	184.0
服务奖励旅游人数	(万人次)	Number of Incentive Tourists	(10000 person-times)	21.1	11.0	191.8
收入情况		**Revenues**				
会展收入	(万元)	Total Revenues from MICE Industry	(10000 yuan)	1724839.5	1308600.0	131.8
会议收入	(万元)	Revenues from Meetings	(10000 yuan)	957404.6	713853.1	134.1
#国际会议收入	(万元)	Revenues from International Meetings	(10000 yuan)	101217.5	37419.7	270.5
展览收入	(万元)	Revenues from Exhibitions	(10000 yuan)	703779.9	551250.5	127.7
#国际展览收入	(万元)	Revenues from International Exhibitions	(10000 yuan)	343766.0	275740.4	124.7
奖励旅游收入	(万元)	Revenues from Incentives	(10000 yuan)	63655.0	43496.4	146.3

22-11 体育及相关产业情况(2008-2010年)
STATISTICS ON SPORTS INDUSTRY (2008-2010)

项 目	Item	增加值(亿元) Added Value (100 million yuan)			从业人员平均人数(万人) Average Number of Employed Persons (10000 persons)			收入合计(亿元) Total Income (100 million yuan)		
		2010	2009	2008	2010	2009	2008	2010	2009	2008
合 计	**Total**	**112.8**	**91.4**	**89.8**	**10.8**	**10.3**	**10.2**	**558.4**	**500.2**	**427.1**
体育组织管理活动	Sports Organizational Management Activities	20.7	15.7	15.6	1.3	1.1	1.0	63.9	68.2	53.4
体育场馆管理活动	Gym Management Activities	6.3	4.4	4.0	0.5	0.5	0.4	10.3	10.0	7.6
体育健身休闲活动	Sports Body Building and Entertainment Activities	11.5	12.8	12.0	2.7	3.0	2.9	32.1	35.5	29.7
体育中介活动	Sports Agency Activities	4.4	3.5	2.8	0.4	0.4	0.4	13.3	11.8	10.9
其他体育活动	Other Sports Activities	12.3	8.8	10.5	1.1	1.0	1.0	56.7	38.4	42.8
体育用品、服装、鞋帽及相关体育产品的制造	Manufacturing of Sports Supplies, Clothes, Shoes and Caps, and Related Products	7.5	7.7	7.4	0.9	1.0	1.1	34.1	31.0	28.2
体育用品、服装、鞋帽及相关体育产品的销售	Sales of Sports Supplies, Clothes, Shoes and Caps, and Related Products	45.9	34.7	31.2	3.5	3.0	2.9	315.4	279.7	223.7
体育场馆建筑活动	Gymnasium Building Activities	4.0	3.8	6.3	0.4	0.3	0.4	32.4	25.6	30.8

注：2008年不含北京奥组委统计的奥运会相关数据。

Note: Figures for 2008 excluded Olympic Games related data from Beijing Organizing Committee of Olympic Games.

主要统计指标解释

物流业增加值 指物流相关行业劳动者报酬、固定资产折旧、生产税净额、营业盈余四项之和。反应物流相关行业物流活动的最终成果。

物流业务收入 指通过物流业务活动取得的收入。包括企业完成运输、存储、装卸、搬运、包装、流通加工、配送、信息等物流业务取得的收入之和。反应物流相关行业物流活动的总规模。

物流业从业人员 指企业中直接或间接从事物流活动的人数。直接从事物流活动的人员包括在企业中从事运输、配送、装卸搬运、仓储保管等物流活动并取得劳动报酬的从业人员；间接从事物流活动的人员包括在企业中从事物流管理活动并取得劳动报酬的从业人员，包括采购、销售部门的主管人员，但不包括采购、销售部门内部办事人员。

社会物流总额 指第一次进入市内需求领域，产生从供应地向接受地实体流动的物品的价值总额。包括六个方面的内容：进入需求领域的农产品物流总额、工业品物流总额、进口货物物流总额、外省市调入物品物流总额、再生资源物流总额、单位与居民物品物流总额。.

接待会议个数 指报告期内，接待的各种类型会议的个数。包括国际会议和国内会议。

接待国际会议个数 指报告期内，接待的国际会议的个数。国际会议是指在我国境内举办的，与会者来自3个或3个以上中国大陆以外国家和地区（含港、澳、台地区）的会议、论坛、研讨会、报告会、交流会等。

接待展览个数 指报告期内，接待的各种类型展览的个数。包括国际展览和国内展览。

接待国际展览个数 指报告期内，接待的国际展览的个数。国际展览指中国大陆以外国家和地区（含港、澳、台地区）的参展商参展面积达到该次展出面积20%以上的展览个数。

服务奖励旅游项目个数 指报告期内，服务奖励旅游项目个数的总和。奖励旅游指作为对员工的奖励或鼓励单位通过全面或部分资助的任何形式的旅程安排。

服务奖励旅游人数 指报告期内，服务的奖励旅游人数的总和。

服务贸易 服务贸易包括跨境提供、境外消费、商业存在和自然人移动等内容。

跨境提供 是指服务提供者从中国境内向任何其他国家或地区的服务消费者提供服务以及服务提供者从其他国家或地区向中国境内的服务消费者提供服务。

境外消费 是指在中国境内向其他国家或地区的服务消费者提供服务以及在其他国家或地区向中国境内的服务消费者提供服务。

商业存在 是指中国境内的服务提供者通过在任何其他国家或地区设立的企业或分支机构提供服务以及其他国家或地区的服务提供者通过在中国境内设立企业或分支机构提供服务。

自然人移动 是指中国境内的服务提供者通过在其他国家或地区的自然人提供服务以及其他国家或地区的服务提供者通过在中国境内的自然人提供服务。

体育组织管理活动 指专门为社会公众提供比赛、训练、辅导和管理的组织的活动，如群众性体育组织、专项性体育管理组织的活动。

体育场馆管理活动 指为社会公众提供观赏比赛和专业训练的体育场馆管理活动，如综合性体育场馆，训练用场地的管理活动。

体育健身休闲活动 指社会公众提供的可供参与和选择的各种健身休闲活动场所的管理活动。

体育中介活动 指为社会公众提供的体育中介活动，如各种体育商务代理、经纪、咨询活动。

其他体育活动 指为社会公众提供的其他体育服务活动。包括体育培训服务、体育科研服务、体育彩票服务、体育传媒服务、体育展览服务、体育市场管理服务、体育场馆设计服务、体育场所保洁服务和体育文物及文化保护服务。

体育用品、服装、鞋帽及相关体育产品的制造 指提供体育服务所必须的体育用品、服装、鞋帽及相关体育产品的制造活动。

体育用品、服装、鞋帽及相关体育产品的销售 指提供体育服务所必须的体育用品、服装、鞋帽及相关体育产品的销售活动。

体育场馆管理活动 指提供体育服务所必须的体育场馆建筑活动。

Explanatory Notes on Main Statistical Indicators

Added Value of Logistics Sector means the sum of labor's remuneration, fixed assets appreciation, net production tax, and business surplus. It reflects the final results of logistics activities in logistics related sector.

Income of Logistics Sector means the income earned from logistics business activities, which is equal to the sum of incomes from such logistics operations completed by enterprises as transportation, storage, loading and unloading, handling, package, circulation and processing, delivery, and information. It reflects the overall scale of logistics activities in logistics related sector.

Employees in Logistics Sector means the number of persons directly and indirectly engaged in logistics activities in enterprises. Persons directly engaged in logistics activities are included in employees engaged in logistics activities such as transportation, delivery, loading and unloading, handling, storage and warehouse keeping in enterprises and receiving labor remuneration; persons indirectly engaged in logistics activities are included in employees engaged in management activities in enterprises and receiving labor remuneration, including executives in purchase and sales departments, but excluding clerks in purchase and sales departments.

Total Amount of Social Logistics means the total value of goods entering the demand area in the city for the first time and having physical flow from the supply place to the receiving place, consisting of value on six aspects: total logistics amount of agricultural products, total logistics amount of industrial products, total logistics amount of imported goods, total logistics amount of goods transferred from other provinces and cities, total logistics amount of recycled resources, and total logistics amount of corporate and household supplies entering the demand field.

Number of Conferences Received means the number of various types of conference received in the reporting period, including international and domestic conferences.

Number of International Conferences Received means the number of international conferences received in the reporting period. International conference means any conference, forum, seminar, report conference, and workshops, etc. held in our country, with participants coming from 3 or more countries and regions (including Hong Kong, Macao and Taiwan) outside mainland of China.

Number of Exhibitions Received means the number of various types of exhibitions received in the reporting period, including international and domestic exhibitions.

Number of International Exhibitions Received means the number of international exhibitions received in the reporting period. International exhibition means any exhibition with participants from countries and regions (including Hong Kong, Macao and Taiwan) outside mainland of China whose exhibition floorage accounts for more than 20% of the exhibition.

Number of Incentive Projects means the sum of incentive tour projects served in the reporting period. Incentive tourism means a tour arrangement in any form fully or partially financed by an enterprise as incentive or encouragement to its employee.

Number of Incentive Tourists means the sum of persons of incentive tour served in the reporting period.

Service Trade includes overseas provision, overseas consumption, commercial existence, movement of natural person, and so on.

Overseas Provision means any service provider provides service within China for service consumers in any other country or region, and any service provider provides service in any other country or region to service consumers within China.

Overseas Consumption means provision of service in China for service consumers in any other country or region, and provision of service in any other country or region for service consumers in China.

Commercial Existence means that any service provider in China provides service through its business or branch set up in any other country or region, and any service provider in any other country or region provides service through its business or branch set up in China.

Movement of Natural Person means that any service provider in China provides service through any natural person in any other country or region, and any service provider in any other country or region provides service through any natural person in China.

Sports Organizational Management Activities mean activities organized specially for providing games, training, coach and management for the public, such as activities organized for mass sport organizations and special sport management.

Gym Management Activities mean management activities in gym providing games for view and special trainings for the public, such as management activities in comprehensive sports venues and training fields and courts.

Sports Body Building and Entertainment Activities mean management activities provided for the public at Sports bodybuilding and entertainment sites, which are to be participated in and chosen.

Sports Agency Activities mean sport agency activities provided for the public, such as various sports business agency, broker and consulting activities.

Other Sports Activities mean activities of other sports service provided for the public, including sports training service, sports research service, sports lottery service, sports communication service, sports exhibition service, sports market management service, sports venue design service, sports site cleaning service, sports cultural relics and cultural protection service.

Manufacturing of Sports Supplies, Clothes, Shoes and Caps, and Related Sports Products means manufacturing of sports supplies, clothes, shoes and caps, and related sports products necessary for provision of sports service.

Sales of Sports Supplies, Clothes, Shoes and Caps, and Related Sports Products means sales of sports supplies, clothes, shoes and caps, and related sports products necessary for provision of sports service.

Gymnasium Building Activities mean activities of construction of sports venues necessary for provision of sports service.

23

企业调查资料和消费者信心指数

ENTERPRISE SURVEY INFORMATION AND CONSUMER CONFIDENCE INDEX

简要说明

一、本章资料的主要内容及范围

本章资料包括企业景气调查、限额以上非公经济财务状况和消费者信心指数三部分。

企业景气调查包括工业，建筑业，交通运输、仓储和邮政业，批发和零售业，房地产业，社会服务业，信息传输、计算机服务和软件业，住宿和餐饮业等行业的具有法人资格的企业及其负责人（如厂长、总经理等）以及依照法人单位进行统计的产业活动单位及其负责人。

限额以上非公经济财务状况反映了北京限额以上的非公单位的发展状况，包含收入、利润总额、税金和从业人员四个主要指标。本资料不包括个体经营户的数据。

消费者信心指数采用计算机辅助电话方式调查，调查对象为居住在北京市半年以上 18-65 周岁的城镇居民，调查范围包括全市 16 个区县。

二、本章资料的来源

本章资料由国家统计局北京调查总队提供。

Brief Introduction

I. Main Content and Scope of Statistics

This chapter consists of survey on enterprise prosperity index, financial status of non-public economy above designated size, and consumer confidence index.

Survey on enterprise climate index covers enterprises as legal persons and their responsible persons (e.g. factor director, general manager), as well as industrial activity entities under statistics as corporate entities and their responsible persons in such sectors as industry, building, traffic and transportation, warehouse storage and postal service, wholesale and retail trades, real estate, social service, information transmission, computer service and software, accommodation, food and drink.

Financial status of non-public economy above designated size reflects the development situation of non-public entities in Beijing above designated size, including four indicators, i.e. income, total profits, tax, and employees. These data do not include those of self-employed operators.

Data on consumer confidence index were obtained through computer-aided phone calls to urban residents at 18-65 who have been living in Beijing for more than half a year. The survey covers 16 districts and counties in the City.

II. Source of Data

Data in this chapter are from NBS Survey Office in Beijing.

23-1 企业景气指数、企业家信心指数（1999-2010年）
PROSPERITY INDEX ON ENTERPRISES AND INDEXS OF CONFIDENCE ON MACRO ECONOMY BY ENTERPRISERS(1999-2010)

年 份 Year	企业景气指数 Prosperity Index on Enterprises				企业家信心指数 Index of Confidence on Macro Economy by Enterprisers			
	一季度 Frist Quarter	二季度 Second Quarter	三季度 Third Quarter	四季度 Fourth Quarter	一季度 Frist Quarter	二季度 Second Quarter	三季度 Third Quarter	四季度 Fourth Quarter
1999	111.0	114.7	112.4	121.0	98.0	97.4	102.4	104.4
2000	113.7	130.0	132.9	138.1	107.7	120.6	123.5	118.6
2001	112.6	123.5	117.7	115.8	124.0	116.1	118.7	111.9
2002	117.6	126.9	128.2	131.8	125.4	125.3	124.9	128.8
2003	124.8	100.9	134.5	137.6	132.5	108.0	136.7	136.1
2004	132.7	135.1	134.0	138.0	136.7	127.2	130.0	129.5
2005	129.5	132.9	131.8	127.9	131.4	128.0	126.2	125.1
2006	131.6	138.9	143.4	150.0	136.7	137.5	134.3	140.4
2007	145.8	153.8	158.5	158.7	138.4	142.6	142.3	136.1
2008	152.0	144.7	128.7	108.9	152.9	138.7	117.4	85.5
2009	110.3	115.4	127.9	133.3	91.5	104.0	121.7	126.2
2010	133.2	138.1	141.5	143.8	131.5	130.1	136.7	141.1

23-2 企业景气指数(2010年)

项目	Item	一季度 First Quarter 本期实际 Real Index in This Period	比上年同期增减 Change over Same Period of Previous Year
企业景气指数	**Prosperity Index on Enterprises**	**133.2**	**22.9**
按登记注册类型分	**Grouped by Registration Status**		
国有企业	State-owned Enterprises	130.6	27.1
集体企业	Collective-owned Enterprises	107.3	19.1
股份合作企业	Cooperative Enterprises	80.0	2.2
有限责任公司	Limited-Liability Corporations	133.0	27.4
股份有限公司	Share Holding Corporations Ltd.	149.6	33.0
私营企业	Private Enterprises	120.8	21.5
港、澳、台投资企业	Enterprises with Funds from Hogkong, Macao and Taiwan	138.5	
外商投资企业	Foreign Funded Enterprises	132.9	
按行业分	**Grouped by Sector**		
工　业	Industry	132.1	38.4
建筑业	Construction	117.0	2.8
交通运输、仓储和邮政业	Transport, Storage, Posts	126.9	24.9
批发和零售业	Wholesale and Retail Trade	147.9	29.5
房地产业	Real Estate	124.1	18.2
社会服务业	Social Services	139.9	34.9
信息传输、计算机服务和软件业	Information Transmission, Computer Services and Software	127.8	-24.3
住宿和餐饮业	Hotels and Restaurants	129.6	32.2
按企业规模分	**Grouped by Size of Enterprises**		
大中型	Medium- and Large-sized	144.9	
大　型	Large-sized	157.9	42.3
中　型	Medium-sized	131.1	31.5
中小型	Small- and Medium-sized	120.1	25.4
小　型	Small-sized	109.5	23.3
按单项指标分	**Grouped by Monomial Indicator**		
生产总量	Gross Production	99.5	22.5
盈利(亏损)变化	Changes of Profit(Loss)	98.2	11.2
流动资金	Working Capital	115.8	11.1
货款拖欠	Payment for Goods in Arrears	109.3	9.3
劳动力需求	Demand on Labors	106.9	24.7
固定资产投资	Investment in Fixed Assets	88.6	11.3
产品订货	Order Products	103.7	32.9
企业融资	Financing	100.0	-5.1

PROSPERITY INDEX ON ENTERPRISES (2010)

二季度 Second Quarter		三季度 Third Quarter		四季度 Fourth Quarter	
本期实际 Real Index in This Period	比上年同期增减 Change over Same Period of Previous Year	本期实际 Real Index in This Period	比上年同期增减 Change over Same Period of Previous Year	本期实际 Real Index in This Period	比上年同期增减 Change over Same Period of Previous Year
138.1	**22.7**	**141.5**	**13.6**	**143.8**	**10.5**
135.2	13.2	137.7	10.3	136.3	-3.9
112.9	39.2	107.8	39.1	113.7	25.5
110.0	32.2	110.0	21.1	100.0	-11.1
134.3	23.8	140.6	10.9	150.2	11.8
143.3	16.9	138.8	-1.0	148.3	12.6
116.1	1.2	128.3	5.0	126.7	4.6
163.1		151.9		126.9	
146.3		155.5		148.1	
139.8	32.7	135.6	15.8	139.6	9.3
139.5	10.1	147.0	17.7	153.0	11.6
139.1	51.6	138.1	30.7	124.1	8.4
143.7	22.6	158.2	13.0	148.6	10.4
114.4	0.5	121.0	-3.3	129.6	-2.3
141.8	34.8	148.1	35.4	147.2	24.1
139.2	-6.6	138.7	-15.2	163.6	10.1
146.7	39.7	143.6	20.7	120.5	1.1
149.1		151.4		155.4	
155.2	29.3	163.0	17.7	165.6	20.9
142.6	34.4	139.0	10.6	144.5	7.2
128.4	27.6	129.4	12.8	130.2	5.2
114.8	26.6	120.0	15.7	115.9	3.6
135.1	21.6	136.2	12.6	125.7	5.9
128.4	20.4	129.2	16.9	115.4	-0.3
114.5	5.5	117.9	11.8	116.1	2.2
102.1	4.5	106.4	9.3	113.3	5.2
115.4	16.4	114.1	9.0	115.8	12.9
115.0	13.0	109.8	9.1	113.9	10.2
116.0	12.9	121.3	12.1	119.1	10.6
99.2	-8.6	104.1	7.7	102.2	0.7

23-3 企业家信心指数(2010年)

项目	Item	一季度 First Quarter 本期实际 Real Index in This Period	比上年同期增减 Change over Same Period of Previous Year
企业家信心指数	**Index of Confidence by Enterprisers**	**131.5**	**40.0**
按登记注册类型分	**Grouped by Registration Status**		
国有企业	State-owned Enterprises	126.6	39.6
集体企业	Collective-owned Enterprises	135.1	63.7
股份合作企业	Cooperative Enterprises	110.0	32.2
有限责任公司	Limited-Liability Corporations	128.2	28.8
股份有限公司	Share Holding Corporations Ltd.	142.5	59.3
私营企业	Private Enterprises	121.2	22.9
港、澳、台投资企业	Enterprises with Funds from Hogkong, Macao and Taiwan	122.6	
外商投资企业	Foreign Funded Enterprises	143.6	
按行业分	**Grouped by Sector**		
工　业	Industry	131.5	48.3
建筑业	Construction	127.6	19.2
交通运输、仓储和邮政业	Transport, Storage, Posts	108.1	30.8
批发和零售业	Wholesale and Retail Trade	139.9	44.7
房地产业	Real Estate	121.5	51.2
社会服务业	Social Services	136.2	65.1
信息传输、计算机服务和软件业	Information Transmission, Computer Services and Software	132.7	-5.9
住宿和餐饮业	Hotels and Restaurants	142.4	60.4
按企业规模分	**Grouped by Size of Enterprise**		
大中型	Medium- and Large-sized	138.6	
大　型	Large-sized	142.8	51.2
中　型	Medium-sized	134.1	45.5
中小型	Small- and Medium-sized	125.1	39.5
小　型	Small-sized	116.5	36.1

INDEX OF CONFIDENCE ON MACRO ECONOMY BY ENTERPRISERS (2010)

二季度 Second Quarter		三季度 Third Quarter		四季度 Fourth Quarter	
本期实际 Real Index in This Period	比上年同期增减 Change over Same Period of Previous Year	本期实际 Real Index in This Period	比上年同期增减 Change over Same Period of Previous Year	本期实际 Real Index in This Period	比上年同期增减 Change over Same Period of Previous Year
130.1	**26.1**	**136.7**	**15.0**	**141.1**	**14.9**
125.5	14.0	130.8	12.7	131.6	10.0
124.0	58.7	101.9	18.9	119.5	21.8
80.0	2.2	100.0	11.1	90.0	-32.2
123.7	24.7	137.2	16.3	146.6	15.9
135.7	34.7	136.8	11.1	143.4	21.7
123.4	16.7	128.9	13.3	121.5	7.1
138.2		148.3		133.4	
144.7		140.8		143.9	
136.5	38.7	135.9	16.9	139.7	14.5
131.7		132.7	6.0	137.3	5.0
109.5	33.6	143.5	35.3	136.5	21.6
133.8	24.2	149.1	31.0	146.1	28.7
102.8	-3.3	109.2	-14.1	105.8	-32.7
142.1	63.0	141.9	33.7	139.0	26.4
128.5	-6.5	133.4	-16.9	169.1	19.3
145.0	49.6	152.1	42.7	148.8	38.8
137.9		143.7		149.7	
140.0	29.0	148.1	18.0	158.2	32.1
135.6	33.9	139.0	12.2	140.7	7.3
124.2	28.0	129.1	14.6	129.3	5.8
113.4	26.7	119.4	17.7	118.0	4.7

23-4 北京消费者信心指数(2010年)
BEIJING CONSUMER CONFIDENCE INDEX(2010)

项 目	Item	一季度 Frist Quarter	二季度 Second Quarter	三季度 Third Quarter	四季度 Fourth Quarter
消费者信心指数	**Consumer Confidence Index**	**113.2**	**109.2**	**109.1**	**108.1**
消费者满意指数	**Consumer Satisfaction Index**	**110.9**	**107.9**	**108.2**	**105.4**
宏观经济满意指数	Index of Satisfaction with Macroeconomy	121.4	118.3	120.0	115.0
就业状况满意指数	Index of Satisfaction with Employment Status	97.3	96.8	97.2	98.4
家庭收入状况满意指数	Index of Satisfaction with Household Income Status	100.8	95.0	94.9	93.7
家庭物质生活水平满意指数	Index of Satisfaction with Physical Living Standard	124.1	121.4	120.5	114.4
消费者预期指数	**Consumer Expectation Index**	**114.7**	**110.1**	**109.7**	**110.0**
宏观经济预期指数	Index of Expectation for Macroeconomy	130.6	125.1	124.4	123.7
就业状况预期指数	Index of Expectation for Employment Status	116.0	107.8	107.3	108.8
家庭收入状况预期指数	Index of Expectation for Household Income Status	102.2	99.6	99.3	102.5
家庭物质生活水平预期指数	Index of Expectation for Household Physical Living Standard	110.0	108.0	107.8	104.8

23-5 限额以上非公经济财务状况（2010年）
FINANCIAL STATUS OF NON-PUBLIC ECONOMICS ABOVE DESIGNATED SIZE (2010)

项 目	Item	收入合计 (亿元) Total Income (100 million yuan)	利润总额 (亿元) Total Profits (100 million yuan)	税收合计 (亿元) Total Revenue (100 million yuan)	从业人员平均人数 (万人) Average Number of Persons Employed (10000 persons)
合 计	**Total**	**31047.1**	**2199.7**	**1503.1**	**282.5**
按登记注册类型分	**Grouped by Registration Status**				
内 资	Domestic Investment Economy	14659.7	666.0	677.3	183.1
私营独资	Private Wholly-Funded	45.9	1.4	1.5	2.0
私营合伙	Private Partnership	109.7	68.3	12.7	1.9
私营有限责任公司	Private Limited Liability Companies	7030.3	199.8	239.9	87.5
私营股份有限公司	Private Joint-Stock Companies	360.4	28.4	15.5	5.4
私人投资控股	Private Holding Companies	7113.4	368.1	407.7	86.3
港澳台商投资	Units with Funds from Hongkong,Macao and Taiwan	4152.6	373.1	203.8	32.8
港澳台商独资	Hongkong, Macao and Taiwan Enterprises	2628.8	236.1	119.0	17.9
港澳台商投资控股	Enterprises Funded and Controlled by Hongkong, Macao and Taiwan Companies	1523.8	137.0	84.8	14.9
外商投资	Foreign Funded Units Funded Share Holding Corporations	12234.8	1160.6	622.0	66.6
外商独资	Foreign Enterprises	9060.6	913.8	460.4	41.0
外商投资控股	Foreign Funded and Controlled Corporations	3174.2	246.8	161.6	25.6
按行业分	**Grouped by Sector**				
工 业	Industry	6692.9	445.0	266.8	67.8
#制造业	Manufacturing	6545.4	426.8	254.4	66.8
建筑业	Construction	1302.8	37.3	50.4	30.8
交通运输、仓储和邮政业	Transport,Storage and Post	618.5	37.2	21.3	12.4
信息传输、计算机服务和软件业	Information Transmission,Computer Service and Software	2790.5	338.2	168.6	33.2
批发与零售业	Wholesale and Retail Trade	13015.2	639.4	413.0	39.4
住宿和餐饮业	Hotel and Restaurants	461.3	8.8	33.5	24.7
金融业	Financial Intermediation	347.8	-28.2	70.2	3.5
房地产业	Real Estate	1921.1	312.1	306.1	18.5
租赁与商务服务业	Leasing and Business Services	2667.9	313.3	110.3	26.5
科学研究、技术服务与地质勘查业	Scientific Research,Technical Services and Geologic Prospecting	750.6	74.3	43.5	12.1
水利、环境和公共设施管理业	Management of Water Conservancy,Environment and Public Facilities	80.4	7.6	4.2	1.1
居民服务和其他服务业	Services to Households and Other Services	89.3	0.1	3.9	4.6
教 育	Education	90.6	7.1	3.5	4.3
卫生、社会保障和社会福利	Health,Social Securities and Social Welfare	31.4	3.4	1.0	1.0
文化、体育与娱乐业	Culture,Sports and Entertainment	85.4	4.1	6.5	2.2
公共管理和社会组织	Public Management and Social Organization	101.4		0.3	0.4

注：1.非公经济是指资产由我国私人控股、港澳台商控股、外商控股的"非公有控股"的企业法人单位，以及主要经费来源于私人、港澳台资和外资的非企业法人单位和个体工商户。其中，私人、港澳台及外商控股是指由其绝对控股和相对控股的经济成分。本表不包含个体经营户的数据。

2.私人投资控股包含内资中除私营独资、私营合伙、私营有限责任公司和私营股份有限公司以外的非公有经济，港澳台商投资控股包含除港澳台独资以外的港澳台商投资经济，外商投资控股包含除外商独资以外的外商投资经济。

Note: a) Non-public economies mean enterprises as legal persons whose assets equity are held by non-public entities such as private, Hong Kong, Macao and Taiwan, and foreign businesses, as well as non-legal-person enterprises and self-employed entities whose main outlays come from private, Hong Kong, Macao and Taiwan, and foreign businesses. Economies with share held by private, Hong Kong, Macao and Taiwan, and foreign businesses mean economic elements with shares absolutely held by such businesses. This table excludes figures for self-employed entities.

b) Private holding companies include non-public economies in domestically funded enterprises other than wholly private-funded, private cooperative, private liability limited and private joint-stock companies. Enterprises funded and controlled by Hongkong, Macao and Taiwan companies include economies funded by Hongkong, Macao and Taiwan companies other than those wholly funded by Hongkong, Macao and Taiwan companies. Foreign funded and controlled corporations include foreign funded economies other than wholly foreign-funded companies.

主要统计指标解释

企业景气调查 也称为经济周期调查或短期经济观测调查，是以企业家为调查对象，采用问卷方式，定期收集有关宏观经济和企业生产经营景气状况变动判断的一种统计调查。简言之，企业景气调查就是调查企业家对宏观经济态势，对企业生产经营状况所做出的判断和预期。调查采用重点调查和抽样调查相结合的方法，调查范围覆盖国民经济八个主要行业，即：工业，建筑业，交通运输、仓储和邮政业，批发和零售业，房地产业，社会服务业，信息传输、计算机服务和软件业，住宿和餐饮业。

景气指数 又称景气度，是对企业景气调查中定性经济指标的定量描述，以直观地反映经济所处的状态。指数的数值介于0和200之间，100为临界值。指数大于100时，表明经济状况趋于上升或改善，处于景气状态；指数小于100时，表明经济状况趋于下降或恶化，处于不景气状态。

企业家信心指数 亦称宏观经济景气指数，是根据企业决策者对本行业发展状况的判断及其未来走势的预期（选择“乐观”、“一般”、“不乐观”）而编制的指数，反映企业决策者对国家宏观经济发展的信心和预期，是企业决策者对当前宏观经济状况及未来走势的一种感受、体验和期望。

企业景气指数 亦称企业综合生产经营景气指数，是根据企业决策者对本企业当前生产经营状况的判断及未来企业生产经营状况的预期（选择“良好”、“一般”、“不佳”）而编制的指数，是企业决策者对企业生产经营现状及未来景气动向的一种综合评价和判断。

非公经济 指资产由我国私人控股、港澳台商控股、外商控股的“非公有控股”的企业法人单位，以及主要经费来源于私人、港澳台资和外资的非企业法人单位和个体工商户。其中，私人、港澳台及外商控股是指由其绝对控股和相对控股的经济成分。

消费者信心指数 是综合反映并量化消费者对当前经济形势评价和对经济前景、收入水平、收入预期以及消费心理状态的主观感受，是预测经济走势和消费趋向的一个先行指标，是监测经济周期变化不可缺少的依据。消费者信心指数由消费者满意指数和消费者预期指数构成。其中消费者满意指数反映了消费者对当前经济生活的评价；消费者预期指数反映了消费者对未来一段时期经济前景发展变化的期望。

指数值的含义：指数取值介于0和200之间，100为指数强弱临界点，指数超过100，表明消费者信心处于强信心区，数值由100趋近200，表明消费者信心逐渐增强；反之，指数小于100时，表示消费者信心处于弱信心区，数值由100趋近0，表明消费者信心逐渐减弱。

Explanatory Notes on Main Statistical Indicators

Enterprise Prosperity Index Survey also known as economic cycle survey or short-term economic observation survey. Targeting at entrepreneurs, the survey is conducted in a manner of questionnaires. It is a statistical survey to collect information on judgment of macro-economy and enterprise business climate changes. To be brief, enterprise prosperity survey is to investigate entrepreneurs' judgment and expectation on macro-economic dynamics and enterprise production and business status. The survey covers 8 major national economic sectors, i.e. industry, construction, transport, warehouse storage and postal service, wholesale and retail trades, real estate, social service, information transmission, computer service and software, accommodation and food and drink.

Prosperity Index also called prosperity degree, is a quantitative description of qualitative indicators in enterprise climate survey, aiming to visualize the status of economy. The value of index ranges from 0 to 200, with 100 as the critical value. When the index is greater than 100, it indicates that the economic status is rising or improving, and in a prosperous state; when the index is 100, it shows the economic status is declining or deteriorating, and in a non-prosperous state.

Index of Confidence by Enterprisers also known as Macroeconomic Climate Index, which is indexed according to the enterprise decision makers' opinions and expectations (with choices of "optimistic", "moderate" and "non-optimistic") on the development status of the sector and its future trend. It reflects the enterprise decision makers' confidence about and expectation on the national macroeconomic development. It serves as the enterprise decision makers' feeling, experience and expectation about current macroeconomic status and its trend.

Prosperity Index on Enterprises also known as Business Climate Index, which is indexed according to estimations and expectations of enterprise decision makers' opinions and expectation on the enterprise's current and future production and operation status (choice of "good", "moderate" and "bad"). It represents the enterprise decision makers' comprehensive evaluation and judgment on the current situation and future trend of the enterprise production and operation.

Non-public Economy means enterprises as corporate units whose shares are controlled by "non-public entities" and whose assets are controlled by individuals, investors from Hong Kong, Macao and Taiwan, and foreign investors, along with enterprises not as corporate units and self-employed operators whose main funds are from individuals, investors from Hong Kong, Macao and Taiwan, and foreign investors. Of which, enterprises controlled by individuals, investors from Hong Kong, Macao and Taiwan, and foreign investors mean economic sectors absolutely controlled or relatively controlled by such companies.

Consumer Confidence Index is an indicator reflecting and quantifying the consumers' evaluation on current economic situation, and their personal feeling about the economic prospect, income level, income expectation, and psychological state of consumption. It serves as a leading indicator predicting the trend of economy tendency of consumption, and an essential basis for monitoring the changes in economic cycle. and other conditions as well as expectation on the economic prospect in a future period of time. Consumer Confidence Index consists of consumer satisfaction index and consumer expectation index. Of which, consumer satisfaction index reflects consumers' evaluation on current economic life; consumer expectation index reflects consumers' expectation on the development and changes in the economic prospect in a future period of time.

Meaning of index values: Values of the index range from 0 to 200. 100 represents a critical point between strong and weak confidence. An index greater than 100 indicates the consumers' confidence is in a strong area of confidence. An index going toward 200 from 100 shows the consumers' confidence is becoming strong gradually; in contrary, an index smaller than 100 means the consumers' confidence is in a area of weak confidence. When the index value going toward 0 from 100, it means the consumers' confidence is weakening gradually.

24

开发区
DEVELOPMENT ZONES

简要说明

一、本章资料的主要内容

本章资料包括北京市19家开发区的基本情况，重点介绍了北京经济技术开发区及中关村国家自主创新示范区的主要情况。本章所指开发区包括北京市级及国家级开发区。其中，中关村亦庄园在中关村国家自主创新示范区与北京经济技术开发区中为重叠部分。

二、本章的资料来源

本章资料由北京市统计局提供，其中24-8表由北京经济技术开发区统计局、调查队提供。

Brief Introduction

I. Main Content

Data in this chapter show the basic condition of 19 development zones in Beijing, mainly describing the situation of Beijing Economic and Technological Development Zone and Zhongguancun National Innovation Demonstration Zone. Development Zones mentioned herein are development zones at municipal level and national level. Of which, Zhongguancun Yizhuang Park is overlapped in Zhongguancun National Innovation Demonstration Zone and Beijing Economic and Technological Development Zone.

II. Source of Data

Data in this chapter are sourced from Beijing Municipal Bureau of Statistics. Of which, data for Table 24-8 are sourced from the Statistics Bureau and Survey Team of Beijing Economic and Technological Development Zone.

24-1 北京市开发区基本情况(2005-2010年)

STATISTICS ON DEVELOPMENT ZONES OF BEIJING (2005-2010)

项目		Item		2005	2006	2007
开发区个数	(个)	Number of Development Zones	(unit)	28	19	19
区规划总面积	(平方公里)	Layout Area of Development Zones	(sq.km)	204.60	319.23	326.67
累计实际征用土地面积	(平方公里)	Accumulated Area of Actual Land Acquisition	(sq.km)	108.74	126.59	139.41
累计土地开发施工面积	(平方公里)	Accumulated Area of Actual Land Development Construction	(sq.km)	93.89	103.62	115.28
累计土地开发完工面积	(平方公里)	Accumulated Area of Land Development Completed	(sq.km)	88.47	94.82	107.38
累计出让转让土地使用权签定合同土地面积	(平方公里)	Accumulated Area of Land with a Land Use Right Transfer Contract	(sq.km)	52.28	60.86	58.17
#三资企业	(平方公里)	Foreign Funded Enterprises	(sq.km)	15.18	16.11	14.33
累计招商项目企业个数	(个)	Accumulated Number of Enterprises Inviting Business	(unit)	30474	32669	30942
累计招商项目总投资	(亿元)	Accumulative Total Investment of Inviting Business	(100 million yuan)	5367.5	6129.6	6403.7
累计招商项目注册资本	(亿元)	Accumulative Registered Capital of Inviting Business	(100 million yuan)	3849.6	4411.1	4958.4
#三资企业	(亿元)	Foreign Funded Enterprises	(101 million yuan)	1100.3	1282.4	1533.9
累计招商项目合同外资金额	(亿美元)	Accumulative Contracted Foreign Capital of Inviting Business	(USD 100 million)	111.6	134.5	166.4
累计招商项目外商实际投资	(亿美元)	Accumulated Actual Foreign Investment of Inviting Business	(USD 100 million)	80.6	94.9	110.4
总收入	(亿元)	Total Revenue Completed	(100 million yuan)	6573.8	8792.6	11495.2
工业总产值(当年价格)	(亿元)	Gross Output Value(at current prices)	(100 million yuan)	3748.0	4746.1	5260.5
应缴税金	(亿元)	Total Taxes Payable	(100 million yuan)	289.1	389.1	522.1
利润总额	(亿元)	Total Profits Completed	(100 million yuan)	379.8	516.2	908.5

注：1.本表所指开发区包括北京市级及国家级开发区情况。

2.表内“累计”指自开始年份至本年末的累计数。

Note:a) Development Zones referred to in this table include those at Beijing municipal level and State level.

b) Accumulative data of this table refer to that from the beginning to the end of 2010.

24-1 续表 continued

项 目		Item		2008	2009	2010
开发区个数	(个)	Number of Development Zones	(unit)	19	19	19
区规划总面积	(平方公里)	Layout Area of Development Zones	(sq.km)	335.74	338.94	344.98
累计实际征用土地面积	(平方公里)	Accumulated Area of Actual Land Acquisition	(sq.km)	153.25	168.74	172.19
累计土地开发施工面积	(平方公里)	Accumulated Area of Actual Land Development Construction	(sq.km)	119.69	126.59	132.91
累计土地开发完工面积	(平方公里)	Accumulated Area of Land Development Complete	(sq.km)	111.07	115.92	121.89
累计出让转让土地使用权签定合同土地面积	(平方公里)	Accumulated Area of Land with a Land Use Right Transfer Contract	(sq.km)	60.62	74.08	79.51
#三资企业	(平方公里)	Foreign Funded Enterprises	(sq.km)	14.38	15.41	17.69
累计招商项目企业个数	(个)	Accumulated Number of Enterprises Inviting Business	(unit)	32362	36044	39031
累计招商项目总投资	(亿元)	Accumulative Total Investment of Inviting Business	(100 million yuan)	6756.4	7172.8	8254.6
累计招商项目注册资本	(亿元)	Accumulative Registered Capital of Inviting Business	(100 million yuan)	5259.3	5612.5	6434.7
#三资企业	(亿元)	Foreign Funded Enterprises	(100 million yuan)	1620.0	1705.2	1817.5
累计招商项目合同外资金额	(亿美元)	Accumulative Contracted Foreign Capital of Inviting Business	(USD 100 million)	216.6	213.8	227.6
累计招商项目外商实际投资	(亿美元)	Accumulated Actual Foreign Investment of Inviting Business	(USD 100 million)	156.9	160.8	169.3
总收入	(亿元)	Total Revenue Completed	(100 million yuan)	13162.5	15108.9	18401.4
工业总产值(当年价格)	(亿元)	Gross Output Value(at Current Prices)	(100 million yuan)	5209.1	5127.7	6169.5
应缴税金	(亿元)	Total Taxes Payable	(100 million yuan)	616.6	713.4	943.8
利润总额	(亿元)	Total Profits Completed	(100 million yuan)	868.0	1232.3	1451.4

24-2 北京市开发区基本情况(2010年)

STATISTICS ON DEVELOPMENT ZONES OF BEIJING (2010)

项目	Item	合计 Total	国家级 Of State	市级 Of City
开发区个数 (个)	Number of Development Zones (unit)	19	3	16
区规划总面积 (平方公里)	Layout Area of Development Zones (sq.km)	344.98	258.13	86.85
累计实际征用土地面积 (平方公里)	Accumulated Area of Actual Land Acquisition (sq.km)	172.19	111.38	60.81
累计土地开发施工面积 (平方公里)	Accumulated Area of Actual Land Development Construction (sq.km)	132.91	88.07	44.84
累计土地开发完工面积 (平方公里)	Accumulated Area of Land Development Complet (sq.km)	121.89	80.69	41.20
累计出让转让土地使用权签定合同土地面积 (平方公里)	Accumulated Area of Land with a Land Use Right Transfer Contract (sq.km)	79.51	43.96	35.55
#三资企业 (平方公里)	Foreign Funded Enterprises (sq.km)	17.69	10.39	7.30
累计招商项目企业个数 (个)	Accumulated Number of Enterprises Inviting Business (unit)	39031	30332	8699
累计招商项目总投资 (亿元)	Accumulative Total Investment of Inviting Business (100 million yuan)	8254.6	6425.9	1828.7
累计招商项目注册资本 (亿元)	Accumulative Registered Capital of Inviting Business (100 million yuan)	6434.7	5514.7	920.0
#三资企业 (亿元)	Foreign Funded Enterprises (100 million yuan)	1817.5	1487.8	329.7
累计招商项目合同外资金额 (亿美元)	Accumulative Contracted Foreign Capital of Inviting Business (USD 100 million)	227.6	172.1	55.5
累计招商项目外商实际投资 (亿美元)	Accumulated Actual Foreign Investment of Inviting Business (USD 100 million)	169.3	116.9	52.4

注：1.本表所指开发区包括北京市级及国家级开发区情况。
2.表内“累计”指自开始至2010年末的累计数。

Note:a) Development Zones referred to in this table include those at Beijing municipal level and State level.
b) Accumulative data of this table refer to that from the beginning to the end of 2010.

24-3 北京市开发区主要指标完成情况

ACCOMPLISHMENT OF MAJOR INDICATORS ON DEVELOPMENT ZONE OF BEIJING

项目	Item	2010	2009	2010年为2009年% 2010 as % of 2009
固定资产投资 (亿元)	Investment in Fixed Assets Completed (100 million yuan)	597.7	397.5	150.4
新增固定资产 (亿元)	Increased Fixed Assets (100 million yuan)	243.0	248.1	97.9
房屋建筑施工面积 (万平方米)	Floor Space of Buildings under Construction (10000 sq.m)	2025.5	1524.5	132.9
房屋建筑竣工面积 (万平方米)	Floor Space of Buildings Completed (10000 sq.m)	338.4	356.9	94.8
总收入 (亿元)	Total Revenue Completed (100 million yuan)	18401.4	15108.9	121.8
工业总产值(当年价格) (亿元)	Gross Output Value(at current prices) (100 million yuan)	6169.5	5127.7	120.3
工业销售产值(当年价格) (亿元)	Sales Value of Industry (at current price) (100 million yuan)	6062.2	5040.0	120.3
利润总额 (亿元)	Total Profits Completed (100 million yuan)	1451.4	1232.3	117.8
应缴税金总额 (亿元)	Total Taxes Payable (100 million yuan)	943.8	713.4	132.3

注：本表所指开发区包括北京市级及国家级开发区情况。

Note: Development Zones referred to in this table include those at Beijing municipal level and State level.

24-4 北京市开发区一览表(2010年)

LIST OF DEVELOPMENT ZONES OF BEIJING (2010)

名 称 Name	通讯地址 Address	主要负责人 Principal	邮 编 Post Code	电 话 Telephone
北京经济技术开发区	北京经济技术开发区荣华中路15号博大大厦	王和生	100176	67881981
中关村示范区海淀园	海淀区四季青路6号招商大厦6层、7层	杨志强	100089	88499093
中关村示范区丰台园	丰台区外环西路8号	朱京宁	100070	63702020
中关村示范区昌平园	昌平科技园区超前路9号	于泓	102200	69744527
中关村示范区电子城科技园	北京朝阳区酒仙桥路甲12号电子城科技大厦15层	王文军	100016	64311811
中关村示范区亦庄园	北京经济技术开发区荣华中路15号博大大厦	赵昕昕	100176	67880307
中关村示范区德胜园	西城区二龙路27号	王福俊	100035	83988424
中关村示范区通州园	通州区新华东街258号	陈国增	101100	61567995
中关村示范区石景山园	石景山区八角西街40号	张晋福	100043	68863659
中关村示范区雍和园	东城区青龙胡同1号歌华大厦11层	彭 湘	100007	59260238
中关村示范区大兴生物工程与医药产业基地	北京生物医药与产业基地天河西路19号	温 震	102600	61252874
北京天竺综合保税区	顺义区北京空港物流基地顺航路12号	王刚	101312	69478686
北京石龙经济开发区	门头沟区永安路20号	张丰收	102308	69803404
北京良乡经济开发区	良乡长虹西路73号	齐彦军	102488	60330867
北京大兴经济开发区	北京大兴经济开发区广茂大街9号	杜红世	102600	61272995
北京通州经济开发区	通州区张家湾镇光华路5号	聂玉泉	101113	69571700
北京雁栖经济开发区	怀柔区雁栖经济开发区888号	史宗祥	101407	61667108
北京兴谷经济开发区	兴谷经济开发区平谷北街15号	王建忠	101200	69959701
北京密云经济开发区	密云经济开发区兴盛南路8号	王雷	101500	69044661
北京林河经济开发区	顺义林河经济开发区双河大街18号	刘进奎	101300	89492548
北京天竺空港经济开发区	顺义区天竺空港开发区蓝天大厦	杭金亮	101312	80489567
北京八达岭经济开发区	延庆县康庄镇紫光东路1号	刘宗贤	102101	61164927
北京永乐经济开发区	通州区永乐店小甸屯村南	崔立新	101115	80511459
北京延庆经济开发区	延庆县湖南东路1号	王文岳	102100	69143476
北京昌平小汤山工业园区	昌平区小汤山镇工业园区管委会	龚家银	102211	61714201
北京采育经济开发区	大兴区采育经济开发区管委会	孟宪金	102606	80278078
北京房山工业园区	房山区城关街道顾8路1区1号	王凤	102400	81307189
北京马坊工业园区	平谷区马坊工业园区	曹卫军	101204	60994957

注：本表所指开发区包括北京市级及国家级开发区情况。

Note: Development Zones referred to in this table include those at Beijing municipal level and State level.

24-5 北京市开发区土地开发情况(2010年)
LAND EXPLOITATION OF DEVELOPMENT ZONES OF BEIJING(2010)

单位：公顷 (hectare)

名　　称 Name	规划总面积 Total Area of Layout Land	累计国家批准征用土地面积 Area of Land Approved by the State for Acquisition	累计实际征用土地面积 Total Area of Land Actually Expropriated	累计土地开发施工面积 Total Construction Area of Land Exploitation	累计土地开发完工面积 Total Completed Area of Land Exploitation
北京经济技术开发区	4650.00	3980.00	4247.83	3700.00	3700.00
中关村国家自主创新示范区	23248.56	9928.07	9392.64	7435.77	6697.46
中关村示范区海淀园	13306.00	1799.45	1799.45	1788.77	1483.74
中关村示范区丰台园	818.00	436.33	436.33	327.72	327.72
中关村示范区昌平园	1150.72	964.75	964.75	732.33	646.20
中关村示范区电子城科技园	1680.00	1680.00	1314.58	455.49	115.41
中关村示范区亦庄园	2680.00	2680.00	2680.00	2678.00	2678.00
中关村示范区德胜园	564.00				
中关村示范区雍和园	290.30				
中关村示范区石景山园	345.00	56.00	56.00	56.00	56.00
中关村示范区通州园	1451.54	1258.54	1117.14	961.08	954.01
中关村示范区大兴生物工程与医药产业基地	963.00	1053.00	1024.39	436.38	436.38
北京天竺综合保税区	594.40	594.40	177.42	349.50	349.50
北京石龙经济开发区	150.00	110.00	110.00	110.00	110.00
北京良乡经济开发区	240.00	118.03	118.03	118.03	91.85
北京大兴经济开发区	415.99	239.72	239.72	235.99	232.75
北京通州经济开发区	761.96	469.43	469.43	356.97	268.05
北京雁栖经济开发区	1096.00	696.30	696.30	696.30	696.30
北京兴谷经济开发区	978.79	474.29	470.45	299.82	257.92
北京密云经济开发区	1240.17	1240.17	1240.17	839.04	697.02
北京林河经济开发区	416.00	247.00	247.00	157.00	157.00
北京天竺空港经济开发区	965.05	944.43	944.43	559.60	559.60
北京八达岭经济开发区	480.79	322.47	260.01	234.44	234.44
北京永乐经济开发区	459.81	207.30	207.30	82.40	57.60
北京延庆经济开发区	303.53	111.96	111.96	111.96	111.96
北京昌平小汤山工业园区	257.34	257.34	257.34	111.24	111.24
北京采育经济开发区	355.01	300.23	300.23	300.23	300.23
北京房山工业园区	218.52	218.52	218.52	141.90	141.90
北京马坊工业园区	345.58	190.51	190.51	128.80	91.85

注：1.本表所指开发区包括北京市级及国家级开发区情况。
2.中关村示范区亦庄园数据在中关村国家自主创新示范区与北京经济技术开发区中为重叠部分。

Note: a) Development Zones referred to in this table include those at Beijing municipal level and State level.
b) Data on Yizhuang Park of Zhongguancun Demonstration Zone are overlapped in Zhongguancun National Innovation Demonstration Zone and Beijing Economic & Technological Development Zone.

24-6 各类开发区招商、入资情况(2010年)

STATISTICS ON BUSINESS INVITATION AND INVESTMENT IN DEVELOPMENT ZONES (2010)

名称 Name	自开始至报告期累计 Accumulative Number from Beginning					
	招商项目企业个数(个) Number of Inviting Business (unit)	项目总投资(万元) Total Investment (10000 yuan)	注册资本(万元) Registered Capital (10000 yuan)	#三资企业 Foreign Partner	合同外资金额(万美元) Contracted Foreign Capital (USD 10000)	外商实际投资(万美元) Actual Foreign Investment (USD 10000)
北京经济技术开发区	3870	16609263	11548652	4766284	586164	428358
中关村国家自主创新示范区	26955	58647485	48371875	13275185	1389023	957832
中关村示范区海淀园	17987	27437275	24782914	7906064	880830	545841
中关村示范区丰台园	3428	9456942	9456942	227253	26905	33239
中关村示范区昌平园	1460	3869129	3682479	437108	33504	33504
中关村示范区电子城科技园	1235	3316415	3204261	1090876	147166	81022
中关村示范区亦庄园	528	11264926	4886197	3199525	259337	219924
中关村示范区德胜园	283	663115	662914	19583	43	43
中关村示范区雍和园	101	364652	262424	79401	2721	2839
中关村示范区石景山园	1806	1152384	1171849	203504	31308	34210
中关村示范区通州园	82	805581	88771	88671	2460	2460
中关村示范区大兴生物工程与医药产业基地	45	317066	173124	23200	4750	4750
北京天竺综合保税区	35	266949	113249	36049	4975	3100
北京石龙经济开发区	1558	1722940	672700	41265	7997	6423
北京良乡经济开发区	1628	1057698	1057698	90456	9939	9939
北京大兴经济开发区	676	452500	341596	135143	10675	9491
北京通州经济开发区	343	2458234	478846	338646	47870	34578
北京雁栖经济开发区	1239	2255933	831988	256731	240471	252780
北京兴谷经济开发区	233	806567	391093	200861	44153	34670
北京密云经济开发区	183	1144000	345581	110722	23807	27341
北京林河经济开发区	87	755250	392372	106004	12956	7852
北京天竺空港经济开发区	472	5145025	3321592	1937895	140209	129561
北京八达岭经济开发区	831	526932	376442	18971	60	60
北京永乐经济开发区	23	92152	30630	14783	3922	1027
北京延庆经济开发区	567	720744	520776		5857	6494
北京昌平小汤山工业园区	74	52800	33928	6242	989	655
大兴采育经济开发区	50	467272	68962	6981	1735	780
北京房山工业园区	690	365881	263028			
北京马坊工业园区	45	262900	72340	32000	5000	2500

注：中关村示范区亦庄园数据在中关村国家自主创新示范区与北京经济技术开发区中为重叠部分。

Note: Data on Yizhuang Park of Zhongguancun Demonstration Zone are overlapped in Zhongguancun National Innovation Demonstration Zone and Beijing Economic & Technological Development Zone.

24-7 各类开发区投资、生产情况(2010年)

INVESTMENT AND PRODUCTION OF DEVELOPMENT ZONES (2010)

名称 Name	自年初累计 Accumulative Number from Year-beginning						
	固定资产投资(万元) Investment in Fixed Assets (10000 yuan)	新增固定资产(万元) Increased Fixed Assets (10000 yuan)	房屋建筑施工面积(平方米) Floor Space of Buildings under Construction (sq.m)	房屋建筑竣工面积(平方米) Floor Space of Buildings Completed (sq.m)	总收入(万元) Total Revenues Reaped (10000 yuan)	利润总额(万元) Total Profits (10000 yuan)	应缴税金总额(万元) Total Taxes Payable (10000 yuan)
北京经济技术开发区	2365623	962426	9181853	526535	37773589	3355064	3013040
中关村国家自主创新示范区	2169069	930539	7753787	2072705	159401657	12989078	7671994
中关村示范区海淀园	601803	369084	1057228	100255	70547434	5338392	3146495
中关村示范区丰台园	544561	68281	1014000	443000	21357270	1075853	602972
中关村示范区昌平园	181727	94577	720252	224782	9043336	986475	495213
中关村示范区电子城科技园	303469	160000	1038878	296659	12450923	1553676	583255
中关村示范区亦庄园					34844686	3300256	2475861
中关村示范区德胜园	70281	102371	551374	215081	1643881	234860	91026
中关村示范区雍和园	376603	39324	59754	91170	2518174	44996	64853
中关村示范区石景山园	8608	15876	86555	40952	4650562	290759	118906
中关村示范区通州园	57901	80498	3102620	615293	2014545	120663	68230
中关村示范区大兴生物工程与医药产业基地	24116	528	123126	45513	330846	43150	25183
北京天竺综合保税区	15476	15476	68800		206549	335916	5581
北京石龙经济开发区	94998	27142	138075	59075	283585	39134	130449
北京良乡经济开发区	13006	13006	41000	41000	1950972	35821	107177
北京大兴经济开发区	2846	15136	74241	68562	1311946	28563	43858
北京通州经济开发区	55159	36644	191240	40108	1025751	26813	46115
北京雁栖经济开发区	164244	75689	377929	96949	1762003	131639	119333
北京兴谷经济开发区	74099	61997	146993	45309	1932816	181899	108521
北京密云经济开发区	163023	53020	442525	31338	1710725	105420	94545
北京林河经济开发区	21323	16452	109795	31836	1421612	42288	41727
北京天竺空港经济开发区	646787	61359	762795	97157	7712636	464368	414682
北京八达岭经济开发区	50794	50794			773746	49350	41720
北京永乐经济开发区					35165	2207	4010
北京延庆经济开发区	5740				953795	23555	60876
北京昌平小汤山工业园区					252900	3822	3386
大兴采育经济开发区	42240	23300	298423	120423	143611	358	2755
北京房山工业园区	9106	4200			82467	-4070	1862
北京马坊工业园区	82996	82996	667737	153057	123090	3247	2551

注：中关村示范区亦庄园数据在中关村国家自主创新示范区与北京经济技术开发区中为重叠部分。

Note: Data on Yizhuang Park of Zhongguancun Demonstration Zone are overlapped in Zhongguancun National Innovation Demonstration Zone and Beijing Economic & Technological Development Zone.

24-8 北京经济技术开发区主要经济指标

MAIN ECONOMIC INDICATORS FOR BEIJING ECONOMIC-TECHNOLOGICAL DEVELOPMENT ZONES

项目		Item		2010	2009	2010年为2009年% 2010 as % of 2009
规划面积	(公顷)	Area Planned	(hectare)	4650.0	4650.0	
累计征用土地面积	(公顷)	Accumulative Land Area Requisitioned	(hectare)	4924.0	4924.0	
开发区生产总值	(亿元)	Gross Output Value of Development Zones	(100 million yuan)	698.6	592.5	117.9
工业总产值	(亿元)	Gross Output Value of Industry	(100 million yuan)	2259.1	1952.8	115.7
(当年价格)		(at current price)				
#高新技术产业	(亿元)	High-tech Industry	(100 million yuan)	2155.8	1882.0	114.6
销售(营业)收入	(亿元)	Sales(Business)Revenue	(100 million yuan)	3777.4	3262.5	115.8
利润总额	(亿元)	Total Profits	(100 million yuan)	335.5	284.1	118.1
进出口总值	(亿美元)	Total Imports and Exports Value	(USD 100 million)	260.5	222.6	117.0
出口	(亿美元)	Exports	(USD 100 million)	130.3	117.5	110.9
进口	(亿美元)	Imports	(USD 100 million)	130.2	105.1	123.9
财政收入(含免抵)	(亿元)	Financial Revenue(Including Exempted and Set-off Revenue)	(100 million yuan)	244.0	198.7	122.8
税收(含免抵)	(亿元)	Tax(Including Exempted and Set-off Tax)	(100 million yuan)	212.3	173.9	122.1
土地收入	(亿元)	Land Revenue	(100 million yuan)	31.7	24.8	127.8
财政支出	(亿元)	Financial Expenditure	(100 million yuan)	77.8	64.0	121.6
批准企业个数	(个)	Number of Enterprises Ratified	(unit)	866	629	137.7
入区企业投资额	(亿美元)	Investment of Enterprises Entered	(USD 100 million)	60.7	27.8	218.3
注册资本	(亿美元)	Registered Capital	(USD 100 million)	53.7	24.5	219.2
合同外资金额	(亿美元)	Contracted Foreign Capital	(USD 100 million)	7.4	2.8	264.3
实际利用外资	(亿美元)	Foreign Capital Actually Used	(USD 100 million)	3.2	0.7	457.1
固定资产投资	(亿元)	Investment in Fixed Assets	(100 million yuan)	236.6	157.2	150.5
从业人员	(人)	Number of Employed Persons	(person)	186402	163116	114.3
劳动者报酬	(万元)	Laborer Remuneration	(10000 yuan)	1338877	1085380	123.4

资料来源：北京经济技术开发区统计局、调查队。

Source: Beijing Economic & Technological Development Zone Bureau of Statistics.

24-9 中关村国家自主创新示范区企业经营及科技活动情况(2005-2010年)
OPERATING ACTIVITIES AND SCIENCE ACTIVITIES OF ENTERPRISES IN ZHONGGUANCUN NATIONAL INNOVATION DEMONSTRATION ZONE (2005-2010)

项　目		Item		2005	2006	2007	2008	2009	2010
总收入	**(亿元)**	**Total Income**	**(100 million yuan)**	**4872.9**	**6744.7**	**9035.7**	**10222.4**	**13004.6**	**15940.2**
技术收入	(亿元)	Technology Income	(100 million yuan)	811.4	1189.5	1473.3	1693.4	2093.6	2478.3
产品销售收入	(亿元)	Products Sales Income	(100 million yuan)	2992.1	3994.1	5116.7	5229.2	5923.6	6889.6
#新产品销售收入	(亿元)	New Product Sales Income	(100 million yuan)	1839.3	2544.4	3220.9	3327.0	3203.7	3949.2
商品销售收入	(亿元)	Commodity Sales Income	(100 million yuan)	809.5	1134.5	1854.2	2398.9	3689.4	5032.2
其他收入	(亿元)	Other Revenue	(100 million yuan)	259.9	426.6	591.5	900.9	1298.0	1540.1
出口总额	(亿美元)	Foreign Exchange Created by Export	(USD100 million)	94.9	137.6	197.1	207.4	208.2	227.4
实缴税费总额	(亿元)	Total Taxes Paid	(100 million yuan)	171.4	242.3	436.0	504.0	658.7	767.2
利润总额	(亿元)	Total Profits Completed	(100 million yuan)	321.0	434.8	786.2	726.3	1122.4	1298.9
研究与试验发展人员	(人)	R&D Personnel	(person)	144494	171270	179511	174797	152168	
研究与试验发展经费内部支出	(亿元)	Internal R&D Expenditure	(100 million yuan)	224.8	298.7	332.6	324.5	235.4	
获奖成果情况		**Statistics on Prize-winning Achievements**							
获奖成果个数	(个)	Number of Prize-winning Achievements	(unit)	1037	1076	1460	1448	1909	1811
#国家级	(个)	National	(unit)	303	268	267	282	276	256
省部级	(个)	Provincial	(unit)	385	489	733	641	1044	1015
专利情况		**Statistics on Patent**	(unit)						
专利申请量	(件)	Number of Patents Applied	(unit)	7203	9401	12969	17219	17226	18515
拥有有效发明专利数	(件)	Number of Patents in Force	(unit)	3046	7139	9577	9836	11611	13988
专利授权量	(件)	Certified	(unit)	3477	4137	6100	9050	10512	13151

24-10　中关村国家自主创新示范区企业经营活动情况
OPERATING ACTIVITIES OF ENTERPRISES IN ZHONGGUANCUN NATIONAL INNOVATION DEMONSTRATION ZONE

单位：亿元　　(100 million yuan)

项　　目	Item	2010	2009
工业总产值(当年价格)	Gross Output Value of Industry (at current prices)	4988.0	4120.5
#新产品产值	Value of New Products	2861.5	2250.6
工业销售产值(当年价格)	Sales Value of Industry (at Current price)	4877.2	4045.2
#出口交货值	Delivery Value of Exports	1112.5	1014.9
总收入	Total Income	15940.2	13004.6
#产品销售收入	Products Sales Income	6889.6	5923.6
#出口收入	Export Revenue	1189.2	1071.8
#新产品销售收入	New Product Sales Income	3949.2	3203.7
#出　口	Export	707.8	663.2
商品销售收入	Commodity Sales Income	5032.2	3689.4
其他收入	Other Income	1540.1	1298.0
实缴税费总额	Total Taxes Paid	767.2	658.7
#增值税	Value Added Tax	353.7	313.1
营业税	Business Tax	136.0	109.6
所得税	Corporate Income Tax	204.0	182.9
本年实缴关税	Duties	34.9	68.9
减免税总额	Total Tax Reduced and Exempted	149.4	111.1
#增值税	Value Added Tax	41.2	31.9
营业税	Business Tax	19.0	9.7
所得税	Corporate Income Tax	87.0	68.0
应交增值税	Value Added Tax Payable	703.0	235.9
用汇总额　(亿美元)	Foreign Exchange Used　(USD100 million)	288.2	245.0
出口总额　(亿美元)	Foreign Exchange Created by Export　(USD100 million)	227.4	208.2

24-11 中关村国家自主创新示范区企业科技活动情况

SCIENCE ACTIVITIES OF ENTERPRISES IN ZHONGGUANCUN NATIONAL INNOVATION DEMONSTRATION ZONE

项目		Item		2010	2009
科技活动情况		**Statistics on science and technology activities**			
科技活动人员合计	(人)	Total of Personnel Engaged in Science and Technology	(person)	307370	321717
#全时人员		Full-time		232176	234078
#研究与试验发展(R&D)人员		R&D Personnel			152168
企业内部用于科技活动的经费支出	(亿元)	Total Expenditures on Research Activities Inside Organizations	(100 million yuan)	548.3	509.0
#人员人工费(包括各种补贴)		Labor Cost (Including Wages)		269.8	232.5
原材料费		Cost of Raw Materials		98.1	94.6
#研究与试验发展(R&D)经费支出		R&D Expenditure			235.4
委托外单位开展科技活动经费支出	(亿元)	Expenditures for Science Activities Conducted by External Institutes Entrusted	(100 million yuan)	68.5	60.9
#对境内研究机构及高等学校的支出		Payment to Domestic Research Institutes		44.1	37.2
对境外支出		Domesticn Other Corporation		2.1	1.2
本年度R&D项目情况		**R&D Projects in the year**			
R&D项目数	(项)	Number of R&D Projects	(unit)		11964
项目人员折合全时当量	(人年)	Total Participants in R&D Projects	(person-years)		73981.8
研究与试验发展(R&D)项目经费支出	(亿元)	Expenditure fo R&D Programs	(100 million yuan)		214.7
企业科技活动产出情况		**Science and Technologh Output**			
获奖成果情况		**Statistics on Prize-winning Achievements**			
获奖成果个数	(个)	Number of Prize-winning Achievements	(unit)	1811	1909
#国家级	(个)	National	(unit)	256	276
省部级	(个)	Provincial	(unit)	1015	1044
地市级	(个)	Prefecture- and City-level	(unit)	375	474
专利情况		**Statistics on Patent**			
专利申请数	(件)	Number of Patents Applied	(case)	18515	17226
#发明专利	(件)	Invention Patents	(case)	11848	10554
拥有有效发明专利数	(件)	Number of Patents in Force	(case)	13988	11611
专利授权个数	(件)	Certified	(case)	13151	10512
论文、著作情况		**Statistics on Papers and Writings**			
发表科技论文篇数	(篇)	Scientific Papers Published	(unit)	7756	8176
出版科技著作种类	(种)	Scientific Writings Published	(sort)	263	327
技术改造和技术获取情况		**Technical Rennovation and Acquisition**			
技术改造经费支出	(亿元)	Payment for Technical Rennovation Expenses	(100 million yuan)	6.6	14.8
引进国外技术经费支出	(亿元)	Payment for Technical Introduction Expenses	(100 million yuan)	10.1	7.1
引进技术的消化吸收经费支出	(亿元)	Payment for Digest and Absorption Expenses	(100 million yuan)	0.6	1.0
购买国内技术经费支出	(亿元)	Payment for Purchase Cost of Domestic Technology	(100 million yuan)	6.5	4.3

24-12 中关村国家自主创新示范区企业人力资源情况 HUMAN RESOURCE IN ENTERPRISES IN ZHONGGUANCUN NATIONAL INNOVATION DEMONSTRATION ZONE

单位：人 (person)

项　　目	Item	2010	2009
企业人力资源情况	**Statistics on Human Resource**		
从业人员年末人数	Year-end Empolyed Persons	1157992	1062345
#工程技术人员	Engineering Technician	358569	320124
#留学归国人员	Returned Students Studying Abroad	9760	8478
#中高级管理人员	Medium and High-grade Manager	95202	85195
#在岗长期职工	Fully Employed Staff and Workers	1030888	957470
按文化程度分	**Group by Educational Background**		
博士及以上	Doctor Degree and Above	11915	11068
#留学归国人员	Returned Students Studying Abroad	1436	1313
硕　士	Masters	112887	98786
#留学归国人员	Returned Students Studying Abroad	5961	4880
大　学	Undergraduates	454694	413825
大　专	Junior College	231346	212365
按技术职称分	**Grouped by Technical Post**		
高　级	Senior	59912	55433
中　级	Middle	123776	115379
初　级	Junior	131467	118872
高级技术工人	Senior Skilled Workers	36385	34383
按年龄分	**Group by Age**		
29岁及以下	Age 29 and Below	576668	526603
30-39岁	30-39	354978	325137
40-49岁	40-49	155106	141345
50岁及以上	Age 50 and Over	71240	69259
从业人员平均人数	**Average Number of Empolyed Persons**	**1028640**	**963975**
在岗职工参加社会保险人数	**Number of Take Part in the Social Insurance**	**959552**	**843544**

24-13 中关村国家自主创新示范区企业财务状况 FINANCIAL STATUS OF ENTERPRISES IN ZHONGGUANCUN NATIONAL INNOVATION DEMONSTRATION ZONE

单位：亿元 (100 million yuan)

项　　目	Item	2010	2009
资产总计	Total Assets	22615.9	18862.8
流动资产合计	Total Current Assets	13932.2	11202.9
固定资产合计	Total Fixed Assets	2381.4	2218.2
固定资产原价	Original Value of Fixed Assets	3173.3	3010.4
累计折旧	Accumulative Depreciation	1190.1	1185.4
负债合计	Total Liabilities	12228.3	9826.3
所有者权益合计	Owner's Equity	10387.6	9036.5
实收资本	Paid-up Capital	9780.0	7262.0
主营业务收入	Operating Income	15648.8	12715.1
主营业务成本	Operating Cost	12702.9	10238.8
主营业务税金及附加	Operating Tax and Extra Charges	157.7	127.4
主营业务利润	Operating Profits	2785.5	2346.0
利润总额	Total Profits	1298.9	1122.4

主要统计指标解释

累计实际征用土地面积 指自开始至报告期末累计实际完成征用的土地面积合计。

累计土地开发施工面积 指自开始至报告期末累计进行“七通”（道路、上水、供电、供气、供热、电信、下水）“一平”（场地平整一进行地上物拆除）施工的土地开发面积。

累计土地开发完工面积合计 指自开始至报告期末累计已具备“七通一平”条件的土地开发面积。

累计出让转让土地使用权签订合同土地面积 指自开始至报告期末累计出让转让土地使用权签订正式出让转让土地使用权合同的土地面积合计。包括开发区自行建设占用的土地面积。

累计招商项目企业个数 指自开始至报告期末累计招商入区并经工商管理机关注册取得法人营业执照的企业个数。

累计招商项目总投资 指自开始至报告期末累计批准的合同（章程）规定的投资总额。

累计招商项目注册资本 指自开始至报告期末累计为设立经营企业在工商行政管理机关注册的资本总额。

累计招商项目合同外资金额 指自开始至报告期末累计批准的合同（章程）中，外商和港、澳、台商的出资额。

累计招商项目外商实际投资 指自开始至报告期末累计按合同规定的外方和港、澳、台方以现金、实物、工业产权及专有技术的计价实缴资本投资额。

总收入 指企业全年的自产产品销售收入、技术收入和与本企业产品相关的商品销售收入、其它收入等各种收入的总和，总收入等于主营业务收入加其他业务收入。总收入应按不含增值税的价格计算，不包括补贴收入、营业外收入、投资收益。

用汇总额 指全年实际支出的外汇金额。以千美元计价。

出口总额 指出售给外贸部门或直接出售给外商的产品或商品的总金额。包括来料加工装配出口，境内外技术合同实现金额及在国内以外汇计价的商品出售和技术服务的总额等。以千美元计价。

留学归国人员 指出国学习，取得学位的归国人员。

Explanatory Notes on Main Statistical Indicators

Accumulated Area of Actual Land Acquisition means total area of land actually expropriated from the beginning to the end of the reporting period.

Accumulated Area of Actual Land Development and Construction means total development area of land on which construction works of road, water supply, electric power supply, gas, heating, telecom, and drainage, as well as site leveling – removal of matters on the ground, are carried out from the beginning to the end of the reporting period.

Accumulated Area of Land Development Completed means the total area of land development that is provided with conditions of available road, water supply, electric power supply, gas, heating, telecom, and drainage, as well as site leveling from the beginning to the end of the reporting period.

Accumulated Area of Land with a Land Use Right Transfer Contract means the total area of land under transfer contracts from the beginning to the end of the reporting period, including the area of land built and occupied by development zones.

Accumulated Number of Enterprises Inviting Business means the total number of enterprises invited to development zones and awarded with business licenses for legal persons from the administration for industry and commerce from the beginning to the end of the reporting period.

Accumulative Total Investment of Inviting Business means the total investment of contracts (articles of incorporation) approved from the beginning to the end of the reporting period.

Accumulative Registered Capital of Inviting Business means the total capital registered with the administration for industry and commerce for the purpose of establishment of operating enterprises from the beginning to the end of the reporting period.

Accumulative Contracted Foreign Capital of Inviting Business means the cumulative capital contribution of investors from foreign countries, Hong Kong, Macao and Taiwan as approved in contracts (articles of incorporation) from the beginning to the end of the reporting period.

Accumulated Actual Foreign Investment of Inviting Business means the cumulative amount of paid-up capital contribution investors from foreign countries, Hong Kong, Macao and Taiwan made in cash, in kind, industrial property right and know-how, as stated in contracts, from the beginning to the end of the reporting period.

Total Revenue Completed means the sum of income earned by enterprises from sales of their own products, technological income, and incomc from selling commodities related to their own products, and other income. Total income is the sum of main business income and other business income. Total income shall be calculated at VAT-excluded prices, and exclude subsidies, non-operating income and return on investment across the year.

Total Amount of Foreign Exchange Spent means the total amount of foreign exchange actually paid across the year, measured with thousand-USD.

Total Value of Export means the total amount of products or commodities sold to foreign trade organizations or directly sold to foreign traders. It includes the value of export of investor's raw materials processed, the value of technical contracts completed at home and abroad, and the total value of domestic commodity sales and technical services measured in foreign currency. It is measured with thousand-USD.

Returned Students Studying Abroad mean persons who have come home after studying abroad and been conferred with academic degrees.